무형문화재의 이해

장인과 전통공예기술

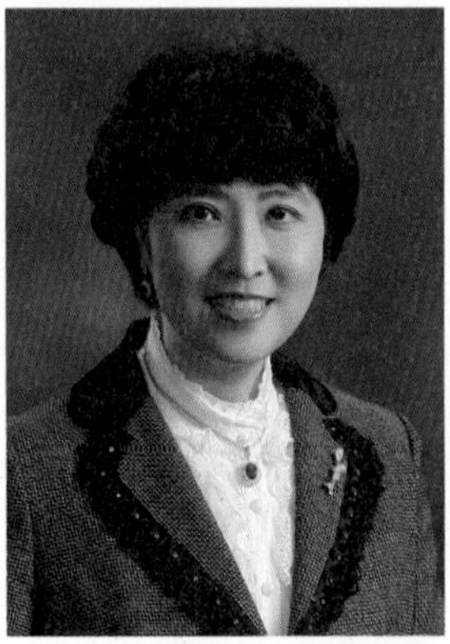

장경희

저자는 1960년 서울에서 태어나 홍익대학교 미술대학 공예과를 나오고, 같은 대학원 미술사학과에서 석박사과정을 마치고, 1999년 「조선왕조 왕실가례용 공예품 연구」로 박사학위를 받았다.

이후 문화재청에서 무형문화재 기록화 사업을 주관하면서 무형문화재와 장인을 연구하여 국가무형문화재인 『탕건장』, 『망건장』, 『갓일』, 『바디장』, 『명주짜기』를, 이후 충청남도 무형문화재인 『지승제조』, 『서천부채장』, 『홍성댕댕이장』을 집필하였고, 서울특별시 무형문화재인 『오죽장』을 집필하였다. 그 밖에 『의궤 속 조선의 장인』, 『조선왕실의 궁릉의물』, 『북한의 박물관』을 비롯한 다수의 저서와 수십 편의 논문을 발표하였다.

현재, 한서대학교 문화재보존학과 교수이자 한국전통문화연구소 소장이며, 문화재청 문화재위원을 비롯하여 충청남도 외 서울특별시 및 대전직할시 문화재위원으로 활동하고 있다.

무형문화재의 이해
장인과 전통공예기술

초판 인쇄 2018년 3월 14일
초판 발행 2018년 3월 22일

지 은 이 장경희
펴 낸 이 김재광
펴 낸 곳 솔과학
등 록 제10-140호 1997년 2월 22일
주 소 서울특별시 마포구 독막로 295번지 302호(염리동 삼부골든타워)
전 화 02-714-8655
팩 스 02-711-4656
E-mail solkwahak@hanmail.net

I S B N 979-11-87124-32-0 (93600)

값 35,000원

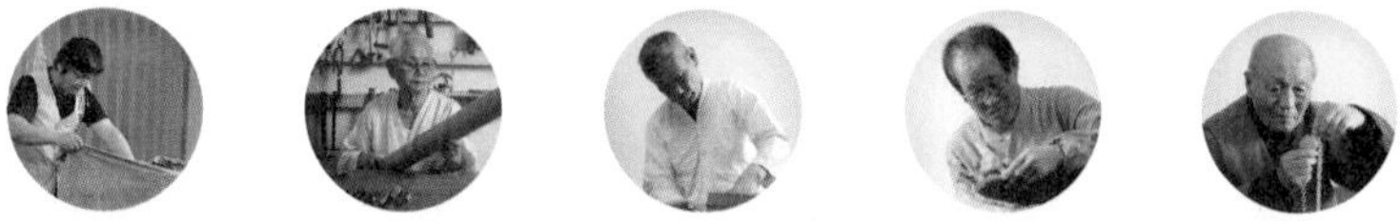

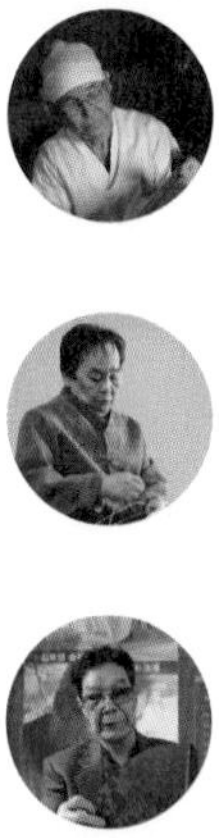

무형문화재의 이해

장인과 전통공예기술

장경희

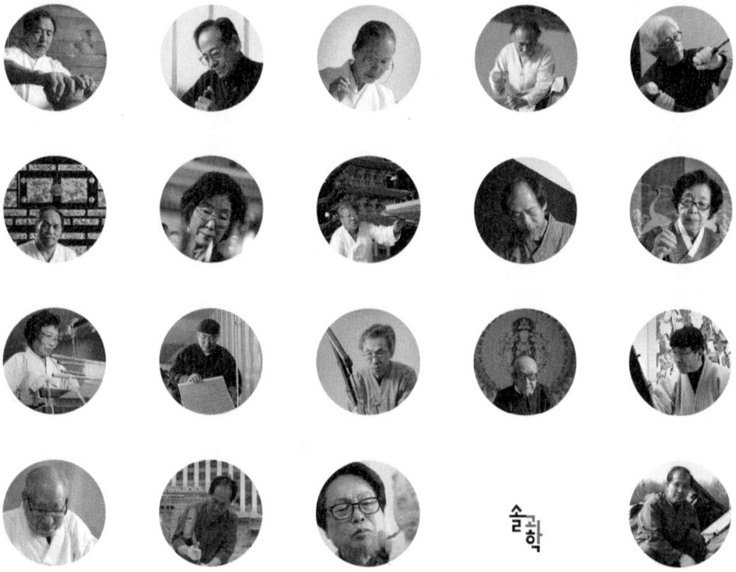

솔과학

책을 시작하며

이 글을 한창 쓰던 2017년 9월 10일.

국가무형문화재 제28호 나주샛골나이 노진남 보유자가 81세로 돌아가셨다.

눈 앞이 캄캄하고 눈물이 앞을 가렸다.

원고가 밀렸음에도 며칠간 글을 쓰지 못하였다.

그보다 바로 1년 전, 2016년. 나는 문화재청의 요청으로 그분의 기량을 심층 조사해야 했다. 당시 나는 10월, 11월, 12월 석달에 걸쳐 나주의 샛골을 여러 차례 찾아가 여러분을 귀찮게 해드렸다. 그분은 동네 뒷밭에 가서 며느리와 함께 목화에서 솜을 따고, 씨를 앗고, 솜을 타서, 고치를 말고, 실을 잣고, 실을 날고, 실을 매고, 무명 베를 짜는 모든 과정을 싫은 내색 없이 일일이 실연해주셨다. 그때도 그다지 건강은 좋지 않았는데 …. 특히 왕겻불에 실을 맬 때 솔에 콩풀을 발라 무명실에 바르면 자꾸 끊어져 애를 먹었다. 결국 매기 작업을 보러 세 차례나 다시 찾아가서 제대로 할 수 있는지 확인하는 수 밖에 없었다.

이렇게 그분은 나를 위해, 또 어떤 면에서는 자신의 며느리를 위해 마지막까지 무명베 짜는 전 과정을 최선을 다해 보여주셨다. 지금 다시 되돌아보면, 그때 내가 제대로 작업이 될 때까지 세 차례나 찾아가서 그분을 힘들게 했던 것은 아니었는지? 그분의 죽음 앞에서 다시 그때의 모습을 떠올린다.

내가 무형문화재와 인연을 맺은 것은 지금부터 벌써 30여 년 전이다. 내가 무형문화재를 공부할 당시 그녀는 보유자가 아니었다. 하지만 나는 그녀의 존재를, 그녀의 무명 베짜는 기술을 이미 알고 있었다. 바로 은사이신 故 이종석 호암갤러리 관장님을 통해서이다. 그렇게 나에게 무형문화재, 그중 전통공예와 장인에 대해 알려주신 스승님도 지금은 안 계신다. 하지만 지난 30년 간 나는 스승님과 함께 했던 것 같다. 장인을 만나 이야기 하다보면 어느새 스승님이 알던 그 당시의 이야기꽃을 피우곤 했기에 더욱 그러하다.

그때부터 지금까지, 나는 정말 많은 장인을 만났다. 어떤 때는『의궤』기록 속에서 조선시대 장인들을 만났고, 어떤 때는 국가무형문화재 장인을 보유자로 인정하거나 모니터링하거나 그들의 아들딸을 심사하면서 만났고, 또 어떤 때는 충남이나 세종이나 대전이나 서울 그리고 전북 등 지방 곳곳에 있는 장인을 조사하면서 만났다. 그들 중 누군가는 말총으로 망건이나 탕건을 짜거나 양태를 틀거나 트집을 잡았고, 누군가는 주물로 종묘제기를 만들기도 했고, 또 누군가는 옻칠을 정제하는 일도 했으며, 혹자는 수를 놓거나 매듭을 엮거나 명주를 짜거나 옷을 만들었고, 창호를 짜거나 도금을 하거나 참빗을 만들거나 부채를 만들기도 했다. 참 그동안 나는 많고 많은 장인들을 만났다. 이 글을 쓰면서 다시 그들이 누구였는지 떠올려 보니, 아! 정말 나는 많은 장인들을 만났구나.

그렇게 내가 만난 장인들은 다행히 아직도 정정하다. 그 때문에 지금도 가끔 그들을 만나면 나는 반가운 마음에 그들을 와락 껴안고, 우리의 오랜 인연과 서로의 안부를 묻곤 한다. 그런데, 요즘 가끔 나는 마음이 아프다. 오래 알고 지낸 이들 중 누군가 안타깝게 내 곁을 떠나기 때문이다. 어느 날 불현듯 그들은 죽음을 맞이한다. 그런 일이 요즘 들어 부쩍 잦아지고 있다. 30년의 세월이 지나면서 나도, 그들도 점점 더 나이가 들어가서이다.

지금은 바람이 맵고 날씨가 쌀쌀하다. 이런 날은 어르신의 건강이 걱정이다. 겨울이 지나면 봄이 오기 마련이다. 빨리 날씨가 따뜻해지고 꽃이 피었으면 좋겠다. 그때쯤, 다시 장인을 만나볼 셈이다. 이 글에서 다룬 많은 장인들이 지금처럼 앞으로도 계속 건강하셔서, 우리의 무형문화재를 이끌어갔으면 한다.

작은 이 책을 내면서 많은 이들의 도움을 받았다. 이 책에 이름이 올라 있는 장인들께 누구보다 먼저 감사의 마음을 드린다. 일일이 찾아뵙고 인사를 해야 하는데 마음만 앞설 뿐 그러지 못한 사정이 있음을 대신 전한다. 장인들을 만나는 현장에 함께 했던 문화재청이나 서울특별시, 대전직할시, 충청남도 등의 공무원들도 마찬가지이다. 그들은 무형문화재를 지키는 최후의 보루로서 자신의 일에 열과 성의를 다하여, 그런 공무원이 있는 이 나라에 사는 국민으로서 마음이 든든하다. 이 책에 수록한 많은 장인들의 사진을 찍어준 최호식 사진작가께 감사하고, 내용도 많고 복잡한 책을 선뜻 맡아주신 솔과학 김재광 사장님과 이 책을 예쁘게 편집해준 오흥만 디자이너에게도 고마움을 전한다. 무엇보다도 이 작은 책이 장인들을 이해하는 데 도움이 되길 다시 한번 더 바란다. 앞으로도 계속 장인에 대한 애정과 관심, 조사와 연구를 게을리하지 않고 더 좋은 성과를 내도록 노력하려 한다.

2017. 12. 한서대에서

장경희

목 차

책을 시작하며 ······ 4

01. 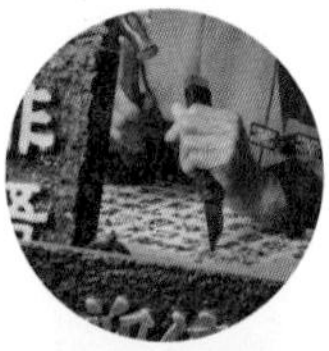 전통공예의 역사 ······ 8

02. 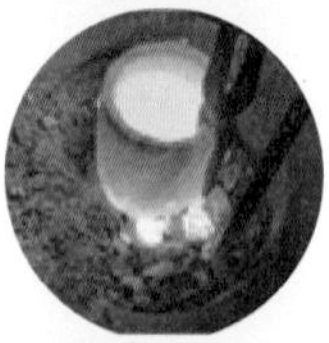 금속공예와 장인 ······ 30

03. 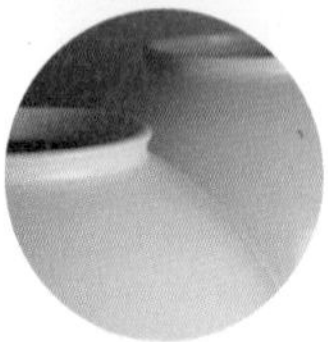 도자공예와 장인 ······ 58

04. 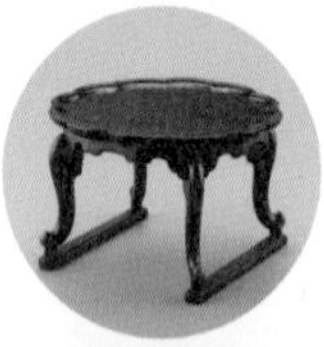 목공예와 장인 ······ 80

05. 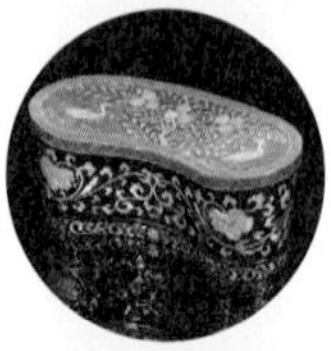 칠공예와 장인 ······ 110

06. 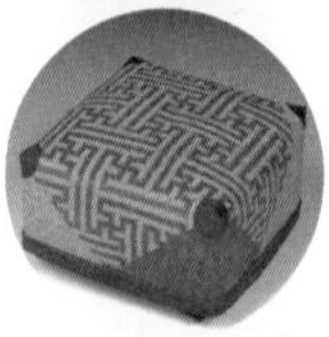 죽세공예와 장인 ······ 134

07.  짚풀공예와 장인 ······ 164

08. 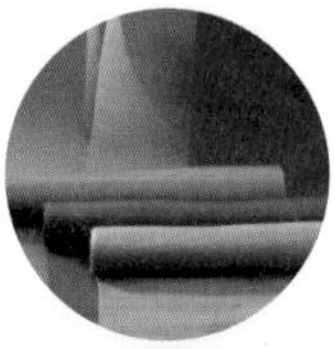 염직공예와 장인 188

09. 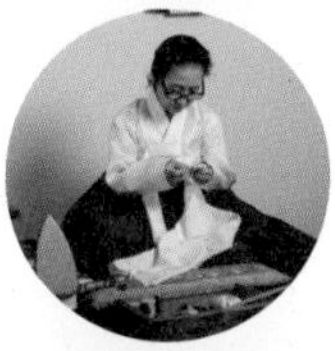 복식과 장인 218

10. 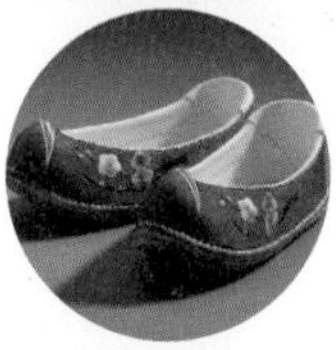 피모골각공예와 장인 250

11. 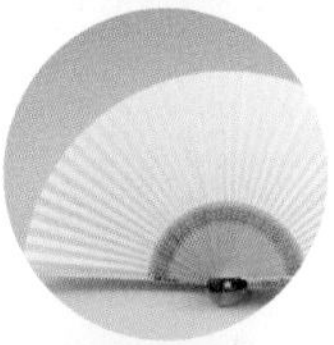 한지공예와 장인 280

12. 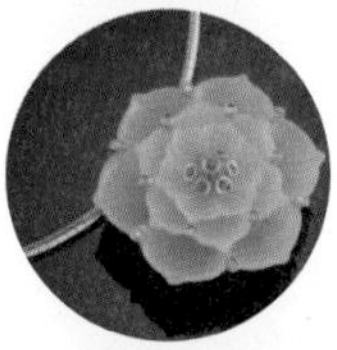 옥석공예와 장인 302

13. 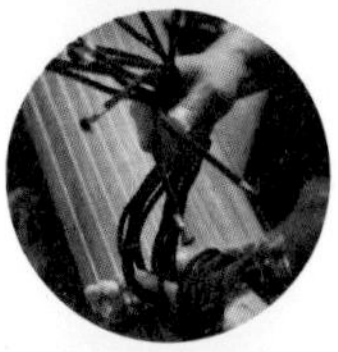 악기공예와 장인 326

14. 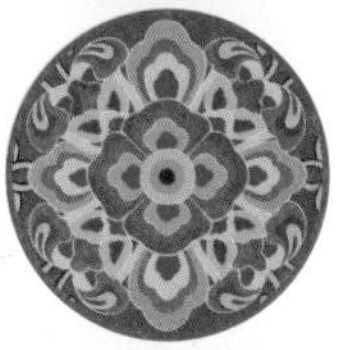 채화공예와 장인 344

15. 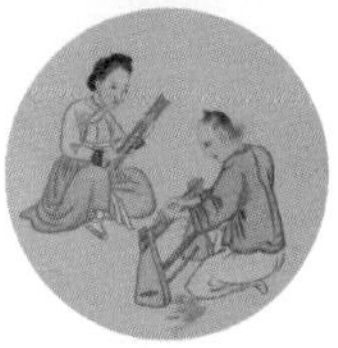 회화 속 전통공예 368

참고문헌 390

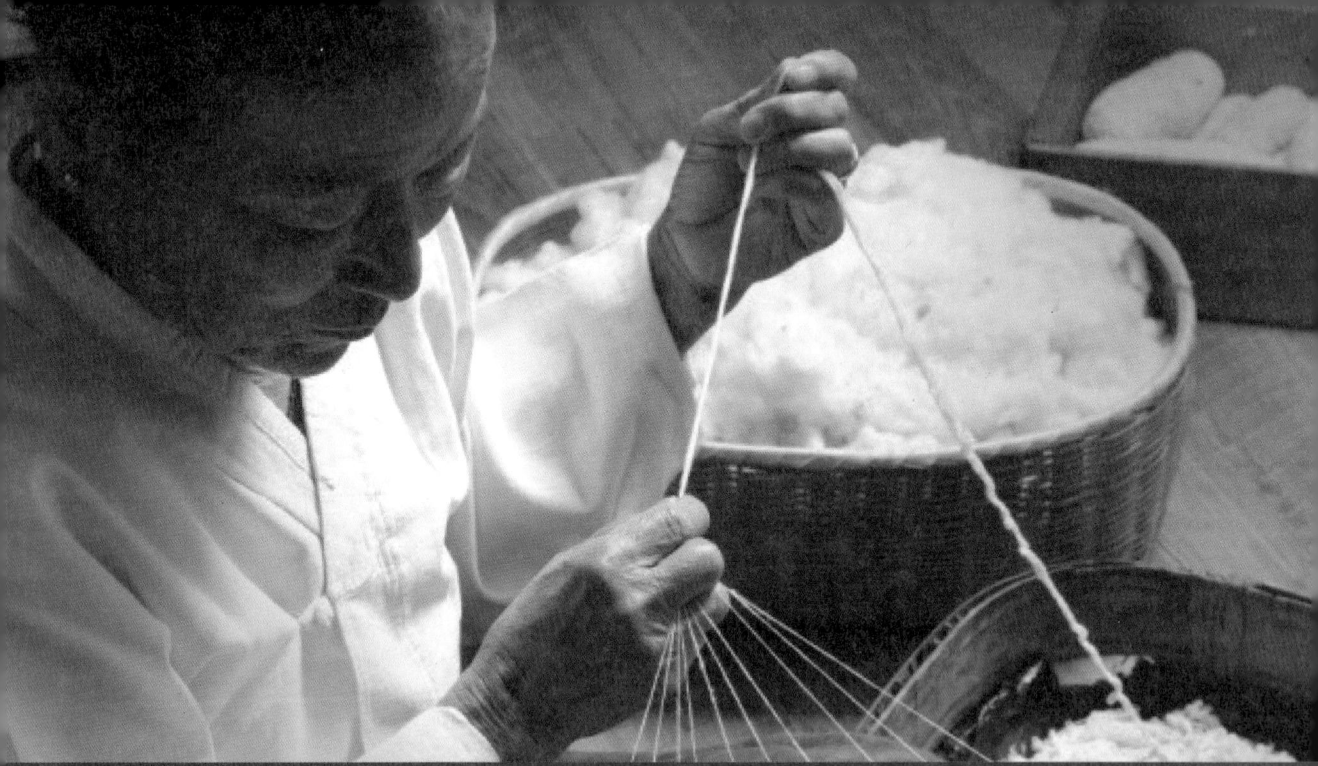

01 전통공예의 역사

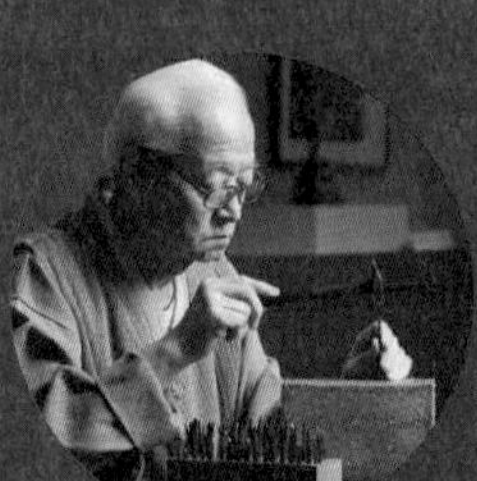

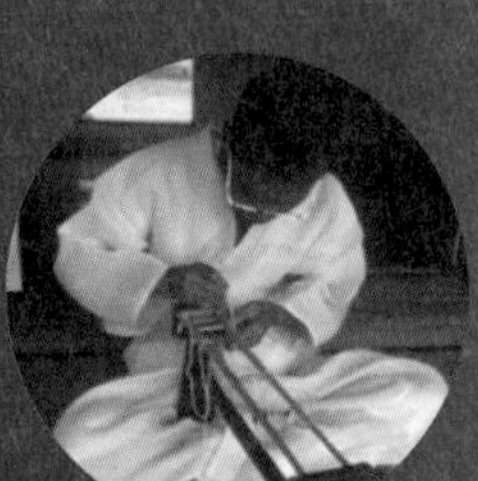

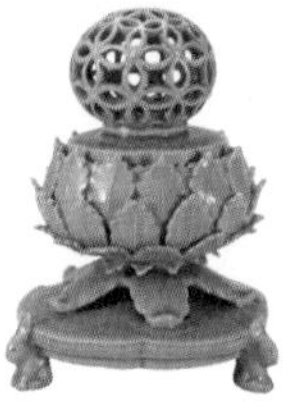

한국의 무형문화재

분류	종목수	종목명
공연예술	46	제1호 종묘제례악 - 제129호 아리랑
전통기술	51	제4호 갓일 - 제128호 선자장
전통지식	1	제132호 해녀
구전 및 표현	0	-
생활관습	5	제38호 조선왕조궁중음식 - 제130호 제다
의식의례	18	제9호 은산별신제 - 제127호 아랫녘수륙재
놀이무예	16	제3호 남사당놀이 - 제131호 씨름

한국의 인류무형문화유산

지정년도	종목명	공예종목
2001	종묘제례 및 종묘제례악	
2003	판소리	
2005	강릉단오제	
2009	강강술래	
2009	남사당놀이	
2009	영산재	
2009	제주칠머리당 영등굿	
2009	처용무	
2010	가곡	
2010	대목장	○
2010	매사냥	
2011	줄타기	
2011	택견	
2011	한산모시짜기	○
2012	아리랑	
2013	김장문화	
2014	농악	
2015	줄다리기	
2016	제주해녀문화	

■ 학습개요

공예는 우리가 의식주 생활을 영위할 때 꼭 필요한 것으로 옷이나 그릇 및 가구 등이다. 우리 민족은 한반도에서 선사시대부터 지금까지 오천년 이상 살아오면서 시기별로 장르별로 여러 분야에서 다양한 공예품을 만들어 사용하였다.

그러나 현대 산업화와 문명화를 거치면서 이러한 공예품을 만드는 전통 수공예기술은 점차 사라지거나 변질될 위험에 처하게 되었다. 이에 문화재청은 1962년 문화재보호법을 제정하여 학술적, 예술적 가치가 높은 공예기술이 원형을 유지하고 전승할 수 있도록 무형문화재로 지정하여 보호, 관리하게 되었다.

이렇게 국가에서 지정한 무형문화재 중 공예기술 종목에는 어떠한 것들이 있을까? 이러한 공예품들은 언제 어디에 어떻게 왜 사용하는 것일까? 또 이것들은 누가 무엇을 재료로 삼아 어떻게 제작한 것일까? 무형문화재로 지정된 전통공예는 나무, 흙, 섬유, 금속 등 각종 재료를 다루는 장인들의 기술과 그들이 만든 공예품을 가리킨다. 2003년 유네스코 '무형문화유산 보호 협약'에서 정의하고 있는 무형유산의 정의와 다섯 가지 분야를 살펴보기로 한다. 더욱이 우리나라는 2015년 기존 '문화재보호법'에서 무형문화유산을 별도로 보호하는 '무형문화재 보전 및 시행에 관한 법률'을 제정하면서 7개 분야로 나눈 바 있다.

이 장에서는 공예품을 제작하는 공예기술 중 무형문화재로 지정된 종목의 재료별, 용도별 분류와 유네스코의 무형문화유산의 개념을 알아보기로 하자.

■ 학습목표

1. 공예와 전통공예의 개념과 특징을 설명할 수 있다.
2. 무형문화재 공예기술의 종류에 대해 설명할 수 있다.
3. 우리나라 역사 속에서 전통공예의 미를 발견할 수 있다.

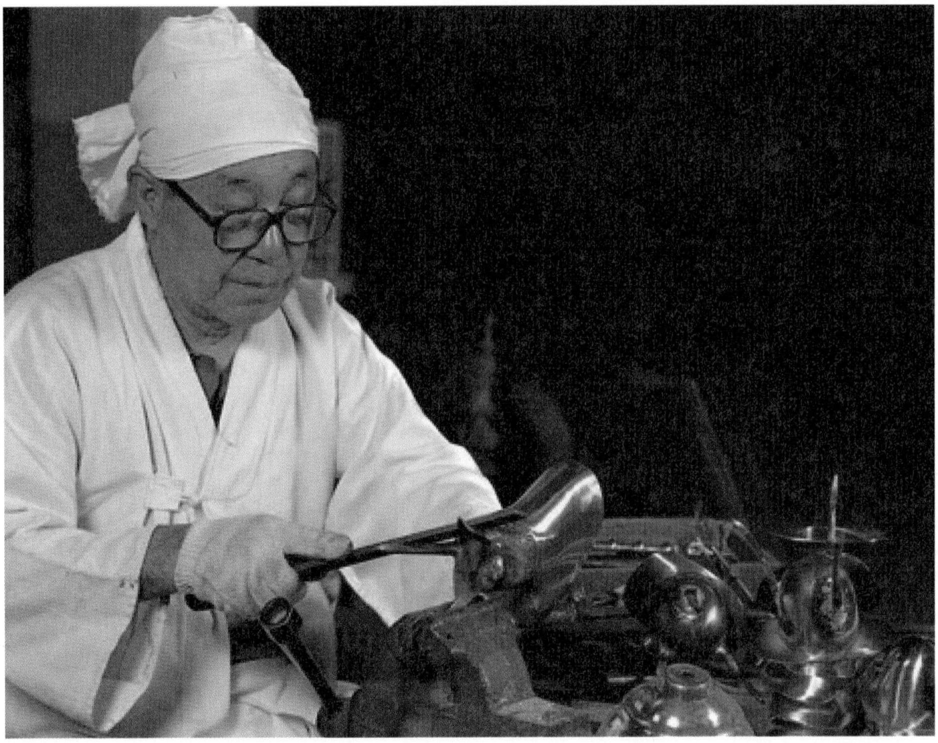

국가 유기장 故 김근수 보유자

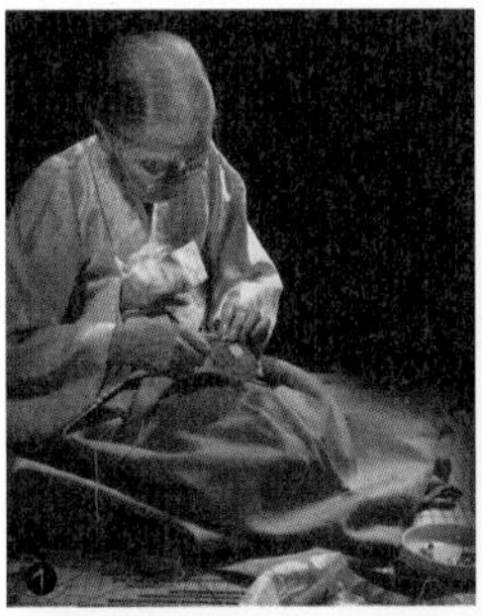

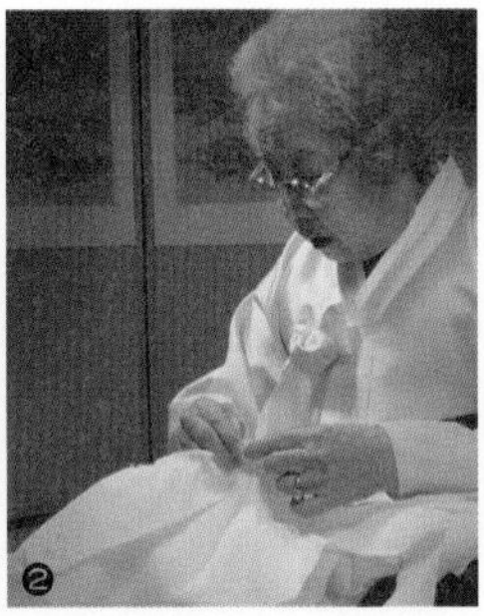

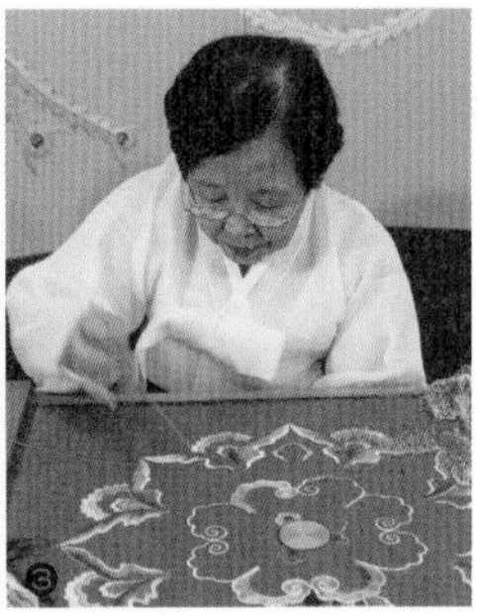

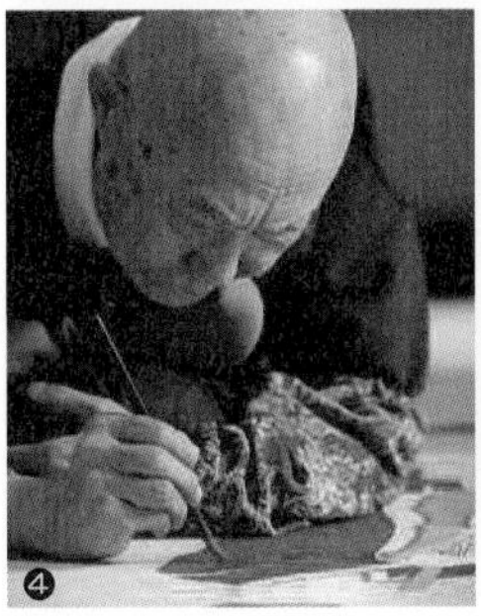

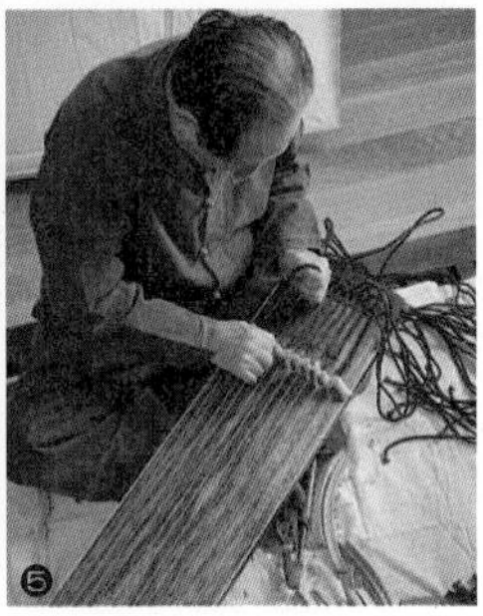

❶ 국가 매듭장 故 최은순 보유자
❷ 국가 침선장 故 정정완 보유자
❸ 국가 자수장 故 한상수 보유자
❹ 국가 불화장 故 임석정 보유자
❺ 국가 악기장 故 이영수 보유자

■ 학습내용

1 무형문화재 혹은 무형문화유산이란 무엇일까요?

문화재는 보존할 만한 가치가 있는 문화유산을 뜻합니다. 우리가 알고 있는 대표적인 문화재, 바로 국보 제1호 숭례문이 그것입니다. 그밖에도 김홍도가 그린 풍속화, 석굴암 부처님과 같은 조각품, 조선 백자나 신라 금관과 같은 공예품, 그리고 조선왕조실록을 비롯한 책들도 있습니다.

이렇게 국보나 보물처럼 형태를 갖추고 우리 눈에 보이는 유형의 것들은 '유형문화재'라고 합니다. 그런데 문화재에는 이런 것들만 있는 것이 아닙니다. 탈춤이나 농악, 종묘제례처럼 비록 고정된 형태로 눈에는 보이지 않으나 우리 민족의 흥과 멋이 살아 숨 쉬는 음악, 무용, 연극, 놀이와 의식, 공예기술 등도 있습니다. 이러한 전통예술을 '무형문화재'라고 합니다.

그렇다면 무형문화재라고 들어 보았나요? '무형문화재'는 형체가 없는 유산이라고 하여 '무형문화유산'이라고도 합니다. 우리나라에서는 일찍부터 무형문화재를 보호해 왔습니다. 1962년에 만든 「문화재보호법」에서는 무형문화재의 정의를 "연극, 음악, 무용, 놀이, 의식, 공예기술 등 무형의 문화적 소산으로서 역사적, 예술적 또는 학술적 가치가 큰 것"이라고 규정하고 있습니다.

무형문화재는 비록 눈에 보이지 않지만 여러 세대를 거치는 동안 사람에서 사람으로 전해지고, 입에서 입으로 전해져 온 것이 특징입니다. 이러한 여러 종류의 예술 활동은 인류학적인 유산으로서, 민속, 법, 습관, 생활양식 등 민족적 또는 국민적인 체질의 본질을 표현하는 모든 것까지 포괄합니다.

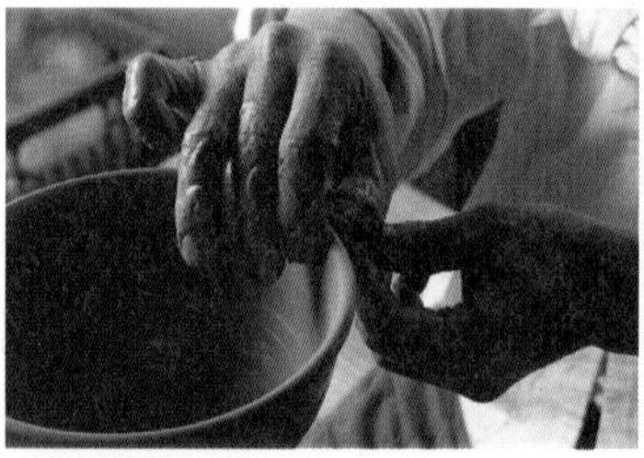
사기장; 흙으로 그릇 빚기

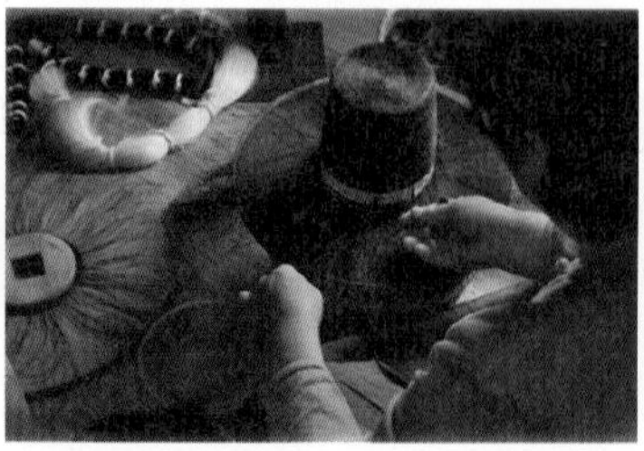
갓일; 말총으로 갓 만들기

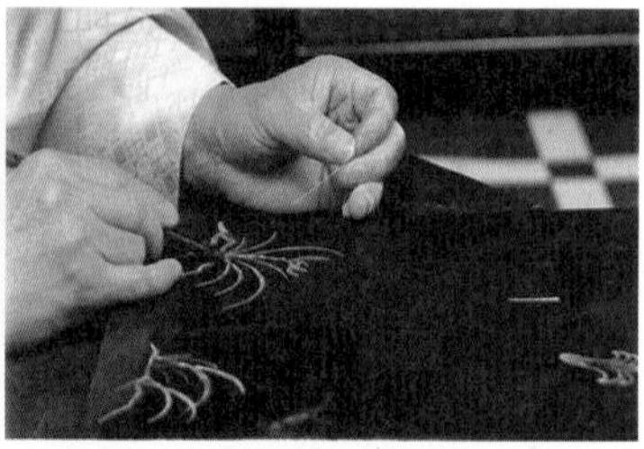
입사장; 금속에 은실을 박아 장식하기

한편 무형문화유산은 2003년 유네스코 '무형문화유산 보호 협약'이 제정되면서 함께 등장한 용어입니다. 유네스코 '무형문화유산 보호 협약'에서는 무형문화유산의 정의와 분야를 보다 넓게 규정하고 있습니다.

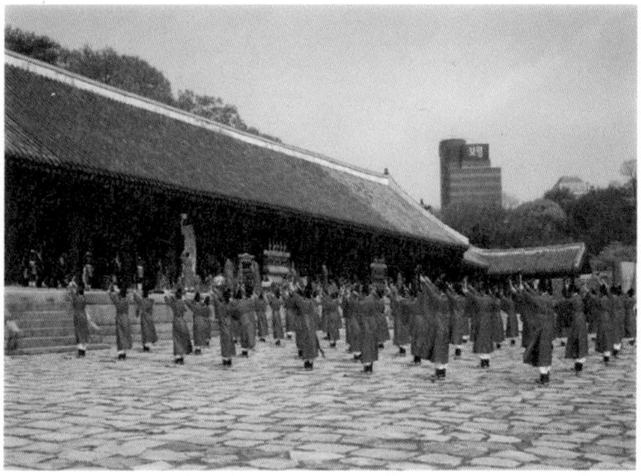

인류무형문화유산 및 국가무형문화재 제1호 종묘제례악

최근에 우리나라도 유네스코의 협

유네스코 '무형문화유산 보호 협약'의 무형문화유산 정의와 분야

무형문화유산이라 함은 공동체와 집단, 때로는 개인이 자신의 문화유산의 일부로 보는 관습, 표상, 표현, 지식, 기능 및 이와 관련한 도구, 물품, 공예품 및 문화 공간을 말한다.

가) 무형문화유산의 전달체로서의 언어를 포함한 구전 전통 및 표현

나) 공연 예술

다) 사회적 관습·의식 및 제전

라) 자연과 우주에 대한 지식 및 관습

마) 전통 공예 기술

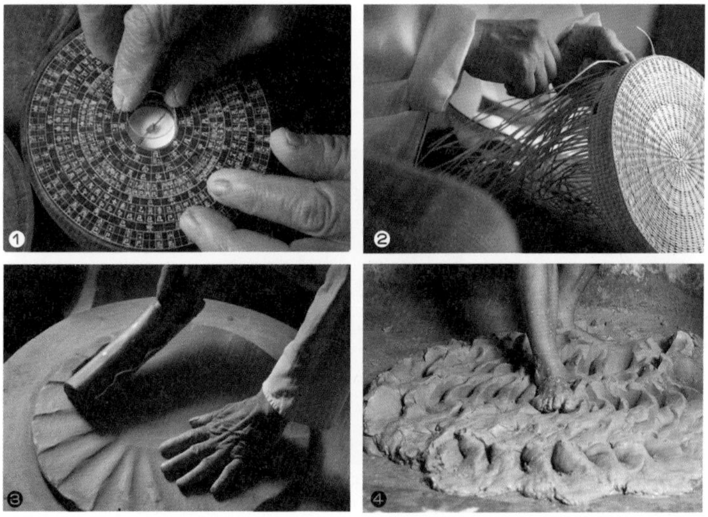

❶ 국가 윤도장 김종대 보유자
❷ 국가 완초장 이상재 보유자
❸ 국가 옹기장 김일만 보유자
❹ 국가 사기장 김정옥 보유자

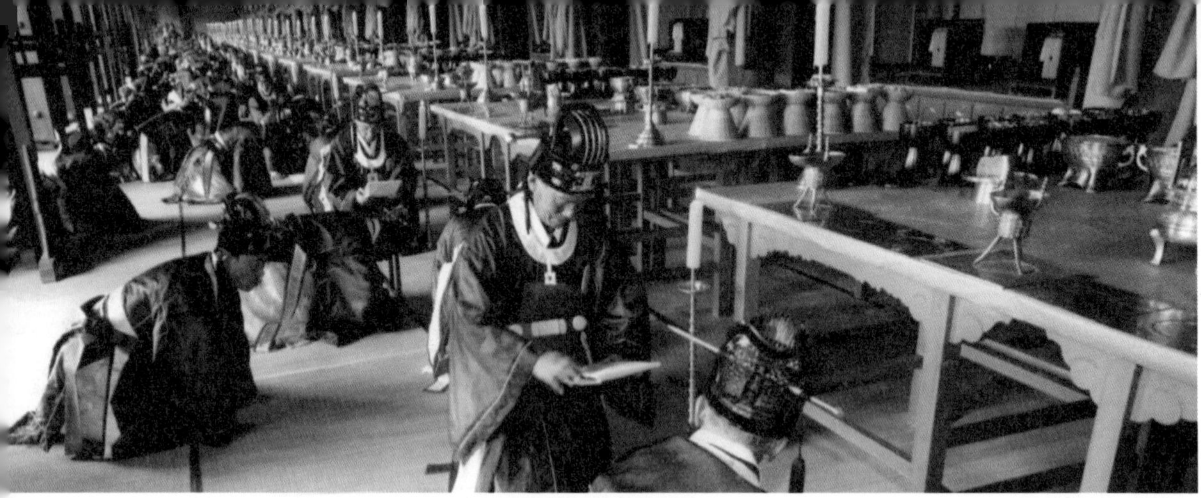

인류무형문화유산 및 국가무형문화재 종묘제례(2001년 등재)

약을 따라 2015년 3월 문화재보호법과 별도로 「무형문화재 보전 및 시행에 관한 법률」을 제정하였습니다. 그러면서 「문화재보호법」의 일부 내용을 수정하여 무형문화재의 정의를 다음과 같이 정하였습니다.

2015년 3월에 개정된 「문화재보호법」의 무형문화재 정의

여러 세대에 걸쳐 전승되어 온 무형의 문화적 유산 중 다음 각 목의 어느 하나에 해당되는 것

가) 전통적 공연·예술

나) 공예, 미술 등에 관한 전통 기술

다) 한의약, 농경·어로 등에 관한 전통 지식

라) 구전 전통 및 표현

마) 의식주 등 전통적 생활 관습

바) 민간 신앙 등 사회적 의식

사) 전통적 놀이·축제 및 기예·무예

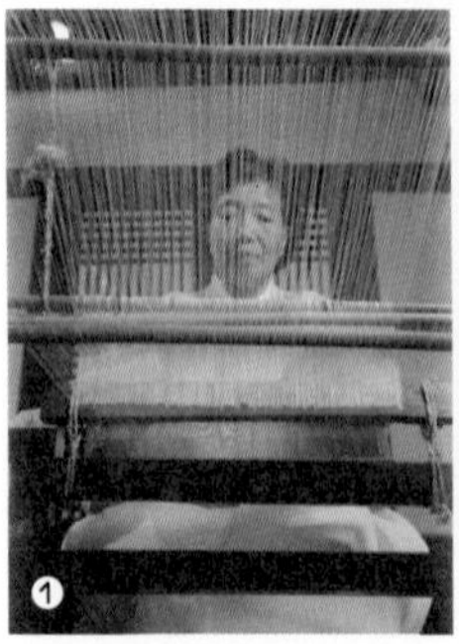

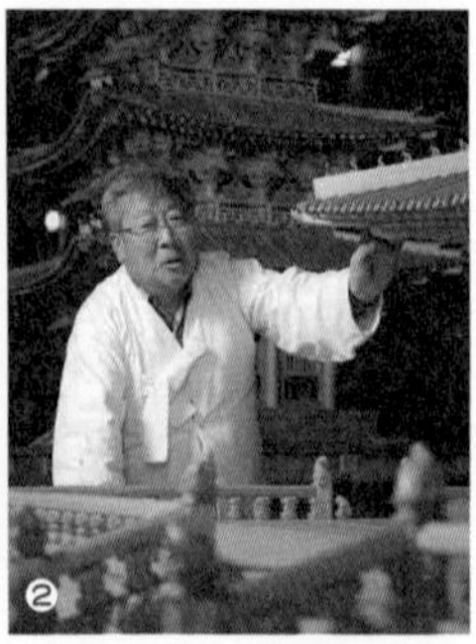

❶ 인류무형문화유산 및 국가무형문화재 한산모시짜기(2011년 등재)
❷ 인류무형문화유산 및 국가무형문화재 대목장(2010년 등재)

기존 「문화재보호법」의 무형문화재의 개념과 최근 「문화재보호법」의 무형문화재 개념을 비교해 보면 그 범위가 더 구체적으로 넓어졌음을 확실히 알 수 있습니다.

2 우리나라의 무형문화재 중 공예기술에는 어떤 것이 있을까요?

우리나라는 역사적·예술적·학술적 가치가 큰 무형문화유산 중 현대문명의 영향으로 소멸되거나 변질될 위험성이 있는 것을 선별하여, 1962년에 제정된 문화재보호법에 의해 이것들을 보호하고 원형적 형태가 지속적으로 유지·전승되도록 보호하고 관리해 왔습니다. 이러한 무형문화재 중에서도 국가적으로 중요하다고 인정되는 것은 '국가무형문화재'로, 그 밖의 시도에서도 무형문화재를 지정하고 보호하여 왔습니다.

이러한 무형문화재는 예술적인 능력을 중요시하는 전통 예능 분야와 기술적인 능력을 중요시하는 공예 관련 분야로 구분됩니다. 예능에 해당되는 무형문화재 분야는 음악, 무용, 연극, 놀이와 의식, 무예 등이고 연행을 중요하게 생각하며, 공예와 관련되는 무형문화재 분야는 도자기나 가구, 옷감 등 기능을 중요시하게 됩니다. 그리고 음식을 만드는 솜씨도 무형문화재에 포함됩니다.

이중에서 공예기술에 해당되는 국가무형문화재에 대해 알아볼까요?

우리 조상들은 오랜 옛날부터 생활에 필요한 거의 모든 도구를 자연에서 나는 재료로 만들어서 사용해 왔습니다. 특히 왕권 강화 시기나 불교가 융성하던 시기에 이런 공예 기술은 발전하였는데, 이 시기에 왕의 권위를 상징하는 장식물이나 건축물, 불교 관련 장식물들이 많이 만들어졌기 때문입니다.

또한 우리나라 공예품은 실생활과도 밀접하게 관련된 것이 많아 지나친 권위를 내세우거나 기교를 부리지 않는 것도 하나의 특징이라 할 수 있습니다. 갓일, 사기장, 소목장, 조각장, 한산모시짜기, 염색장, 화혜장, 한지장, 옥장 등이 공예 분야의 무형유산입니다.

무형문화재로 지정된 전통 공예는 어떤 기술이 있을까요? 공예품을 만들려면 재료가 있어야 하는데, 전통 공예는 재료를 다루는 뛰어난 솜씨에 해당됩니다. 따라서 무형문화재 공예 종목은 몇 가지 재료로 크게 나눌 수 있습니다.

첫째, 도자공예는 흙을 재료로 삼아 각종 도자기를 제작하는 전통 공예기술입니다. 옹기를 만드는 옹기장甕器匠, 백자를 만드는 사기장沙器匠, 기와를 만드는 제와장製瓦匠, 그 기와를 건물 지붕 위에 올리는 번와장翻瓦匠이 그것입니다.

둘째, 금속공예는 금은이나 구리와 같은 각종 금속과 그 합금을 가지고 그릇이나 장신

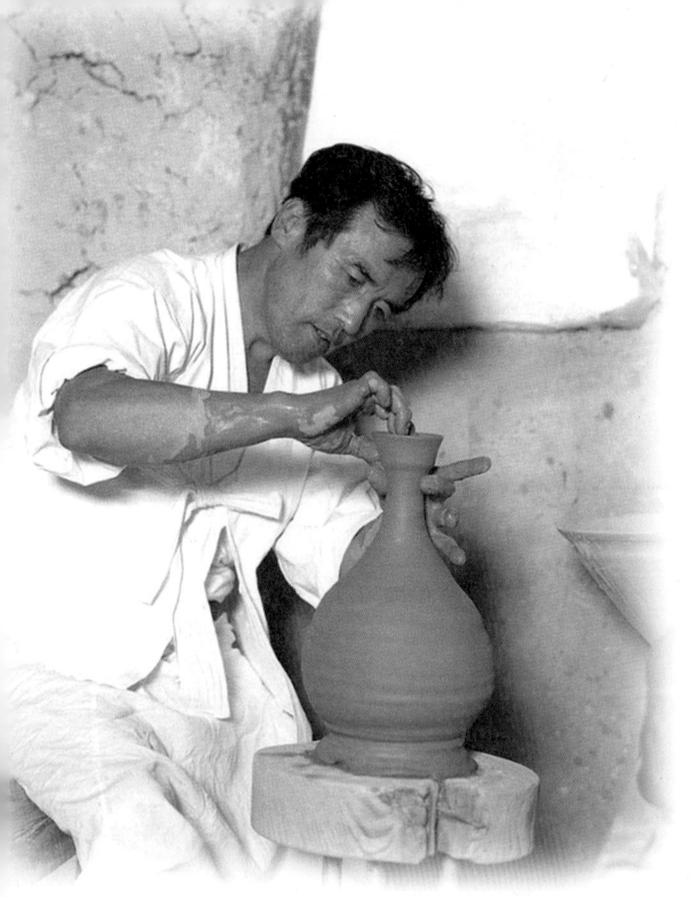

국가 사기장 김정옥 보유자

구, 악기 및 무기 등을 만드는 기술입니다. 장도를 만드는 장도장粧刀匠, 담뱃대를 만드는 백동연죽장白銅煙竹匠, 가구의 장석을 만드는 두석장豆錫匠, 구리와 주석을 섞어 놋그릇을 만드는 유기장鍮器匠, 종을 만드는 주철장鑄鐵匠, 활자를 만드는 금속활자장金屬活字匠, 금속 표면을 새기거나 쪼아 장식하는 조각장彫刻匠과 입사장入絲匠, 금박을 찍어내는 금박장 등이 그것입니다.

셋째, 섬유공예는 우리 주위에 흔히 자라는 각종 풀을 옷감을 짜거나 염색을 해서 옷을 만들던 전통 기술입니다. 목화에서 솜을 따 무명을 짜는 나주의 샛골나이, 모시풀을 째서 실을 만들어 모시를 짜는 한산의 모시짜기, 삼풀의 줄기를 쪼개 삼실을 만들어 삼베를 짜는 곡성의 돌실나이, 누에에게 뽕잎을 먹여 누에고치에서 명주실을 뽑고 그것으로 명주를 짜는 성주와 경주의 명주짜기가 있습니다. 화학염료가 없던 과거에 옷감에 고운 물을 들이려면 꼭두서니나 잇꽃 등 자연의 꽃이나 풀을 따서 염색을 했는데, 그중 쪽잎을 따서 옷감이나 실 위에 하늘빛을 염색

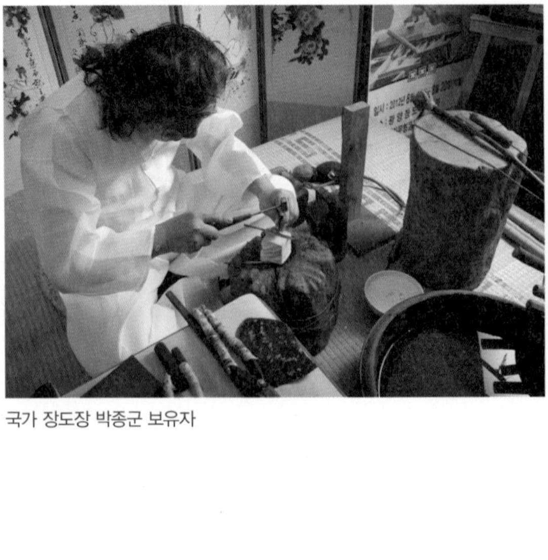

국가 장도장 박종군 보유자

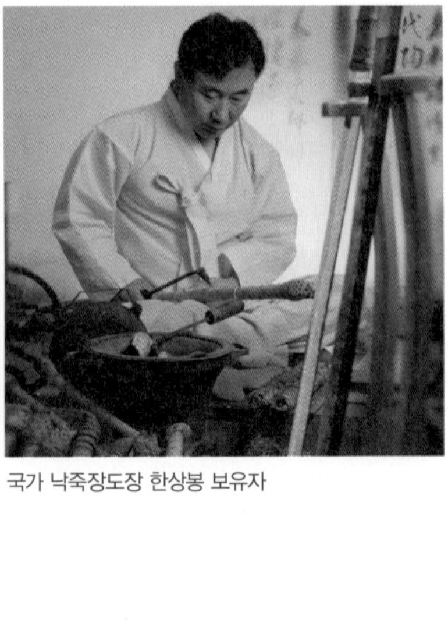

국가 낙죽장도장 한상봉 보유자

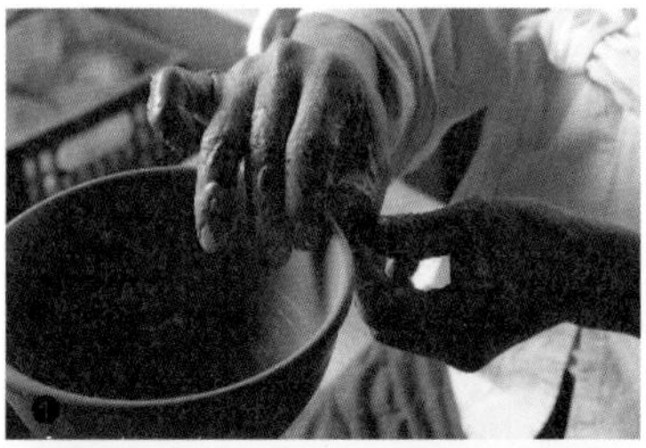

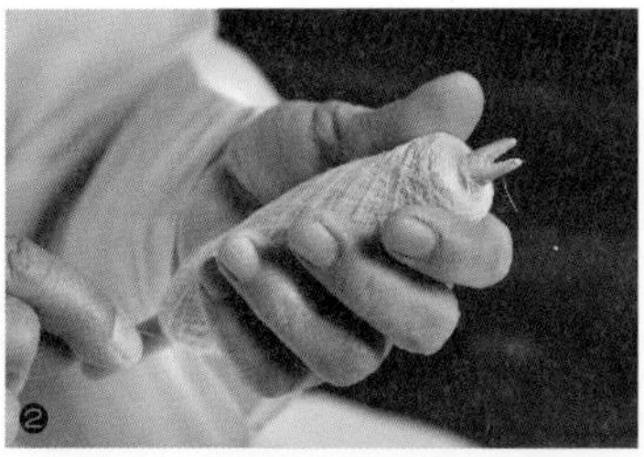

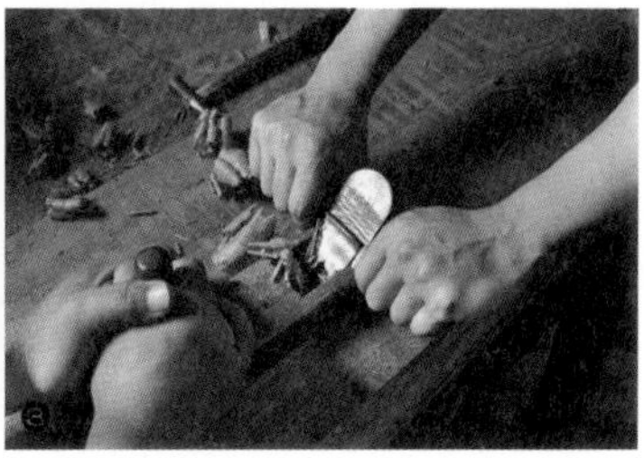

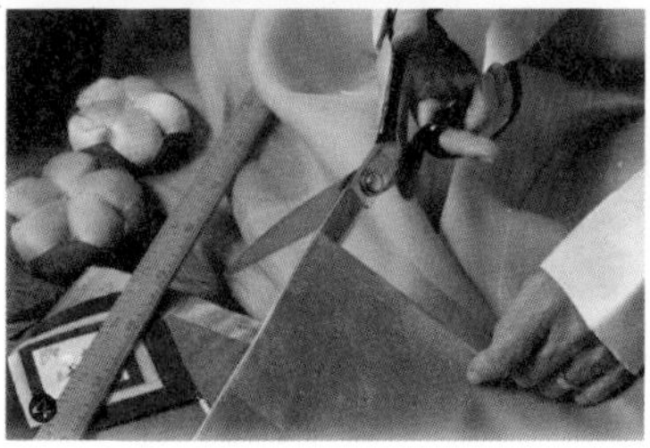

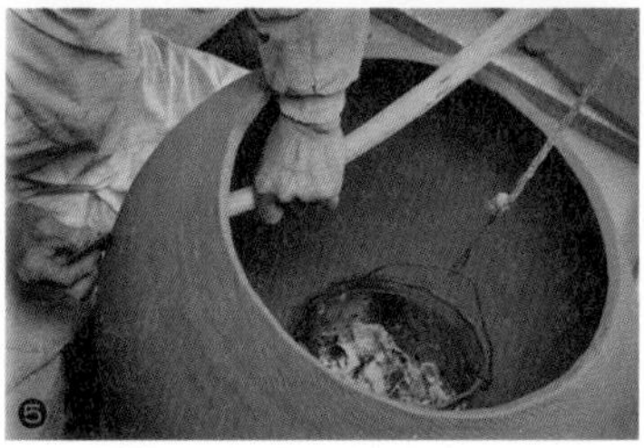

❶ 도자공예-국가 사기장 김정옥 보유자
❷ 섬유공예-국가 모시짜기 방연옥 보유자
❸ 목공예-국가 소목장 박명배 보유자
❹ 복식-국가 침선장 구혜자 보유자
❺ 도자공예-국가 옹기장 김일만 보유자

하는 염색장이 그것입니다. 바느질로 옷을 만들던 침선장, 솜을 넣어 따뜻하게 누비던 누비장, 화려한 색실로 꽃이나 나비 등을 수놓던 자수장, 실을 엮어 노리개를 맺던 매듭장 등도 있습니다.

넷째, 목공예는 나무를 재료로 삼아 그릇이나 악기 등을 만들던 기술입니다. 나무를 다루는 기술은 큰 나무로 집을 만드는 대목장, 집 안에 놓인 가구를 제작하는 소목장, 상을 만드는 소반장, 불상 등을 조각하는 목조각장, 나침반을 만드는 윤도장, 글씨를 새기는 각자장, 등이 다양한 종류가 있습니다.

다섯째, 칠공예는 옻나무에서 채취한 칠을 정제하거나 목재 위나 자개 및 화각 등에 바르는 기술입니다. 옻은 방부, 방충, 방습에 탁월한 효과를 가지고 있어, 인류가 발명한 최고의 도료입니다. 이것을 정제하는 기술을 지닌 칠장, 자개를 잘라 백골 위에 장식하는 나전장, 쇠뿔 위에 그리는 화각장 등 다양합니다.

여섯째, 죽세공예는 대나무를 얇고 가늘게 쪼개 물품을 제작하는 기술입니다. 대나무는 여러 모로 요긴하여 활과 화살을 만드는 궁시장, 여름에 바람을 만드는 선자장, 바람이 솔솔 통하게 만드는 염장 등이 있습니다. 그리고 대를 가늘게 쪼개 갓의 차양을 만드는 양태장, 머리를 빗는 참빗을 만드는 참빗장, 바디를 가늘게 만들어 세모시나 명주를 짰던 바디장, 가느다란 대오리를 엮어 상자를 만드는 채상장, 대나무를 인두로 지지는 낙죽장과 낙죽장도장도 있습니다.

일곱째, 짚풀공예는 볏짚이나 왕골 등을 엮어 그릇을 만드는 기술입니다. 왕골을 엮어 자리나 바구니 등을 짜는 완초장, 왕골로 자리를 짜는 초고장, 왕골로 등메를 짜는 등메장, 정당줄기로 벌립을 만드는 정동벌립장, 댕댕이 줄기로 그릇을 만드는 홍성 댕댕이장이 있습니다.

여덟째, 염직공예는 실로 천을 짜서나 그 위에 염색을 하는 기술입니다. 모시풀을 가늘고 길게 쪼갠 실로 모시 짜기, 목화솜을 자아 무명짜기, 삼풀을 쪼개고 이어 삼베 짜기, 누에를 길러 실을 자아 명주짜기, 쪽풀을 키워 남색을 염색하는 염색장, 홍화를 길러 홍색을 염색하는 홍염장 등이 있습니다.

아홉째, 복식은 의생활에 필요한 옷이나 각종 장신구를 만드는 기술입니다. 식구들의 옷을 짓는 침선장, 추운 겨울을 견딜 수 있게 솜을 넣어 누비는 누비장, 옷이나 장신구 위에 수를 놓는 자수장, 실을 꼬고 형상을 맺는 매듭장, 옷을 화려하게 장식하기 위해 금을 박아내는 금박장 등이 있습니다.

열째, 피모골각공예는 동물의 가죽이나 털을 재료로 삼아 각종 생활 소품을 만드는 기술입니다. 가죽을 엮어 꽃신을 만드는 화혜장이 있습니다. 말총이나 쇠꼬리털을 맺고 엮어 망건이나 탕건 그리고 갓을 만드는 망건장과 탕건장 및 총모자장 그리고 갓일 등이 있습니다. 양털이나 족제비털을 모아 붓을 만드는 필장도 있습니다.

열한째, 종이공예는 한지를 만들거나 그것으로 각종 소품을 만드는 기술입니다. 닥나무로 한지를 만드는 장인은 지장, 부채를 만드는 선자장, 종이노끈을 꼬아 여러 그릇을 만드는 지승제조장이 있습니다.

열두째, 옥석공예는 옥이나 돌을 다듬어 무언가를 만드는 기술입니다. 옥을 재료로 삼아 옥보나 옥책 및 장신구 등을 만드는 옥장, 돌을 다듬어 불보살상이나 성곽을 쌓는 석장이 있습니다.

열셋째, 채화공예는 그림을 그리는 기술입니다. 궁궐이나 사찰 건물에 아름다운 그림을 그리는 단청장, 사찰의 전각에 걸 불화를 그리는 불화장, 민중의 삶을 그리는 민화장, 종이 위에 인두로 그림을 그리는 낙화장도 있습니다.

열넷째, 악기장은 여러 다양한 재료를 사용하여 악기를 제작하는 기술입니다. 가죽을 두드려 북이나 장구 등 타악기를 만드는 북메우기, 거문고나 가야금을 만드는 현악기장이 있습니다.

이렇게 국가 및 시도무형문화재로 지정된 공예기술은 도자공예, 금속공예, 목공예, 칠공예, 죽세공예, 짚풀공예, 염직공예, 복식, 피모골각공예, 종이공예, 옥석공예, 악기공예, 채화공예 등 재료와 용도에 따라 여러 종류로 나눌 수 있고, 세부 종목별로 50종목 이상의 기술이 여기에 해당됩니다.

물론 이와 같은 무형문화재로 지정된 공예기술은 어제 오늘의 단 기간에 발전할 수 있는 것이 결코 아닙니다. 아주 오랜 옛날부터 우리 민족의 DNA 속에 존재하면서, 우리의 풍토와 우리의 삶과 밀접하게 연관을 맺고 역사적 발전을 거쳐 면면히 이어져 내려온 결과라고 생각합니다.

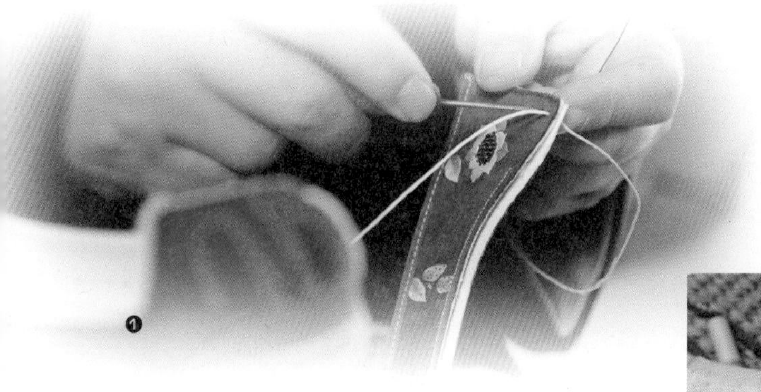

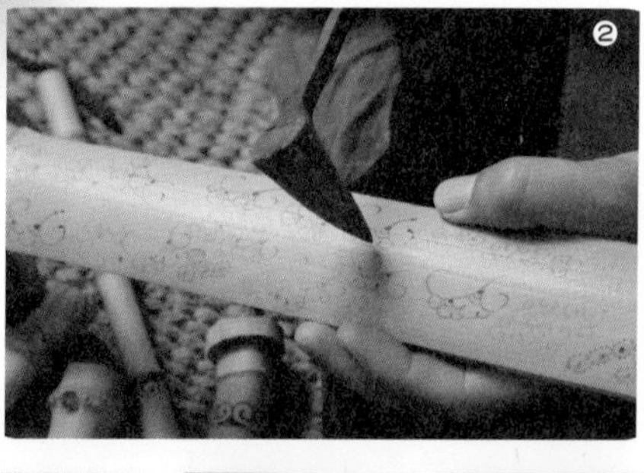

❶ 복식공예-국가 화혜장 황해봉 보유자
❷ 죽세공예-국가 낙죽장 김기찬 보유자
❸ 짚풀공예-국가 완초장 이상재 보유자
❹ 피모공예-국가 갓일 박창영 보유자
❺ 옥석공예-국가 옥장 장주원 보유자

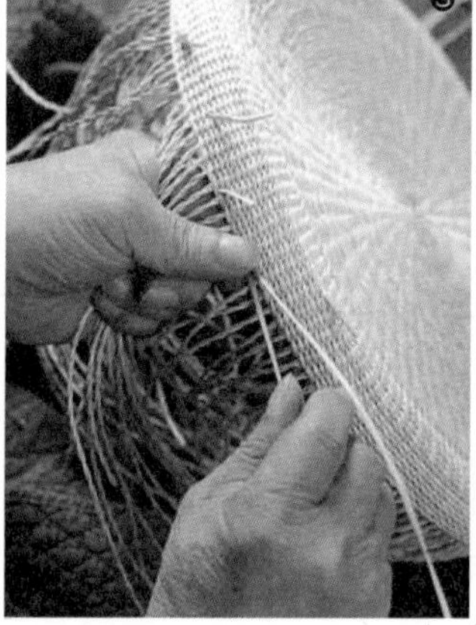

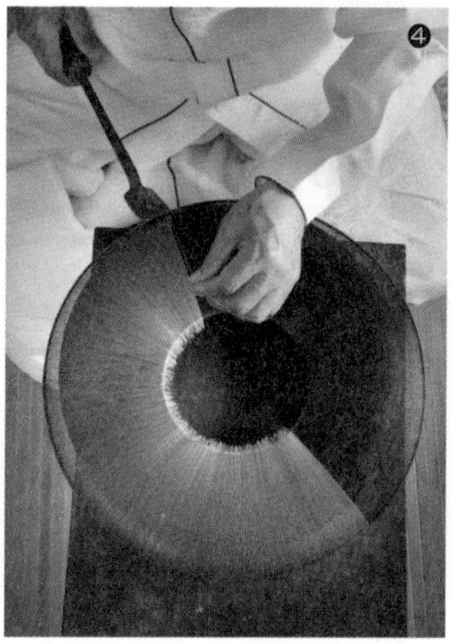

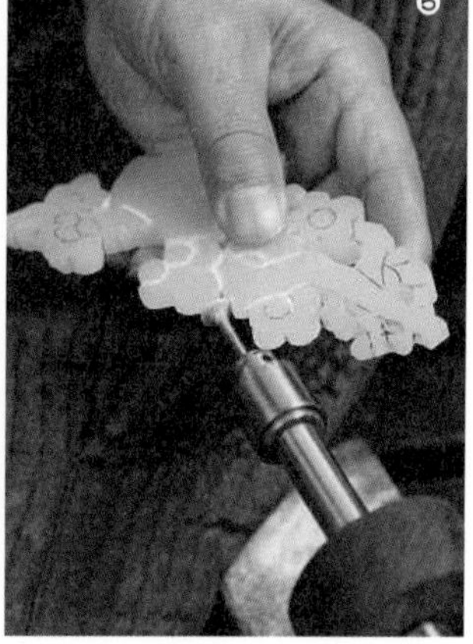

3 우리 역사에서 전통공예는 어떤 모습일까요?

'공예'라는 말을 사전에서 찾아보면 '물건을 만드는 기술에 관한 재주'라고 되어 있습니다. 좀 더 넓게는 '일상생활에 필요한 물건을 만드는 일'을 공예라고 합니다.

먼 옛날 우리 조상들은 일상생활에 필요한 도구를 직접 만들어 사용했습니다. 즉, 자연에서 얻은 재료를 이용하여 그릇을 빚고, 옷을 만들어 입었으며, 집을 짓고 살았습니다. 앞에서 살펴본 무형문화재 장인과 적용시켜 볼까요? 곧 옹기장이 옹기를 빚고, 침선장이 옷을 만들고, 대목장이 집을 짓는 것과 마찬가지인 것입니다.

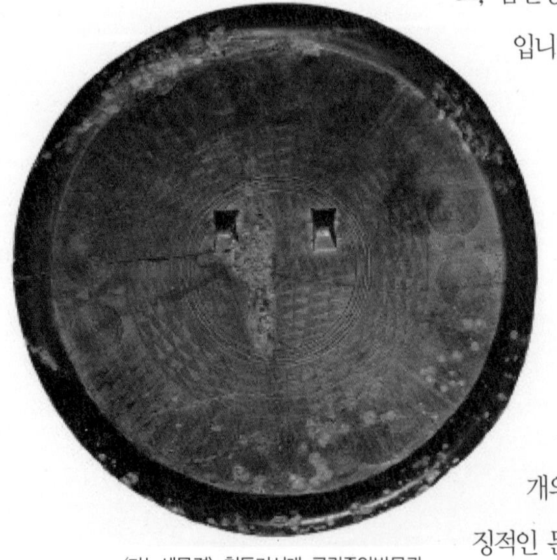

〈다뉴세문경〉, 청동기시대, 국립중앙박물관

이제 시간이 흘러 구리나 쇠를 다루어 청동기나 철기를 만들며 금속문화를 꽃피우게 되었습니다. 구리를 다루어 의식용품이나 장신구를 만드는 기술은 금속공예 장인의 기술로 이어졌을 것입니다. 고조선을 대표하는 공예품은 거대한 고인돌 속에서 발견된 다뉴세문경이나 비파형 동검일 겁니다. 그중 지배계층의 미감을 반영하는 것은 〈다뉴세문경〉이 아닌가 합니다. 거울에는 13,300여 개의 직선과 220개의 동심원처럼 기하학적이고 추상적이고 상징적인 문양이 빽빽하게 새겨져 있습니다. 이렇게 수많은 정교한 무늬를 어떻게 완벽하게 새겼을까요? 이러한 정교한 무늬는 현대 과학자들도 아직까지 완벽하게 복제할 수 없고, 컴퓨터 제도로만 가능하다고 합니다. 그 옛날 고조선의 공예가들은 작고 완벽한 컴퍼스를 가지고 있었는지, 아직도 풀 수 없는 미스터리라고 합니다. 이것은 우리 고조선의 금속 장인들이 이뤄낸 위대한 문화유산이고, 세계 최고의 가장 우수한 청동기 장인이 솜씨라 아니할 수 없습니다.

한편 공예 기술, 공예 문화가 빠르게 발달한 시기는 국가의 체계가 갖추어지면서 왕권이 강화되기 시작하는 고대국가 때입니다. 우리가 고구려, 백제, 신라, 가야라고 배운 그 당시입니다. 이 때에는 이전과 달리 금이나 은 및 구리 등 최고급 금속을 사용하여 왕실의 권위를 상징하는 금관이나 귀걸이를 비롯한 최고 수준의 다양한 금속공예품을 만들어 사용하였습니다.

백제의 공예품 중 최고는 부여 능산리에서 출토된 〈금동대향로〉일 것입니다. 지금까지 발견된 향로 중 가장 크고 예술성과 조형성이 뛰어납니다. 받침은 용트림하고, 그 용이 머리를 수직으로 들어 올려 입으로 연꽃 줄기를 물고 있고, 받침 위 향로, 다시 뚜껑, 그 위에 봉황이 두 날개를 펴고 배를 불룩 내밀고 버틴 형상입니다. 네 부분을 주조하여 붙인 기술도 뛰어나고 향로 곳곳에 배치한 인물과 동물들의 표현도 뛰어난 작품입니다. 전체적으로 조화를 이룬 형태미, 불교적 요소와 도교적 요소가 어우러진 상징성, 균형이 잡힌 비례미 등이 돋보입니다. 중국의 향로 중 이보다 더 크고 아름다운 향로를 찾을 수 없습니다. 백제 공예미술을 대표한다고 할 수 있습니다.

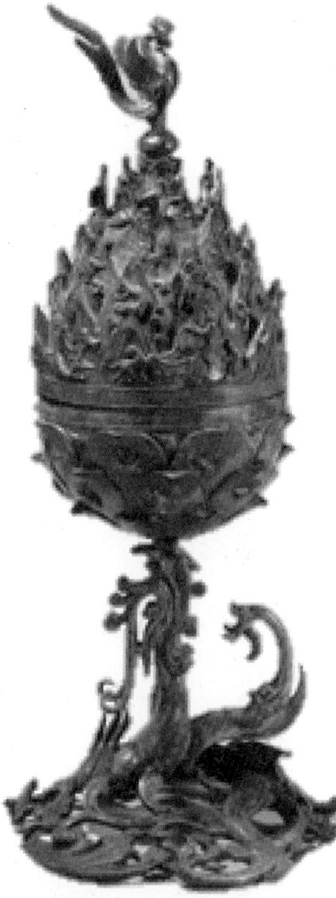

〈금동대향로〉, 백제, 국립부여박물관

신라는 특히 '금의 나라'라고 불립니다. 이런 신라의 금속공예품 중 최고는 금관입니다. 금관은 금관총, 금령총, 서봉총, 천마총, 황남대총 등 경주의 여러 적석목곽층에서 출토되었으며, 신라 금관 만의 고유한 특징으로 전세계에서 금속공예품 중 백미로 평가됩니다.

〈금관총 금관〉을 예로 들어보면, 관테 위의 정면 입식立飾은 나무 모양을 단순화시켰다고 여겨지는 뫼산山 혹은 날 출出자 모양을 하고 있어요. 그 양 옆에는 사슴뿔 모양의 입식이 세워져 있어, 수목이나 사슴을 숭배한 민간사상과 연관되었다고 추측되기도 합니다. 이러한 금관은 원래 내관과 외관으로 구성되며, 특히 외관에 있는 세부 요소들은 매우 독창적입니다. 이마를 두른 관테 중앙에는 나뭇잎을 추상화시킨 산山자나 출出자 형태가 솟아있고, 사슴뿔 모양 입식이나

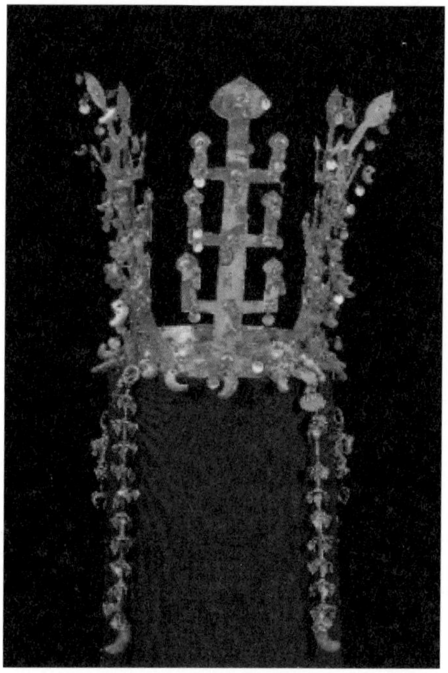

〈금관총 금관〉, 신라, 국립경주박물관

좌우 귀 밑으로 늘어지는 두 개의 수식垂飾으로 구성됩니다. 외관 겉면에는 달개형 영락 장식과 푸른빛을 내는 곱은옥이 장식되어 화려함을 돋보이게 합니다. 내관은 삼각형 모자에 활짝 편 새날개 모양의 장식으로 되어 있기도 합니다. 이처럼 신라 금관은 독창적이고 독특하고 아름다워 다른 어느 나라에서도 이와 비교할 만한 금관을 발견할 수 없는 최고 작품이며, 당시 우리 금속공예 장인의 솜씨가 반영된 사례가 하겠습니다.

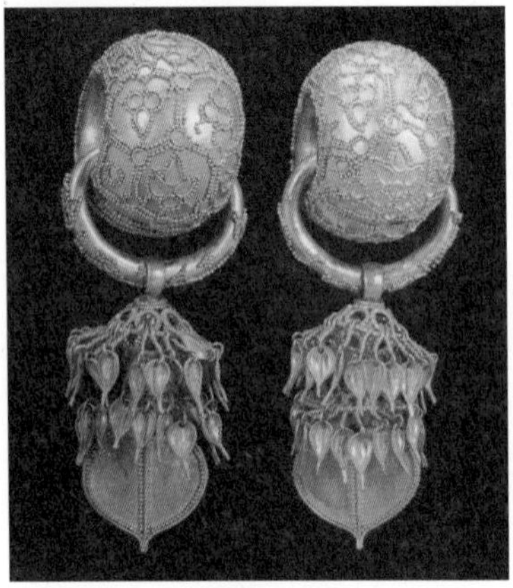

〈금귀걸이〉, 신라, 국립중앙박물관

금관과 더불어 신라 금속공예를 대표하는 것이 바로 〈금귀걸이〉입니다. 특히 고리 부분이 두꺼운 태환식太鐶式 귀걸이는 고리가 가느다란 세환식보다 흔치 않습니다. 국립중앙박물관 소장의 태환식 귀걸이는 굵은 고리에 수없이 붙어있는 작고 동글동글한 입자들을 금실을 잘게 잘라서 불에 가하여 조금씩 붙여나가는 누금법鏤金法이라는 최첨단 테크닉이 구사되었습니다. 영어로 필리그리Filigree 기법을 사용하여 화려하고 정교하게 만든 것입니다. 그 아래에 달려 있는 크고 작은 하트형 심엽 장식은 얇고 가벼워 숨소리에조차 흔들릴 정도로 섬세합니다. 전세계의 수많은 귀걸이 중 이것보다 독보적인 것이 없어 단연 최고의 작품이라 해도 손색이 없습니다.

아울러 인도에서 발생하여 중국을 거쳐 들어온 불교는 삼국시대에 뿌리를 내려 "불교의 나라"를 지향한 통일신라시대에 활짝 꽃을 피웠습니다. 이 시대 불교 공예품을 대표하는 최고의 공예품은 에밀레종이라고도 불리는 〈성덕대왕 신종〉일 겁니다. 이 종은 중국 종이나 일본 종보다 형태나 세부 장식 요소에서 차이가 있어 독창적입니다. 크기는 3.78m, 무게 18.9톤으로 세계 모든 종 중에서 제일 크고 가장 아름다고 '맥놀이' 현상 때문에 '에밀레, 에밀레'라는 소리가 들리는 종으로 유명합니다. 이 종은 구리 86%에 주석 13%가 과학적으로 구성되어 있지만 예전에는 종을 만들 때 여러 번 실패하여 어린아이를 공양하여 완성했다는 전설까지 전해질 정도로 신비한 종으로서, 당대 최고 수준의 공예기술을 지닌 세계적인 공예품입니다.

이 종은 밑이 넓고 위가 좁으며 전체적으로 배가 볼록한 곡선적 형태를 지니고 비례와 균형이 잡혀있어 세련미를 엿볼 수 있습니다. 종의 중앙부인 배 부분에는 연화좌 위에 무

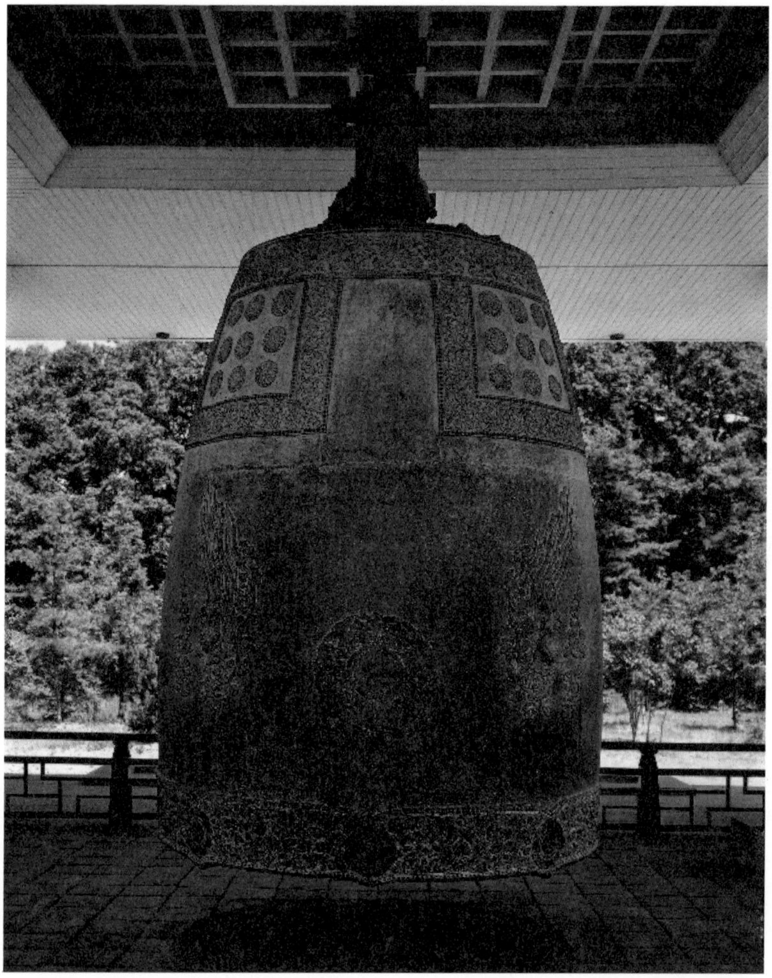

〈성덕대왕 신종〉, 통일신라, 국립경주박물관

릎 꿇은 채 두 손을 모아 향로를 든 채 공양하는 모습의 비천상이 양쪽에 두 구씩 모두 네 구와 그 주위로 보상화가 배치되어 있습니다. 종을 걸 수 있도록 위쪽에 용뉴가 있으며, 그 머리가 천판에서 떨어져 앞을 바라보게 되어 입안에 보주를 물고 있는 모습이 확연하게 드러납니다. 가늘어진 음통에는 연당초문을 얇게 시문하였고 상대의 연주문띠 위로 천판 외연부를 돌아가며 구름이나 당초문처럼 장식된 화문대가 돌출되어 있는 것이 특징이기도 합니다. 종의 하대에 연꽃, 종의 윗부분의 유곽, 연꽃과 보상화문 그리고 1,000여 자 이상의 명문 등 예술적, 문화적, 역사적, 공예기술사적 가치가 큰 작품입니다. '에밀레종'을 비롯한 통일신라시대를 비롯한 우리나라의 종은 크기도 클 뿐 아니라 중국이나 일본과 다

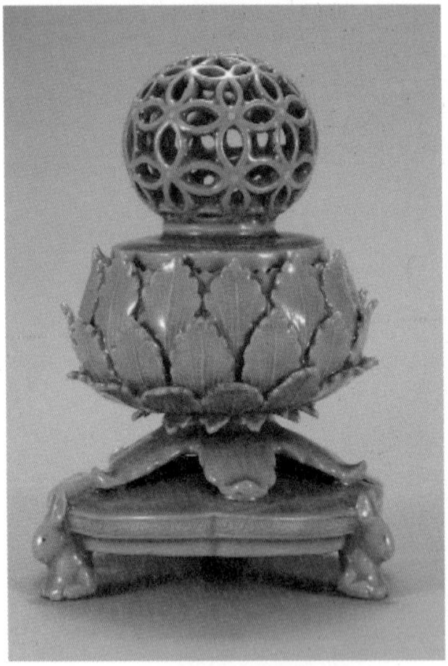
〈청자칠보투각향로〉, 고려, 국립중앙박물관

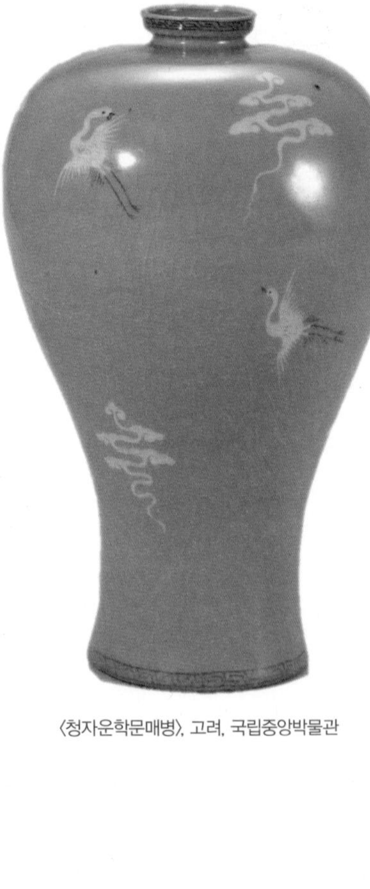
〈청자운학문매병〉, 고려, 국립중앙박물관

른 독특하고 전형적인 형식을 가지고 있어, 세계적으로 "한국식 범종"으로 유명합니다.

고려는 삼국을 통일한 통일왕조이자 불교국가로서 귀족적인 공예문화가 최고 수준으로 발전한 시대입니다. 청자는 아름답고 신비로운 푸른 유약이 유난히 돋보이는 도자기입니다. 이러한 유약의 색깔은 중국의 맑고 투명한 하늘색과 달리, 전체적으로 은은하고 신비롭고, 비취색을 닮았다고 하여 비취 비색翡色 혹은 신비롭다는 의미의 비밀 비색秘色이라고도 불렀습니다. 11세기 북송의 태평노인이 쓴 〈수중금袖中錦〉이라는 책에서 고려청자를 천하제일로 꼽으면서, 고려청자의 푸른 비취색을 천하제일로 여겼습니다. 얼마나 중국 송나라 사람들이 고려청자를 아끼고 사랑했는지 알 수 있어요. 그러니 당시 고려 청자에 대해 고려 사람들이 얼마나 어깨가 으쓱했을지 안봐도 충분히 짐작할 수 있겠지요?

순청자를 대표하는 것은 국립중앙박물관 소장의 국보 제95호인 〈청자칠보투각향로〉입니다. 향로는 받침과 몸통 및 뚜껑의 세 부분으로 되어 있습니다. 받침은 앙증맞은 세 마리 토끼가 또 받치고, 중앙 화로는 연틀로 찍은 나뭇잎 모양의 6판 잎과 잎사귀를 중첩시켜 만들었습니다. 뚜껑 대신 올려있는 둥근 구형은 칠보연계문으로 장식되어 있습니다. 칠보문과 칠보문의 교차점에는 흰점이 찍혀 있어 순청자에서 상감청자로 이행되는 증거라 할 수 있습니다.

상감청자를 대표하는 것은 국립중앙박물관 소장의 〈청자운학문매병〉을 들 수 있습니다. 매병의 몸이나 뚜껑에 운학문이 새겨져 있습니다. 넓은 면에 학과 구름이 띄엄띄엄 새겨져 있어 학과 구름이 드높은 창공을 여유

있게 나는 듯한 정경을 연출하고 있습니다. 단아하고 곡선적인 형태, 그윽한 유약색, 능숙한 솜씨의 운학문 등 도가사상을 반영하고 있습니다. 이렇게 청자의 흙을 파내고 그곳에 흰색이나 검은색을 감입하는 상감청자의 기법은 전 세계에서 고려가 창안한 공예기법으로 세계 제일로 꼽을 수 있습니다.

조선은 고려에 이어 세계 도자사상 중국과 함께 2대 종주국으로 평가됩니다. 고려시대에는 귀족적인 비색청자와 상감청자가 발달했다면, 조선에서는 서민적인 취향의 분청사기가 백자가 발달하였습니다.

조선의 〈분청사기〉는 퇴락한 청자의 그릇 표면에 흰색깔의 백토를 바른 위에 7가지의 다양한 시문 기술과 문양이 발달한 도자기였습니다. 우선 고려 상감청자의 전통을 이은 상감분청, 국화문이나 원점문처럼 간단한 도구를 사용하여 마치 도장을 찍듯이 문양을 나타내는 인화문 분청, 백토를 분장한 후 꽃무늬를 새기고 백토를 입힌 인화문 분청, 백토를 바른 후 음각의 무늬를 새긴 조화문, 문양으로 나타내려는 부분 이외에는 바닥을 긁어내는 박지문 분청, 백토 위에 붓을 사용하여 철분의 안료로 그린 철회분청, 귀얄로 백토를 바른 귀얄문 분청, 백토를 항아리에 거꾸로 매달아 담갔다가 꺼낸 덤벙분청 등 다양합니다. 이러한 분청사기는 임진왜란 전후기에 일본으로 영향을 까쳐 일본화, 현대화되었습니다. 특히 분청사기는 형태, 문양, 시문방법, 기법 등에서 자유롭고 거침없으며 즉흥성과 대범성, 자유분방하고 경쾌한 특징을 엿볼 수 있습니다. 세상 어느 나라 도자기 중에도 이와 비교되는 도자기가 없을 정도로 독보적이고 독창적입니다.

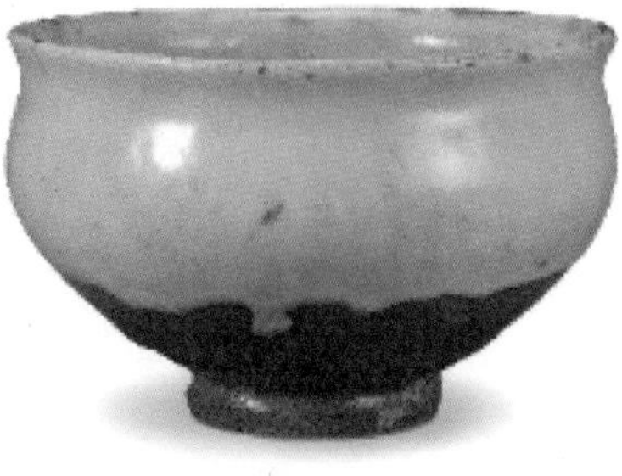

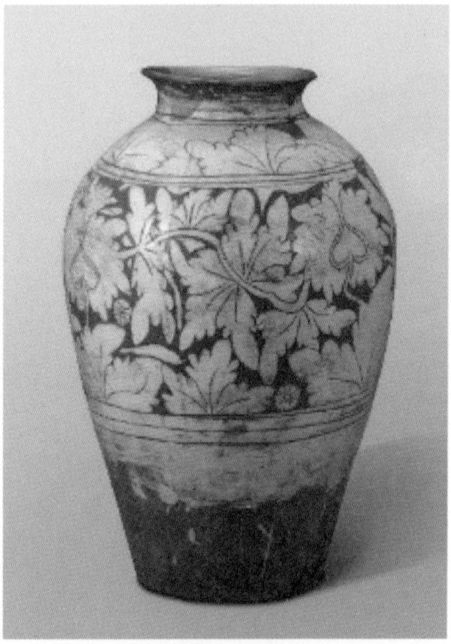

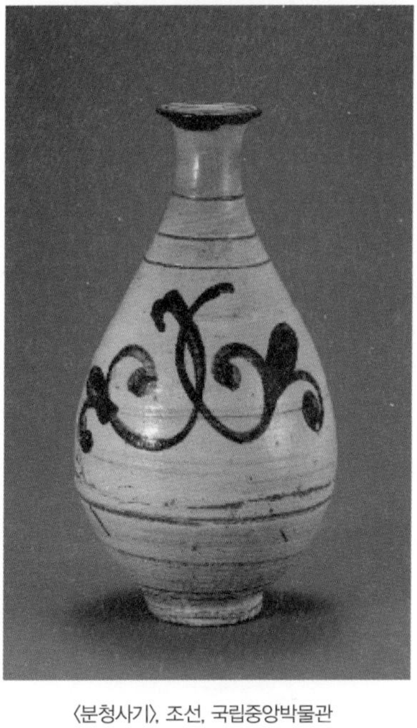

〈분청사기〉, 조선, 국립중앙박물관

조선시대를 대표하는 도자기는 뭐니 뭐니 해도 백자입니다. 백자는 희고 깔끔하여 유교 미학을 기반으로 한 조선적 미의식을 대표한다고 누구나 평가합니다. 특히 조선백자를 대표하는 것은 누구나 주저 없이 '달항아리'를 꼽습니다. 달항아리는 전체 형태가 마치 보름달처럼 둥글다고 하여 시적인 이름이 붙은 조선 후기 백자를 대표하는 도자기입니다. 달항아리는 높이와 몸지름이 40㎝가 넘는 당당한 크기, 큰 원구를 연상시키는 풍만하고 곡선진 형태, 다소곳한 주둥이와 굽, 깔끔하고 담백한 유약색, 음각이나 양각의 문양이 배제된 '장식성의 거부' 등이 공통됩니다. 달항아리는 둥글고 원만하며 넉넉한 형태와 희고 소박하며 깔끔한 유약이 어우러져, 조선 백자의 당당한 아름다움을 대표합니다. 아무런 장식 문양도 없음에도 불구하고, 아마추어 도공들의 순수한 마음씨와 맑은 정신세계, 뛰어난 미적 감각과 특별난 예술성이 고도로 어우러져 빚어낸 달관의 세계라 여겨지기도 합니다. 그 밖에도 왕실의 〈태항아리〉나 〈철화백자병〉 등 조선인의 심성을 담은 백자가 많습니다.

조선시대에는 금속공예, 목칠공예, 지승 및 각종 섬유공예가 발달하고 뛰어난 작품도

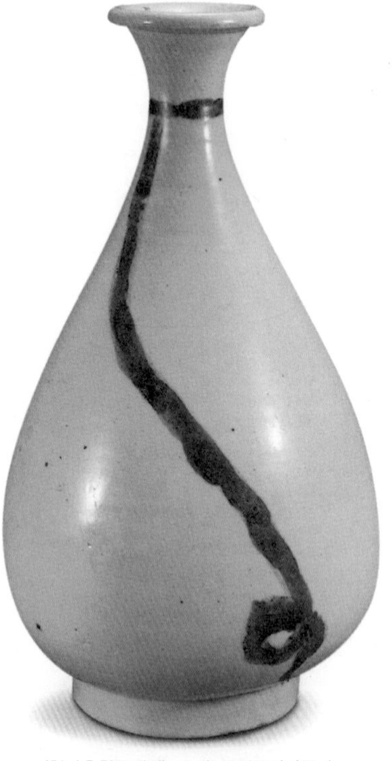

〈청자운학문매병〉, 고려, 국립중앙박물관

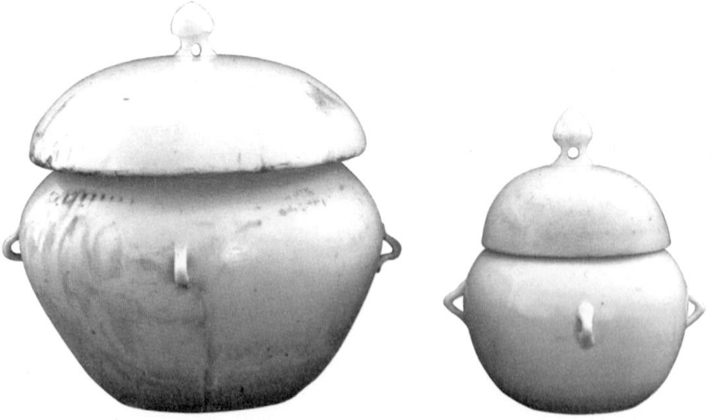

〈태항아리〉, 조선, 국립고궁박물관

많은 편입니다. 분청사기와 백자 및 청화백자와 함께 조선 목가구는 뛰어난 비례미, 재료의 적절성, 못을 쓰지 않고 짜맞춤에 의한 결구법, 빼어난 기능성으로 최고의 공예 솜씨를 보여준다고 할 수 있다. 더욱이 목공예는 제작자를 알 수 없는 익명성을 가지고 있으나, 조선에서는 국가나 왕실에서 필요한 공예품은 경공장과 외공장을 두어 제작하게 하였습니다. 공예 기술의 발전은 강력한 국가를 만들기 위해서 장인은 꼭 필요한 것이라 여겼기 때문입니다. 조선은 공조를 비롯하여 상의원, 제용감 등 공예품의 제작을 전담한 관청을 설치하였고, 여기에 100여 종 이상의 장인, 경공장을 차출하여 직접 운영하였습니다. 한편 지방에는 관아에서 필요한 공예품을 제작하는 장인, 외공장을 두어 지방 관아 및 민중의 일상 생활용구를 중심으로 한 공예품도 활발하게 제작되었습니다. 이처럼 조상의 혼이 서린 우리의 전통 공예품에는 지역의 특색과 재료의 특성을 살린 소박한 아름다움이 담겨 있습니다. 이러한 전통공예의 맥은 장인들의 손에서 손으로 전승되어 오늘날 우리에게 전해지고 있습니다.

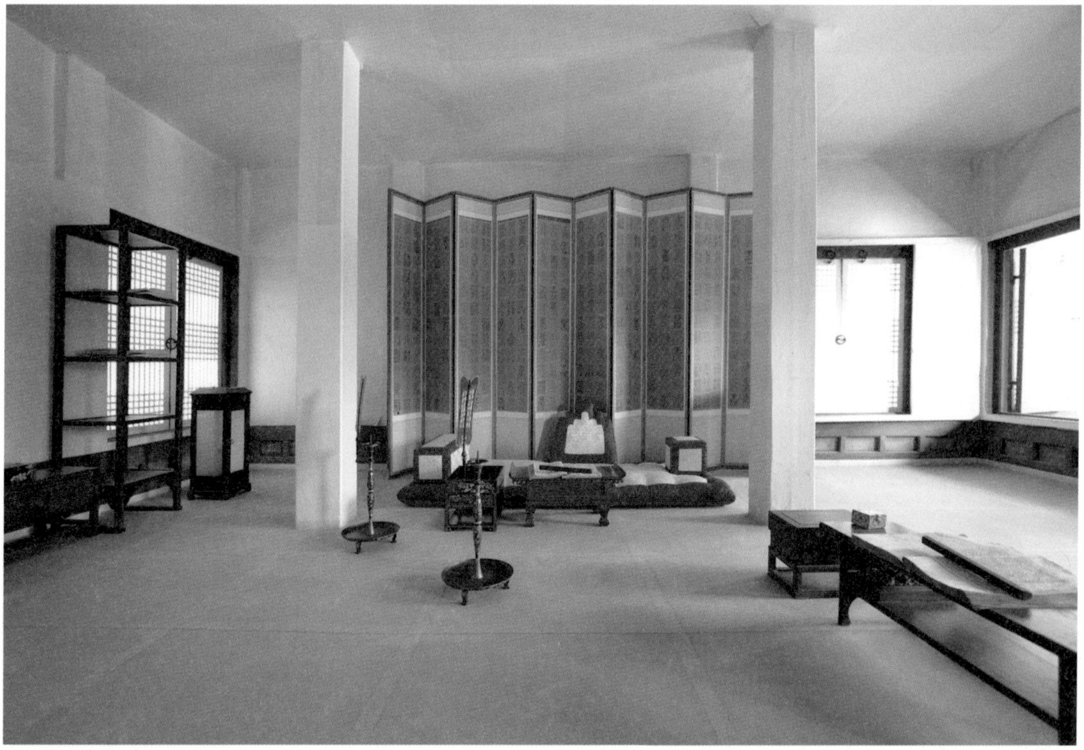

천추전 가구배치, 조선 경복궁

학습평가

01 (난이도 하) 무형문화재에 대한 설명으로 옳지 못한 것은?

① 무형문화재는 형태가 없어 국보나 보물보다 가치가 없다.

② 무형문화재는 문화재보호법으로 보호 관리헤 왔다.

③ 무형문화재는 연극, 음악, 무용, 놀이, 의식, 공예기술 등이다.

④ 무형문화재는 역사적, 예술적, 학술적 가치가 큰 것이다.

02 (난이도 중) 무형문화재 중 공예 종목의 분류가 잘못 짝지어진 것은?

① 금속공예 – 유기장, 장도장, 금속활자장

② 섬유공예 – 침선장, 자수장, 바디장

③ 도자공예 – 옹기장, 사기장, 제와장

④ 목칠공예 – 나전장, 소목장, 소반장

03 (난이도 중) 2003년 유네스코 '무형문화유산 보호 협약'이 제정되기 이후 무형문화유산에 편입된 것은 무엇인가?

① 공예, 미술 등에 관한 전통 기술

② 전통적인 공연·예술

③ 한의약, 농경·어로 등에 관한 전통 지식

④ 전통적 놀이·축제 및 기예·무예

04 (난이도 중) 시대에 따라 발전된 공예품이 잘못 짝지어진 것은?

① 고조선 – 다뉴세문경, 비파형동검

② 신라 – 금관총 금관, 성덕대왕신종

③ 고려 – 상감청자, 비색청자

④ 조선 – 분청사기, 백자

05 (난이도 하) 조선시대 장인제도를 규정한 법전은?

① 경국대전　② 국조오례의

③ 승정원일기　④ 조선왕조실록

01 | 정답 | ①

| 해설 | 무형문화재는 형태가 있는 국보나 보물과 같은 유형문화재와 마찬가지로 역사적, 예술적, 학술적으로 가치가 동등하다.

02 | 정답 | ②

| 해설 | 바디장은 옷감을 짜는 베틀에 사용하는 것이지만 대나무를 재료로 사용하는 기술이어서 목칠공예에 해당된다.

03 | 정답 | ③

| 해설 | 문화재보호법에서 지정된 무형문화재는 전통기술, 공연예술, 의식 놀이 등이었고, 유네스코 협약 이후 한의학 등 전통지식이나 구전 전통 등까지 확장되었다.

04 | 정답 | ②

| 해설 | 성덕대왕 신종은 통일신라시대의 작품이다.

05 | 정답 | ①

| 해설 | 경국대전은 조선을 대표하는 법전으로서, 경공장과 외공장 등 장인의 제도와 조직 및 역할 등을 규정하고 있다.

학습정리

① 유네스코 협약에서 정의한 무형문화유산의 영향으로 확장된 무형문화유산의 종류와 그 개념에 대해 설명할 수 있다.

② 1962년 문화재보호법에 의해 분류된 우리나라 무형문화재 분야는 음악, 무용, 연극, 놀이와 의식, 무예, 공예, 음식 등으로 다양하게 나눌 수 있다.

③ 현재 지정되어 있는 국가무형문화재 중 공예기술은 제4호 갓일을 비롯하여 제128호 선자장까지 51종목으로 전승되고 있다.

④ 우리 역사 속 전통공예는 고조선의 다뉴세문경, 백제의 금동대향로, 신라의 금관과 귀걸이, 통일신라의 성덕대왕 신종, 백제의 청자와 상감청자, 조선의 분청사기와 백자 및 목가구 등을 통해 발견할 수 있다.

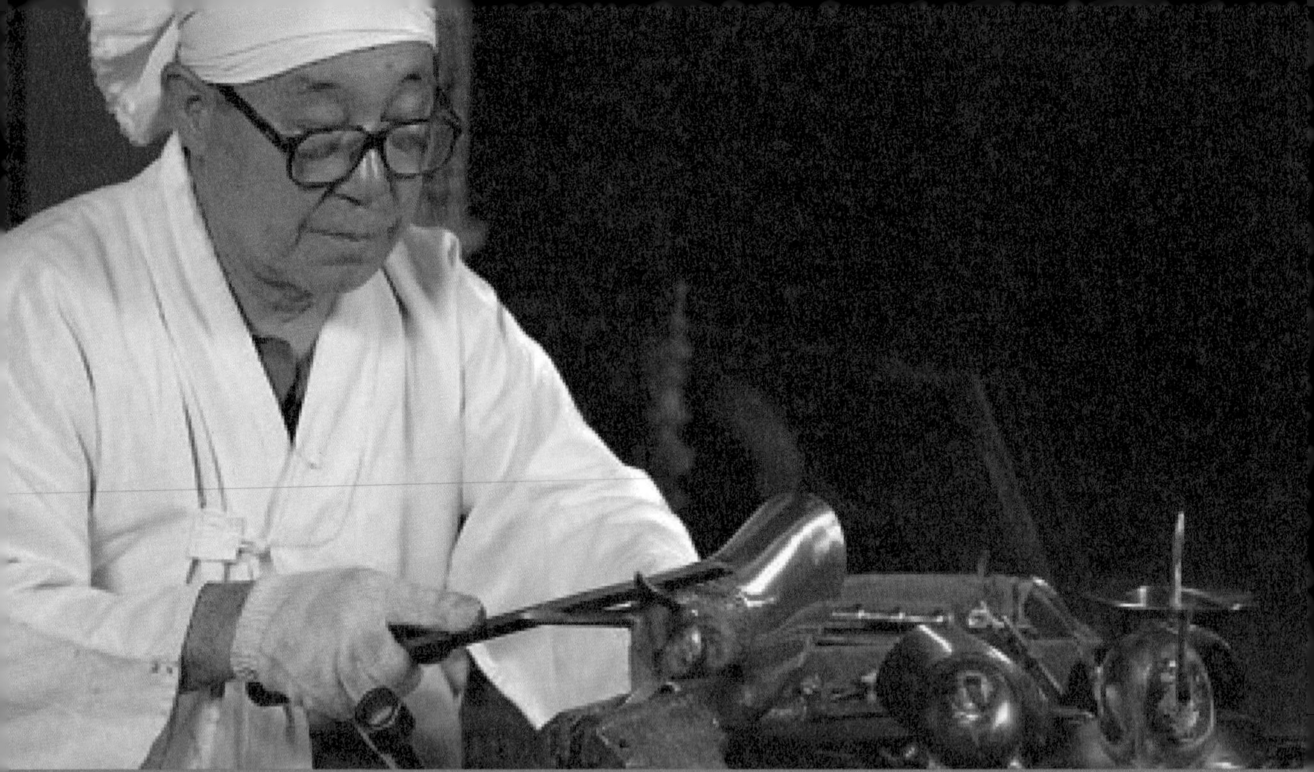

02
금속공예와 장인

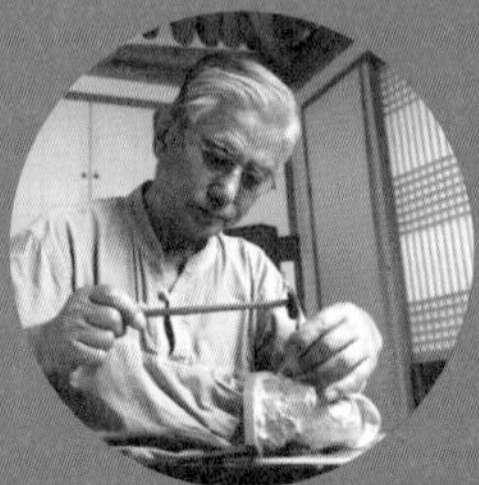

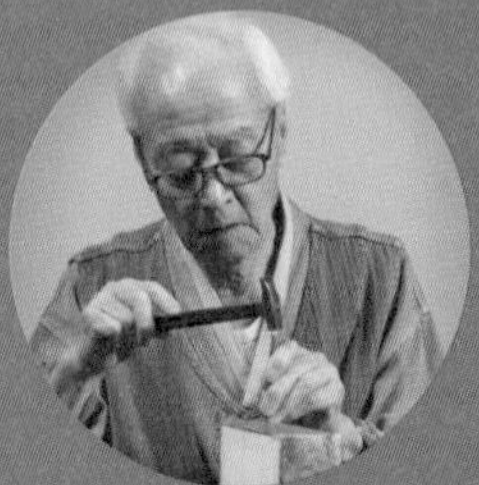

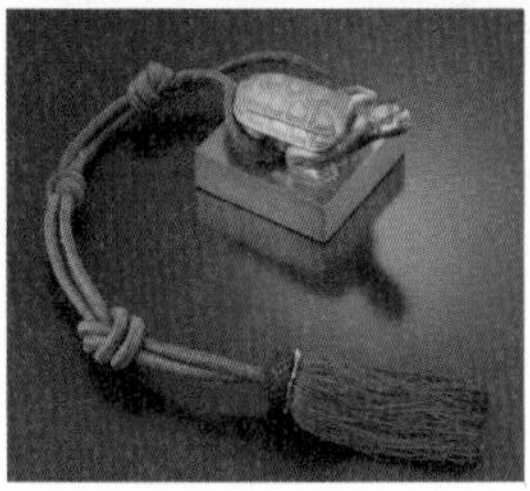

금속공예 지정종목과 장인

구분	지정번호	종목명	사망	명예	보유자	전수교육조교
국가	제35호	조각장	김정섭, 김철주			남경숙
	제60호	장도장	박용기, 한병문		박종군, 한상봉	
	제64호	두석장	김덕용		김극천, 박문열	
	제68호	백동연죽장	추옥판		황영보	황기조
	제77호	유기장	김근수, 윤제덕	이봉주	김수영, 이형근	
	제78호	입사장	이학응		홍정실	승경란
	제101호	금속활자장	오국진		임인호	
	제112호	주철장			원광식	
	제119호	금박장			김덕환	
서울	제17호	은공장	김원택, 이정훈			
	제36호	입사장	최교준			
부산	제12호	주성장	박한종			
울산	제1호	장도장	임원중			
경기	제7호	백동연죽장	양인석			
	제10호	방자유기장			김문익	
	제19호	입사장			이경자	
	제43호	금은장			이효준	
	제45호	주물장			김종훈	
	제47호	주성장			이완규, 정동후	
충북	제13호	야장			설용술, 김명일	
충남	제41호	대장장			허창구, 모무회, 손창식	
경북	제9호	김천징장			김일웅	
	제15호	영풍장도장	사망			
경남	제10호	장도장	임차출			
	제14호	징장			이용구	
	제31호	두석장			정한열	
제주	제7호	덕수리불미공예			송영화	

■ 학습개요

인류는 자연으로부터 얻은 재료를 가공하여 의식주 생활에 필요한 도구나 물건을 만들어 왔다. 우리 민족 또한 마찬가지이다. 자연에서 구리와 쇠를 발명하면서 청동기와 철기로 무기와 의기를 만들면서 계급이 나뉘고 국가도 세워졌다.

이러한 금속 공예 기술의 발전은 강력한 국가를 만들기 위해서 꼭 필요한 것이었다. 따라서 고대부터 조선시대까지 국가는 이것들을 제작할 전담기구를 설치하여 국가가 직접 운영하였고, 그곳에서 일할 장인도 양성하였다. 조선시대의 법전인『경국대전』에 공조나 상의원 등의 관청에는 공예품을 제작하는 관공장이 소속되었는데, 특히 금속공예를 제작하는 장인들이 가장 다종다양하여 전문화, 세분화되어 있었다. 그만큼 금속공예가 왕실의 권위와 국가의 장엄을 위해 핵심적인 기술이었던 것이다.

그러나 현대 산업화와 문명화를 거치면서 이러한 금속 공예품을 만드는 공예기술은 생산성을 높이기 위해 첨단 기계화되고 자동화 시스템에서 생산되기에 이르렀다. 수공 도구로 일품으로 제작하던 전통 금속공예기술이 점차 사라지거나 변질된 위험에 처하게 되었다. 이에 문화재청은 학술적, 예술적 가치가 높은 금속 공예기술이 원형을 유지하고 전승할 수 있도록 국가무형문화재로 지정하여 보호, 관리하게 되었다.

이 장에서는 금속공예품을 제작하는 공예기술 중 무형문화재로 지정된 다종다양한 종목에 대해 알아보기로 한다.

■ 학습목표

1. 금은동으로 물건을 만드는 금속공예의 개념과 역사적 변천에 대해 설명할 수 있다.
2. 활자를 주조하는 금속활자장과 범종을 만드는 주철장의 제작기술에 대해 설명할 수 있다.
3. 그릇을 만드는 유기장과 장석을 만드는 두석장의 공예기술에 대해 설명할 수 있다.
4. 장도를 만드는 장도장과 담뱃대를 만드는 백동연죽장의 공예기술에 대해 설명할 수 있다.
5. 금속의 표면에 쪼이질하는 조각장과 표면을 파내고 은실을 박는 입사장의 공예기술에 대해 설명할 수 있다.

■ 학습내용

1 금속공예는 무엇일까요?

금속공예는 금은동철 등 각종 금속성 재료를 사용하여 공예적인 아름다움을 표현하는 것입니다. 우리나라는 멀리 청동기시대부터 주조기술로 훌륭한 공예품을 만들었으며 이후 발전을 거듭하였습니다. 시대에 따라 제작된 금속 공예품들은 그 시대 공예 기술을 반영하고 있습니다. 곧 이들 공예품에는 당시인들의 풍속과 습관이 고스란히 반영되어 독자적인 조형 양식을 이루고 있습니다.

금속을 가공하는 기술은 크게 세 가지로 나눕니다. 첫째, 달구어진 쇠를 망치로 두드려 형태를 만드는 단조기술로서, 유기장이 방짜 유기를 만들거나 대장장이 낫과 호미 등을 만드는 기술입니다. 둘째, 쇳물을 녹여 틀에 부어 갖가지 기형을 만드는 주조기술로서, 주철장이 범종을 만들거나 금속활자장이 활자를 만드는 기술입니다. 셋째 이렇게 성형한 금속제 기물 위에 여러 장식을 베푸는 장식기법입니다. 조각장이 쪼이질을 하거나, 입사장이 은실을 박아넣거나, 장도장이 장도를 만들거나, 두석장이 가구용 장석을 오려내거나, 백동연죽장이 백동으로 담뱃대를 만드는 기술입니다. 이러한 공정으로 제작된 각종 금속공예품은 재료의 특성과 가공 방법에 따라 금속만이 갖는 특수한 기술과 기법을 낳게 되었습니다.

삼국시대부터 금속공예는 불교용이나 일상용의 각종 공예품을 제작하는데 사용하였습니다. 이러한 금속 공예 기술의 발전은 강력한 국가를 만들기 위해서 꼭 필요한 것이었습니다. 따라서 고대부터 금속공예와 그것을 제작하는 장인은 국가에서 전담기구를 설치하여 직접 운영하였고, 그곳에서 일할 장인도 양성하였습니다.

특히 조선시대의 법전인 『경국대전』 공조나 상의원 등 관청에 공예품을 제작하는 관공장을 소속시켰는데, 금속공예를 제작하는 장인들이 가장 다종다양하여 전문화, 세분화되었습니다. 법전에 보이는 장인은 은을 다루는 은장, 금속을 조각하는 섭장, 얇은 금박을 만드는 금박장, 금은실을 금속에 박아 넣는 입사장, 금실을 만드는 사금장, 장석을 만드는 두석장, 금속을 주물하는 주장, 놋쇠를 만드는 유장, 바늘을 만드는 침장, 금속제 악기를 만드는 풍물장, 금은을 조각하는 조각장, 구리를 만드는 동장, 작은 칼을 만드는 도자장,

무쇠를 다루는 수철장, 금속 도구를 두드려 만드는 대장장이의 야장, 쇠를 단련하는 연철장, 강철을 단련하는 화반장, 긴 칼이나 군도를 제작하는 환도장 등이 그들입니다. 그만큼 금속공예가 왕실의 권위와 국가의 장엄을 위해 핵심적인 기술임을 알 수 있습니다.

이처럼 우리 조상들은 고대부터 뛰어난 솜씨를 발휘하여 수준 높은 금속공예를 제작하였습니다. 왕권 강화 시기나 불교가 융성하던 시기에는 왕의 권위를 상징하는 금관을 비롯한 장신구가, 불교가 발달한 시기에는 범종이나 은입사향완 등이, 유교가 발달한 시기에는 종묘제기 등이 많이 만들어졌습니다. 그중 금속활자를 만드는 금속활자장은 국가무형문화재 제101호로 지정되었고, 범종을 만드는 주철장은 국가무형문화재 제112호로, 놋쇠로 제기나 반상기를 만드는 유기장은 국가무형문화재 제77호, 장도를 만드는 장도장은 국가무형문화재 제60호로, 담뱃대를 만드는 백동연죽장은 국가무형문화재 제65호로, 목가구의 장석을 만드는 두석장은 국가무형문화재 제64호로, 금속 표면에 쪼이질을 하는 조각장은 국가무형문화재 제35호로, 은실로 입사를 하는 입사장은 국가무형문화재 제78호로 지정되어 보호 관리되고 있습니다.

다종다양한 금속 공예품을 제작하는 장인과 그것이 어떠한 시대적 역사적 변천을 거쳐 발전하였는지, 그 제작과정은 어떠한지 알아봅시다.

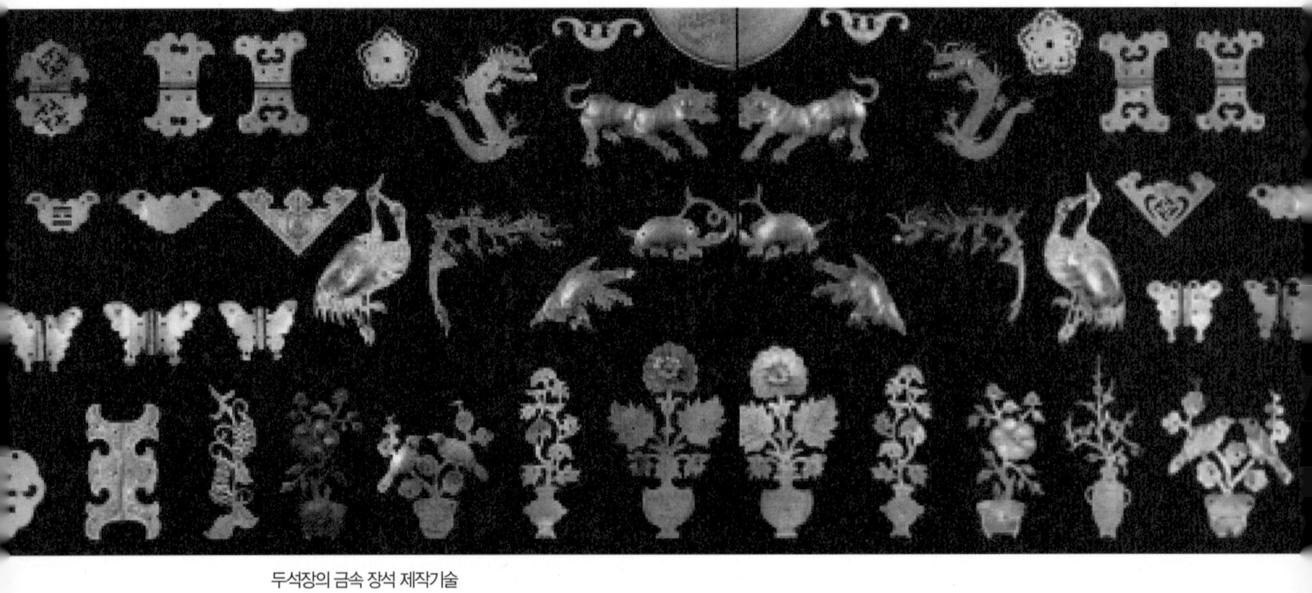

두석장의 금속 장석 제작기술

2 금속으로 활자를 만드는 금속활자장은 누구일까요?

금속활자장은 금속으로 각종 서적을 인쇄할 수 있도록 활자를 만드는 장인을 말합니다. 우리나라는 현존하는 세계 최고의 금속활자를 만든 나라입니다. 그것을 증명하는 것이 고려시대인 1377년에 간행한『직지심체요절』입니다. 이것은 서양보다 100년 앞서 활자를 만들어 찍은 증거이며,『직지심체요절』은 그 가치를 인정받아 2001년 유네스코 세계기록유산에 등재되기도 했습니다.

고려시대 금속활자는 대부분 밀랍주조기법으로 제작한 것으로 보이는데 초기의 금속활자 원형을 만드는 방법입니다. 우리나라의 금속활자는 주조기법으로 만들어졌습니다. 주조기법은 녹인 쇳물을 거푸집에 부어 형태를 만드는 기법인데, 여기에는 밀랍주조기법과 모래주조기법 두 가지가 있습니다. 고려시대 금속활자는 대부분 밀랍주조기법으로 제작한 것으로 보이는데 초기 금속활자의 원형을 만드는 방법입니다. 밀랍주조기법은 활자 하나하나를 밀랍으로 만들기 때문에 같은 글자라도 활자마다 모양과 크기가 달라서 가지런하지 못하다는 단점이 있습니다. 모래주조기법은 주물틀에 흙을 넣고 다진 후 어미자와 가지쇠를 박아서 또 하나의 주물틀을 그 위에 결합하는 방식입니다. 때문에 활자의 모양과 크기가 가지런합니다. 이렇게 금속활자는 우리나라 과학기술의 높은 수준과 우리 민족의 우수성을 세계에 보여 주는 전통 공예 기술입니다. 금속활자장은 다음과 같은 순서로 활자를 만듭니다. 우선 책을 찍어내는 데 필요한 글자수와 크기를 조사하여 먼저 필사하거나 모사를 해 놓습니다. 이것으로 글자본의 원형을 만드는 것입니다. 그런 다음 원형을 만들기 위해 밀납 또는 나무로 주조될 주물과 같은 금속 활자의 형태를 만듭니다. 용도와 주조할 방법에 따라 재료가 결정되기도 합니다

(1) 밀납 주조 기법

찰흙을 곱게 빻아서 빚습니다. 이것을 네 둘레에 테를 두른 나무판에 판판하게 깔고 다진 다음 햇볕에 쬐어 반쯤 말립니다. 밀랍을 불에 녹여 필요한 두께만큼 판형으로 응고하여 만든 다음 글자본을 붙이고 조각칼로 글자를 조각합니다. 밀납으로 만든 원형에 쇳물을 국자

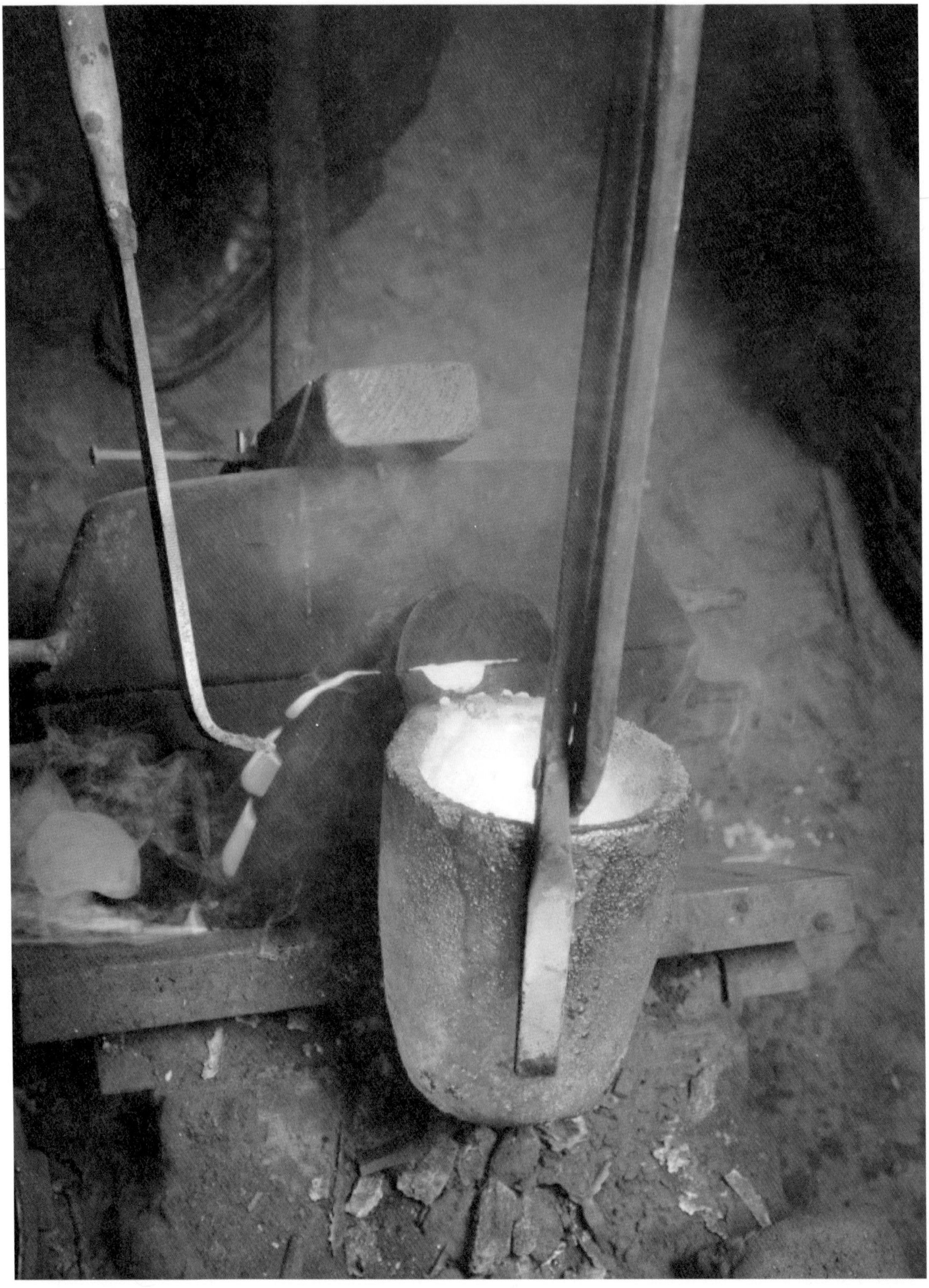

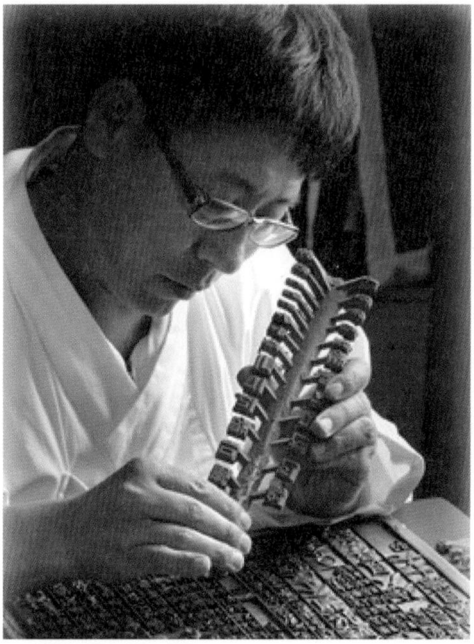
국가 금속활자장 임인호 보유자

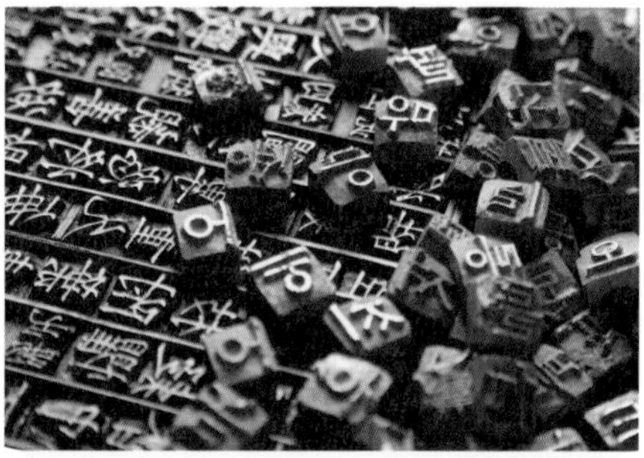

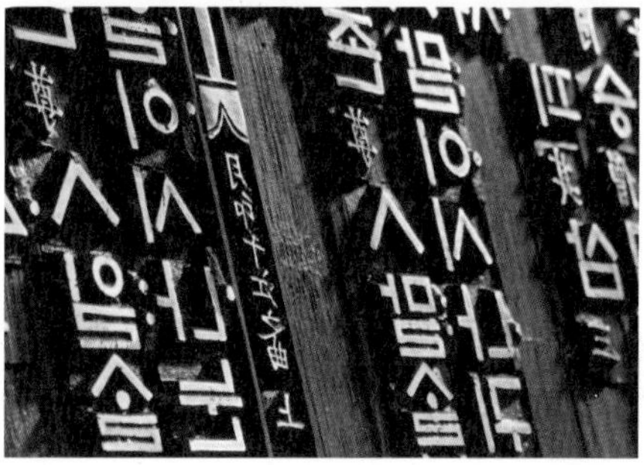

로 떠서 그 판 위에 부어 홈을 따라 움푹 새긴 곳으로 흘러들게 합니다. 쇳물을 고루 판판하게 하여 식힌 다음 판 위에 흑판을 들어내면 가지쇠에 달린 활자만 남게 됩니다. 그런 다음 가지쇠에 달린 활자를 하나하나 잘라내어 줄로 깎고 다듬어서 깨끗하게 완성시키면 됩니다.

(2) 모래 주조 기법

모래주조용 원형은 글자본을 나무판에 붙이고 글자를 새기는 것입니다. 이 경우 나무는 대개 회양목을 사용하여 글자를 새기고 나서, 하나씩 실톱으로 잘라냅니다. 그런 다음 내면을 잘 다듬고 크기가 일정하도록 손질합니다. 쇠거푸집에 갯벌의 고운 흙을 깐 다음 나무에 새긴 원형을 낱낱이 박고 잘 다져 글자가 움푹 들어가게 자국을 냅니다. 다른 거푸집을 덮고 다져 그쪽에도 자국을 낸 다음 어미자와 가지쇠를 밴 다음 하나의 구멍으로 녹인 쇳물을 쏟아 붓고는 그것이 홈길을 따라 움푹 찍힌 자국으로 흘러 들어가게 합니다. 이제 부은 쇳물이 식어 굳으면 거푸집을 분리시키고 가지쇠를 들어내어 매달린 활자를 두들겨 하나씩 떨어지게 하거나 쇠톱을 이용해 떼어냅니다. 그 다음 활자를 줄로 하나하나 깎고 다듬어서 깨끗하게 손질하여 완성시키면 됩니다.

3 쇠를 녹여서 범종을 만드는 주철장은 누구일까요?

우리나라는 기원전 6~5세기경에 이미 쇠를 녹여서 만든 물건을 사용하였고, 삼국시대 불교가 들어오면서 쇠 제품을 만드는 기술은 더욱 발전하였습니다. 불교가 들어오면서 사찰마다 범종을 비롯한 각종 불교용 금속공예품을 제작했기 때문입니다.

구리를 녹여서 만든 금속공예품 중 우리나라를 대표하는 것이 범종입니다. 널리 알려져 있듯이 우리나라 범종의 형태는 항아리를 거꾸로 엎어 놓은 모습을 하고 있습니다. 우리나라의 범종 가운데 가장 오래된 종은 725년통일신라시대에 제작된 오대산 상원사 동종입니다. 또 크기와 미적인 면에 있어서 최고라고 하는 성덕대왕 신종이 있습니다. 성덕대왕 신종은 771년에 만든 것인데, 일명 '에밀레종'이라고도 합니다. 이 종은 균형 잡힌 형태, 용과 대나무 음통 등 세부 요소, 공양비천상이나 보상화문과 같은 섬세한 문양 등 모든 요소에서 탁월합니다. 이렇게 종 표면의 세부묘사가 예술적으로 훌륭한 작품일 뿐 아니라 과학기술적으로도 매우 우수합니다. 종을 주조한 기술은 말할 것도 없고 종을 거는 철봉도 좋은 예입니다. 옛날의 철봉 대신 현대 첨단과학으로 새로운 철봉을 2배로 굵게 만들어 걸어보려고 했는데 종의 무게를 견디지 못했다고 합니다. 결국 할 수 없이 옛날에 쓰던 쇠막대를 잘라서 그대로 사용할 수밖에 없었습니다. 현대의 최첨단 과학기술로도 옛날의 기술을 재현하지 못하고 있다니, 우리 범종의 우수성에 대해 놀라지 않을 수 없지요.

전통적인 범종의 제작 방식은 밀랍주조기법입니다. 밀랍주조기법은 먼저 밀랍으로 종의 모형을 만든 다음, 그 위에 주물사를 일정한 두께로 바른 뒤 그늘에서 말립니다. 그 다음 열을 가해 내부의 밀랍을 녹여내고, 밀랍이 제거된 빈 공간에 쇳물을 부어 종을 만드는 방법입니다. 종 크기보다 깊은 네모형 구덩이를 팝니다. 진흙과 볏짚 등을 섞어 흙 벽돌을 만들어 종 크기에 맞게 쌓고, 종의 중심축에 회전판과 말을 설치합니다. 그런 다음 주물사를 만들어 속거푸집 표면에 바릅니다. 완성된 속거푸집을 빼내고 안에 숯을 넣어 달군 후, 상단의 구멍은 주물사로 메웁니다.

종을 주물할 때 필요한 밀초는 밀랍에 송진가루를 혼합합니다. 이때 겉 거푸집에는 7:3의 비율로 혼합하고, 조각을 찍어 속거푸집에 붙일 때에는 5:5의 비율로 혼합합니다. 종의

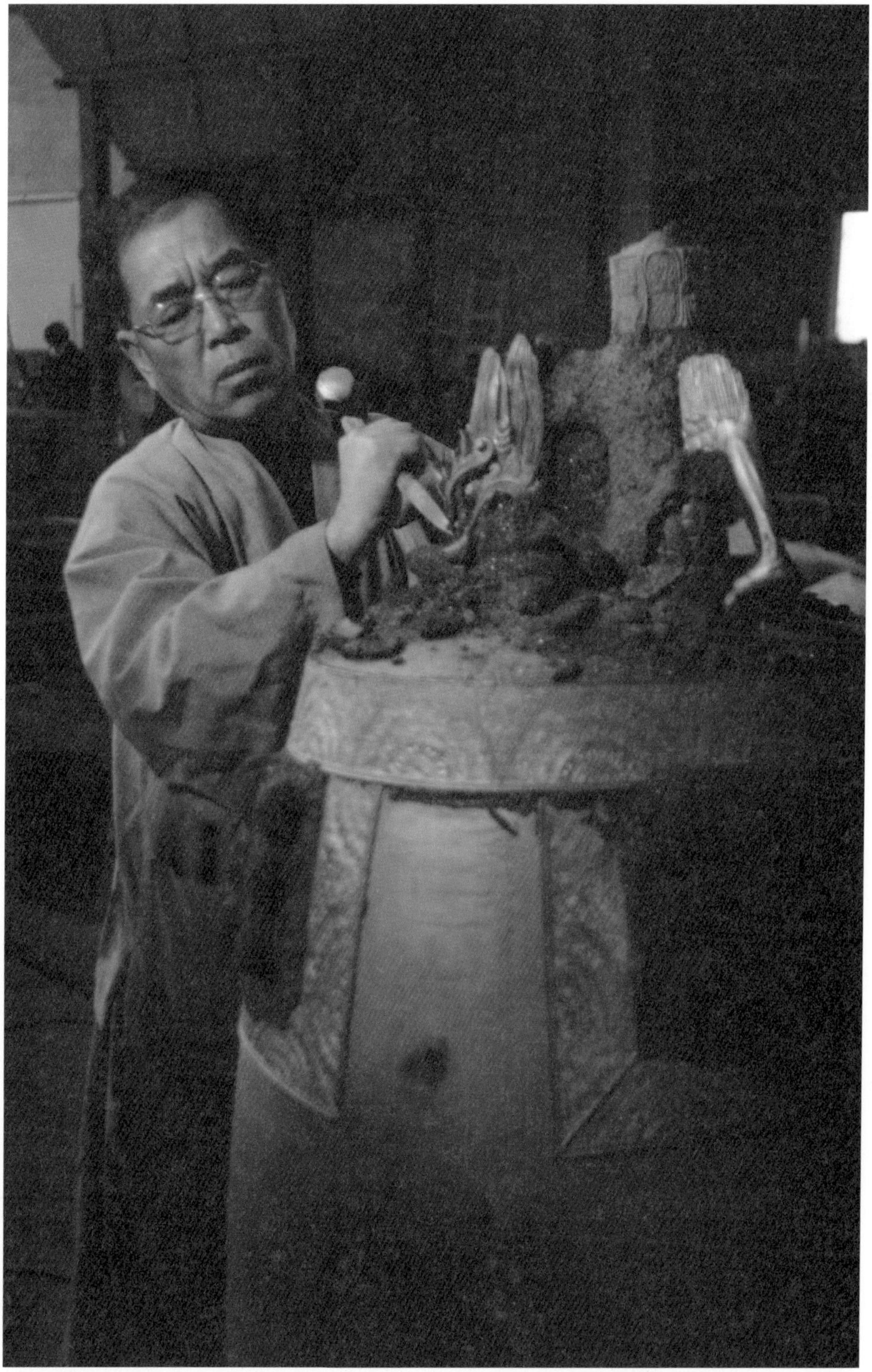

국가 주철장 원광식 보유자

표면 문양은 직접 밀랍에 새기거나 돌에 새긴 뒤 밀랍을 부어내기도 합니다.

겉거푸집은 나무를 수직으로 세우고 새끼줄을 감아 종 모양을 만듭니다. 회전판과 말을 사용하여 밀초를 단계적으로 바르면서 거푸집 표면을 종 모양으로 다듬습니다. 밀랍 문양조각을 거푸집에 끼워 넣고, 밀랍 위에 주물사를 바르기도 합니다. 여기에 명주실을 고루 감고, 그 위에 초벌 때보다 굵은 입자의 주물사를 바릅니다. 건조시킨 후 종 아래 입구 면에 불을 가하여 밀초를 녹여냅니다. 거푸집이 완성되면, 겉 거푸집을 구덩이 속의 속거푸집과 맞춥니다. 풀무가 설치된 용광로를 만들고, 그 안에 참숯을 넣고 가열합니다. 도가니에 구리를 넣고 온도 1200℃에서 녹이며, 인동 0.5%를 첨가하여 탈산처리를 하고, 주석과 아연을 첨가합니다. 구덩이 속의 거푸집 주변에 흙벽돌을 원통형으로 쌓고, 거푸집과 벽돌 사이의 공간은 주물사로 채웁니다. 이제 쇳물 주입구를 만들고, 고형제를 바릅니다. 도가니 속에 새끼줄이나 숯을 넣고, 쇳물 온도를 1,050℃로 맞춥니다.

용해로 출탕구와 끝은 거푸집 주입구를 잇는 용해로와 쇳물 길을 만듭니다. 주변에는 숯불로 둘러싸고, 출탕구 마개를 열면 쇳물이 주입됩니다. 주물이 끝난 후 이삼일간 충분히 열을 식히고, 거푸집을 해체해 주조된 종을 꺼냅니다. 종소리 확인하면서 안쪽 표면을 망치와 다듬질용 정을 사용하여 다듬어 완성합니다.

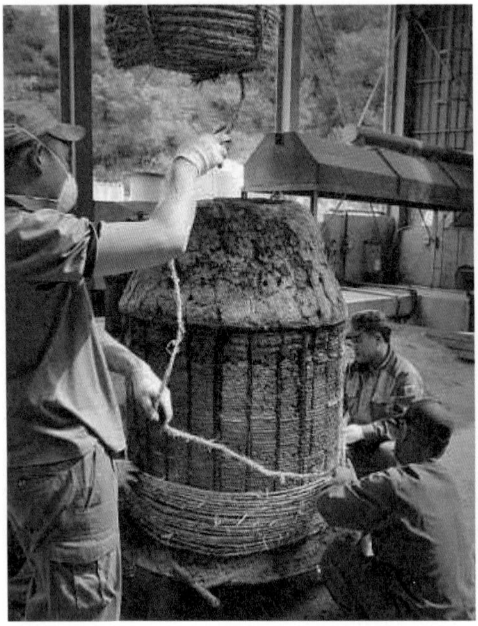
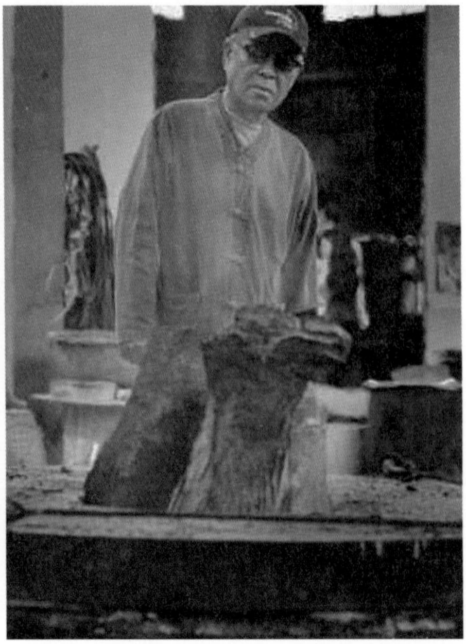

범종 제작 현장의 모습

4 놋쇠로 각종 물건을 만드는 유기장은 누구일까요?

유기는 보통 구리의 합금으로 만드는데, 구리와 아연을 합금하여 만든 황동유기, 구리와 니켈을 합금하여 만든 백동유기도 있습니다. 일반적인 유기와 황동유기는 노르스름한 빛깔에 은은한 광택이 나고, 백동유기는 흰빛을 띱니다.

유기장은 놋쇠로 각종 물건을 만드는 장인을 말합니다. 우리나라에서 처음 유기를 만들기 시작한 것은 청동기시대부터이고, 신라시대에는 유기를 만드는 전문기관이 있었습니다. 고려시대에는 유기 기술이 발달하여 광택이 나는 아름다운 유기를 만들어 냈고, 조선 전기에는 『경국대전』에 유장이 공조나 상의원에 경공장으로 소속되어 국가와 왕실용 제기 등 유기를 제작하였습니다. 17세기 이후 유기의 수요가 다양해지고 늘어남에 따라 생산량도 증대되어, 산골에서도 놋그릇으로 주발, 대접들을 만들어 쓰지 않은 집이 없을 정도였습니다. 때문에 각 지방마다 유기점을 세워 각종 유기를 만들었습니다.

이 시기에 유기제품을 전문적으로 생산하는 수공업 공방[점]들이 생겨났습니다. 여러 가지 놋그릇을 만드는 놋점, 놋담뱃통과 놋장죽대를 생산하는 연죽점, 놋 숟가락과 젓가락을 만드는 시점들이 그것입니다. 품종이 늘어남에 따라 생산량도 급격히 증대하여 납청에서는 일년에 30만~40만근180~240톤을 소비하였으며, 안성에서는 해마다 60만 개의 놋그릇을 생산하기도 했습니다. 근대까지만 하더라도 결혼을 앞둔 신부는 밥그릇과 수저, 대야 및 요강을 반드시 혼수품목으로 마련했습니다. 게다가 조금 여유가 있으면 시어른을 위한 사랑요강과 곧 태어날 애기 목욕 대야까지 미리 갖추어 갔습니다. 이러한 풍습이 놋그릇의 유행을 선도했을 겁니다. 유기는 만드는 기법에 따라 단조기법의 방짜유기, 주조기법의 주물유기로 구분됩니다.

1) 놋쇠를 두드려 유기를 만드는 장인, 방짜유기장

방짜유기는 조선시대에 평안북도 납청이 유명하였는데, 서울에서 의주로 통하는 교통의 요지였기 때문입니다. 아울러 유기를 만들려면 쇳물을 녹일 소나무 숯이 많이 필요한데, 산

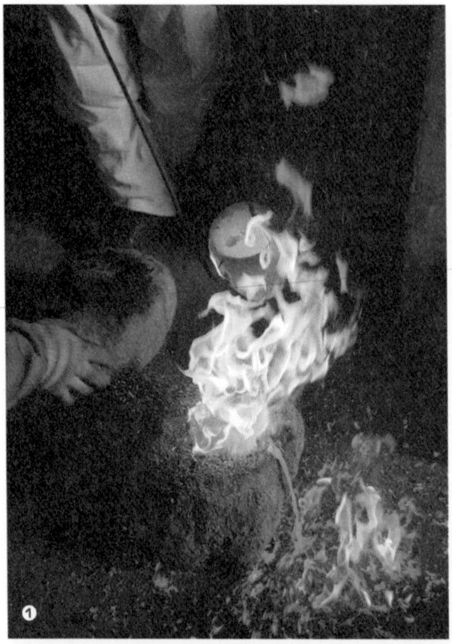

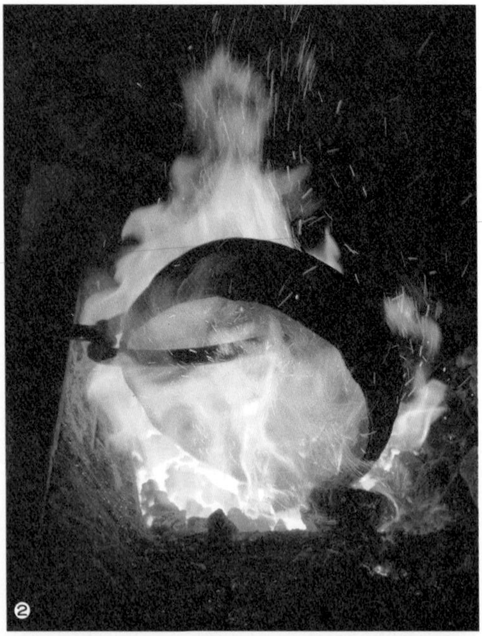

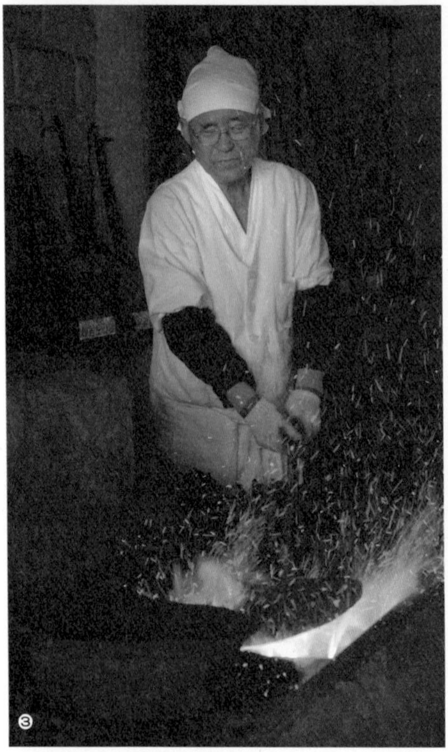

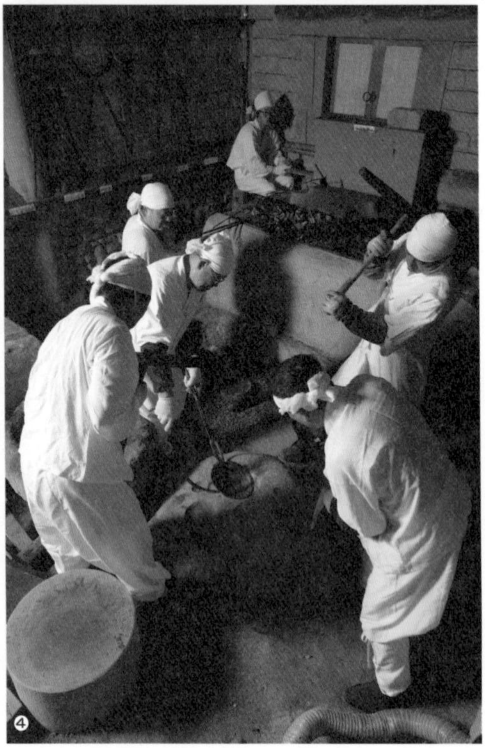

❶ 쇳물을 녹여 바둑을 만드는 모습
❷ 방짜유기 꽹과리를 달구는 모습
❸ 국가 유기장[방짜유기] 이봉주 명예보유자
❹ 국가 유기장 이봉주 보유자와 이형근 보유자 및 이수자들

간지역에 위치한 납청은 주변에 산이 많아 숯의 공급이 유리하였습니다. 납청에서 만든 놋그릇은 흔히 '양대良大'라고도 부르는데, 그것들은 놋동이, 놋양푼, 놋요강, 놋주전자 등 비교적 크기가 큰 그릇을 만들었던 데에도 기인합니다. 금속조직을 망치로 두드려 늘려서 만드는 방짜유기 제품은 떨어뜨려도 찌그러지지 않을 뿐더러 깨지지도 않아서 사람들이 매우 선호했습니다. 방짜유기는 식기나 수저, 대야 등 놋그릇 뿐 아니라 징, 꽹과리와 같은 악기를 만드는 데에도 쓰입니다.

방짜유기는 쇠를 두드려 만드는 단조기법의 일종입니다. 우선 구리 72%와 주석 28%를 정확하게 합금하여 도가니에 녹인 쇳물로 바둑알같이 둥근 놋쇠 덩어리를 만듭니다. 놋쇠 덩어리는 '바둑' 또는 '바데기'라고 부르며, 이렇게 합금된 놋쇠를 불에 달구어 메질[망치질]을 되풀이하여 얇게 늘여가며 형태를 잡아가는 기법입니다. 즉 놋쇠를 단조기법으로 두들겨 성형하는 방법입니다.

전통적으로 방짜유기의 제작에는 11명의 장인이 한조가 되어 조직적으로 제작합니다. 최고 책임자인 원대장을 비롯하여 앞망치, 곁망치, 센망치, 가질대장(가질장), 네핌대장(네핌장), 겟대장, 바깥풍구(밖풍구), 안풍구 등 11명의 장인들이 함께 일을 하는 것이지요. 이 11명의 장인 조직을 이뤄 방짜유기를 만드는 곳은 '놋점'이라 불렀고, 점주는 공방의 주인이 됩니다. 이처럼 방짜유기는 대장과 함께 여러 명이 서로 도우면서 불에 달구고 망치로 쳐서 그릇의 형태를 만듭니다. 이러한 방짜유기의 제작단계는 전통적인 명칭으로, 네핌질 → 우김질 → 냄질 → 닥침질 → 제질 → 담금질 → 벼름질 → 가질이라 부릅니다.

네핌질은 쇳물을 녹여 만든 바둑에 메질을 반복하여 늘이는 작업입니다. 바둑을 화덕에 넣고 가열했다 꺼내어 모루 위에 올리면 원대장이 집게로 잡고 돌리며 신호를 줄 때마다 센망치와 앞망치가 번갈아가며 쳐 표면을 늘리는 것입니다.

우김질은 바둑을 넓혀 같은 기형 10개 정도를 만드는 과정입니다. 예를 들어 징은 바둑을 넓히면 3개 정도를 포갤 수 있고, 그보다 작은 꽹과리는 바둑을 넓혀 10개 정도를 겹칠 수 있는 것입니다.

냄질은 우김질된 바둑은 U자형의 그릇 모양으로 겹쳐져 있는데, 이 과정을 통해 이것을 하나씩 떼어내는 작업입니다. 떨어진 하나는 '우개리'라고 하며 '우개리질'한다고 말합니다. 또한 함양지방에서는 '이가리질'이라고 합니다.

닥침질은 냄질이 끝난 우개리를 불에 달구어 형태를 바로잡는 작업입니다. 원대장이 우개리를 잡아 몸쪽으로 잡아당기듯 바닥에 문지르면서 가장자리의 면을 고르게 다듬어주기 때문에, 함양 지방에서는 '싸개질'이라고도 부릅니다.

제질은 닥침질이 끝난 기형을 불에 달구어 성형하는 과정입니다.

담금질은 가열한 놋쇠의 강약의 질을 잡아 경도를 높여주기 위해 달궈진 우개리를 갑자기 찬물에 넣어 금속의 인내성을 넣어주는 작업입니다.

벼름질은 담금질된 기물은 찬물에 넣는 순간 형태가 일그러지게되므로 원래의 형태대로 잘 잡아주는 작업입니다. 징이나 꽹과리 같은 농악기를 만들 때 소리의 좋고 나쁨을 좌우하기 때문에 특히 중요합니다.

가질은 완성된 기물의 산화피막을 제거하고 작업하면서 생긴 표면의 메자국도 없애 놋쇠의 잘 본색이 드러나 광이 나게끔 하는 과정입니다. 방짜유기의 도구는 주물유기를 제작할 때 사용하는 도구와 마찬가지입니다.

(2) 주물로 떠 유기를 만드는 장인, 주물유기장

주물유기는 경기도 안성지역이 유명합니다. 안성은 지리적으로 영남과 호남의 문물이 모여드는 곳으로 서울의 시장을 좌우하여 조선시대에 경제적 요충지로 일찍부터 수공업이 발달한 곳입니다. 특히 안성의 유기가 다른 지방보다 유명해진 것은 서울 양반가에서 작고 아담한 크기의 놋그릇을 주문받아 제작하면서, 여기서 만든 놋그릇이 '안성맞춤'이라는 별명이 붙으면서부터였습니다.

안성유기는 유기를 생산하였을 뿐만 아니라 생산한 제품을 시장에서 판매하는 도매와 소매가 활성화되었습니다. 관청이나 명문가의 주문에 의해 조상들의 제사에 사용할 향로나 향합, 촛대 등의 제기나 식기용으로 5첩 반상기, 7첩 반상기, 9첩 반상기 등을 생산하였습니다. 더욱이 주물유기를 주문생산한 '안성맞춤'유기는 특별한 정성과 기교를 들여 소비자의 기호에 맞게 제작하였기 때문에 더욱 유명해졌습니다.

주물유기는 고온에서 용해한 쇳물을 일정한 틀[향남틀]에 부어 원하는 물건을 만들어 내는 방법입니다. 주물유기는 쇳물의 성분이나 배합비율을 자유롭게 합금할 수 있는데, 주

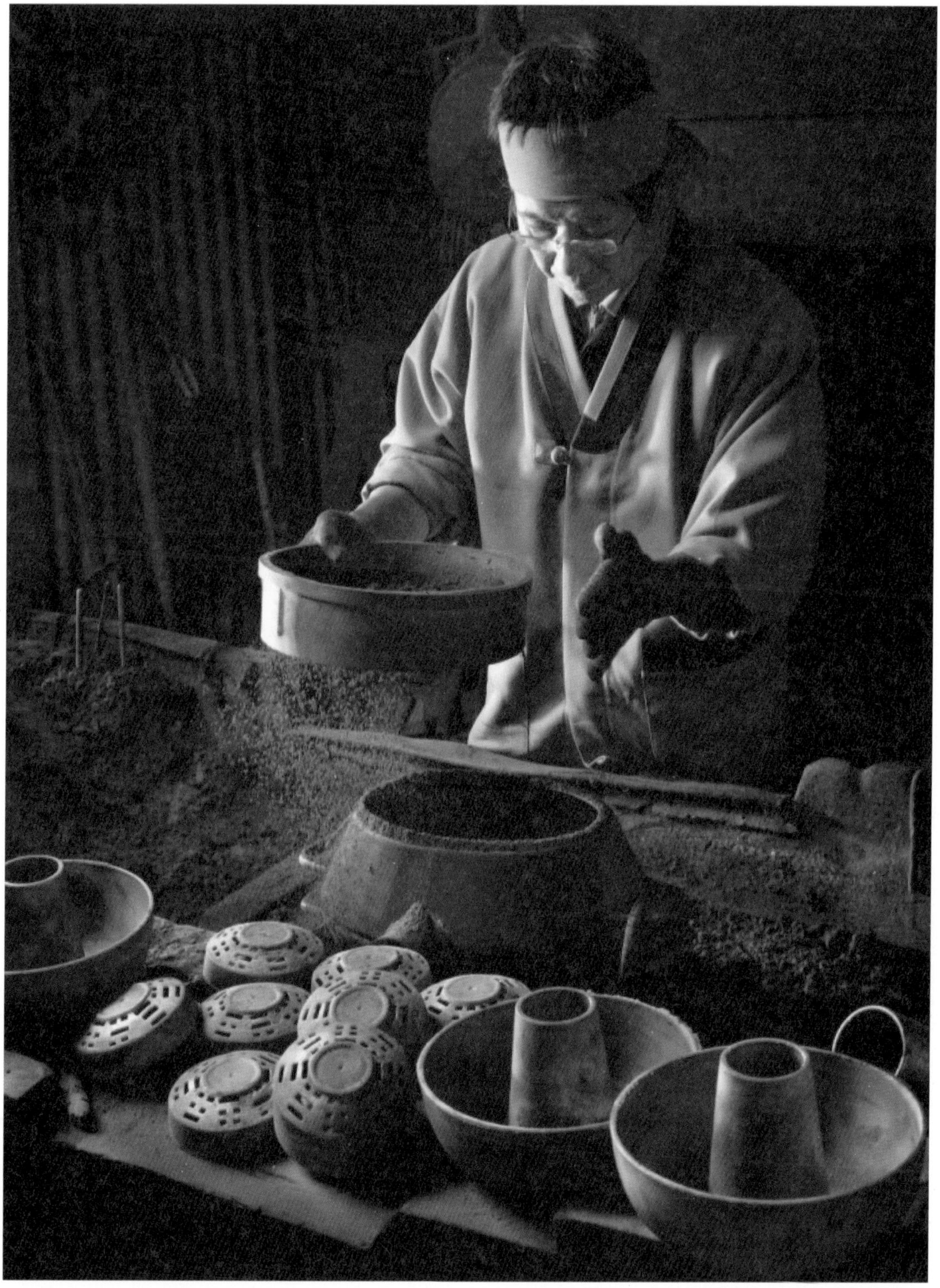

국가 유기장[주물유기] 김수영 보유자

로 구리와 아연의 합금으로 만든 황동을 사용하였습니다. 녹인 쇳물을 틀에 부어 찍어내기 때문에 동일한 모양과 규격의 제품을 대량으로 생산할 수 있는 장점이 있습니다. 또한 단조로 제작할 수 없는 향로나 화로와 같이 특이한 형태나 문양을 지닌 물건을 만드는 데 쓰입니다. 유기는 경기도 안성에서 만든 것이 유명해서 부자나 이름 있는 집안에서는 직접 유기를 주문했는데 이렇게 주문에 의해 만든 유기를 '맞춤유기'라 했고, '안성맞춤'이라는 말은 바로 여기에서 유래되었습니다.

주물유기는 이미 성형된 상태이기 때문에 금속조직이 밀집되어서 불에 달구어 두드리면 늘어나지 않을 뿐만 아니라 오히려 갈라지거나 깨지고 맙니다. 이는 금속의 재질이나 조직이 방짜유기와는 다르기 때문입니다. 일반적인 주물기법은 합금한 재료의 배합비율과 성분에 따라서 색, 품질이 서로 다르며, 장인의 기술에 따라서 섬세하고 다양한 형태의 제품을 만들 수 있는 것이 장점입니다.

주조방법으로 유기를 제작하는 과정은 크게 부질간 → 가질간 → 장식간 공정으로 되어 있습니다.

부질간 공정은 그릇의 형태인 번기[형틀] 만들기와 놋쇠를 도가니에 녹여 틀에 쇳물을 부어 그릇의 형태를 만드는 작업입니다. 부질대장은 쇳물이 준비되는 동안 쇳물이 들어가 기물이 될 번기를 만듭니다. 먼저 원본(本器, 型)을 향남틀 속에 다져 넣는 흙, 즉 주물사鑄物沙인 갯토 만들기와 주형 만들기, 물줄 내기, 그을음하기 순으로 진행됩니다. 본기로 만든 기물의 본을 진공상태인 번기番器라 하는데, 바로 이곳에 쇳물이 들어가 기물이 되는 것입니다. 따라서, 부질 한 번에 1개의 제기를 만들며, 계속해서 부질하면 여러 개의 똑같은 제기를 만들 수 있습니다.

가질간 공정은 형태를 깎고 다듬고 손질하여 유기 본래의 색을 내는 작업입니다. 방짜유기의 가질과 마찬가지입니다.

장식간 공정은 만들어진 기물을 조립하거나 표면에 장식이나 도금을 하는 작업입니다. 향로나 화로의 손잡이나 꼭지를 붙이거나 본체에 조각을 한 다음 광을 냅니다.

유기장은 국가 뿐 아니라 시도에서도 무형문화재로 지정되기도 합니다. 그 밖에 은으로 공예품을 만드는 기술은 서울특별시 은공장으로 지정되어 있기도 합니다.

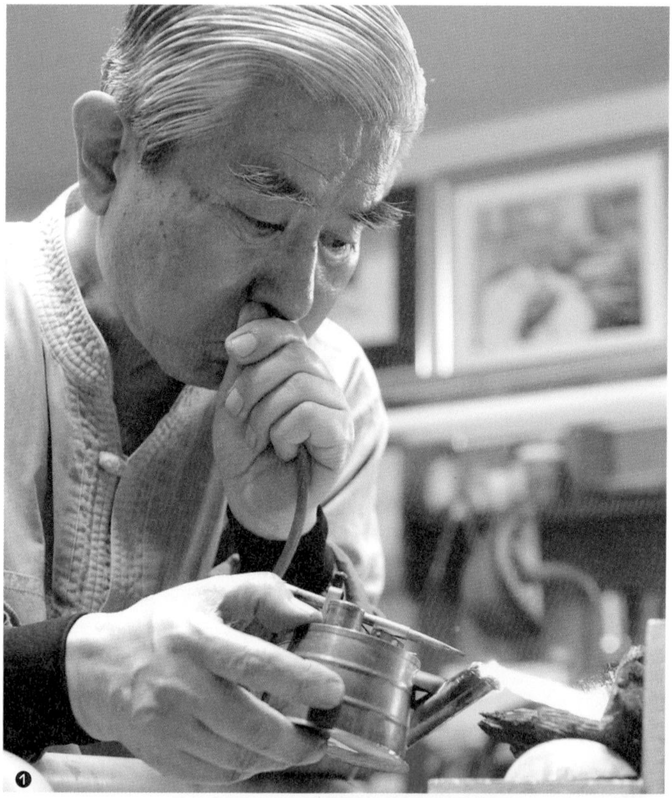

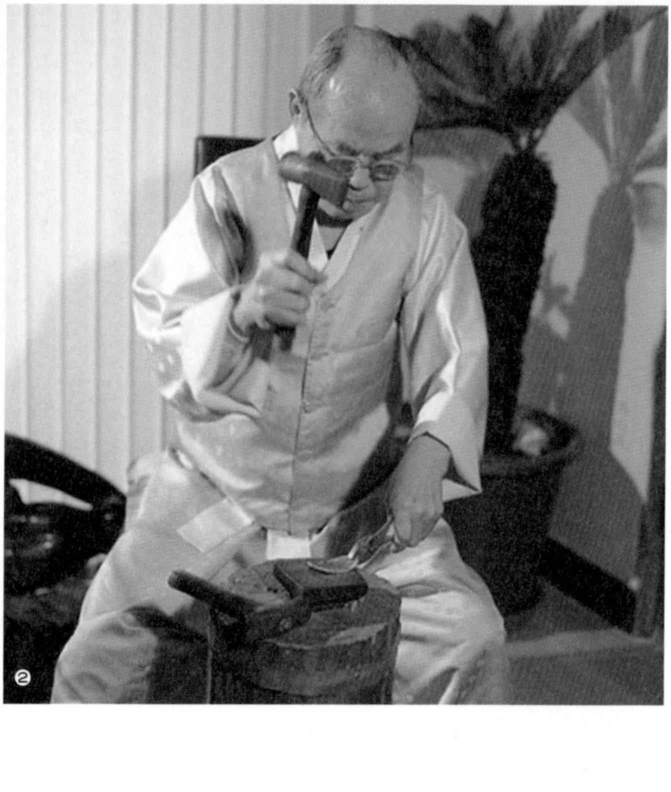

❶ 서울시 은공장 故 이정훈 보유자
❷ 서울시 은공장 故 김원택 보유자

5 금속 표면에 조각하거나 은실을 들이는 장인은 누구일까요?

조각장은 금속으로 만든 물건의 표면에 무늬를 새겨 장식하는 장인을 말하는데, '조이장'이라고도 합니다.

금속에 조각하는 기법에는 평각, 투각, 고각, 육각, 상감입사 등이 있습니다. 평각은 '음각'이라고도 하는데, 금속의 평면에 여러 가지 문양을 쪼아서 나타내는 것을 말합니다. 투각은 바탕면의 문양에 따라 필요 없는 부분을 정으로 쪼거나 오려서 빼내는 것입니다. 고각은 바탕 면에 무늬를 도드라지게 튀어나오도록 하는 기법입니다. 육각은 가장 어려운 기법인데, 물건의 안과 밖을 정으로 두들기거나 오그려서 무늬를 만드는 것입니다.

상감입사는 쇠나 구리 등의 금속 표면에 선이나 면으로 홈을 파고, 거기에 금·은·구리 등의 다른 금속을 박아 넣는 것이며, 흔히 '상감'이라고도 합니다. 입사기법이 발달한 것은 고려시대이며, 국립중앙박물관에 소장된 〈물가 풍경무늬 정병〉이 대표적입니다. 정병은 관음보살이 늘 가지고 다니는 지물이며, 불교의식 때 맑은 물을 따르던 것입니다. 이 정병은 형태미가 뛰어나고 그릇 전체에 녹색 청동녹이 슬어 있어 마치 청자처럼 보여 아름다움을 더해 줍니다. 무엇보다도 은입사기법을 사용하여 한 폭의 그림을 연상시키듯 물가 풍경을 표현한 것이 우수합니다. 낮은 언덕 위에 앙상한 버드나무와 갈대, 배를 타고 낚시하는 어부들, 헤엄치는 오리, 푸드득 날아오르는 기러기가 간결하면서 섬세하게 새겨져 있습니다. 균형 잡힌 형태, 화조화와 같은 화면의 문양, 비색에 가까운 청동 색조 등이 조화를 이룬 고려의 뛰어난 은입사기법을 엿볼 수 있는 명품 중의 명품입니다.

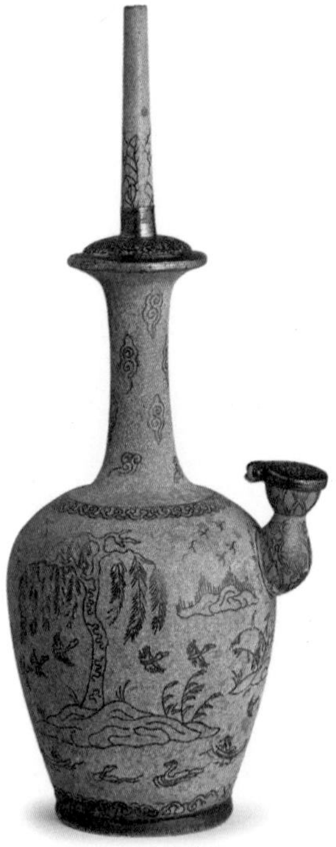
물가 풍경무늬 정병

입사장은 금속 표면에 홈을 파고 금선이나 은선을 끼워 넣어서 장식하는 장인을 말합니다. 예전에는 '실 드리다'라는 말로 표현했습니다. 이러한 입사에는 크게 두 가지 방법이 있습니다. 하나는 금속 표면에 정을 이용하여 홈을 파고 그 안에 금선이나 은선을 박아 넣는 방법입니다. 이런 기법을 흔히 '상감입사'라고 하여 조각장이 하는 경우가 많았습니다. 다른 하나는 조선 중기 이후부터 사용한 방법인데, 바탕 철의 표면을 정을 이용해 가로 세로로 쪼아 표면이 껄끄러워지면, 그 위에 얇은 금·은판이나 선을 놓고 망치로 쳐서 금속에 붙이는 방법입니다. 이런 기법을 철입사라고 하는데, 입사장이 담당하였습니다.

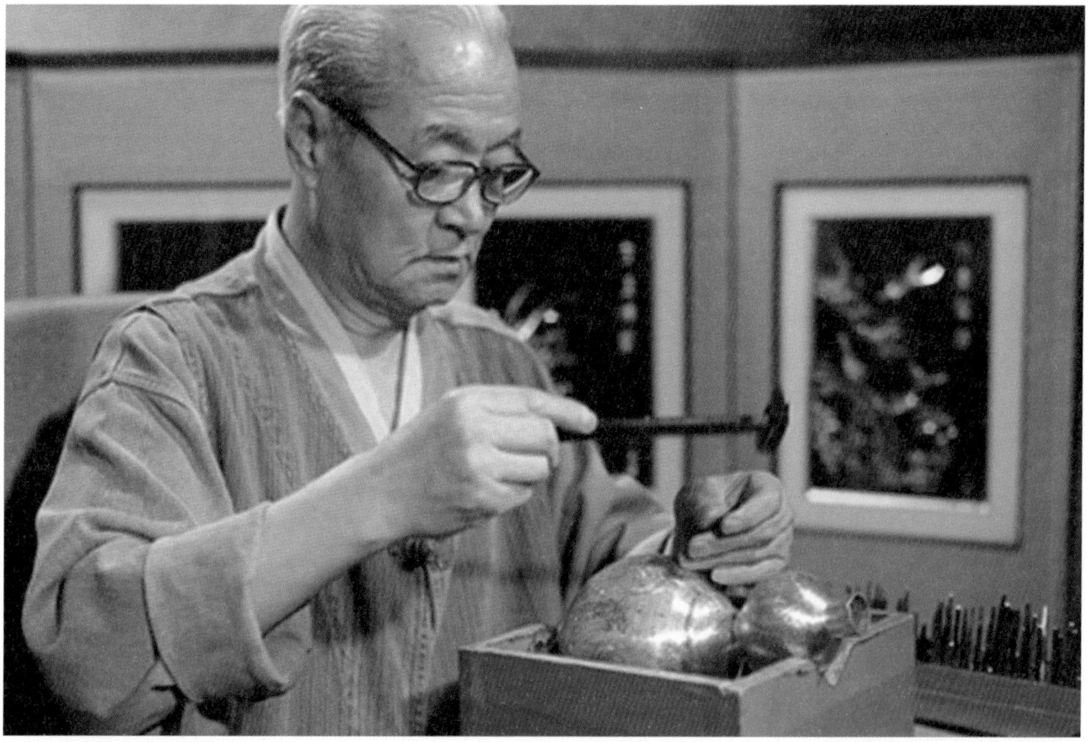

국가 조각장 故 김철주 보유자

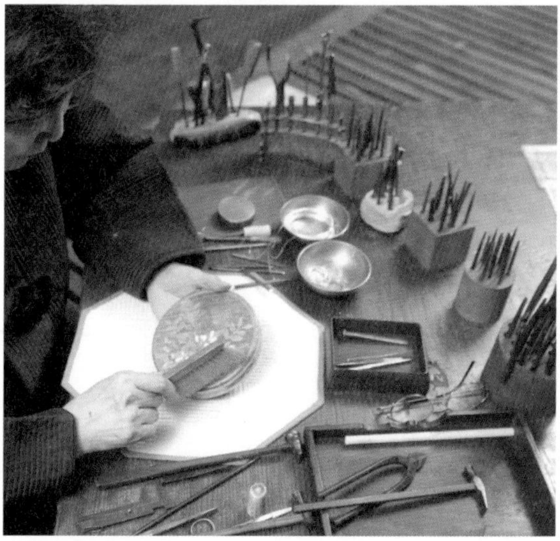

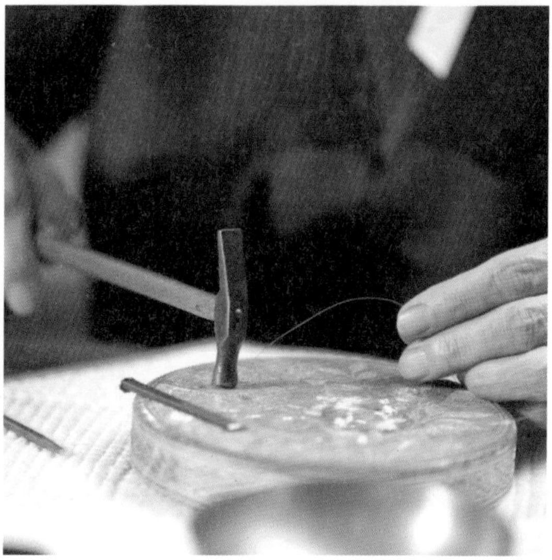

국가 입사장 홍정실 보유자

6 장석을 만드는 두석장은 누구일까요?

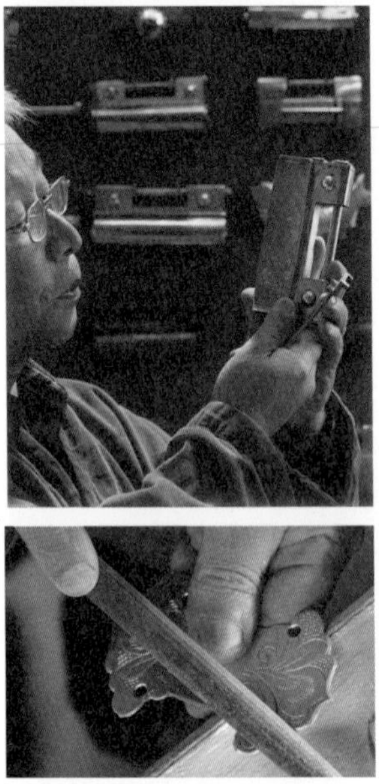
국가 두석장 박문열 보유자

두석장은 장석을 만드는 장인을 말합니다. '장석'은 나무 가구나 건조물에 붙여서 결합 부분을 더 견고하게 하거나 열고 닫을 수 있는 자물쇠 등의 금속제 장식을 말합니다. 두석장이라는 명칭은 조선시대 왕실과 관청의 물품을 전문적으로 제작하는 장인인 경공장에 포함된 '두석장'에서 유래되었습니다.

장석의 종류로는 부착하는 물건에 따라 농장석, 궤장석, 의걸이장석, 벼락닫이장석 등이 있습니다. 또 장석은 다양한 문양의 형태로 만들어지는데 자손의 번창과 무병장수, 부귀영화 등을 상징하는 나비, 박쥐, 붕어, 학 등의 상징적 동물이나 의미가 있는 문자 등이 사용되었습니다.

두석장의 제작과정은 금속판의 편평한 표면을 두드려 펴줍니다. 편평한 면을 펴서 원하는 모양대로 본의 외형을 그린 후 외곽선에서 2㎜ 정도의 여유를 남기고 잘라냅니다. 본을 대고 문양을 그릴 때 본이 움직이지 않게 고정시켜야 합니다. 그려진 문양에 따라 외곽선을 자를 때나 내부 문양을 뚫어 투각할 때에는 정을 대고 망치로 두드려 외곽선의 형태와 문양을 만듭니다. 모양을 만들다가 판이 휘면 가장자리부터 망치로 두드려 편평하게 해주야 합니다. 마무리는 줄로 가장자리를 정리합니다. 이때 가장자리의 단면은 미세하지만 45°의 각도로 경사지게 줄질을 해야 합니다. 이렇게 하면 금속판의 가장자리가 깔끔하면서 입체적이고 두껍게 보입니다.

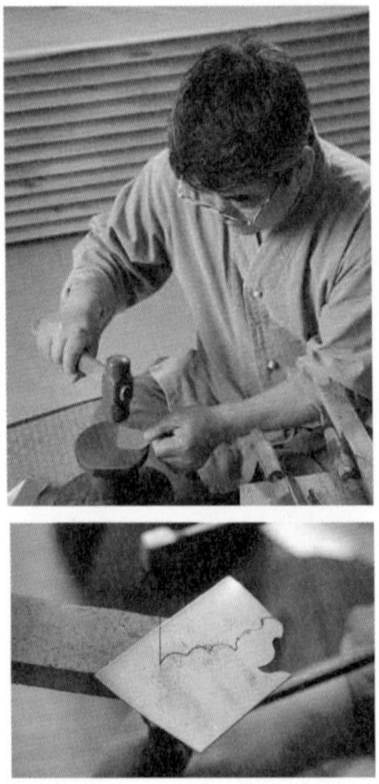
국가 두석장 김극천 보유자

이처럼 두석장은 금속 표면을 정으로 쪼아 형태를 만들고 줄로 쓸어 다듬어 주는 것입니다. 목제 가구의 경첩이나 자물쇠 및 열쇠 등 각종 금속제 장식은 이런 두석장의 재료를 다루는 솜씨에 따라 전체 물건의 가치가 좌우됩니다.

7 작은 칼을 만드는 장도장은 누구일까요?

장도는 원래 몸에 지닐 수 있는 작은 칼이었기 때문에 주로 호신용이나 장식용으로 많이 사용하였습니다. 장도는 남녀 구별 없이 허리띠나 주머니끈에 늘 매달고 다니기 때문에 패도佩刀라고 부르기도 하고, 호주머니 속에 넣은 것은 주머니칼이라는 의미로 낭도囊刀라 부르기도 합니다. 이처럼 장도는 장식과 호신을 겸용으로 사용하던 것이 오랜 전통입니다.

이러한 장도의 역사를 정확하게 알 수 없으나 삼국시대 고분에서 시원 형식이 발견됩니다. 그러나 장도를 옷고름에 차는 풍습은 고려말 몽고에서 전해진 것으로 여겨집니다. 조선시대에 들어서면 유교적 윤리 이념이 널리 퍼지면서 남성용 뿐 아니라 부녀자용도 제작되었습니다. 조선 후기부터는 몸단장을 하는 장신구로 많이 사용되어 일종의 사치품이 되었습니다. 흔히 '은장도'라고 불리는 것이 그것입니다. 심지어 칼날을 뺄 수 없게 고정된 장도가 제작되기도 하였습니다.

칼을 만드는 장인은 조선시대『경국대전』경공장에 도자장이 있어 왕실용 칼을 만들어 공급했습니다. 장도장은 칼집이 있는 작은 칼을 만드는 장인인데, 칼자루와 칼집을 만드는 재료에 따라 금은을 비롯하여 옥, 물소뿔, 대모, 비취, 공작석 등 다양하게 사용하였습니다.

장도의 형태는 칼집과 칼자루의 장식에 따라 나뉩니다. 장식이 복잡한 것을 '갖은 장식'이라 부르고, 장식이 단순한 것을 '맞배기'라고 합니다. 맞배기는 칼집과 칼자루의 형태가 일一자형인 '평맞배기'와 을乙자형인 '을자맞배기'가 있습니다. 칼집이 사각형이면 사모장도, 여덟모면 모잽이장도, 젓가락이나 귀이개 등 첨사가 있으면 첨사 사모장도 등으로 불립니다.

특히 조선후기부터 장도는 여인들이 몸단장을 하는데 필요한 노리개로 사용되면서 제작과정이 복잡하고 정교하게 발달하였습니다. 장도의 제작과정은 칼자루 → 칼집 → 장석 → 칼날 → 조립의 순서로 진행합니다.

장도를 만들기 위해 재료가 결정되면 그것을 다듬는 작업부터 합니다. 칼자루의 경우에는 칼을 꽂는 위치에 활비비로 구멍을 뚫어야 합니다. 칼집은 칼날이 들어가도록 잘 맞게 긁어내고, 칼자루와 칼집의 둘레를 같게 만듭니다. 장석은 칼집과 칼자루에 금은이나 백동 등으로 문양을 새기거나 조각을 넣어 꾸미는 것입니다. 칼날刀身은 쇠를 20여 회 불에 달구고 두들겨 강철로 단단하게 단련시켜 만듭니다. 여기에 '일편단심一片丹心'이라는 글귀를 정으로 새기고 불에 달구고 기름에 담가 열처리를 한 다음, 숫돌에 몇 차례 갈고 날을 세워 광을 내면 완성됩니다.

칼자루와 칼집, 장석 및 칼날 등 따로 만든 것들을 조립합니다. 칼자루 위에 칼날을 박고, 각종 꾸밈용 장석을 칼집의 요소요소마다 끼우고 구리못으로 부착시킵니다. 칼자루의 메뚜기 고리에 명주 매듭을 달면 모든 공정이 끝납니다.

한편 낙죽장도는 거친 땅에서 자라 마디가 짧고 굵게 옹기가 진 대나무를 칼집과 칼자루의 재료로 사용합니다. 그 위에 좋은 글귀나 길상 무늬를 인두로 지져서 완성하는 것입니다.

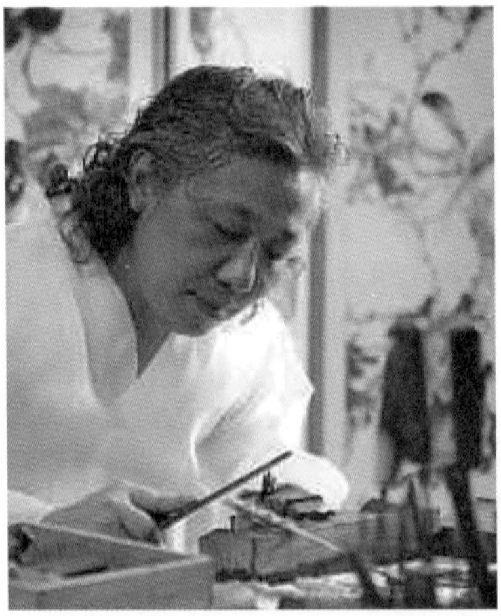

국가 장도장 박종군 보유자

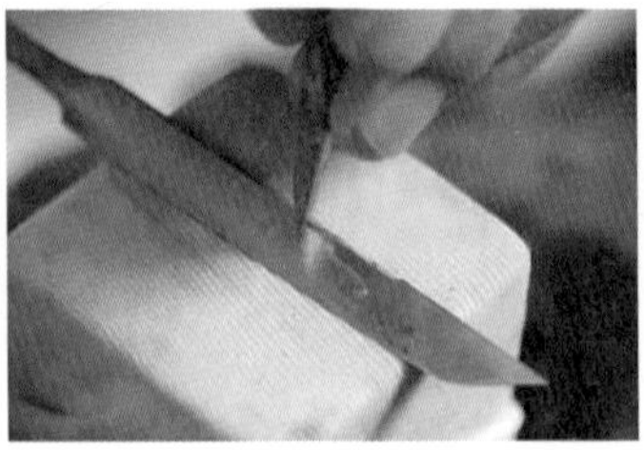

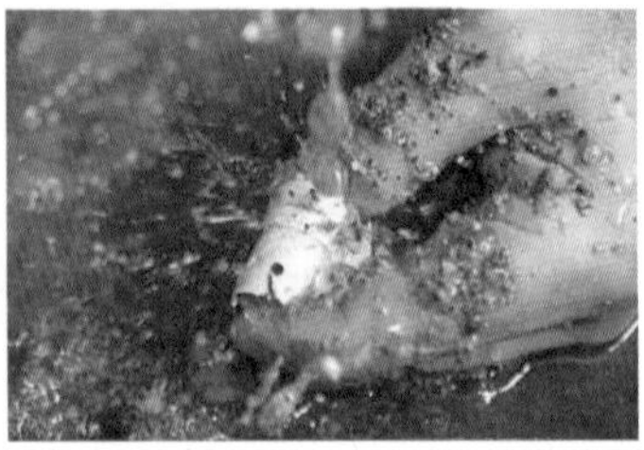

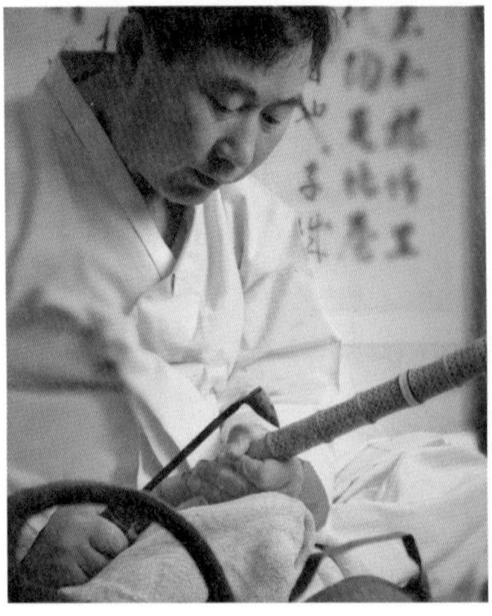

국가 낙죽장도장 한상봉 보유자

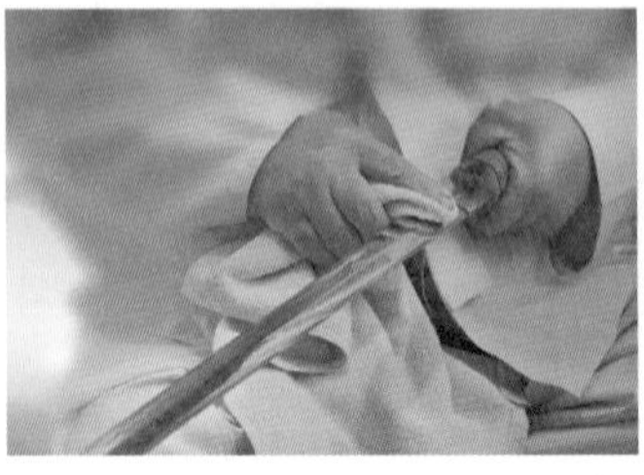

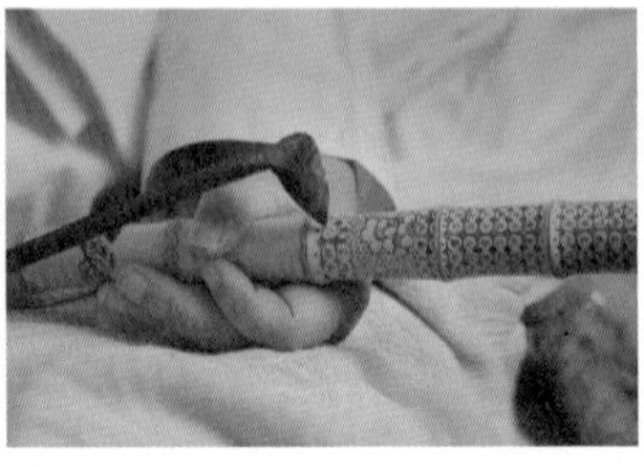

8 담뱃대를 만드는 백동연죽장은 누구일까요?

백동연죽장은 담뱃대를 만드는 장인을 말합니다. 연죽은 담뱃대를 가리키는 말인데, 백동으로 만든 담뱃대를 백동연죽이라 부릅니다. 담뱃대는 담배를 피우는 도구이면서 조선시대에는 상류 계층일수록 담뱃대의 길이를 길게 하여 양반들의 권위를 나타내는 장신구의 역할도 하였습니다. 담뱃대의 명칭은 무늬의 유무에 따라 무늬가 없으면 민죽, 글자를 새겨 넣으면 문자죽, 토리에 무늬를 새겨 넣으면 꽃대라고 부릅니다.

백동연죽은 비교적 단단한 금속인 백동이 주재료입니다. 연죽의 형태를 완성하기 위해서는 우선 구리와 니켈을 합금해서 백동을 만들고, 이 백동을 두드려서 얇게 만든 다음, 무늬를 넣고 땜질을 하는 등의 다양한 기술을 요합니다. 담뱃대는 '물부리, 대꼬바리, 설대' 세 부분으로 이루어져 있습니다. 물부리는 입에 물고 연기를 빨아들이는 부분이고, 대꼬바리는 담배를 담는 대통이 부착되어 불에 태우는 곳, 설대는 물부리와 대꼬바리를 연결하는 가는 대나무[설대]를 말합니다. 특히, 대꼬바리는 열을 받는 부분이기 때문에 파손되기 쉬워서 구리, 놋쇠, 백동과 같이 단단한 성질의 금속으로 만듭니다. 물부리는 쇠뿔이, 옥, 상아, 쇠뿔 등 비교적 여러 가지 재료를 사용하기도 합니다.

대꼬바리에 사용할 백동은 불에 달궜다가 식혀서 망치로 두들기는 과정을 반복해 형태를 만듭니다. 곧 백동판을 대통본에 맞춰 원형으로 자릅니다. 통백이(받침틀)와 통고정(정)을 사용하여 원형판을 반구형으로 만듭니다. 원판을 받침틀에 놓고 정을 대고 망치로 두드리며 대통의 형태를 잡고 정을 사용하여 구멍을 뚫고 줄로 다듬습니다.

백동 판을 본에 따라 재단하고, 담뱃대에서 입을 대는 부분인 초올기는 꽃봉오리 형태의 모양틀에 대고 정으로 두들겨서 형태를 만듭니다. 목도리와 대통의 연결부분에 은또개미를 감고 망치로 친 다음 은땜을 해서 접합합니다. 동판으로 토리를 재단한 다음, 그 위에 오동박지와 은박지를 바둑판 모양으로 배열하고 은땜으로 붙입니다. 목도리와 초올기의 끝부분이 토리가 꼭 맞게 들어가도록 줄로 다듬고, 납땜합니다. 줄로 금속 표면을 다듬고 광쇠로 표면을 문지른 다음 활비비를 사용해 광을 냅니다. 설대는 오죽을 사용하고, 이것을 화덕에 달구어 곧게 펴고 보통 3마디 또는 5마디 정도로 자릅니다.

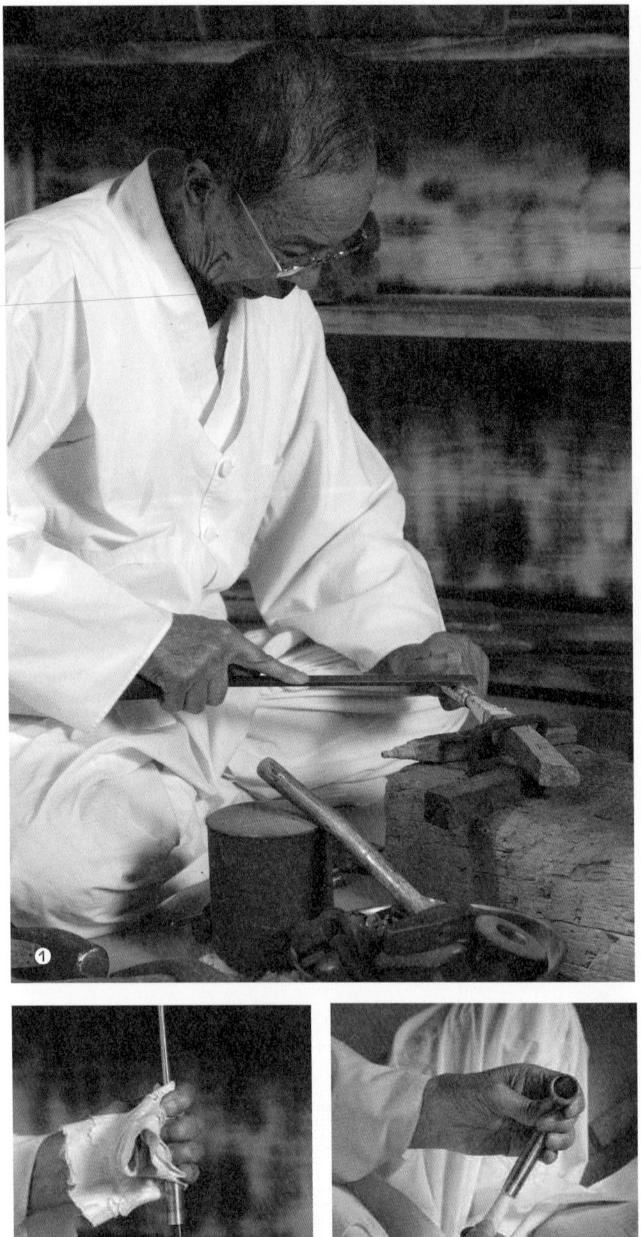

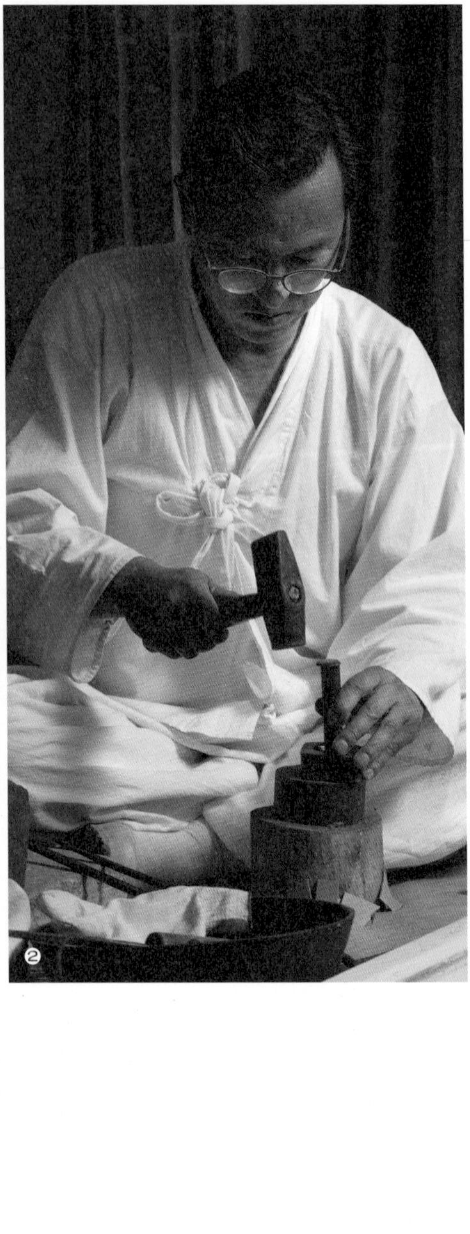

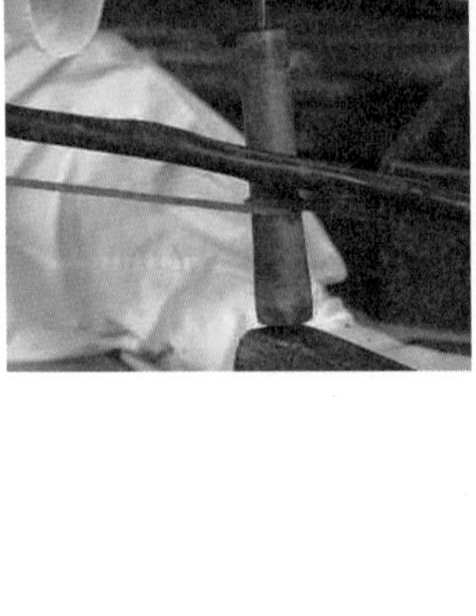

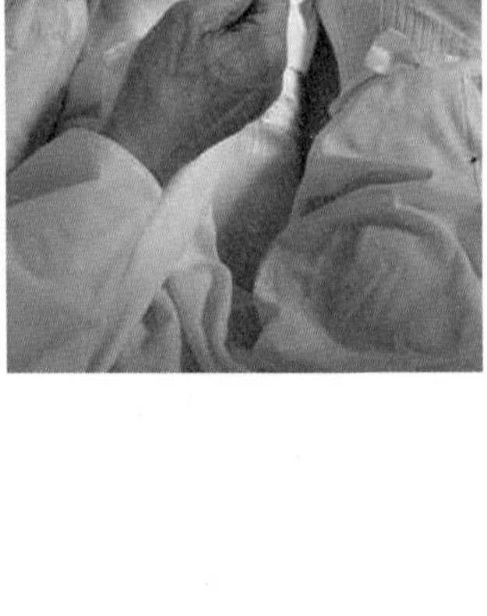

❶ 국가 백동연죽장 황영보 보유자
❷ 국가 백동연죽장 황기조 전수교육조교

설대의 양 끝부분을 칼로 깎고 한지를 감습니다. 대꼬바리와 물부리에 설대를 끼운 다음, 남은 종이를 잘라냅니다. 담배연기를 잘 빨아들일 수 있는지 확인합니다.

한편, 지방의 무형문화재 중에 대장장이 지정되어 있습니다. 쇠를 두들겨 낫이나 호미 등의 연장을 만드는 장인입니다. 여러 명의 장인이 협업을 하는 대장간에서 장인의 우두머리를 대장이라 부르기도 했습니다. 그러나 현재 인력보다 기계를 이용하여 노동과 비용을 절감하면서 전통적인 방식으로 제작하는 대장장의 숫자가 급격하게 줄었고 그들의 기술도 점차 사라지는 추세에 있습니다.

이처럼 우리나라는 일찍부터 금은 구리 및 쇠를 다루어 금속공예품을 만드는 기술이 발달하여 국가와 왕실의 권위를 드높이는 최고의 명품을 만들었습니다. 그중 우리 조상들은 신라 때부터 우리나라만의 독창적인 '한국 범종'을 만들었으며, 고려 때에는 세계 최초로 금속활자를 만들어 우수한 문화민족의 긍지를 드높이고, 상감청자와 함께 은입사 기법을 활용하여 우수한 불교 공예품을 만들기도 하였습니다. 조선시대에는 살아 숨쉬는 금속이라 불리는 놋쇠로 종묘제기 등을 만들었고, 정절을 상징하는 장도나 긴 담뱃대 등도 만들기도 하였습니다. 이러한 전통 수공기술들은 현대 첨단과학으로도 재현이 불가능한 뛰어난 과학기술의 증거이지만 점차 기계화되면서 사라질 위기에 처해 있습니다. 우리가 조금만 이것에 애정과 관심을 쏟아 아끼고 가꾸고 지켜서 우리 후손들에게 자랑스러운 문화유산을 전해주길 기대합니다.

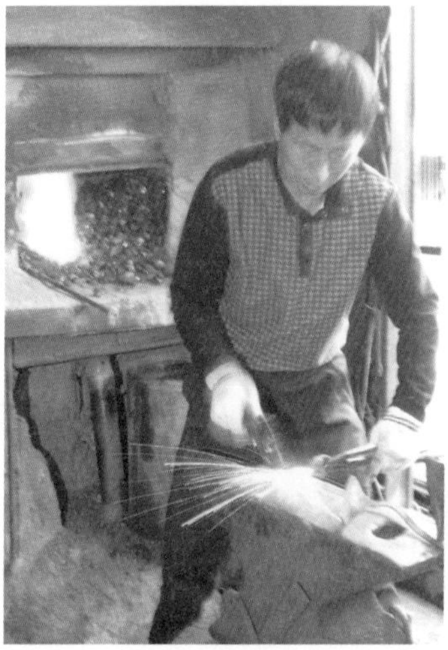
충남 당진대장장 손창식 보유자

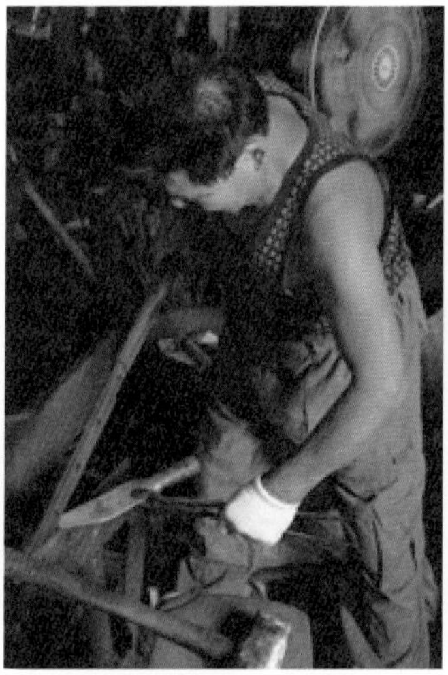
충남 아산대장장 허창구 보유자

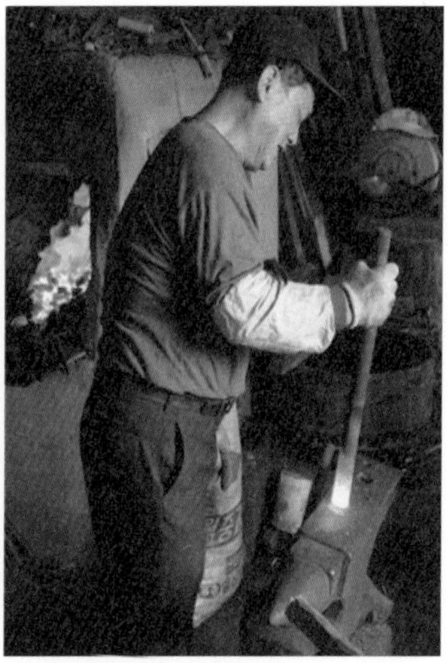
충남 홍성대장장 모무회 보유자

학습평가

01 (난이도 하) 금속공예품 유물과 그것을 제작하는 장인의 연결이 옳지 못한 것은?

① 주철장 - 성덕대왕신종, 무쇠솥

② 입사장 - 물가 풍경무늬 정병

③ 금속활자장 - 직지심체요절

④ 유기장 - 종묘제기, 놋요강

02 (난이도 중) 다음 중 장인과 제작하는 공예품이 옳지 않은 것은?

① 방짜유기장 - 징, 꽹과리

② 주물유기장 - 향로, 화로, 반상기

③ 백동연죽장 - 백동장석, 담뱃대

④ 장도장 - 은장도, 맞배기장도, 모잽이장도

03 (난이도 중) 방짜유기와 주물유기에 대한 설명 중 옳지 않은 것은?

① 방짜유기는 네핌질, 우김질, 냄질, 닥침질, 제질, 담금질, 벼름질, 가질의 순서로 작업한다.

② 방짜유기는 원대장 앞망치, 곁망치, 센망치, 가질장, 네핌장, 겟대장, 밖풍구, 안풍구 등 11명의 장인이 함께 일한다.

③ 주물유기는 경기도 안성에서 양반가문에서 놋그릇을 주문하였던 안성맞춤을 생산하던 공예기술이다.

④ 주물유기는 부질간 공정, 가질간 공정, 장식간 공정으로 작업하며 평안북도 납청에서 발달한 공예기술이다.

04 (난이도 중) 다음 중 장인과 제작기술이 잘못 짝지어진 것은?

① 조각장 - 금속 공예품의 표면에 쪼이질을 하여 문양을 새겨 넣는 기술

② 낙죽장도장 - 칼자루와 칼날의 재료가 대나무이며 여기에 인두로 지지는 기술

③ 백동연죽장 - 구리 72%와 주석 28%를 정확한 비율로 합금하여 담뱃대 만드는 기술

④ 두석장 - 금속 표면을 정으로 쪼아 형태를 오리거나 문양을 투각하여 가구 장석을 만드는 기술

05 (난이도 하) 장인의 종류와 생산하는 공예품이 맞게 연결된 것은?

① 조각장 - 청동제불상조각, 금동보살조각

② 두석장 - 자물쇠, 열쇠, 거멀 장석

③ 방짜유기장 - 안성맞춤 제기, 7첩 반상기

④ 백동연죽장 - 민죽, 설대, 왕대, 시누대

01 | 정답 | ①
| 해설 | 주철장은 구리를 녹여 범종을 만드는 장인이고, 무쇠솥은 쇠로 만든 솥으로 재료가 다르다.

02 | 정답 | ③
| 해설 | 백동연죽장은 백동으로 담뱃대를 만드는 장인이고, 장석은 두석장이 만든다.

03 | 정답 | ④
| 해설 | 지역적으로 방짜유기는 납청에서, 주물유기는 안성에서 발달한 공예기술이다.

04 | 정답 | ③
| 해설 | 구리 72%와 주석 28%는 놋쇠의 합금비이고, 백동은 백동이나 황동 및 무쇠 등 다양한 금속을 사용한다.

05 | 정답 | ②
| 해설 | 조각장은 불교조각품을 만드는 장인이 아니고, 안성맞춤 제기나 반상기는 주물유기로 만들며, 백동연죽장은 담뱃대를 만드는 장인이고 각종 대나무는 재료이다.

학습정리

① 금속공예품을 제작하는 기술은 청동기시대부터 발전하였다. 고대부터 조선시대까지 왕실의 권위를 상징하거나 불교 및 유교적 의례에 필요한 금속공예품은 다종다양하였다.

② 세계 최초로 금속활자를 만드는 전통 공예기술은 국가무형문화재 제101호 금속활자장이, 우리나라만의 독특한 형식의 범종을 만드는 전통 공예기술은 국가무형문화재 제112호 주철장이 전승하고 있다.

③ 금속 표면에 쪼이질을 하는 장인은 국가무형문화재 제35호 조각장이, 표면에 은실로 입사를 하는 장인은 국가무형문화재 제78호 입사장이, 금속을 오려 가구의 장석을 만드는 장인은 국가무형문화재 제64호 두석장이 지정되어 전통 공예기술을 전승하고 있다.

④ 놋그릇을 만드는 장인은 국가무형문화재 제77호 유기장이, 작은 장도를 만드는 장인은 국가무형문화재 제60호 장도장이, 담뱃대를 만드는 장인은 국가무형문회재 제65호 백동연죽장이 지정되어 전통 공예기술을 전승하고 있다.

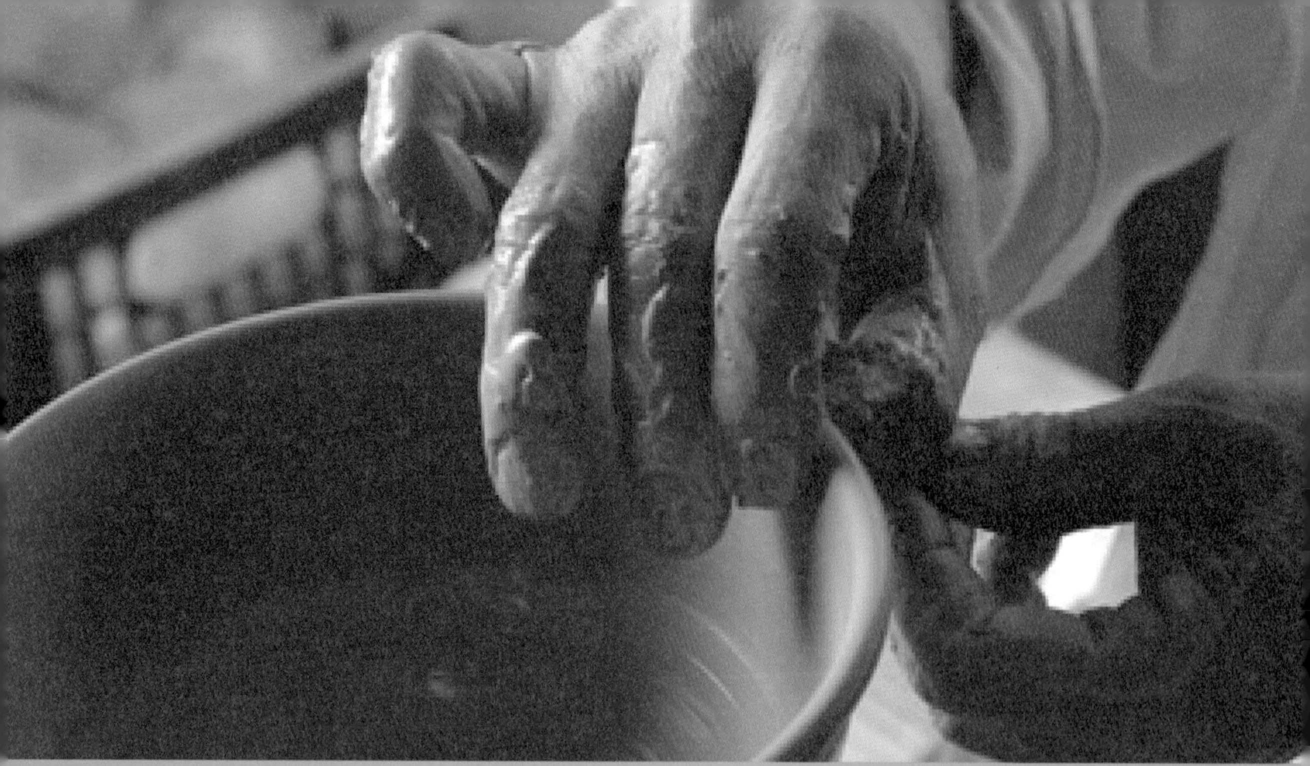

03
도자공예와 장인

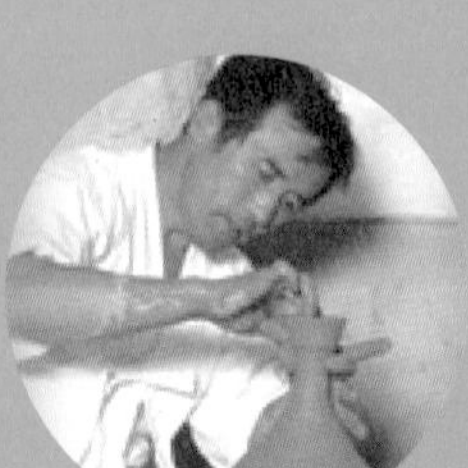
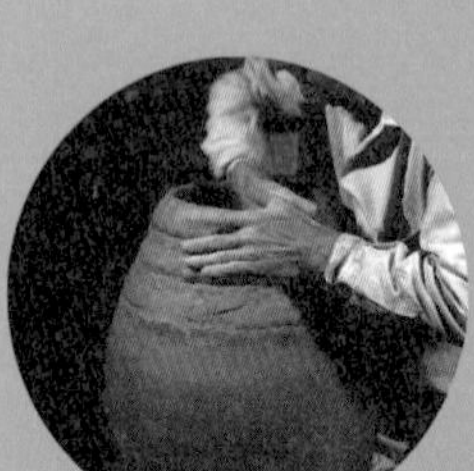

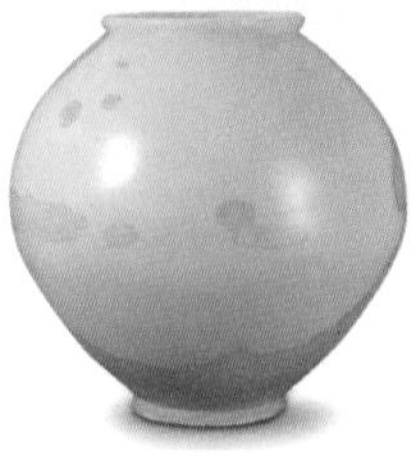

도자공예 지정종목과 장인

구분	지정번호	종목명	사망	명예	보유자	전수교육조교
국가	제91호	제와장	한형준			김창대
	제96호	옹기장	이종각, 이옥동 이내원		김일만, 정윤석	이학수
	제105호	사기장			김정옥	
	제121호	번와장			이근복	
서울	제30호	옹기장			배요섭	
광주	제5호	청자도공	조기정			
울산	제4호	울산옹기장			외고산옹기협회	
경기	제3호	청자장	사망			
	제4호	분청사기장	사망			
	제5호	백자장	사망			
	제41호	사기장			서광수, 한상구	
충북	제10호	사기장			서동규	
	제12호	옹기장			박재환	
충남	제38호	옹기장			방춘웅, 이지수	
전남	제36호	청자장			이용희	
경북	제25호	옹기장			이무남, 백광훈 정학봉	
	제32호	사기장			이학천, 천한봉 백영규	
제주	제14호	제주도허벅(옹기)장			신창현	

■ 학습개요

우리 조상들은 오랜 옛날부터 생활에 필요한 거의 모든 도구나 물건을 자연에서 나는 재료로 만들어서 사용해 왔다. 자연에서 얻은 재료를 이용하여 흙으로 그릇을 빚고, 기와를 올려 집을 짓고 살았다. 이렇게 흙을 재료로 사용하여 옹기나 청자 및 백자 등을 제작하거나 기와를 만드는 기술까지 통칭하여 도자공예이며 우리의 역사와 함께 발달하였다.

흙으로 그릇을 만드는 기술은 신석기시대부터 발달하여, 인지가 발달하면서 흙을 불에 굽는 온도가 점차 높아졌다. 흔히 도자공예를 '불의 예술'이라고 하는데 옹기나 사기도 마찬가지이다. 조선인의 순정적 성정을 닮은 사기그릇. 유교를 숭상한 조선인의 눈에 든 질박하고 튼실한 형태와 은근하면서 진한 유백색의 색감 등 조선백자는 여전히 그 때 그 감동으로 우리에게 다가온다. 한편 옛날부터 궁궐이나 사찰 건물은 기와집으로 지었다. 건물 자체에 권위나 상징성을 부여하기 위해 기와가 꼭 필요하게 된 것이다.

그러나 현대 산업화와 문명화를 거치면서 이러한 옹기, 사기, 기와를 만드는 전통 수공예기술은 점차 사라지거나 변질된 위험에 처하게 되었다. 이에 문화재청은 문화재보호법을 제정하여 학술적, 예술적 가치가 높은 공예기술이 원형을 유지하고 전승할 수 있도록 무형문화재로 지정하여 보호, 관리하게 되었다. 이에 국가에서는 흙을 빚어 그릇을 만드는 장인은 국가무형문화재 제96호 옹기장, 조선 백자를 만드는 장인은 국가무형문화재 제105호 사기장, 그리고 기와를 만드는 장인은 국가무형문화재 제91호 제와장, 그 기와를 지붕위에 얹는 장인은 국가무형문화재 제121호 번와장으로 지정하여 보호하고 있다.

이 장에서는 도자 공예품을 제작하는 공예기술 중 무형문화재로 지정된 옹기, 사기, 제와, 번와 종목에 대해 알아보기로 한다.

■ 학습목표

1. 흙으로 빚는 도자공예의 개념과 역사적 변천에 대해 설명할 수 있다.
2. 옹기장과 사기장의 제작기술과 도자공예품의 특징에 대해 설명할 수 있다.
3. 기와를 제작하는 제와장과 건물 지붕에 얹는 번와장의 공예기술에 대해 설명할 수 있다.

■ 학습내용

1 도자공예는 무엇일까요?

우리 조상들은 오랜 옛날부터 생활에 필요한 거의 모든 도구나 물건을 자연에서 나는 재료로 만들어서 사용해 왔습니다. 자연에서 얻은 재료를 이용하여 흙으로 그릇을 빚고, 기와를 올려 집을 짓고 살았습니다. 이렇게 흙을 재료로 사용하여 옹기나 청자 및 백자 등을 제작하거나 기와를 만드는 기술까지 통칭하여 도자공예이며 우리의 역사와 함께 발달하였습니다.

이렇게 흙으로 그릇을 만드는 기술은 언제부터 어떻게 발전했을까요?

주지하다시피 토기는 신석기시대부터 발달하기 시작했어요. 인간의 지혜가 발달하면서 흙을 불에 굽는 온도가 점차 높아졌고, 그러면서 점점 단단한 그릇을 만들게 되었지요. 흔히 도자기를 '불의 예술'이라고 하는 이유가 여기에 있어요.

토기土器는 선사시대에 만들어 붉은 색이 나고 700℃ 정도의 낮은 온도에서 구워 물이 스며 밖으로 번지는 무른 그릇입니다. 도기陶器는 토기보다 단단하고 잿물을 입히되 1,000℃ 안팎에서 구워 화분이나 떡시루와 같은 그릇입니다. 석기는 1,200℃ 정도로 구워 태토 속의 장석이 녹아 유리처럼 단단해져 때리면 쇠붙이 소리가 나는 것으로 신라 토기나 김칫독이 이에 해당됩니다. 자기磁器는 1,300℃ 이상의 고온에서 구워 태토와 유약이 유리질화가 되어 투명하게 보이는 것입니다.

도자기 중에서 잘 알려진 것은 무엇일까요? 바로 청자와 백자입니다. 청자는 고려시대에 발전한 것인데, 표면이 푸른색을 띠어 청자라고 부릅니다. 조선시대에는 유백색을 띠는 튼실한 형태의 백자가 검박을 숭방한 선비들의 미감과 맞아 떨어졌어요. 달항아리를 애호한 조선인의 순정적 마음이 그것입니다.

우리나라는 유난히 장이 발달되었습니다. 된장, 고추장, 간장 등이 그것입니다. 여기에다가 젓갈이나 김치 등 음식을 저장하고 발효시켜 먹는 문화가 특징이잖아요. 한겨울에 김치를 담그는 풍습은 '김치문화'라 하여 인류무형유산에 등재되어 세계가 인정했으니까요. 이렇게 김치나 장을 담가 발효시키기 위해서는 그것들을 담아두는 그릇이 필요한데요, 그게 바로 옹기입니다. 흔히 옹기를 살아 숨 쉬는 그릇이라고 합니다. 김치나 장을 담가서 오래 묵혀도 썩지 않고 사람에게 유익한 발효가 되는 이유, 그게 바로 옹기 때문입니다.

한편 옛날부터 궁궐이나 사찰 건물은 기와집으로 지었습니다. 백성들이 초가집을 짓고 사는 것과 대조가 되지요. 고대 국가의 체계가 갖추어지면서 신분이나 계층을 구분하였고, 국왕이나 왕실은 권위를 갖게 되었지요. 왕권이 강화되면서 국왕이 사는 궁궐을 고래등과 같은 기와집으로 지은 것입니다. 사찰은 법왕인 부처의 거처여서 현왕의 궁궐처럼 신성성을 강조하기 위해 기와를 올렸습니다. 물론 조상신을 모시고 유교적 제향을 드리는 향교나 문묘 등 사당 건물도 기와를 얹었어요. 건물 자체에 권위나 상징성을 부여하기 위해 기와가 꼭 필요하게 된 것입니다.

해방 이후 급속한 근대화와 산업화 속에서 전통적으로 내려오던 각종 공예기술이 사라질 위기에 처했습니다. 이에 국가에서는 흙을 빚어 그릇을 만드는 장인은 국가무형문화재 제96호 옹기장, 조선 백자를 만드는 장인은 국가무형문화재 제105호 사기장 그리고 기와를 만드는 장인은 국가무형문화재 제91호 제와장, 그 기와를 지붕 위에 얹는 장인은 국가무형문화재 제121호 번와장으로 지정하여 보호하고 있습니다.

여기서는 이들 도자공예 장인에 대해 살펴보도록 합시다.

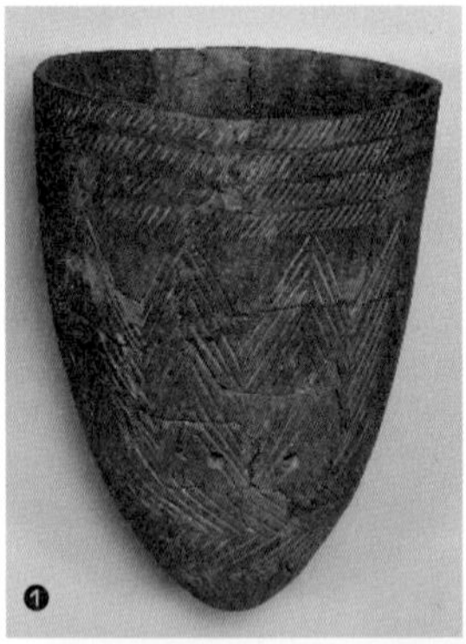

❶ 빗살무늬토기, 신석기시대, 국립중앙박물관
❷ 청자 기와, 고려시대, 국립중앙박물관
❸ 참외형청자, 고려시대, 국립중앙박물관
❹ 분청사기, 조선시대, 국립중앙박물관
❺ 달항아리, 조선시대, 국립중앙박물관

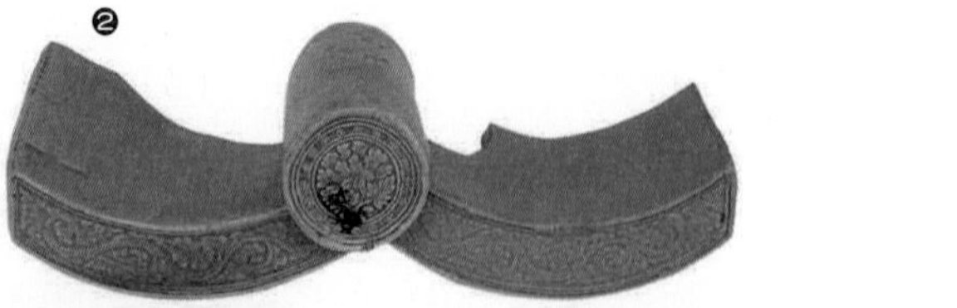

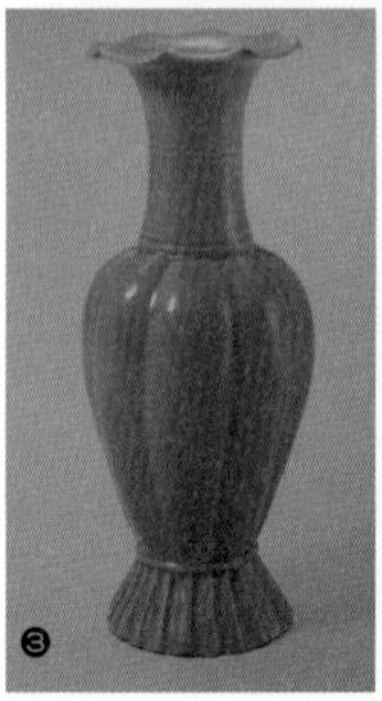

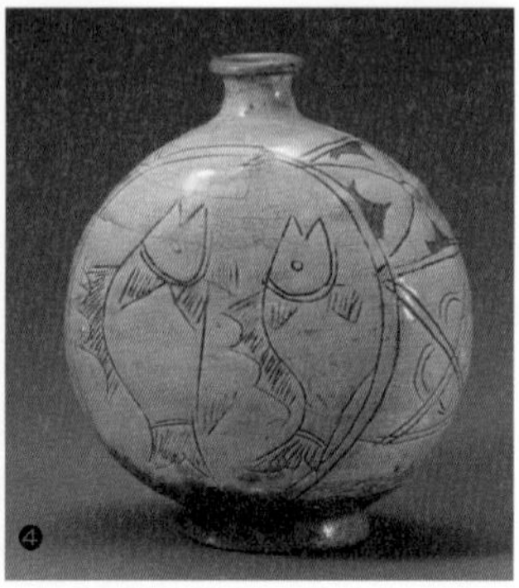

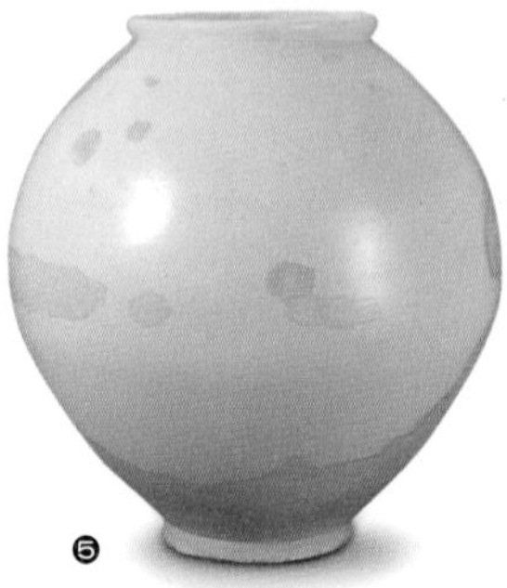

2 살아 숨 쉬는 그릇, 옹기를 만드는 옹기장은 누구일까요?

예전에는 집집마다 뒤란에 장독대가 따로 있었습니다. 독에는 간장, 고추장, 된장 등을 담아두었지요. 궁궐도 마찬가지여서 경복궁에는 장고지가 따로 있어 사람 키만큼 큰 장독 수십 개가 쭉 늘어서 장관을 이룹니다. 종가집이나 경제적으로 부유한 집에도 수십 개의 장독에 몇 년 묵은 장이나 김치를 담가 두었지요. 가난한 집에서조차 몇 개의 장독이라도 준비하여 장을 따로 담가 먹었어요. 집안의 장은 그 집안의 가풍을 상징하는데, 장맛이 나빠지면 집안에 우환이 생긴다고 할 정도였습니다.

이렇게 장독들이 옹기종기 모여 있는 장독대의 풍경은 그리 멀지 않은 시절의 이야기입니다. 그러나 근대화와 산업화를 거쳐 주거문화가 아파트로 변하고 김치냉장고에 음식을 저장하면서 이제는 큰 음식점에나 가야 볼 수 있어서 그 모습조차 그리 흔한 광경이 아닙니다.

크고 작은 옹기들은 크면 큰대로 작으면 작은 대로 제각기 무던하고 익살스러운 몸짓과 표정을 지니고 있어요. 이것들을 바라보고 있으면 바로 이것이야말로 한국적이구나 하는 감흥을 누를 수가 없습니다. 크다고 오만하지 않고, 자신의 색을 뽐내지도 않고 크고 작은 것들이 서로 한데 모여 있는 것을 옹기와 종기가 함께 한다고 하여 '옹기종기'라고 말하겠습니까?

옹기그릇처럼 오랜 세월동안 한국인의 생활과 밀착된 것은 아마 없을 겁니다. 어릴 적 밥 먹을 때마다 장이나 김치를 푸러 장독대에 갔고, 그릇에서 이렇게 애틋한 생활감정이 생생하게 통하는 세계는 없을는지도 모릅니다.

옹기는 오랜 역사를 지녔습니다. 그런데 고려청자나 조선백자처럼 옹기는 한 번도 상류문화의 일부로서 자리 잡아 본 적조차 없습니다. 한국인이라면 누구나 장이나 김치 등을 먹는데, 옹기는 바로 이러한 음식을 오랫동안 저장해서 발효시켜 먹는 우리의 음식문화를 반영하고 있답니다.

이미 신라 때 와기전瓦器典이라는 관서가 있는 것으로 미루어 볼 때, 아마 이때부터 옹기를 구워서 사용했을 겁니다. 조선시대에는 왕실이나 국가의 수요가 많아 중앙 관청의 경공장으로 90명이 넘는 옹기장이 소속되어 있었습니다. 당시 경공장은 129개의 공예기술이 분야별로 전문화 세분화되어 있었는데요, 그중 옹기장은 공조와 상의원, 봉상시, 내수사 등 모두 14개소의 관청에 다양하게 분포되어 있었습니다. 이처럼 여러 부서에 옹기장이 골고루 소속되어 있었다는 것에서 옹기장의 기술적인 쓰임새가 그만큼 넓고 요긴했음을 뒷받침해 주는 것이라 할 수 있습니다.

옹기장은 독과 항아리 등과 같은 옹기를 만드는 장인을 말합니다. 황순원의 소설에 '독 짓는 늙은이'라는 작품이 있는데, 이때의 독이 옹기입니다. 그렇다고 옹기장이 옹기를 만드는 기술이 복잡한 것은 아니랍니다. 옹기장이 옹기를 만드는 곳은 옹기점인데요, 이곳은 움이라는 작업장에서 물레를 사용하여 그릇을 만들어요.

이제 옹기 만드는 것을 살펴 볼까요?

옹기를 만들 때에는 질 좋은 점토를 사용해야 합니다. 이 점토에는 모래 알갱이가 셀 수 없이 많이 들어 있어요. 이것이 그릇 벽에 숨구멍을 만들어 '숨 쉬는 그릇'을 만드는 이치입니다. 이렇게 그릇이 숨을 쉴 수 있어서 옹기에 담긴 음식물은 오랫동안 보존할 수 있는 거겠죠? 우리 조상들이 장을 담거나 김치를 오래 묵혀 먹을 수 있는 이유도 다 옹기가 있어서 가능한 것입니다.

옹기 점토는 음력 1월 10일부터 15일 경에 1년 동안 쓸 양을 채취합니다. 채취한 점토는 물을 뿌려서 도기 제작에 적합하게 합니다. 점토에 3~4일 정도 물을 주면서 점도를 맞추고 숙성시킵니다. 잘 반죽해서 응달에서 약간 건조시킨 다음 도구로 쳐서 벽돌 모양으로

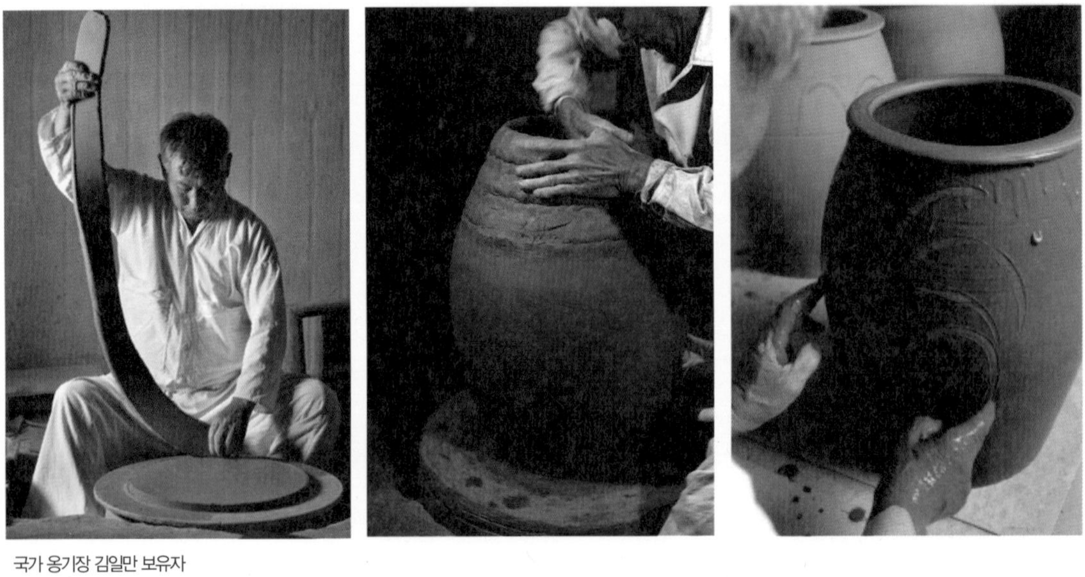

국가 옹기장 김일만 보유자

만듭니다. 이것을 다시 바닥에 쳐서 길쭉한 판자 모양의 '타래미'로 만듭니다. 바닥이 물레에 달라붙지 않도록 물레 위에 백토를 뿌립니다.

타래미를 물레 위에 올려놓고 돌려 가면서 바닥형태를 다듬습니다. 물레에 점토로 만든 바닥을 올리고 방망이질을 한 다음, 점검대로 바닥 지름을 잽니다. 밑가새로 필요 없는 부분을 잘라냅니다.

이제 물레를 돌리면서 그 속도와 손놀림에 맞춰 타림질, 수레질, 근개질의 세 가지 과정을 반복하면서 필요한 높이로 흙가래를 쌓으며 옹기를 만듭니다. 어느 정도 높이가 되면 마지막으로 아가리를 오므리고 배를 부르게 만듭니다. 옹기가 완성되면 옹기를 물레에서 떼어내기 위해 밑가새로 바닥둘레를 잘라냅니다.

완성된 옹기가 작으면 들채를 손목에 받치고 들어내면 됩니다. 그런데 사람 키만큼 커다란 옹기는 어떻게 옮길까요? 큰 옹기가 만들어지면 물레의 좌우에 두 사람이 마주서서 '들보'라고 부르는 천을 이용하여, 물레에서 옹기를 들어내 건조장으로 옮긴답니다. 이렇게 큰 옹기를 옮기는 것은 볼 때마다 신기합니다. 외국인들이 깜짝 놀란답니다.

옹기는 그늘에 차곡차곡 쌓아 보름 동안 건조시킵니다. 건조된 옹기에는 유약을 칠합니다. 큰 통에 옹기를 풍덩 담갔다가 꺼내어 2~3분 정도 건조를 시킨 다음, 장인은 옹기 앞에 서서 두 손을 크게 움직여 손가락으로 문양을 그리고, 어떤 때는 난초도 그리고 어떤 때는 구름도 그립니다. 이렇게 하루 정도 이것을 건조시킵니다. 그 다음 이것을 뒤집어서

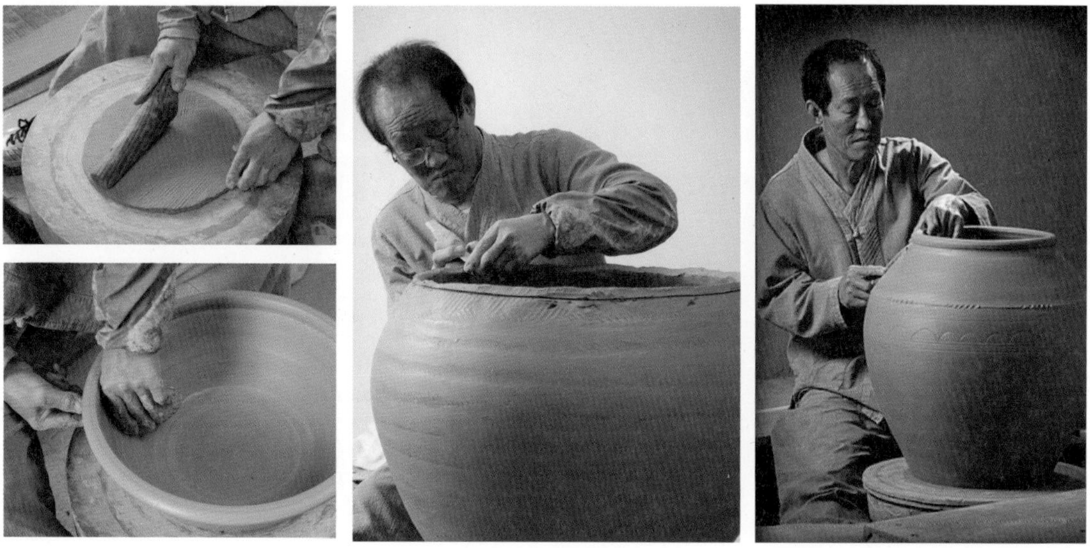

국가 옹기장 정윤석 보유자

바닥 테두리의 잿물을 제거합니다.

잿물 유약을 바른 옹기는 다시 응달에서 20일 이상 건조시킵니다. 옹기점에 수천 개의 옹기가 건조를 기다리며 차곡차곡 포개져 있는 모습은 보기만 해도 멋집니다.

이렇게 건조가 끝난 옹기는 가마에서 굽기 위해 경사진 곳에 받침을 놓아 수평을 맞추며 쌓습니다. 도기가 맞닿는 부위에는 모래를 뿌려 가마 안에서 포개어 쌓아요. 가마에 넣은 옹기는 약 4일 동안 높은 온도에서 구워 냅니다. 아무리 잘 만든 옹기라도 가마에서 구울 때 실패할 가능성이 높습니다. 옹기나 도자기나 둘다 불의 예술이라고 부르는 이유입니다. 따라서 옹기를 구울 때 온도를 잘 맞추는 것이 기술이고, 가마의 온도에 따라 옹기의 색깔도 결정되고, 그 품질도 결정되기 때문입니다.

옹기는 조대불통가마라는 특수 가마에서 땝니다. 가마의 입구에서 불을 붙이는 피움불은 잔가지 위에 톱밥이나 왕겨를 놓고 참나무 올려 3-4일간 땝니다. 가마 중간의 중간불은 소나무를 사용해서 불의 온도를 계속 높입니다. 그러면 도기 표면에 묻었던 검댕이가 연소되면서 벗겨집니다. 불의 온도를 계속 높여 하루 정도 지나면 큰 불이 됩니다. 이것은 도기에 칠한 유약을 녹일 수 있도록 1,000℃ 이상으로 온도를 높이는 단계입니다. 불을 때는 불통이 가득 찰 정도로 소나무를 투입합니다. 마지막 단계에 때는 창불은 창구멍을 통

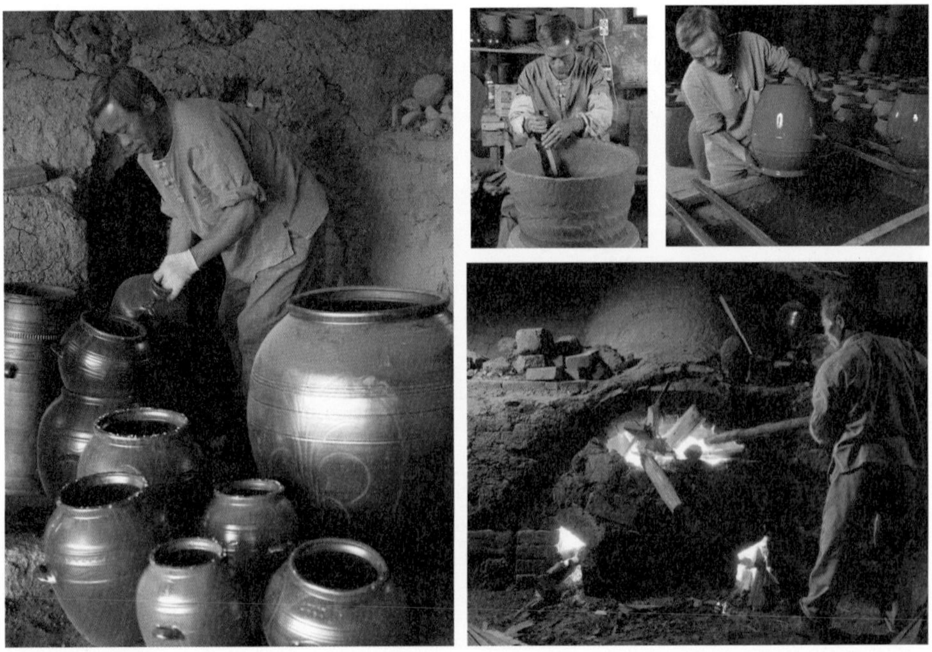

충남 옹기장 방춘웅 보유자

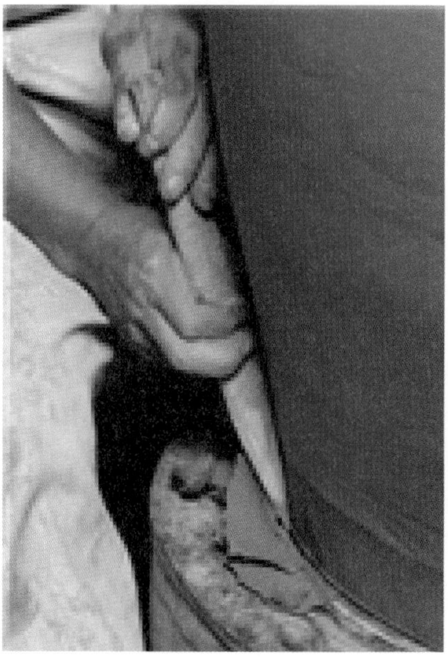
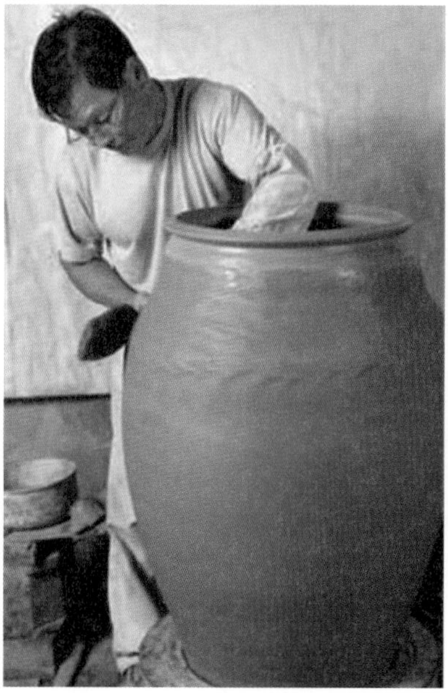
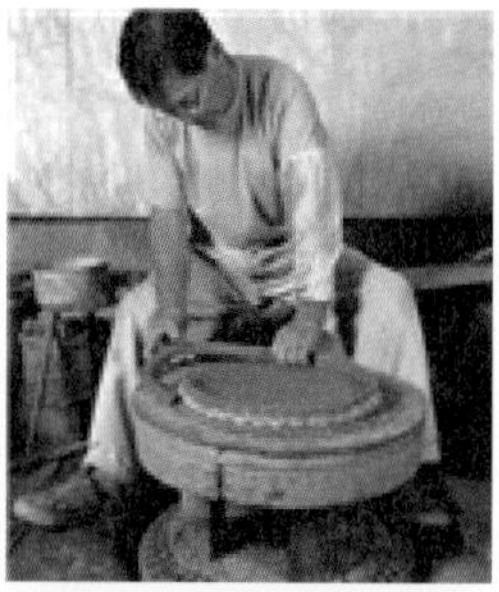
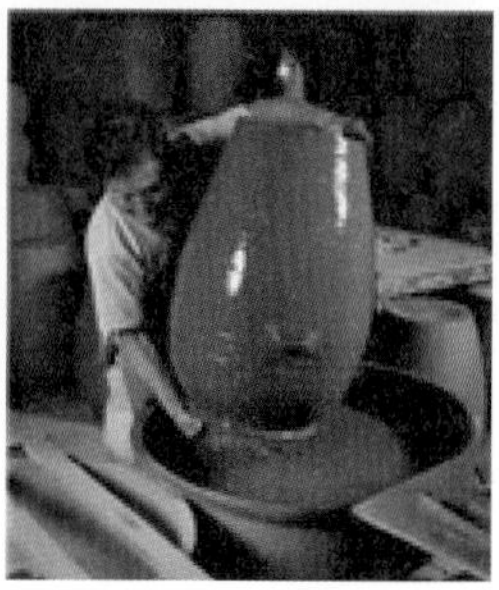

충남 옹기장 이지수 보유자

해 소나무를 넣어서 불을 때 가마 안의 온도를 1,200℃ 가까이 높입니다. 이때 불통 입구를 부분적으로 막고 가마 내부 온도를 유지하면서 창불을 때면 됩니다. 이제 가마를 식히고 난 후 옹기를 꺼내면 됩니다.

옹기는 우리 조상들이 일상생활에서 항상 사용하였던 생활 용기로 오랫동안 사랑받아 왔습니다. 큰 것은 장이나 김치를 담기도 했지만 아주 작은 양념단지나 소줏고리나 똥장군 등까지 생활 속에 크고 작은 것에 옹기를 썼답니다.

이렇게 우리 생활 속에 친근한 옹기는 민속적 특징이 가득합니다. 풍만하면서도 고압적이지 않은 형태도 옹기의 소박한 매력입니다. 그와 함께 동철색의 은은하면서도 투박한 색상에서도 서민적 정서를 발견할 수 있어요. 게다가 이러한 동철색의 유택 위에 열손가락을 번개같이 휘둘러서 그려낸 큰 무늬들조차 신선합니다. 아름다운 꽃인가 하면 꽃이 아니고, 풀잎인가 하면 풀잎보다 더 멋진 추상미가 엿보이거든요. 옹기를 다 만들고 그 위에 가슴 속의 무언가를 단숨에 그리던 장인의 흥겨움이 고스란히 느껴지지 않나요?

예나 지금이나 예전 기술 그대로 오늘의 생활 속에 아직도 면면히 살아 있는 옹기. 김치가 한국의 음식을 대표하듯, 김치를 담는 옹기 또한 한국의 공예를 대표하는 얼굴과 같은 존재라 감히 말할 수 있을 겁니다.

3 조선 백자를 만드는 사기장은 누구일까요?

사기장은 여러 가지 흙을 혼합하여 섭씨 1,300℃ 이상의 높은 온도에서 사기그릇을 구워 만드는 장인을 가리킵니다.

조선의 도자기는 선비 문화의 영향을 받아 백자가 유독 사랑을 받았습니다. 투박한 형태에 생활에 사용되는 것이지만 희고 깔끔한 색상이 유교미학에 부합된다고 본 것 같습니다.

조선을 대표하는 백자는 무엇이 있나요? 이름조차 문학적인 '달항아리'가 아닐까 생각합니다. 달항아리의 전체 형태는 마치 보름달처럼 둥급니다. 형태는 크고 높이는 당당합니다. 풍만하고 큰 공처럼 곡선진 형태이지만 위와 아래를 각각 따로 만들어 좌우가 비대칭적입니다. 표면의 유약색은 깔끔하고 담백하고, 음각이나 양각의 문양이 배제되어 검박합니다.

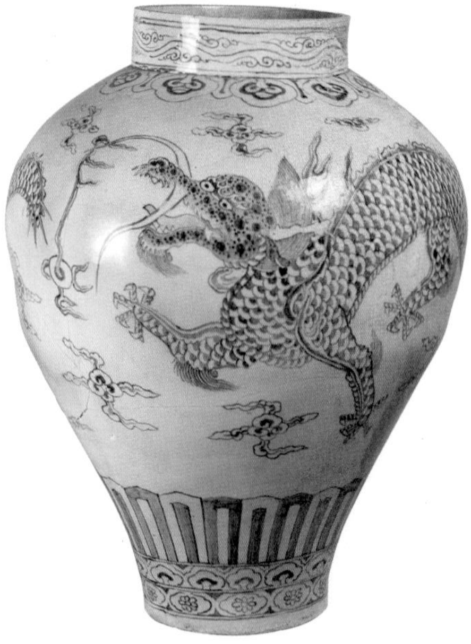

청화백자용준항아리, 조선, 국립고궁박물관

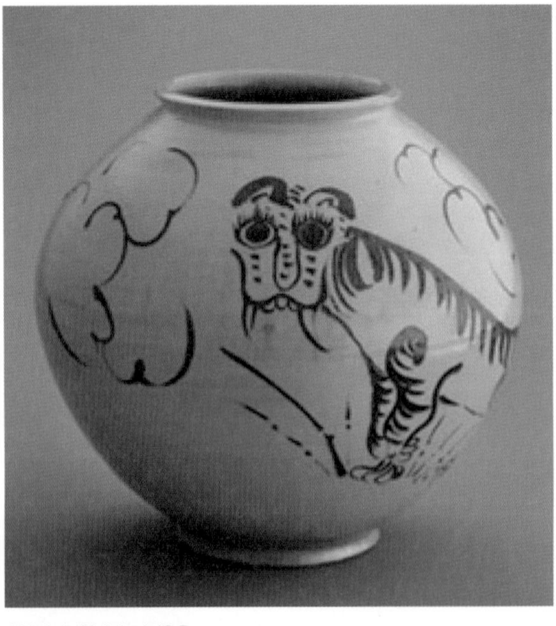

철화백자달항아리, 김정옥옥

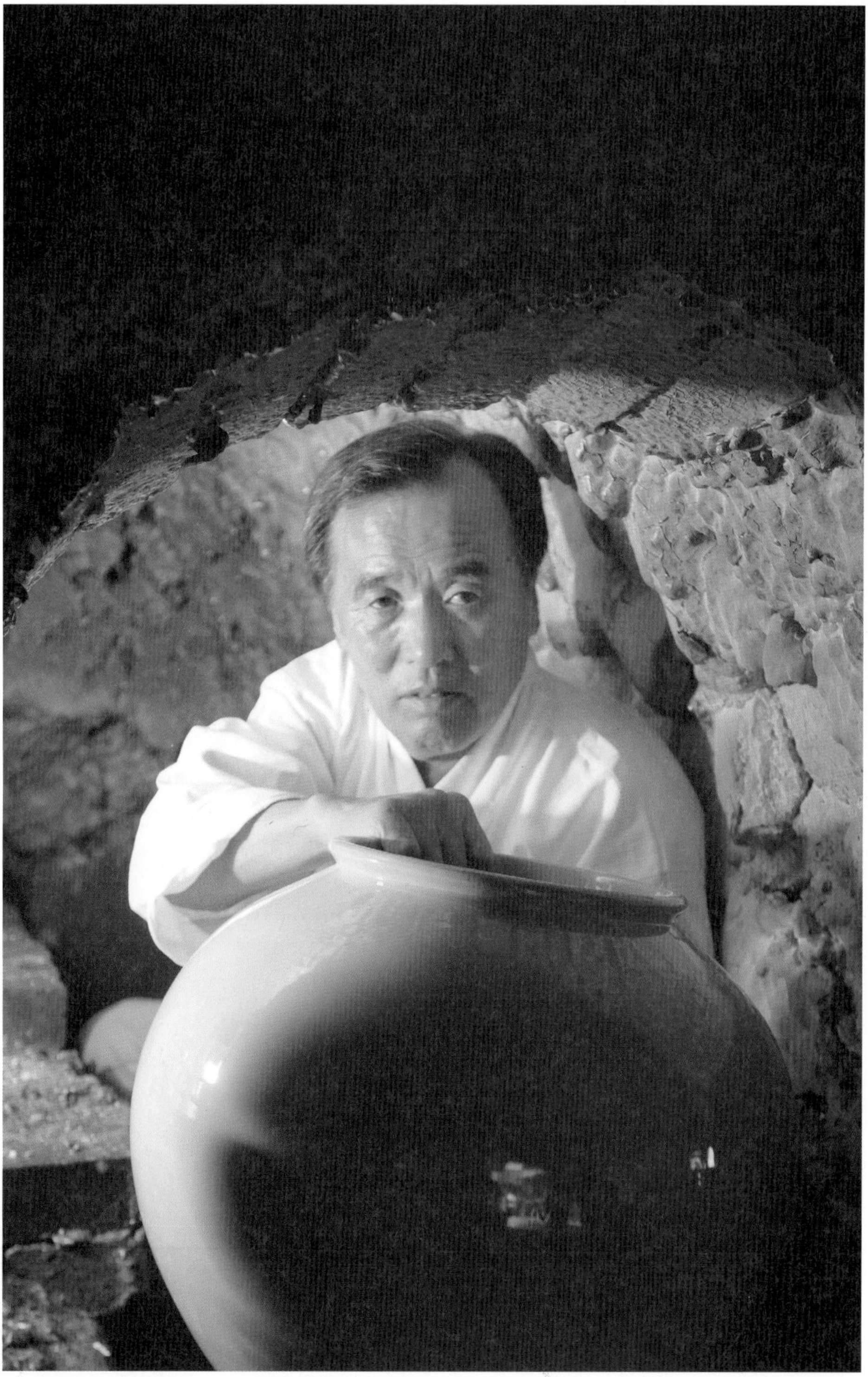

국가 사기장 김정옥 보유자

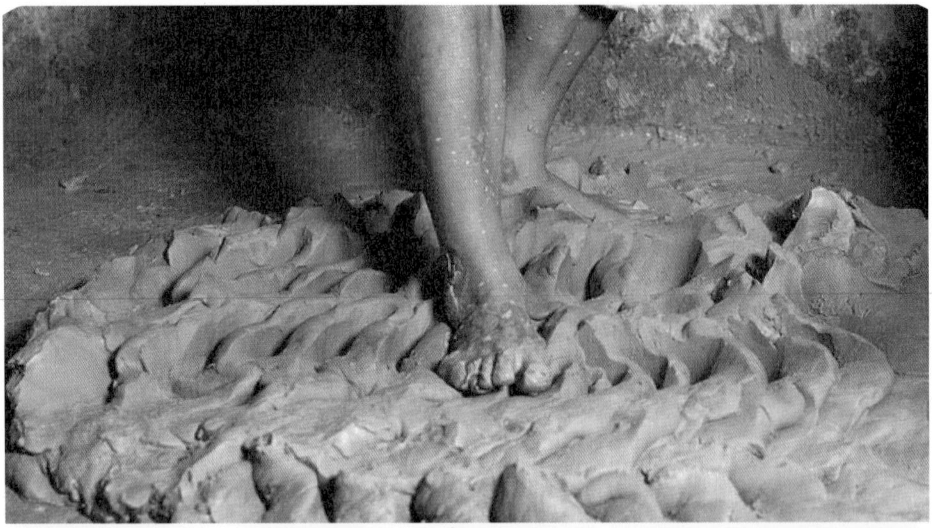

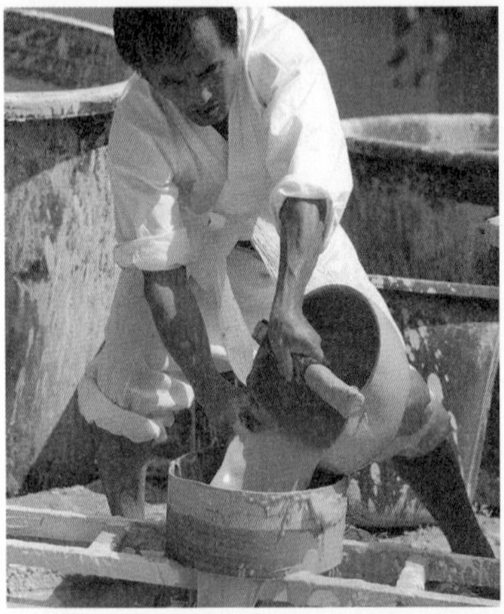

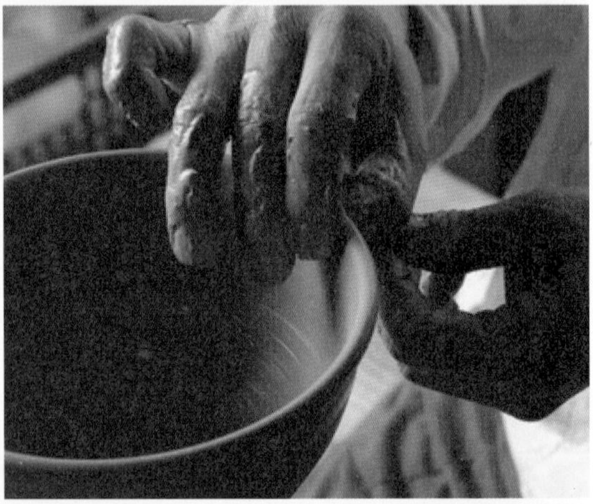

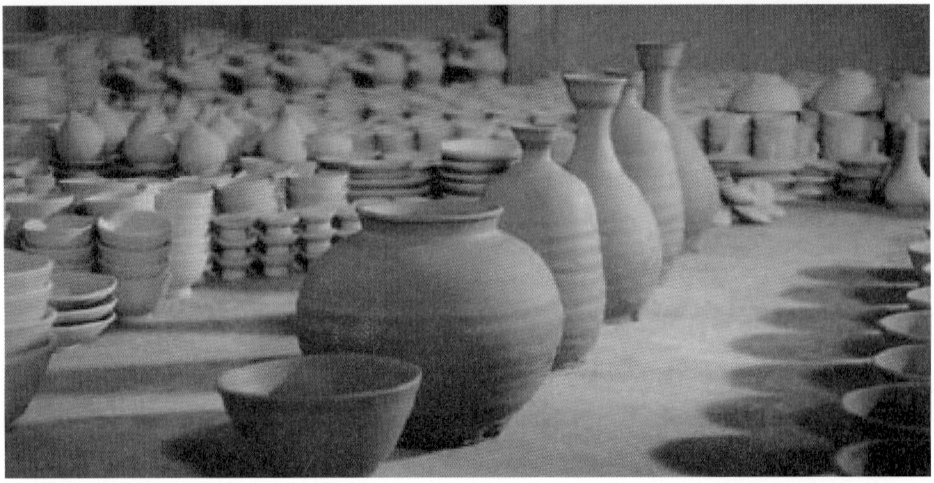

국가 사기장 김정옥 보유자

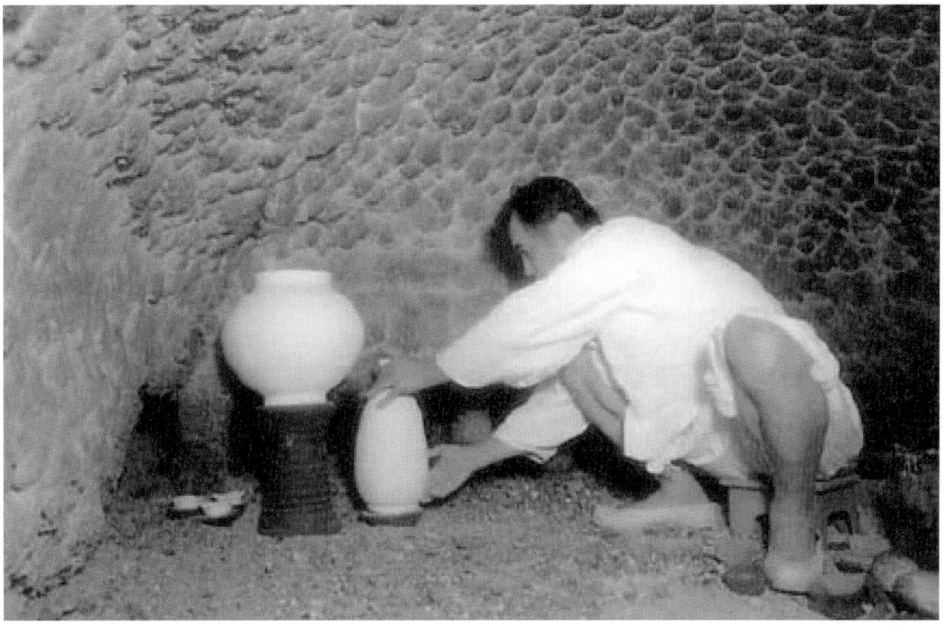

둥글고 원만하며 넉넉한 형태. 희고 소박하면서도 깊은 맛이 느껴지는 유약색. 조선 백자는 당당합니다. 아무런 장식이나 문양이 없어도 그, 자체로 충분히 아름답습니다. 이것을 만든 장인들의 순박한 마음씨가 그냥 그대로 반영된 때문입니다. 자연에 순응하면서 특별히 잘난 척하지 않는 우리 민족의 심성을 닮았다고 평가된답니다.

이러한 도자기를 만들기 위해 조선에는 사옹원이라는 관청을 두었어요. 원래 사옹원은 임금님의 식사나 대궐 안의 연회에 사용되는 식사를 담당하던 관청인데요, 조선시대 법전인 『경국대전』에는 380명의 사기장을 두도록 법으로 만들었지요.

이에 사옹원은 도자기를 만들기 위해 경기도에 분원을 설치하고, 궁중에서 사용할 자기를 직접 제작했어요. 이렇게 나라에서 관리하여 도자기를 만드는 곳을 '관요官窯'라고 하고, 지방의 것들은 '민요民窯'라고 합니다. 관요에는 많은 국가 예산이 투입되었고, 좋은 흙과 땔감 등 재료를 공급하였고, 솜씨가 좋은 도공이 배속되어 있었어요. 당시 제일 우수한 작품은 역시 관요에서 나왔겠지요? 조선 후기에 사옹원 분원에는 552명의 사기장이 있었을 만큼 규모가 커졌어요. 그들 사기장의 일은 분업화되어, 사기장의 우두머리는 변수邊首였어요. 형태를 만드는 장인은 조기장造器匠, 굽을 깎는 장인은 마조장磨造匠, 건조를 맡은 장인은 건화장乾火匠, 흙의 수비를 맡은 수비장水飛匠 등등으로 세분화되어 있었습니다. 평생 물레만 돌리며 형태를 만드는 장인, 일생동안 불만 때는 장인 등으로 분업화되어 있었던 거죠. 아마 누구나 평생 같은 일만 하면 달인의 경지에 올랐을 거예요.

그런데 1883년 관요였던 분원이 문을 닫았습니다. 나라가 어지러웠던 시절이라 국력이 약해져 국가나 왕실에서 쓸 도자기 공방조차 운영할 여력이 없었던 거지요. 그동안 그곳에 근무하던 550명의 도공들은 뿔뿔이 흩어질 수밖에 없었어요. 누군가는 근처의 민요로 갔고, 일부는 문경이나 괴산 및 단양으로 옮겨갔고, 그 나머지는 평생 해왔던 그 일을 그만두었답니다. 사기장의 시설은 도자기 작업장인 움, 수비를 하는 땅두멍 시설과 괭시설인 봉당, 망송이 가마입니다. 특히 망송이가마는 본래 불통인 봉통을 비롯하여 요리칸에 이어 조금씩 규모가 큰 다섯 개의 칸가마로 구성되어 총 여섯칸으로 되어 있어요. 첫칸인 요리칸부터 끝목까지 점차 단계적으로 높아지고, 각 칸에는 살창 구멍이 개설되어 있습니다. 이 살창 구멍은 앞칸과의 통풍을 위한 것이예요. 봉통에서 피움을 한 연기와 불꽃을 배출하거나 열을 전달하는 통로이면서 동시에 불길이 개설되는 곳이지요. 이런 모습의 망탱이가마는 조선시대 사기가마의 독특한 모습입니다.

사기장이 사기를 제작하는 과정은 어떨까요? 맑고 깔끔한 백자는 태토를 얼마나 깨끗하게 하느냐가 중요해요. 사기를 만들기 위해서도 모래흙이라는 사토를 구한 다음, 흙물에 남아있던 모래와 돌덩이 및 나무뿌리 등의 찌꺼기를 제거하는 수비공정이 중요해요. 흙바가지로 흙물을 땅구멍에 붓고 걸러내는 과정을 수십 차례 반복합니다. 이런 과정을 거쳐 땅구멍에 가라앉은 '질'이 사기를 만드는 재료가 됩니다. 사기 공방인 움에서는 그릇을 만드는 일입니다. 흙을 개어 발로 밟고 이기는 꼬박 작업을 해서 흙을 찰지게 만들어줍니다. 이제 흙을 반죽하여 물레 위에 올려놓고 물레를 시계방향으로 돌리면서 그릇을 빚습니다. 물레에서 꼬박을 갖고 그릇을 볕에 말리면 빛사기, 봉당에서 말리면 봉당사기라고 구분해서 부르기도 합니다. 이렇게 말린 사기를 물걸레질하여 다지 건조한 것이 날사기입니다. 성형한 날사기 그릇을 가마에 넣고 초벌구이를 합니다. 여기에 유약을 발라 다시 1,300~1,600℃의 높은 온도에서 굽는 재벌구이를 해야 사기가 완성됩니다.

한국인의 성정을 닮아 푸짐하고 넉넉한 백자 사기.

사기장은 은은하면서도 깊은 순백의 아름다움을 사랑한 선조들의 마음을 오늘에 되살려내는 장인입니다.

4 기와를 만드는 제와장은 누구일까요?

제와장과 번와장은 모두 기와와 관련된 일을 하는 장인입니다. 제와장은 기와를 만드는 장인이고, 번와장은 지붕의 기와를 전문으로 얹는 장인입니다.

기와는 옛날부터 건축물의 지붕에 반드시 필요했습니다. 빗물이나 습기를 막아 주고, 나무가 썩는 것을 방지하는 기능 외에도 장식으로서 건축물을 돋보이게 하는 기능도 있었습니다. 이러한 기능 때문에 기와는 한때 권위와 부의 상징이기도 했습니다.

동양에서 기와는 3000년 전 중국에서 먼저 사용한 것으로 알려져 있습니다. 우리나라에서 기와는 기원전 1세기 낙랑이 있던 평양 대동강 부근에서 중국 한나라 계열의 기와가 다수 출토되었습니다. 이때부터 기와를 얹은 기와집이 등장했고, 삼국시대부터 기와가 본격적으로 만들어져, 많은 변천을 거쳐 오늘날까지 사용되고 있습니다.

기와는 건물에 쓰이는 위치에 따라 모양이나 명칭이 다르고, 종류도 다양합니다. 암키와, 수키와, 와당, 막새, 서까래 기와, 마루기와 등 20여 종 이상으로 분류됩니다.

기와를 만드는 흙은 모래가 적당히 섞인 양질의 점토여야 합니다. 이것을 잘게 부수고

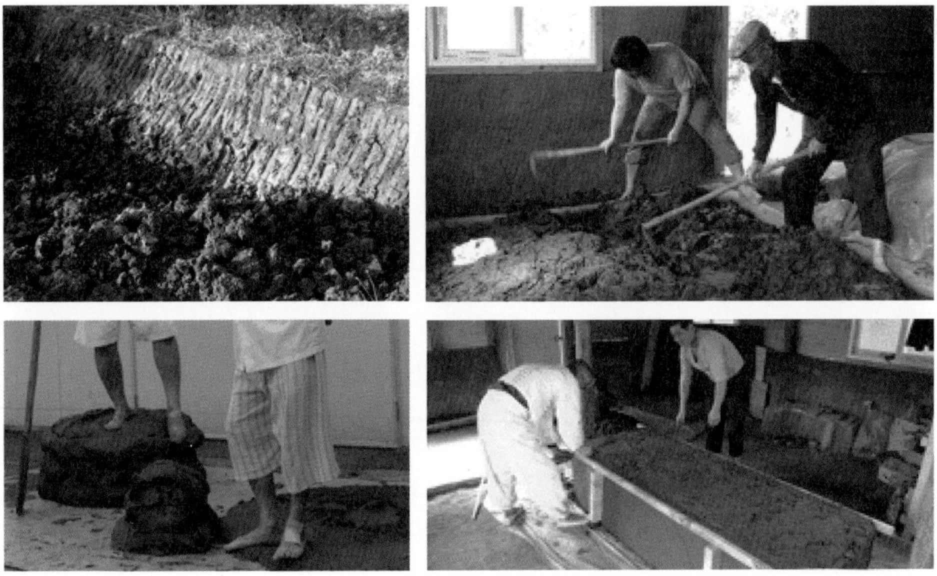

국가 제와장 故 한형준 보유자

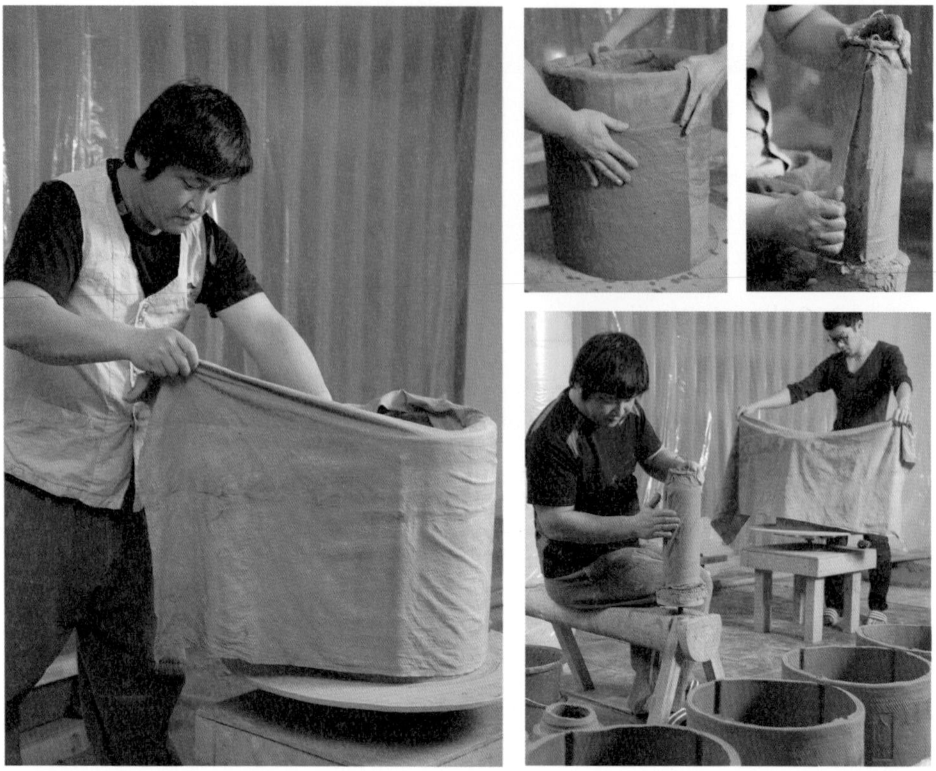

국가 제와장 김창대 전수교육조교

고루 편 다음 돌멩이와 이물질을 골라내고 발로 세 번 정도 밟습니다. 나락 재듯 쌓아 올리고 발로 다지고 흙을 올리는 흙벼늘 쌓기는 단계별로 첫벼늘 쌓기, 중벼늘 쌓기, 막벼늘 쌓기로 나뉩니다. 막벼늘을 쌓고 난 뒤 깰줄을 가지고 옆면의 흙을 자르면서 원통형으로 만듭니다. 질을 쌓은 모양이 담 쌓은 것과 비슷하여 전라도 방언으로 '다무락 쌓는다'고 합니다.

찰진 진흙으로 된 점토를 물과 반죽하여 나무로 만든 모골模骨이란 틀에 넣습니다. 모골의 외부에 마포나 무명천을 깔고 반죽한 진흙을 다져 점토판 위에다 씌워 방망이 같은 판으로 두들겨 약간의 기간 동안 건조합니다. 그런 다음 와도瓦刀로 2등분하거나 또는 3, 4등분하여 자른 다음 기와가마에다 차곡차곡 쌓아 가마 속을 완전히 날기와로 채우고 흙벽돌과 폐기와를 이용해 굴문을 막습니다. 굴문을 막고 난 뒤 간단히 제물을 마련하여 굴문 앞에서 화부를 비롯한 일꾼들이 기와가 잘 구워지기를 기원하면서 굴 제사를 지냅니다. 가마 불 작업은 지푸라기에 불을 붙여 피움 불, 기와 봉통 속으로 들어가는 초불, 중불, 상불, 1000℃ 이상의 높은 온도의 은빛 불에서 구워냅니다. 검은색이나 은회색이 되면 제대로 구워진 것이지요.

5 지붕 위에 기와를 얹는 번와장은 누구일까요?

기와만을 전문으로 잇는 장인이 있을까요? 어떻게 생각하면 단순한 일인 것 같은데, 기와를 전문으로 잇는 장인이 존재합니다.

지붕은 우리나라의 건축에서 특별한 의미가 있습니다. 우리나라 건축의 가장 중요한 특성 중 하나가 바로 곡선의 미인데, 이 곡선의 미를 가장 잘 표현하고 있는 것이 기와지붕이라고 합니다. 따라서 지붕의 특징적인 형태는 번와 기술이 좌우한다고 볼 수 있습니다. 그래서 기와를 잇는 장인인 번와장이 따로 있었던 것입니다.

물론 기와를 만들거나 잇는 일을 하는 장인과 관련하여 몇 가지 부르는 명칭이 있습니다. 기와를 만드는 장인을 '개장', '와공', '와장', '제와장'이라고 합니다. 예전에는 벽돌을 만드는 장인이 기와도 함께 만들어서 '와벽장'이라는 명칭도 사용하였습니다. 또 기와를 덮는 일은 '개와'나 '번와'라고 하며, 이 일을 하는 장인을 '번와장' 또는 '번와공'이라고 부릅니다.

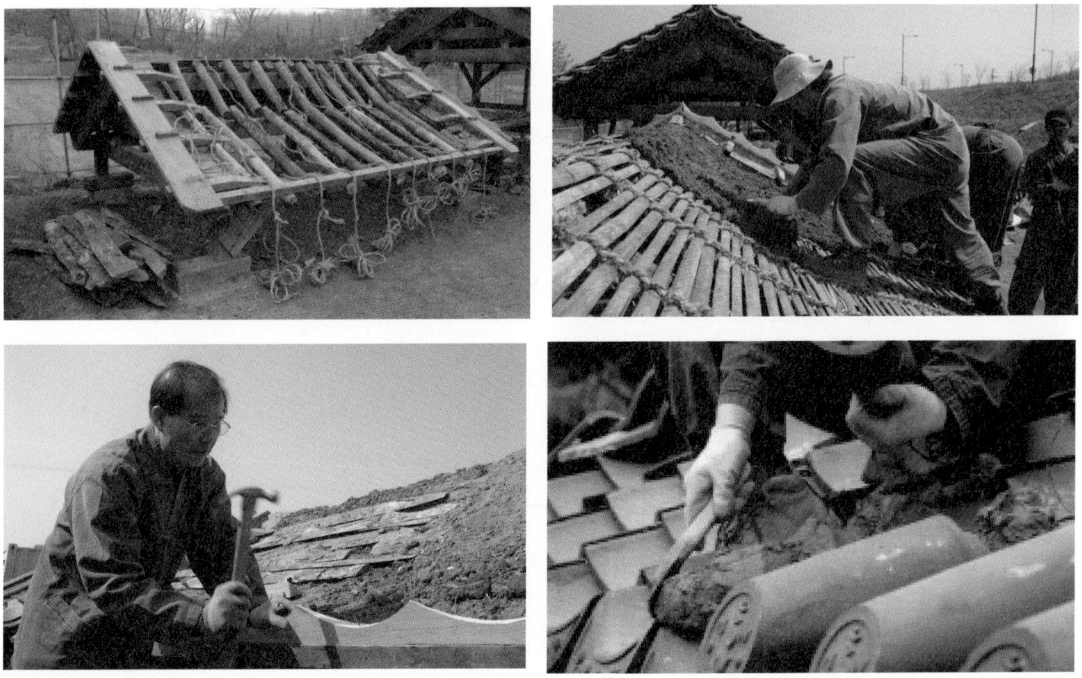

국가 번와장 이근복 보유자

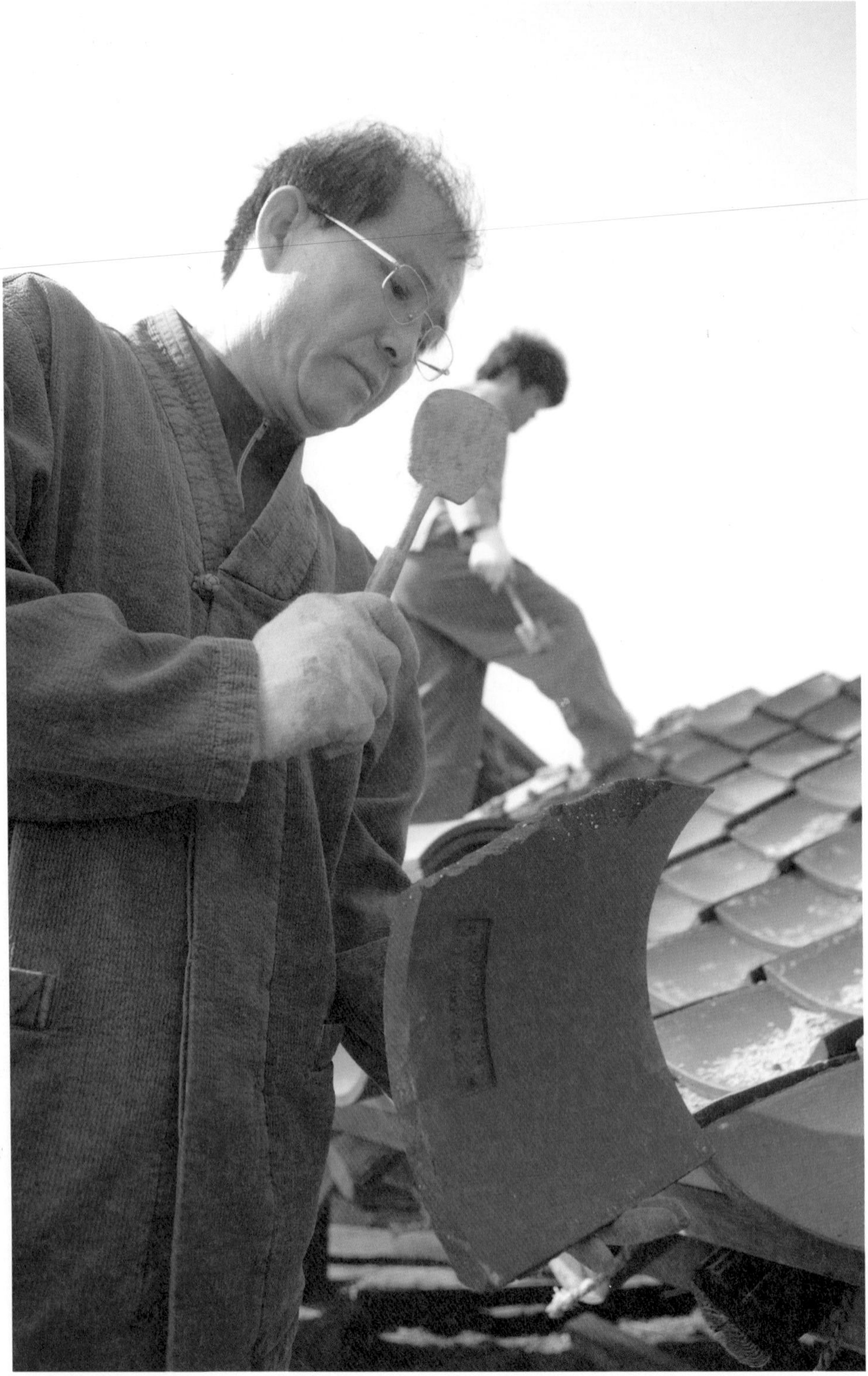
국가 번와장 이근복 보유자

지붕의 곡선을 살피고 용마루 양쪽에 아정을 박은 후 실을 띄워 용마루곡을 잡습니다. 처마에서부터 용마루 방향으로 기와를 놓습니다. 암키와를 고정하기 위해 알매흙을 사용합니다. 추녀 부근에는 덮개판을 깔고, 그 위에 알매흙을 놓아 바탕기와를 올립니다. 바탕기와 위에 막새기와를 놓고 이어서 암막새를 올립니다. 용마루 부분의 암키와는 구멍을 뚫고 앞뒤에서 넘어온 암키와끼리 묶어 흘러내리지 않도록 해야 합니다.

홍두깨흙으로 암키와 사이를 연결하고, 그 줄을 따라 처마에서 용마루 쪽으로 올라가며 수키와를 놓습니다. 너새기와 위에는 막새나 초장을 올리고, 착고기와, 적새기와, 머거불, 망와 등을 올립니다. 망와 밑 부분에는 석회를 발라 깨끗하게 마무리합니다. 용마루는 착고 위에 부고라는 기와를 한 단 놓고 적새를 얹어 기와가 움직이지 않게 해요. 추녀마루에는 양쪽 수키와 사이에 착고를 놓아 추녀 끝부터 이어 갑니다. 전통 건축 용어는 무척 까다롭고 복잡하여 참 이해하기 어렵습니다.

기와의 마무리는 장식기와로 합니다. 토수, 취두, 용두, 잡상 등이 있는데. 모래와 생석회를 넣고 반죽한 와구토를 장식기와 끝에 바릅니다. 진흙과 기와파편을 빗자루로 쓸고 물을 뿌려가며 솔로 문질러 청소를 하면 기와 올리기가 끝납니다.

이와 같이 흙을 이용하여 생활 속에 쓸모있는 그릇이나 기와 등을 만드는 전통 공예기술은 다양합니다. 무엇보다도 옹기장은 한식의 핵심인 장과 김치가 살아 숨 쉬는 옹기를 만들고, 사기장은 흰 쌀밥을 닮은 순백의 사기를 만들며, 제와장이 만든 기와는 제와장의 손에 의해 기와집 위에 얹혀 한옥의 아름다운 곡선을 책임집니다. 어느 것 하나 우리 민족의 성정을 거스르지 않는 우리의 위대한 무형문화유산입니다. 이 모두를 아끼고 가꾸어 잘 전승되도록 해야 합니다.

학습평가

01 **(난이도 하) 도자공예에 대한 설명으로 옳은 것은?**

① 도자공예는 흙으로 그릇을 빚는 공예이다.

② 고려와 조선시대까지 우리는 세계 유일의 도자 강국이었다.

③ 한중일 삼국 중 기와는 우리나라에서 제일 먼저 만들었다.

④ 제와장은 건물에 볏짚을 얹어 한국적 아름다움을 지닌 초가집을 만든다.

02 **(난이도 중) 다음 중 장인명칭과 제작기술이 잘못 짝지어진 것은?**

① 옹기장 - 흙으로 살아 숨 쉬는 옹기를 만드는 장인이다.

② 사기장 - 고려시대에 세계적으로 유명한 청자를 만드는 장인이다.

③ 제와장 - 암키와, 수키와 등 기와를 만드는 장인이다.

④ 번와장 - 한옥에 기와를 올려 지붕에 아름다운 곡선을 만드는 장인이다.

03 **(난이도 중) 옹기와 옹기장에 대한 설명으로 옳은 것은?**

① 옹기는 수비를 잘한 깨끗한 흙으로 제작하였기 때문에 살아 숨쉰다.

② 옹기는 타래미로 흙벼늘처럼 쌓아 다무락쌓기를 해서 만든다.

③ 옹기는 장이나 젓갈, 김치 등 발효식품을 오래 보관할 때에 좋다.

④ 최고의 옹기는 1400도 이상의 높은 온도에서 구워야 튼실해진다.

04 **(난이도 중) 사기와 사기장에 대한 설명으로 옳은 것은?**

① 『경국대전』에 의하면 조선 전기 사기장의 숫자는 552명이 분업화되어 있었다.

② 사기장은 움에 있는 물레에서 그릇을 빚고 조대불통가마에서 초벌구이로 완성한다.

③ 사기장은 잿물유약을 바르자마자 양손을 벌려 난초 모양을 손가락으로 쓱쓱 그린다.

④ 조선시대 사기장은 임금님의 수라를 책임진 사옹원의 분원에 소속되어 있었다.

05 **(난이도 하) 다음 기와에 대한 설명 중에서 틀린 것은?**

① 기와는 암키와, 수키와, 와당, 막새, 서까래 기와, 마루기와 등 20여 종이 있다.

② 기와는 빗물이나 습기를 막아 주고, 나무가 썩는 것을 방지하는 기능이 있다.

③ 한옥은 곡선이 아름다운데, 이 곡선의 미를 가장 잘 표현하고 있는 것이 기와이다.

④ 기와는 권력을 상징하여 조선시대에는 국왕이 거처하는 궁궐에만 얹을 수 있었다.

01 | 정답 | ①
| 해설 | 중국과 우리나라가 도자기 2대 강국이다. 기와는 중국이 가장 먼저 만들었고, 제와장은 기와를 만드는 장인이다.

02 | 정답 | ②
| 해설 | 사기장은 조선 백자를 제작하는 기술을 전승하는 장인이다.

03 | 정답 | ③
| 해설 | 수비를 잘한 흙은 사기장의 기술, 흙벼늘을 다무락쌓기는 제와장 기술, 1400도 고온은 사기장의 기술이다.

04 | 정답 | ④
| 해설 | 사기장은 사옹원의 분원에 소속되어 있었다.

05 | 정답 | ④
| 해설 | 기와는 권력이나 신성성을 상징하여 궁궐이나 사찰, 향교 및 사당 등의 건물에 사용하였다.

학습정리

① 옹기는 살아 숨쉬는 그릇으로, 장이나 김치 등 음식을 오랫동안 묵혀 발효식품을 만드는 데 필수적인 그릇이다. 한국인의 생활과 밀착되어 있는 옹기는 국가무형문화재 제96호 옹기장의 전통 제작 기술에 의해 오늘날 전승되고 있다.

② 고려와 조선시대까지 한국은 중국과 더불어 세계 2대 도자기 종주국이었다. 조선시대 국왕의 음식을 책임졌던 사옹원의 분원에서 왕실 전용의 사기가 제작되었으나, 1882년 민영화된 이후 현재의 사기 제작 기술은 국가무형문화재 제105호 사기장에 의해 유지 전승되고 있다.

③ 우리나라 한옥의 지붕은 기와를 만들어 얹어 처마의 곡선이 아름답다. 이러한 전통기와를 만드는 기술은 국가무형문화재 제91호 제와장이, 기와를 지붕에 얹는 기술은 국가무형문화재 제121호 번와장에 의해 계속 이어지고 있다.

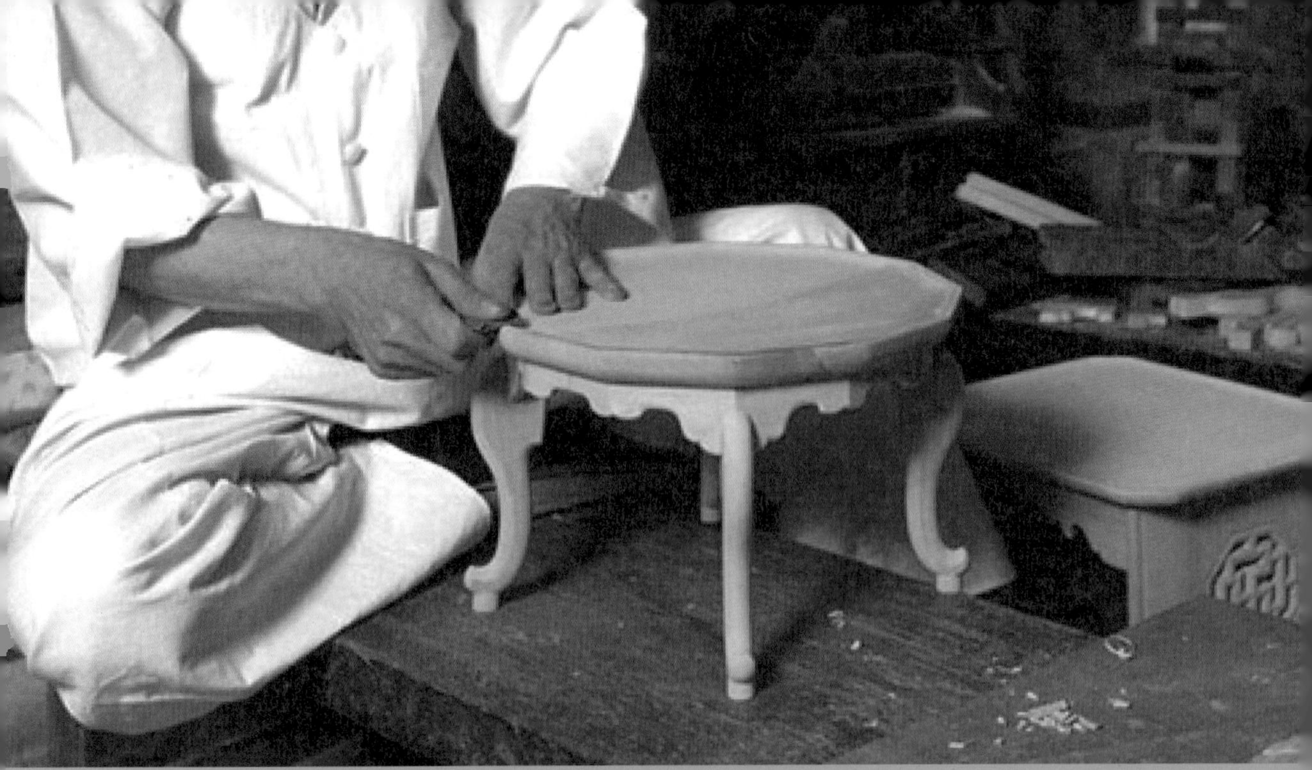

04
목공예와 장인

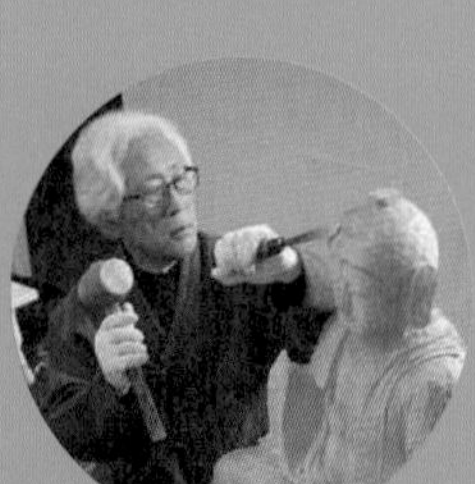

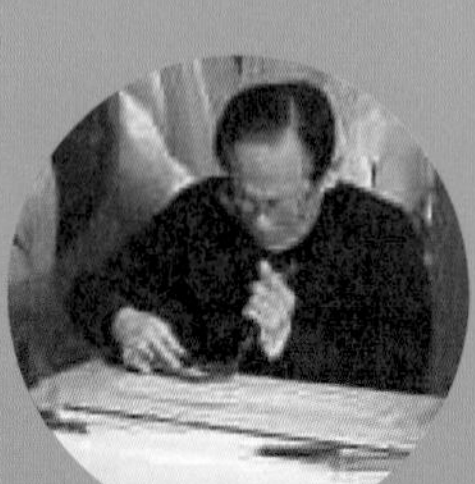

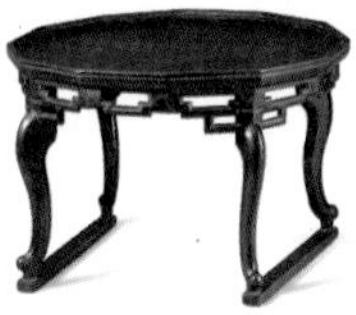

목공예 지정종목과 장인

구분	지정번호	종목명	사망	명예	보유자	전수교육조교
국가	제55호	소목장	정돈산, 설석철, 천상원, 송추만		박명배, 엄태조, 소병진	김금철, 조한신
	제74호	대목장	배희한, 이광규, 고택영		신응수, 전흥수, 최기영	문기현, 김영성
	제99호	소반장	이인세		김춘식, 추용호	이종덕
	제106호	각자장	오옥진		김각한	
	제108호	목조각장			박찬수, 전기만	양봉철
	제110호	윤도장			김종대	김희수
서울	제26호	소목장			심창식, 심용식	
인천	제22호	목조각장			이방호	
광주	제13호	화류소목장			조기종	
대전	제6호	불상조각장			이진형	
대전	제7호	소목장			방대근	
경기	제14호	소목장			김순기, 김의용, 권우범	
	제36호	대목장			장효순	
	제40호	서각장			이규남	
	제49호	목조각장			한봉석	
강원	제16호	각자장			이창석	
충북	제15호	소목장	이대길			
	제21호	목불조각장			하명석	
충남	제10호	서천대목장	정영진			
	제18호	소목장			조찬형	
	제42호	공주목소장			이상근	
전북	제11호	목기장		김광열	노동식	
	제19호	목가구장			조석진, 김재중	
	제30호	대목장			김정락	
경남	제29호	소목장			정한열	

■ 학습개요

목공예는 집을 짓고 가구나 그릇을 만들어 사용하는 데 필요한 공예기술이다. 우리 민족은우리 땅에서 수 천년간 살아오면서 시기별로 다양한 형태의 집을 짓고 그 안에 넣을 가구 등을 만들어 꾸미고 가꾸며 살아 왔다.

그러나 현대 산업화와 문명화를 거치면서 이렇게 집을 만들거나 가구를 만드는 전통 수공예기술은 점차 사라지거나 변질된 위험에 처하게 되었다. 이에 문화재청은 학술적, 예술적 가치가 높은 공예기술을 국가무형문화재로 지정하였다. 1982년 집은 만드는 기술을 국가무형문화재 제74호 대목장으로, 1975년 창호나 가구를 만드는 기술을 국가무형문화재 제55호 소목장으로, 1992년 상을 제작하는 기술을 국가무형문화재 제99호 소반장으로, 1996년 목조 불상을 만드는 기술을 국가무형문화재 제108호 목조각장으로, 목판에 글자를 새기는 만드는 기술을 국가무형문화재 제106호 각자장으로, 나침반을 만드는 기술을 국가무형문화재 제110호 윤도장으로 지정하여 원형을 유지하고 전승할 수 있도록 보호, 관리하고 있다. 그밖에 지방에서도 다양한 전통 공예기술을 시도무형문화재로 지정하고 있다.

이 장에서는 집을 만드는 대목장, 창호를 만드는 창호장, 가구를 만드는 소목장, 상을 만드는 소반장, 불상을 만드는 목조각장, 글자를 새기는 각자장, 나침반을 만드는 윤도장의 공예기술은 역사적으로 어떠한 우수한 작품을 만들어냈는지, 그리고 그들 기술의 제작과정은 어떠한 특징을 가지고 있는지 알아본다.

■ 학습목표

1. 목공예의 역사와 유명한 작품에 대해 설명할 수 있다.
2. 목조건물을 만드는 대목장과 창호를 만드는 창호장의 제작기술에 대해 설명할 수 있다.
3. 목가구를 만드는 소목장과 상을 만드는 소반장의 제작기술에 대해 설명할 수 있다.
4. 목조각을 만드는 목조각장, 목판을 만드는 각자장, 윤도를 만드는 윤도장의 제작기술에 대해 설명할 수 있다.

■ 학습내용

1 나무로 만든 공예품의 역사를 알아볼까요?

오랜 옛날부터 조상들은 생활에 필요한 도구나 물건을 자연에서 나고 자란 재료로 만들었습니다. 더욱이 우리나라는 전국토의 70% 이상이 산이어서, 우리 땅에서는 1,000여 종이 넘는 나무나 풀이 자랍니다. 이중 100여 종의 나무는 단단하고 치밀한 성질을 지니고 있습니다. 때문에 이것을 가공하는 기술이 발달하면서 생활에 유용한 각종 목재용품으로 활용하게 되었습니다. 곧 우리 땅에서 나는 나무는 집을 짓거나 가구 및 소품을 만드는데 유용하였습니다.

이렇게 나무를 다루는 장인을 총칭하는 명칭은 '목수'입니다. 목수라는 명칭은 신라시대부터 있었으며, 그중 소목장이라는 명칭은 고려시대부터 존재하였습니다. 목수의 일은 흔히 '대목'과 '소목'으로 나눕니다. 대목은 나무를 가지고 궁궐이나 절 그밖에 각종 집을 짓는 일이고, 소목은 목조 건물의 창호나 그 안에 놓일 가구 등을 만드는 것을 말합니다.

잘 아다시피 나무는 유기질이어서 쉽게 썩기 때문에 오랫동안 보존되기가 어려워, 이른 시기의 목공예 역사를 확인하기 어렵습니다. 현존하는 삼국시대의 목공예품은 고분벽화에 그려지거나 무덤에서 출토된 칠기제품으로 그 일간을 알 수 있습니다.

우선 고구려의 고분벽화가 대표적입니다. 쌍영총이나 무용총 및 각저총 등의 고분에는

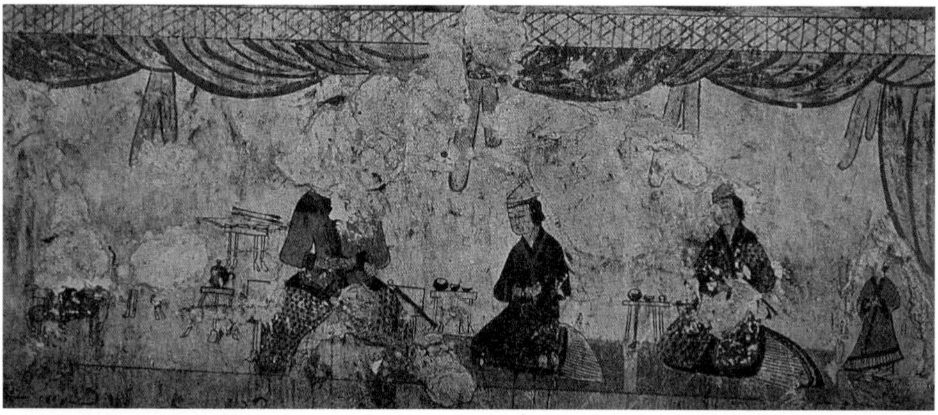

쌍영총 주실 부부 생활 모습, 고구려

무덤 주인공이 생전에 사용하던 물건들이 그려져 있습니다. 주인공이 앉아있는 평상을 비롯하여 손님과 마주 앉은 의자나 과일을 올려 놓은 탁자 등이 그것입니다. 이를 통해 고구려인들이 여러 종류의 목가구를 만들었고 그것을 가지고 생활했음을 알 수 있습니다.

다음으로 백제의 목공예는 고고학적인 출토품을 통해 알 수 있습니다. 공주의 무령왕릉武寧王陵에서는 두침이나 족좌 등이 출토되었는데, 이를 통해 백제인들이 죽은 국왕과 왕비를 위해 나무로 베개를 만들어 사용했음을 엿볼 수 있습니다.

신라의 목공예품 또한 무덤에서 출토된 칠기 유물이 대표적입니다. 예를 들어 금령총에서는 칠잔이나 고배가 출토되었습니다. 통일신라시대 경주 안압지는 궁궐 내 연못으로서, 『삼국사기』를 보면 '임해전臨海殿'이라 불리며 세자가 거처하던 곳입니다. 여기에서는 목제 난간과 소루 및 첨차가 발견되어 궁궐 건물을 목조로 지었음이 확인되었습니다. 아울러 나무로 만든 배를 비롯하여 칠기대접이나 머리빗 등도 발견되어 신라인의 생활상에 대해 알게 되지요.

한편, 고려시대의 장인들은 『고려사』에 의하면 관청에 소속된 소목장이 왕실용이나 국가용의 각종 목공예품을 제작하였습니다. 당시 목공예품은 12세기에 송나라 황제의 명령으로 고려를 사신으로 방문한 서긍徐兢이 쓴 『선화봉사고려도경』을 통해 알 수 있습니다. 그가 쓴 글을 보면 고려인들은 중국의 궤안과 비슷하나 꽃무늬로 장식하고 금색으로 도금한 책상을 사용하였습니다. 왕실의 소반은 백성들의 것과 달리 붉은칠을 한 단칠조를 사용했고, 국왕은 좌탑이나 와탑에 앉았다는 것을 알 수 있어요.

조선시대에 장인은 『경국대전』이라는 법전으로 규정하였습니다. 중앙 관청인 공조나 상의원에 소속된 경공장은 왕실과 국가를 위해 일하였습니다. 이중 대목장은 궁궐이나 왕릉을 지었고, 소목장은 건물의 창호나 목가구 및 각종 소품을 만드는 일을 하였습니다. 이러한 목공예품들은 왕권을 상징하고 국가를 경영하는 상징물로서 꼭 필요한 것이어서 경공장들이 제작하였습니다.

무엇보다 조선을 대표하는 목가구는 백성들의 의식주 삶과 관련이 되는 일상용구들입니다. 예컨대 서안이나 사방탁자와 같은 사랑방 가구에는 사대부들의 유교적 미감이 반영되어 있습니다. 단순한 형태와 간일한 세부는 글을 읽고 공부하는 청빈한 선비들의 미의식과 닮은꼴입니다. 장롱이나 반닫이와 같은 안방 가구에는 여인들의 꿈과 소망이 담겨 있습니다. 식구들의 옷가지며 각종 살림살이를 화사하게 꾸미고픈 어머니의 마음과 손길이

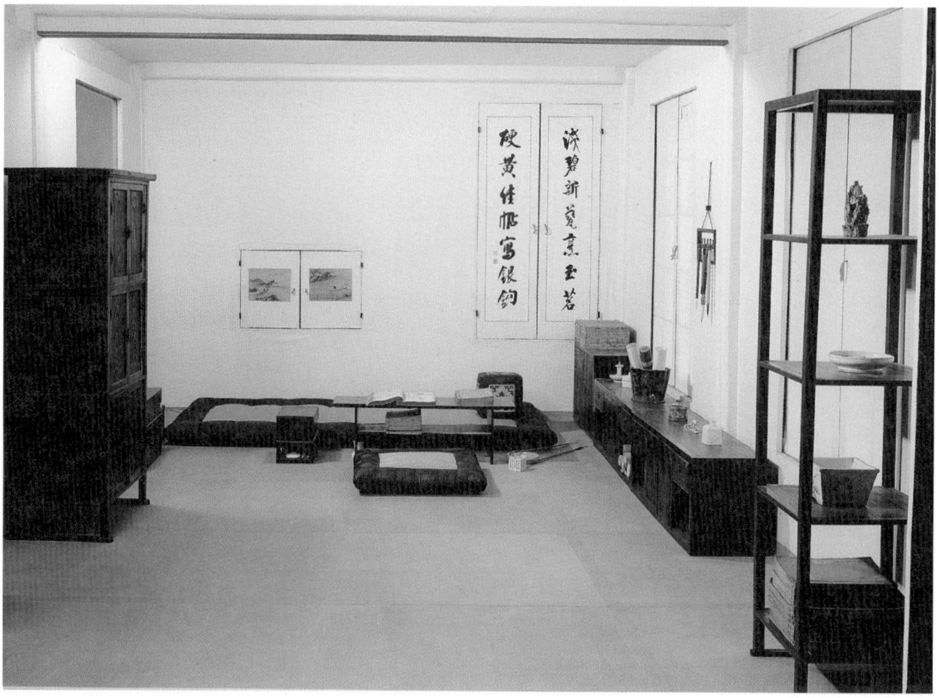

사랑방, 조선, 국립중앙박물관

가구마다 닿아 있는 것 같지 않습니까? 소반이나 함지박 등의 주방 가구에는 식구들을 배불리 먹이려는 마음과 함께 합니다.

조선의 목가구나 목공 소품에는 민중의 일상 삶이 배어 활발하게 제작되었습니다. 이러한 목공예품에는 지역에서 나는 재료를 사용하고 향토적 특성을 살린 소박한 아름다움을 찾을 수 있습니다. 아마도 그 지방에 살던 이름 없는 장인의 숨결이 그 속에 녹아 있다고 생각합니다.

하지만 해방 이후 근대화와 산업화로 나무로 한옥을 짓거나 가구를 만들거나 목조각이나 목공예품을 제작하는 기술이 점차 사라질 위기에 처하게 되었습니다. 이에 문화재청에서는 이들 공예기술을 국가무형문화재로 지정하여 보호하고 있습니다. 큰 나무로 집을 짓는 장인은 대목장, 집에 세울 창호를 만드는 장인은 창호장, 집 안에 놓일 가공 가구나 소품을 제작하는 소목장, 상을 만드는 소반장, 불상이나 조각품 등을 조각하는 목조각장, 나침반을 만드는 윤도장, 글씨를 새기는 각자장 등을 만나볼까요?

2 궁궐이나 사찰의 목조 건물을 제작한 대목장은 누구일까요?

우리나라는 사계절의 뚜렷한 변화와 고유한 지형을 가지고 있어 중국이나 일본과 다른 독특한 건축문화를 이룩하여 왔습니다. 지세를 존중하여 거스르지 않고 자연에 순응하면서 조화시키는 슬기를 터득하였습니다. 여기에 더하여 불교와 유교사상, 풍수지리 등의 인문학적인 요소들이 어우러져, 건축의 입지부터 건물의 배치 그리고 건축의 형태에 이르기까지 우리 민족 특유의 조형미를 발전시킨 근간이 되고 있습니다.

1) 궁궐과 사찰의 아름다움

인간이 삶을 영위하는데 있어 건물은 각각의 기능과 용도에 맞게 구성되며, 건축공간은 관습과 종교, 지역과 자연환경에 가장 적절하게 어울리도록 지어집니다. 여러 공간 중 궁궐이나 사찰 등은 그 자체가 상징물로서 조형성을 가지는 형태로 구성됩니다.

우선 궁궐은 국왕과 그의 가족 그리고 이들을 보필하면서 통치를 수행하는 군신들의 업무와 생활공간으로 이뤄집니다. 이러한 것은 경복궁에 배치된 건물에서 그 계획의도를

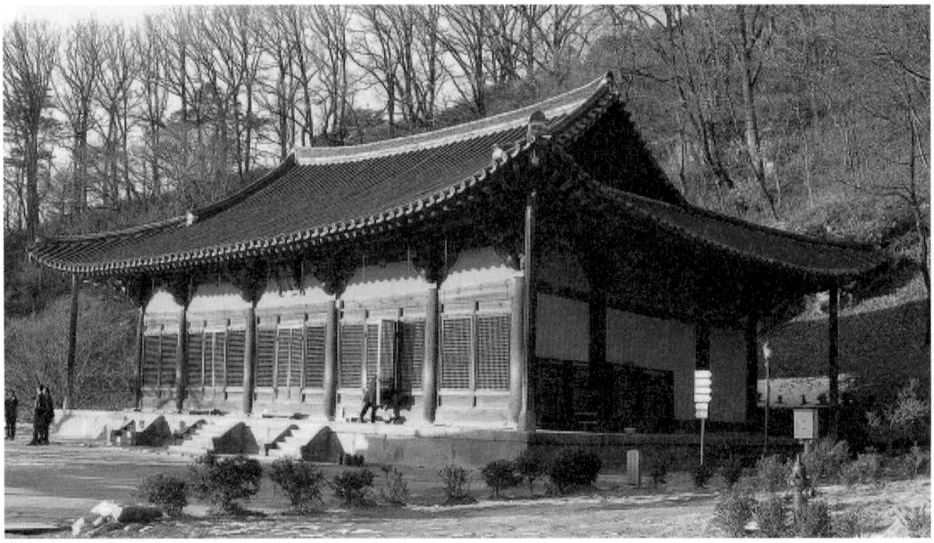

부석사 무량수전, 고려

파악할 수 있습니다. 궁궐건축은 국왕의 절대권위를 상징적으로 표출해야 하므로 근정전을 중심으로 하는 회랑의 일곽은 정연한 좌우대칭의 배치를 이루며 구성되는 것입니다.

다음 사찰의 경우 불교가 도입된 이후 지금까지 시대적 상황과 불교적 교리에 따라 그 배치기법과 공간구성을 달리하고 있습니다. 불교의 세계를 현세에 암시하여 부처의 가르침을 도상적으로 나타내고자 하는 종교적 배경, 궁궐에 버금가는 건축으로서 엄격한 권위성을 표출하려는 사회적 배경, 그리고 한국의 자연지세에 어울리게 건물을 배치하려는 지리적 배경 등이 시대에 따라 복합적으로 작용하며 내외부 공간의 연출을 달리해 온 것입니다.

우리의 건축은 나무와 돌, 그리고 흙 등을 주재료로 삼아 이것들을 적절하게 가공하여 목조건물을 지었습니다. 이러한 우리의 전통적인 목조건축의 특성은 매우 다양합니다. 특히 기둥을 다루는 치목기법을 '흘림'이라 하며 이것은 고도의 기술과 경험이 필요합니다. 이 중 배흘림은 전체적으로 항아리처럼 배가 부른 형태의 기둥이고, 민흘림은 기둥 아래가 넓고 위로 올라갈수록 서서히 두께가 좁아지는 기둥이고, 안쏠림은 건물의 바깥쪽에 세운 기둥을 수직으로 곧추 세우지 않고 건물 안쪽으로 약간 기울여 세워서 전체적으로 건물 윗부분이 밖으로 나와 역사다리꼴의 형태로 보이는 착시현상을 교정하는 방법입니다.

다음 공포구조는 전통 목조건축에서 구조적 기능 뿐 아니라 중첩되는 부재의 조각 형태에 따라 의장적으로 중요한 역할을 합니다. 이것은 앞으로 내민 처마를 안정되게 받치며

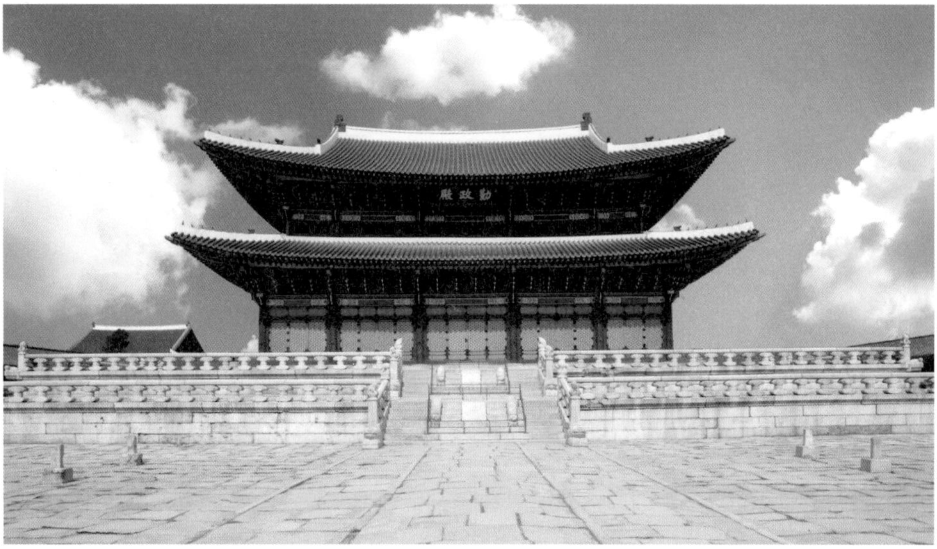

경복궁 근정전, 조선

그 무게를 기둥이나 벽으로 전달해주기 위해 기둥 위 주두부터 창방, 평방, 첨차, 살미장혀, 소로 등 짧은 여러 부재를 대들보의 아래까지 중첩하여 짜 맞추어 놓은 것입니다. 현재 한국의 전통 목조건축은 공포가 놓이는 위치나 결합 방법에 따라 주심포 형식, 다포 형식, 익공 형식으로 분류하기도 합니다.

주심포 형식은 기둥 위에만 공포가 짜여, 건물이 간결하고 구조적인 아름다움을 보여줍니다. 목조건물 중 시대가 올라가는 건물에 해당됩니다. 남한에 현존하는 고려시대의 건물은 5곳이며 12세기 중엽에 지어진 경북 안동의 봉정사 극락전이 가장 이른 시기의 것입니다. 가장 유명한 건물은 1376년 영주 부석사 무량수전이 배흘림기둥에 주심포형식의 목조건물을 대표합니다. 1308년 충남 예산의 수덕사 대웅전도 간결한 아름다움을 엿볼 수 있고, 강릉 객사문은 14세기 말의 건물입니다. 그밖에 조선 초기의 건물로는 전남 송광사 국사전과 강진 무위사 극락전이나 강화도 정수사 법당, 창녕 관룡사 약사전 등 10여 동이 남아 있습니다.

다포 형식은 기둥의 위뿐 아니라 기둥과 기둥 사이에도 공포를 놓아, 건물이 매우 화려한 모습을 보여주는 형식입니다. 다포계 형식의 발생은 언제부터인지 정확하지 않습니다. 현존하는 목조건물은 고려 말기의 사찰건물로 북한에 있습니다. 1374년 황해도 황주의 심원사 보광전, 1386년 안변의 석왕사 응진전이 가장 오래된 것입니다. 남한에는 조선 초기의 봉정사 대웅전을 비롯하여 서울 숭례문, 서산 개심사 대웅전, 여주 신륵사 조사당 등이 있습니다. 조선 중기 이후 창덕궁의 인정전이나 경복궁의 근정전 등 조선 궁궐이나 사찰의 대웅전 등 권위적인 건물에는 화려하고 장엄한 다포 형식을 사용하여 건축하였습니다.

익공 형식은 외관상으로는 주심포 형식과 비슷하게 보입니다. 하지만 주심포에서 보이는 헛첨차 위치에 쇠서를, 그리고 안으로는 보아지 부재가 기둥과 주두를 함께 감싸 공포를 꾸미게 됩니다. 따라서 외관이 다포계 건물처럼 화려하지는 않지만 부재의 양이 훨씬 줄어들고 치목과 결구가 합리적이어서 궁궐의 편전이나 침전, 사찰의 부속 건물 및 향교나 서원 등 조선시대의 각종 건물에 폭넓게 사용하였습니다. 현존하는 대표적인 익공계 건물로는 1488년에 지은 합천 해인사의 장경판고, 강릉 오죽헌, 안동 충효당 등이 있습니다. 조선 후기에 지어진 대부분의 향교나 서원 건축이 여기에 해당됩니다.

이처럼 우리의 목조건축은 공포 구조와 배흘림 기둥, 솟음 등의 의장 수법, 지붕의 처마 곡선 등이 어우러져 우리만의 독특한 전통 조형언어를 창출해내게 되었습니다.

2) 전통 한옥을 짓는 장인, 대목장

대목장은 나무로 된 건축물을 짓는 전체 과정을 책임지는 사람이기 때문에 지금의 건축가라고 할 수 있습니다.

옛날에 건물을 짓는 장인은 대우도 좋았고, 상당한 벼슬도 받았습니다. 백제 때에는 사박사寺博士가 있었는데, 절을 짓는 건축가였을 겁니다. 고려 때에는 도교서에 목업지유木業地諭가 소속되어 있었는데, 녹봉으로 쌀 스무 섬을 받았습니다. 고려 때 300일 이상 근무하는 사람에게 녹봉을 주는 제도가 있었던 것으로 미루어 보아 지유는 국가의 중요한 건물을 지었던 장인으로 추측됩니다. 조선 세종 때 대목장 중에는 정5품의 벼슬을 받은 사람도 있었습니다. 19세기 중엽 창덕궁 인정전을 중수할 때에는 목수 중 도편수와 부편수가 공사 전체를 주관하였고, 기둥은 정현正絃편수, 공포를 짜는 일은 공도工蹈 편수, 서까래를 깎아 거는 일은 연목椽木 편수가 분담하였습니다. 목조건물은 도편수가 전체 책임을 지지만, 목재의 중간 부재마다 세부 작업공정별로 책임자가 별도로 있었을 정도로 궁궐을 비롯한 한옥을 짓는 일은 매우 까다롭고 복잡한 과정을 지닌 중요한 기술이었음을 알 수 있습니다.

집 짓는 일에서 도구는 중요합니다. 도구의 발달이 건축의 기법이나 양식의 발달에 영향을 끼쳤을 정도입니다. 쇠붙이로 연모를 만드는데, 쇠가 단단하고 날카로워야 나무를 톱으로 자르고, 대패로 다듬고, 끌로 파는 일이 발전하게 됩니다. 특히 톱의 다종다양한 발전

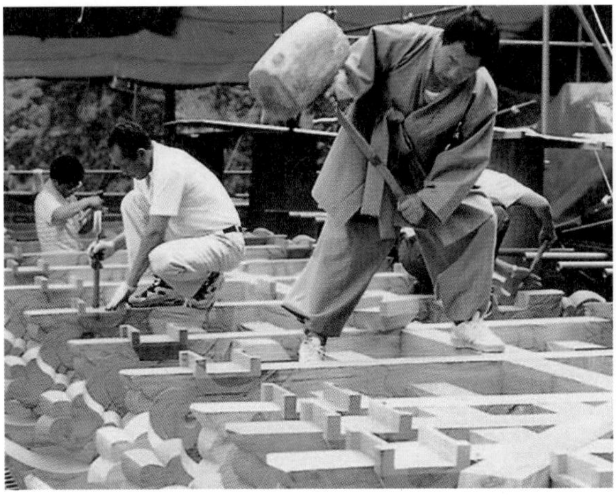
국가 대목장 신응수 보유자

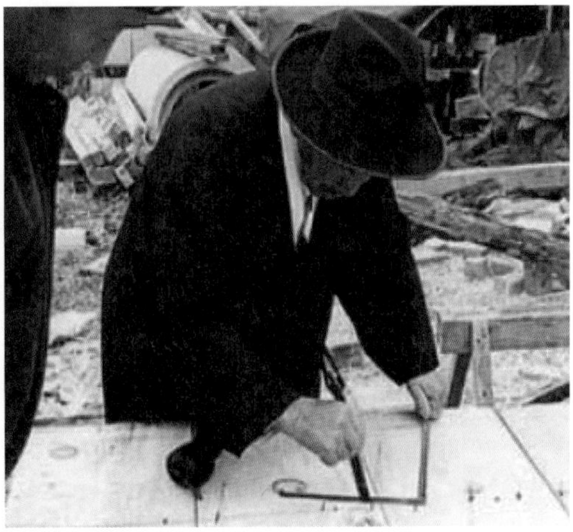
국가 대목장 故 고택영 보유자

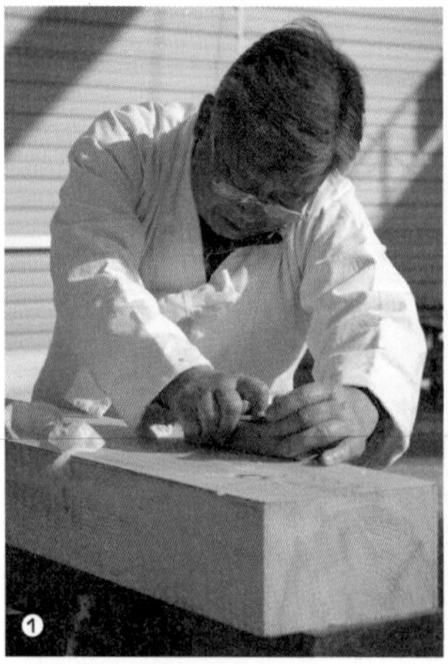

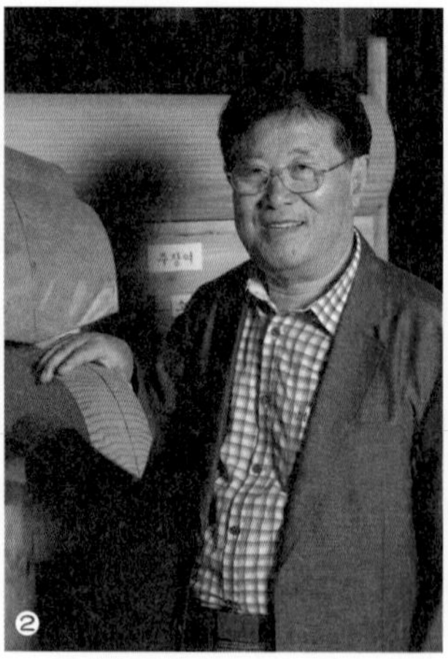

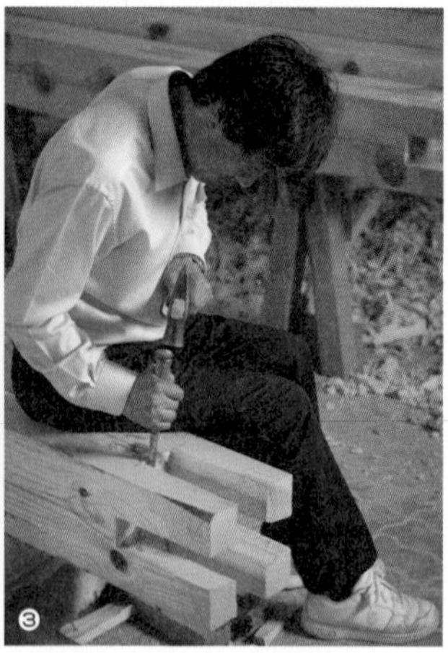

❶ 국가 대목장 최기영 보유자
❷ 국가 대목장 전흥수 보유자
❸ 국가 대목장 문기현 전수교육조교

은 결구와 결합의 짜임과 이음이 가능해졌습니다. 이로 인해 기둥 위에 대들보를 올릴 수 있게 되었고, 대들보의 종보와 마룻보가 채택되면서 삼량, 오량, 칠량, 구량, 십일량 등의 가구법이 등장하게 되었습니다. 기법이 능수능란해지면서 처마엔 아름다운 곡선이 채택될 수 있게 되었습니다. 기둥 위에 공포를 올리는 주심포에서 점차 다포계 공포로 바뀌었습니다. 다포계의 공포 구성은 가구나 천장의 의장을 화려하게 만들었고, 이로 인해 한옥의 외형이 더욱 아름답게 변화하게 된 것입니다.

이처럼 전통적인 방식으로 목재를 다루어 궁궐이나 사찰 및 한옥 등의 목조건축을 짓는 일은 매우 까다롭지만 섬세하고 중요한 기술이라 아니할 수 없습니다. 이러한 대목장의 전통 공예기술은 전 세계가 인정하여 2010년 11월 16일에 인류무형문화유산으로 등재되기도 하였습니다.

3) 아름다운 창살을 만드는 장인, 창호장

한편, 창덕궁의 인정전이나 수덕사 대웅전 등의 목조건물은 기둥과 기둥 사이가 벽 대신 창호로 이뤄져 있습니다. 전통적으로 창호는 창窓과 문門을 총칭하는 것이지만, 대문과 같이 내부와 외부를 구분하는 문은 대목장의 작업이고, 창호장은 내부 공간의 방문이나 창문을 전담합니다.

우리나라에서는 궁궐의 전각이나 사찰 및 민가 등 어디에서나 창호를 쉽게 볼 수 있습니다. 이러한 창호는 형태와 문양에 따라 살창과 꽃살창으로 구분됩니다. 일반적으로 살창은 살과 살이 서로 교차하여 수직과 수평 및 비스듬하게 형성하는 문양에 따라 띠살창, 완자살창, 정자살창, 빗살창, 소슬빗살창, 격자빗살창 등으로 나뉩니다. 꽃살창은 창살에 꽃문양을 조각하여 짜맞춰 연속 꽃무늬를 형성한 창호로 연꽃빗살, 국화꽃빗살, 모란꽃빗살 등 다양한 종류로 만들어지며, 궁궐의 침전이나 사찰의 주불전에서만 볼 수 있어 화려합니다.

전통적으로 창호장은 창호의 규모와 크기에 따라 정확한 비례와 구성 등을 이음과 맞춤으로 작업합니다. 때문에 목수 중에서 큰 집을 짓는 대목이 아니라 소목에 해당되며, 현재 국가무형문화재 중에 창호장으로 지정된 종목은 없습니다. 그러나 그것의 중요성으로 인해 서울시 무형문화재를 비롯하여 시도 지방 무형문화재로 다수가 지정되어 있습니다.

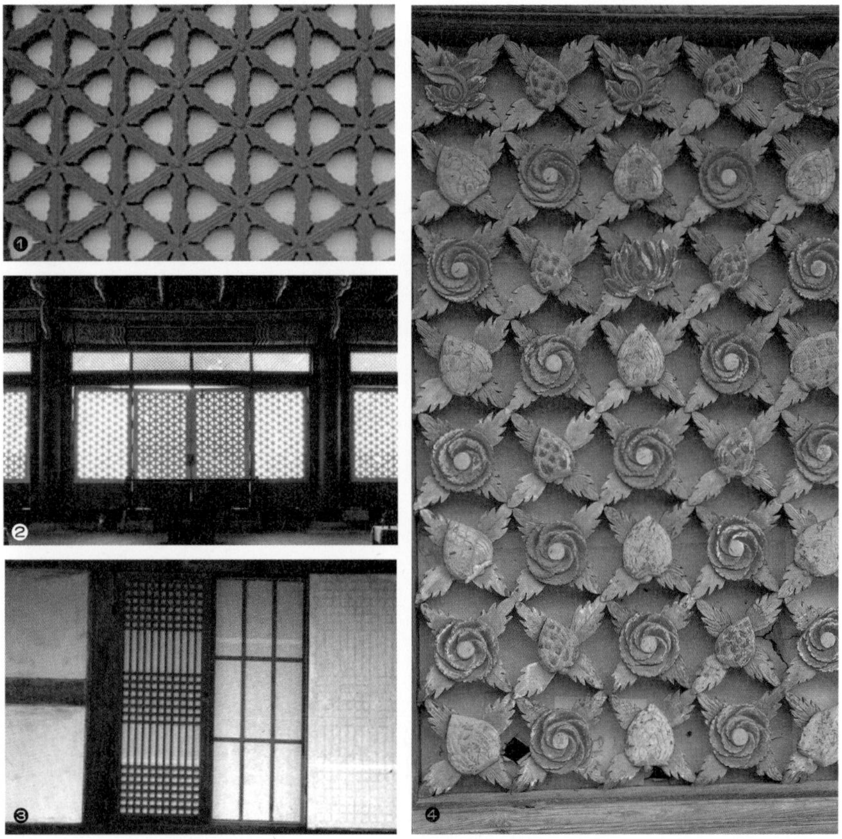

❶ ❷ 빗꽃살문, 조선, 경복궁 근정전
❸ 용자살창, 조선, 경북 청도 운강고택
❹ 꽃창살, 조선, 논산 쌍계사 대웅전

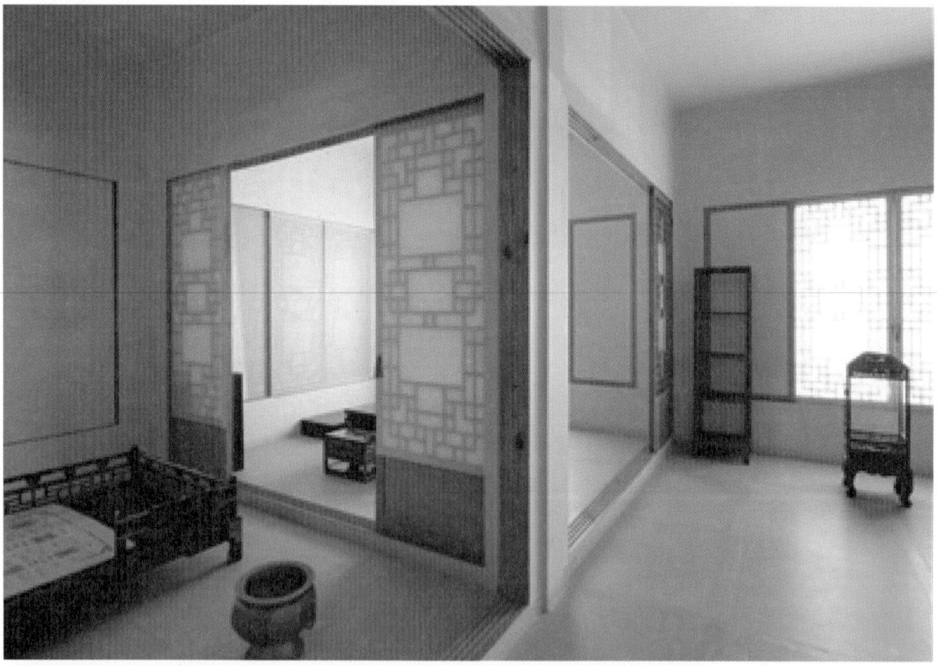

경복궁 교태전

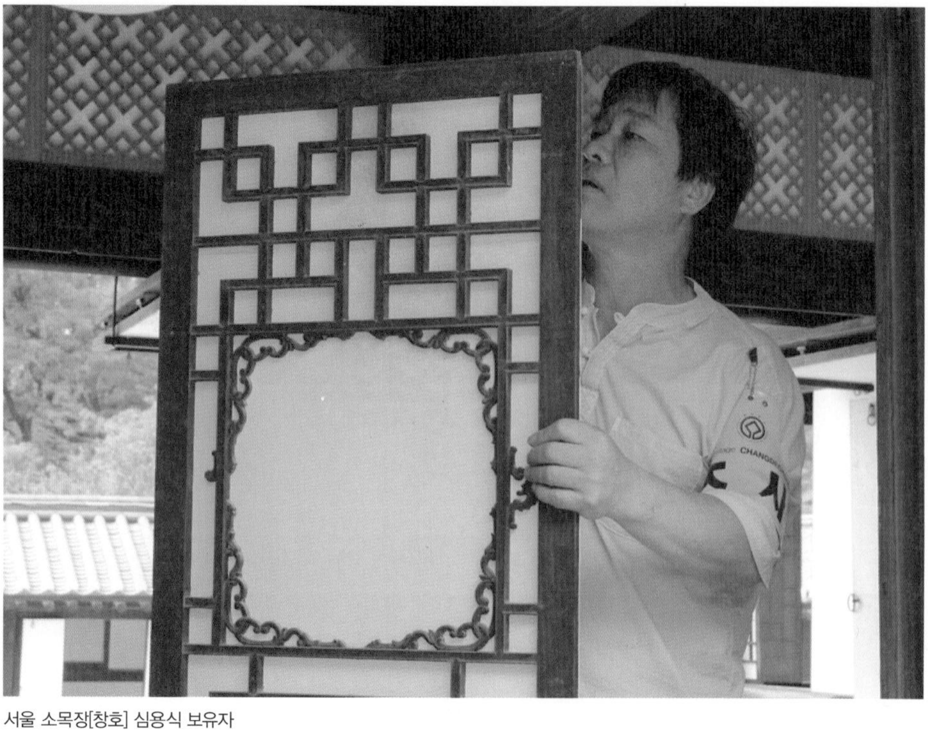

서울 소목장[창호] 심용식 보유자

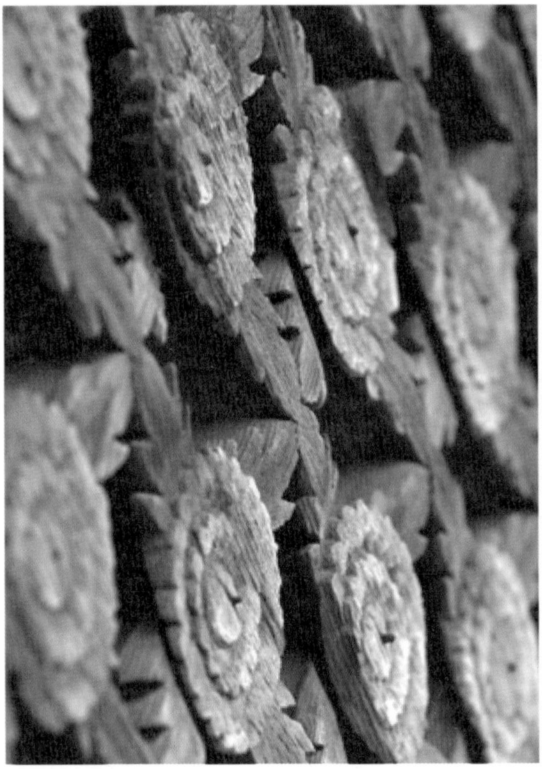
부안 내소사 대웅보전 꽃창살

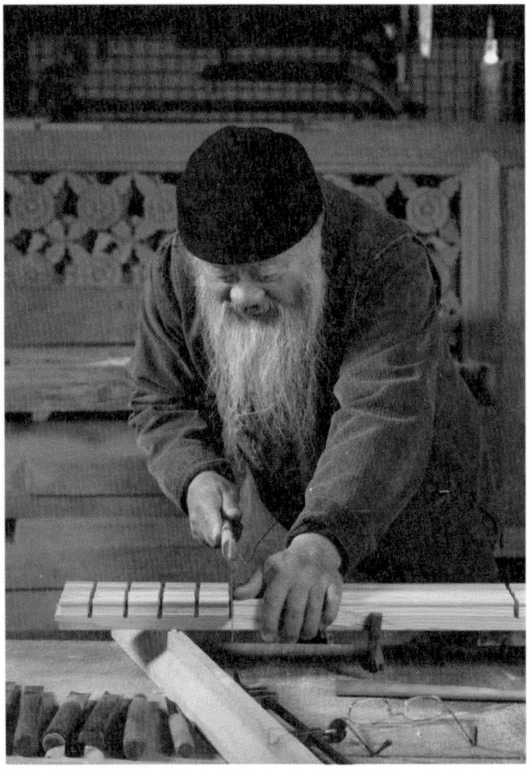
충남 소목장[창호] 조찬형 보유자

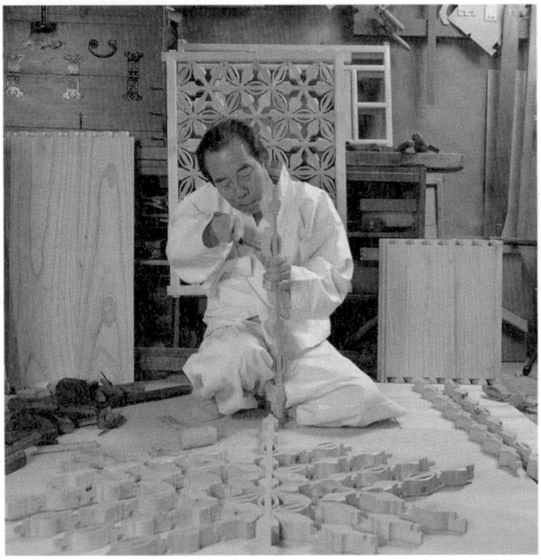
국가 소목장 故 강대규 보유자

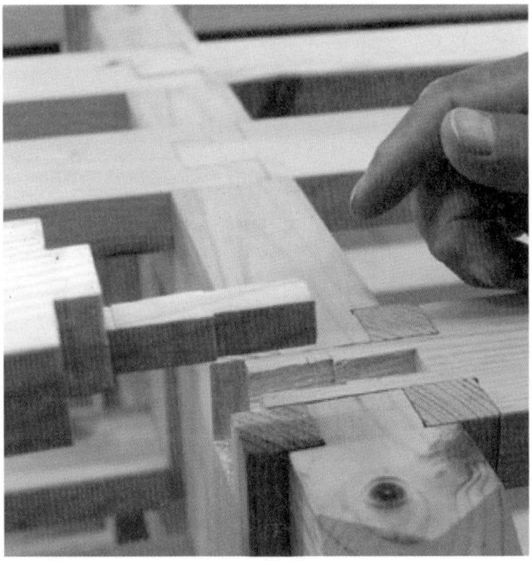
창살의 짜임

3 목가구나 상을 제작한 장인은 누구일까요?

나무로 만든 가구는 다종다양합니다. 1920년대 우리나라를 방문한 엘리자베스 키스가 〈한옥 내부〉를 그린 그림을 보아도 안방에는 이층장이 있고, 마루에는 이층농과 뒤주 및 소반 등 다종다양한 가구가 놓인 모습을 엿볼 수 있습니다.

1) 간일한 목가구를 만드는 장인, 소목장

우리나라 가구를 대표하는 것은 장과 농입니다. 흔히 장과 농은 형태가 비슷하여 우리집 안방에 놓은 가구를 '장롱'이라는 이름으로 혼동하여 부르기 쉽습니다. 그러나 양자는 엄연히 다른 가구입니다. 농은 1층과 2층이 각각 분리되도록 만든 것인데 비해, 장은 각 층이 한 통으로 되어 차이가 나거든요. 하지만 둘 다 물건을 수납하는 가구여서, 그것이 놓이는 공간이나 사용하는 용도에 따라 다양하게 활용되었습니다. 안방에 놓여 식구들의 옷가지 등을 넣어두는 기거용의 것은 옷장인데, 나전이나 화각 등으로 화려하게 장식되어 여성스러운 아름다움을 느낄 수 있는 것이 특징입니다. 사랑방에서 선비들이 읽는 책이나 문

긴 서안, 조선, 국립중앙박물관

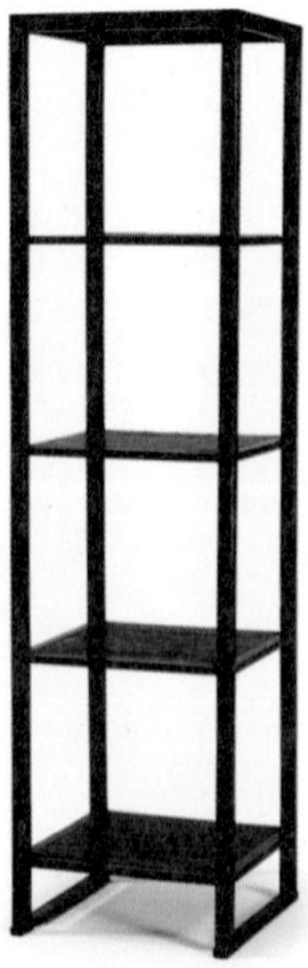

사방탁자, 조선, 국립중앙박물관

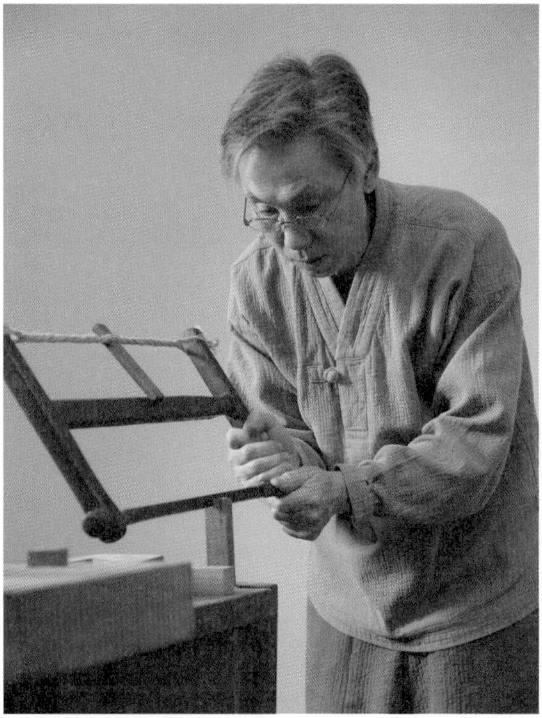

국가 소목장 박명배 보유자

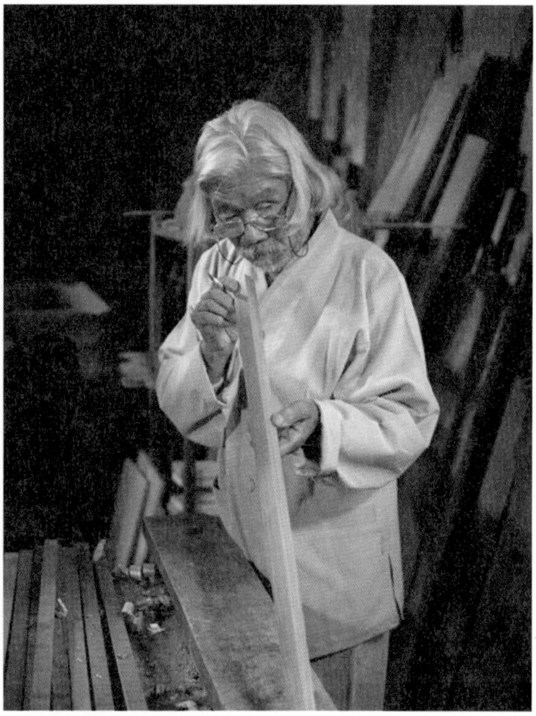

국가 소목장 故 설석철 보유자

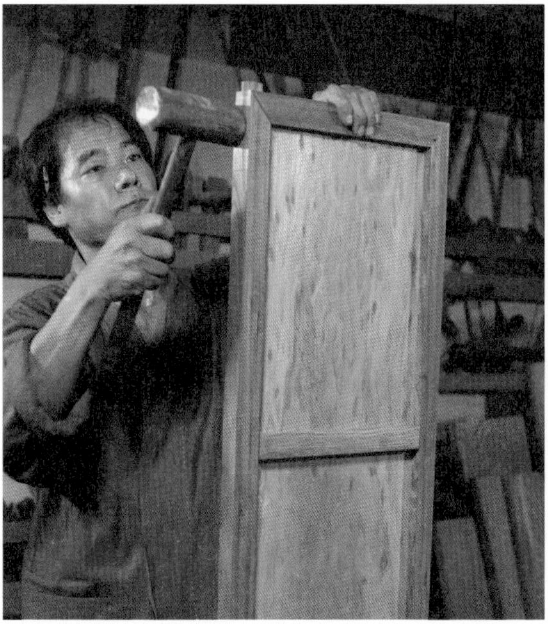

국가 소목장 조화신 전수교육조교

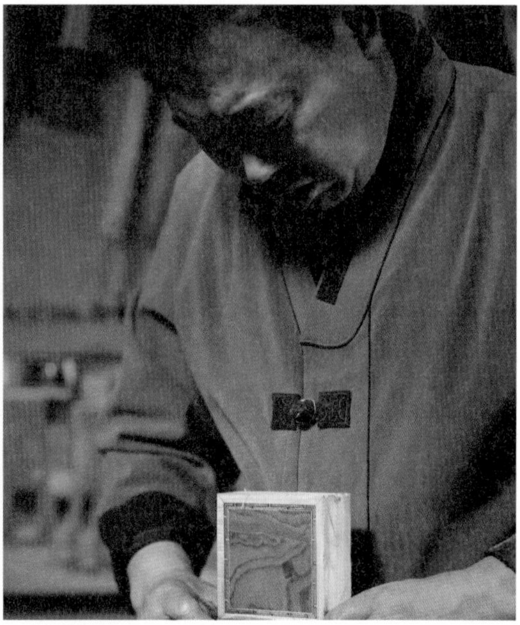

국가 소목장 김금철 전수교육조교

서를 보관하는 문방용의 것은 책장이며, 이것은 소나무의 목리가 강조되고 각 층이 분할되어 간결한 형식미가 강조되어 선비적 취향이 반영되어 있습니다. 부엌에서 크고 작은 각종 그릇을 수납하는 주방용의 것은 찬장인데, 그릇의 무게를 감당하게 묵직하고 간결한 구조로 실용성이 강조된 것이지요. 장은 쓰임새와 모양에 따라 또 다른 다양한 이름으로 불린답니다. 층수에 따라 일층장, 이층장, 삼층장으로 구분됩니다. 일층장은 머리맡에 둔다고 '머릿장', 자잘한 버선 등을 넣어둔다고 '버선장', 작고 앙증맞다고 '애기장'이라 부르기도 했어요.

전국 어디서나 장롱을 대신해서 안방부터 광까지 가장 폭넓게 애용된 가구가 반닫이입니다. 반닫이는 길쭉한 상자형 가구인데, 반쪽만 여닫는다고 반닫이, 문을 위로 열면 윗닫이, 앞쪽에서 여닫으면 앞닫이라고도 불러요. 소나무나 느티나무 등 튼튼한 나무로 짜맞춘 것이 특징입니다. 반닫이는 앞면에 붙인 금속제 장석에 따라 지역을 나누기도 합니다. 백동으로 화려하게 장식한 경기도 반닫이를 비롯하여, 전체적으로 장롱이나 반닫이 등 안방 가구는 화려한 반면, 문갑이나 서안 및 사방탁자 등이 배치된 사랑방 가구는 질박하면서도 격조 높은 것이 특징입니다. 문갑은 각종 문방용품과 문서 등을 보관하기 위한 가구로서, 낮은 한옥의 구조에 따라 평좌 생활에 알맞은 책상 높이로 제작되어, 사랑방에 앉은 채 창문 너머 마당과 정원을 바라볼 수 있도록 배려된 것 같습니다. 전체적으로 별다른 장식을 배제한 채 가로로 길고 시원한 면 처리로 단순한 서랍을 구성하여 자잘한 물건을 치워 실내를 정갈하게 정돈하려는 선비정신을 닮아 있습니다.

사랑방에 배치된 사층 사방탁자는 서책이나 완상품을 진열할 수 있도록 층널을 4층으로 얹은 네모반듯한 탁자입니다. 전체적으로 수직과 수평이 교차하여 직선적이고, 금속장석이나 문양장식을 배제한 채 자연스러운 나뭇결을 최대한 살리고 있습니다. 면막음을 없애고 골격만으로 만든 탁자는 검소하고 소박한 조선시대 선비의 안목과 단순하고 간결한 현대적 취향을 엿볼 수 있습니다.

이러한 목가구는 지역별 기후와 재료에 따라, 생활공간의 특성에 맞게 사용자의 개성과 취향을 반영한 가구가 만들어졌습니다. 우리 목가구가 지닌 나무 본연의 무늬와 결을 그대로 살리기 위해, 소목장은 재료로 사용할 나무를 고르는 탁월한 눈썰미가 필요합니다. 우리 목가구는 못을 박지 않고 짜임과 이음 기법을 사용하여 완성합니다. 이를 위해 소목장은 가구의 뼈대인 세로 기둥과 가로 동대의 네 귀퉁이를 45도로 잘라내고, 속을 파서 네

귀가 딱 맞도록 하는 것이 중요하겠지요?

이처럼 소목장은 나무가 가진 고유한 자연스러움을 최대한 살려 내는데 장기를 지닌 장인입니다. 짜임과 이음으로 빈틈없이 짜 맞추기 위해 성세함과 정교함을 갖춘 장인이라 할 수 있습니다.

2) 작은 상을 만드는 장인, 소반장

소반은 밥과 반찬 등 음식을 올려 놓는 평좌식 기물이며, 음식을 나르기에 편리하도록 고안된 작은 상입니다. 소반은 상, 식반, 식상, 반 등 여러 가지 명칭으로 불립니다.

우리나라에서 소반이 언제부터 사용되었는지는 알 수 없습니다. 그러나 5-6세기 고구려 고분벽화를 보면 이미 상을 사용했음을 알 수 있습니다. 각저총 현실 북벽의 부부초상화 앞이나, 무용총 주실 오른쪽 벽에 그려진 무덤의 주인[墓主]의 생활 장면을 통하여 확인할 수 있지요.

이렇게 우리나라에서 소반을 일찍부터 사용하게 된 데에는 우리의 주택 구조와 관련이 깊습니다. 우리의 주택 구조는 음식을 만드는 부엌과 방이 멀리 떨어져 있기 때문에 음식을 방으로 옮기기 위해서는 작은 상이 필요했습니다. 한편 조선시대에는 유교 이념이 자리 잡아 남자와 여자, 어른과 아이가 따로 밥을 먹었기 때문에 소반이 많이 필요했습니다. 또 여러 가지 제사나 혼례에 다양한 용도의 상이 필요하게 되어 소반 제작은 한층 발달할 수 있었습니다.

그렇지만 조선시대 궁중과 중앙 관청의 물품을 만드는 장인이었던 경공장 안에는 소반

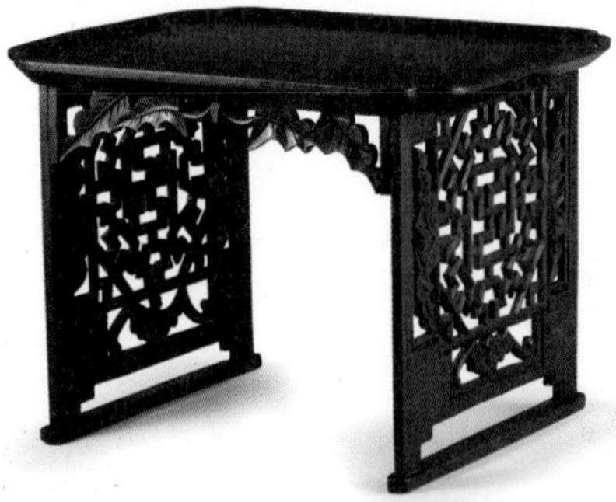

해주반, 조선, 국립중앙박물관

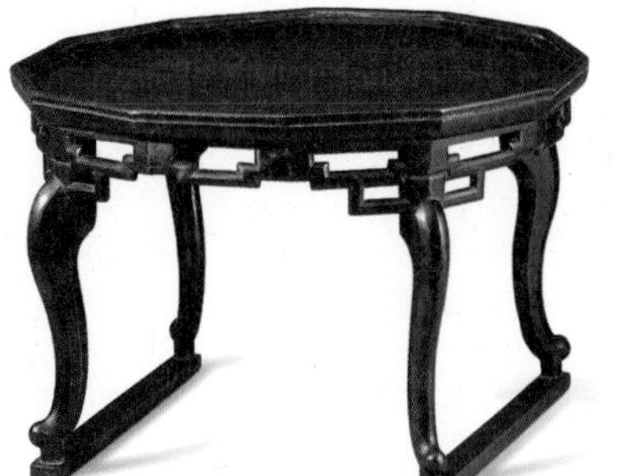

호족반, 조선, 국립중앙박물관

만을 만드는 '소반장'을 따로 두지 않았습니다. 이로 미루어 작은 소품 가구를 제작하는 소목장이 소반을 만들었을 겁니다.

소반은 각 지방마다 자생하는 재료와 지역 풍격을 반영하여 독특한 형태로 만들어 제작지명에 따라 크게 나주반, 해주반, 통영반, 충주반, 강원반 등으로 구분하기도 하였습니다. 나주반은 전체적으로 간결하고 다리가 밋밋하고, 해주반은 양쪽 다리를 판각으로 대고 글자나 무늬를 투각하였으며, 통영반은 천판 위에 자개를 붙여 나전칠기로 제작한 것이 특징입니다. 또 소반은 다리의 모양에 따라 지역이나 이름에도 차이가 나, 경상도의 것은 대나무 형태의 죽절소반, 전라도는 호랑이 다리 형태의 호족소반, 경기도와 강원도는 개다리 형태의 개다리소반[구족소반]이라는 재미난 이름으로 불렸지요.

따라서 국가 무형문화재로 지정된 소반장들은 지역에서 활동하며 각 지방의 특징적인 소반을 제작하였습니다. 그중 해주반을 제작하는 과정을 보면 천판, 판각, 운각, 족대의 순서로 각 부위별로 섬세하고 정교하게 작업을 합니다. 천판은 밀도와 대패로 편평하게 만들

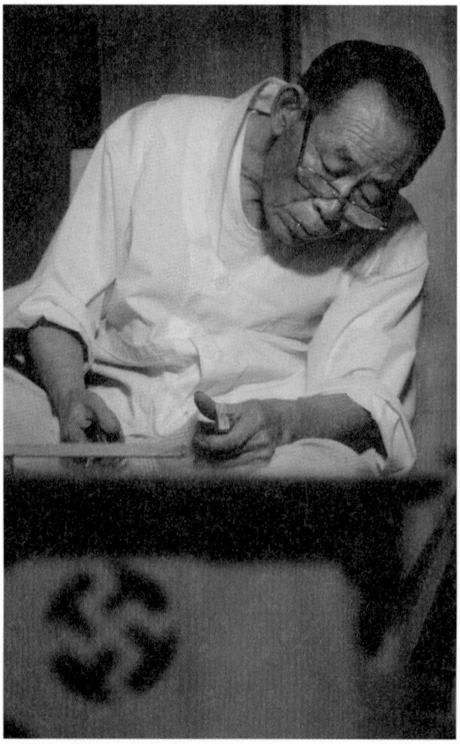

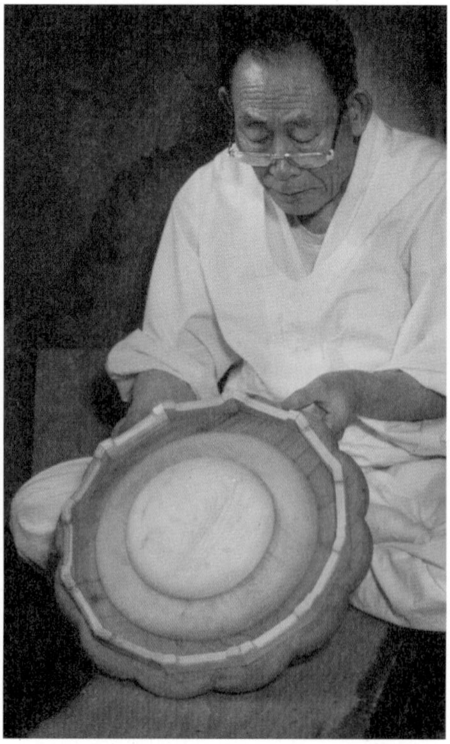

국가 소반장 故 이인세 보유자

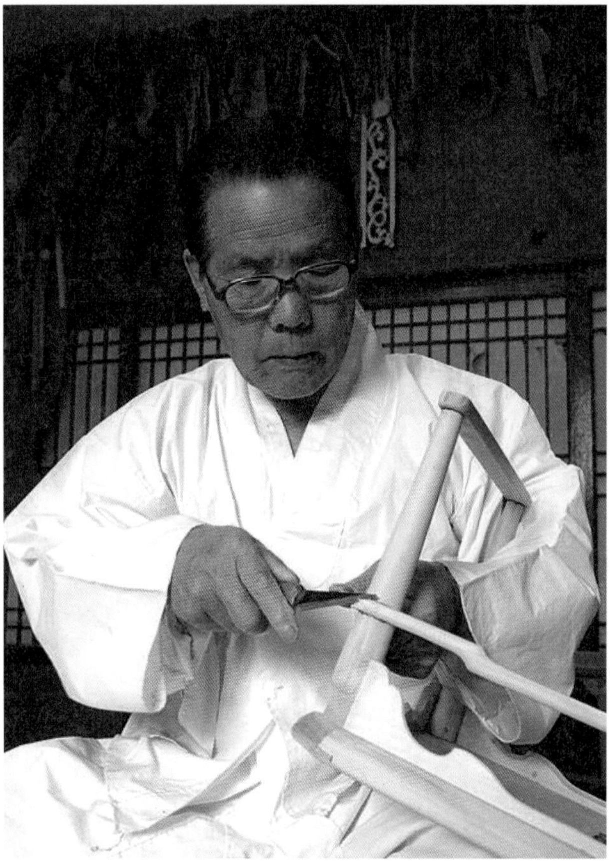

국가 소반장 김춘식 보유자

고, 배꼽대패나 홈대패로 네모진 가장자리를 귀돌이질 하고, 안으로 판 다음 가장자리 끝을 내는 전밀도질을 합니다. 이제 호비칼로 귀돌이를 호비질하여 반원처럼 만듭니다.

판각은 해주반의 양쪽 다리에 투각된 부분입니다. 넓이와 폭을 생각하며 가장자리를 남기고, 준비된 도안대로 문양을 그리고 투각한 후 대패질과 사포질을 해줍니다.

운각은 상판 밑 다리와 다리 사이에 들어가는 판입니다. 천판을 떠받들어 상을 튼튼하게 하고 부드러운 곡선으로 조각을 하여 조형적인 아름다움을 주기도 합니다. 다리 사이에 운각이 들어가도록 끌과 홈대패로 파서 끼웁니다.

족대는 다리를 받치는 부분으로 얇은 판대를 다듬어 다리에 고정시키면 됩니다. 족대는 다리의 두께보다 두껍게 만들어 등미리를 이용하고 가장자리를 둥글게 만들어줍니다. 족대의 원만한 곡선과 다리보다 두꺼운 두께는 소반 전체에 안정감과 아름다움을 더해줍니다.

4 목조각이나 목공예품을 만드는 장인은 누구일까요?

1) 나무로 불상을 조각하는 장인, 목조각장

목조각장은 나무로 불상을 비롯하여 각종 물건을 조각하는 장인을 말합니다. 우리나라의 목조각은 삼국시대에 불교가 전래되면서 사원 건축과 불상 조각을 위주로 발전했으므로 불교 유물에 목조각 작품이 많습니다. 삼국시대의 목조각 작품 중에서 일본 호오류지의 〈백제관음상〉과 전리남도 송광사의 〈목조삼존불감〉 등은 세계적으로도 그 가치를 인정받고 있습니다.

목조각의 생명은 목재가 갖고 있는 본연의 양감과 질감을 살려내는 것입니다. 이를 위해 고도의 기술을 연마하는 것이 필요하지만, 무엇보다도 조각에 사용되는 나무의 장점과 단점을 잘 아는 것이 중요합니다. 장인은 결이 아름답고 튼튼한 오동나무, 소나무, 전나무, 은행나무, 느티나무 등을 선호합니다.

장인이 목조각을 제작하는 과정은 다음과 같습니다. 작품을 제작할 대상이 선정되면 밑그림을 그립니다. 잘 건조된 목재 위에 큰 윤곽과 세부 조각이 필요한 요소까지 포함하여 그림을 그립니다. 밑그림을 그린 뒤 목재를 각 부위에 맞게 재단합니다. 이것들을 우선 접합시켜 전체 용적이 나오도록 가접목을 하는데, 가능한 나뭇결이 한 방향으로 흐르도록 해야 겉모양이 좋고 접착도 견고해집니다. 접목시킨 재목은 자귀를 사용하여 우선 크게 쳐내는 '겉목'작업을 노련하게 합니다. 겉목으로 대강의 형태가 드러나면 자귀를 사용하여 불상의 속을 걷어 내는 작업을 합니다. 이것은 건조 과정에서 생길 수 있는 갈라짐을 방지하기 위한 수단이자, 종교적으로는 사리 등의 복장물을 넣는 공간을 만드는 것입니다. 속을 비웠으면 견고하고 확실하게 접착시킵니다.

겉목과 접목이 끝나면 실제 불상의 세부 조각작업을 합니다. 이때에도 크게 다듬는 부분과 세부를 다듬는 일을 하되, 다양하고 예리한 평칼이나 원칼 등 100여 가지의 조각칼을 사용합니다. 장인은 창칼의 크기나 각도에 따라 숙련된 솜씨로 나뭇결의 흐름을 파악하여 조각합니다.

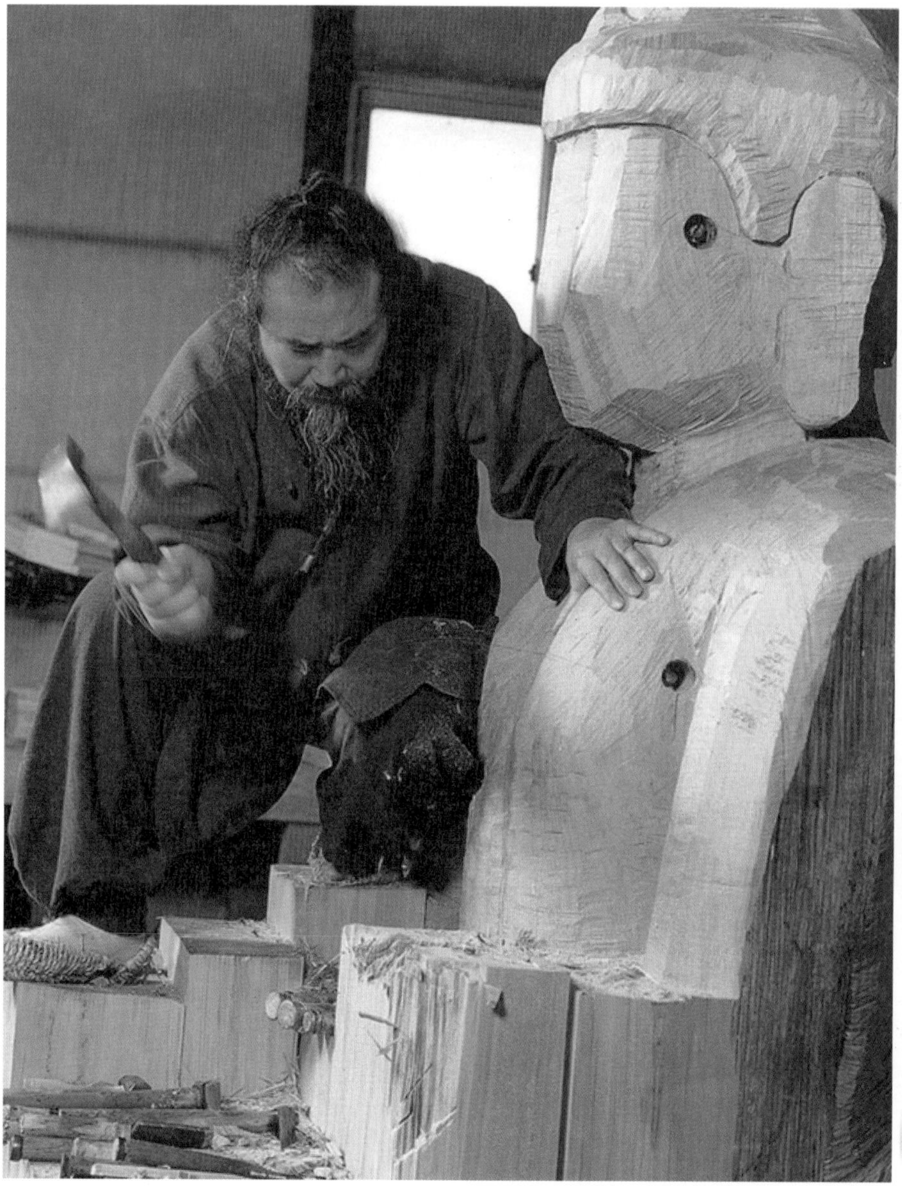

국가 목조각장 박찬수 보유자

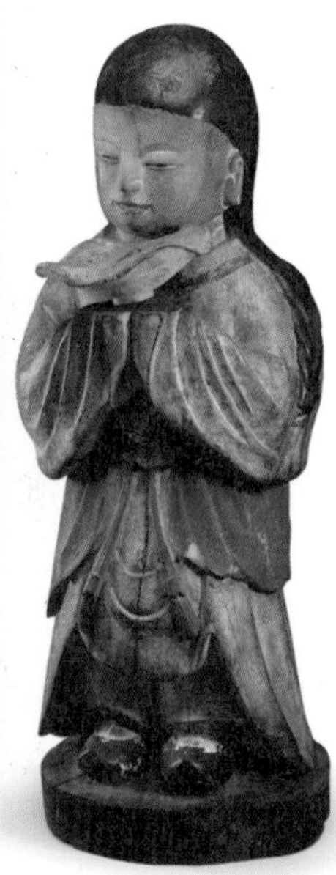

이렇게 조각이 끝난 불상은 나뭇결이 제자리를 잡게 한 뒤, 명주나 삼베로 배접을 5–6번 하고, 사포로 표면을 곱게 다듬은 다음 금을 입힙니다. 우리가 무슨 일을 할 때 가장 마지막으로 중요한 일을 '화룡점정畵龍點睛'이라고 하는데, 원래 부처님을 만들고 마지막에 눈동자를 그리는 일도 마찬가지입니다.

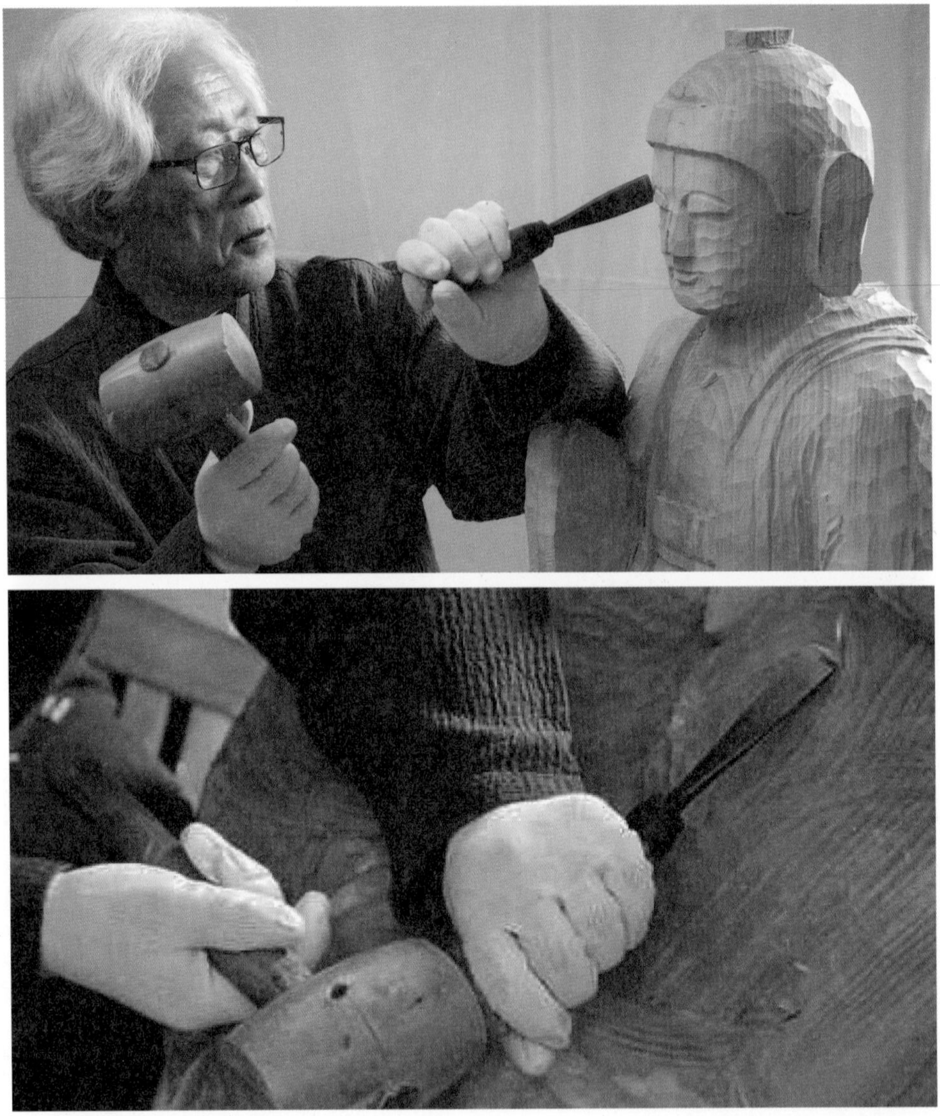

국가 목조각장 전기만 보유자

이처럼 목조각장이 불상을 만드는 과정은 나무에 대한 이해, 불교와 도상에 대한 지식, 그리고 그것을 자연스럽게 살려낼 수 있는 조형 감각이 어우러진 결과인 것입니다.

2) 목판에 글자를 새기는 장인, 각자장

각자장은 나무판에 글자를 새기는 기술을 가진 장인을 말합니다. 지금처럼 인쇄 기술이

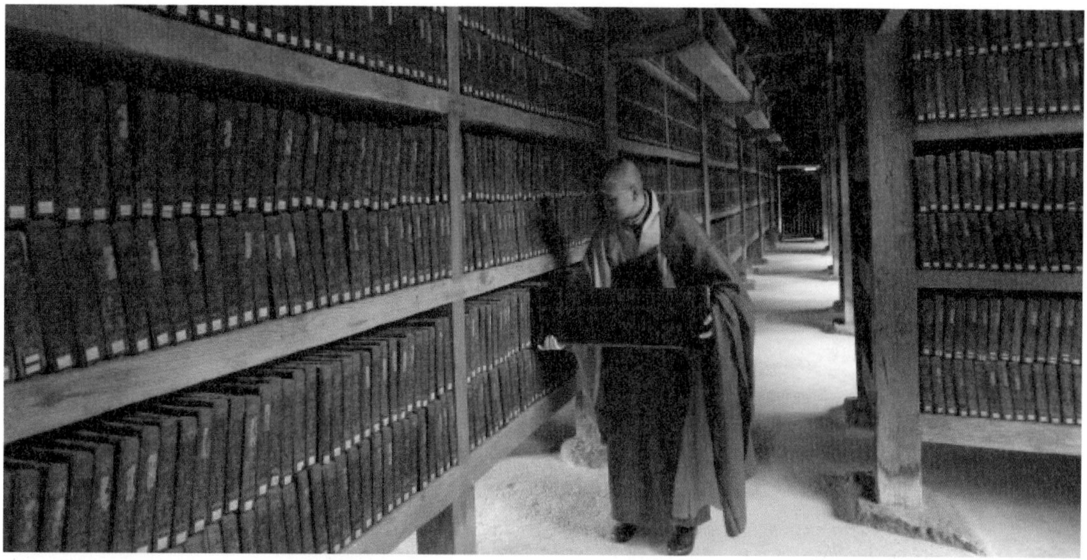

팔만대장경, 고려, 해인사

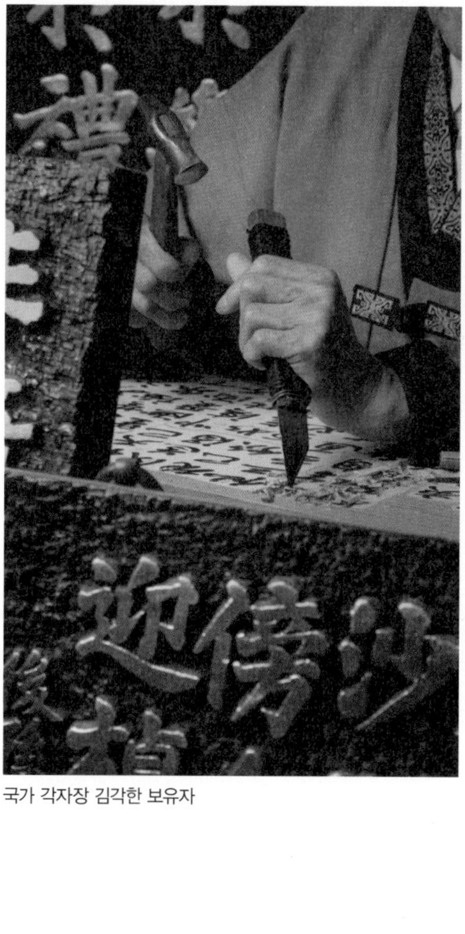
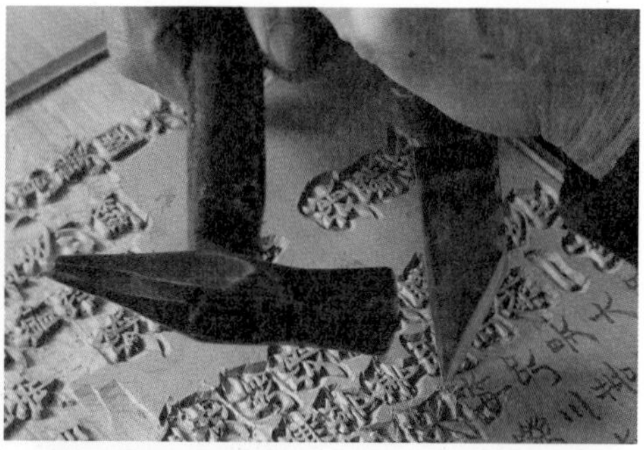
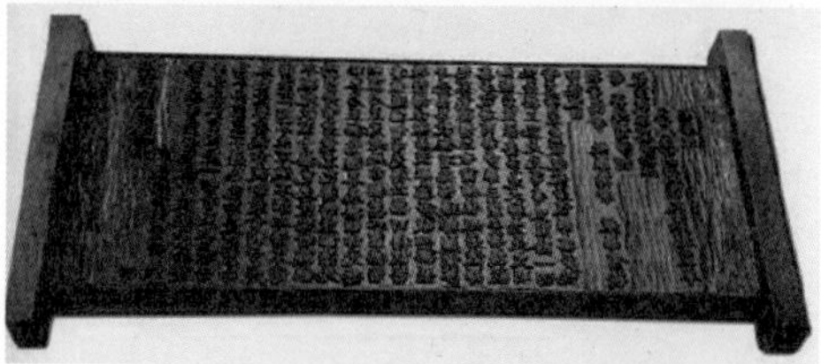
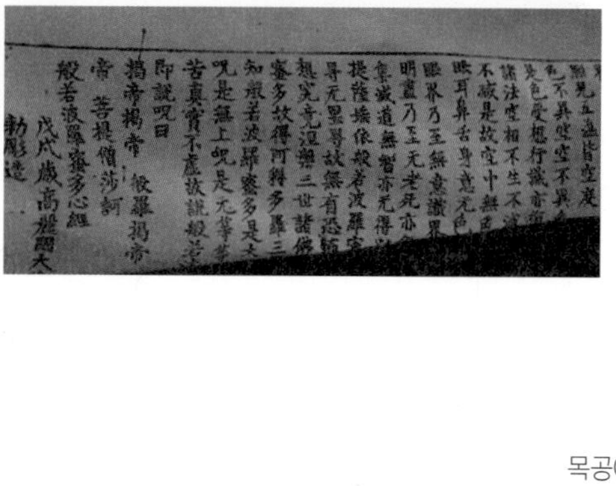

국가 각자장 김각한 보유자

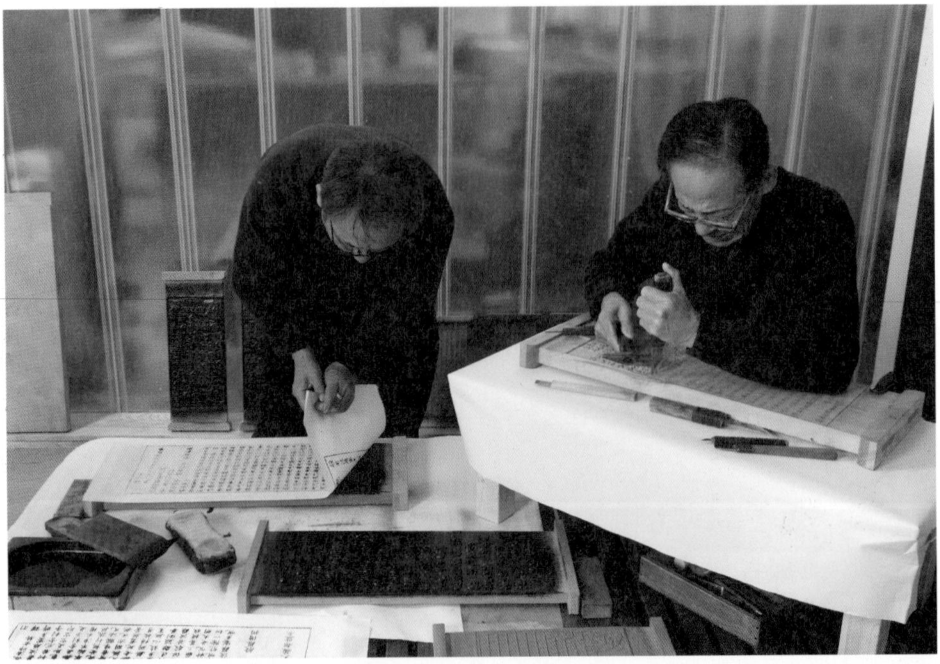

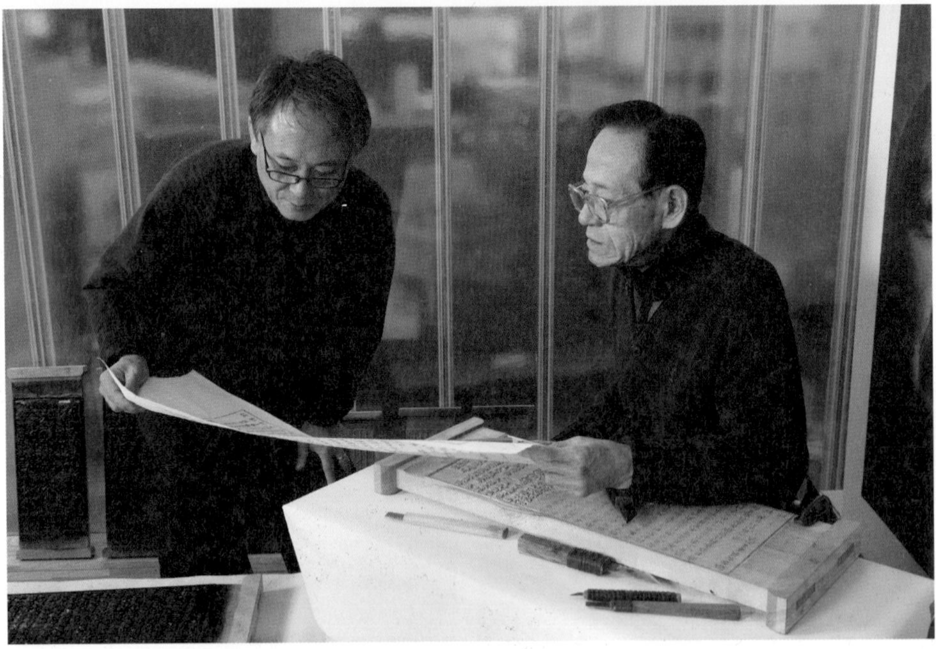

국가 각자장 故 오옥진 보유자와 제자인 김각한 보유자

발달하기 전까지 오랜 시간 동안 우리 조상들은 주로 목판으로 책을 만들었습니다. 목판은 인쇄를 목적으로 글자를 뒤집어 붙여서 새긴 나무판을 말하고 그렇게 찍어 낸 인쇄물을 '목판본'이라고 합니다.

우리나라에 각자 기술이 발달하게 된 것은 불교가 전래되고 나서부터입니다. 불교의 경전을 많이 만들어야 했기 때문에 목판인쇄술이 발달했던 것입니다. 지금까지 알려진 가장 오래된 목판본은 751년 신라시대에 만들어진 〈무구정광대다라니경〉입니다. 이것은 경주 불국사 내 석가탑에서 발견되었습니다. 고려시대에는 경전의 인쇄가 더욱 활발해졌습니다. 해인사의 〈팔만대장경판〉을 제작하기도 하였으며, 이것은 유네스코 세계 기록유산으로 등재되었습니다. 조선시대에는 다양한 학문의 발달로 경전, 서적 등이 목판 인쇄 기술을 사용하여 간행되었습니다. 목판을 만들 때는 먼저 적당한 나무를 골라서 베고 말려야 합니다. 목판용 나무로는 산벚나무, 대추나무, 배나무, 자작나무가 적당합니다. 이 나무들은 단단하고 나뭇결이 조밀해서 인쇄하기 좋기 때문입니다. 나무를 구하면 적당한 크기와 두께로 나무판을 켜서 글씨 새기기 쉽게 결을 삭혀야 합니다. 이것을 '연판鍊板'과정이라 하는데 바닷물에 수년 동안 담가서 진을 빼고 결을 삭힌 다음 음지에서 말리거나, 물 웅덩이에 넣어 삭히거나, 가마솥에 소금물을 넣은 후 나무를 삶기도 합니다. 이 과정을 거치고 충분히 건조시켜야 판본이 썩거나 뒤틀리거나 쪼개지지 않습니다.

그런 뒤 나무를 잘 말리고 대패질하여 켜서 적당한 크기로 매끈하게 다듬습니다. 판의 형식을 정하고, 판식을 새겨서 종이에 찍어냅니다. 찍어낸 종이에 간행할 내용을 명필가에게 글씨를 의뢰합니다. 글씨를 다 썼으면 그것을 판목 위에 뒤집어 붙입니다. 잘 비쳐 보이도록 들기름을 발라 투명하게 만듭니다. 거꾸로 붙인 종이에 비친 글자의 획수와 판식을 보고 글자를 새기면 목판이 완성됩니다. 완성된 목판에 먹물을 발라서 한지를 덮고 문지르면 글자가 똑바로 인쇄됩니다. 이와 같이 우리 조상들은 빼어난 각자 기술을 활용해서 전세계에 빛날 찬란한 인쇄문화를 꽃피울 수 있었습니다.

3) 나침반을 만드는 장인, 윤도장

윤도장은 둥근 나무 판 위에 24방위와 팔괘, 십간, 십이지를 원으로 그려 나침반을 제작하는 장인을 말합니다. 윤도는 지금의 나침반을 이르는 말인데, '지남침, 지남반, 지남철, 패철'이라고도 합니다. 윤도는 남북 방향을 가리키는 자석 바늘을 이용하여 풍수, 천문 여행에서 방향을 찾는 필수도구입니다.

고려시대에는 땅의 형세를 보는 지관들의 중요한 도구가 되었고, 조선시대에는 천문학자들이나 여행자들 또한 사용하였습니다. 이처럼 윤도는 묏자리를 보는 지관뿐만 아니라 일반인들에게도 유용하게 쓰인 생활 도구였는데, 서양의 학문이 들어온 이후 윤도와 관련된 학문들이 미신으로 인식되면서 점차 사라지게 되었습니다. 지금은 몇몇 지관들이 집안의 소장품으로 간직하고 있습니다.

윤도를 제작할 때에는 윤도의 판본이라 할 수 있는 정간과 도래송곳, 걸음쇠와 각자기, 중앙침, 정간대가 사용됩니다. 도구로는 자침 좌대, 망치, 활비비, 바늘집게, 자연자석, 내리걸이 톱, 금긋기 등이 필요합니다.

작지만 윤도를 만드는 제작과정은 복잡합니다. 분도기로 대추나무에 적당한 크기의 원을 그립니다. 자귀와 작두로 나머지 부분을 떼어내 원통 모양으로 다듬습니다. 다듬어진 나무는 뚜껑과 몸체의 두께를 생각해 적당한 크기로 자릅니다. 옆면은 밀칼을 이용하여 매끈하게 다듬습니다. 윤도는 정확도를 유지하기 위해 다듬어 놓은 원통형 나무의 중심을 잡습니다. 윤도가 완성될 때까지 기준점으로 정확히 표시해 둡니다. 중심점이 정해지면 걸음쇠로 바깥쪽에서부터 동심원을 그려 들어갑니다. 이 때 몇 층으로 정간할 것인가를 정합니다.

윤도를 만드는 작업 중에서 가장 중요한 과정이 '분금'입니다. 동심원을 각각의 법칙에 따라 일정하게 칸을 나눕니다. 글자를 새기는 각자 작업은 조각칼로 획수에 따라 점을 찍어 놓고 그것들을 연결해 글을 새깁니다. 먹물을 붓에 듬뿍 적셔 칠하며, 뚜껑이 닿을 홈과 자침이 들어갈 중심원에는 먹을 칠하지 않습니다. 먹물이 마르면 긁개로 표면을 문질러줍니다.

분칠하기에 앞서 자침이 들어갈 중앙원을 다듬습니다. 동심원의 모양이 제대로 되었나 살피고, 자침을 넣기에 적당한 깊이인가를 살펴 손질합니다. 옥돌 가루의 흰색은 각자와 분금 속에 들어가 먼저 칠한 먹칠 바탕에 선명하게 드러나 보이게 됩니다.

자침은 큰 쇠바늘을 화로에 넣어 숯불에 달군 뒤 망치로 폅니다. 중앙원의 크기에 맞춰 길이를 맞추고, 활비비로 구멍을 뚫고, 정과 망치로 끝을 뾰족하게 잘라 만듭니다. 자침에 자력을 입히기 위해 자연 자석에 15~30분 붙여 놓으면 자성이 생기고, 자침이 남북을 가리키게 됩니다. 자침 받침대는 자력을 타지 않는 유리나 주석을 사용하여 만듭니다. 받침대는 윤도판의 뒷면에 삐뚤어지지 않도록 수직으로 박습니다. 받침대와 자침을 설치하고 유리를 중심원의 크기에 맞춰 덮습니다. 준비한 대나무를 휘어 테두리선을 만들어 유리 덮개를 고정시켜 완성합니다.

이처럼 나무와 그것을 다루는 기술은 우리 조상들의 일상 삶에서 떼려야 뗄 수 없는 긴요한 기술이었습니다. 근래에 우리는 과거와 다른 환경 속에서 삽니다. 나무로 지은 한옥 대신 콘크리트로 지은 아파트에서 살고, 나무로 짠 장롱이나 상 대신 하이그로시 침대나 대리석 식탁과 친숙합니다. 목조 불상보다 플라스틱으로 만든 프라모델에 열광하고, 목판 글자나 나침반보다 컴퓨터나 핸드폰의 전자북이나 구글 지도가 훨씬 빠르고 익숙할 지도 모릅니다. 하지만 이러한 현대 과학문명 또한 전통 기술의 토대 위에서 발전한 것입니다. 우리 땅에서 나고 자란 나무로 우리 조상들의 손끝에서 탄생시킨 명품의 기억과 함께 그것을 발전시킨 전통장인들의 솜씨가 우리 후손들에게 계속 전승되길 간절히 소망해 봅니다.

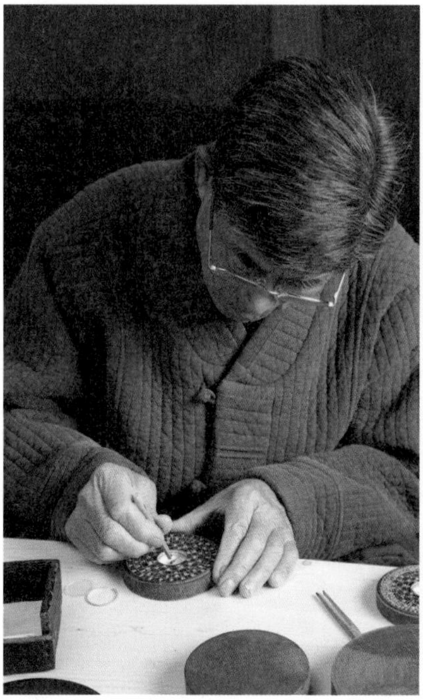
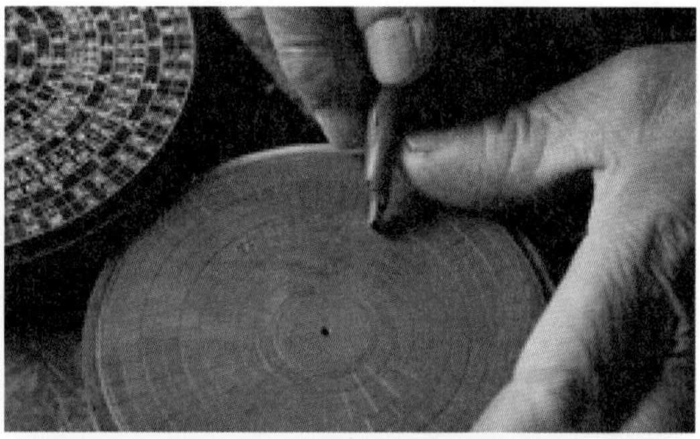
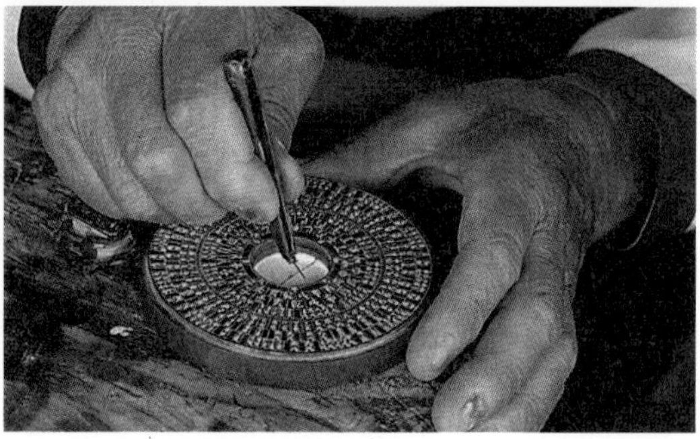

국가 윤도장 김종대 보유자

학습평가

01 (난이도 중) 목공예에 대한 설명으로 옳지 못한 것은?

① 목공예는 나무로 한옥이나 가구 및 목조각 등을 만드는 공예기술이다.

② 산이 많고 나무가 풍부한 우리나라는 이른 시기부터 목공예가 발전해 왔다.

③ 나무를 다루는 장인은 목수로 총칭되나 현재는 다양한 명칭으로 불린다.

④ 나무는 일찍 썩어 조선시대 이전의 목공예 작품은 현존하지 않는다.

02 (난이도 하) 무형문화재로 지정된 목공예 관련 종목과 그 기술이 잘못 짝지어진 것은?

① 대목장 - 궁궐이나 한옥을 짓는 장인

② 소목장 - 가구를 짜거나 소반을 만드는 장인

③ 각자장 - 목판 위에 글자를 새기는 장인

④ 윤도장 - 나침반을 만드는 장인

03 (난이도 중) 우리나라 목공예의 특징에 해당되지 않는 것은?

① 나주반 – 형태적으로 간결하고 다리가 밋밋하다.

② 문갑 - 간결한 선과 명확한 면분할이 조화를 이룬다.

③ 숭례문 - 주심포 건물로서 단정하고 간결하며 구조적으로 아름답다.

④ 팔만대장경판 - 찬란한 목판 인쇄문화를 꽃피운 증거이다.

04 (난이도 중) 다음 중 시대에 따라 제작된 목조 건물이나 목공예품이 옳게 짝지어진 것은?

① 고구려 – 각저총에 그려진 평상, 장롱, 소반, 단칠조

② 통일신라시대 – 안압지에서 출토된 난간, 첨차, 머리빗

③ 고려시대 – 봉정사 극락전, 부석사 무량수전, 수덕사 대웅전

④ 조선시대 – 창덕궁 인정전, 문갑, 사방탁자, 해주반

05 (난이도 상) 목공예 장인의 도구와 그 제작기술의 특징이 잘못 짝지어진 것은?

① 대목장　톱의 발달로 결구와 결합의 짜임과 이음이 가능해져 기둥 위에 대들보를 올림으로써 처마 곡선을 살릴 수 있게 되었다.

② 조각장 - 겉목과 접목이 끝나면 100여 가지 조각칼을 사용하여 불상의 세부를 다듬어 조형적 특징을 표현해낸다.

③ 각자장 - 나무진을 빼기 위해 바닷물에 수년 동안 담그거나, 물 웅덩이에 넣어 삭히거나, 가마솥에 소금물을 넣은 후 나무를 삶기도 한다.

④ 소반장 - 걸음쇠로 원을 그리고 자침에 자력을 입히고자 자연 자석에 붙여 남북을 가리키게 만든다.

01 | 정답 | ④
| 해설 | 나무로 만든 공예품으로는 다호리에서 출토된 칠기나 통일신라시대 안압지에서 출토된 것, 봉정사 극락전이나 부석사 무량수전 등 고려시대 목조건물도 있다.

02 | 정답 | ②
| 해설 | 소목장은 원래 집을 짓는 대목과 반대되는 정교하고 섬세한 것을 만드는 개념의 목수로서 집을 짓는 이외에 가구를 짜거나 창호를 만들거나 소반을 만드는 모든 종목이 포함된다. 그러나 국가 및 시도 무형문화재로 지정된 소목장은 가구를, 소반장은 소반을, 창호장을 창호를 짜도록 세분화되어 있다.

03 | 정답 | ③
| 해설 | 숭례문은 다포계 건물로서 화려하고 장식적이다. 건물이 단아하고 구조적인 것은 주심포 건물의 특징이다.

04 | 정답 | ①
| 해설 | 장롱은 조선시대에 발전한 가구이고, 단칠조는 고려도경에 기록된 고려 가구이다.

05 | 정답 | ④
| 해설 | 소반장은 상을 만드는 장인이고, 자침에 자력을 입히는 것은 나침반을 만드는 윤도장의 기술이다.

학습정리

① 국가무형문화재로 지정된 목공예 관련 종목은 집을 짓거나 창호나 가구 및 소반, 목조 불상, 목판, 윤도 등을 만드는 다종다양한 기술이다.

② 안동 봉정사를 비롯한 고려시대 목조 건물이 현존하고 있으며, 이러한 궁궐이나 사찰 및 한옥을 짓는 대목장은 국가무형문화재 제74호로 지정되어 있고, 창호를 짜는 창호장은 지방 시도 무형문화재로 지정하여 보호 관리하고 있다.

③ 조선시대 선비문화가 반영되어 나뭇결을 살려 질박하고 간결한 목가구를 짜는 소목장은 국가무형문화재 제55호, 지역마다 재료와 형태가 달라 향토성이 엿보이는 소반을 만드는 소반장은 국가무형문화재 제99호로 지정하여 보호 관리하고 있다.

④ 목공예는 다종다양한 기술 분야로 나뉘며 나무를 이용하여 목조 불상을 제작하는 목조각장은 국가무형문화재 제108호, 목판 인쇄를 위해 글자를 새기는 각자장은 국가무형문화재 제106호, 나침반을 만드는 윤도장은 국가무형문화재 제110호로 지정하여 보호 관리하고 있다.

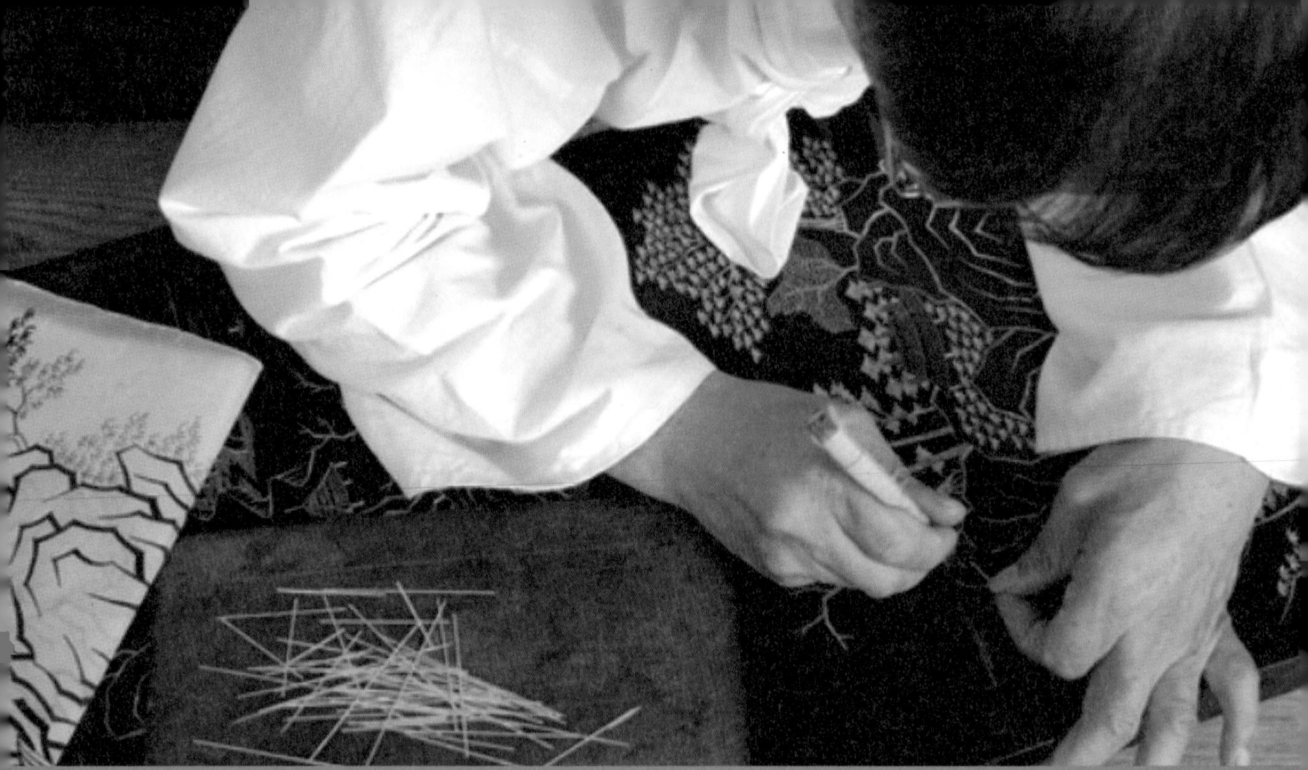

05
칠공예와 장인

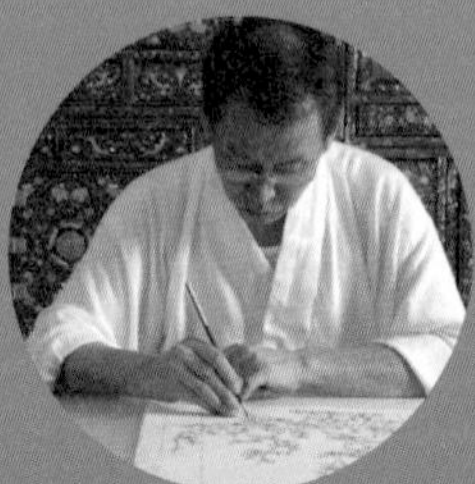
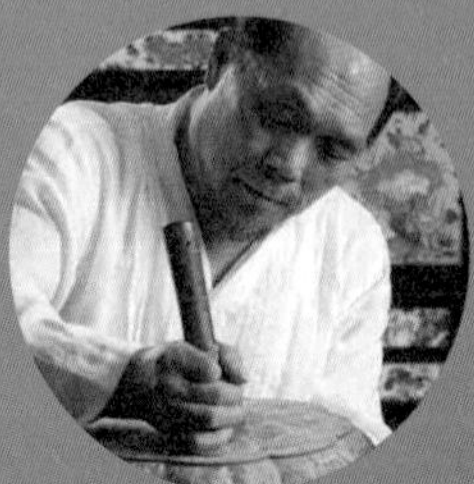

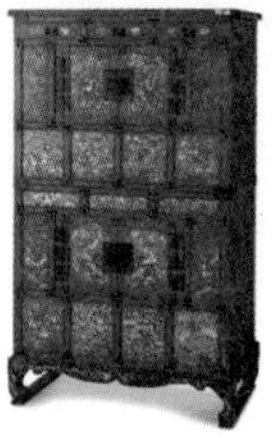

칠공예 지정종목과 장인

구분	지정번호	종목명	사망	명예	보유자	전수교육조교
국가	제10호	나전장	김봉룡, 김태희, 심부길, 송주안		송방웅, 이형만	김옥석, 양옥도
	제109호	화각장			이재만	
	제113호	칠장			정수화	이상목
서울	제1호	생옻칠장			신중현	
		나전칠장			손대현	
		황칠장			홍동화	
		채화칠장			김환경	
		남태칠장			정병호	
	제14호	나전장			정명채	
광주	제20호	나전칠장			김기복	
경기	제17호	생칠장			송복남	
	제24호	나전칠기장			배금용, 김정렬	
	제29호	화각장	한춘섭			
강원	제11호	칠정제장			박원동	
	제12호	칠장			김상수	
	제13호	나전칠기장			박귀래	
	제17호	생칠장			이돈호	
충남	제47호	칠장			문재필	
전북	제13호	옻칠장		김을생	이의식, 김영돌, 안곤, 박강용	

■ 학습개요

칠공예는 방충, 방부, 방습에 탁월한 옻칠을 하여 보존력을 높이는 공예기술이다. 나무는 우리 주위에서 흔한 재료이지만 유기질 재료여서 벌레나 습기 등에 취약하다. 우리 조상들은 나무의 이러한 단점을 보완하고자 일찍부터 칠기를 만들어 사용하여 왔다.

우리나라에서 칠의 기원을 밝혀지지 않았다. 칠을 바른 유물의 경우 청동기 말기의 유적에서 발굴되고 있어 칠의 역사가 매우 오래되었음을 알게 한다. 이후 옻나무는 조선시대까지 국가에서 관장할 정도로 중요하였다. 현재 국가에서는 옻의 생산을 위해 옻나무를 재배하고, 옻을 정제하는 기술은 국가무형문화재 제113호 칠장으로 지정하고 있다.

우리나라 공예를 대표하는 스테디 셀러 중 하나가 자개를 박아넣는 나전칠기이다. 그것은 통일신라시대의 평탈에서 비롯하여 고려시대에 높은 수준으로 발전한 이후 조선시대를 거쳐 지금까지 한국을 대표하는 공예로 인정받고 있다. 이에 학술적, 예술적 가치가 높은 나전칠기를 제작하는 기술은 국가무형문화재 제10호 나전장으로 지정하여 전승하고 있다.

한편 조선시대에는 쇠뿔 위에 그림을 그려넣어 장식하는 화각기술을 창안하였다. 이렇게 쇠뿔을 사용하는 것은 전 세계에서 우리나라에서만 유일하게 발전된 공예기술이다. 문화재청에서는 화각으로 각종 가구를 만드는 기술을 국가무형문화재 제109호 화각장으로 지정하여 원형을 유지하고 전승할 수 있도록 보호, 관리하고 있다.

이 장에서는 옻을 정제하거나 나전칠기를 만들거나 쇠뿔 위에 그림을 그리는 칠 관련 공예기술의 역사와 장인의 제작과정에 대해 알아보기로 하자.

■ 학습목표

1. 칠공예의 역사와 대표적인 작품 및 칠장의 제작기술에 대해 설명할 수 있다.
2. 나전칠기의 역사와 시대별 양식 특징 및 나전장의 제작기술에 대해 설명할 수 있다.
3. 화각의 역사와 대표 작품 및 화각장의 제작기술에 대해 설명할 수 있다.

■ 학습내용

1 옻칠이란 무엇일까요?

산이 많은 우리나라에서 나무는 우리 주위에서 흔하디 흔한 재료입니다. 우리 조상들은 이러한 나무를 이용하여 집을 짓거나 생활에 필요한 도구나 물건을 만들어서 사용했습니다. 하지만 나무는 비에 젖으면 썩고 벌레에도 취약합니다.

우리 선조들은 나무의 부패를 막고, 벌레가 먹지 않게 할 방법을 찾으려 애썼습니다. 그게 바로 옻입니다. 옻은 인류가 발명한 최고의 도료입니다. 옻은 옻나무에서 즙 형태로 채취하는데, 이 옻을 나무 위에 바르면 방충, 방부, 방습에 탁월하답니다.

옻칠은 우리 생활과 매우 가깝게 있습니다. 벽에 페인트를 바를 때, 우리는 페인트를 칠한다고 합니다. 어린이들이 도화지 위에 물감이나 크레파스를 바르면서 색칠한다고 하지요. 그러면 풀을 바르는 것은 어떻지요? 그건 풀칠한다고 합니다. 이처럼 일상 생활에서 무언가를 바르는 것을 모두 '칠한다'라고 하지요. 이렇게 일상 언어의 곳곳에서 발견되는 '칠한다'는 단어는 옻칠에 기원을 두는 것입니다.

그렇다면 옻은 언제부터 사용했을까요? 그것은 언제부터인지 알려지지 않았습니다. 그러나 인류는 옻칠을 발견하면서 나무의 표면을 보호하거나 아름답게 장식하게 되었습니다. 그밖에 니스나 래커 등 다양한 도료를 발명했으나 그 어느 것도 옻칠을 뛰어넘지 못합니다. 과학사학자 조셉 니담Joseph Needham은 '옻칠'은 인류가 발견한 가장 오래된 천연 도료이자 최상의 것이라고 주장한 바 있습니다.

나무를 썩지 않게 하고[防腐] 벌레 먹지 않게 하고[防蟲] 습기를 막아주는[防濕] 옻칠. 이것을 바른 칠기 유물은 수천 년을 견뎌 옛날 우리 조상들이 어떻게 살았는지 알게 해줍니다. 따라서 옻을 발견한 것은 인류에게 행운이었고, 옻칠은 자연이 인류에게 준 선물이라고 감히 말할 수 있습니다.

우리나라에서는 칠을 사용하는 공예기술을 국가와 지방에서 지정하여 보호하고 있습니다. 국가무형문화재는 칠장, 나전장, 화각장이 있고, 시도무형문화재 중에는 기술을 세분하여 생옻칠장, 칠정제장, 황칠장, 남태칠장, 나전칠장, 채화칠장 등으로 다양하게 지정하기도 했습니다.

2 우리나라 칠공예의 역사는 언제 어떻게 발전하나요?

역사적으로 칠을 가장 처음 사용한 나라는 중국입니다. 기원전 8000년 무렵 중국에서 칠을 바른 유물이 출토된 것이 확인됩니다. 이렇게 중국은 칠공예 선진국입니다.

그렇다면 우리나라 칠공예는 어떠할까요? 언제부터인지 알 수 없지만 우리도 칠공예가 있는데, 중국의 영향을 받아 발전했을까요?

1) 고대 칠공예

1988년 그 해답을 줄 사건이 생겼습니다. 국립중앙박물관에서 경남 창원의 다호리를 발굴하였습니다. 그곳은 늪지였고 질퍽거리는 펄밭이었으며, 이미 누군가 무덤을 도굴한 뒤라 목관에서는 아무 것도 찾을 수 없었어요. 그러나 목관을 드러내자 그 아래에서 칠초동검漆鞘銅劍을 비롯하여 원형 칠두漆豆와 방형 칠두 등 20여 점의 칠기가 출토되어 다들 깜짝 놀랐답니다. 이것들은 쉽게 썩는 목재 유물들이라 나무로 만든 부분은 대부분 파손되고 변형되었지만, 옻칠을 사용한 붓자루, 악기나 무기의 부분 등이 현재까지 남아 전하여 기원전 칠공예 역사의 빈자리를 채워 준 소중한 유물들입니다.

그런데 이들 칠기 유물을 과학적으로 분석한 결과, 놀라운 사실을 알아냈답니다. 이곳에서 출토된 공예품들이 중국 낙랑칠기의 것과 성분이 다른 것으로 밝혀진 거죠. 중국의 옻이 아닌 우리의 DNA를 가진 옻을 사용한 것이 확인된 겁니다. 우리는 막연히 중국에서 아주 오래 전에 칠공예가 발전했기 때문에 우리나라도 그 영향을 받았을 거라 지레 짐작했거든요. 그렇지만 다호리에서 칠공예품이 발견되면서 우리나라는 중국과 다른 우리만의 독자적인 칠공예를 스스로 발명한 독창적인 민족이라는 자부심을 갖게 됩니다.

2) 삼국시대 칠공예

삼국시대에 들어서면 칠공예는 비약적으로 발전합니다. 고구려의 경우 고분벽화를 통해 칠기를 사용한 것을 확인할 수 있어요. 유명한 무용총이나 각저총에 그려진 벽화 중 주인공이 손님을 접대하는 〈접견도〉에는 상 위에 그릇이 놓여 있어요. 이것들은 모두 검은색으로 칠해져 있어 안쪽은 붉은 칠을, 밖은 검은 칠을 한[內朱外黑] 고급 칠기를 사용하고 있음을 알알 수 있습니다.

백제의 칠기를 대표하는 것은 웅진백제 시기의 무령왕릉의 것입니다. 1971년 한 번도 도굴이 되지 않고 온전한 상태로 발견된 무령왕릉은 전 세계를 깜짝 놀라게 했습니다. 525년에 조성되었다는 절대연대를 알 수 있었을 뿐 아니라, 왕과 왕비의 관을 비롯한 대량의 칠공예품 유물이 부식되지 않은 완전한 상태로 출토된 것입니다. 그중 왕과 왕비의 두침頭枕이나 족좌足座는 고대 칠공예품의 정수를 보여주죠. 우선 왕의 족좌를 보면 검은 옻칠을 두껍게 바르고 4~7㎜ 너비의 금판으로 귀갑문을 놓았고, 꺾이는 마디마다 육판형 금화金花를 붙였어요. 지금도 흑칠과 금빛이 선명하지 않나요? 이에 비하여 왕비의 것에는 붉은색[朱色]으로 바닥을 칠한 후 3~4㎜ 폭의 금박으로 귀갑문龜甲紋을 구획하고, 귀갑문 안쪽에 흑색, 적색, 백색 및 금니 등을 세밀한 필치로 그려 넣었습니다. 이처럼 왕과 왕비의 족좌는 금박과 옻칠을 함께 사용하여 당시 옻칠이 금처럼 귀하게 사용되었다는 것을 알게 됩니다.

신라는 고구려와 백제의 칠공예 양식을 계승하면서 동시에 당나라의 발달된 칠기 기술을 수입하여 그 수준을 한 단계 발전시킨 나라입니다. 신라의 칠공예품은 무덤에서 출토된 칠기 유물을 통해 확인됩니다. 금관총에서 연화당초문칠합이, 금령총에서는 칠잔이

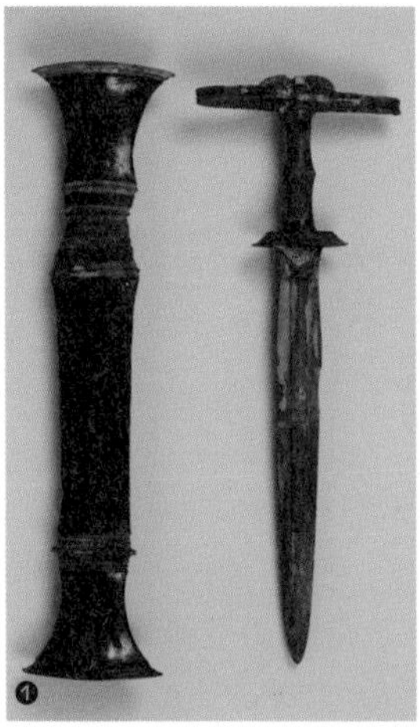

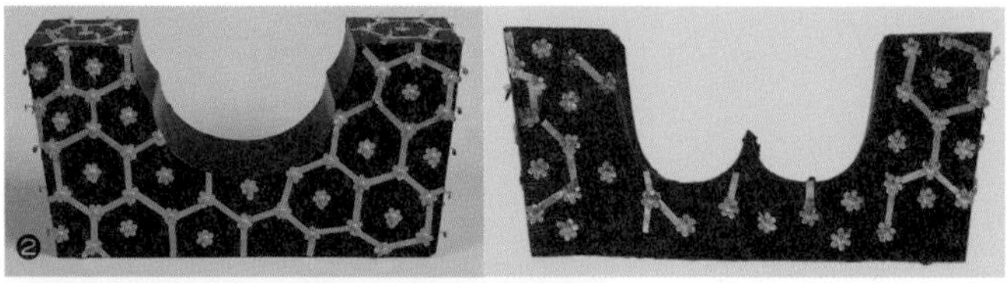

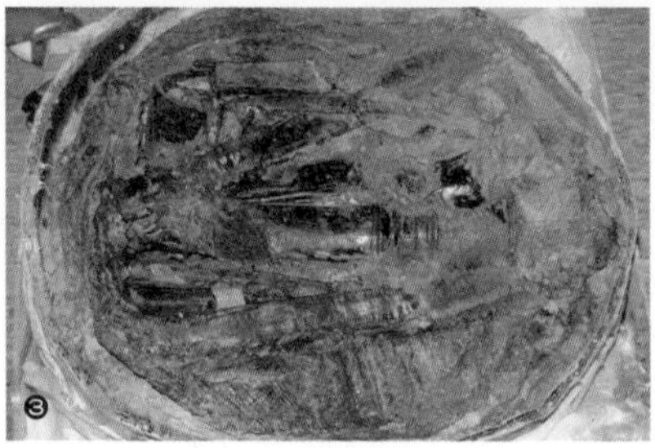

❶ 칼과 칼집, 창원 다호리, 변한, 국립중앙박물관
❷ 두침과 족좌, 무령왕릉, 백제, 국립공주박물관
❸ 경남 창원 다호리 유적에서 칠기 유물 출토 상태

나 고배가 출토되었습니다. 특히 1973년에 천마총에서 〈천마도 장니障泥〉와 함께 다종다양한 칠기들이 출토되었습니다. 주칠 새모양 잔[朱漆鳥形杯]이나 오리 형태의 잔[鴨形杯], 봉황머리형 주칠화각 잔[頭飾朱漆畵角杯] 등 다양합니다.

한편 1974년 황남대총에서도 정말 많은 유물이 출토되었는데, 그중에는 글씨가 써 있어 주목됩니다. '마랑'이라는 글씨가 써 있는 칠잔[馬朗銘漆盞]과 '동'이라는 글씨가 써 있는 귀가 달린 칠이배[董銘漆耳杯]가 그것이지요. 그밖에 대나무를 엮어 만든 남태칠잔籃台漆盞이나 구절판처럼 칸이 나눠진 사절방합四折方盒 등 다종다양한 칠공예품이 출토되기도 했지요.

3) 통일신라의 칠공예

통일신라시대에는 궁중에 '칠전漆典'이라는 관청을 별도로 설치하여 옻나무의 식재와 옻액의 채취를 국가적 차원에서 보호하고 장려하기 시작하였습니다.

그러나 뭐니뭐니해도 통일신라시대를 대표하는 칠기 유물은 당시 궁궐 내 연못이었던 안압지에서 나왔답니다. 칠기편 100여 점과 완형의 칠기 33점이 출토되어 통일신라시대 귀족들이 일상 생활에서 칠기를 널리 사용했다는 것이 확인되었어요. 안압지 칠기는 합반류가 많은 것이 특징입니다. 이것들은 나무테로 돌려 쌓거나, 종잇장처럼 얇게 떠낸 나무의 박판을 겹겹이 발라 일정한 두께를 형성하는데, 그릇의 형태를 이렇게 제작하는 것은 이전 시기보다 진일보한 것입니다. 또 칠기를 제작하는 기법으로는 나무의 양면에 마포를 붙인 목심저피칠기법을 사용한 이후 흑칠을 한 것이 확인됩니다. 이들 칠기의 굽에는 '용', '본',

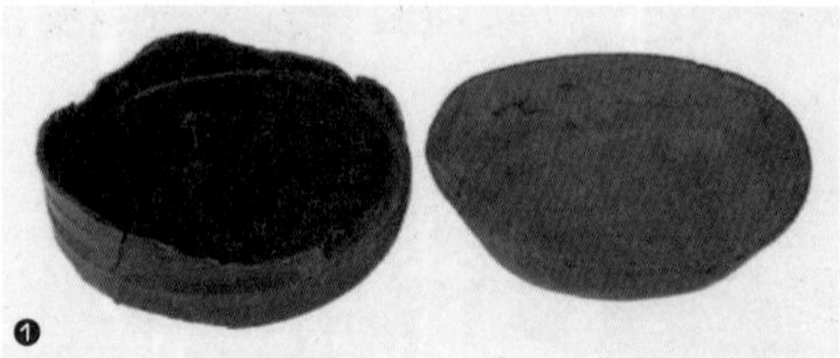

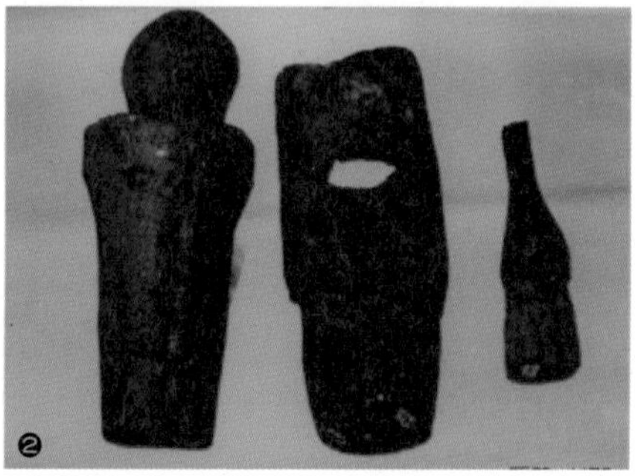

❶ 칠기그릇, 안압지, 통일신라, 국립경주박물관
❷ 나무물마개, 안압지, 통일신라, 국립경주박물관

'관' 등의 명문이 있고, 안쪽은 주칠을 하고 겉은 흑칠을 하거나 칠화, 금은니화, 밀타회, 평탈기법 등 다양한 칠공예 기법을 활용한 것을 확인할 수 있습니다.

4) 고려시대의 나전칠기

고려시대는 우리나라 칠공예 역사상 획기적인 시기로서, 나전칠기의 전성기입니다. 당시 고려인들은 칠기 표면에 전복이나 조개껍질로 자개를 만들거나 거북이 등껍질인 대모 등 새로운 재료를 정교하게 붙이고 칠하는 나전칠기를 제작하였습니다. 전복이나 조개 등을 칠기 표면에 붙이는 기술은 한중일 동아시아에서 공통되었습니다. 그러나 고려의 나전칠기는 중국과는 다른 독자적인 기술과 세련된 수준으로 인해 세계 제일의 나전칠기 왕국이 되었습니다.

고려 나전칠기가 전성기를 이룬 시기는 고려청자가 발전한 12세기입니다. 당시 고려에 사신으로 온 송나라의 서긍이 지은 『선화봉사고려도경』에 보면 "고려의 나전칠기는 그 기법이 매우 세밀해서 귀하게 여긴다[螺鈿之工 細密可貴]"라고 적고 있습니다. 당시 고려의 나전칠기는 외국인이 보기에도 정교하였던 것이지요. 이렇게 자개를 붙이는 나전칠기 기법은 한국, 중국, 일본을 비롯하여 베트남, 타이, 미얀마 등 동남아시아에서도 널리 제작됩니다. 그러나 나전칠기가 처음 만들어진 이후 현재까지 질과 양에서 가장 앞선 나라는 단연 우리나라입니다. 우리나라에서 나전칠기는 고려시대 이후 지금까지 꾸준히 제작되고 사랑 받는 스테디셀러여서, 우리나라는 전세계적으로 나전칠기의 종주국으로 인정 받고 있습니다.

고려 때 나전칠기를 제작하는 나전장螺鈿匠이 '중상서中尙署'라는 관청에 소속되어 있어

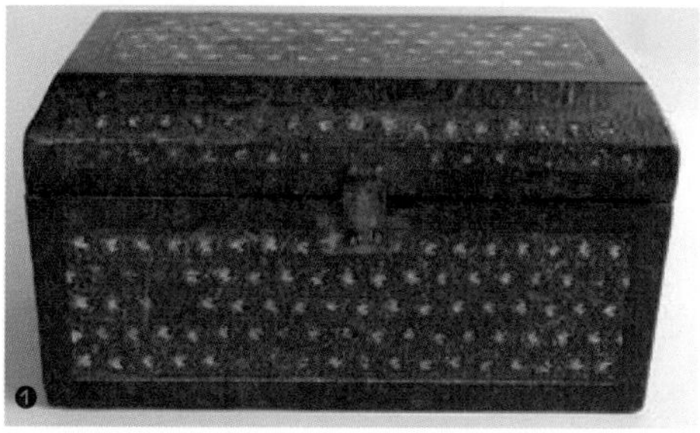

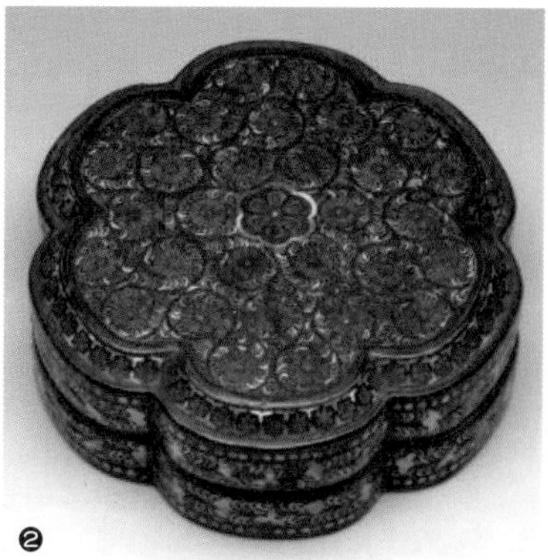

❶ 국당초문 나전칠기 경함, 고려, 국립중앙박물관
❷ 나전국당초문화형합, 고려, 보스턴박물관

왕실 전용의 세공품을 제작하였습니다. 이렇게 나전을 전문적으로 제작하는 장인이 활동하였다는 점에서 나전칠기가 발전할 수 있는 여건이 조성된 것을 알 수 있어요. 게다가 1272년원종 13 중국 원나라 황후가 경전을 넣을 경함을 요구하여 나전으로 경함을 만드는 '전함조성도감鈿函造成都監'을 임시로 설치하여 운영하였습니다. 이처럼 당시 고려는 중국의 황실에서 요구할 정도로 뛰어난 나전칠기경함을 제작할 수 있는 기술을 지니고 있었음이 분명합니다. 또 문헌에 의하면 경함, 필갑, 연갑, 소함, 평갑, 서안, 안교 등 다양한 종류를 나전칠기로 제작한다고 기록되어 있어 생활 속에 광범위하게 사용했음이 증명됩니다.

현재 고려시대 칠공예품은 대부분 불교와 관련된 나전칠기 경함을 비롯하여 염주함, 향갑, 불자拂子, 화장구로 보이는 모자함, 기름병, 상자 등 100여 점이 현존하고 있으나, 그것들은 대부분 일본이나 미국 등 해외에 소장되어 있습니다. 미국 보스턴박물관이나 일본 당마사當麻寺에 염주를 담았던 나전대모염주함이 소장되어 있는 것이 그러한 사례 중 하나지요. 우리가 우리 공예품에 관심을 갖지 않았을 때 해외에 유출된 것으로서, 근래에는 경매를 통해 이중 일부를 사들여오거나 해외소장 문화재를 조사하여 해외의 소장 사례를 알게 되었답니다.

최근 국립중앙박물관에 소장되어 있는 고려 〈국당초문 나전칠기 경함〉이 보물로 지정되었어요. 이것은 삼국시대 이래 전통적인 우리나라 칠기의 특징을 고스란히 간직하고 있었습니다. 첫째, 현존하는 경함들은 대부분 형태나 규격이 유사한데, 이 유물도 마찬가지입니다. 둘째, 기법적인 면에서는 나무로 형태를 짠 다음 그 위에 삼베를 발라 옻칠을 한 다음 나전을 붙이는 목심저피칠기 기법으로 제작하는 것입니다. 셋째, 나전으로 국화꽃 무늬를 표현하였는데, 은이나 구리 등의 금속선을 사용하여 당초무늬의 선적인 표현을 강조한 것입니다. 넷째, 나전과 함께 거북이 등껍질[玳瑁]의 뒷 부분에 채색을 가미하는 복채伏彩 기법을 사용하여 화려한 장식미가 돋보인다는 점입니다. 다섯째, 뚜껑과 몸통의 가장자리에는 금속선을 두껍게 꼬아 두르고, 연주문으로 문양을 배치하기도 합니다. 여섯째, 무늬는 고려 말기에 유행하던 국당초문이나 모란당초문 등이 주류를 이루고 있습니다.

이처럼 고려 나전칠기는 이 시대를 대표하는 칠공예품이었습니다. 국화와 당초 등의 주문양의 종류, 거북이 등껍질의 사용, 진주 자개의 성형, 금속선의 결합 등이 특징인데, 이것은 같은 시기 중국이나 일본의 칠공예와 다른 우리만의 독특한 공예기술로 발전시킨 것을 알 수 있습니다.

5) 조선시대 나전칠기와 화각공예

조선시대에도 옻나무 재배와 옻칠은 국가가 관리하고 감독하였습니다. 칠장이나 나전장과 같은 장인을 공조와 상의원 등 중앙 관청이나 지방 관청에 소속시켜, 국가나 왕실에 사용할 옻의 채취나 나전칠기의 제작을 국가에서 관장하도록 법으로 규정하였습니다.

나전칠기의 경우 조선 초기에는 고려 나전칠기의 전통을 계승하였으나, 점차 이전 시기보다 양적으로는 늘어나고 사용계층이 확대되면서 불교용품보다 의식주 생활용품으로까지 확산되었습니다. 나전칠기 문양의 경우에도 고려시대에는 작고 정교하며 세밀하게 만드는 것이 특징이었으나, 조선시대에 들어서는 문양의 크기가 커지고 대범해지며 자유분방해지는 경향으로 변화하였습니다. 문양의 종류 또한 국화나 모란 당초문에서 포도나 연화문 등이었다가 조선 후기로 내려가면서 십장생이나 화조문 등 길상적인 무늬로 양식적 변화를 보였습니다.

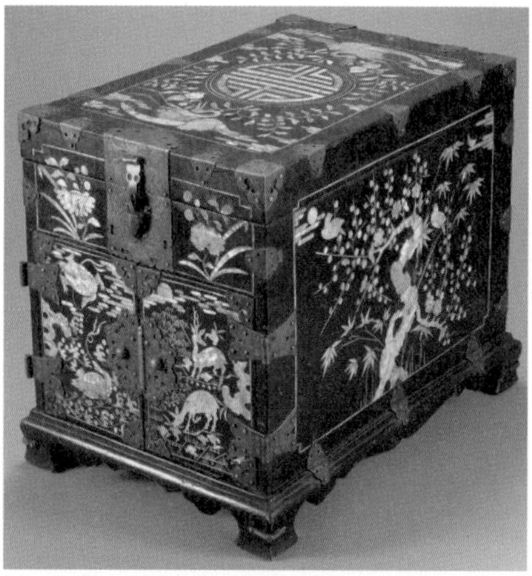

나전칠십장생빗접, 조선, 국립고궁박물관

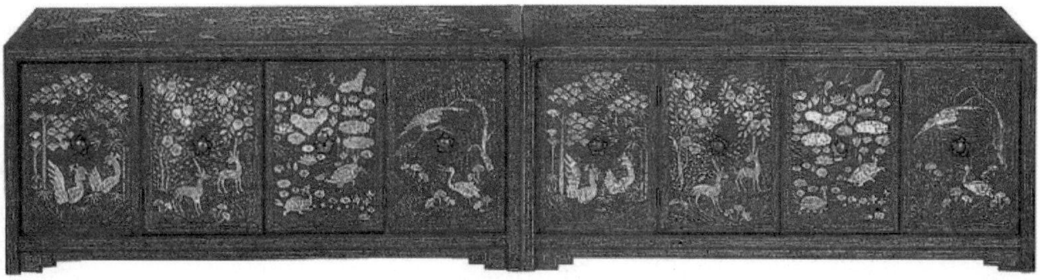

주칠십장생문갑, 조선, 국립중앙박물관

이러한 나전칠기의 기술적 발달은 조선시대에도 계속 이어졌습니다. 특히 조선 왕실에서 붉은색은 왕이나 왕비를 상징하여 그들이 사용하는 기물의 색상은 주칠한 것으로 사용하였고, 세자와 세자빈의 상징색은 검은색이어서 그들은 흑칠된 공예품을 사용하는 것으로 알려져 있습니다. 왕실의 위계에 따라 색상이 달라진 것을 확인할 수 있답니다. 무엇보다도 나전으로 제작한 기물들은 왕이나 왕비가 거처하는 경복궁 강녕전이나 교태전과 같은 침전에서 많이 사용한 것이 특징입니다. 조선시대에 나전칠기를 제작하는 대표적인 기법으로 16~17세기에는 할패법이 발명되어 문양의 표현력이 향상되고 자유로운 시문이 가능해졌습니다. 또한 고려시대에 동선으로 가는 윤곽선이나 선묘로 표현하는 '끊음질'이 유행하게 되었습니다. 그리고 조선후기가 되면 지금까지 왕실과 귀족층을 위하여 제작하던 생산체계가 무너지고 상업화, 대중화가 성행하여 나전칠기의 문양도 사군자나 산수화 및 서민들의 애환과 기원이 담긴 다양한 문양이나 민화풍이 등장하고 표현도 자유로워졌습니다.

현존하는 나전칠기 유물은 조선후기 이후의 것이 대부분이며, 각급 박물관에 다종다양한 유물들이 소장되어 있습니다. 이러한 나전칠기상자는 오동나무나 피나무 등으로 백골을 짜고 상자 모서리에는 보강재가 덧붙여 있으며, 모란당초문은 0.5㎜의 자개를 잘라서 만들었습니다. 자개의 크기는 고려시대의 것보다 훨씬 크기가 큰 것이 눈에 띕니다. 모란문양 또한 활짝 핀 모습과 꽃봉오리가 반복되고 있으며, 잎사귀의 경우 당초줄기의 유연한 선에 따라 배치되나 자유분방한 느낌이 강합니다. 당초줄기는 자개를 가늘고 길게 잘라서 붙인 것을 엿볼 수 있습니다.

조선말기 나전칠기 공예품들은 왕실에서 뿐 아니라 백성들에게도 널리 확산되면서 서민 중심의 생활문화가 형성되어 문방용품이나 여성용품까지 전 품목에 걸쳐 수요가 급증하였습니다. 제작공구와 기술의 발달로 자개를 보다 얇고 넓게 갈아내고 또 세밀하게 오려낼 수 있어 제작이 용이해진 것입니다. 이 시기 자개는 국수처럼 가늘고 길게 오려낸 후 끊어가며 시문하는 끊음질 기법이 발달하여 물결, 구름, 산수, 문자 등을 빠르고 쉽게 표현할 수 있었습니다. 이와 함께 주름질 기법으로 자개를 오린 문양 위에 날카로운 조각도로 사실적인 세부 무늬를 새겨넣는 조패법으로 꽃과 새, 짐승 등의 문양이 적극 표현되기도 하였습니다.

조선 후기나 말기에 나전칠기는 장롱 뿐 아니라 여성용 좌경이나 빗접, 반짇고리 등에 많이 사용되었습니다. 그 문양은 십장생이나 화조화 및 사군자 등이 길상적 글자 등과 어

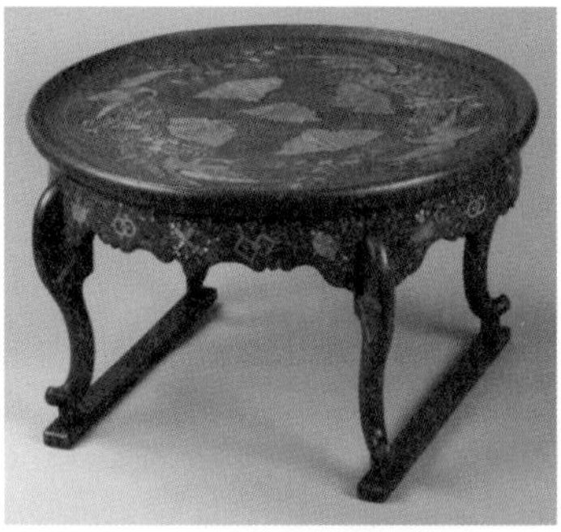

❶

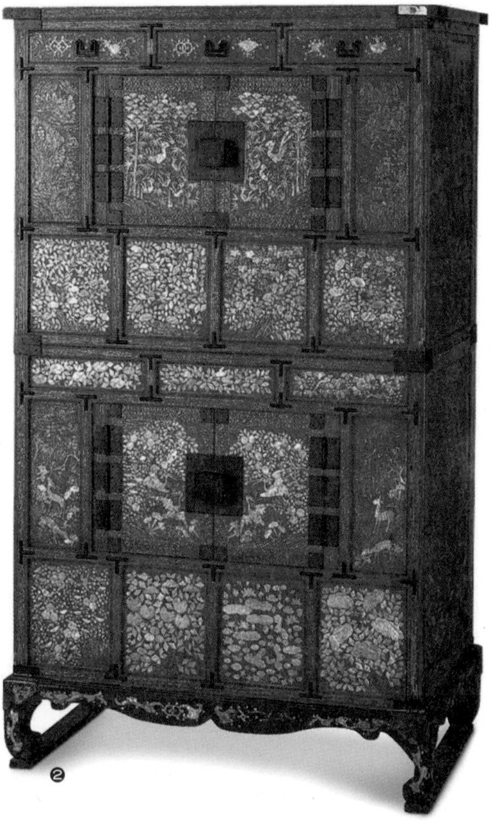

❷

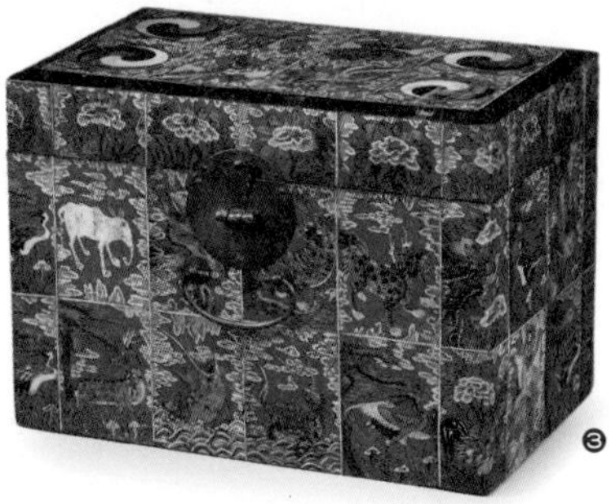

❸

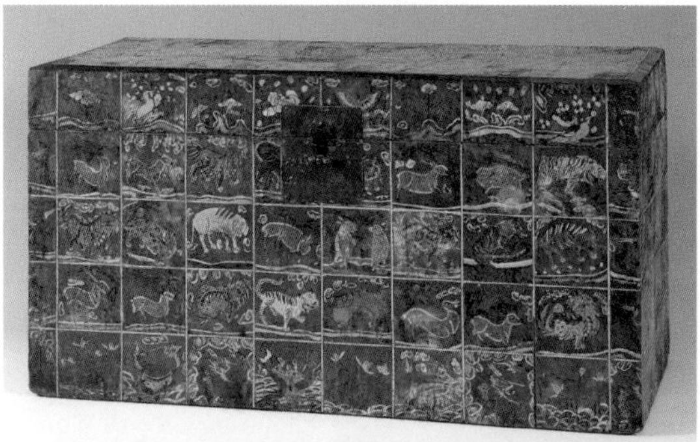

❹

❶ 주칠원반, 조선, 국립고궁박물관
❷ 주칠십장생나전장, 조선, 국립고궁박물관
❸ 화각십장생함, 조선, 국립중앙박물관
❹ 화각십장생상자, 조선, 국립고궁박물관

우러지되, 도안이 해체되거나 소략해지면서 회화성과 추상성을 동시에 만족시킵니다. 그러면서 이들 문양은 동심적인 정서와 은근한 해학이 깃든 풍류미를 보여줍니다. 즉 정교함보다는 자개의 영롱한 색감을 잘 살리고, 연당초, 국당초, 모란당초, 보상화, 쌍룡, 운학, 포도, 사군자 등 자연의 아름다움을 주제로 한 문양들이 성글면서도 건강한 미의식을 보여줍니다. 민속화된 나전칠기의 의장도안은 매우 대담한 생략으로 멋지게 표현되어 있습니다. 조선 후기나 말기 나전칠기 문양은 소박하면서도 자유로운 장인의 손길과 거침없는 표현으로 흥겨움을 느끼게 한답니다. 이렇게 조선 나전칠기는 오색 영롱한 자개패의 특이한 질감과 추상적이고 길상적인 문양이 어울려서 한국 나전칠기만의 독자적인 감각을 보여줍니다.

한편 조선시대에 칠공예 중 독특한 기술이 화각공예입니다. 거북이 등껍질 등 고급 재료를 구하기 어려워지자 대신 쇠뿔을 종잇장처럼 얇게 갈고 그 뒤쪽에 그림을 그리거나 색

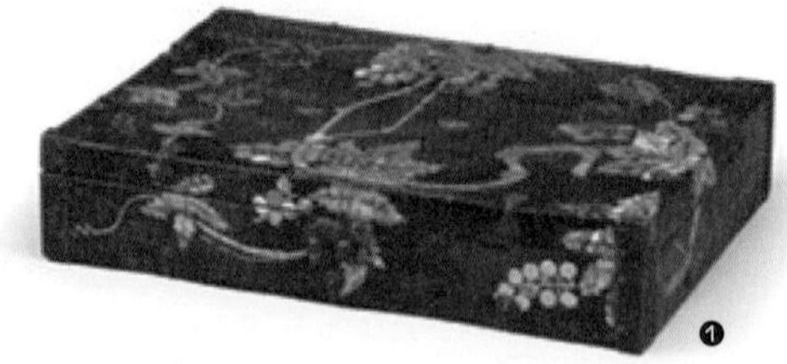
❶

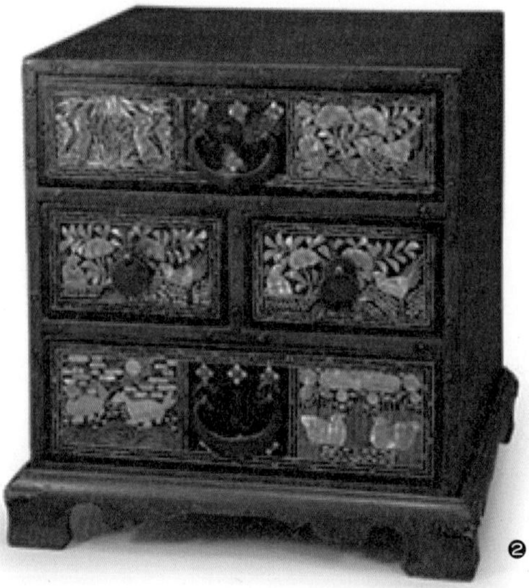
❷

❶ 나전칠포도문함, 조선, 국립중앙박물관
❷ 나전칠십장생빗접, 조선, 국립중앙박물관

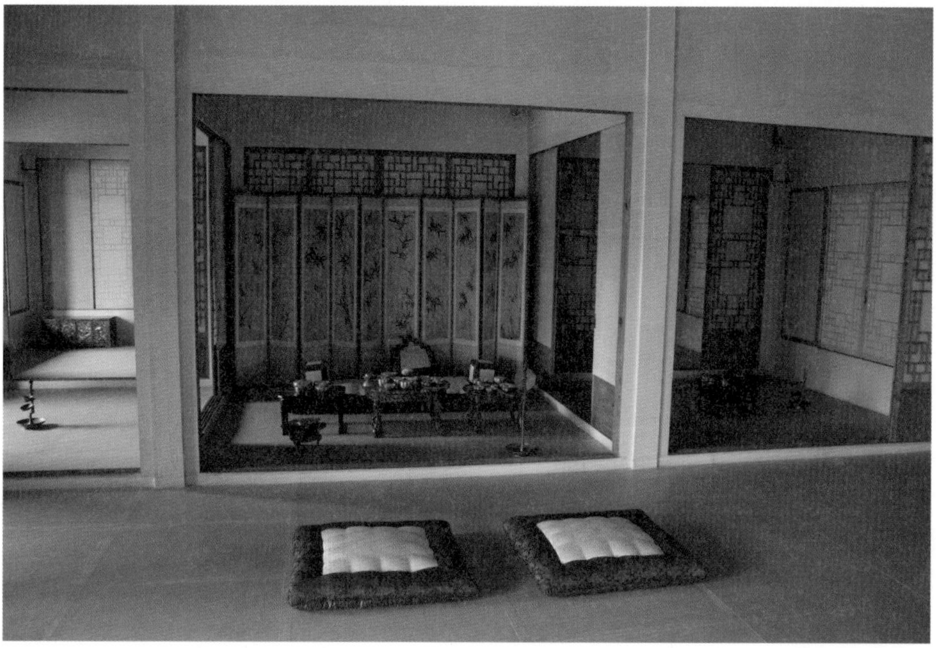

나전칠기와 화각함, 조선, 경복궁 교태전 서온돌

칠하여 장식하는 공예기술입니다. 이렇게 쇠뿔을 가공하여 공예품을 제작한 화각 기술은 전 세계에서 우리나라에서만 유일하게 발전하였습니다. 화각에 사용되는 쇠뿔은 비교적 크기가 작아서 실패나 자, 빗과 같이 작고 앙증맞은 소품을 만드는데 적격입니다. 이러한 쇠뿔을 얇게 갈아 종잇장처럼 만들고 나서 그 뒤에 민화풍의 독특한 그림을 화려한 색채로 채색하면 장식성이 강조된답니다. 이렇게 화려한 색채와 장식성 때문에 조선조 여인들의 사랑을 듬뿍 받았지요. 화각을 이용하여 비교적 크기가 작은 상자나 자질구레한 규방용 소품에 주로 애용되었어요. 국립고궁박물관에 소장되어 있는 〈화각함〉을 보면 문양은 십장생이나 영모화조 등 한말에 유행한 길상적 의미와 상징이 가득한 문양들이 민화풍으로 소박하게 그려져 있습니다. 이러한 작품에서 우리는 왕실의 안녕이나 부귀영화, 그리고 자손들 많이 나아 건강하게 오래오래 행복하게 살길 바라는 소박한 여인의 꿈을 읽을 수 있지 않나요?

3 옻나무의 수액을 정제하고 칠하는 칠장은 누구일까요?

칠장은 옻나무에서 채취하는 수액을 용도에 맞게 정제하여 기물에 칠하는 장인을 가리킵니다. 때문에 시도 무형문화재 중에는 칠정제장이라고 부르기도 합니다.

우리나라에서 옻이 사용된 흔적은 기원전 3세기 경까지 거슬러 올라가지만 본격적인 유물이 출토된 것은 기원전 1세기 경에 발견됩니다. 경상남도 창원에 위치한 다호리 유적에서 다종다양한 칠기 유물이 발견되었거든요. 이후 신라시대 황남대총의 것이나 안압지의 통일신라시대 칠기들이 그것입니다. 고려시대에 들어와서 옻칠 위에 자개로 장식한 나전칠기가 등장하였고, 조선시대에는 국가에서도 전국의 옻나무 산지를 파악하여 여기에서 생산되는 옻칠을 거둬들였습니다.

옻나무에서 수액을 채취하기 위해서는 상처를 내야 합니다. 우리나라에서는 옻나무 표면 전체에 홈을 파서 옻 수액을 채취하는 살소법을 사용하였습니다. 이렇게 옻나무 1그루에서 채취되는 옻의 양은 약 83g 정도입니다. 일제시대에 소록도의 나환자들에게 옻을 채취하도록 하였는데, 전쟁에 사용할 잠수함 등에 바르기 위해서였습니다.

옻칠 기능을 배우는 사람들은 대개 10여 년의 경력을 쌓아야 제대로 옻칠을 할 수 있다고 합니다. 칠장은 옻나무에서 채취한 생옻에서 불순물을 걸러내는 기술이예요. 생옻을 삼베에 걸러서 이물질을 거르고, 솜을 넣고 나무막대기로 저어 걸러서 사용합니다. 젖은 유산지나 종이를 덮고, 최소 10~24시간 정도 숙성시킨 다음 다시 저어 정제하고, 정제한 생옻을 햇빛이 잘 드는 곳에서 고무래로 약 2시간 정도 저어줍니다. 이것을 칠판에 붓고, 고무래를 이용하여 옻을 상하로 밀어 수분이 증발되면서 옻이 포도색이 되면 투명한 옻이 완성된 것입니다.

흑칠을 만들려면 철분을 배합하여 햇볕이 쬐는 곳에서 저어줍니다. 주칠이나 황칠은 그에 따른 안료를 첨가하고 대리석이나 유리판에 붓고 밀대로 밀고 당기기를 반복하여 만듭니다. 완성된 색 옻은 칠지로 걸러서 이물질을 제거하고, 용기에 담고 표면에 유산지를 덮어 일주일 가량 숙성시키면 완성됩니다.

옻칠 공예품을 만들기 위해서는 보통 6~8회 정도 칠을 하는 과정을 거치는데, 그만큼 칠 작업은 많은 시간을 작업한 장인의 경험이 필요한 기술입니다.

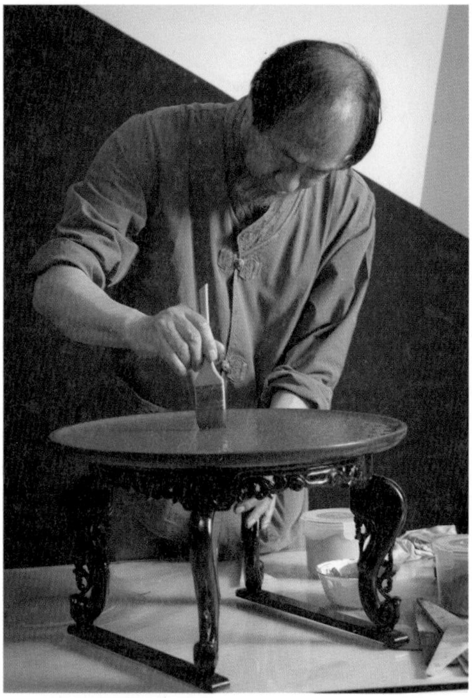

국가 칠장 정수화 보유자

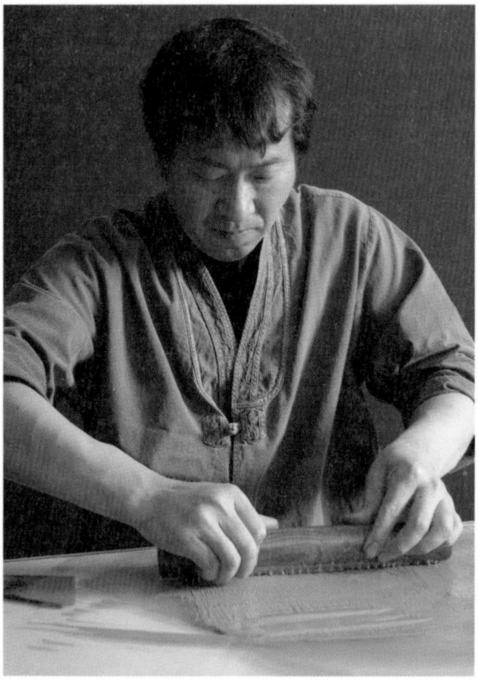

국가 칠장 이상목 전수교육조교

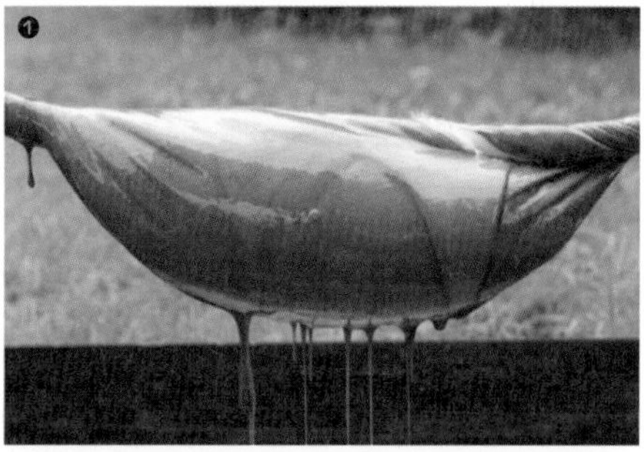

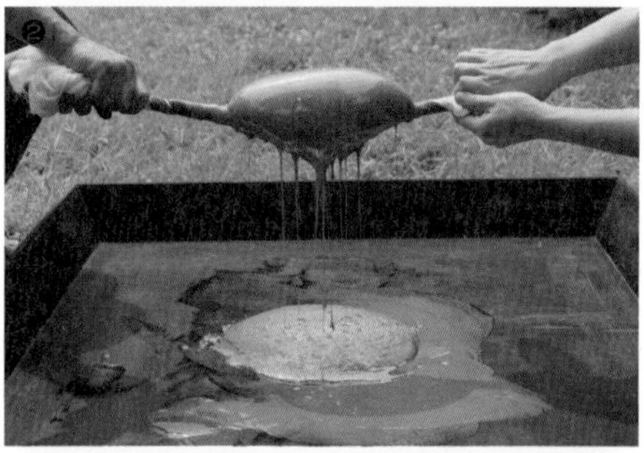

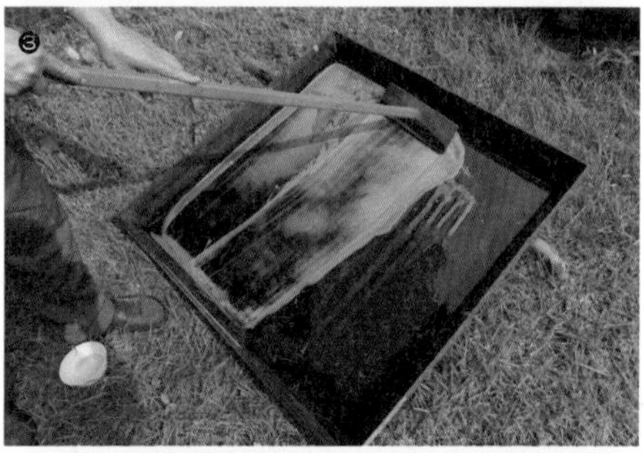

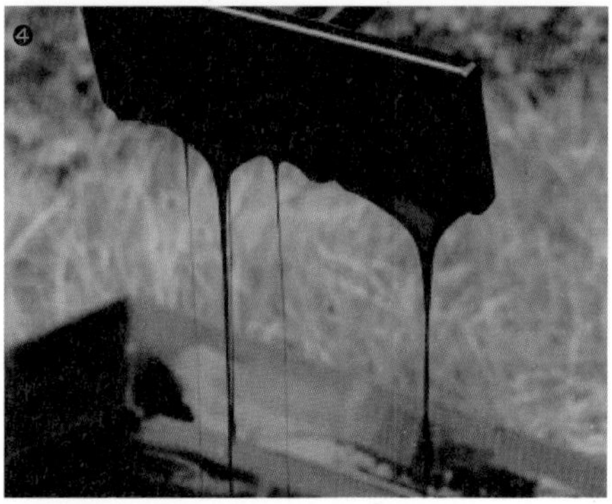

❶ 삼베에 의해 자연 생옻을 거르는 모습
❷ 삼베로 자연 생옻을 걸러내는 모습
❸ 정제한 투명칠에 등황과 장뇌유 및 증
점제 등의 혼합액을 넣고 교반하기
❹ 완성된 흑칠

4 나전을 이용하여 칠기를 장식하는 나전장은 누구일까요?

나전장은 나전칠기를 만드는 장인을 말합니다. 나전은 고유어로 '자개'라고 하는데, 전복 등의 조개껍질을 말하고, 나전칠기는 옻칠을 하고 나전으로 장식한 공예품을 말합니다.

나전기법에는 주름질과 끊음질이 있는데, 고려시대에 사용되었으며 조선시대를 거쳐 현재까지 성행하는 기법으로 한국 나전칠기의 전통적인 기법이라 할 수 있습니다. 주름질은 실톱이나 줄로 문질러 매화, 거북 등의 문양을 만드는 것을 말합니다. 크고 작은 문앙은 물론 미세한 곡선 등 세밀한 문양까지 능률적으로 표현하기에 좋습니다.

끊음질은 나전을 실처럼 길게 잘라 사선으로 끊으면서 조직적이고 연속적인 자개 문양을 구성해 나가거나 산수화의 필선을 따라 섬세하고 정교하게 끊으면서 붙여 나가는 것을 말합니다. 이는 자개를 절약할 수 있는 장점이 있고, 가는 곡선이나 짧은 직선들로 구성된 기하학적 무늬 표현에 적합합니다.

나전칠기의 제작 과정은 다음과 같습니다. 먼저 나무로 기본 틀인 '백골'을 만듭니다. 백골의 표면을 사포로 문질러서 고르게 하고, 백골을 견고하게 해 주고 나뭇결을 메우기 위하여 토회칠을 발라 건조시킵니다. 다음으로 틈을 메우기 위해 칠죽을 바르고, 백골의 표면에 삼베를 바르고 다시 테레빈유로 희석한 흑칠을 칠하고 건조시킵니다. 이제 그 표면을 갈돌이나 사포에 물을 주어 가며 곱게 연마합니다.

이러한 과정을 거쳐 밑바탕 처리를 끝낸 후 밑그림을 그립니다. 백골 위에 부레풀이나 아교를 칠하고 말린 다음, 끊음질 기법과 주름질 기법으로 자개를 붙입니다. 끊음질은 옻을 칠한 면 위에 자개를 가늘고 길게 자른 상사를 조각칼로 눌러 끊어가며 붙이는 기법입니다.

주름질은 문양의 밑그림을 그리고 유산지를 놓고 그 모양대로 베껴 그리고, 톱으로 문양의 외곽선을 따라 나전을 자른 다음 깨끗한 유산지 위에 풀로 붙입니다. 여러 장 같은 문양을 자를 때는 비슷한 크기의 자개를 아교를 발라 4~6장 겹쳐 붙이고 수증기에 3~5분 찐 후에 식힙니다. 유산지에 붙인 나전을 종이로 감싸고 거즈나 삼베로 싸 노끈이나 고무줄로 꽁꽁 묶은 후 100℃ 이상의 물에 5~8시간 정도 끓였다가 차가운 물에 담가 열을 식힙니다.

나전으로 장식할 면에 유산지의 문양을 붙이고, 젖은 수건으로 문양을 가볍게 눌러 접

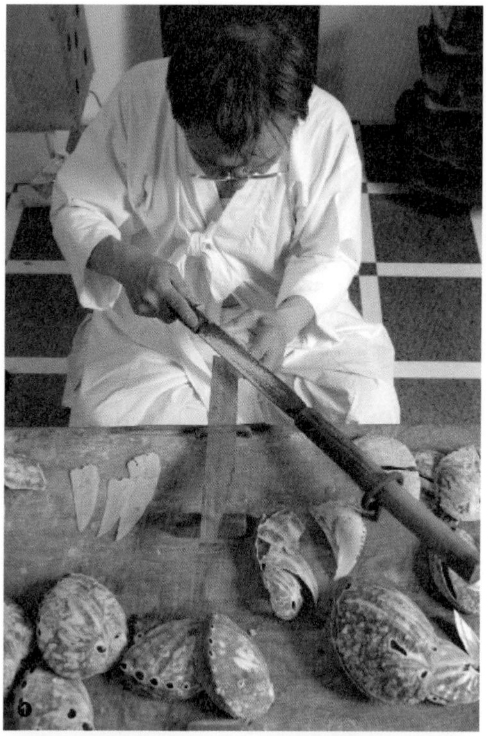

❶ 국가 나전장[끊음질] 송방웅 보유자, 조개패를 잘라 얇게 갈아내기
❷ 국가 나전장[끊음질] 송방웅 보유자
❸ 자개를 끊음질하여 무늬 붙여가기

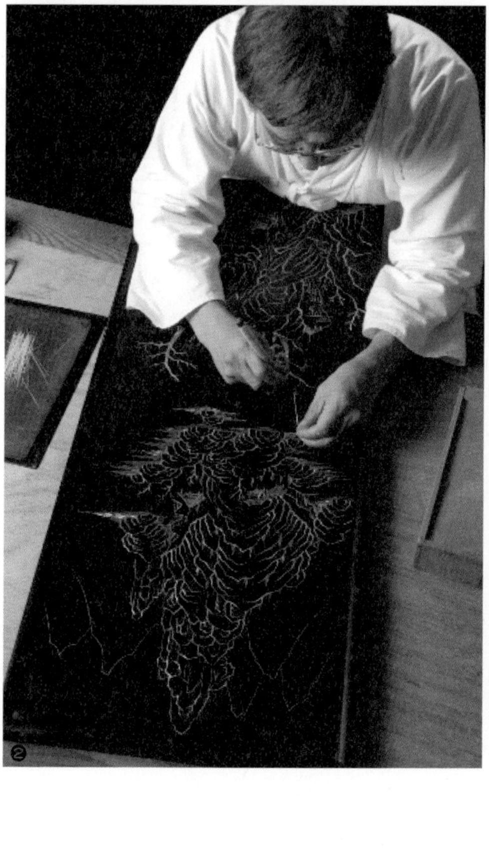

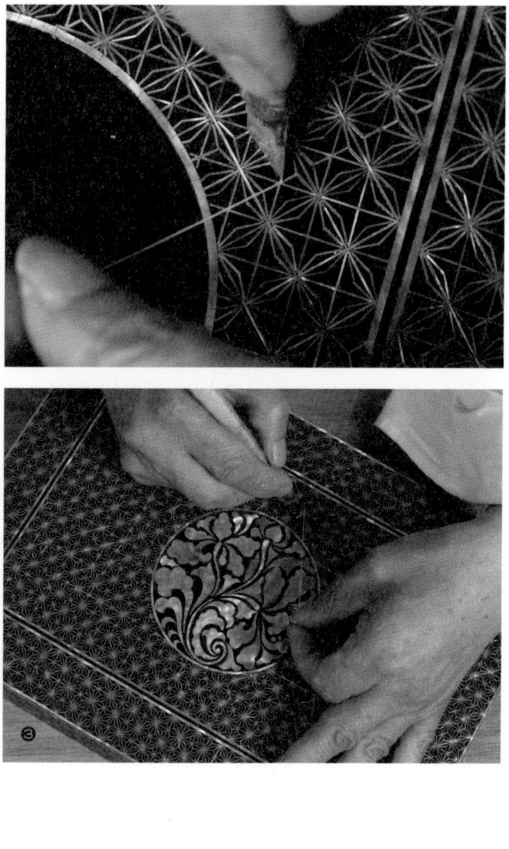

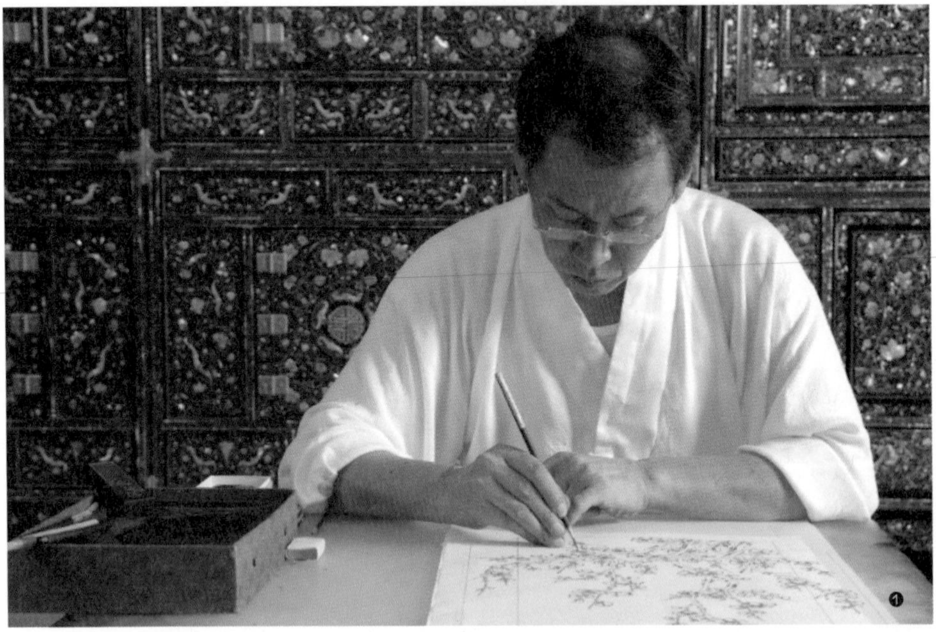

❶ 국가 나전장[주름질] 이형만 보유자, 나전문양 그리기
❷ 자개 위에 오려낼 문양 그리기
❸ ❹ 실톱으로 자개 위 문양을 오려내기
❺ ❻ 오려낸 자개를 칠기면에 붙이기

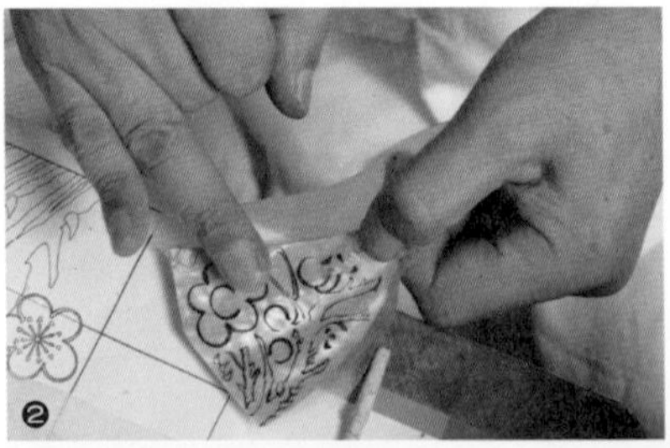

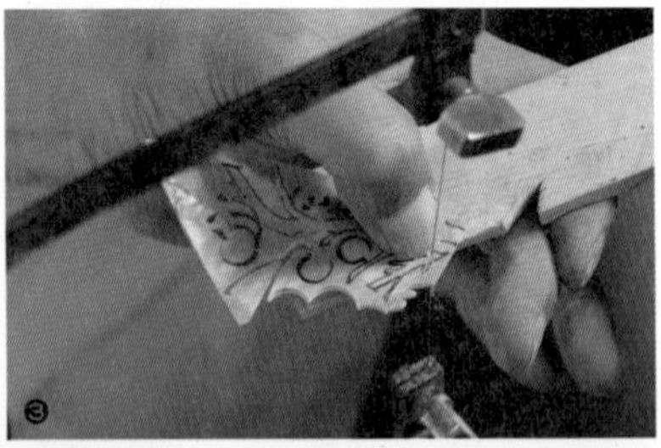

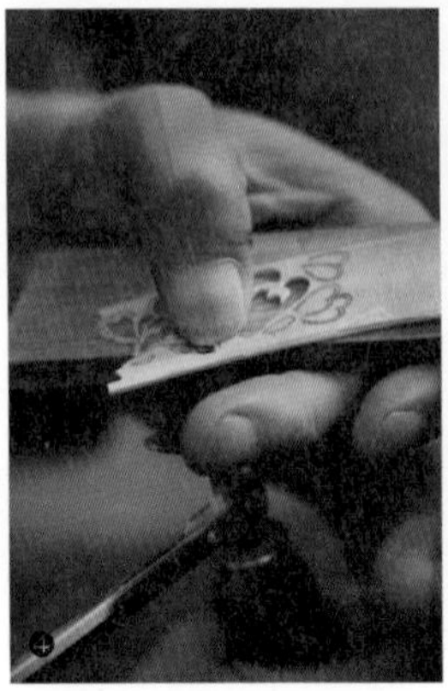

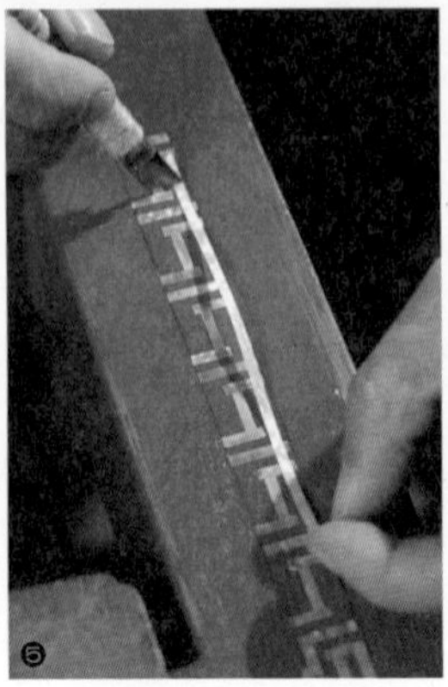

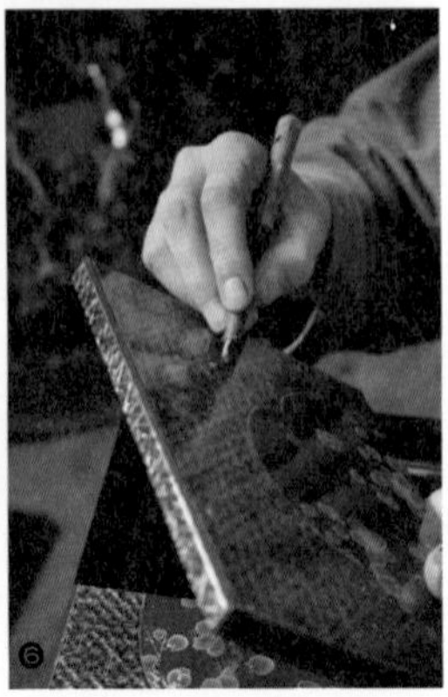

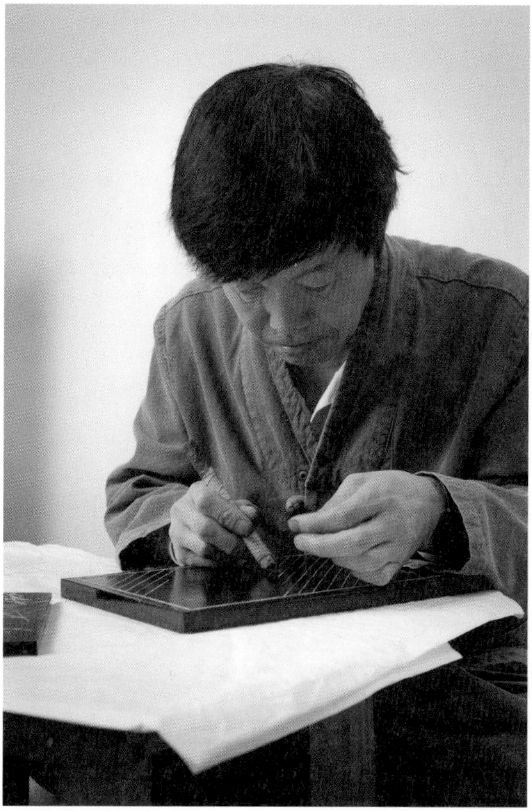

국가 나전장 양옥도 전수교육조교

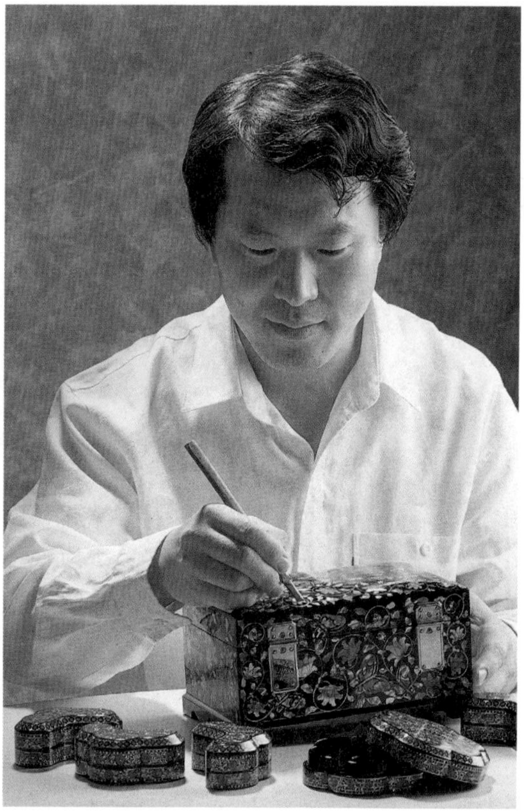

서울 나전장 손대현 보유자

착시킨 후 통풍이 잘 되는 그늘에서 건조합니다. 인두를 불에 달구어 50~60℃에 유산지를 문질러 먼저 칠해놓은 아교가 녹으면서 나전 문양이 붙습니다. 문양이 떨어져 나간 부분은 보완합니다.

이제 표면을 반질반질하게 문지른 다음 묽은 생칠을 얇게 바르고 문양 위에 남아 있는 옻칠은 칠칼로 긁어냅니다. 토분과 콩기름을 배합하여 솜에 묻혀 오랫동안 옻칠을 문질러 광을 냅니다. 마무리로 생칠을 묽게 솜에 묻혀 전체에 바르고 마른 헝겊으로 깨끗이 닦고, 식물성 기름을 솜에 묻혀 문지른 후 밀가루 등 고운 가루로 문질러 기름기를 제거하고 광을 내면 완성됩니다.

고려시대부터 지금까지 한국을 대표하는 나전칠기는 지금도 생활 곳곳에서 다양한 공예품을 제작하는 데 널리 활용되고 있습니다.

5 쇠뿔에 그림을 그려 공예품을 만드는 화각장은 누구일까요?

화각장은 쇠뿔을 얇게 갈아 투명하게 만든 판을 이용하여 각종 공예품을 만드는 장인을 말합니다. 쇠뿔을 공예품의 재료로 사용하는 것은 전세계에서 우리나라에서 유일하게 개발한, 매우 특이한 한국적인 공예기술입니다.

화각은 쇠뿔 판 위에 다양한 그림을 그리고 색칠을 한 뒤 나무로 만든 함이나 장, 궤, 농 등 다양한 기물에 붙여 아름답게 장식하는 것을 말합니다. 재료가 귀하고 공정이 까다롭다는 점에서 생산이 많지 않았으므로 특수 귀족층들의 기호품이나 애장품에 주로 이용되었습니다. 이러한 화각 공예가 언제부터 만들어졌는지는 알 수 없지만 조선 중기 이후에는 화각으로만 장식한 공예품이 많이 나와 이때부터 제작된 것 같습니다.

『규합총서』에 팔도의 특산을 열거하면서 유독 전주의 화각이 소개된 것에서도 알 수 있죠. 그것이 언제부터 발생했는지 분명치 않으나, 원료가 쇠뿔이고 뒤쪽에 채색을 하는 복채 기술로 유추해보면 값비싼 거북이 등껍질, 즉 대모를 대체한 것으로 판단됩니다. 바다거북의 등껍질은 중국 광동지방이나 일본 오사카 앞바다에서 나는 수입품이거든요. 대모는 조선 선비들이 망건 위에 장식하는 풍잠이나 안경테 등에 애용된 사치품이었어요. 수입이 안 될 때 이것을 대체할 재료를 찾다가 투명하게 갈아 쓸 수 있는 쇠뿔을 발견한 것 같습니다.

이러한 화각에 사용되는 쇠뿔은 통이 굵고 뿔이 위로 곧게 뻗은 숫소의 고추뿔만을 사용합니다. 그중에서도 너댓 살 정도 된 어린소의 쇠뿔은 매우 맑고 투명하여 채색이 잘 나타나서 좋습니다. 늙은 쇠뿔은 투명도가 좋지 않고, 너무 어린 쇠뿔은 흰색의 반점이 있어서 사용하면 그림이 뿌옇게 되어 예쁘지 않아 사용하지 않거든요.

3~5년생 어린 숫소의 뿔을 잘라서 끓는 불에 삶아 노골노골하게 만듭니다. 장인이 쇠뿔을 삶을 때면 온동네 강아지들이 그 냄새를 맡고 공방 주위로 모여드는 신기한 광경을 보았습니다. 이렇게 푹 삶은 쇠뿔은 배를 갈라 편평하게 펴고 이것을 얇게 갈아 투명하게 얇은 판을 만듭니다. 투명한 쇠뿔판 위에 먹물로 표현할 그림의 윤곽선을 그리고, 단청에 사용하는 석채 안료에 접착제를 배합한 다음 배색합니다. 이것을 '설채' 또는 '색을 메운다'라고 합니다. 색을 메운 표면은 어교칠을 한 다음, 백골 위에 배열하고 인두로 눌러 붙입니다. 작품에 붙이기가 끝나면 겉표면을 깨끗이 다듬어 광택을 내며 마무리합니다. 화각작업이 끝

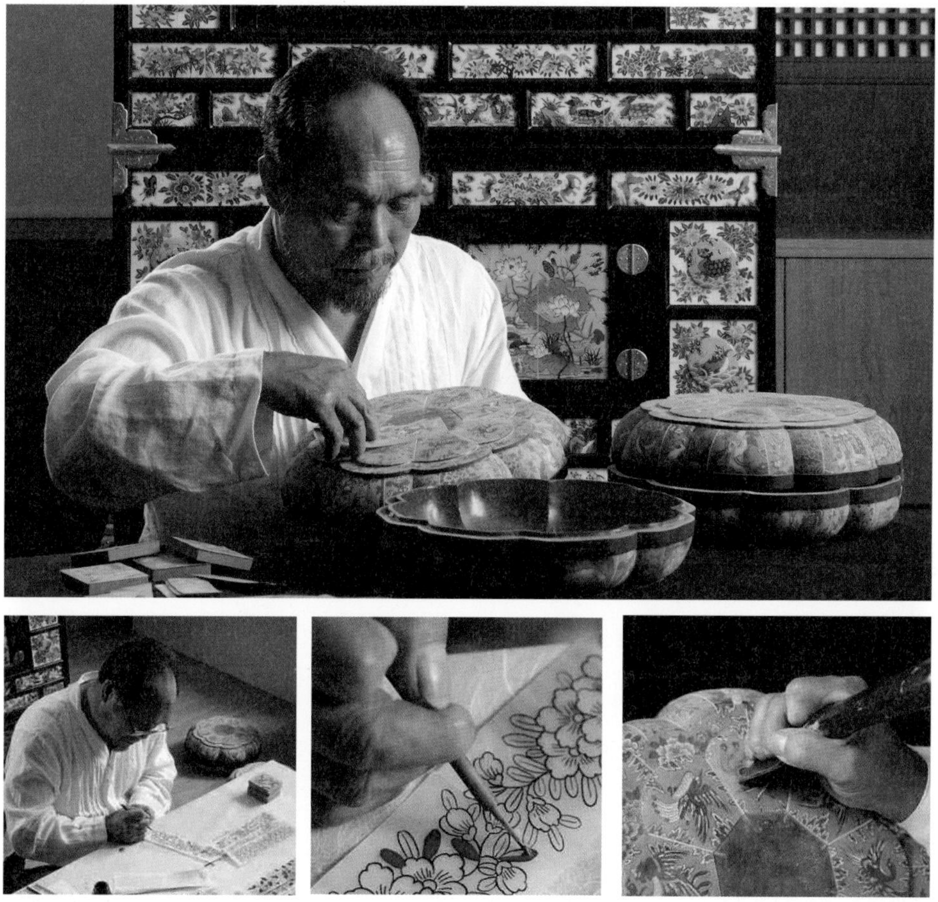
국가 화각장 이재만 보유자

나면 경첩이나 자물쇠 등 금속 장식을 붙여 마감합니다.

이렇게 작은 화각판은 아기자기한 길상 문양과 화려한 색채로 인해 조선 여성들에게 담뿍 사랑을 받았습니다. 예전에는 베갯모와 빗, 실패, 바느질자 등 자질구레한 여성용 소품이나 안방용 화각농 등으로 만들어져 애호되었어요. 지금은 장인의 예술적 안목과 섬세한 솜씨로 널리 애호되고 있지요.

이상과 같이 칠공예는 칠장, 나전장, 화각장이 무형문화재로 지정되어 있습니다. 이것들은 수천년 우리 민족의 생활문화에 필요한 전통 공예기술입니다. 고려시대 이래 한국을 대표하는 스테디 셀러였던 나전칠기, 여인들의 감성에 호소하는 화려한 색채의 화각. 이 모든 것들은 우리 선조들의 미적 품위와 예술적 품격을 대표하며, 이것을 앞으로 잘 보존하여 후손들에게 전승하는 데 노력해야 할 것입니다.

학습평가

01 (난이도 상) 칠공예에 대한 설명으로 옳지 못한 것은?

① 우리나라에서는 삼국시대 이전 다호리유적에서 칠기유물이 발견된다.

② 우리나라에서 칠공예는 중국의 영향을 받아 제작되기 시작하였다.

③ 옻칠을 인류가 발견한 최고의 도료이자 자연의 선물이다.

④ 전세계에서 칠을 처음 발견하여 사용한 나라는 중국이다.

02 (난이도 하) 시기별 칠기유물이 잘못 짝지어진 것은?

① 삼국시대 - 백제 무령왕릉 두침, 천마총 주칠 새모양잔

② 통일신라시대 - 황남대총 '마령'명 칠잔, 안압지 칠합

③ 고려시대 - 나전칠기 국당초문 경함, 나전대모염주함

④ 조선시대 - 모란당초문 나전상자, 화각함

03 (난이도 중) 칠과 관련된 장인의 기술에 대한 설명으로 옳은 것은?

① 칠과 관련된 국가무형문화재는 칠장, 나전장, 화각장, 황칠장, 남태칠장, 생칠장 등이 있다.

② 칠장은 나무로 짠 백골 가구 위에 옻칠을 하여 광택을 내는 장인이다.

③ 나전장은 가구의 표면에 붙일 진주자개를 가늘고 잘게 끊음질을 하여 오려내는 장인이다.

④ 화각장은 쇠뿔을 잘라 투명하게 갈아 그림을 그려 복채기법으로 가구에 붙이고 칠하는 장인이다.

04 (난이도 중) 나전칠기에 대해 잘못 설명한 것은?

① 나전칠기는 고려시대에만 독특하게 발전한 전통 공예기술이다.

② 고려 나전칠기는 국당초문과 금속선으로 섬세하고 불교용 경함이나 염주함 등을 만들었다.

③ 조선 나전칠기는 모란, 포도 등 크고 대담한 문양으로 선비들의 문방가구로 애호되었다.

④ 조선 말기 나전칠기는 십장생이나 화조화 등 길상적이고 상징적 소재가 유행하였다.

05 (난이도 하) 화각에 대한 설명으로 틀린 것은?

① 화각은 거북 등껍질[대모]를 재료로 사용한다.

② 화각은 조선 후기부터 제작되었다.

③ 화각은 우리나라에서만 발달한 전통 공예기술이다.

④ 화각은 참빗, 자, 실패 등 여성용 소품으로 사랑받았다.

01 | 정답 | ②
| 해설 | 다호리 유적에서 발견된 칠기를 과학적으로 분석한 결과 중국의 칠기와 성분이 달라 우리나라에서 독자적으로 발전하였음이 확인되었다.

02 | 정답 | ②
| 해설 | 황남대총 '마령'명 칠잔은 삼국시대 신라의 무덤에서 출토된 칠기이다.

03 | 정답 | ④
| 해설 | 국가무형문화재는 칠장, 나전장, 화각장이다. 칠장은 생옻을 정제하는 장인이다. 나전장은 가구 등 다양한 백골 위에 끊음질과 주름질 등을 사용하여 붙이고 옻칠하는 장인이다.

04 | 정답 | ③
| 해설 | 조선 선비의 문방가구는 나뭇결을 강조한 목가구가 애호되고, 나전칠기는 문양이 대담하고 민속적이어서 여성용 안방가구로 사랑받았다.

05 | 정답 | ①
| 해설 | 화각은 쇠뿔을 재료로 삼아 만드는 우리나라만의 독창적인 공예기술이다.

학습정리

① 칠은 나무가 썩거나 벌레 먹는 것을 방지하는 인류가 발명한 최고의 도료이다. 우리나라에서는 다호리 유적부터 중국과 다른 우리만의 독자적인 칠기가 제작된 이후 백제 무령왕릉이나 신라 천마총과 황남대총, 안압지의 통일신라 칠기가 발전하였다.

② 국가무형문화재 제113호 칠장은 생옻을 정제하고 기물 위에 옻칠을 하는 기술이다.

③ 국가무형문화재 제10호 나전장은 오색영롱한 자개를 끊음질하거나 주름질하여 나전칠기를 만드는 장인이다. 나전칠기는 고려시대 이래 지금까지 스테디 셀러로 계속 애호되고 있는 한국의 대표적 공예기술이다.

④ 국가무형문화재 제109호 화각장은 쇠뿔을 사용하는 전세계에서 우리만의 유일한 독창적인 공예기술이다. 쇠뿔을 얇고 투명하게 만들고 그 뒤에 문양을 그리고 색을 칠하여 가구나 소품을 완성한다. 화려한 색채와 아기자기한 문양으로 조선후기 이후 지금까지 사랑받고 있다.

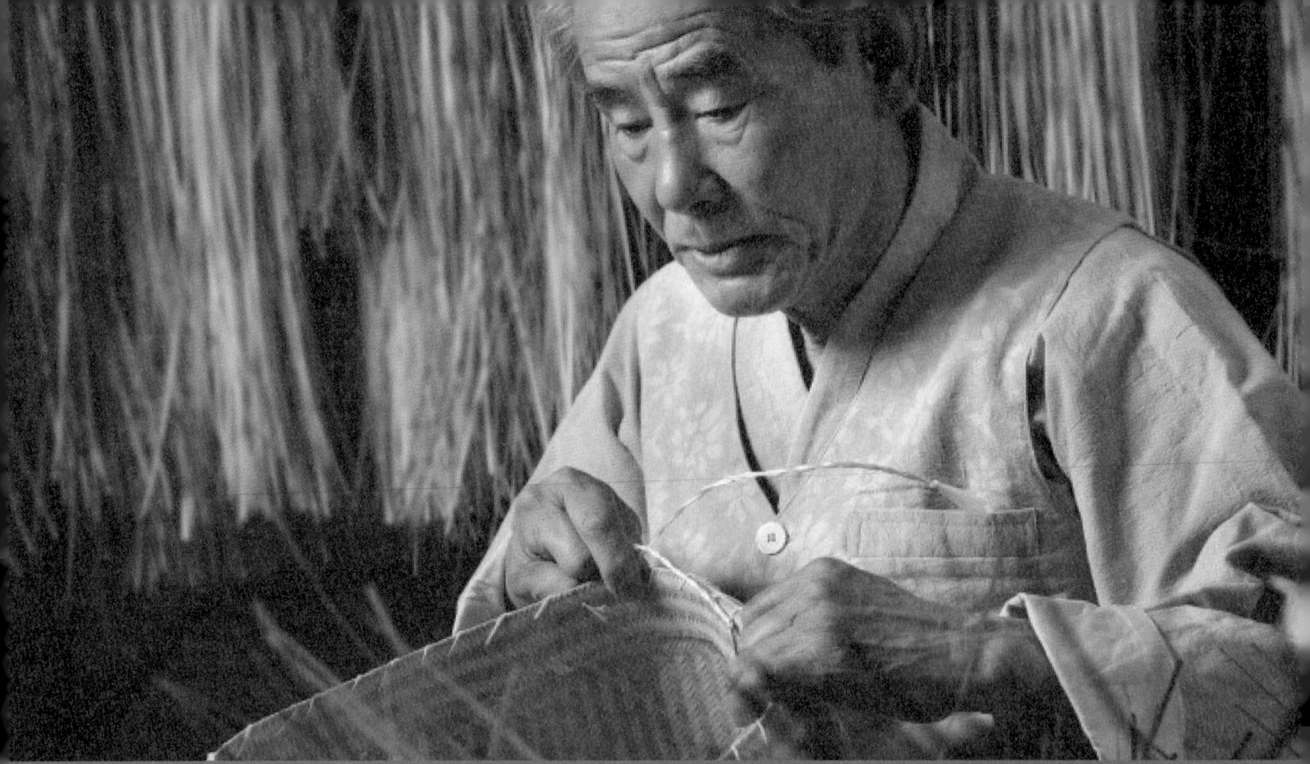

06
죽세공예와 장인

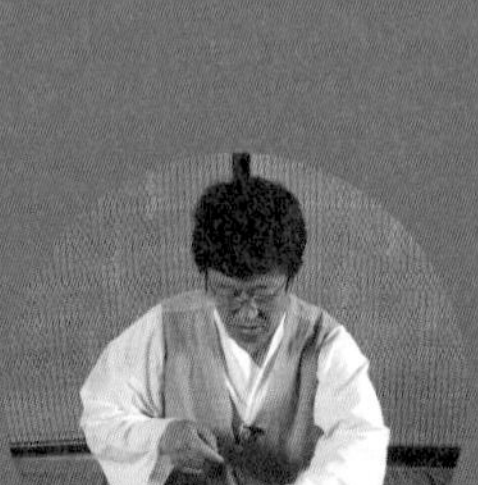

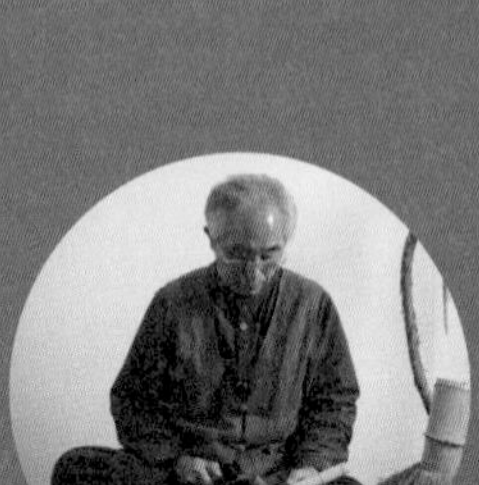

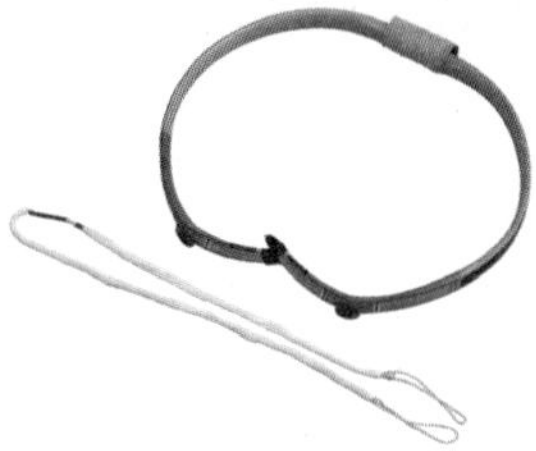

죽세공예 지정종목과 장인

구분	지정번호	종목명	사망	명예	보유자	전수교육조교
국가	제4호	갓일-양태장	모만환, 고정생		장순자	
	제31호	낙죽장	이동연, 국양문		김기찬	
	제47호	궁시장-궁장	권영록, 장진섭, 김장환, 김박영		권영학	김윤경, 김성락
	제53호	채상장	서한규		서신정	
	제60호	장도장-낙죽장도	한병문		한상봉	
	제88호	바디장	구진갑			
	제93호	전통장			김동학	
	제114호	염장			조대용	
	제128호	선자장			김동식	
서울	제15호	오죽장		윤병훈		
	제23호	궁장			권무석	
세종	제1호	연기궁인			주장응	
경기	제51호	양태장			장정순	
충북	제16호	시장			양태현	
충남	제21호	서천부채장	이한규		이광구	
전북	제31호	한지발장			유배근	
전남	제12호	광양궁시장			김기	
	제15호	담양참빗장 / 영암참빗장	이식우		고행주	
	제23호	담양죽렴장			박성춘	
	제44호	낙죽장			조운창, 이형진	
제주	제12호	고분양태	송옥수			

■ 학습개요

우리 민족에게 대나무는 여러 모로 참으로 요긴한 재료였다. 무엇보다도 대나무는 활과 화살 그리고 죽창과 같은 무기를 만드는 재료였고, 더운 여름에 바람을 일으키는 부채나 바람이 통하게 하는 발을 만드는 데에도 유용했다. 대를 가늘게 쪼개어 참빗을 만들어 머리를 빗고, 바디를 만들어 가는 세모시나 명주를 짰으며, 채상을 만들어 옷이며 과자를 담아두기도 했다.

현대 산업화와 근대화를 거치면서 대나무를 이용하여 공예품을 만드는 전통 수공예기술은 점차 사라지거나 변질되는 추세이다. 국궁 대신 양궁이 올림픽 종목이 되면서 전통 활과 화살이, 선풍기나 에어컨을 사용하면서 부채나 발이, 플라스틱 빗의 등장으로 참빗이, 쇠바디와 원목가구의 수입되면서 대바디와 채상은 더 이상 쓸모가 없어진 것이다.

이 장에서는 전통시대 무기를 대표하는 활과 화살 및 전통을 만드는 궁시장과 전통장, 부채를 만드는 선자장, 발을 짜는 염장, 바디를 만드는 바디장, 채상을 엮는 채상장, 참빗을 만드는 참빗장과 그 위에 인두로 지져 그림을 그리는 낙죽장을 다루려 한다. 그들의 공예기술은 역사적으로 어떠한 작품이 있는지, 이러한 기술의 제작과정은 어떠한 기술적 특징이 있는지 알아본다.

■ 학습목표

1. 전통 죽세공예의 종류와 특징에 대해 설명할 수 있다.
2. 전통무기를 제작하는 궁장, 시장, 전통장의 제작기술에 대해 설명할 수 있다.
3. 모자를 만드는 양태장, 빗을 만드는 참빗장, 낙죽장의 제작기술에 대해 설명할 수 있다.
4. 여름나기용 부채와 발을 만드는 선자장과 염장의 제작기술에 대해 설명할 수 있다.
5. 가는 대오리로 바디와 참빗을 만드는 바디장과 참빗장 및 낙죽장의 기술에 대해 설명할 수 있다.

■ 학습내용

1 대나무로는 무엇을 만들었을까요?

풀도 아니면서 나무도 아닌 대나무.

풀이 아니어서 아주 연약하지 않고, 나무가 아니라서 굵고 단단하지 않은 대나무, 그래서 오히려 대나무는 생활에 필요한 각종 소품을 만드는데 무척 요긴하였던 것 같습니다. 무엇보다도 4계절이 뚜렷한 우리 풍토에서는 굵은 대나무가 나지 않으므로 아름드리 통대를 사용한 공예품이 없는 게 당연하겠지요?

그래서일까요? 우리나라에서는 가는 대나무를 사용하는 죽세공 기술이 발달하였습니다. 이러한 기술을 가진 장인을 조선시대에는 국가에서 관리하였습니다. 『경국대전』에 공조나 상의원 등 서울의 관청에 경공장京工匠으로 '죽장竹匠', '참빗장竹梳匠', '염장簾匠', '양태장凉太匠', '점장簟匠', '광주리장籩篚匠' 등을 소속시켜 국가에서 필요한 공예품을 제작하도록 하였습니다. 지방의 관청에는 외공장外工匠이라 하여 '빗장梳匠', '부채장扇子匠', '상자장箱子匠'을 두기도 했지요.

이렇게 대나무로 만든 활과 화살 그리고 죽창과 같은 무기는 나라를 지키는데 기여하였습니다. 물론 이제는 총이나 대포 및 핵무기가 그 자리를 대신하고 있지만 말입니다. 가늘게 쪼개 바람을 일으키는 부채나 바람이 통하게 하는 발이 있습니다. 선풍기나 에어컨이 없던 시절에 시원한 대청 마루에 발을 치고 앉아 모시옷을 걸쳐 입고 점잖게 부채를 부치면서 매미소리를 들으면 더운 여름을 나기에 충분하였을 겁니다.

대를 가늘게 쪼개어 머리카락보다 가늘게 만든 양태는 선비들의 멋을 뽐내는 갓의 차양으로 사용되었습니다. 조선시대 남자들은 무엇보다도 모자 사치가 대단했습니다. 그들이 의관정제를 위해 학처럼 고고한 갓을 쓰는데 대나무가 사용된 것이지요. 그렇다면 여인들의 삼단같이 긴 머리는 무엇으로 빗었을까요? 참빗이 없었다면 절대 빗기 어려웠을 겁니다. 특히 연탄이 보급되기 전까지 1970년대에는 집집마다 빈대와 이가 왜 그리 많았는지. 그때 우리의 머리에 하얗게 자라던 머릿니는 할머니가 쓰던 가늘디가는 참빗으로 빗어야 겨우 잡을 수 있었던 기억이 새롭습니다.

우리나라의 옷감은 중국의 비단과 달리 가는 것이 특징입니다. 한산 세모시나 명주를 짜려면 베틀 위에 대살이 얇고 치밀한 대바디가 있어야 합니다. 옷이며 과자를 담아두던 상자 또한 대나무를 얇고 가늘게 벗기는 기술이 있어야 가능하지요.

이처럼 대나무를 가늘고 얇게 만드는 죽세공은 다른 어느 나라에서도 보기 어려운 한국만의 독특한 기술입니다. 이러한 죽세공기술 중 현재까지도 이어져 무형문화재로 지정되어 보호되는 것은 여럿입니다. 그중에서 원래부터 전세계 최고로 강한 활을 만드는 기술은 국가무형문화재 제47호 궁장弓匠이, 그 굵기인 시누대를 그대로 사용해서 화살을 만드는 기술은 국가무형문화재 제47호 시장矢匠이 전승하고 있습니다. 대나무를 구부려 편지 등을 꽂아 넣는 고비 등 문방구를 만드는 기술은 서울무형문화재 제15호 오죽장이 있습니다. 대나무를 가늘게 빠갠 댓살로는 갓에 사용할 양태를 엮는 기술은 국가무형문화재 제4호 양태장凉太匠이 전승하고 있습니다. 대나무에 종이를 발라 바람을 일으키는 부채는 국가무형문화재 제128호 선자장扇子匠이 전승하고 있답니다. 대나무를 가늘고 길게 쪼개어 발을 엮는 기술은 국가무형문화재 제114호 염장簾匠이 전승하고 있습니다. 또 대나무를 얇게 긁어 머리를 빗을 참빗은 전남무형문화재 제15호 참빗장이 만들고 있으며, 그 위에 인두로 지져 그림을 그리는 기술은 국가무형문화재 제31호 낙죽장烙竹匠의 몫입니다. 베틀에 올릴 대바디를 만드는 국가무형문화재 제88호 바디장이 있고, 색색으로 물들여 채색 상자를 만드는 국가무형문화재 제53호 채상장도 있습니다.

이제 이러한 장인과 그들의 기술을 살펴 보도록 합시다.

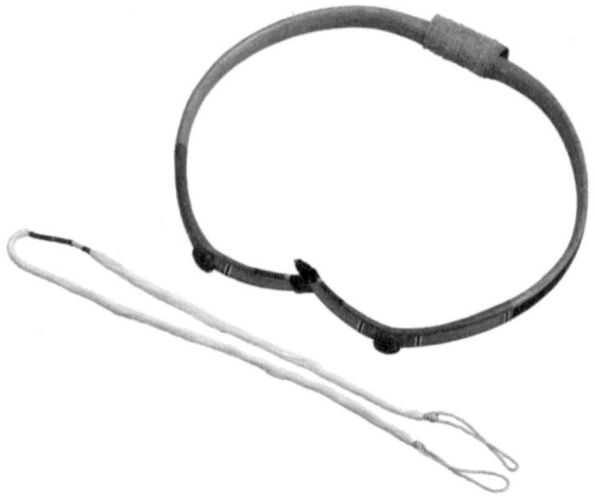

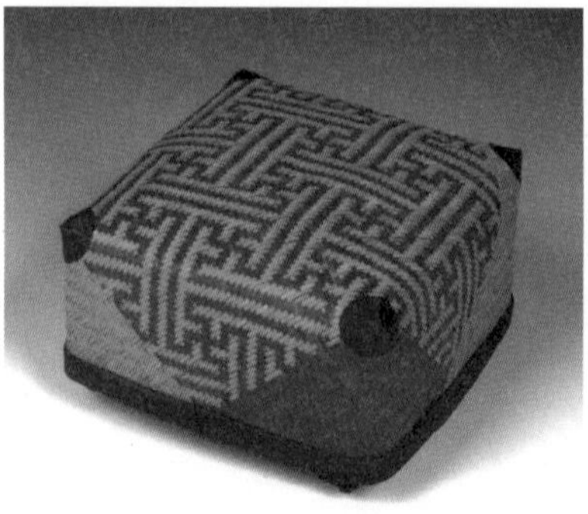

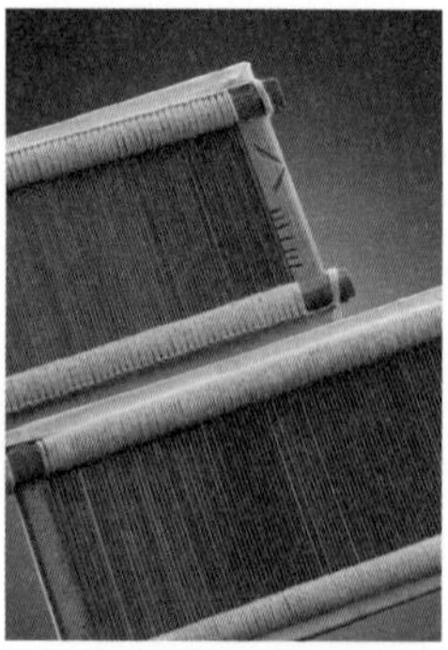

2 활과 화살 및 화살통을 만드는 장인은 누구일까요?

대나무로 활과 화살을 만드는 장인을 통틀어 궁시장이라고 합니다. 그중 활을 만드는 장인은 궁장, 화살을 만드는 장인은 시장입니다. 그런데 조선시대에는 활과 활을 만드는 장인을 궁장이나 시장보다 궁인이나 시인으로 부르기도 했습니다. 국방을 책임진 무기를 만드는 장인이었기 때문에 다른 장인들과 구별하여 특별히 대우한 것으로 보입니다.

활과 활을 만드는 기술 뿐 아니라 화살을 넣는 통을 만드는 기술도 있습니다.

1) 활을 만드는 장인, 궁장

옛날 중국에서는 자신들의 동쪽에 산다고 하여 우리를 '동이'라는 글자에 무슨 비밀이 있는지 글자를 잘 들여다볼까요? 동쪽에 있는 큰[大] 활[弓]을 가진 민족이라는 뜻을 찾아 낼 수 있어요. 고대의 우리 민족은 활을 만드는 데 있어 중국이 깜짝 놀랄 정도로 탁월한 기술을 가졌던 듯합니다. 중국이 우리 민족을 가리켜 활을 잘 만들고, 잘 쏘는 동쪽의 민족이라고 하여 '동이'라고 불렀던 데사 알 수 있습니다.

이 글자에 담겨 있는 것처럼 우리 민족은 참 대단합니다. 수 천년 동안 강대국 중국과 가까이 있으면서, 중국과 다른 언어와 문자 및 문화를 지키고 있기 때문입니다. 한 때 전세계를 제패했던 흉노족이, 징기스칸의 후예인 몽고족이나 청나라로 세계를 호령한 만주족이 역사 속으로 사라진 것과 비교해 보아도 알 수 있습니다. 조선시대에 전쟁에서 활은 마치 로켓처럼 멀리 있는 적을 물리칠 중요한 무기였는데, 임진왜란 이후 조총이 수입되고 화학병기가 개발되면서 무기로서 활의 기능을 상실하였지만 그 기술은 여전히 우수합니다.

활은 많은 재료로 만드는데, 마치 우리 몸과 비슷한 구조로 되어 있습니다. 대나무, 뽕나무, 참나무, 물소뿔이 뼈대라면, 쇠심줄은 근육과 마찬가지입니다. 이것을 붙이는 민어부레풀은 연골과 같고, 그밖에 표면을 감싸는 화피는 피부에 해당됩니다.

우리나라의 활은 여러 가지 재료 중에서도 쇠뿔과 쇠심줄로 만들었기 때문에 '각궁'이라고 부릅니다. 각궁은 활을 더 탄력 있고 견고하게 만들기 위하여 활에 뼈나 뿔 등을 덧댄 것입니다. 각궁은 활의 손잡이 부분과 양 끝은 참나무와 뽕나무를 각각 대고, 탄력을 유지하기 위하여 대나무 토막을 붙이고 그 안과 밖에 쇠뿔과 쇠심줄을 어교로 접착시켜서 만듭니다. 양자를 붙이는 것이 민어 부레풀인데, 이것은 습기가 많고 기온이 높으면 잘 접착되지 않아서 여름철에는 활을 만들지 않습니다.

어쨌든 농사일이 다 끝나고 날씨가 선선해지면 심풀을 준비하고, 소의 등에 붙어 있던 힘줄을 망치로 두들겨 폅니다. 이것을 갈기갈기 찢고 비슷한 길이끼리 모아 묶어둔 심가래를 깨끗이 빨고 어교를 풀솔로 발라 심풀을 바르고 건조 후에 대칼로 떼어냅니다. 심놓이는 활의 안쪽 면에 소심을 붙이는 작업인데, 초벌심놓이, 초벌 좀가리, 재벌 심놓이, 막벌심 순서로 진행합니다. 심이 완전히 마르기 전에 밀쇠로 밀어 활 표면에 압착시킵니다. 심놓이 작업이 끝나고 5~7일이 지나면 따뜻한 방 안에서 1개월 가량 건조시키는 점화를 합니다. 그리고 8~10일간 점화장에 넣어 건조하고, 시위줄을 거는 고자 부분을 깎습니다.

이렇게 만든 활은 마치 손을 안으로 오므려 하트를 만든 것 같은 형태를 하고 있어요. 이건 '부린활'이라고 부르죠. 이 활은 다른 나라의 활과 비교할 때 형태나 크기가 다릅니다. 이 활로는 화살을 쏠 수도 없는 형태인데요. 이 부린 활을 사용하는 사람의 체력에 맞게 균형을 잡아 주어야 하는데 이것이 '해궁解弓'입니다. 해궁이 끝나면 도지개를 붙여 중심부분을 뒤집고 활시위를 걸어 화살을 올려 쏠 수 있게 형태를 잡습니다. 해궁한 활은 이제야 비로소 우리가 알고 있는 활의 형태가 됩니다.

우리의 활은 사람의 키보다 큰 중국이나 일본의 활에 비해 작습니다. 요 근래 '최종병기 활'이라는 영화를 재미있게 본 적이 있습니다. 영화에서도 우리의 활은 중국 청나라의 활보다 작은 데도 청나라 사람들을 압도하는 강한 힘을 잘 표현해 주었어요. 비록 우리의 활은 그들의 활보다 작지만 활시위를 당기면 현재 해궁을 해서 벌려놓은 활의 형태에서 원래 만들었을 당시 부린활의 형태로 돌아가려는 반발력이 있어서입니다.

장인이 완성한 당시의 부린활로 돌아가고 싶어하는 활. 이것이 우리의 활이 가진 비밀입니다. 물론 사람의 신체를 닮게 쇠뿔로 뼈를 만들고, 쇠심줄로 근육을 만들고, 민어부레풀로 이것을 연결시킨 과학과 기술의 조화가가 세상 어디에도 없는 강력한 활을 만들었음을 기억해야 합니다. 동쪽에서 큰 활을 만들어 쏘던 동이족의 DNA. 그것은 오늘도 우리에게 계속 이어지고 있습니다. 양궁으로 세계를 제패할 수 있는 우리의 저력. 그 DNA를 활에서 찾아봅니다.

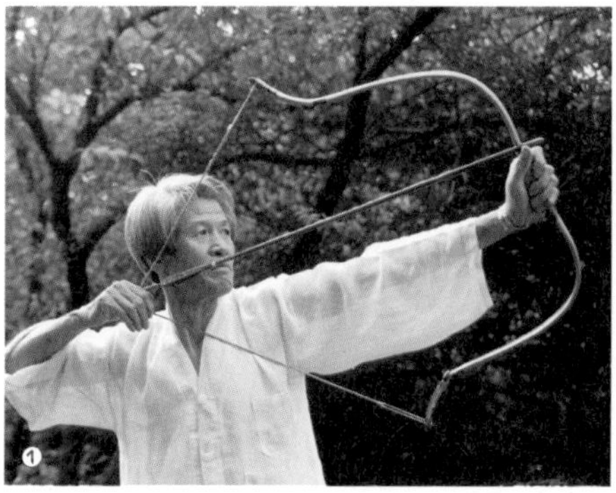

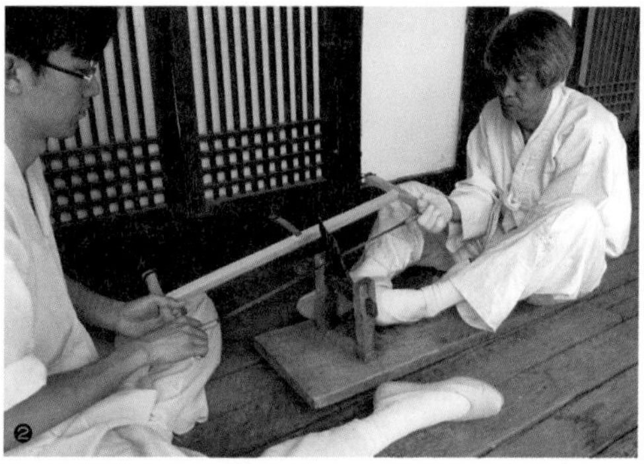

❶ 국가 궁장 故 김박영 보유자
❷ 국가 궁장 故 김박영 보유자와 아들인 김윤경 전수교육조교
❸ 국가 궁장 권영학 보유자
❹ 세종 연기궁인 주장응

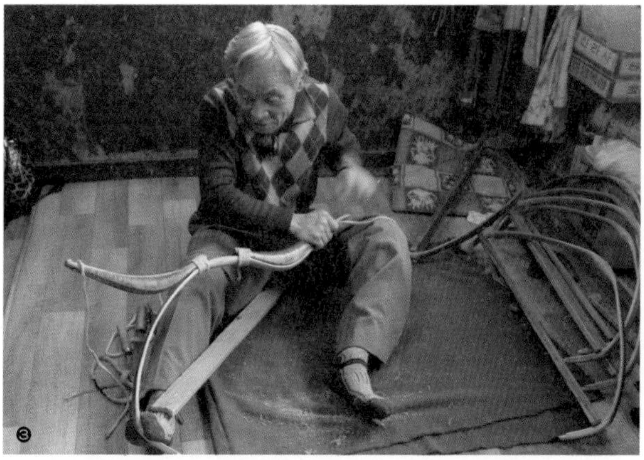

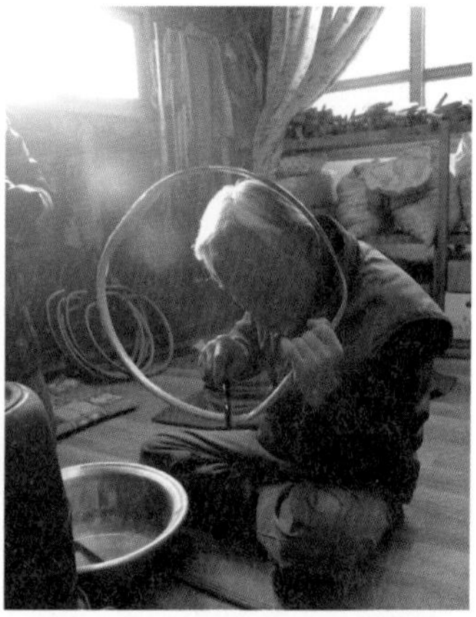

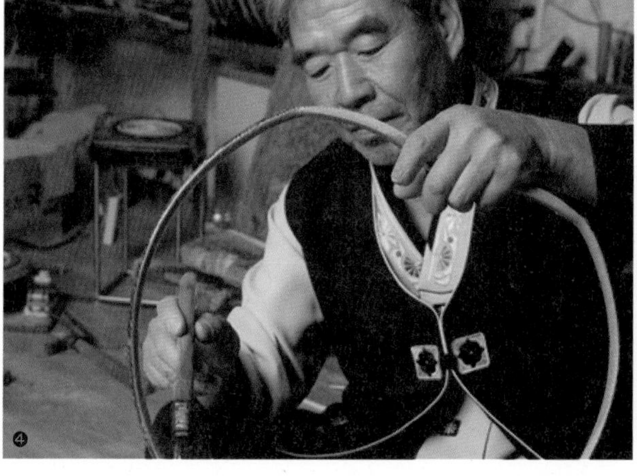

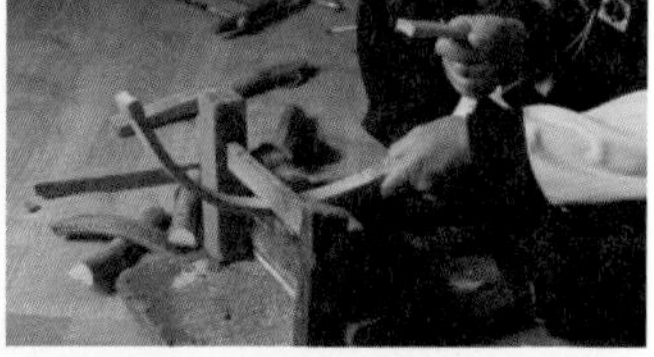

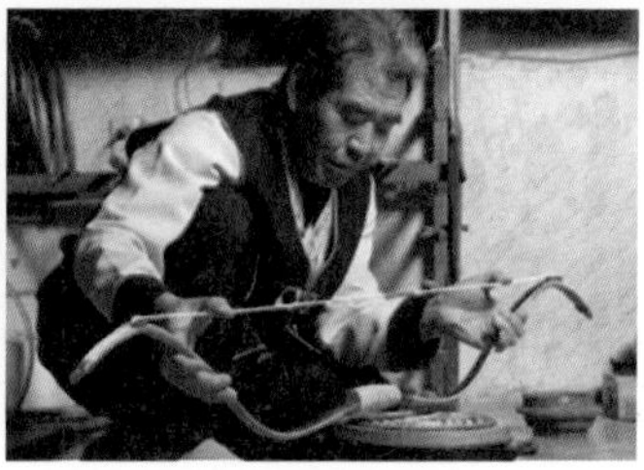

2) 화살을 만드는 장인, 시장

시장은 대나무로 화살을 만드는 장인입니다. 화살의 주재료는 시누대라 부르는 2년생 대나무 중 세 마디를 갖춘 것을 골라 베어 한 달간 말린 후 마디와 부피, 무게별로 분류해서 사용합니다. 여기에 싸리나무, 철, 쇠심줄, 꿩깃, 벚나무 껍질, 부레풀 등 다양한 재료가 필요하며, 활과 달리 계절에 관계없이 계속 만들 수 있습니다.

화살은 활 시위에서 과녁이나 목표물까지 정확하게 날아가야 하는데, 그러려면 휘고 구부러진 살대를 곧고 바르게 펴는 기술이 중요합니다. 이를 위해 장인은 숯불을 피운 '대잡이통'에 살대를 넣고 갈색으로 구우면서, 수평을 잡는 '졸잡이'를 잘해야 합니다. 이 작업은 화살을 만드는 내내 계속 반복된답니다.

그리고 대 마디를 환으로 다듬고, 칼로 표면을 긁어낸 다음 나무 사이에 젖은 모래를 넣어 위아래로 훑고 닦아냅니다. 화살의 길이에 따라 절단하고, 살대의 위아래에 부레풀을 바르고 쇠심줄을 감아 터짐을 방지합니다. 그 위에 얇은 대나무관을 속이 비치도록 판 '상사'를 끼워줍니다. 시위가 걸리는 U자형 '오늬'를 만들어 끼우고, 복숭아껍질로 그 위를 감쌉니다. 화살이 똑바로 날아가도록 꿩깃 3개를 인두로 지져 모양을 다듬은 후 붙입니다. 금속으로 만든 촉을 끼우고, 무게를 달아 화살 10개가 똑같게 만듭니다.

고대부터 조선시대까지 화살은 활과 함께 국가를 지키는 핵심 무기여서 장인도 많았습

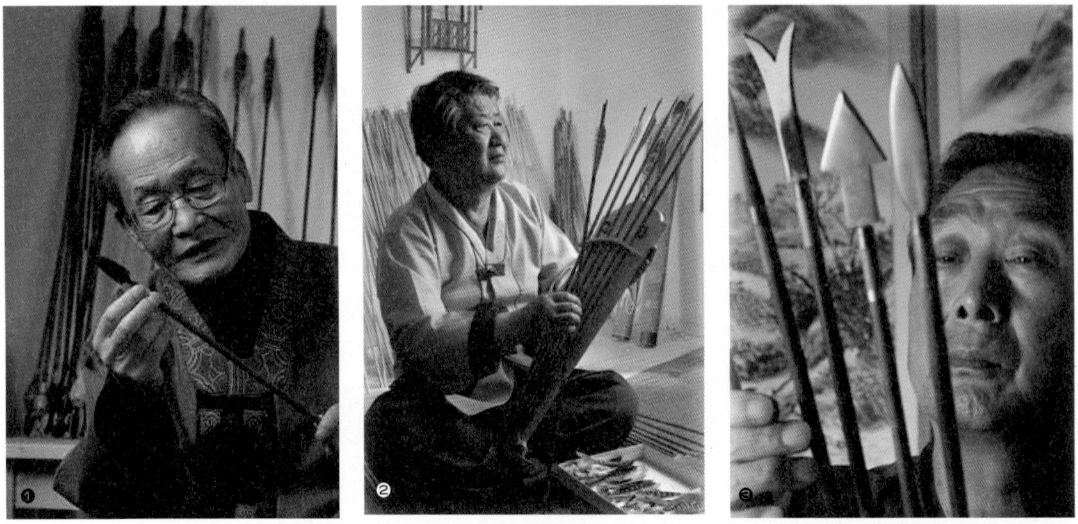

❶ 국가 시장 유영기 보유자 ❷ 국가 시장 김종국 보유자 ❸ 국가 시장 박호준 보유자

니다. 하지만 지금은 양궁에 관심이 쏠리면서 국궁 인구조차 줄어 화살의 수요도 줄어 안타까운 실정입니다.

3) 화살통을 만드는 장인, 전통장

전통장은 화살통을 만드는 장인을 말합니다. 전통은 전쟁을 하거나 사냥을 할 때 화살을 담아서 가지고 다니던 화살통을 이르는 말인데, '통개'라고도 합니다. 우리나라 화살통의 역사는 오래되어 이미 신석기시대부터 있었던 것으로 보이고, 고려시대와 조선시대에는 군인들의 필수품이 되었습니다. 조선시대에는 관청에 전통을 전문적으로 만드는 장인도 있었습니다. 하지만 임진왜란 이후 총포와 화약의 발달로 사용하는 사람이 줄어들면서 전통을 만드는 사람들도 사라지게 되었습니다.

조선 중·후기에는 활쏘기가 취미생활 중 하나가 되면서 전통 역시 전쟁용에서 운동용으로 바뀌게 되었고, 그 종류도 다양해졌습니다. 대나무로 만든 죽전통, 종이로 만든 지전통, 오동나무로 만든 목전통, 상어 가죽으로 만든 어피 전통 등이 있는데, 조각이나 나전을 이용해서 화려하게 장식한 것도 있습니다. 전통장은 여러 종류의 전통을 다양한 기술로 솜씨있게 만들어냅니다.

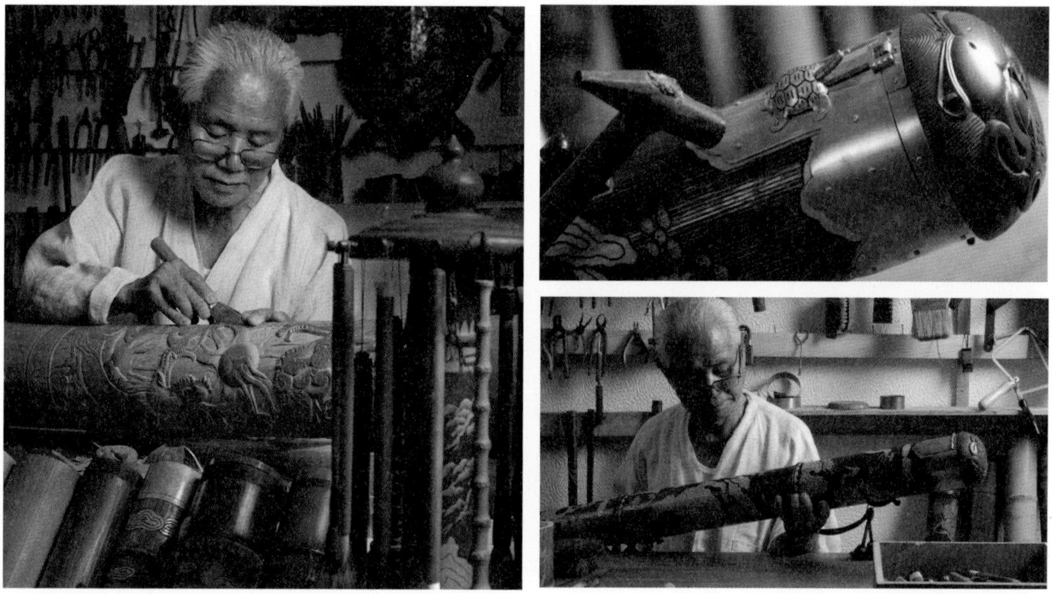

국가 전통장 김동학 보유자

3 갓 양태와 참빗, 낙죽을 하는 장인은 누구일까요?

의관 정제를 중요시했던 조선 사대부들은 머리 위에 까만 갓을 써 학처럼 고고한 느낌을 강조했지요. 선비의 상징인 갓은 말총으로 만든 모자와 넓은 차양으로 이뤄지는데, 이것은 양태장涼太匠이 대나무로 가늘게 빠갠 댓살을 한 올씩 엮어 만드는 것입니다. 머리를 빗을 때 사용하는 참빗은 대나무를 가늘고 얇은 대쪽을 엮고 만드는 것입니다. 참빗장이 만든 빗의 중간 부분을 인두로 지져 그림을 그리는 기술은 낙죽장烙竹匠이 전승하고 있습니다.

1) 갓 양태를 만드는 장인, 양태장

조선시대 선비들의 풍속을 그린 신윤복. 그의 그림 속에 등장하는 선비들을 살펴보세요. 그들은 멋진 옷을 차려 입고 있어요. 그렇다면 그들의 모습에서 가장 눈에 띄는 것이 무엇인가요? 머리에는 큰 갓을 쓰고, 바지 저고리 위에 소매폭이 넓은 두루마기를 걸쳐 입었고, 허리에는 다회 끈을 질끈 두르고 발에는 가죽신을 신고 있습니다. 멋내기를 좋아한 선비라면 무엇하나 빠지면 서운한 것들이지요?

무엇보다도 조선 선비라고 하면, 크고 넓은 갓이 눈에 띕니다.

흰옷에 검은 갓. 매우 문학적이지요? 이 때문에 갓은 학처럼 고고한 선비를 상징하기도 합니다.

이러한 갓은 총모자장이 말총으로 꼭대기 대우를 만들고, 양태장이 대나무로 넓은 차양을 만들며, 입자장이 대우와 차양을 한데 모으는 역할로 분업화되어 있습니다. 갓은 매우 복잡한 과정을 거쳐 만들어집니다.

그중 양태는 3년생 분죽을 베어낸 후, 생대나무를 쪼개어 충분히 삶고 쪼개어 표피 부분을 얇게 떠냅니다. 이것을 대칼 위에 올려 엄지로 문질러주면, 대나무의 섬유올이 대나무결대로 올올이 쪼개집니다. 이렇게 머리카락처럼 가느다란 대올을 만드는 것이 핵심기술입니다.

양태장은 무명실로 날줄을 엮은 다음 커다랗고 둥근 양태판 위에 올립니다. 이제 가는

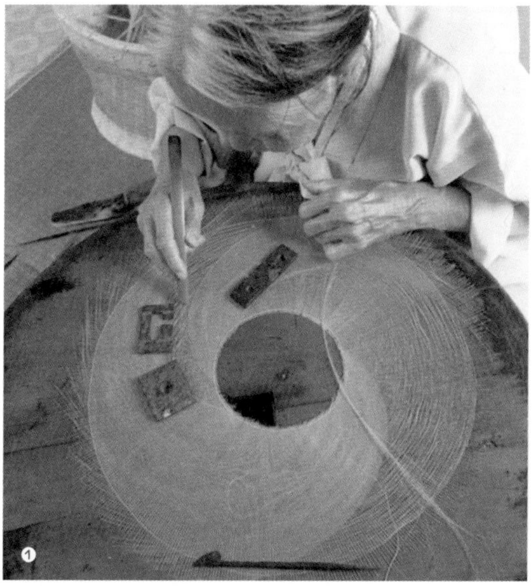

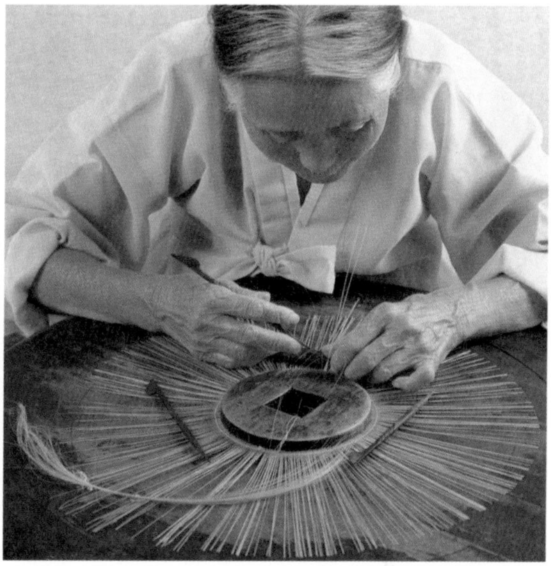

❶ 국가 양태장 故 고정생 보유자
❷ 국가 양태장 장순자 보유자
❸ 국가 양태장 장순자 보유자와 어머니인 故 고정생 보유자
❹ 국가 양태장 장순자 보유자와 두 딸 양금미, 양정미 이수자

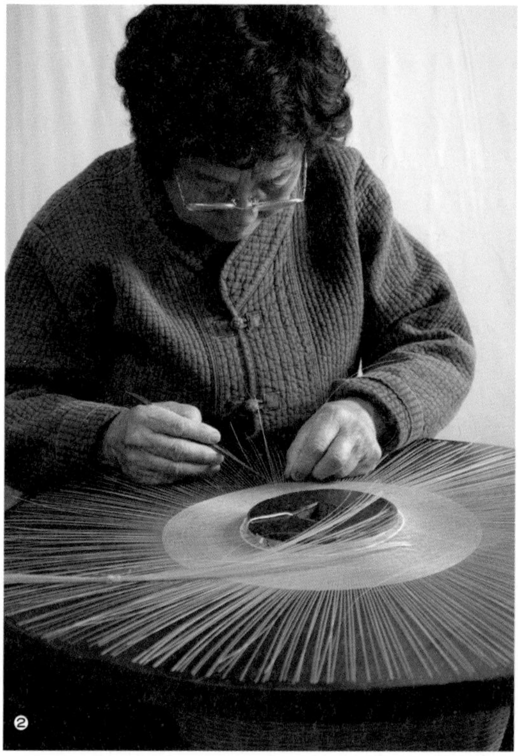

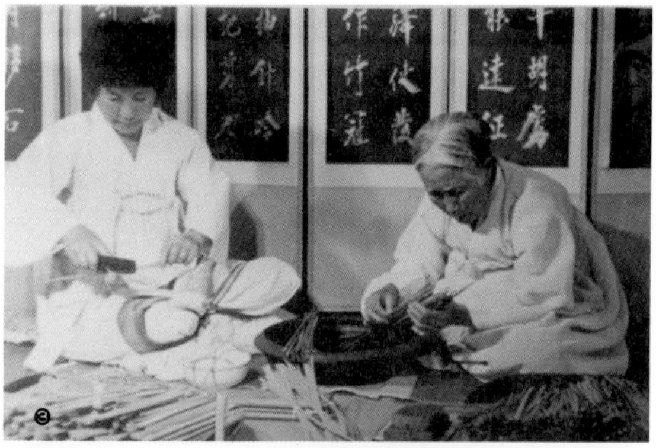

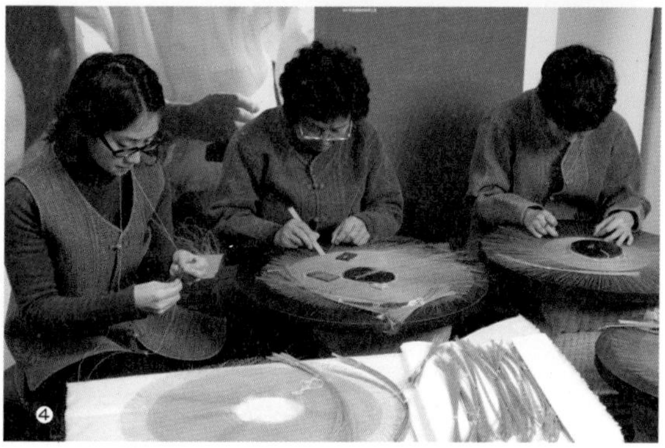

죽사竹絲를 빙글빙글 돌며 돌림줄을 엮어갑니다. 돌림줄은 4가닥이 1조를 이뤄, 두 날씩 떼어 일일이 돌려 엮습니다. 머리카락보다 가는 죽사. 손가락으로 만지기도 어려워 송곳 모양의 절음대 끝으로 하나씩 젖혀가며 겯게 됩니다. 하나의 대올을 엮고 그 다음 대올을 찾아 엮는 일을 수만 번 계속합니다.

돌림줄은 갓의 넓이만큼 돌립니다. 이렇게 날줄과 돌림줄만으로는 양태가 휘둘립니다. 때문에 날줄과 돌림줄의 사이를 비스듬히 사선으로 '빗대'라는 것을 꽂아 넣습니다. 빗대를 꽂으면서 차양의 형태도 바로잡고, 형태를 단단히 고정하기도 하는 것입니다.

조선시대 선비들의 모자 사랑은 대단했습니다. 아마 전세계에서 최고였을 겁니다. 그중 최고로 멋있는 모자는 역시 갓입니다.

신윤복의 풍속화 속 양반들이 쓴 갓을 보면 유난히 차양이 넓은 갓인게 보이지요? 우스개 소리 중에 방 한 칸에 큰 갓을 쓴 양반 세 명이 앉으면 꽉 차서 움직이기도 앉아있기도 어려웠다는 이야기가 전합니다. 이것을 짜려면 얼마나 손이 많이 갔을까요? 그만큼 모자값도 비쌌겠지요?

2) 참빗을 만드는 장인, 참빗장

이제 다시 신윤복의 풍속화 속 여인을 살펴 봅시다. 큰 머리에 좁은 저고리에 풍성한 치마를 입고 꽃신을 신고 있습니다. 특히 삼단 같이 길고 숱이 많은 머리카락이 눈에 띄지요? 샴푸가 없던 시절, 창포물에 긴 머리를 감는 여인의 모습을 떠올려 보세요. 이렇게 길고 숱 많은 머리카락을 빗으려면 참 쉽지 않았을 겁니다. 이런 머리를 빗을 때 꼭 필요한 것이 바로 참빗이랍니다.

우리 민족이 언제부터 참빗을 만들었는지 알 수 없습니다. 그러나 삼국시대 백제나 신라의 유적에서 참빗이 출토되고, 태안 앞바다의 고려시대 배에서도 참빗이 여럿 출수하였습니다. 게다가 조선시대에는 참빗을 만드는 장인인 죽소장이 상의원에 경공장으로 인정받고 있었습니다.

아주 오랜 옛날, 우리 조상들이 사용하던 그때의 참빗이나 지금의 참빗은 형태나 크기나 구조에서 거의 비슷합니다. 사람이 손으로 쥐고 머리를 빗어야 하기 때문에 한 손에 잡을 정도의 크기여야 하고, 빗살사이로 머리카락이 통과해야 가지런해지므로 그만큼의 틈

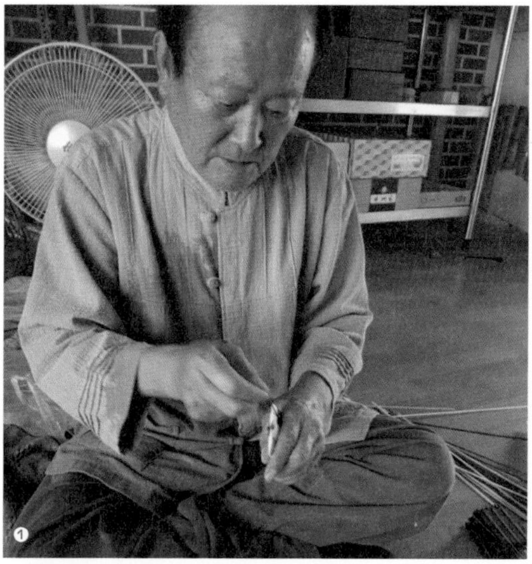

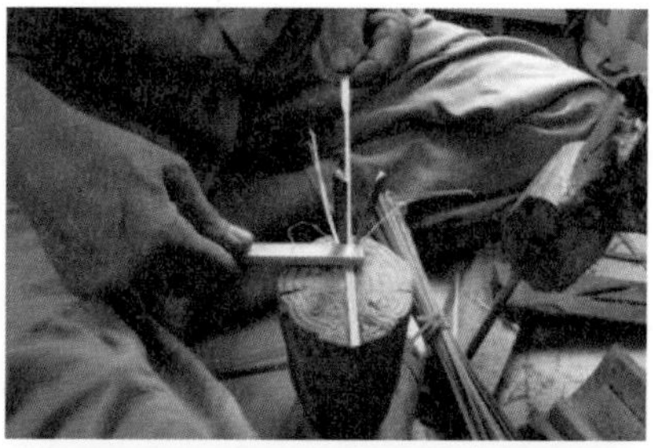

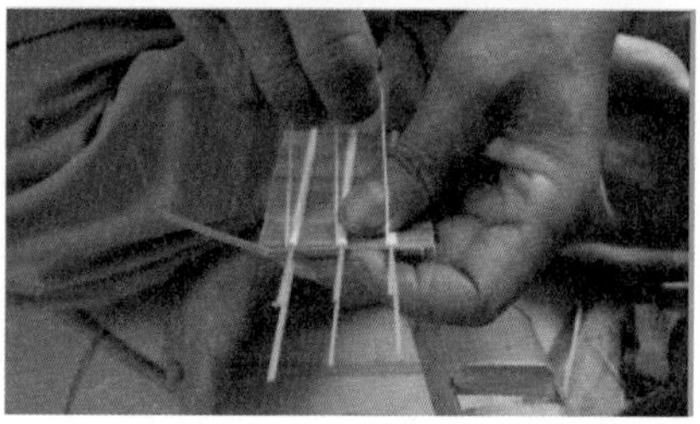

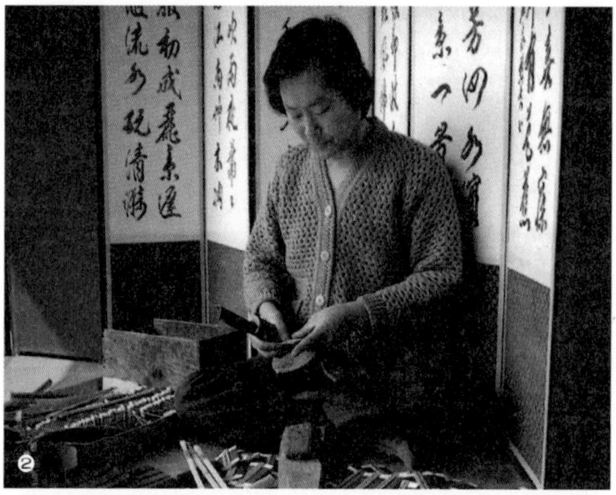

❶ 전남 담양참빗장 고행주 보유자
❷ 전남 영암참빗장 故 이식우 보유자
❸ 충남 공주목소장 이상근 보유자

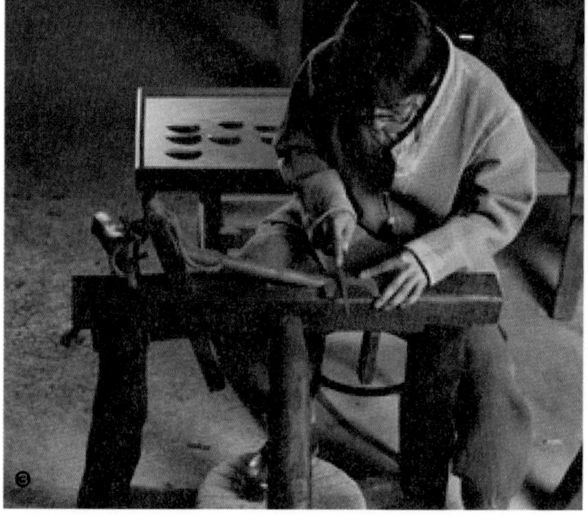

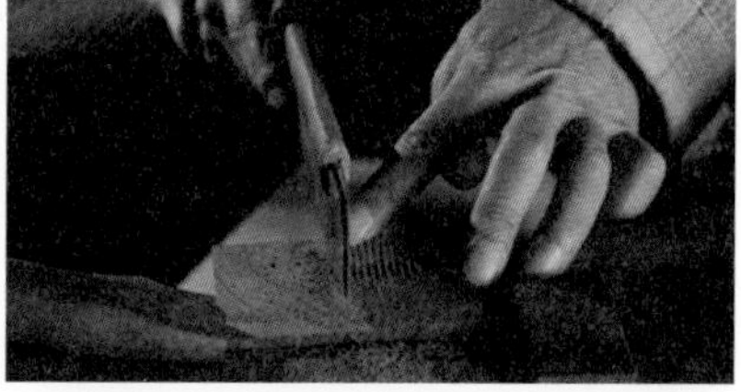

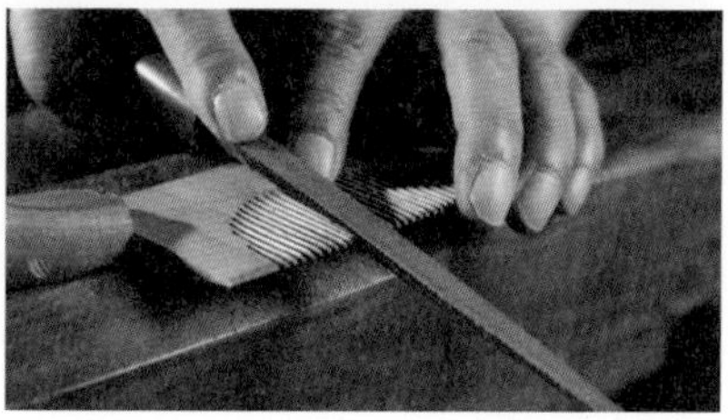

새가 벌어지게 마련인 것입니다. 빗살의 양쪽을 한데 모아야 하니, 구조적으로 가운데 부분을 고정시켜야 하는 것도 마찬가지 이치인 것입니다.

이처럼 참빗에는 작지만 강한 과학이 숨어 있습니다.

참빗을 제작하는 주재료는 대나무이고, 그것을 제작하는 도구의 대부분은 조선시대 이래 사용하던 수공 도구입니다. 대를 자르는 톱, 가는 피죽을 만들어 빼는 조름, 피죽을 훑어 얇게 만드는 배칼과 등다리, 빗살을 일정한 길이대로 꺾는 전짐, 대를 매끈하게 갈아내는 대칼과 중불칼 및 갈이칼, 빗살을 가지런하게 만드는 골판, 대의 표면을 매끈하게 훑어내는 밀칼, 빗살을 엮어가는 삭대와 무명실, 엮은 참빗을 고정시키는 물대 등이 그것입니다. 굵은 통대나무를 잘라 하나의 작은 빗을 만드는 72단계마다 끊임없이 장인의 솜씨가 발휘되어야 합니다. 어느 것 하나 소홀히 하면 머리를 빗는 빗으로서의 용도에 부합할 수 없겠지요? 때문에 오랜 세월 참빗을 만든 장인의 눈에만 보이는 노하우가 숨겨져 있어 전통 공예기술로서의 진정성 또한 매우 두드러집니다.

이처럼 대나무의 피죽을 이용하여 가늘고 얇게 만들어 촘촘히 엮은 다음 가운데 부분을 등대로 한데 이은 것조차 예나 지금이나 여전합니다.

3) 대나무에 그림이나 글씨를 새기는 장인, 낙죽장

낙죽장은 불에 달군 인두로 대나무에 그림이나 글씨를 새기는 장인을 말합니다. '낙죽'하는 작업을 '낙 놓는다', '낙질한다', '낙 지진다'라고 합니다. 낙죽할 때 쓰이는 도구는 인두와 화로뿐이고, 낙죽 인두는 일반적인 인두와는 모양이 다릅니다. 낙죽 인두는 안으로 굽은 'ㄱ'자 모양으로 되어 있고, 몸체는 두툼하고 끝은 뾰족합니다.

인두는 두 개를 준비해 화로에 꽂아 두고 번갈아 사용하는데, 이는 알맞은 온도를 계속 유지해야 하기 때문입니다. 낙죽기법으로 장식되는 물건은 부채, 화살대, 침통, 칼자루, 병풍, 담뱃대, 대나무필통 등이 많은데, 특히 참빗과 부채 등에 작업하였습니다. 낙죽은 접는 부채의 맨 처음과 마지막에 쓰이는 두꺼운 대나무 살에 가장 많이 사용합니다. 합죽선에 사용하는 무늬는 나비무늬인데, 간혹 박쥐무늬도 있습니다.

낙죽 작업의 핵심은 문양을 넣는 것이다. 대개 제품의 종류에 따라 무늬의 종류가 어느 정도 정해져 있어요. 때문에 보통은 민화나 생활 주변의 사물에서 알맞은 문양을 생각해

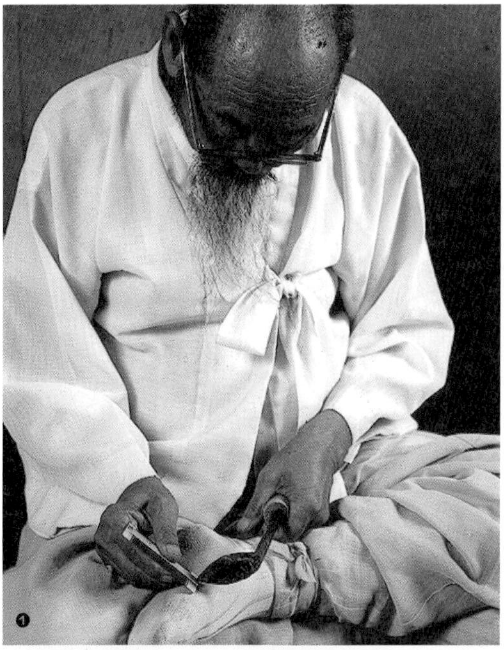

❶ 국가 낙죽장 故 이동연 보유자
❷ 국가 낙죽장 故 국양문 보유자
❸ 국가 낙죽장도장 한상봉 보유자
❹ 전남 낙죽장 이형진 보유자

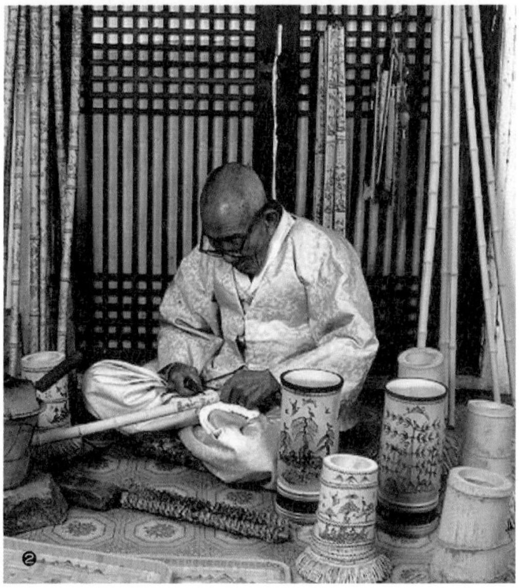

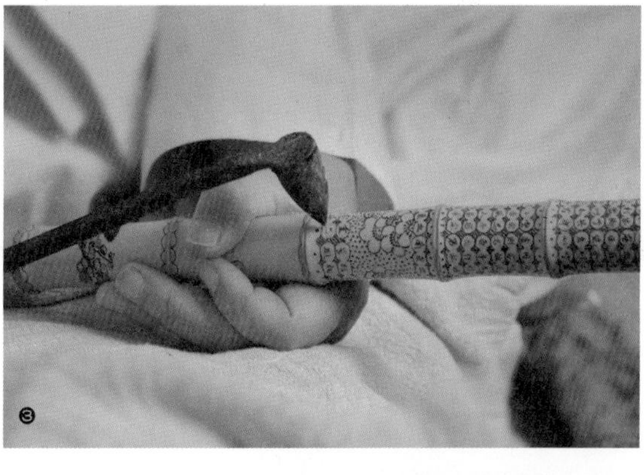

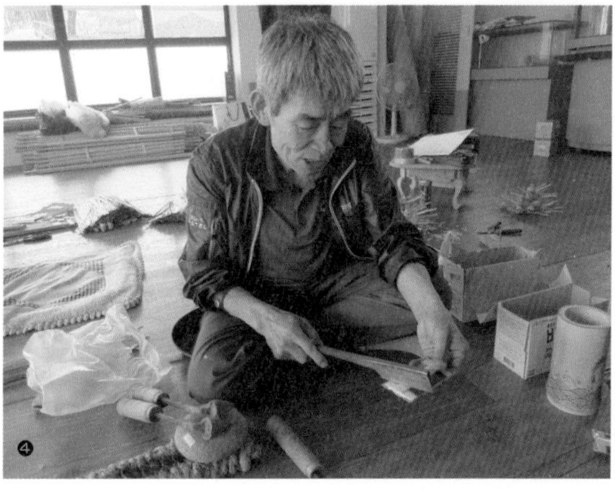

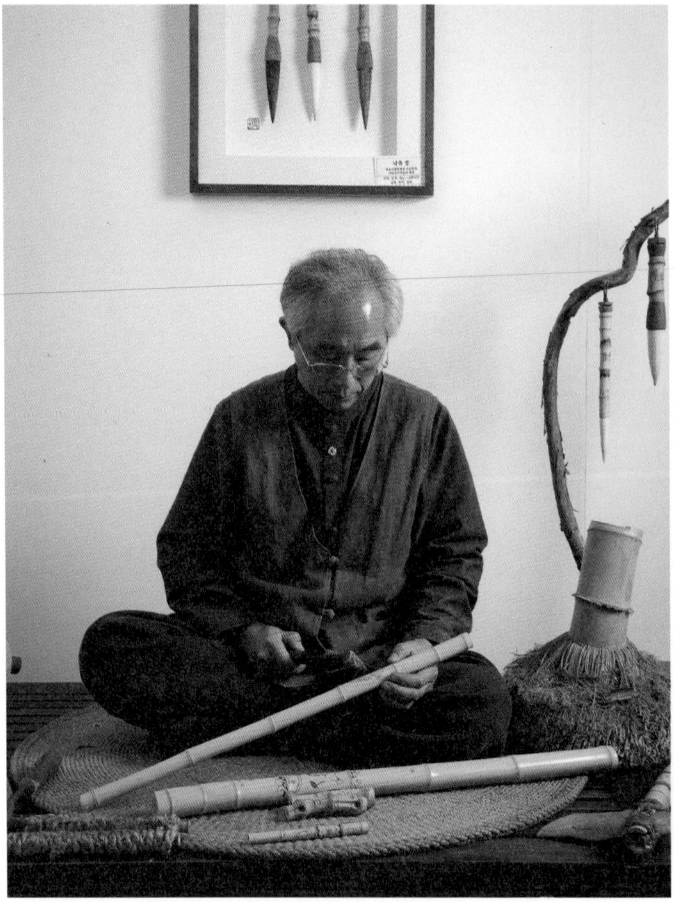

국가 낙죽장 김기찬 보유자

화로 위에서 인두 달구기

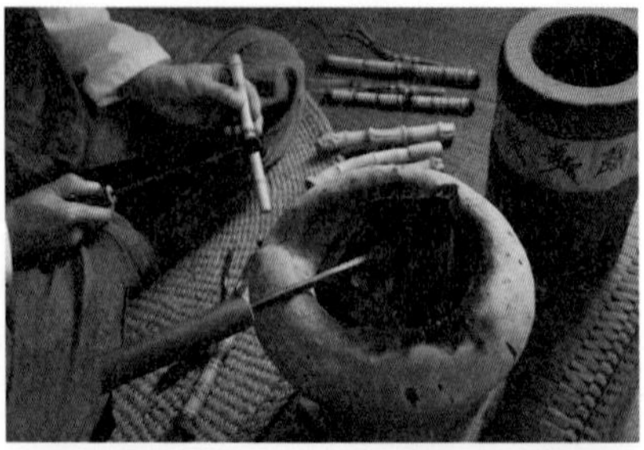

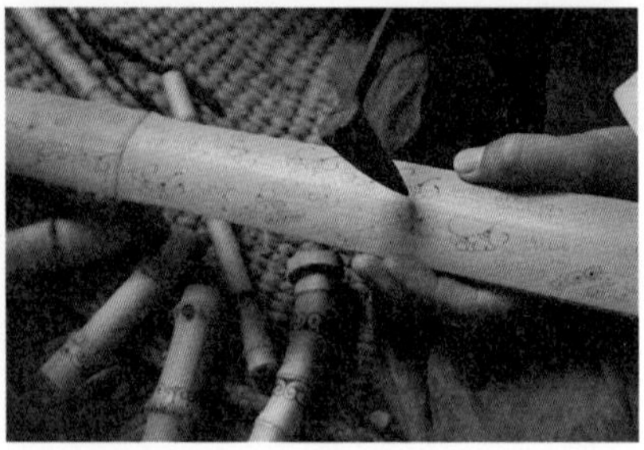

인두로 무늬 지지기

냅니다. 낙죽장은 공예품을 제작할 때 대부분 밑그림을 그리지 않는데, 복잡하고 정교한 무늬를 넣을 때에만 밑그림을 그리기도 합니다.

낙죽의 성패는 인두가 얼마나 달구어졌는가에 따라 선의 강약이 달라집니다. 온도가 높을수록 손을 빨리 움직여야 하고, 온도가 낮아지면 손에 힘이 많이 들어갑니다. 그래서 높은 온도에서는 빠르게 선을 그리고, 낮은 온도에서는 인두를 눕혀 명암과 질감을 표현합니다. 물론 이렇게 불에 달궈진 인두로 그림 작업을 하려면 꽤 오랜 기간의 숙련을 요구하기도 하지요.

이처럼 낙죽은 온도를 맞추어 그려야 하고, 인두가 식기 전에 무늬나 글씨를 마무리해야 하기 때문에 작업 경험과 속력이 필요한 기술입니다.

4 부채와 발을 만드는 장인은 누구일까요?

무더운 여름을 나기 위해 조상들은 시원한 느낌의 대나무를 재료로 삼은 공예품을 만들었어요. 문 밖으로 바람이 잘 통하도록 창에는 대나무로 만든 발을 쳤고, 바람을 일으키고자 대나무를 쪼개 부채를 만들기도 하였습니다.

1) 부채를 만드는 장인, 선자장

선자장은 부채를 만드는 장인입니다. 사람이 여름의 무더위를 식히기 위해 손바닥이나 나뭇잎 등을 가지고 바람을 일으키면 시원함을 느끼게 되는데, 이러한 간단한 원리를 이용한 도구가 부채입니다. 부채는 일찍부터 우리의 조상들이 한 여름을 보내는데 필수적인 생활용품이었습니다. 우리나라 속담에 "단오선물은 부채요, 동지선물은 책력이라"는 말이 있듯이 전통시대에는 여름에 들어서는 길목에 있는 단오를 맞아 부채를 선물하는 풍습이 있었거든요. 에어컨이나 선풍기가 없던 시절 여름철 생활의 필수품으로서 널리 사용되었어요.

부채는 댓살을 가늘게 만들어 넓적하게 벌려서 그 위에 종이나 헝겊을 붙여서 만듭니다. 부채의 순수한 우리말은 『계림유사』에서 "부체 션孛采扇"이라 한 데서 찾을 수 있습니다. 이것은 손으로 부쳐서 바람을 일으킨다는 뜻의 '부'자와 가는 대나무 또는 도구라는 뜻인 '채'자가 어우러져, '손으로 부쳐서 바람을 일으키는 채'라는 뜻이지요.

역사적으로 경남 의창군 다호리 1호 무덤에서 흑칠한 부채자루가 발견되어 이른 시기부터 사용되었음을 알 수 있지요. 고구려 때에는 357년 안악 3호분이나 408년 덕흥리 고분에 그려진 묘주의 오른손에 주미선麈尾扇이라는 깃털부채를 들고 있는 데서 찾을 수 있습니다.

부채의 종류는 사용하는 재료나 쓰임새에 따라 둥근 부채[團扇]와 접거나 쥐는 접부채[摺扇]로 나뉩니다. 둥근 부채는 자루가 있는 대표적인 형태로서, 바람판[扇面]을 대체로 둥글려서 만든 부채입니다. 흔히 '방구부채'라 부르기도 하며, 자루는 일자형이고 그 위쪽은 둥글게 처리하여 종이에 기름을 바르거나 삼베나 무명과 같은 헝겊을 바르는 것이 기본 모양새입니다. 예전에는 나뭇잎이나 깃털 그리고 파초잎과 같은 자연물로 만든 것도 있습니다. 우리나라에서 가장 유명한 것은 태극 무늬를 그린 태극선太極扇입니다. 충남 무형문화재 제21호로 지정된 서천부채장은 부채의 자루가 공작의 모양처럼 생겼고, 부채살 위에 헝겊을 발라 만든 것이 특징입니다.

한편 접선은 접었다 폈다 할 수 있는 부채이며 고려시대에 처음 창안하여, 그때부터 지금까지 우리나라의 특산품으로 발전하였습니다. 접선은 부채살의 숫자와 부채꼭지[군안]의 모양이나 장식품 및 부채 바탕의 꾸밈새에 따라 여러 명칭이 붙어 있습니다. 그중 가장 유명한 것이 합죽선입니다. 국가무형문화재 제128호 선자장은 합죽선을 만드는 장인입니다.

합죽선은 대나무를 고르는 일이 중요하고, 겉대를 얇게 떠내어 곱게 다듬고, 그 유연한 겉대를 합죽合竹하는 기술에 섬세한 공정을 요구됩니다. 부채를 만드는 장인은 합죽의 기술이 무엇보다도 탁월해야 하며, 그것이 좋아야 부채를 접었을 때 그 두께가 손가락 한 마디 정도되게 만들 수 있습니다. 합죽한 부채살이 가늘고 정교하면서도 유연하고 탄력성이 좋아 시원한 바람을 내는 것이지요. 그것이 우리나라를 대표하는 명품, 합죽선의 기술은 종이공예에서 좀더 다루겠습니다.

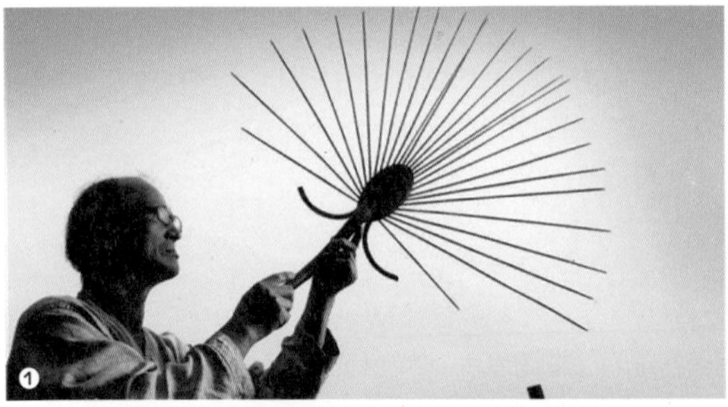

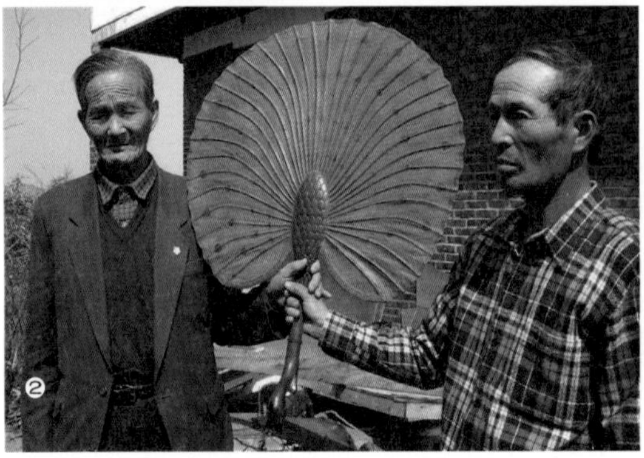

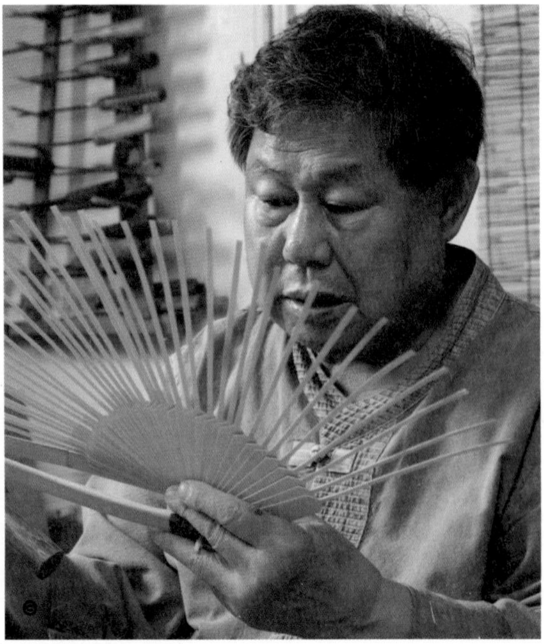

❶ 충남 서천부채장 이광구 보유자
❷ 충남 서천부채장 故 이한규 보유자와 아들인 이광구 보유자
❸ 국가 선자장 김동식 보유자

2) 발을 만드는 장인, 염장

염장은 발을 만든 장인을 말합니다. '발'은 보통 햇볕을 가리는 데 쓰기 위하여 대나무를 가늘게 쪼개어 얻은 대오리를 삼끈이나 실로 엮어서 만든 공예품입니다. 또한 실을 엮어 나가면서 다양한 문양을 담아냅니다. 문양의 종류에는 귀감무늬, 그물무늬 등이 있습니다.

발은 특히 여름철에 강한 햇볕을 막아 주어 실내를 시원하게 하는 기능과 함께 밖에서 안을 들여다보지 못하게 하는 기능도 갖고 있습니다. 여름 철 대청마루에 걸린 발 하나. 그 발을 통해 어디선가 솔솔 바람이 불어오는 것이 느껴지나요?

역사적으로 삼국시대의 기록에서 발견되지만 발이 언제부터 사용되었는 지는 알 수 없습니다. 다만 우리는 역사책이나 드라마 속에서 '수렴청정垂簾聽政'이라는 말을 많이 들었습니다. 어린 세자가 성인이 되기 전에 국왕으로 즉위했을 때 그의 어머니인 왕대비가 신하들을 접견할 때 대전에 발을 치고 섭정을 했던 데에서 유래한 것입니다.

발은 옛날 사람들이 타고 다녔던 가마의 문을 가리는 발에서부터 집의 문을 가리는 발까지 다양하게 만들어졌습니다. 발을 만드는 재료에는 대나무, 갈대, 달풀 등이 사용되는데, 가장 많이 사용되는 것이 대나무입니다.

발을 만들려면 가늘고 긴 대오리를 만드는 것이 핵심기술입니다. 먼저 대나무를 일정한 길이로 길게 잘라 쪼갠 다음 이슬과 서리를 한두 달 맞히고 잿물에 삶고 냇물에 삭혀 건조시킵니다. 이제, 가느다란 대오리 뽑기를 하려면 고두쇠를 준비합니다. 고두쇠의 큰 구멍부터 작은 구멍까지 차례로 통과시켜 0.7㎜로 가늘고 긴 일정한 두께의 대오리를 뽑아내고, 표면을 매끈하게 다듬어줍니다. 발 1개를 짜려면 이러한 대오리 2,000개가 사용되므로, 고두쇠에 넣고 원하는 지름이 될 때까지 일일이 뽑아내는 일을 반복합니다.

대오리가 준비되면 발틀 위에 발의 크기만큼 앞 뒤 1쌍의 고드랫돌을 준비합니다. 발틀에 처음 시작대를 올리면 고드래에 감긴 실로 묶어 고정을 합니다. 앞에 있던 고드래는 뒤로, 뒤에 있던 고드래는 앞을 옮기면 대오리를 앞뒤로 고정시켜주는 것이지요. 발 짜는 옆에 있으면 조용한 가운데 작고 낮게 도르락, 도르락하며, 고드랫돌을 옮 길 때 고드래가 부딪쳐 나는 소리만 가득하답니다.

발을 다 엮고 마감대를 올리면 가장자리를 자르고 고드래를 분리하고 천으로 바느질하

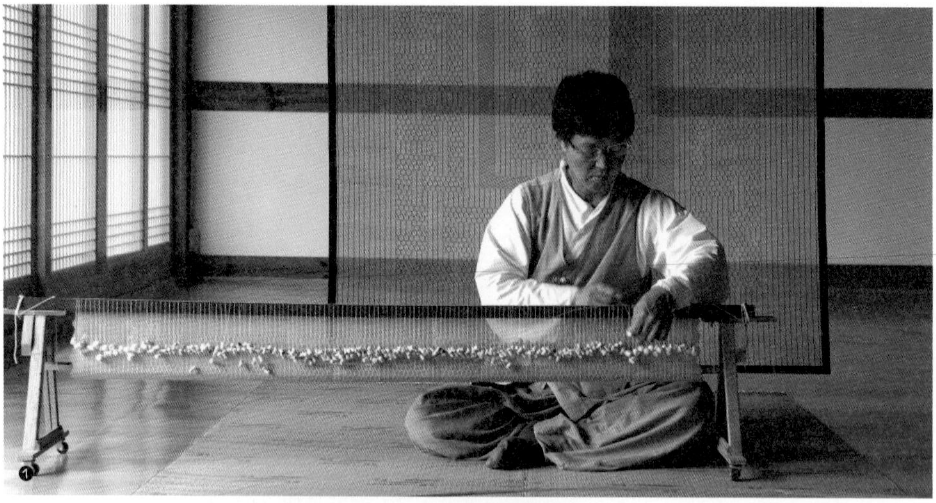

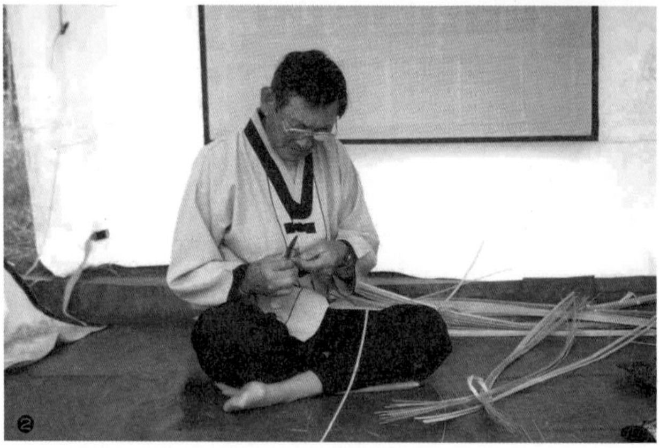

❶ 국가 염장 조대용 보유자
❷ 전남 담양죽렴장 박성춘 보유자

여 감쌉니다. 발의 윗부분은 고리를 만드는데 고리는 마감대에 박습니다. 시작대, 마감대를 천으로 감쌉니다. 땋아 놓은 술은 2분의 1 지점에서 서로 묶어 삼각형을 만듭니다. 다시 그 옆의 술과 묶으면 마름모 모양이 됩니다. 매듭을 완성하고 남은 날실에 술올 보충하여 적당량의 술을 만들기도 합니다.

아주 이른 시기부터 우리 민족은 발을 애호하였습니다. 그러나 1970년 이후 한옥이 사라지면서 콘크리트와 유리로 아파트를 만들면서 발을 찾는 사람들도 급격히 줄어들었습니다. 발은 만 번 이상의 손길이 가야만 제대로 된 작품을 만들 수 있다고 합니다. 발을 만드는 기술 또한 많은 시간을 인내하고 끊임없이 갈고 닦는 노력을 통해 숙련이 필요한, 우리 후손에게 물려줄 자랑스러운 무형문화유산 중 하나입니다.

5 상자와 바디를 만드는 장인은 누구일까요?

아주 오랜 옛날을 말할 때 옛날 고리짝이라는 말을 심심찮게 하곤 했습니다. 예전에는 지금처럼 장롱과 같은 가구가 흔하지 않았고, 집집마다 변변한 가구가 없었습니다. 이때 대나무나 고리로 만든 것이 고리짝, 즉 상상자였습니다. 오랜 옛날 대나무를 가늘게 오려 짠 피죽상자가 장롱 대신 세간을 넣어두는 데 적격이었습니다.

1) 대나무 껍질인 피죽을 엮어 상자를 만드는 장인, 채상장

채상장은 얇게 떠낸 대나무 껍질인 피죽을 색색으로 물들인 다음, 아름다운 무늬가 배치되도록 엮어서 상자를 만드는 장인을 말합니다. 채상장이 언제부터 있었는지는 확실하지 않지만 오랜 옛날부터 궁중이나 귀족 계층의 여인들이 이용하였던 귀한 공예품 중 하나였습니다. 조선 후기에는 양반 사대부뿐만 아니라 일반 서민들도 혼수품으로 많이 사용하였습니다. 채상으로 만든 물건들은 주로 옷이나 장신구, 침구류, 귀중품 등을 담는 용기로 사용되었습니다. 전라남도 담양은 예부터 좋은 대나무 밭이 많아 일찍부터 죽세공예가 발달하였는데 채상 또한 담양의 것을 최고로 꼽았고, 현재까지도 그 전통을 잘 이어 오고 있습니다. 채상은 여러 가지 무늬를 적절히 배치하여 엮어 나가는 전통 공예 기술입니다. 채상에는 크게 두 가지 기법이 있습니다. 하나는 대나무를 종이처럼 얇고 가늘게 자른 피죽을 여러 색으로 염색하여 무늬를 넣어 짜는 방법입니다. 다른 하나는 피죽의 겉과 속의 색상이 다른 것을 이용하여 염색을 하지 않고 그대로 짜서 무늬가 은은히 비치게 하는 방법입니다.

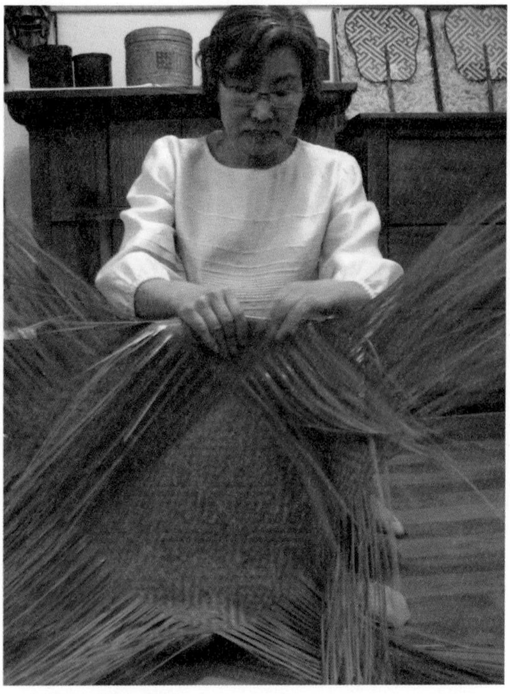
국가 채상장 서신정 보유자

채상의 제작 과정은 다음과 같습니다. 먼저 피죽을

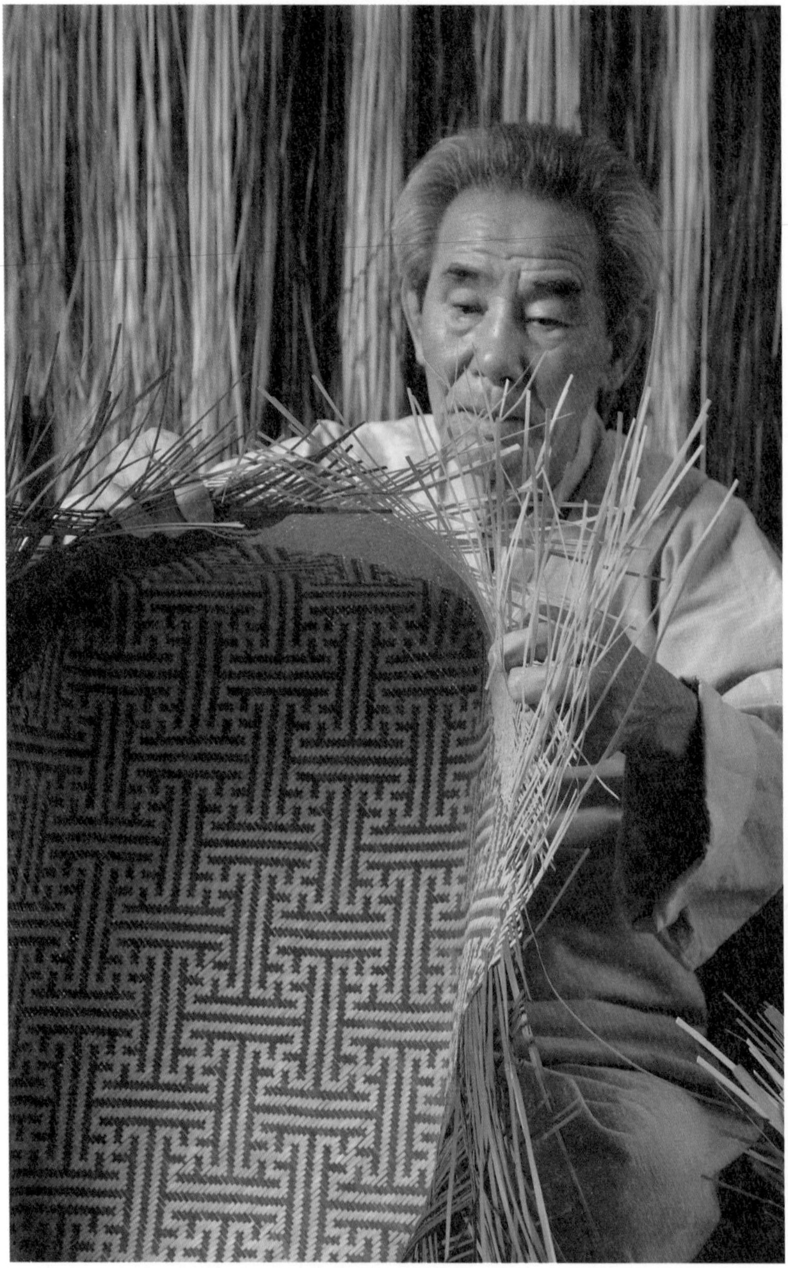

국가 채상장 故 서한규 보유자

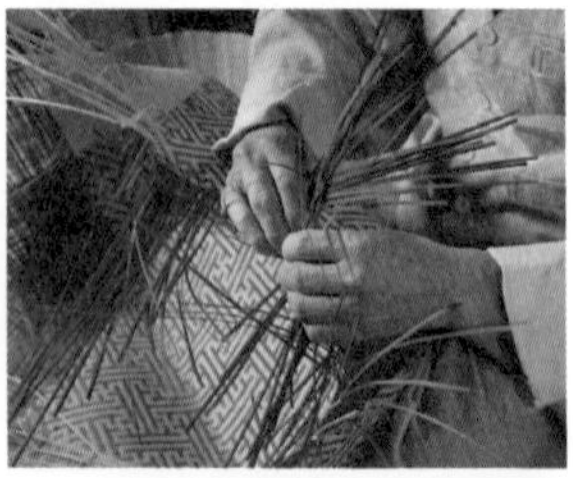

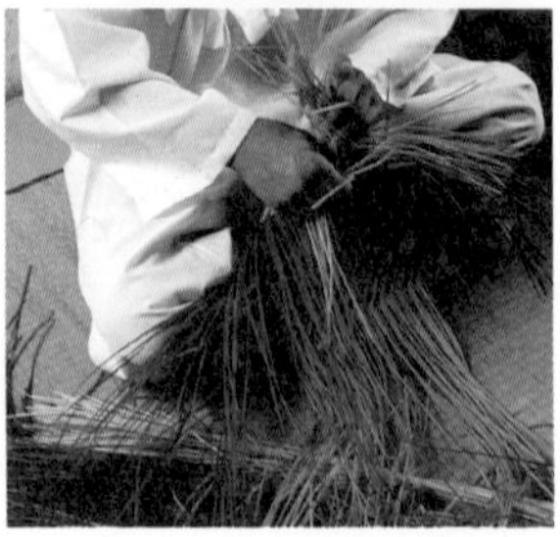

얇게 떠냅니다. 떠낸 피죽을 물에 불린 후 그것을 무릎에 대고 일일이 칼로 훑어서 일정한 두께가 되도록 정리합니다. 여러 가지 색으로 염색을 하고 나서 1~5가닥씩 엇갈려 가며 엮습니다. 모서리와 테두리에 남색이나 검정색 등 바탕 무늬와 어울리는 비단이나 모시, 삼베 등으로 감싸면 완성됩니다. 누구나 갖고 싶어한 아름다운 상자, 그것이 바로 채상입니다.

2) 베 짜는 도구인 바디를 만드는 장인, 바디장

바디장은 베를 짜는 베틀의 한 부분인 바디를 만드는 장인을 말합니다. 베틀의 한 부분인 바디는 촘촘함의 정도로 베의 굵기를 결정합니다.

베를 짜는 모습은 이미 신석기시대 유적에 나타나 있고, 조선시대 법전인 〈경국대전〉을 보면 상의원에 '성장筬匠'이라고 하는 바디장筬匠을 두었다는 기록이 있습니다. 그러나 방직 기술이 발달하면서 점차 베틀을 사용하지 않게 되었고, 바디장도 사라져 갔습니다.

바디는 가늘고 얇게 쪼갠 대오리로 만드는데, 3~4년생 대나무의 껍질이 단단하고 두터워서 바딧살로 쓰기에 적당합니다. 바디는 안동과 한산지역에서 만든 것이 섬세하고 튼튼하여 명물로 인정받고 있습니다. 이후 합성섬유의 등장으로 바디를 만드는 것은 거의 사라졌는데, 안동과 한산지역에서 그 전통을 이어 오고 있습니다.

첫째, 바딧살을 만드는 과정은 생대나무를 30센티미터 이상 자른 다음 대칼로 어른 손가락 두 개 넓이만큼 열조각 정도로 조각을 냅니다. 바디를 만들 때는 겉대, 곧 표피만 필요해요. 표피가 벗겨지면 속살은 버리고 댓살은 칼로 3, 4등분하여 풀치는 석칼질을 합니다. 이때 훑쳐진 표피에 따라 가늘고 얇은 표피는 15새 이상의 바디에 사용하고 굵기에 따라 7승, 8승, 9승 등에 사용합니다. 생대를 훑는 작업까지 끝나면 가는 댓살을 햇볕에 말립니다. 다음 양쪽에 날카로운 칼이 아주 좁은 간격으로 수평을 유지하고 있는 조름대에 바딧살이 그 사이를 훑는데 비뚤어진 것을 바로잡으면서 간격도 똑같아집니다. 조름질이 끝나면 다시 바딧살을 반반하게 훑는 석칼질을 하는데, 석칼질을 다시 하는 것은 7승, 8승, 9승 등으로 샛수를 결정하기 위해서입니다. 석칼질이 끝나고 '전지미'를 이용하여 일정한 길이로 꺾으면 바딧살이 완성됩니다.

둘째, 기둥살(일명 날대)을 만드는 과정에서 기둥살은 바디의 양쪽 가장자리에 들어갈 대를 말합니다. 기둥살 역시 왕대가 가장 좋은데 바디 한 개에 네 쪽이 들어갑니다. 그 형태는 두 쪽씩 배를 맞대게 하는데 배가 맞닿는 곳은 납작하게 다듬고 그 반대로 등이 되는 곳은 약간 반원형으로 불룩하게 다듬습니다.

셋째, 마구리를 끼우는 과정인데, 마구리는 바디의 양쪽 끝을 막는 끝맺기입니다. 마구리 역시 속대로 하는데 대를 조각내어서 그 길이가 바딧살과 똑같게 하고, 두께는 3, 4밀리미터 정도로 얇게 다듬어서 양쪽 끝에 대도록 준비합니다.

넷째, 바딧살을 조립하는 과정은 바딧살, 기둥대, 마구리가 모두 준비되면 조립합니다. 이것을 '바디 맨다'고 합니다. 바딧살을 매어 나갈 때 바디틀을 사용합니다. 바디틀은 양쪽에 특별히 고안된 기둥이 있습니다. 기둥 사이엔 바디의 넓이만큼 기둥살을 가로로 끼웁니다. 기둥대를 양쪽으로 두 개씩 배를 맞게 끼운 다음 움직이지 않게 양 끝에 쐐기를 박습니다. 그리고는 가운데 버팀기둥을 끼우고 맨 밑에 있는 탕개줄을 조이면 전체의 바디틀이 탄탄하게 움직이지 않게 됩니다.

바디틀이 이렇게 완성되면 바딧살의 양쪽을 절아 나갈 실꾸리를 만듭니다. 실꾸리의 중심이 되는 재료는 가는 통대입니다. 이것을 '전대'라고 합니다. 전지미대에 목화에서 뽑은 실로 합사하여 꾸리를 감습니다. 실꾸리가 완성되면 절어 나가는 작업을 합니다. 처음 마구리를 날대와 날대 사이에 끼우고 제일 먼저 들어가는 바딧살 두 개를 합하여 절어 가는데 그것은 보기도 좋고 단단하게 하기 위해서입니다.

절어가는 방법은 양쪽의 실꾸리를 늘어뜨려 연신 실을 뽑아내면서 실꾸리가 안쪽으로 들어가서 실을 걸고 바깥편으로 빠져 나온 그 사이에 바딧살을 끼워져서 얽매입니다. 한 번은 안쪽으로 들어가고 한 번은 바깥쪽으로 들어가게 반복한 다음 바딧살은 세워서 절입니다. 바딧살을 9승, 15승 등으로 결정하는 것은, 이 합사의 굵기와 석칼질을 할 때에 결정되기 때문에 절어 나갈 때는 아무런 부담 없이 절어 나갑니다. 바딧살이 완전히 절어지면 바디틀을 해체하여 마무리 작업을 합니다.

다섯째, 마무리 과정은 바딧살을 다 엮고 나면 바디틀에서 떼어내고 먼저 바디의 길이만큼 기둥살을 잘라 버립니다. 그리고 전지미를 이용하여 양쪽이 일직선상으로 반듯해지게 두들깁니다. 이것이 끝나면 바디의 양쪽 바닥이 반듯하게 바탕을 고르는 스피질을 합니다. 스피질이 끝나면 대나무 얼대를 사용하여 얼잡기를 합니다. 얼잡기를 잘해야만 바디 바탕에 사이가 뜨지 않습니다.

이렇게 바디 바탕이 모두 완료되면 쌀풀이나 밀풀을 쑤어서 창호지를 바릅니다. 창호지는 5센티미터 넓이로 썰어서 반대쪽과 함께 싸서 발라 말립니다. 고운 옷감을 짜려면 무엇보다 바디가 섬세해야 하기 때문에 제작하는 기술 또한 섬세함을 필요로 합니다. 바디장이 만든 바디는 인류무형유산인 한산모시를 짜는 베틀 의 부속도구로서 꼭 필요한 것입니다. 그러나 보유자의 사후 바디를 제작하는 기술의 전승이 위험에 처해 있습니다. 이에 대한 정책당국의 관심과 대응전략이 절실합니다.

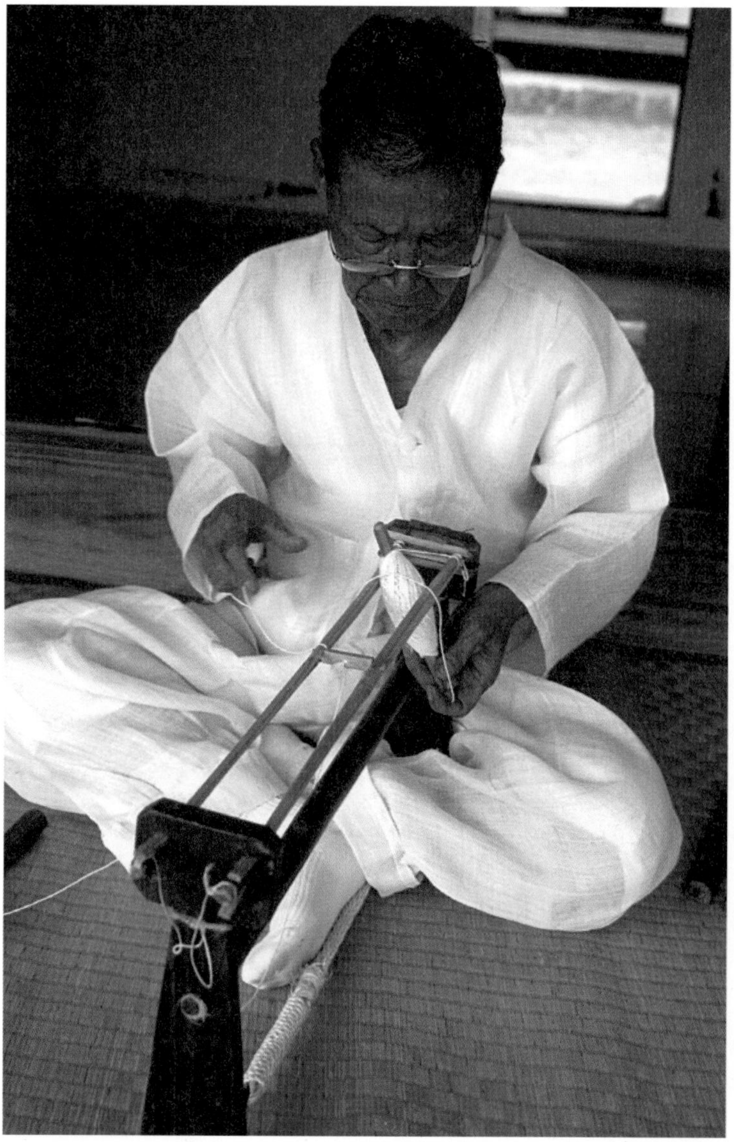
국가 바디장 故 구진갑 보유자

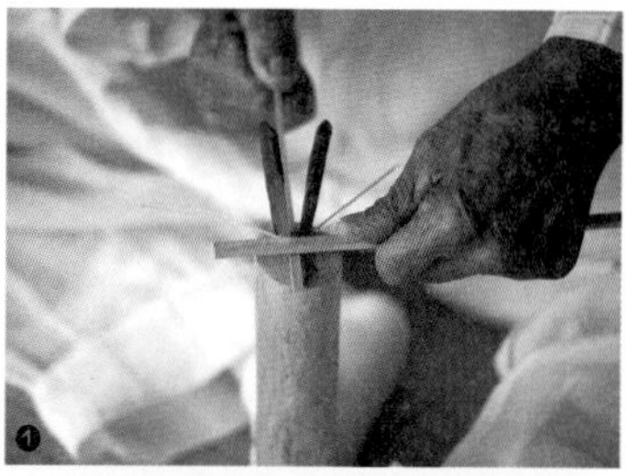

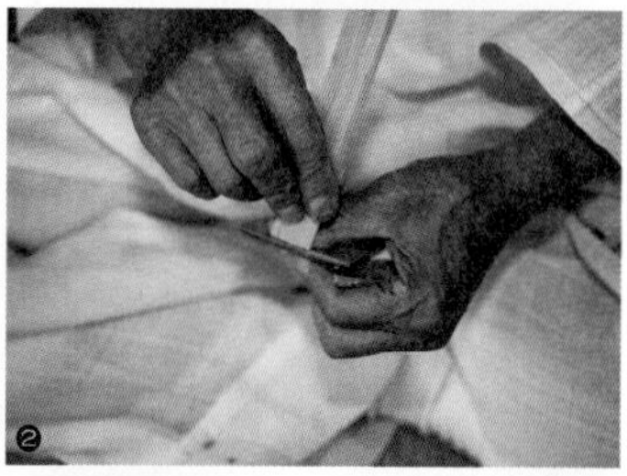

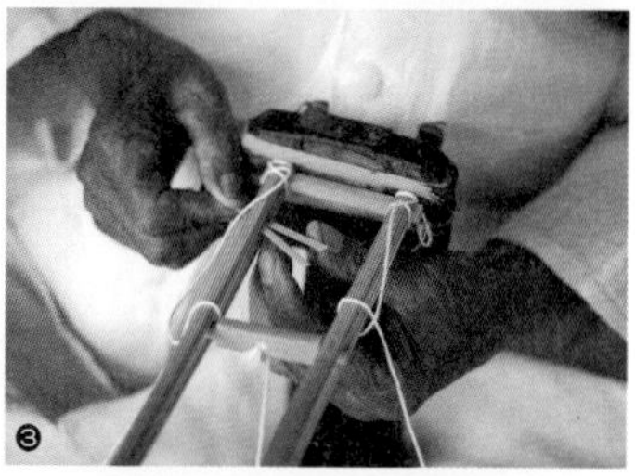

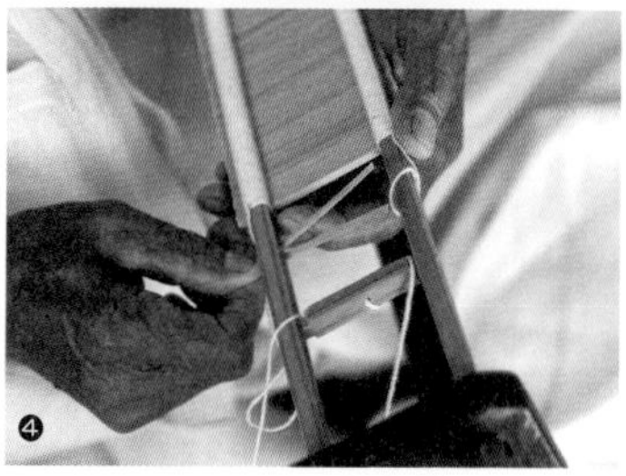

❶ 댓살 조름질하기
❷ 댓살 꺾어 바딧살 만들기
❸ 바딧살을 날대에서 엮기
❹ 마구리 끼우기기

6 오죽으로 문방가구를 만드는 오죽장은 누구일까요?

대나무는 나무도 아닌 것이 풀도 아닙니다. 이런 대나무는 사철 푸르고 생태적으로는 죽본고竹本固, 죽성직竹性直, 죽심공竹心空, 죽절정竹節貞의 4가지 특성으로 인해 군자의 상징으로 비유하기도 합니다. 대나무 중 오죽은 검은색을 띠며 표면에 약간의 얼룩이 있어 반죽班竹이라고도 불립니다. 서울시 무형문화재 제15호 오죽장은 오죽을 재료로 사용해서 문방구를 만드는 장인입니다.

죽세공예 때 재료는 생대를 잘라낸 통대와 피죽을 사용하는 장인으로 나뉘어요. 시장矢匠은 시누대를 통대로 이용하여 각종 화살을 만듭니다. 채상장이나 바디장 및 참빗장은 생대를 자르고 쪼개어 얇은 피죽을 엮거나 실로 묶어 상자나 바디나 참빗을 만들지요. 이에 비해 오죽장은 오죽을 5년 이상 잘 건조시킨 후 통대와 피죽 댓살을 동시에 다루어 제작한다는 면에서 다른 죽세장인과 차이가 있답니다.

먼저 통대를 사용하는 것은 고비를 만들 때, 오래 묵힌 오죽 통대를 자르고 구부려 만듭니다. 고비를 이루는 가로대와 세로대를 연귀짜임으로 직각 연결합니다. 이때 통대 안쪽이 비어 있어서 연결될 부위만큼 작은 죽심竹芯을 꼭 맞춰 박아넣고 1㎜의 작은 대못을 박아 붙입니다.

다음으로 경상 등 가구를 만들 때에는 먼저 소목장에게 의뢰하여 나무로 백골을 짜옵니다. 그 위에 대를 쪼개고 가른 오죽 댓살을 아교와 어교를 혼합한 접착제로 붙인 죽장竹裝가구를 만들지요. 무엇보다 죽장용 댓살은 피죽처럼 편평하지 않은 것이 특징입니다. 통대의 1/4에 해당되는 부분을 살려 표면이 약간 볼록하게 자르고, 오죽이 지닌 반죽 색상의 진하기의 차이에 따라 25단계의 색깔로 분류해서 사용합니다. 오죽의 댓살은 그 표면이 편평하지 않고 약간 볼록하기 때문에 빛을 받으면 그 표면이 미묘하게 변화하는 특성을 응용한 '편광기하학'을 엿볼 수 있지요.

이처럼 오죽장은 대나무가 본디 가지고 있는 상징적 의미를 문방구로 만들어 조선 선비의 멋을 오늘에 보여줍니다. 그러나 장인은 점점 나이가 들고 그것을 배우려는 사람이 거의 없어 앞으로 이 전통기술이 계속 전승될지 걱정입니다.

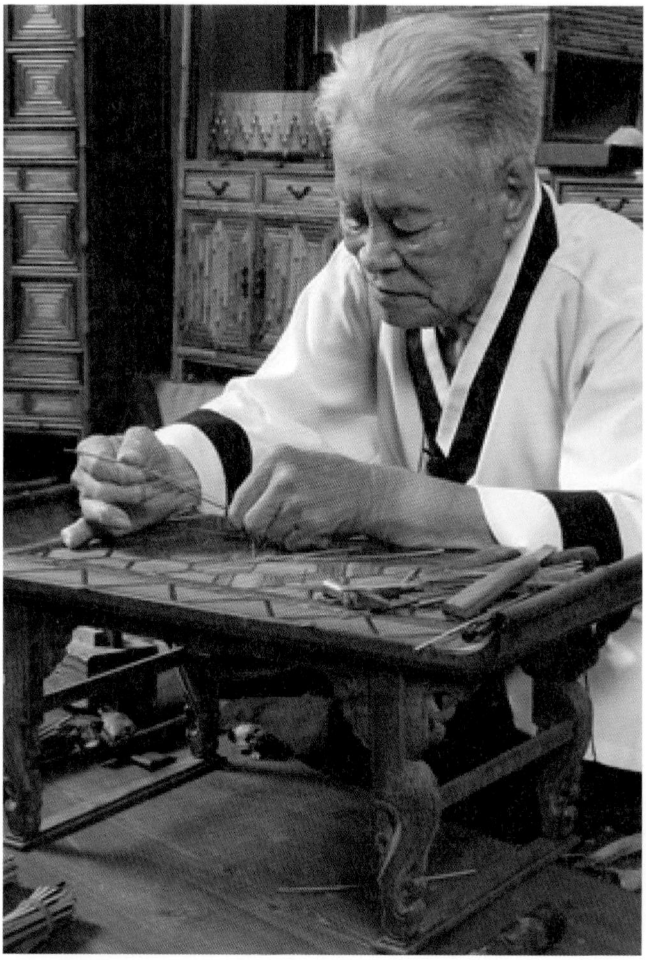

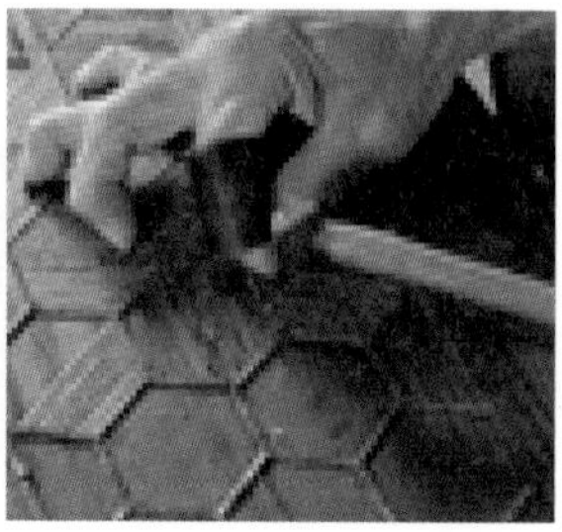

서울 오죽장 윤병훈 명예보유자 경상 만들기

고비 만들기

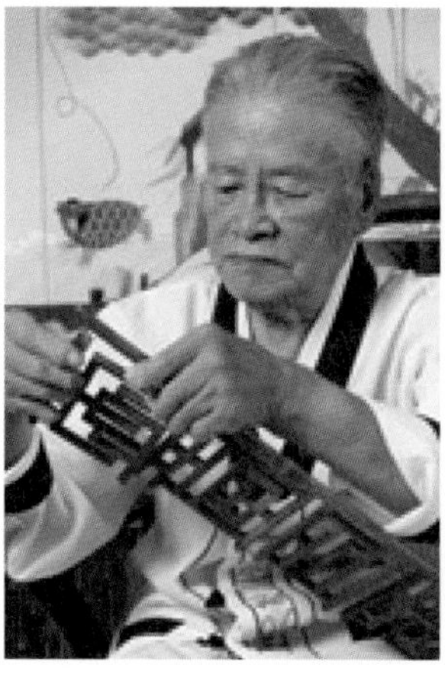

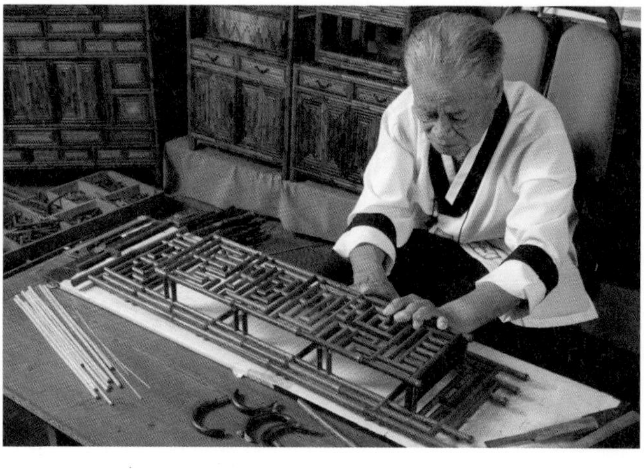

학습평가

01 (난이도 중) 죽세공예에 대한 설명으로 옳지 못한 것은?

① 대나무로 부채나 참빗을 비롯한 다양한 물품을 만드는 공예기술이다.

② 우리나라에서는 조선시대부터 대나무로 공예품을 만들었다.

③ 우리 민족은 일찍부터 큰 활을 만들어 동이족이라고 불렸다.

④ 우리나라는 가늘고 얇은 대나무를 다루는 기술이 발달하였다.

02 (난이도 하) 무형문화재로 지정된 죽세공예 종목과 그 기술이 잘못 짝지어진 것은?

① 궁장 - 활이나 화살을 만드는 장인

② 선자장 - 부채를 만드는 장인

③ 염장 - 발을 만드는 장인

④ 채상장 - 채색 상자를 만드는 장인

03 (난이도 중) 우리나라 죽세공예품의 용도에 해당되지 않는 것은?

① 양태 - 선비들의 모자인 갓의 차양에 해당된다.

② 낙죽 - 부채나 참빗에 인두로 무늬를 지진 것이다.

③ 바디 - 문에 걸어서 여름철에 바람이 통하게 하는 가리개이다.

④ 참빗 - 머리를 가지런히 빗을 때에 사용된다.

04 (난이도 중) 대나무를 다루어 물건을 만드는 장인과 그들이 기술에 대한 설명으로 옳지 못한 것은?

① 대나무로 전세계에서 가장 강한 활을 만드는 장인은 궁장이다.

② 합죽선과 같은 명품의 부채를 만드는 장인은 궁장이다.

③ 피죽을 채색하고 문양을 넣어 상자 형태로 짜는 장인은 채상장이다.

④ 대나무를 머리카락보다 가늘게 쪼개어 발을 만드는 장인은 양태장이다.

05 (난이도 상) 죽세공예의 재료에 대한 설명으로 옳지 못한 것은?

① 활을 만들 때는 접착제로 민어 부레풀을 사용한다.

② 피죽은 대나무의 껍질 부분에 해당된다.

③ 발의 주재료는 세 마디 이상의 굵고 긴 통대를 사용한다.

④ 낙죽장은 불에 달군 인두를 사용하여 지진다.

01 | 정답 | ②

| 해설 | 우리나라에서 대나무로 공예품을 만들기 시작한 시기는 아주 오래되어, 삼국시대 유적에서 대나무로 만든 참빗이 출토되기도 한다.

02 | 정답 | ①

| 해설 | 궁장은 활을 만드는 장인이고, 시장은 화살을 만드는 장인이다.

03 | 정답 | ③

| 해설 | 바디는 베틀의 부속구로서 옷감을 가늘고 곱게 짤 때 필요한 도구이다.

04 | 정답 | ④

| 해설 | 양태장은 대나무를 머리카락보다 가늘게 쪼개어 갓의 차양을 만드는 장인이고, 발을 만드는 장인은 염장이다.

05 | 정답 | ③

| 해설 | 발의 주재료는 가늘고 긴 대오리이며, 발을 만들 때의 핵심 기술은 대오리를 가늘고 길게 뽑아내는 것이다.

학습정리

① 죽세공예는 대나무를 가늘고 얇게 쪼개어 생활에 필요한 각종 기물을 만드는 기술로서 다른 어느 나라에서도 보기 어려운 한국만의 독특한 기술이다.

② 대나무는 전통무기를 만들 때 사용되며, 그것을 만드는 장인이 지정되어 있다. 국가무형문화재 제47호 궁장은 활을 만드는 장인이고, 시장은 화살을 만드는 장인이며, 제93호 전통장은 화살을 넣는 전통을 만드는 장인이다.

③ 대오리를 가늘게 쪼개어 의식주 생활에 필요한 용구를 만드는 장인도 지정되어 있다. 국가무형문화재 제4호 양태장은 조선시대 선비들이 착용하던 갓의 차양을 만드는 장인이다. 전남무형문화재 제15호 참빗장은 삼단같이 길고 숱이 많은 머리를 건추리는 참빗을 만드는 장인이다. 국가무형문화재 제31호 낙죽장은 참빗이나 부채 위에 인두로 문양을 지니는 장인이다.

④ 대나무는 더운 여름 나기에 필요한 공예품을 만드는 데에도 활용되었다. 국가무형문화재 제118호 선자장은 더위를 몰아낼 바람을 일으키는 부채를 만드는 장인이다. 국가무형문화재 제114호 염장은 대올을 가늘고 길게 뽑아 바람이 솔솔 들어오는 발을 만드는 장인이다.

⑤ 대나무는 가늘고 얇게 쪼개지는 성질을 이용하여 상자를 비롯한 소품을 만들기도 한다. 국가무형문화재 제53호 채상장은 가는 대오리를 염색하고 엮어 작은 상자를 만드는 장인이다. 국가무형문화재 제88호 바디장은 옷감을 짜는 베틀의 부속구를 만드는 장인이다.

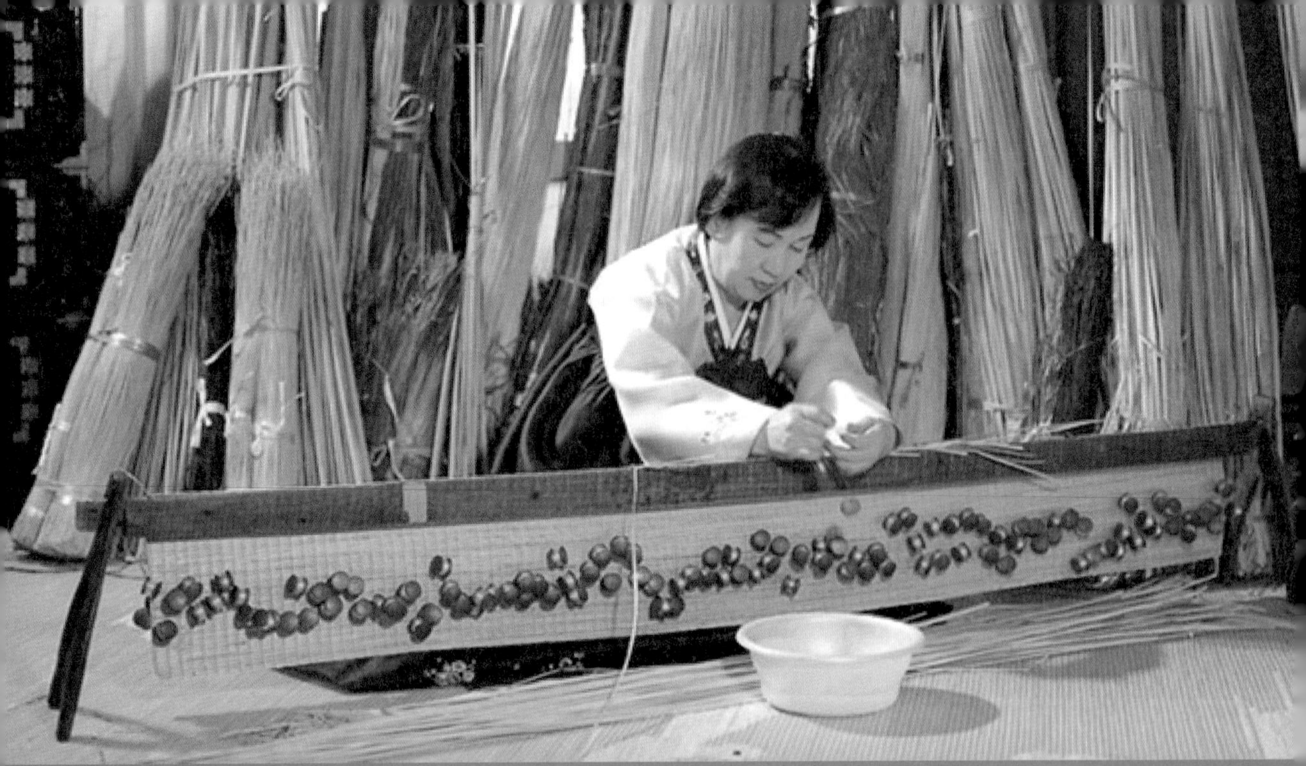

07
짚풀공예와 장인

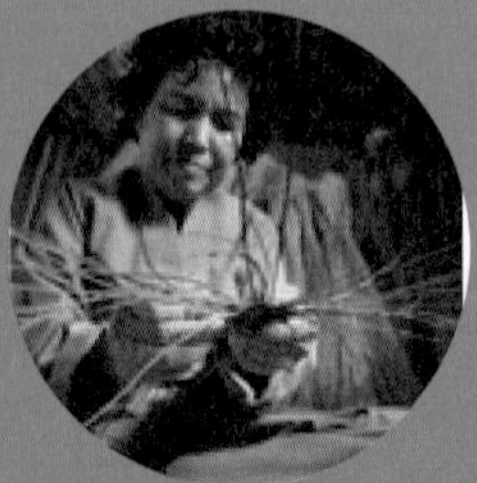

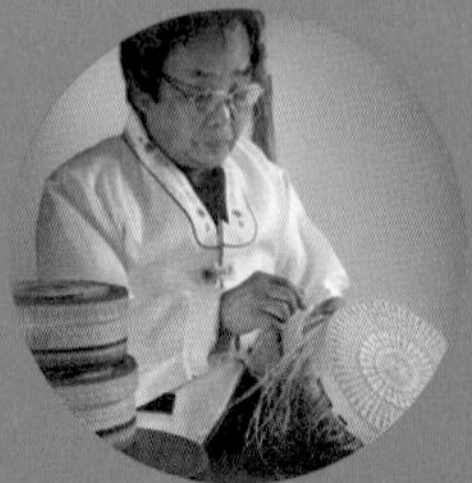

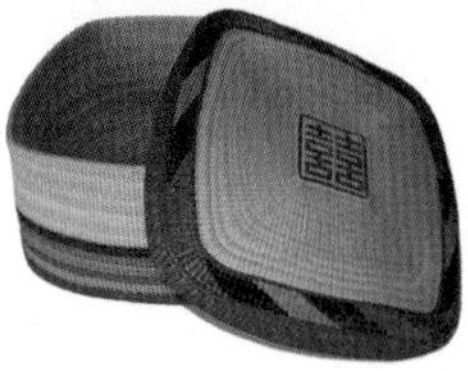

짚풀공예 지정종목과 장인

구분	지정번호	종목명	사망	명예	보유자	전수교육조교
국가	제103호	완초장			이상재	유선옥, 양인숙
서울	제16호	초고장			한순자	
	제29호	등메장		최헌열		
인천	제17호	완초장			한명자	
대전	제16호	초고장			양중규	
충남	제31호	홍성댕댕이장			백길자	김성환
제주	제8호	정동벌립장			홍달표	

■ 학습개요

우리 조상들은 오랜 옛날부터 생활에 필요한 모든 도구를 자연에서 나는 재료로 만들어서 사용해 왔다. 우리 주위에는 흔히 나고 자라는 짚과 풀처럼 구하기 쉬운 재료들이 그것들이다. 이것들로 엮거나 꼬아서 각종 기물을 만들었다. 삼국시대 유적에서 짚신 유물이 대표적이다.

짚풀공예는 우리의 역사와 함께 하고 있다. 이런 것을 사용하는 공예품은 실생활과도 밀접하게 관련된 것이 많아 지나친 권위를 내세우거나 기교를 부리지 않는 것도 하나의 특징이라 할 수 있다. 특히 유교적 이념으로 질박하고 검소한 삶을 이상으로 삼았던 조선시대에 짚풀공예품는 더욱 애호되고 발전하였다. 지붕을 초가로 이은 초가집을 비롯하여 왕골로 제작하는 화문석은 우리나라를 대표하는 특산품이다. 그밖에 정동이나 댕댕이 같은 줄기 식물로 모자를 만들거나 채반 등을 만들어 쓰기도 하였다.

이 또한 산업화와 문명화를 거치면서 짚풀 관련 전통 수공예기술이 점차 사라지거나 변질되어 정책 당국에 의한 보호의 손길이 필요한 실정이다. 이에 문화재청에서는 이중 학술적, 예술적 가치가 높은 완초장을 국가무형문화재 제103호로 지정하여 보호하고 있다. 그밖에 강화도와 서울특별시 무형문화재로 초고장과 등메장이 지정되었으며, 충남 홍성댕댕이장과 제주 정동벌립장이 지정, 보호되고 있다.

이 장에서는 짚풀을 사용하여 공예품을 제작하는 공예기술 중 무형문화재로 지정된 종목을 중심으로 조선시대 풍속화에 그려진 모습은 어떠한지, 무형문화재로 지정된 장인의 제작기술에 대해 알아보자.

■ 학습목표

1. 짚풀공예의 개념과 역사적 발전을 설명할 수 있다.
2. 풍속화 속 짚풀공예를 설명할 수 있다.
3. 완초장, 초고장, 등메장과 제작기술을 설명할 수 있다.
4. 정동벌립장, 홍성댕댕이장과 제작기술을 설명할 수 있다.

■ 학습내용

1 짚풀공예는 무엇일까요

우리 주위에는 여러 종류의 짚과 풀이 자라고 있습니다. 나무덩굴, 칡, 부들, 싸리, 왕골, 띠, 수수, 삼, 갈대 등이 그것입니다. 인류는 이렇게 구하기 쉬운 재료들을 찾아 엮거나 꼬아서 각종 그릇을 만들었습니다. 짚풀공예는 인류의 역사와 함께 하는 것입니다.

이것은 우리 조상들도 마찬가지입니다. 우리나라에서 짚풀공예의 본격적인 기틀이 마련된 것은 신석기시대에 농경기술의 전래와 더불어 비롯되었을 것으로 여겨집니다. 고고학적인 발굴에 의하면 신석기시대의 주거지에서 방추차를 발견하였고, 토기의 표면에 칡이나 나무껍질 등으로 만든 바구니나 멍석 등의 흔적이 찍힌 것도 발견됩니다. 이를 통해 우리나라에서도 이미 신석기시대부터 자연에서 짚풀을 인위적으로 채취하여 여러 가지 방법으로 엮어 각종 생활용품을 만들어 썼음을 알 수 있습니다.

삼국시대부터 농업이 주요 산업으로 되었는데요, 이에 따라 농사를 짓고 나온 부산물인 볏짚이나 보릿짚, 밀짚을 이용하여 여러 생활용품을 짤 수 있었습니다. 마한시대에는 볏짚이나 풀을 이용하여 만든 짚신을 신었다는 기록이 있어요. 백제의 국왕은 검은 갈대로 만든 신발[烏革履]를 신었다고 해요. 한편 백제에서는 궁남리 유적에서 짚신 50점이, 사비시대 관북리 유적에서는 짚신 12점이 발굴되어 백제시대에는 부들을 사용하여 미투리처럼 정교한 짚신을 사용했다는 것이 확인된답니다.

신라시대에도 짚이나 풀을 이용하여 여러 공예품을 만들어 사용했습니다. 대구 동천동이나 경주 황남동에서 출토된 신라시대의 짚신이 대표적인 유물입니다. 한편 경주 제155호 천마총에서는 말안장으로 추정되는 유물이 출토되었는데, 대나무를 쪼개고 갈라 얇고 가느다란 조각[片]을 90도로 엮는 편직법編織法으로 만들었어요. 이러한 편직법은 공예품을 만드는 가장 기초적인 엮기법이어서 짚풀공예의 발전을 확인할 수 있답니다.

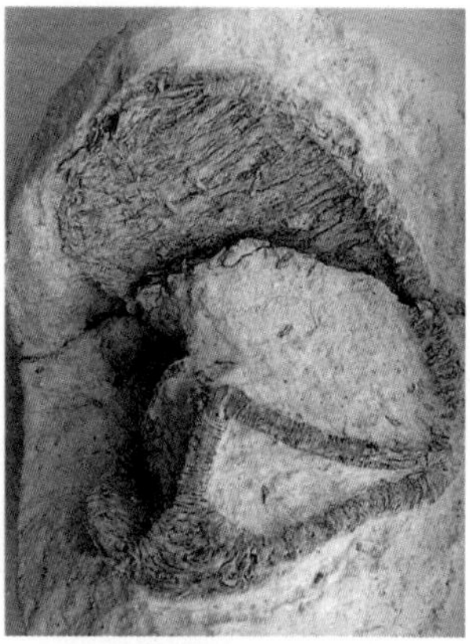
짚신, 백제, 궁남지 관북리 출토

통일신라시대가 되면 6두품 이하의 벼슬아치들이 수레 바닥에 왕골로 만든 돗자리[莞席]을 깔았던 기록이 있어요. 그 때문인지 경덕왕대742~764에는 석전席典이라는 관청을 설치하였어요. 이를 통하여 국가에서 필요로 하는 각종 자리류를 제작하여 공급했던 관청을 별도로 두었고, 짚풀공예의 생산을 국가적인 차원에서 독려하고 장려했음을 알 수 있지요.

고려시대가 되면 짚풀과 이것을 이용한 짚풀공예가 더욱 활성화되었습니다. 고려 초기부터 지금까지 우리나라를 대표하는 짚풀공예품, 왕골을 이용하여 제작한 화문석花紋席이 등장합니다. 당시 화문석은 고려의 특산품으로서 고려 국왕이 중국 황제에게 조공품으로 보냈습니다. 예컨대 목종 11년1008 요나라 성종聖宗, 982~1031에게 용수초龍鬚草로 만든 자리를 보냈는데요, 이것을 중국의 궁전에 깔았던 기록이 있습니다.

1123년에 북송의 사신으로 고려에 왔던 서긍이 12세기 고려의 풍물을 기록한 『선화봉사고려도경』이라는 책에 고려의 화문석과 멱서리[草篅]를 기록하고 있습니다. 특히 화문석은 왕골의 부드러운 특성을 이용하여 다양한 기법과 형태로 제작되었다고 기술하였습니다. 고려 화문석의 명성은 원나라에도 고려 화문석의 명성은 계속 이어집니다. 때문에 원나라의 순제順帝, 1333~1367는 자신의 애첩인 영영英英을 위하여 강화도에 채방관을 세우고 그곳에서 만화문석을 깔았다고 하거든요. 여러 기록으로 미루어 고려시대에는 우리의 일상생활에 꼭 필요한 필수품을 짚풀로 제작하였으며, 이렇게 제작한 짚풀공예품은 국내 뿐 아니라 중국 황실에서조차 애호할 정도로 뛰어난 품질로 우리나라의 특산품으로 자리매김한 것 같아요.

하지만 짚풀과 짚풀공예품에 대한 애호는 유교적 이념으로 질박하고 검소한 삶을 이상으로 삼았던 조선시대에 더욱 발전하게 되었지요. 고려시대부터 우리나라를 대표하는 특산품으로 이름을 떨쳤던 화문석은 조선시대에도 여전히 그 명성을 유지하여 중국에 조공품으로 많은 양을 계속 보내게 되었어요. 일례로 중종 26년1531에 중국에 조공품으로 보낸 기록을 보면, 만화석, 만화방석, 황화석, 송화석 등이 기재되어 있어요. 이것을 보면 왕

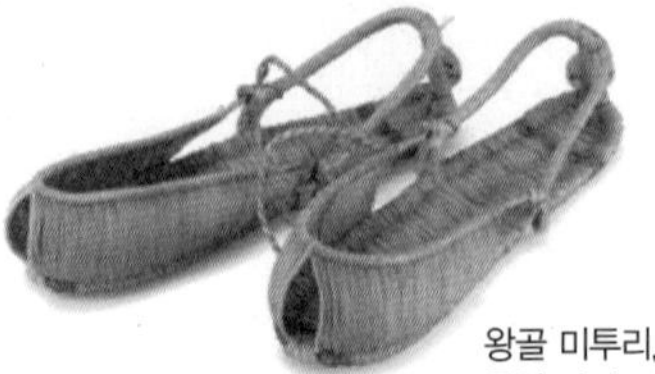

왕골 미투리, 조선시대,
독일 라이프치히 그라시민속박물관

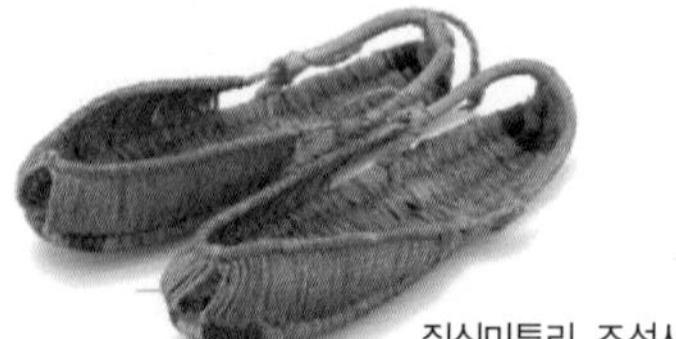

짚신미투리, 조선시대,
독일 라이프치히 그라시민속박물관

골을 비롯한 각종 짚풀을 이용하여 제작한 자리가 우리나라를 대표하는 특산품이었음을 알 수 있어요.

한편 조선후기에 이르면 집안 내부 바닥에는 왕골[莞蒲]로 짠 자리를 깔아서 애용했어요. 왕골 자리에는 오색 화조무늬나 흑색 수복만자 무늬를 새겼으며, 바닥에는 부들자리를 덧대어 깁으로 선을 둘렀습니다. 이러한 등매석은 중국에 바쳐지던 조공품이었을 뿐만 아니라 국내 왕실이나 상류층에서 즐겨 쓰던 고급 자리였습니다. 조선시대에 가장 대중적인 화문석은 강화도 교동 등지에서 많이 제작되었습니다.

개화기 이전까지 우리나라는 농업에 의존한 사회였던 만큼, 짚풀제품만큼은 오랜 세월을 통해 생활과 밀착되어 발전되어 왔습니다. 현존하는 유물조차 음식물과 곡식을 저장하거나 소도구를 담는데 사용한 각종 바구니와 씨앗을 보관하는데 이용된 씨앗 망태 등이 있습니다.

그러나 해방 이후 산업화가 되면서 비닐이나 플라스틱 등 값싼 화학제품이 짚풀공예품을 대체하게 되었습니다. 이로 인해 짚풀을 활용하여 공예품을 만드는 전통 수공예기술은 점차 사라지거나 변질될 위험에 처하게 되었습니다. 이에 문화재청은 학술적, 예술적 가치가 높은 공예기술이 원형을 유지하고 전승할 수 있도록, 왕골을 이용하여 공예품을 만드는 공예기술을 국가무형문화재 제103호 완초장으로 지정하여 관리하고 있습니다.

그런데 짚풀공예품은 향토적, 민속적 특성이 강한 탓인지 지역 특색을 살려 시도 무형문화재로 많이 지정되었습니다. 왕골로 자리를 짜는 기술은 서울 무형문화재 제16호 초고장, 왕골로 등메를 짜는 기술은 서울 무형문화재 제29호 등메장입니다. 그밖에 대전 무형문화재 제16호 초고장, 인천 무형문화재 제17호 완초장, 정당줄기로 벌립을 만드는 공예기술은 제주도 무형문화재 제8호 정동벌립장, 댕댕이 줄기로 공예품을 만드는 공예기술은 충남 무형문화재 제31호 홍성 댕댕이장으로 지정하여 관리하고 있습니다.

이 장에서는 조선시대 풍속화 속에서 짚풀 공예품을 제작하는 장인의 모습을 살펴보고, 현재 무형문화재로 지정된 장인과 그들의 제작 특징을 살펴보도록 합시다.

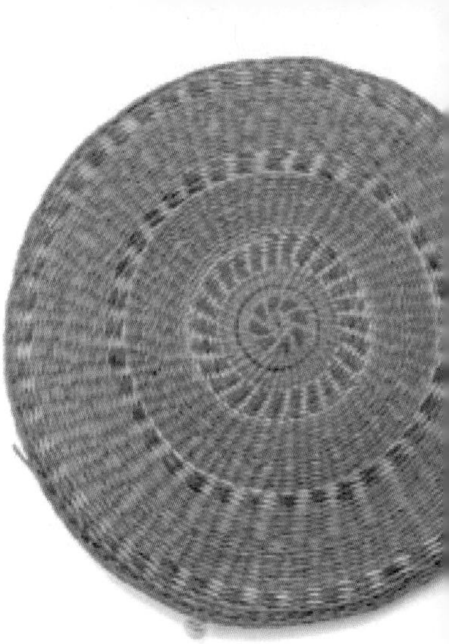
부들방석, 19세기,
독일 라이프치히 그라시민속박물관

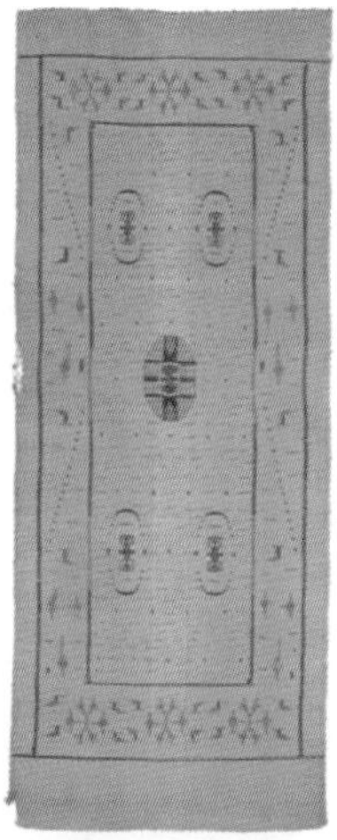

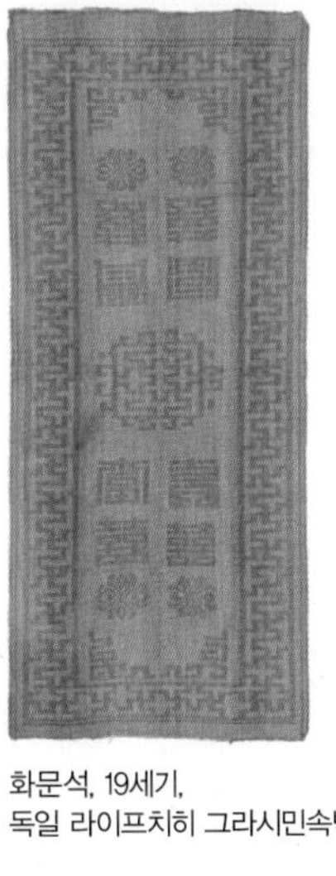
화문석, 19세기,
독일 라이프치히 그라시민속박물관

2 풍속화에 그려진 짚풀공예는 어떤 모습일까요?

조선시대 조상들의 생활상과 한국인의 삶을 잘 보여주는 것이 풍속화입니다. 특히 조선 후기와 말기에는 풍속화들이 발전하였습니다. 그 속에서 우리 조상들의 짚풀을 이용하여 다양한 공예품을 만드는 모습을 엿볼 수 있습니다.

17세기 말 선비화가인 윤두서가 그린 〈짚신 삼는 노인〉을 살펴봅시다. 어디서나 한 번쯤 만나 봄직한 평범한 노인이 주인공입니다. 그는 지금 짚신을 만드는데 온 정신을 쏟고 있습니다. 발가락 사이에 짚을 꼬아 짚신을 삼고 있는 것입니다. 지금은 누구나 시장에서 구두나 운동화를 사서 신지만, 삼국시대부터 조선시대 내내 우리 모두의 신발은 짚신이었습니다. 아버지든, 어머니든, 아들이든 누구나 짚신을 신었고, 우리의 아버지들은 그것을 만들 기술을 가지고 있었지요. 그 시절 우리 아버지의 모습을 그림 속에서 확인할 수 있지 않나요?

18세기 말 김홍도가 그린 〈자리 짜기〉에는 3명이 그려져 있습니다. 화면 뒤쪽의 아들은 글공부를 하고 있고, 앞쪽의 어머니는 베틀 위에서 옷감을 짜고, 오른쪽의 아버지는 자리를 매고 있습니다. 자리 짜는 모습을 보면 자리틀에는 고드랫돌이 매달려 있고, 아버지는 짚을 한 가닥씩 끼워 넣어 돗자리를 엮는 모습입니다. 이 모습은 현재 서울특별시를 비

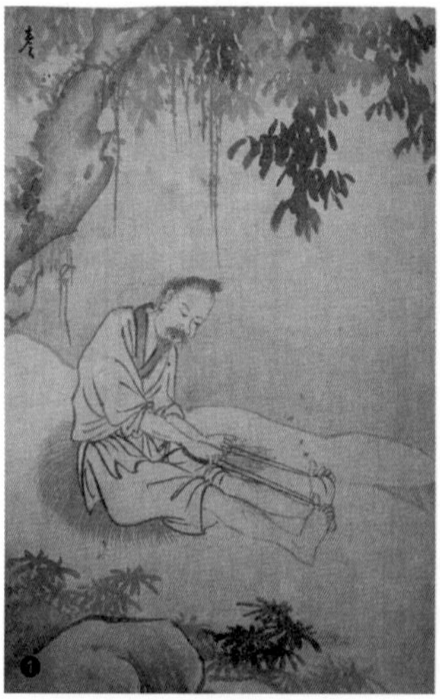

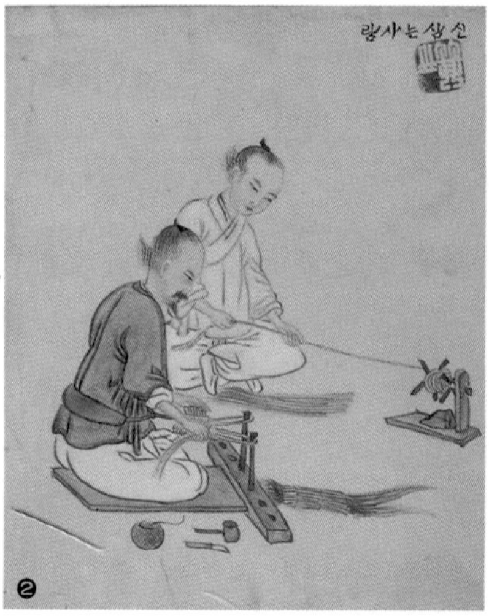

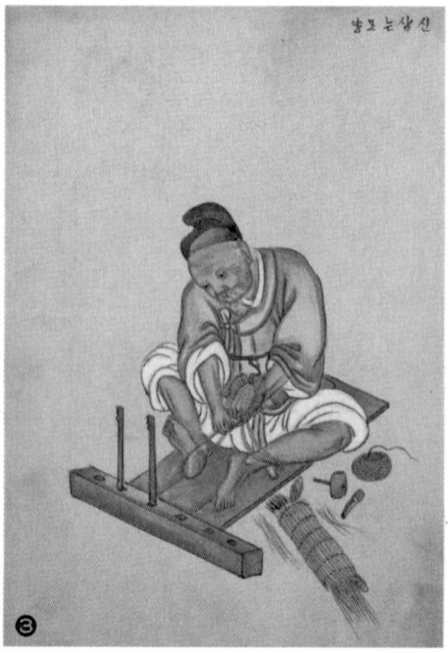

❶ 짚신삼기, 윤두서, 18세기, 해남윤씨종가
❷ 짚신삼기, 19세기, 프랑스 국립기메 동양박물관
❸ 김준근, 〈짚신삼기〉, 한독박물관

롯하여 시도 무형문화재로 지정된 초고장이나 등메장과 신기할 정도로 도구나 제작과정이 일치합니다.

조선 말기의 풍속화가인 기산 김준근은 1,400여 점의 풍속화를 남겼는데요, 그의 그림에서는 다종다양한 짚풀 공예품을 만드는 모습을 발견할 수 있습니다.

국립기메동양박물관에 소장된 그림 중 〈자리 매는 모양〉은 김홍도의 자리 매는 모양과 흡사합니다. 키가 낮은 자리틀에 고드랫돌을 걸고 가늘고 긴 왕골줄기를 옆에 놓고 그것을 올려 고드랫돌을 앞뒤로 옮기며 자리를 매는 모습입니다. 주인공은 상투를 튼 머리 위에 정자관을 쓰고 있습니다. 조선 말기에 신분제도가 해이해졌다고 해도 말총으로 만든 감투를 쓰고 있다는 것은 그저 그런 평범한 이웃집 아저씨가 아닐 것임을 짐작할 수 있습니다. 앉아 있는 품새나 관을 쓴 모습으로 미루어 생계를 위해 자리를 매는 장인이 아니라, 공부가 끝난 다음 운동 삼아 심심파적으로 자리를 매고 있는 것인지도 모르거든요. 다른 작품 속 인물들과 비교해보면 쉽게 알 수 있습니다.

같은 박물관에 소장된 〈섬 치는 모양〉 속에는 아들과 아버지로 짐작되는 젊고 나이 많은 두 인물이 가마니를 짜는 모습이 그려져 있어요. 젊은이는 가마니틀을 앞에 두고, 오른쪽 무릎 옆에는 짧고 두툼한 볏짚 한 단이 쌓여 있어요. 틀에는 돌멩이로 고드랫돌을 삼아 하나씩 성글게, 서툴게 엮는 모습입니다. 앞쪽에 수염이 난 아버지는 아들이 짠 가마니

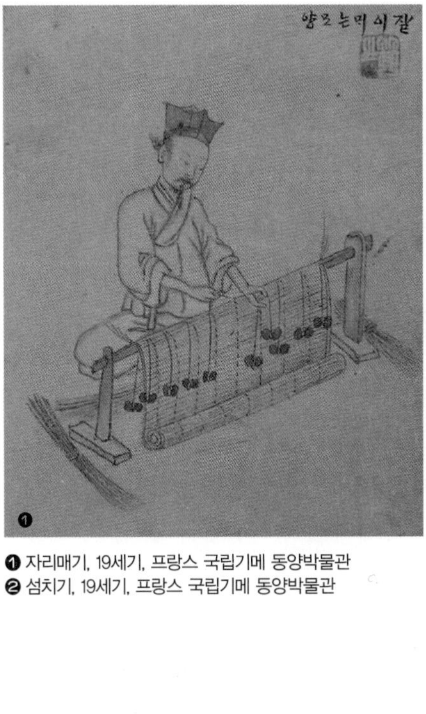

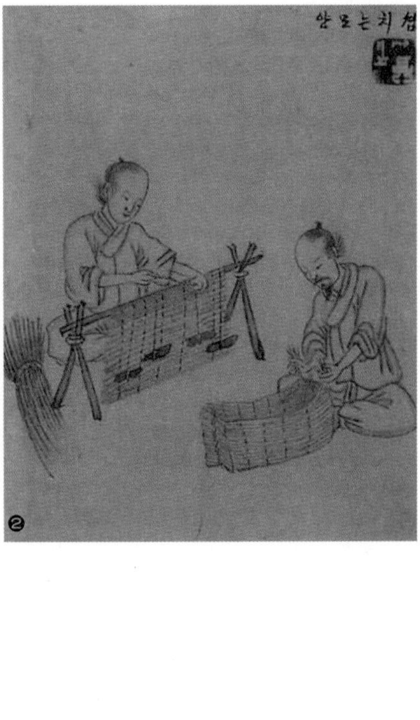

❶ 자리매기, 19세기, 프랑스 국립기메 동양박물관
❷ 섬치기, 19세기, 프랑스 국립기메 동양박물관

의 옆을 서로 묶어서 가마니를 완성하고 있군요. 둘다 평범한 우리네 아버지의 모습으로 일상적으로 작업하는 것을 볼 수 있지요.

가마니를 짜는 모습과 비슷하지만 네모진 형태의 〈멱아지 만들고〉 그림이 같은 박물관에 소장되어 있습니다. 그림 속의 아버지는 상투 튼 머리에 끈을 질끈 동여매 땀이 흘러내리는 것을 방지하고, 오른쪽 무릎 옆에 볏짚을 두툼하게 쌓아두고, 바닥부터 날줄은 새끼를 꼬아 위로 올라와 있고, 그 날줄 사이로 씨줄을 꼬아 엮는 네모진 바구니와 같은 형태를 만드는 모습입니다. 아무런 도구도 필요없이 짚만으로도 생활에 필요한 소품을 만들 수 있었던 것 같지요?

이런 바구니를 마감할 때 날줄과 날줄 사이에 한 가닥을 더 넣으면서 비틀어서 뒤집힌 ∩형으로 끼워서 마감합니다. 이것은 민속박물관에 소장되어 있는 '싸리 바구니'나 옷을 넣는 '고리'와 비교할 수 있습니다. 고리는 조선시대 나무로 짠 장롱이 유행하기 이전의 원시 가구의 일종입니다. 우리가 흔히 '옛날 고리짝, 호랑이 담배 피던 시절'이라고 말하는 것, 기억 나지요? 장롱을 사용하기 전에는 고리짝에 옷가지 등을 넣어 두었기 때문에, 아주 오래 전을 말할 때 고리짝을 사용하던 때라고 비유하는 것입니다.

이러한 '고리'를 만드는 모습을 김준근의 〈고리장이〉에서 엿볼 수 있습니다. 아래쪽은 멱아지와 비슷한데 아래짝과 뚜껑에 해당되는 윗짝이 있지요? 오른쪽 젊은 장인이 작업대 위에서 열심히 대패질하면서 나무판자를 얇게 만들고 있는데요, 부드러운 버드나무를 얇게 대패질하는 장면일 겁니다. 이것을 가지고 왼쪽 나이든 장인이 아래짝이나 뚜껑의 가장자리에 맞게 붙이면 고리짝이 완성됩니다. 현재 국가무형문화재 완초장이 왕골로 둥구미나 삼합 등의 예쁜 상자를 만들 때 마감처리를 하는 것과 기술적으로 유사합니다.

이 밖에도 풍속화 속에는 짚과 풀을 이용하여 생활에 사용할 다양한 기물을 만드는 모습이 그려져 있습니다. 이러한 그림 속에 등장하는 사람들은 그다지 특별하게 보이지 않습니다. 한 집안의 아버지나 아들이거나, 혹은 이웃의 평범한 아저씨들의 모습입니다. 그들이 물건을 만들기 위해 사용하는 재료 또한 특별한 것이 아닌 주위에 흔하게 널려 있는 짚이나 풀입니다. 그것으로 공예품을 만들기 위해 아주 기발한 도구를 사용하는 것 같지도 않습니다. 그저 생활 속에 언제나 사용함직한 그런 소소한 도구를 가지고, 그저 손에 익은 대로 무언가 삶에 필요한 것들을 만드는 것입니다. 식구들을 위해 아버지가 아들에게 알려준 대로 필요한 물건을 만들 최소한의 도구를 개발하여 사용하는 것 같습니다.

이렇게 필요에 따라 주변에 있는 짚풀을 이용해서 만든 공예품은 어떤 면에서는 선조들의 미적 정서를 표출하는 것이며, 자연과 친화하고 순응하려는 의식에서 비롯하는 것일지도 모릅니다. 짚풀공예가 긴 역사를 지닐 수 있었던 것은 당시의 생활주변에서 언제나 나고 자라던 것이거나 농사의 부산물 등을 통해 많은 양의 재료를 구할 수 있었고, 또 재료의 활용이 용이하여 제품의 사용범위가 넓었기 때문입니다.

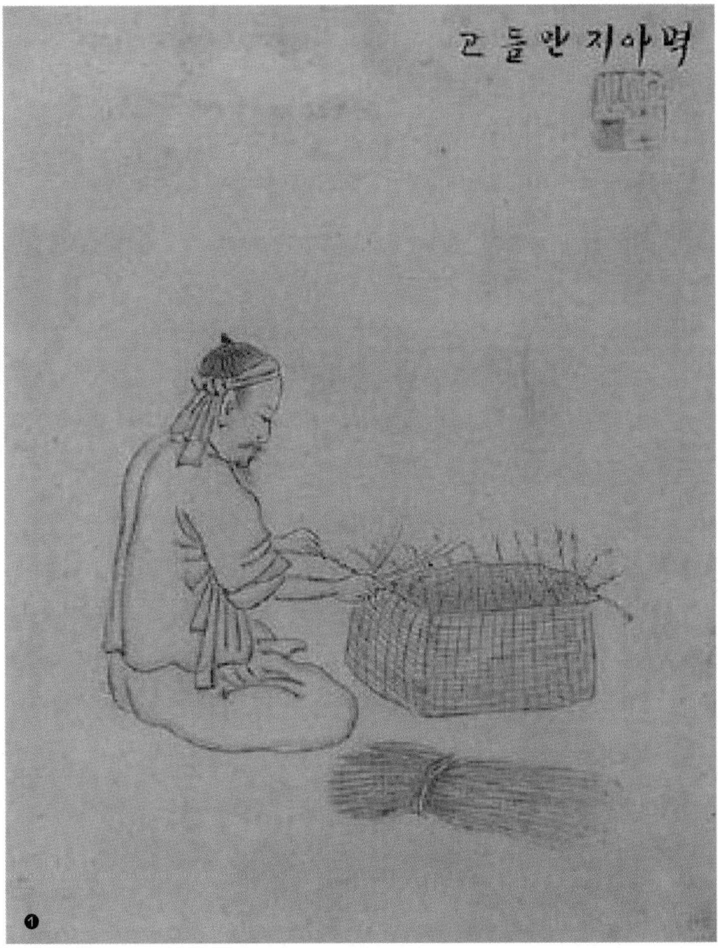

❶

❷

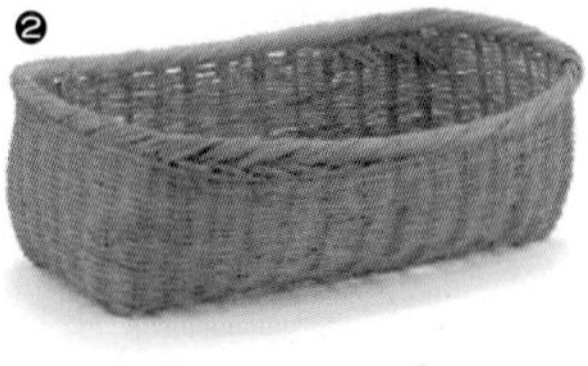

❸

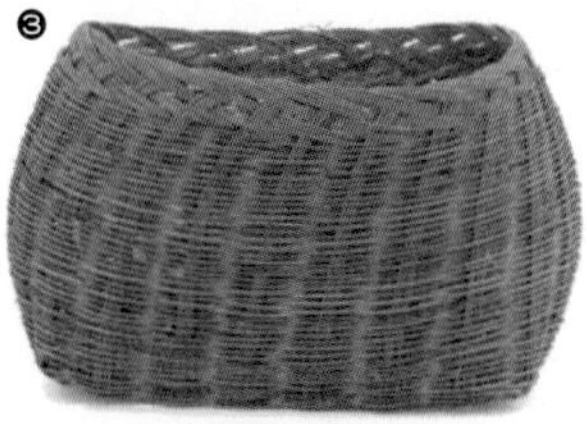

❹

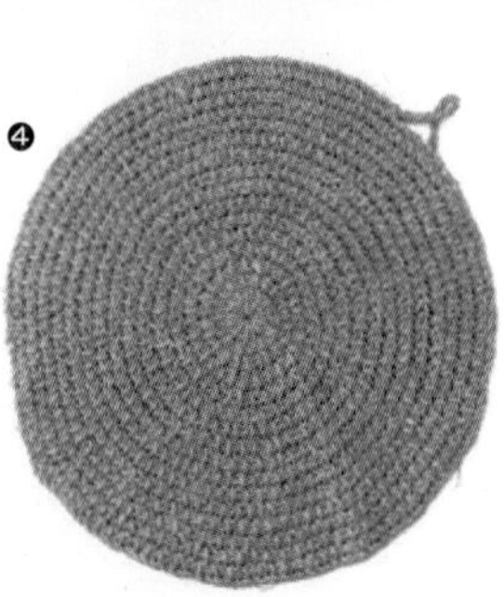

❶ 멱아지 만들고, 김준근, 19세기, 프랑스 국립기메 동양박물관
❷ ❸ 싸리바구니, 조선, 국립민속박물관
❹ 시루방석, 조선, 국립민속박물관

3 왕골로 그릇이나 자리를 짜는 장인은 누구일까요?

왕골은 한자로 완초莞草라고 부르고, 문헌에는 용수초, 현완, 석룡초 등 다양한 종류가 기록되어 있습니다. 왕골은 논이나 습지에서 자라는 1~2년생의 풀이며, 2-3m까지 자랍니다. 이 줄기를 베어 돗자리나 방석 및 둥구미 등 각양각색의 그릇을 만드는 데 사용합니다.

왕골은 이미 신라시대부터 사용되었고, 고려시대에 화문석은 왕실에서 주로 사용하면서 중국에 보내는 귀한 선물로 사용되기도 했습니다. 조선시대에서도 마찬가지였습니다. 특히, 우리나라에 왔던 사신들이 왕골 제품을 많이 요구하였을 정도로 그 품질의 우수성을 짐작할 수 있습니다.

왕골을 이용한 공예기술은 손으로 엮어 그릇을 짜는 방법과 자리틀에 얹어 돗자리를 짜는 방법으로 크게 나눕니다. 여기서도 국가무형문화재 제103호 완초장이 기물을 짜는 기술과 서울무형문화재 제16호 초고장이 자리를 짜는 기술로 나누어 살펴보겠습니다.

1) 왕골로 기물을 짜는 장인, 완초장

완초장은 왕골을 재료로 삼아 송곳이나 방망이 등 소소한 도구 이외에 별다른 큰 도구 없이 눈썰미와 손끝 감각으로 공예품을 만들어냅니다. 특별한 도구 없이 왕골만으로 꼬고

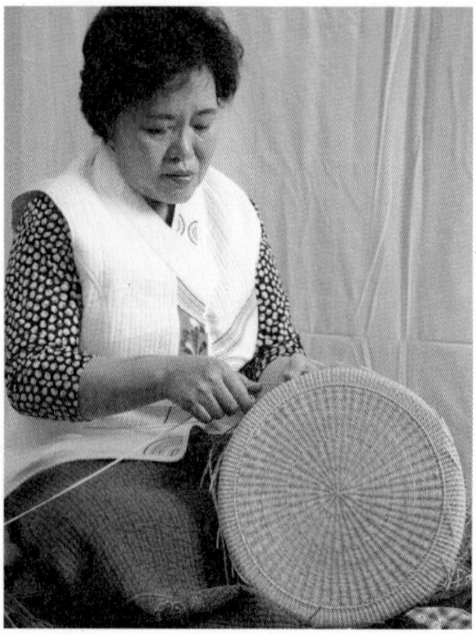

국가 완초장 유선옥 전수교육조교

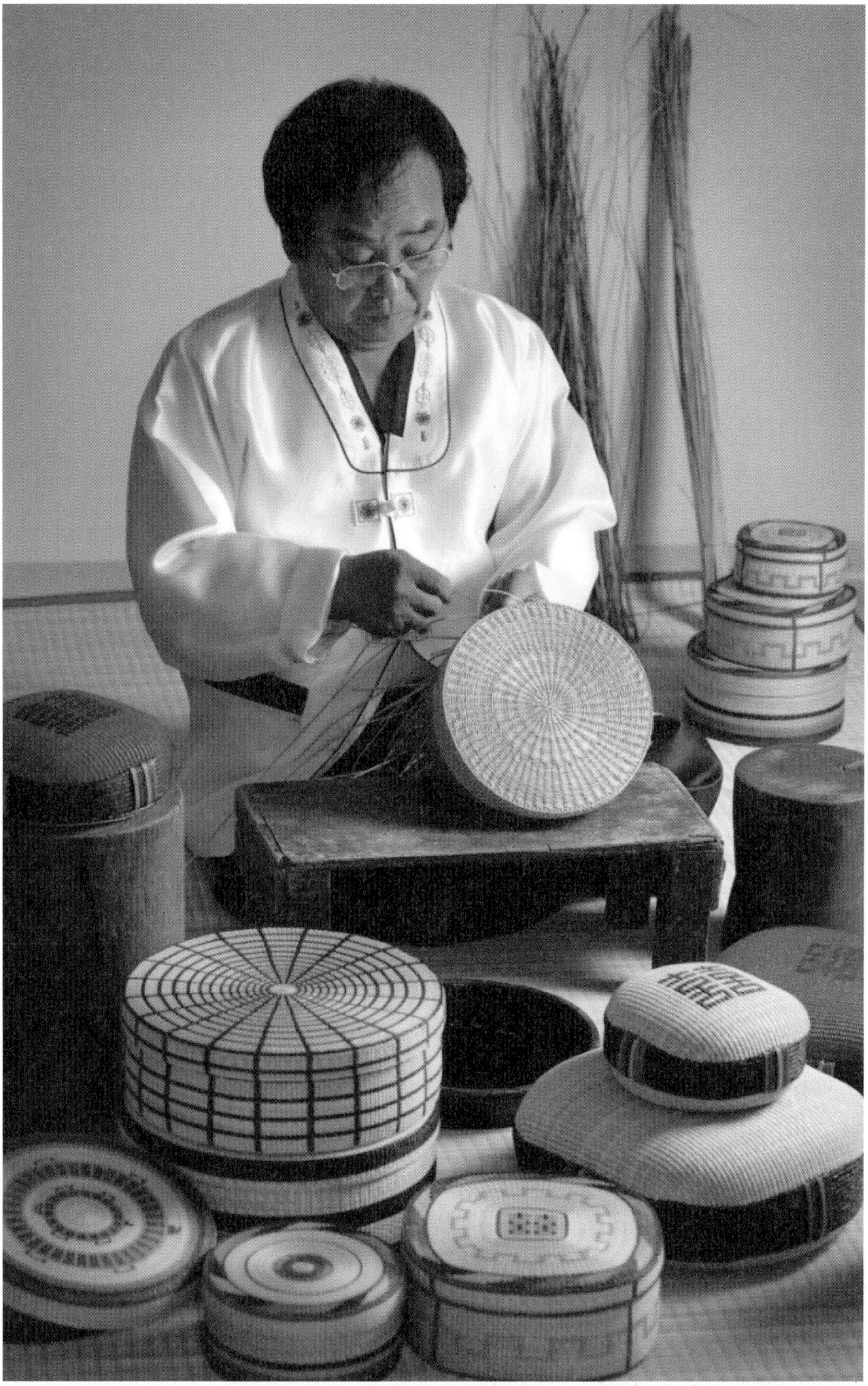

국가 완초장 이상재 보유자

엮다보면 어느새 어여쁜 둥구미나 삼합 등의 공예품이 만들어지는 것을 보고 있자면 신기하기 그지 없습니다. 그러려면 얼마나 오랜 세월 동안 쉼없이 짜고 엮었을까요? 우리 눈으로 금방 보기에는 쉽지만 막상 그것을 손으로 익혀보면, 작품마다 장인의 땀과 혼이 배어있음을 알게 됩니다. 장인이 왕골로 방석과 기물을 엮어 만드는 방법을 각각 살펴 봅시다.

(1) 원형 화방석 만들기

표면을 가늘게 잘 다듬은 왕골 4날을 반으로 접어 총 여덟 개의 날줄로 우물 정井자처럼 엮습니다. 이렇게 만들어진 날줄을 두겹씩, 곧 2날을 1개의 단위로 삼아 두 개의 씨줄을 서로 꼬으며 엮어갑니다. 이렇게 두 개의 씨줄로 날줄 사이를 돌리는 것을 반복하다 보면 어느새 지름이 넓어져 날줄과 날줄 사이가 벌어집니다. 그러면 두 겹 날줄을 갈라서 8날을 만들어서 다시 여기에 몇 번 씨줄로 돌립니다. 아까처럼 또다시 날줄과 날줄 사이가 벌어지겠지요? 그러면 이제 날줄과 날줄 사이에 새로운 날줄을 박아서 16날을 만듭니다. 그 사이에

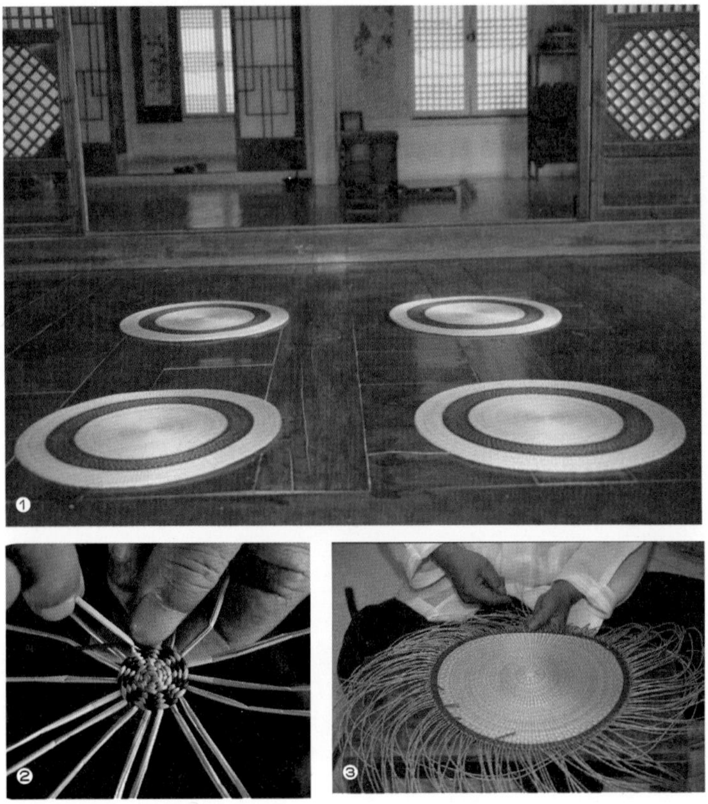

❶ 원형 화방석
❷ ❸ 원형화방석 만들기

씨줄을 반복해서 돌립니다.

처음에는 4날, 그 다음에는 8날, 새로 날을 끼워 16날, 조금 더 큰 그릇을 짜다보면 다시 날을 또 끼워 32날, 64날. 이렇게 지름이 넓어지고 어느 정도 알맞춤한 방석 크기가 될 때까지 새로 날을 끼워줍니다. 씨줄은 언제나처럼 날과 날 사이를 X자로 꼬면서 엮어갑니다. 작업하는 중간중간에 꽃이나 새 문양을 각색으로 염색한 왕골을 배치하여 만들어줍니다.

직경이 50cm 정도의 방석 앞면이 완성되면, 날줄을 거꾸로 ∩자형으로 건너가며 엮으며 앞면을 마감합니다. 이제는 날줄을 뒤로 돌려 뒷면을 짜나가게 됩니다. 뒷면은 앞면에 날을 늘리는 것과 반대로 32날, 16날, 8날로 점점 날을 줄여 갑니다. 마지막으로 4날을 남겨 서로 교차되도록 안쪽으로 날을 뽑아 완성시키면 보푸라기를 뜯고 마무리합니다.

(2) 삼합 만들기

기물을 만드는 시작과 바닥 부분은 원형 방석과 마찬가지입니다. 네 개의 왕골을 접어 우물 정자형으로 엮어 여덟 개의 날을 만들고, 씨줄을 넣으면서 점점 지름이 늘어날수록 날줄을 끼워넣어 어느 정도 넓히는 것은 방석과 같습니다.

이제 바닥이 완성되면, 날줄을 한 가닥씩 더 끼워 '세오리 치기'를 한 다음 바닥의 둘레 그대로 위로 짜 올라갑니다. 바닥과 옆면의 지름이 일정하므로, 옆면을 짤 때는 날줄을 더 끼우지 않습니다. 원하는 높이가 될 때까지 씨줄 2가닥으로 꼬으면서 짭니다. 일정한 높이가 되면 이제 날줄을 ∩자형으로 건너가며 엮으며 전을 마감합니다.

지금부터는 안쪽을 짜야 하므로, 날줄의 숫자는 같은데 씨줄의 간격을 조정하면서 지금까지 짠 둘레보다 약간 좁게 하여 지금까지 엮어온 순서와 반대로 엮습니다. 위에서 아래로 엮고, 바닥이 되면 ∩자형으로 건너가면서 엮어 경계를 만들어 줍니다. 또 안쪽 바닥은 방석의 뒷면 짜기와 마찬가지로 점점 날수를 32날, 16날, 8날으로 줄여 갑니다. 4줄이 남으면 서로 엮어 마무리합니다.

마지막으로 안팎의 두 겹이 잘 붙도록 방망이로 두드리거나 손으로 잘 만져줍니다. 같은 방법으로 대, 중, 소 세 개를 만든 다음 밑짝이 맞도록 뚜껑을 만들어 완성합니다.

이렇게 완초장이 만든 삼합 왕골상자는 크기도 앙증맞고, 색상 또한 매우 고와요. 막상 왕골로 만들었다는 것을 잊을 정도로 아름답습니다. 이 예쁘고 고운 상자는 시집 갈 처녀

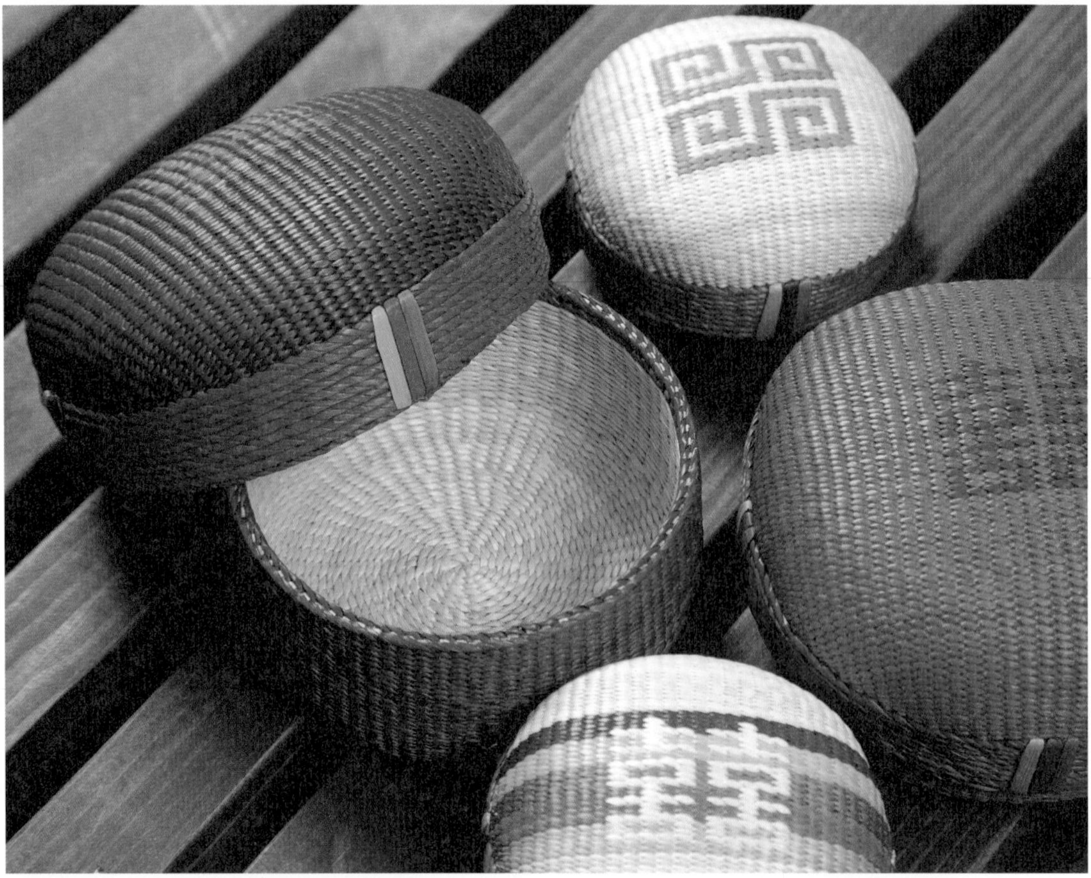

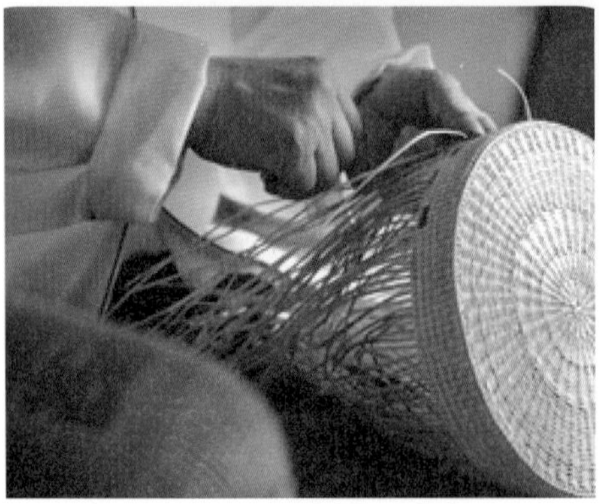

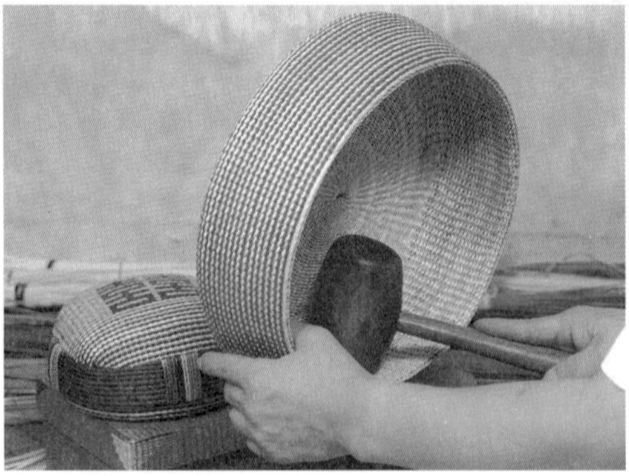

삼합 만들기

들이 갖고 싶어하는 애호품입니다. 여기에 시부모님께 드릴 음식이며, 옷가지며, 선물을 담아 갑니다. 이 그릇의 아름다움에 취해 사랑을 듬뿍 받을 수 있을 것 같지 않나요?

2) 자리틀로 왕골자리를 짜는 장인, 초고장과 등메장

왕골로 자리를 짜는 장인은 기구를 이용합니다. 이렇게 자리를 짜는 방법은 흔히 두 가지로 방법으로 나뉩니다.

첫째, 자리틀에 고드랫돌에 맨 두 가닥의 실을 넘겨 가며 엮어 날줄이 보이면서 비교적

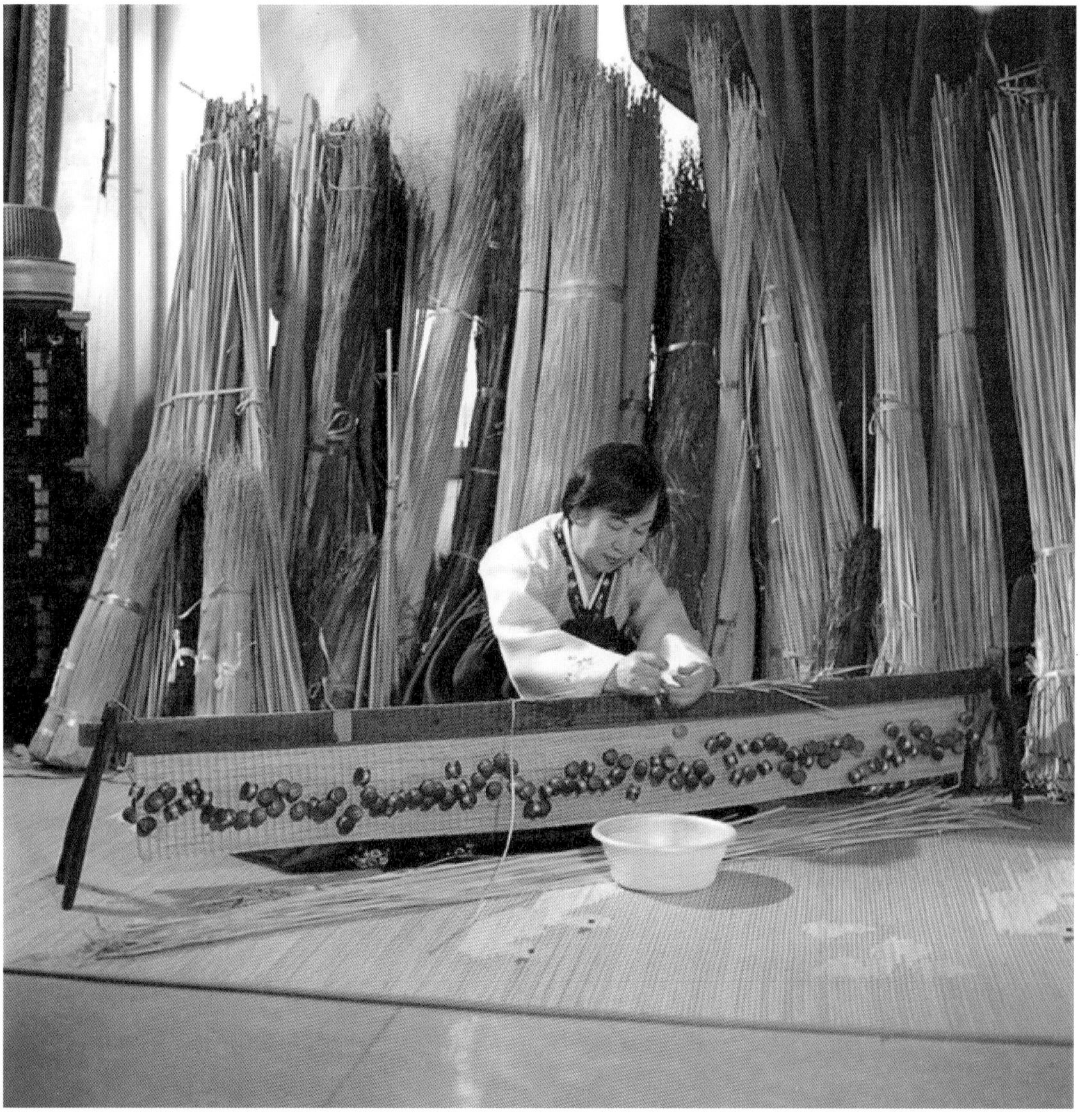

서울 초고장 한순자 보유자

성글게 짜는 노경소직露經疏織입니다. 강화도에서 화문석을 짤 때 날줄이 보이는 것이 이 방법입니다. 둘째, 돗틀에 날실을 촘촘히 걸고 긴 바늘대에 씨줄을 꿰어 넣은 다음 바디로 눌러 다져서 날줄이 보이지 않게 촘촘하게 짜는 은경밀직隱經密織입니다. 이것은 전라도 보성 등지에서 용문석을 짤 때 사용하는 방법입니다.

자리틀은 삼각형 모양의 받침대와 받침대 위에 올려놓는 긴 틀, 그리고 고드랫돌로 구성됩니다. 발틀은 홍송이나 참나무를 이용하고, 받침대 위에 발 크기보다 큰 틀을 만들어 올려 면실이 움직이지 않게 단단하게 묶습니다. 긴 틀에는 일정한 간격으로 톱질하여 눈금을 긋고 홈을 팝니다.

발틀의 앞뒤에는 실을 감은 수많은 고드래[고동]를 겁니다. 고드래는 허리가 잘록한 장구 모양인데, 무게가 묵직하여야 왕골을 넣어 자리를 맬 때 이것들이 위 아래로 엮이면서 형태를 잡아줍니다. 자리를 짜기 전에 고드래를 먼저 겁니다. 고드래의 숫자는 발의 촘촘하기와 연관되는데, 세밀한 자리를 짤 때에는 그 숫자가 많고 성글면 줄어듭니다.

자리틀 위에 하나의 왕골을 엮어 짜려면 수백 개의 고드래로 일일이 하나씩 앞뒤로 옮겨 X자로 엮어 만듭니다. 수백 올의 왕골이 수백 개의 고드래를 만나, 하나의 자리가 완성되려면 수십만 번 이상의 손길이 가야 비로소 가능합니다. 왕골을 올려놓고 고드래를 앞뒤로 엮고 꼬고 다음 것을 엮는 속도나 간격 등등등. 어느 것 하나 하루 아침에 이뤄지는 것이 아닙니다.

우리는 돗자리에 무심코 앉아 있습니다. 그런데 그 자리를 짜는 솜씨조차 막상 장인의 작업을 보면 참으로 놀랍습니다. 조상으로부터 오늘에 전승되어 온 기술인 것입니다.

4 덩굴줄기로 벌립이나 채반을 만드는 장인은 누구일까요?

식물의 덩굴이나 줄기는 공예품을 만드는 재료인데, 그중 덩굴로 벋는 가늘고 긴 댕댕이풀과 인동초를 많이 활용합니다. 그중 댕댕이덩굴은 우리나라의 전국 어느 곳에나 산지나 들판의 양지바른 쪽에서 자랍니다. 지방마다 발견되기 때문에 지역 사투리로 댕댕이덩굴을 부르는 명칭은 다양합니다. 경남지방에서는 장데미 또는 장드레미, 제주지방에서는 정당 또는 정등 및 정동, 충남지방에서는 다른 지역과 전혀 어감이 다르면서도 귀엽고 재미있는 댕댕이덩굴이라고 부릅니다.

그중 제주도에서는 정동덩굴로 벌립이라는 모자를 만드는 장인이 있고, 충청남도에서는 댕댕이덩굴로 채반 등을 만드는 장인이 있습니다. 여기서는 이들 장인의 기술에 대해 살펴보도록 하겠습니니다.

1) 제주도에서 덩굴로 벌립을 만드는 장인, 정동벌립장

정동은 줄기로 벋어가는 특징이 있습니다. 제주도에서는 8월말 9월초 중산간 지역의 목장이나 띠밭 지역에서 바닥을 기어 뻗어나간 것만을 채취합니다. 정동덩굴을 2일간 물에 담가가 나긋나긋해지면 그물을 사용해서 마디 위 눈을 떼어내고 표면을 훑어 깨끗하게 만듭니다.

벌립을 만드는 모습은 기산 풍속화에 그려진 풍속화에서 볼 수 있습니다. 〈벙거지 만들고〉를 통해 벌립의 형태가 어떤 지를 확인할 수 있습니다. 벌립을 만드는 모습은 〈패랭이 만들기〉와 마찬가지입니다. 다만 패랭이는 대나무를 재료로 삼아 모자부터 차양까지 만드는데 비해, 정동벌립은 정동줄기를 사용하는 것이 다릅니다.

벌립을 만들 때 처음 부분은 왕골로 방석을 만드는 것과 일치합니다. 4날의 정동줄기를 우물 정(井)자처럼 엮고 그 사이로 씨줄을 돌려 엮어갑니다. 다만 모자는 방석보다 지름이 좁기 때문에 모자 꼭대기 부분은 8날, 16날 정도만 늘어납니다. 정동벌립장이 모자의 옆면을 짜는 것은 날줄을 늘리지 않은 채 짜는 완초장의 삼합 만들기와 일치합니다.

그러다가 차양을 짤 때에는 다시 지름을 늘려야 하기 때문에 날줄을 끼워넣으면서 엮어

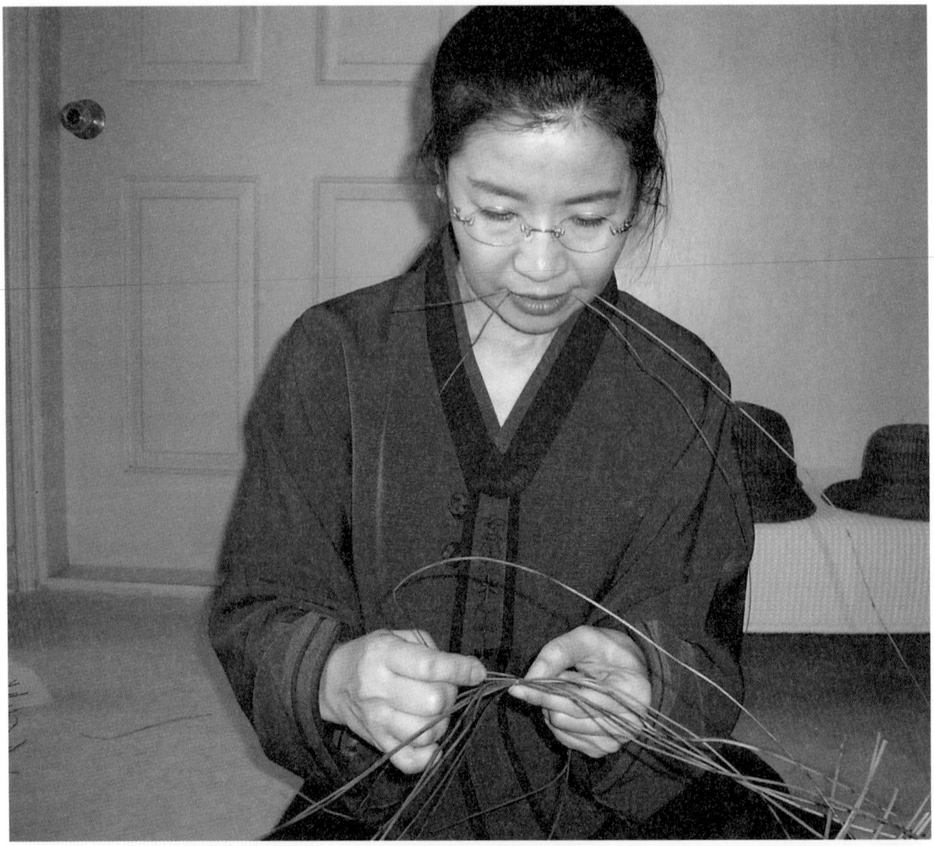

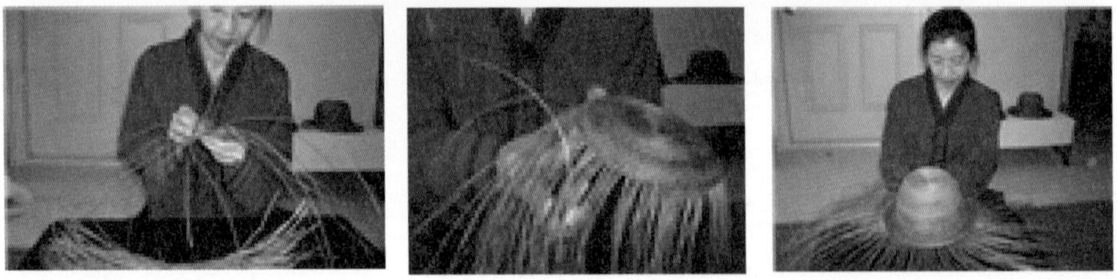

제주 정동벌립장 홍영숙 이수자

가야 합니다. 왕골로 방석을 만들 때 원하는 지름만큼 날줄을 늘려가는 것과 마찬가지 이치이지요. 날줄이 성글게 들어가 있으면 모자 또한 거칠기 때문에 간격을 잘 조정해서 날줄을 새로 끼우고 씨줄로 엮는 것이 중요합니다. 차양까지 다 짜고 나면 완초장이 방석을 마무리할 때처럼 날줄에 새 오리를 하나 더 추가하여 거꾸로 ∩자 형태로 '새오리 치기'를 합니다. 마지막으로 튀어나온 날줄을 깔끔하게 끼워 마감하는 것이 중요합니다.

가늘고 길다란 말총으로 만든 값비싼 갓 대신, 제주도의 정동벌립은 일할 때 쓰는 모자입니다.

2) 충청남도에서 덩굴로 채반을 만드는 장인, 홍성댕댕이장

댕댕이덩굴이나 인동덩굴은 8월 경에 장인이 사는 동네 뒷산에 가느다랗고 긴 줄기 2~3m 길이의 것을 거두어 사용합니다. 댕댕이덩굴과 인동덩굴을 채취할 때의 색상은 둘 다 누런 색이 섞여 있는 푸르스름한 것이 거의 공통됩니다. 다만 댕댕이덩굴은 인동덩굴보다 줄기의 색이 조금 더 짙고, 인동덩굴은 전체적으로 밝고 속살이 흰 것이 특징입니다.

댕댕이 덩굴과 인공 덩굴이 준비되면 공예품을 제작합니다. 충남의 댕댕이 장인이 댕댕이 줄기로 만드는 기물은 채반이나 소쿠리 및 시루밑 등입니다. 이러한 기물은 국수를 삶거나 야채를 물에 씻거나 시루 밑에 깔아 증기로 떡을 찌는 용도에 사용됩니다. 댕댕이 줄기나 인동 줄기가 둘 다 표면이 매끈하고 물에 젖어도 질기기 때문에, 이러한 장점을 이용하여 물품을 만드는 것이지요.

이렇게 짚풀공예품을 만들 때의 순서를 살펴보면 댕댕이장이 하는 '바닥엮기'의 시작부분은 완초장의 왕골방석 만들기와 다르지 않습니다. 다만 시작할 부분에 날줄을 쌀 米자로 겹치는 것이 약간 다릅니다. 날줄과 날줄 사이에 씨줄을 걸어 엮어 가는 것은 동일합니다. 또 지름이 넓어지면 날줄 사이에 새로운 날줄을 끼워 늘리고, 씨줄을 계속 꼬아서 엮어 가는 것이 일치합니다. 다만 왕골보다 댕댕이가 훨씬 질기고 탄력있고 뻣뻣하므로 작업하기 전에 미리 물에 담가서 눅눅하게 만들어야 합니다. 그리고 장인의 손 끝에 힘을 주어 꼭꼭 누르며 형태를 만들고 작업 중간에 부러지지 않게 하는 것이 중요합니다.

댕댕이장이 바구니의 옆면을 엮는 것은 완초장의 삼합 짤 때와 일치합니다.

댕댕이장이 채반을 마무리하는 것은 '변자邊子'라 하는데, 다른 장인과 다릅니다. 채반을 마감하는 변자 엮기를 하기 위해서는 바닥을 짰던 날줄을 더 연장하는 작업이 우선되어야 합니다. 따라서 채반의 마지막 바닥에 있는 날줄의 숫자만큼 추가할 날줄을 준비합니다. 예컨대 마지막 날줄의 숫자가 64가닥이면, 추가할 날줄의 숫자도 64가닥이 됩니다. 댕댕이 작업에서는 날줄을 세우는 숫자가 두 배가 되도록 준비하면 됩니다.

날줄이 준비되면 원래 2가닥의 날줄마다 좌우로 각각 1가닥씩 1㎝ 안쪽으로 끼워 넣습니다. 이렇게 원래 날줄 2가닥과 새로 양쪽에 끼운 날줄 2가닥, 곧 4가닥의 날줄이 변자를 엮는 단위가 됩니다. 이제 4가닥의 단위 날줄을 ∩식으로 구부리되, 그 방향은 시계방향으

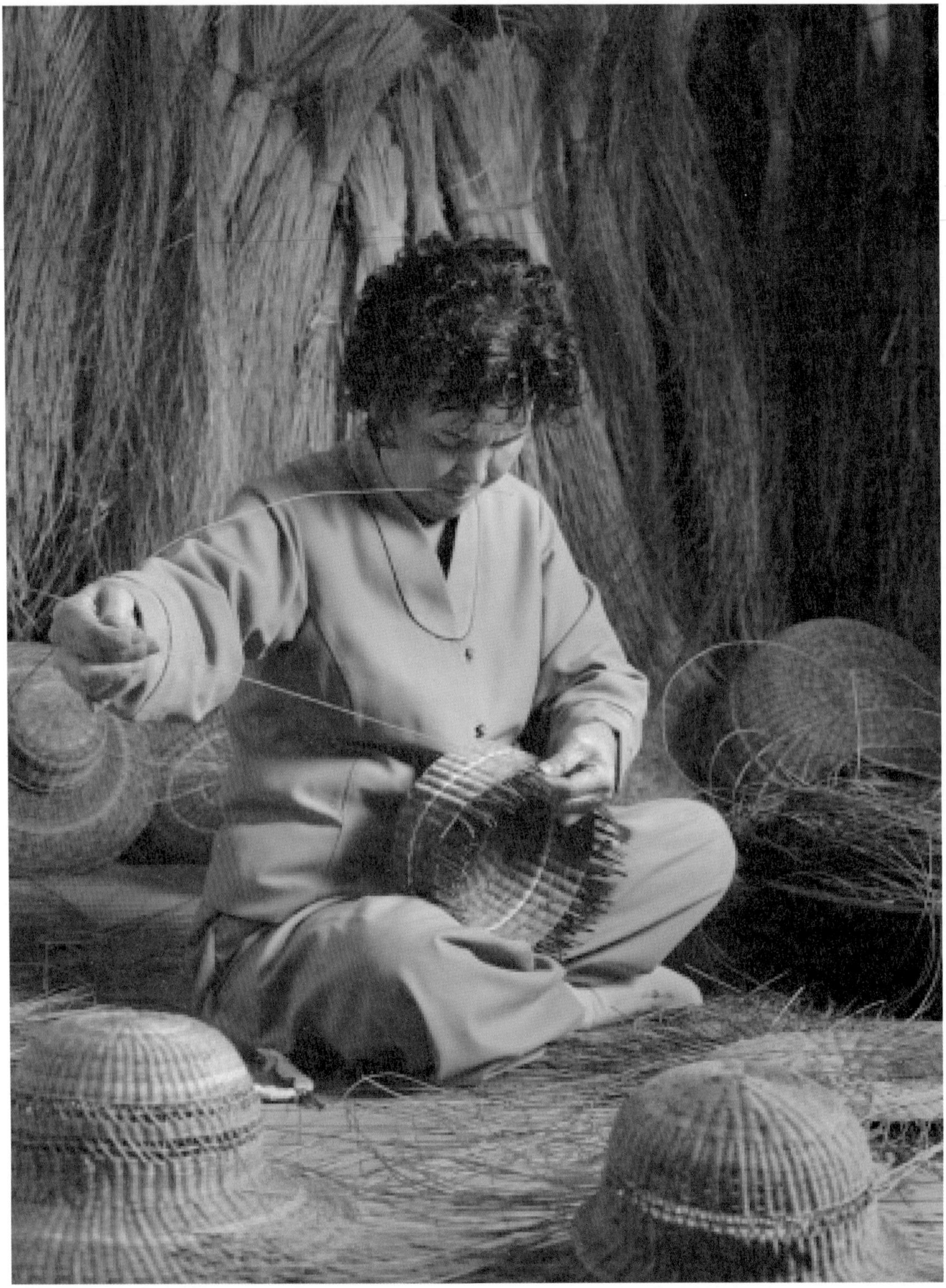
충남 홍성댕댕이장 백길자 보유자

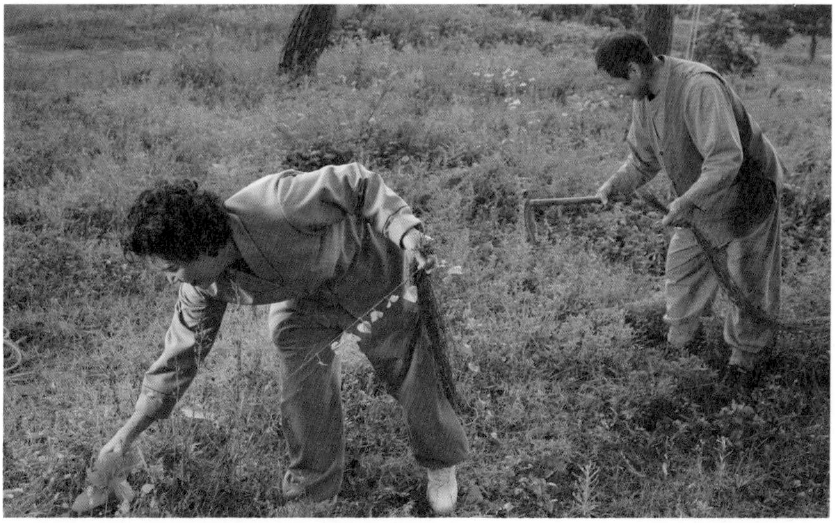

충남 홍성댕댕이장 백길자 보유자와 남편인 김성환 전수교육조교

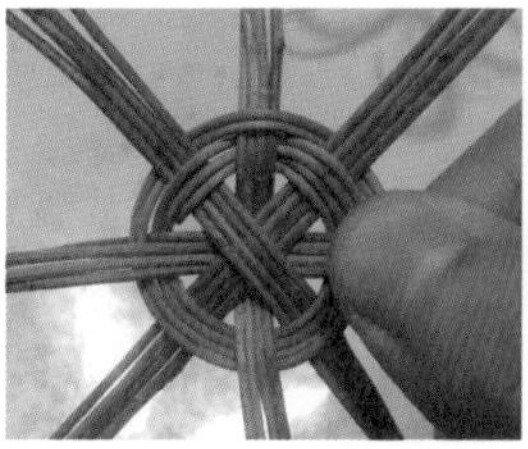

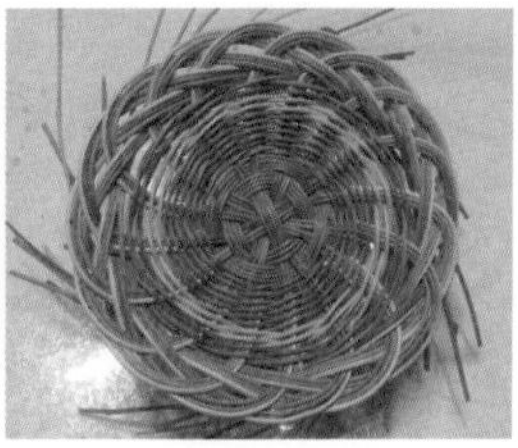

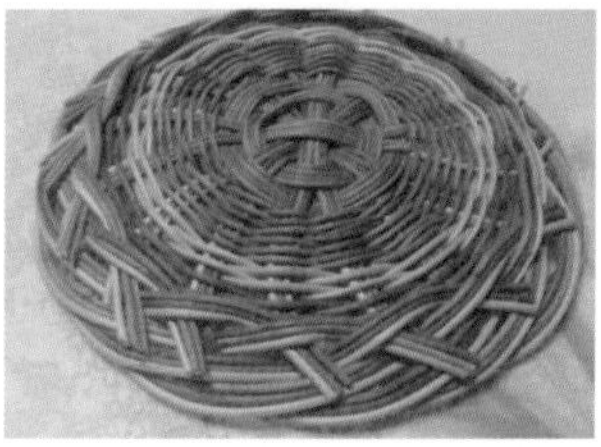

로서 왼쪽에서 오른쪽으로 끼워 넣습니다. 이렇게 앞쪽의 변자 짜기가 끝나면 마치 해바라기 꽃잎처럼 가장자리가 활짝 펴진 모습이 됩니다. 이것으로 끝이 아니고 뒤쪽의 변자를 엮는 것입니다. 앞 변자와 짜는 방법은 동일한데, 앞쪽이 활짝 핀 꽃이라면 뒤쪽은 굽처럼 마무리됩니다.

산업화 이전에 짚풀은 우리 주위에서 흔하게 발견할 수 있는 것이었습니다. 그러나 지금 우리가 사는 환경에서는 예전만큼 짚이나 풀이 흔하지 않습니다. 예전 같으면 가을걷이가 끝나면 볏짚을 쌓은 낟가리가 논마다 가득했습니다. 그런데 지금은 어떠한가요? 벼를 벤 논에는 낟가리는 불과하고 낟알조차 떨어져 있지 않아 철새가 먹을 것조차 없답니다. 짚풀이 소중한 이유는 자연 친화적이고 살아 숨쉬는 생명을 가진 재료이기 때문입니다. 짚풀로 공예품을 계속 만들 때, 이러한 재료에 대한 소중한 기억 또한 계속 이어지리라 믿습니다.

학습평가

01 (난이도 중) 짚풀공예의 역사적 변천을 설명한 것이 아닌 것은?

① 짚신은 삼국 중 백제에서만 유물로 출토되었다.

② 통일신라시대에는 자리를 만드는 관청인 석전席典이 있었다.

③ 고려시대에는 화문석이 발전하였다.

④ 조선시대에 화문석이나 등메석은 중국에 조공품으로 보냈다.

02 (난이도 하) 국가무형문화재로 지정된 짚풀공예 장인은 어느 것인가?

① 댕댕이장 ② 정동벌립장

③ 완초장 ④ 등메장

03 (난이도 하) 무형문화재 장인과 제작 공예품이 옳지 않게 연결된 것은?

① 완초장 – 삼합

② 댕댕이장 – 채반

③ 초고장 – 화문석

④ 정동벌립장 – 패랭이

04 (난이도 하) 다음 중 짚풀로 제작한 기물에 해당되는 것만 고른 것은?

① 볏짚 – 섬 ; 가마니

② 왕골 껍질 – 고리 ; 바구니

③ 인동 줄기 – 멱아지 ; 모자

④ 정동 줄기 – 벌립 ; 장롱

05 (난이도 중) 댕댕이장의 제작과정에 대한 설명으로 옳지 않은 것은?

① 채반의 바닥짜기는 완초장이 원형방석을 짜듯 우물 정井자로 엮는다.

② 바닥 지름이 넓어질 때마다 4날, 8날, 16날, 32날 등 새로운 날을 끼워 늘린다.

③ 채반의 변자邊子는 마지막 날줄의 숫자와 새로 추가할 날줄의 숫자는 같다.

④ 채반의 바깥 변자를 마무리하면 해바라기 꽃잎처럼 활짝 핀 모습이 된다.

01 | 정답 | ①
| 해설 | 짚신은 백제, 신라 등지에서 출토되었다.
02 | 정답 | ③
| 해설 | (해설) 완초장은 국가무형문화재 제103호로 지정되어 관리되고 있다.
03 | 정답 | ④
| 해설 | 제주도의 정동벌립장은 정동줄기로 일할 때 쓰는 모자인 벌립을 제작한다.
04 | 정답 | ①
| 해설 | 볏짚으로 짜는 섬은 벼를 담는 가마니를 일컫는다.
05 | 정답 | ①
| 해설 | 채반의 바닥짜기는 쌀 미米자이고, 완초장의 원형방석은 우물 정井자로 다르다.

학습정리

① 짚풀공예는 시대에 따라 기물이나 제작기법이 발전하고 변천된다.
- 백제에는 짚풀이 유물로 출토되었다.
- 신라는 석전席典이라는 관청에서 자리를 짰다.
- 고려부터 조선시대에는 화문석을 제작하였고, 중국에서 그 명성이 높았다.

② 풍속화에 그려진 짚풀공예의 종류와 장인의 제작 모습은 다양하다.
- 윤두서, 김홍도, 김준근은 다양한 종류의 짚풀 장인의 모습을 그렸다.
- 풍속화 속에서는 짚신, 자리, 섬, 고리, 멱아지를 제작하는 모습이 그려져 있다.

③ 왕골을 재료로 한 공예기술은 무형문화재로 지정되어 관리되고 있다.
- 왕골로 그릇을 짜는 장인은 국가무형문화재 제119호 완초장이 있다.
- 왕골로 화문석을 짜는 장인은 서울시 무형문화재로 지정되어 있다.

④ 댕댕이덩굴을 재료로 한 공예기술은 시도 무형문화재로 지정되어 관리되고 있다.
- 정동 줄기로 벌립을 만드는 장인은 제주 무형문화재로 지정되어 있다.
- 댕댕이덩굴로 채반 등을 만드는 장인은 충남 무형문화재로 지정되어 있다.

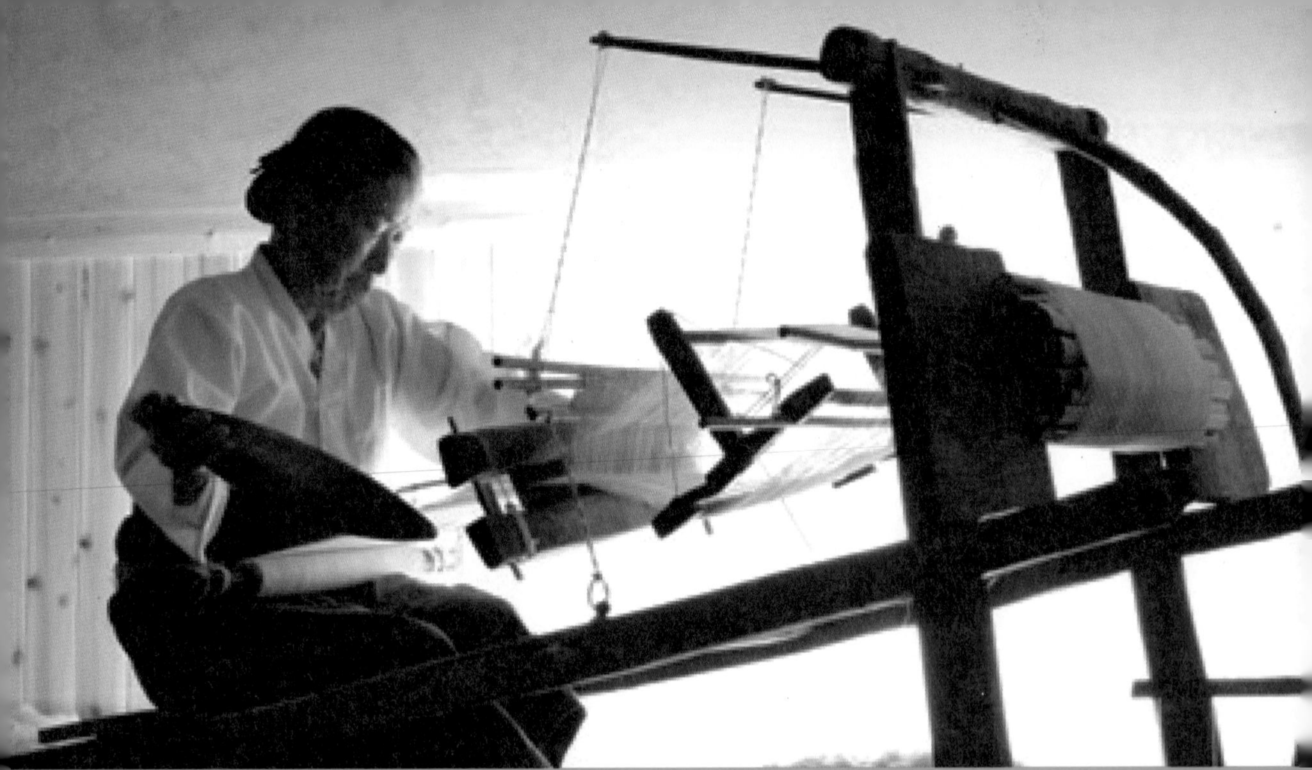

08
염직공예와 장인

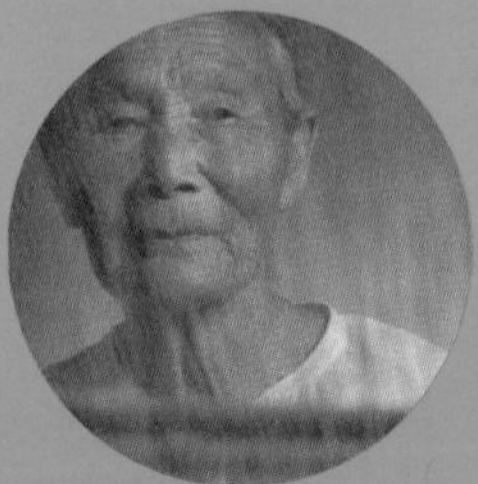

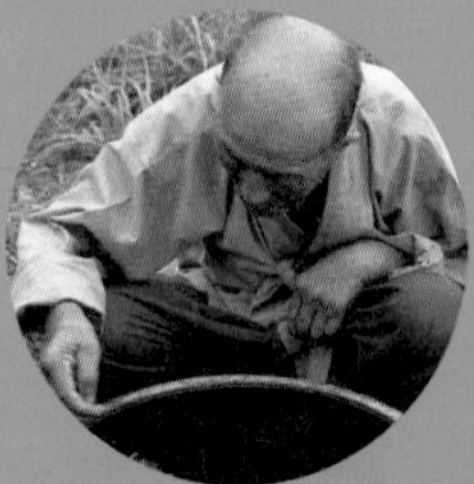

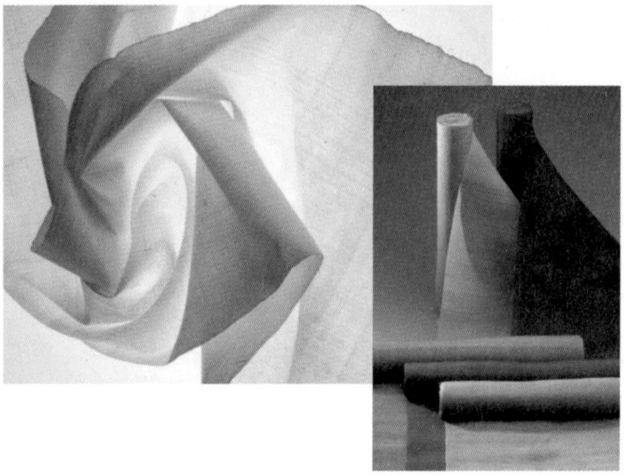

염직공예 지정종목과 장인

구분	지정번호	종목명	사망	명예	보유자	전수교육조교
국가	제14호	한산모시짜기		문정옥	방연옥	박승월, 고분자
	제28호	나주의 샛골나이	김만애, 노진남			김홍남
	제32호	곡성의 돌실나이	김점순			양남숙
	제87호	명주짜기	조옥이			이규종
	제115호	염색장	윤병운		정관채	윤대중
서울	제49호	홍염장			김경열	
충남	제1호	한산세모시짜기	라상덕			
	제25호	청양춘포짜기	백순기			
경북	제1호	안동포짜기			김점호 박봉금 우복인	
	제16호	무명짜기			백문기	
	제24호	청도삼베짜기			장무주	

■ 학습개요

우리가 의식주 생활을 영위하거나 예의를 갖추려 할 때 꼭 필요한 것이 옷이다. 우리 조상들은 한반도에서 수천 년 이상 살면서 자연에서 나는 식물이나 동물을 재료로 활용해서 옷감을 만들고 염색해서 옷을 만들어 왔다.

우리 주위의 식물이나 동물 중 옷감을 짜는 재료로 사용되는 것은 여러 종류가 있다. 무명베는 목화를 길러 그 솜을 따서 짰고, 모시베는 모시풀에서 삼베는 삼풀을 키워 줄기를 쪼개 짰으며, 명주베는 누에를 길러 지은 고치에서 실을 자아 명주베를 짜기도 하였다. 이렇게 만든 옷감은 꼭두서니나 치자 등 주위에서 흔히 나는 식물로 고운 물을 들이기도 하였다.

전통적으로 고대부터 근세까지 국가를 다스린 왕실이나 귀족들의 옷감은 국가에서 관청을 세워 제작하거나 수입 비단을 사용하기도 하였다. 그러나 대다수 일반 백성들은 자급자족하였다. 대개 식구들의 옷은 여인의 몫이어서 물레를 돌려 실을 잣고, 베틀을 두고 밤낮으로 바디를 쳐 베를 짜느라 여인들은 쉴 새가 없었다.

그러나 현대 산업화되면서 실을 만드는 방적과 옷감을 짜는 방직이 가장 먼저 기계화되었고, 자연의 재료를 사용하던 전통 염색도 화학염료를 개발하여 공장에서 대량 생산되었다. 이러한 시대적 변화 속에서 전통 염직 공예기술은 점차 사라지거나 변질된 위험에 처하게 되었다. 이에 문화재청은 1962년 문화재보호법을 제정하여 학술적, 예술적 가치가 높은 공예기술이 원형을 유지하고 전승할 수 있도록 무형문화재로 지정하여 보호, 관리하게 되었다.

이 장에서는 모시나 무명, 삼베나 명주를 짜거나 쪽풀이나 잇꽃으로 염색하는 전통 장인의 공예기술에 대해 알아보기로 하자.

■ 학습목표

1. 염직공예와 전통 염직공예의 개념에 대해 설명할 수 있다.
2. 무형문화재 공예기술 중 직조와 종목별 특징에 대해 설명할 수 있다.
3. 무형문화재 공예기술 중 염색과 그 기술에 대해 설명할 수 있다.

■ 학습내용

1 염직공예와 그 역사적 변천을 알아볼까요.

아주 오랜 옛날부터 인류는 자연에서 나는 나뭇잎이나 동물 가죽 등으로 몸을 가렸습니다. 인간의 지혜가 발달하면서 자연에서 나는 재료를 사용하여 염색을 하거나 옷감을 짜 옷을 만들어 입었습니다. 염직공예는 이렇게 자연에서 나고 자란 풀과 나무 및 동물성 재료를 이용해서 옷을 만들거나 염색을 하는 전통 수공 기술입니다.

우리 조상들은 주위에서 흔히 나는 재료로 옷감을 짰습니다. 무명베는 목화를 길러 짰고, 모시베는 모시풀에서 삼베는 삼풀을 키워 짰으며, 명주베는 누에를 길어 짰습니다. 다 짠 옷감에는 쪽이나 꼭두서니, 치자, 잇꽃, 감, 밤 등 주위에서 흔히 나는 풀이나 나무로 고운 물을 들여 입기도 하였습니다.

고대국가가 형성되면서 신분 계층의 차이를 구별하거나 예의를 차리기 위해 옷을 입게 되었습니다. 국가에서 관청을 세워 제작하거나 수입 비단을 사용하였고, 일반 백성들은 자급자족하였는데, 시대에 따라 염직공예가 어떠한 역사적 변천을 거치는지 알아봅시다.

1) 삼국시대 염직공예

봉건시대에 염직공예는 국가를 운영하는 핵심기술로서 중요했습니다. 염직공예가 의생활의 필수품이었을 뿐 아니라, 각 시기마다 정치 문화적인 역할이 있었기 때문입니다. 무엇보다도 고대 국가를 안정적으로 유지하려면 왕을 왕답게, 신하를 신하답게 신분과 계급을 뚜렷하게 구별하는 게 무엇보다 중요했거든요. 이 때문에 봉건시대에 왕조가 교체될 때마다 '복색服色제도'를 정비하여 신분을 표식하기 위해 옷감의 색상과 문양을 국가가 철저하게 통제하였습니다. 예컨대 왕은 자주색 비단옷을 입고, 귀족은 붉은 색을 입고, 그 다음은 녹색을 입으라는 것입니다. 계급이 높은 사람일수록 짙게 염색한 고급 비단옷을 입는 거지요. 왕이나 귀족이 염색한 비단옷을 입으면 흰색의 베옷을 입은 백성들과 확실하게 구별이 되겠지요?

우리나라에서는 삼국시대부터 염직을 국가 정책으로 제도화시켰습니다.

백제에는 최고급 비단인 금錦을 짜는 금부錦部가 있었고, 신라 때에는 염색과 직조를 관장하던 관청이 기능에 따라 세분화되어 염색을 하는 염전染典, 표백을 하는 표전漂典, 홍색 염색을 하는 홍전紅典, 색상별로 염색하는 찬염전贊染典, 소방목으로 염색하는 소방전(蘇方典)이 있었지요. 신라의 직조관청은 원료 및 직조방법에 따라 삼베를 짜는 마전麻典, 여름 안개처럼 하늘거리는 조하주朝霞紬이나 조하금朝霞錦을 짜는 조하방朝霞房, 최고급 능직 무늬비단[錦]은 기전綺典에서, 고기 비늘같은 대화어아금大花魚牙錦이나 소화어아금小花魚牙錦은 금전錦典에서 짰습니다.

2) 고려의 염직공예

신라의 제도를 이어 받은 고려 또한 염색과 직조의 기능에 따라 국가에서 전문 관청을 설치하고 장인들까지 소속시켰습니다. 염색은 도염서都染署에서, 직조는 잡직서雜織署에서 관장하기도 했습니다.

고려시대의 염직 공예품은 14세기의 유물들이 현존하고 있답니다. 1346년 장곡사의 불상에서 출토되어 국립중앙박물관에 소장된 직물 유물이나 1346년 서산 문수사의 아미타불상 등에 복장되었다가 출토되어 수덕사 성보박물관에 소장된 것들에서 확인됩니다. 14세기 고려시대에 제작된 염직공예품이 800년의 세월이 지난 현재까지도 제작 당시의 하늘색, 주황색, 녹색 등의 염색을 고스란히 보존하고 있습니다. 직물 위에 금종이를 넣어 각종 꽃 무늬와 구름문양, 참새나 토끼 등의 문양을 짠 직금이나 직은이 불복장유물로 발견되었는데, 제작 당시 그대로 찬란한 금색이 여전히 반짝입니다.

고려의 우수한 염색기술과 직조기술은 당시 원나라의 황제도 칭찬했어요. 세조는 "고려는 비록 작은 나라지만 장인의 공예기술은 중국 한인의 기술보다 뛰어나다"라고 평하기도 할 정도였으니까요. 현재 고려시대의 불상의 복장 유물로 많은 직물이 포함되어 있는데, 이렇게 발견된 각종 직물을 통해 당시의 염색과 직조기술의 일면을 확인할 수 있습니다.

특히 고려는 매미날개처럼 가는 모시를 짠 것으로 유명합니다. 그들이 얼마나 가늘고 섬세한 직물을 짰는지 베 1필이 스님들의 밥그릇인 바릿대 안에 들어가는 '발이내포鉢伊內布'라는 것도 짠 것으로도 알려져 있습니다.

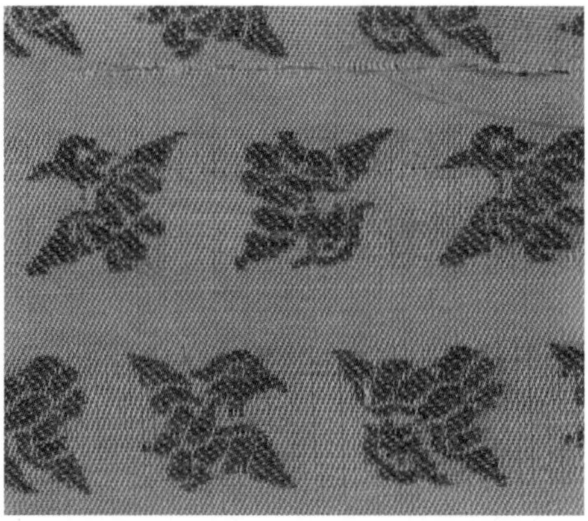

조문직은, 1346년 서산 문수사 복장유물, 수덕사성보박물관

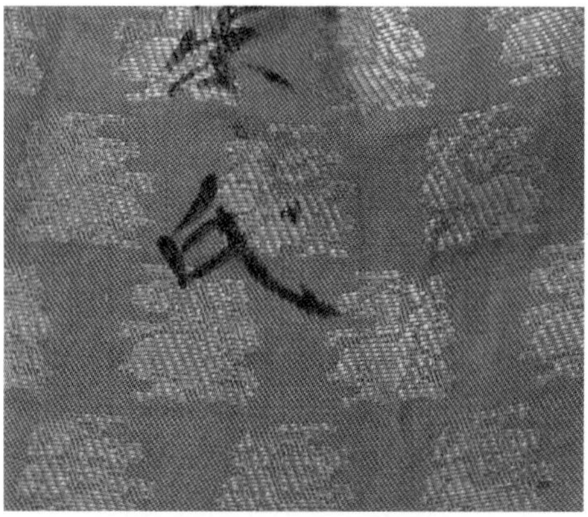

토끼문직금, 1302년 아미타불복장, 온양민속박물관

이 시대를 대표하는 세계 최고의 명품 중 하나가 고려불화, 〈수월관음도〉입니다. 관음보살이 왼편을 향하여 오른쪽 발을 꼬아 왼쪽 무릎 위에 얹은 채 편안한 자세로 바위 위에 앉아 있는데, 전체적인 모습이 자연스럽고 조형성이 두드러집니다. 반가의 자세로 앉은 모습은 국보 제83호 반가사유상을 연상시킵니다. 그러나 여기서 주목되는 것은 수월관음이 입거나 걸치고 있는 옷감입니다. 머리부터 발끝까지 걸쳐 내려온 매미날개처럼 투명한 옷자락, 투명한 백의에 새겨진 무늬, 그 안쪽 붉은색 옷이나 가장자리 단을 장식한 정교하고 세련된 문양. 고려불화의 오묘하고 화려한 특징을 너무도 잘 보여줍니다. 회화적인 구도와 구성 뿐 아니라 옷감 하나하나 어느 한 부분도 모자람 없이 세부 문양까지 최고 수준의 완벽을 지향하고 있음을 엿볼 수 있습니다. 흠잡을 구석이 없고 한 없이 섬세하고 가녀립니다.

특히 수월관음보살이 입고 있는 투명한 옷자락을 각별히 주목해서 살펴보세요. 우리는 이것을 가늘고 얇은 비단, 사라紗羅라고 생각하지만, 비단은 옷에 달라붙고 밀착되어야 합니다. 지금 수월관음이 입고 있는 것처럼 사뿐히 나부끼지 않습니다. 옷자락의 끝이 비단처럼 늘어지기보다 조금 빳빳한 느낌으로 표현하고 있습니다. 이것은 앞서 말했듯이 고려에서 매미날개처럼 짠 모시가 유명하였기 때문에 같은 시대의 불화를 그린 화가가 이것을 알고 그렸다고 생각합니다. 이러한 세모시는 고려 이후 지금까지 우리나라를 대표하는 명품으로 인정 받고 있습니다.

3) 조선의 염직공예

조선시대에서는 염직의 제작을 『경국대전』으로 제도화하였습니다. 공조와 상의원, 제용감, 내섬시와 내자시 등의 관청을 세웠습니다. 상의원에는 능라장 105명과 방직장 20명을, 제용감과 내자시 및 내섬시에는 각각 방직장 30명씩 90명이 소속되어 있었습니다. 염색을 위해 도염서에 청염장, 홍염장 등의 장인을 소속시키기도 하였습니다. 이렇게 기술이 뛰어난 장인들이 만든 염직물은 중국에 조공품으로 보내거나 왕실이나 상류계층의 심미적 기호에 부합한 것입니다.

특히 조선 초기 우리나라의 명주는 중국에서도 인정했습니다. 명나라의 헌종황제를 비롯한 중국 황제들은 조선의 자주색이나 녹색으로 명주를 조공으로 보내도록 했습니다.

화려하고 멋진 무늬를 짜는 중국에서 우리의 명주가 인기가 있었다니 이상하지요? 중국과 우리의 직물은 민족성 만큼이나 차이가 있습니다. 중국의 것은 그들의 대륙적 특성을 반영하듯 화려하고 치밀한 무늬를 넣어 짠 비단이 특징입니다. 우리의 것은 가늘고 섬세한 것이 특징입니다. 앞에서 설명한 고려시대의 화문저포나 발이내포처럼 우리나라의 직물은 명주나 모시나 삼베나 모두 얇고 가늘게 만들었어요. 누에고치에서 가느다란 명주실을 뽑아내고, 모시풀이나 삼풀 및 목화솜에서 얇고 가는 실을 뽑아 짠 직물은 가늘다는 한자어 '세細'를 붙어 세모시, 세마포라고 불렀습니다. 중국 황제들이 선호한 명주는 보름새나 스무새 명주처럼 가는 것이었는데, 얇고 감촉이 좋아 속옷으로 애용했을 겁니다. 현재로 치면 가느다란 실로 짠 백수메리야스와 비슷했겠지요?

하지만 조선의 나머지 백성들은 식구들을 위해 스스로 자급자족해야 했습니다. 조선시대 내내 우리의 할머니, 어머니들은 여름철에는 모시풀이나 삼풀을 키워 줄기를 자르고 가늘고 쪼개어 삼베나 모시베를 짰고, 겨울철에는 누에를 길러 지은 고치에서 실을 자아 명주베를 짜서 국가에 공납하고 식구들의 옷감을 마련해야 하였습니다. 물론 고려 말에 문익점이 중국에서 목화씨를 가져와 품질 좋은 목화를 재배한 이후에는 솜을 따 실을 자아 겨울철 옷감으로 명주베와 함께 무명베를 짜기도 했습니다.

이렇게 식구들의 옷가지며 의생활용품을 책임진 것은 온전히 여인들의 몫이었지요. 이 때문에 조선의 여인들은 물레를 돌려 실을 잣고, 베틀을 두고 밤낮으로 바디를 쳐 베를 짜느라 여인들은 쉴 새가 없었습니다.

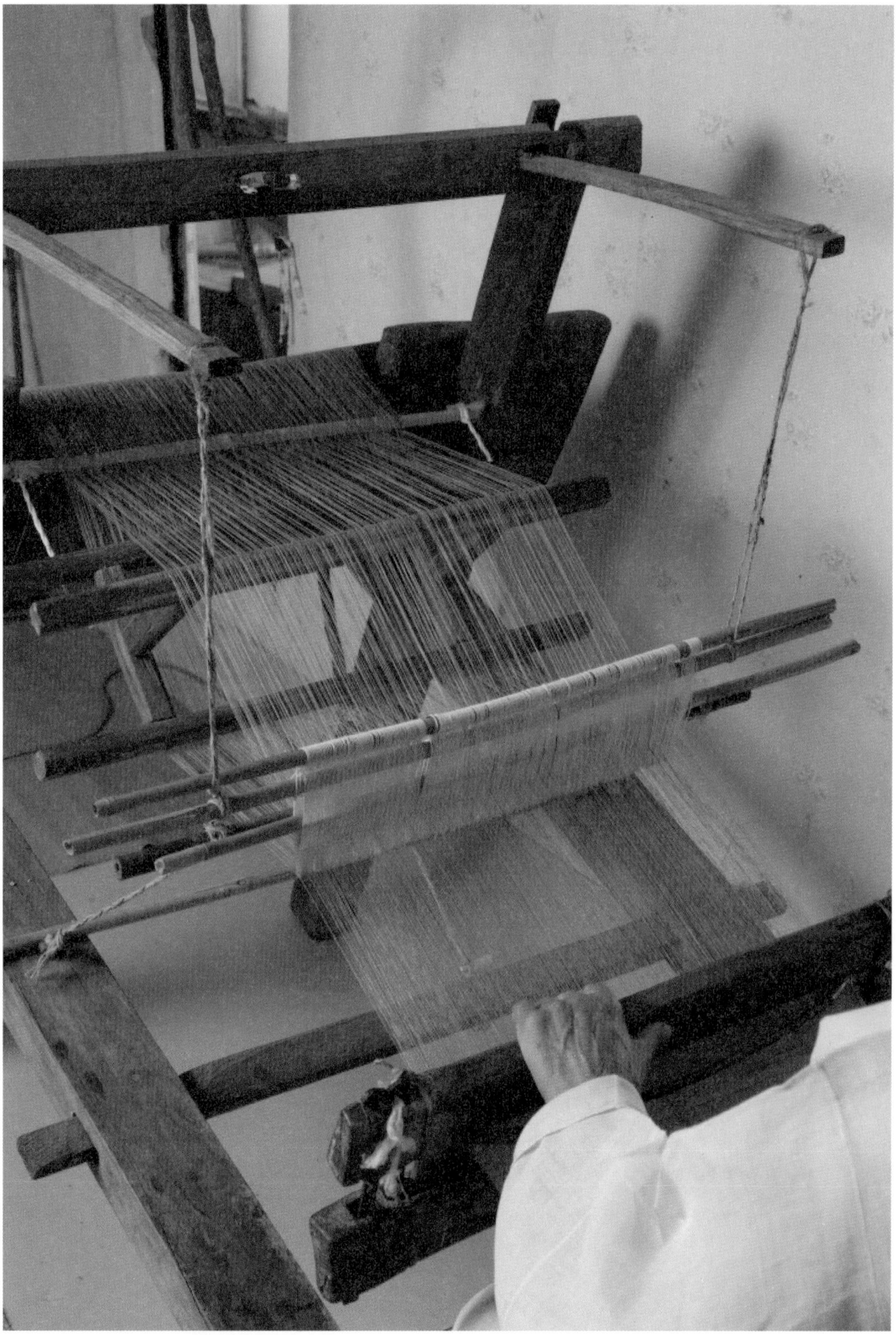

국가 곡성돌실나이 故 김점순 보유자

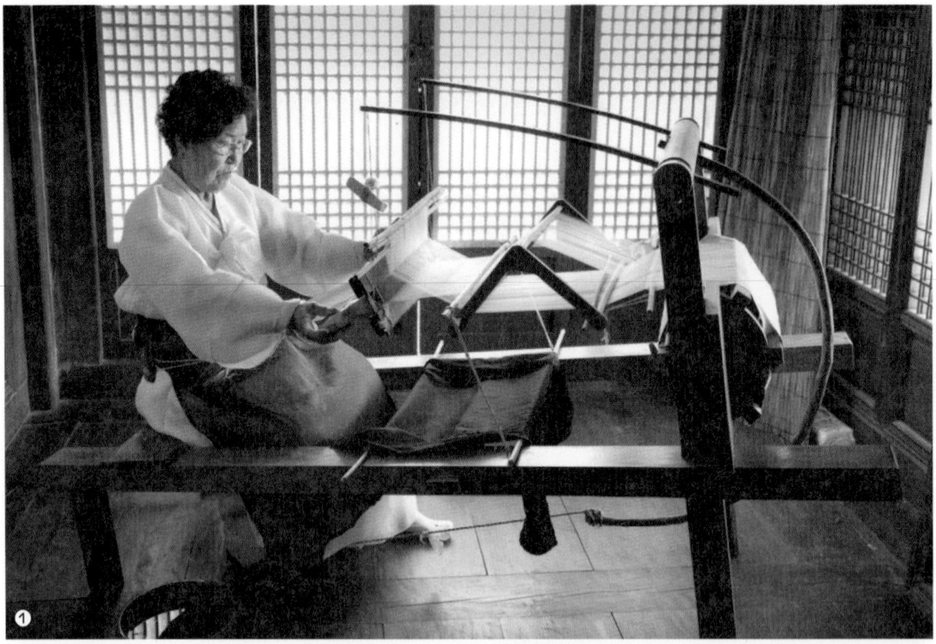

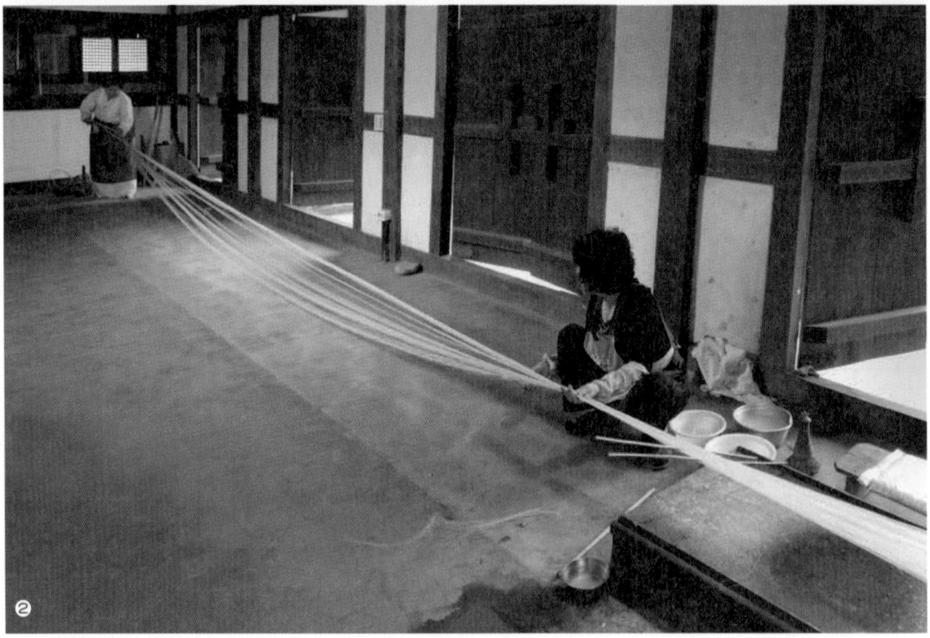

❶ 충남 한산세모시짜기 故 나상덕 보유자
❷ 충남 한산세모시짜기 故 나상덕 보유자와
딸인 한산세모시짜기 박미옥 보유자

잘 아다시피 19세기 말 영국에서 산업혁명이 시작되면서 실을 만드는 방적 분야와 옷감을 짜는 방직 분야가 가장 먼저 기계화되었습니다. 이 때 화학염료가 개발되어 염색도 공장에서 대량으로 생산했지요. 이러한 시대적인 변화는 우리의 근대 염직문화에도 적지 않은 영향을 끼쳤습니다. 특히 1970년대 이후 산업화가 확산되면서 전통 염직공예도 점차 사라지거나 변질될 위험에 처하게 되었습니다.

이에 문화재청은 문화재보호법에 의해 학술적, 예술적 가치가 높은 전통 공예기술이 그 원형을 유지하고 전승할 수 있도록 국가 무형문화재로 지정하여 보호, 관리하고 있습니다.

모시를 짜는 기술은 국가무형문화재 제14호 한산모시짜기, 무명을 짜는 기술은 국가무형문화재 제28호 나주의 샛골나이, 삼베를 짜는 기술은 국가무형문화재 제32호 곡성의 돌실나이, 명주를 짜는 기술은 국가무형문화재 제87호 성주와 경주의 명주짜기로 지정하여 보호하고 있습니다. 지방에는 명주실과 모시실로 교직을 충남무형문화재 제25호 청양 춘포짜기도 있고, 경북무형문화재는 제1호 안동포짜기, 제16호 무명짜기, 제24호 청도삼베짜기 등이 지정되어 있습니다. 한편 쪽풀로 남색을 염색하는 기술은 국가무형문화재 제115호 염색장, 잇꽃으로 홍색을 염색하는 기술을 서울시 무형문화재 제49호 홍염장으로 지정하였습니다.

이 장에서는 염직 공예품을 제작하는 공예기술 중 무형문화재로 지정된 직조와 염색 종목의 역사와 장인의 기술에 대하여 알아보기로 하겠습니다.

2 모시풀과 삼풀의 껍질을 쪼개 모시나 삼베를 짜요.

옷은 기후의 변화에 따라 신체를 보호해 주고 미적인 아름다움을 표현하는 데 중요한 역할을 합니다. 우리 조상들은 예부터 우리 주위의 풀과 나무로 여러 종류의 옷감을 짜서 계절과 상황에 맞는 다양한 옷을 해 입었습니다. 현재 국가 및 시도무형문화재로로 지정되어 전승되고 있는 옷감 짜는 기술은 여러 종목이 있습니다. 이 가운데 한산모시짜기는 2011년 11월 29일에 인류무형문화유산으로 등재되었습니다.

한산모시짜기는 모시풀을 이용하여 모시를 짜는 기술이고, 곡성의 돌실나이는 대마초를 이용하여 삼베를 짜는 기술입니다. 나주의 샛골나이는 목화를 이용하여 무명을 짜고, 성주와 경주의 명주짜기는 누에고치에서 명주를 짜는 기술을 말합니다. 장인들이 풀이나 나무를 이용하여 옷감을 짜는 기술은 대개 공정이 비슷합니다. 그러나 실을 만드는 방법이 다르기 때문에 이 부분을 관심 있게 살펴 보세요.

1) 한산모시짜기

여름철 옷감의 대명사, 모시. 전세계가 인정한 한국의 대표적인 문화상품, 한산 모시. 한산에서 모시를 짜는 공예기술은 2011년 유네스코 인류무형문화유산에 등재되었답니다.

한산은 충청남도 서천군에 있어요. 충남에서는 18세기 후반부터 모시가 유명하였어요. 이렇게 충남에서 모시가 많이 생산되었어요. 특히 한산을 비롯하여 부여, 임천, 홍산, 서천, 비인, 남포, 정산. 이렇게 여덟 마을에서 모시가 생산된다고 하여 통칭 "저산팔읍"이라고 부르기도 했지요.

18세기 후반 조선에서는 시장이 서고 상품 판매가 활발해졌던 시기입니다. 그동안 자급자족으로 제작하던 모시도 여름 옷감으로 이름이 나면서 오일장마다 날개 돋친 듯이 판매가 되었어요. 오일장을 기준으로 보면 한산의 읍내장은 1일과 6일, 서천은 2일과 7일, 부여는 3일과 8일, 남당장은 3일과 8일, 임천은 4일과 9일, 판교장은 5일과 10일에 열렸습니다. 그 밖에 여러 지역에 시장이 세워져 모시가 많이 팔려서 이 지역 경제에 보탬이 되었습

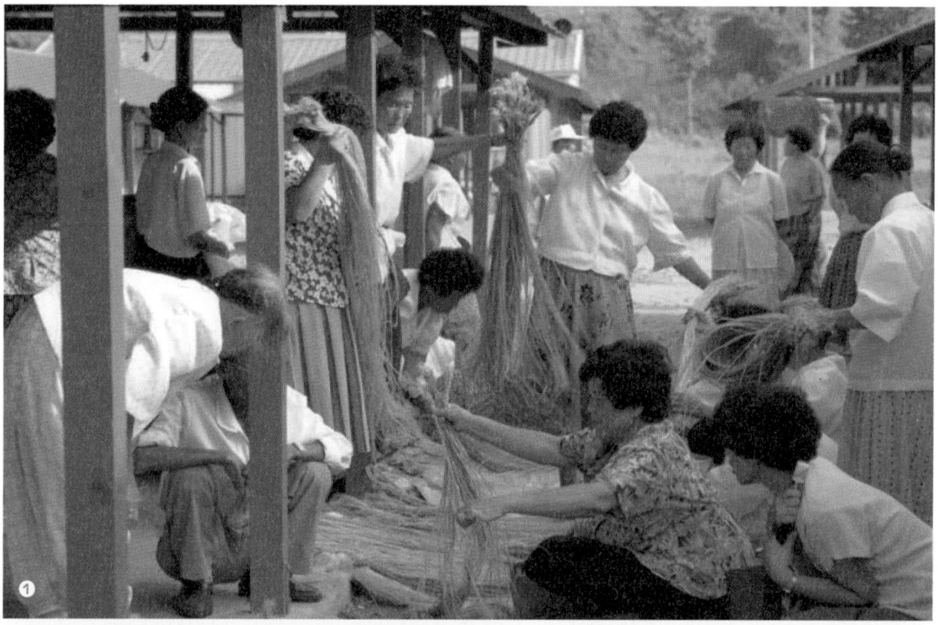

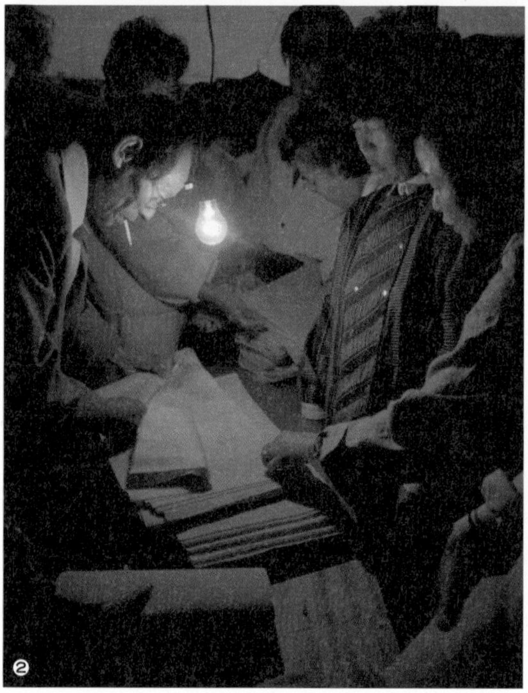

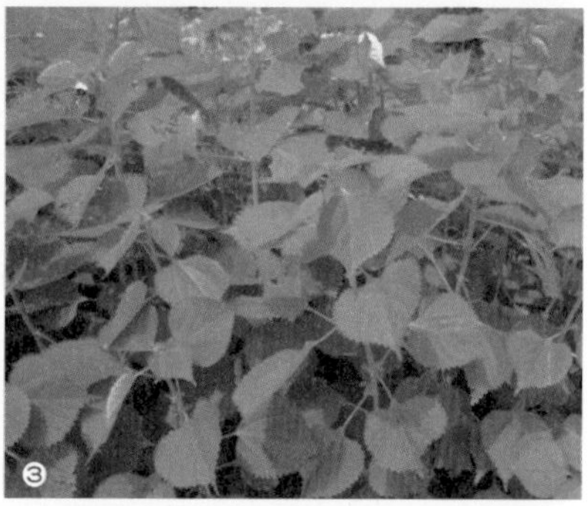

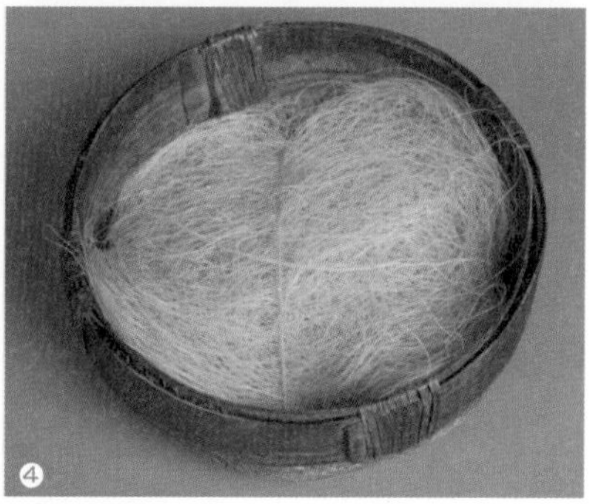

❶ 한산장의 모시시장
❷ 새벽에 한산모시시장에서 필모시 거래
❸ 모시풀
❹ 모시굿

니다. 특히 모시는 더운 낮에는 꺾이기 때문에 동틀녘 새벽 시장에 거래가 되었는데, 2000년대까지만 해도 오일장이 열리는 한산의 새벽 시장에는 그 전날부터 모시를 째서 만든 모시굿이나 매미 날개처럼 곱게 짠 모시를 이고지고 온 할머니나 어머니들, 촉수 낮은 전기불 아래에서 모시의 등급을 매기던 거간꾼들로 밤새 북적거렸습니다. 지금도 모시하면 떠오르는 추억의 한 장면인데, 언젠가 다시 되살렸으면 좋겠습니다.

모시의 재료는 여러해살이 모시풀입니다. 한산을 비롯한 저산팔읍은 토양이 비옥하고 바닷바람이 불어 다른 지역보다 모시풀이 잘 자란답니다. 모시는 일 년에 3번 수확하는데, 처음 것은 5월 말부터 6월 초에, 두 번 째 것은 8월 초에서 8월 하순에, 세 번째 것은 10월 초에서 10월 하순에 합니다. 제일 좋은 것은 두 번째에 한 여름 더위를 이겨낸 것입니다.

모시실 만들기는 태모시 만들기 → 모시 째기 → 모시 삼기 → 모시굿 만들기의 순서로 합니다. '태모시 만들기'는 2m 가까이 자란 모시풀 줄기를 잡고 낫으로 베어내고 잎사귀를 툭툭 쳐냅니다. 줄기대를 꺾고, 위에서 아래로 쭉 밀어 안쪽 속살을 분리합니다. 그런 다음 모시톱으로 겉껍질을 벗겨냅니다. 이렇게 줄기대 안쪽과 겉껍질을 벗겨낸 인피가 '태모시'입니다. 태모시를 한 줄씩 묶어 햇볕에 말립니다. 햇볕에 여러 번 바래며 말리면 하얘져 품질이 좋아집니다.

'모시 째기'는 태모시를 물에 적셔 건진 다음 왼손 검지에 꼭지머리를 감아 한 꼭지를 끝까지 휘어 감아 물기가 마르지 않게 합니다. 오른손으로 태모시 한 올씩 풀어 앞니 사이에 놓고 찧어 줄기를 결대로 째면 오른손 둘째 손가락을 째진 가닥 사이에 넣고 아래로 쭉 밀어 훑어 내립니다. 한 올에서도 여러 가닥의 모시실로 가늘게 쨀 수 있는데요, 모시의 품질은 이렇게 모시실의 섬유 올을 얼마나 가늘게 쪼개느냐로 결정됩니다. 이렇게 왼손 검지에 감아둔 한 꼭지를 모두 다 쪼개고 훑은 다음 묶었던 꼭지머리 끝을 풀어냅니다. 이제 다시 모시톱으로 벗겨서 한 올 한 올 일정한 두께로 분리가 되도록 만들어 줍니다. 이렇게 태모시에서 가느다란 모시올을 쪼개는 일은 시간도 오래 걸리고 노력도 많이 필요합니다. 어쨌든 모시올을 가늘게 째고 쪼개는 이 작업이야말로 모시 작업의 핵심 중의 핵심입니다. 세계인이 갖고 싶어하는 세모시는 이렇게 가는 모시올이 있어야 짤 수 있습니다.

'모시 삼기'는 쪼갠 모시올을 연결하는 작업입니다. 약 2m 길이로 짼 모시올을 한 뭉치씩 걸어둘 쩐지 1쌍이 필요합니다. 좌우에 세운 쩐지 위에 모시올을 걸어 놓고 한 가닥씩 빼서 두 끝을 입에 물고 침을 묻혀 손가락으로 꼬고 다시 무릎에 치대어 연결합니다. 이

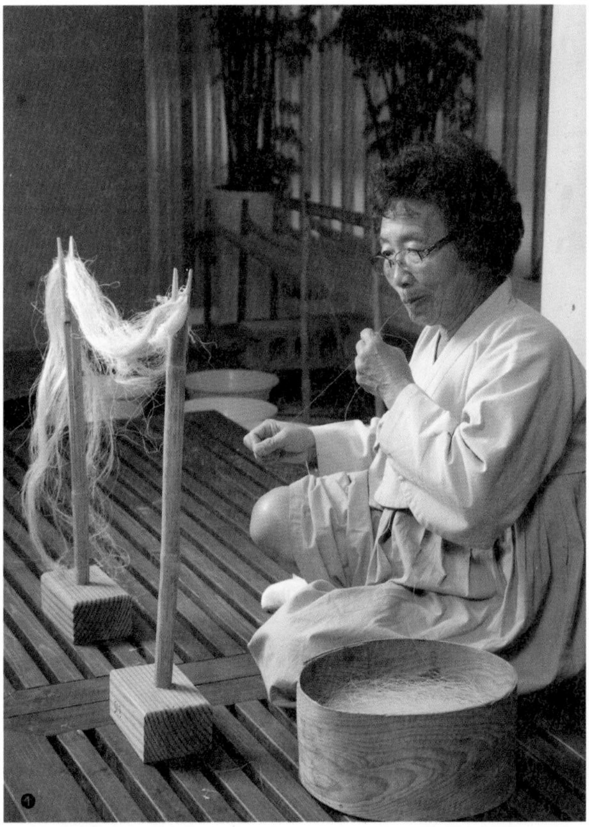

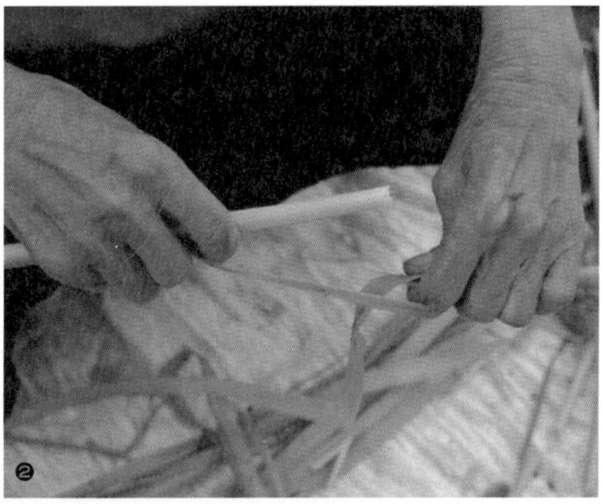

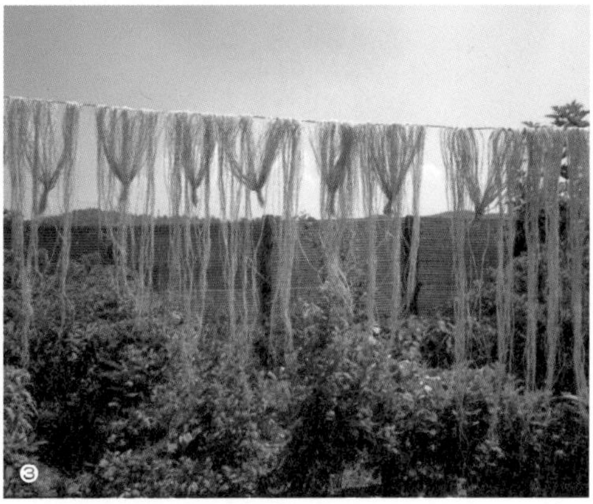

❶ 국가 모시짜기 방연옥 보유자의 모시 째기
❷ 모시풀 줄기에서 겉껍질 벗기기
❸ 태모시 말리기
❹ ❺ 국가 모시짜기 방연옥 보유자와 박승월, 고분자 전수교육조교

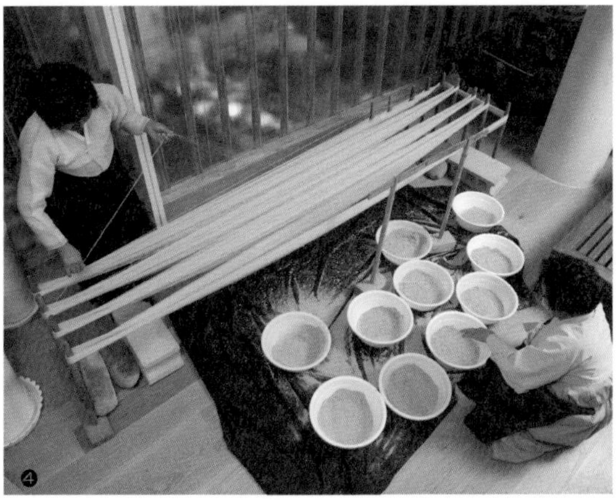

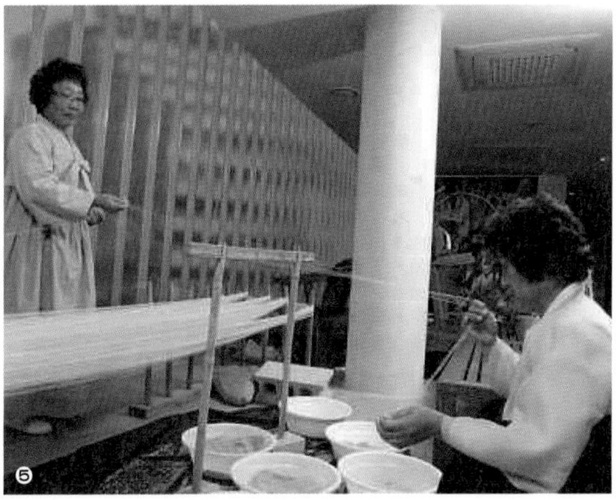

때 연결된 두 가닥이 원래의 올과 굵기가 일정하고 같게 만드는 것이 기술입니다. 이렇게 삼은 실은 채에 둘레둘레 담고 노끈을 십자로 묶어 '모시굿'을 만듭니다. 모시굿 10개가 한 필이 됩니다. 태모시를 짤 때 입에 넣고 이빨과 혀로 가늘기를 느껴 쪼갰는데, 삼을 때에도 입에 넣었다 꺼내어 비비고 치대서 연결하기 때문에 한 필의 모시굿에서는 침 냄새가 진동을 합니다. 어쨌든 한중일 삼국 중 모시실을 입에 넣어 만드는 것은 우리나라가 유일합니다.

실이 만들어지면 베 짜기 하는 방법은 모시 날기 → 모시 매기 → 모시베 짜기의 순서이고, 이러한 베짜기는 나머지 과정은 다른 직조 분야도 마찬가지입니다.

'모시 날기'는 조슬대 뒤에 10개의 실굿을 5개씩 2단으로 나열합니다. 각 실굿의 실 끝을 찾아 조슬대의 구멍에 끼워 통과시킵니다. 실 끝을 뽑을 때 엉키지 않도록 쌀겨를 뿌리면서 합니다. 앞단 잉아올과 뒷단 사올을 손가락으로 구분합니다. 이 과정에서 손가락을 사뿐사뿐 움직이기 때문에 '새 쫓기'라는 문학적인 용어를 사용합니다. 새 쫓기를 한 후, 10올을 한손에 잡고 날틀에서 '∞' 형태로 교차하여 날아간다고 보면 됩니다. 모시 1필을 날려면 옛날에는 반나절 이상을 뙤약볕이 내리 쬐는 마당에서 왔다갔다 하기를 반복했답니다. 지금 한산에서는 이것을 개량해서 실내에서 할 수 있게 만들었습니다. 암튼 모시 날기를 마치면 긴 모시실을 8자로 부여잡고, 사슬고리를 만들어서 엮으며, 이것을 사려 두면 됩니다.

모시 날기가 끝나면 바디에 잉아올과 사올을 1쌍으로 삼아 바디 1구멍마다 끼워야 합니다. 하나라도 잉아올과 사올이 어긋나면 안되기 때문에 꼼꼼하게 끼우는 게 중요합니다.

'모시 매기'는 날실의 강도와 엉킴 방지를 위해 풀을 먹이고 건조해 감는 과정입니다. 날기 전에 먼저 왕겨에 불을 피워 맷잿불을 만들어 둡니다. 그 위에 찬재를 끼얹어 불이 달지 않고 일정하게 피어오르도록 합니다. 먼저 바디에 날실을 두 올씩 꿰고, 날실을 벌려 사침대를 끼웁니다. 날실을 바디에 끼우고, 이것을 도투마리에 연결합니다. 들말과 끄싱개를 6m 간격으로 설치하고 들말에 도투마리를 고정시킵니다. 왕겨불을 지핀 맷잿불을 놓고 그 위에서 날실에 콩물을 귀얄로 먹이면서 풀칠하며 건조시키고, 바디를 앞뒤로 옮깁니다. 모시매기의 설명은 간단해도 장인들이 작업하기 가장 까다로운 것 중 하나입니다. 1필을 모두 매려면 하루 해가 꼬빡 걸립니다. 건조되면 도투마리를 돌려 감습니다.

씨실 감기는 무명이나 명주실은 물레를 돌려서 꾸리를 감습니다. 모시는 전대에 감으면 됩니다. 이것이 완료되면 북집 속에 꾸리를 넣어 베틀에서 짤 준비를 합니다.

'모시베 짜기'는 날실과 씨실이 교차하여 베를 짜는 과정입니다. 먼저 날실이 가득 감긴

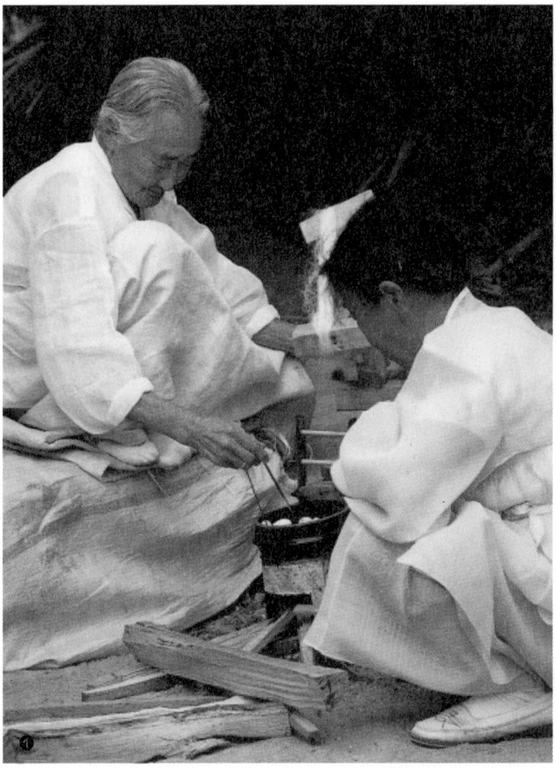

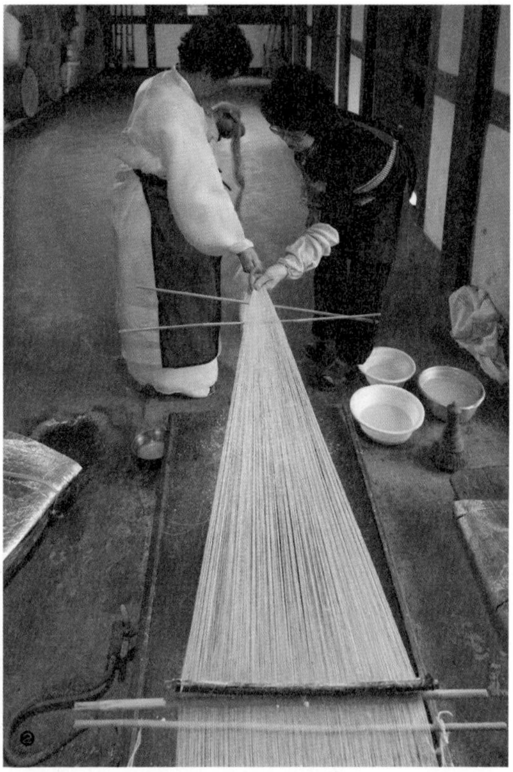

❶ 충남 청양춘포짜기 백순기 보유자와 시어머니
❷ 충남 한산세모시짜기 故 나상덕 보유자와 딸인 박미옥 보유자
❸ 충남 한산세모시짜기 故 나상덕 보유자의 모시째기

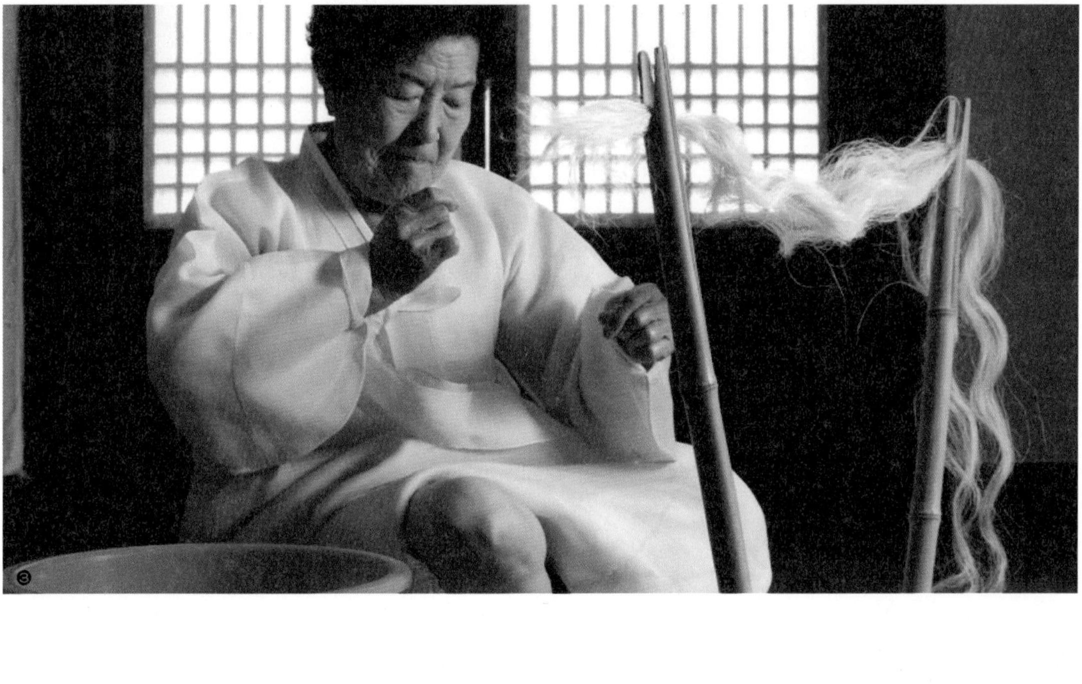

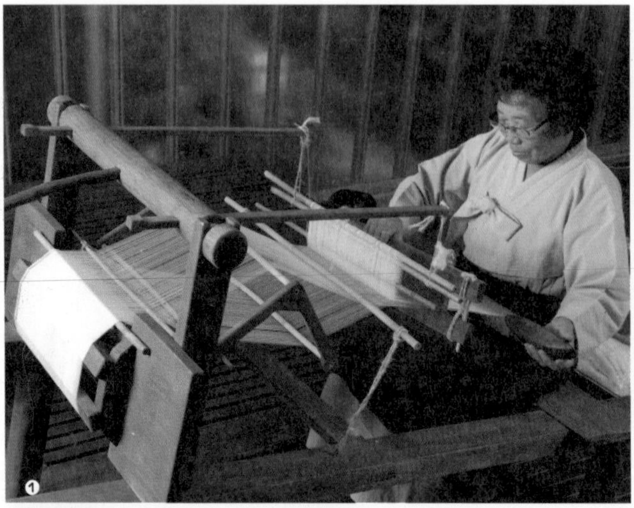

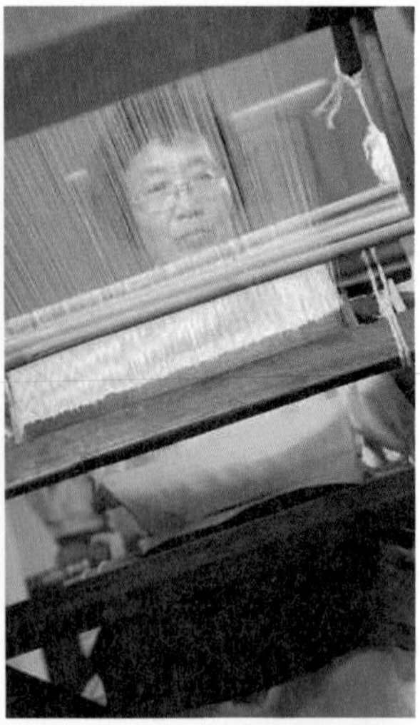

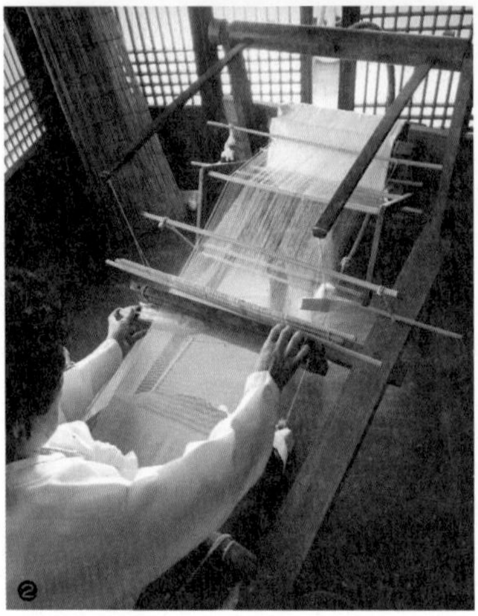

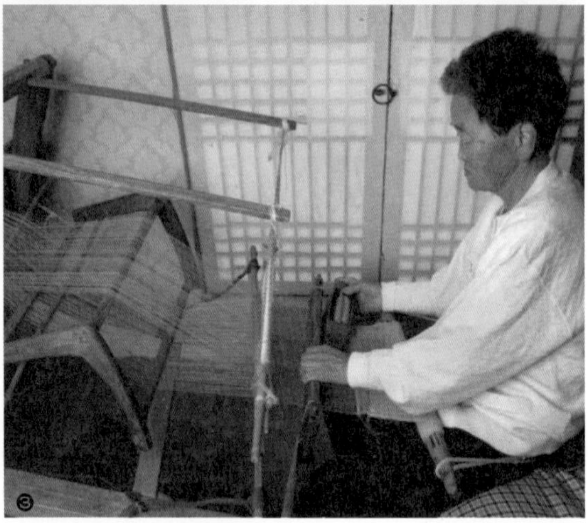

❶ 국가 한산모시짜기 방연옥 보유자
❷ 충남 한산세모시짜기 故 나상덕 보유자
❸ 충남 청양춘포짜기 백순기 보유자

도투마리를 베틀 위에 올립니다. 이제 오른발로 끌신을 밀었다 당겼다 하면 이중구조인 날실이 벌려집니다. 이때 씨실이 있는 북집을 날실 사이로 밀어 넣고 바디집을 내려칩니다. 그러면 날실과 씨실이 교차되어 베가 짜지는데, 이 과정을 한두 달 동안 반복하여야 비로소 베 한 필을 짤 수 있습니다.

무엇보다도 모시는 여름철 옷감입니다. 즉 모시는 습도가 낮으면 끊어지기 쉬워서, 모시를 짤 때는 한 여름 더위에 움집에서 땀을 뻘뻘 흘리며 짰습니다. 요즘은 가습기를 사용하여 습도를 조절하므로 그나마 다행입니다. 이렇게 한 여름 내내 고생하여 짠 모시를 물에 적셔 표백하고 여러 번 말리면 마침내 잠자리 날개 같은 모시가 완성됩니다.

2) 곡성의 삼베 짜기

곡성의 돌실나이는 전라남도 곡성군 석곡면에서 삼베를 짜는데, '돌실'은 석곡면의 옛 이름이고, '나이'는 길쌈을 뜻합니다. 삼베는 한자어로 '마, 마포, 포'라고도 합니다. 우리나라에 삼베는 고대국가 시대부터 사용하여 그 역사가 오래되었습니다.

삼베는 대마大麻의 껍질을 벗겨서 짠 옷감입니다. 근래 삼베의 생산이 위축되는데, 원료인 삼풀이 바로 요즘 마약에 사용되는 대마초이기 때문입니다. 어쨌든 삼베를 짜려면 삼풀을 재배해야 합니다. 3월 하순경 한식 무렵에 습기가 많은 땅에 씨를 뿌립니다. 7월 초에 키가 2m 이상 자란 삼풀을 베고 잎과 가지를 쳐낸 삼단을 묶습니다.

삼풀에서 삼실을 만드는 과정은 삼단 찌기 → 삼 째기 → 삼 삼기 → 실컷 띄우기의 순서입니다. 한산모시의 실 만드는 과정과 비슷하나 '삼단 찌기'와 '실컷 띄우기' 과정이 독특합니다. '삼단 찌기'는 마을 사람 전체가 공동으로 합니다. 구덩이를 파고 아궁이에 돌을 쌓고 통나무를 깔고 그 위에 삼단을 올린 다음 불을 땝니다. 불이 달아 돌이 뜨거워지면 흙을 덮고 물을 부어 김이 올라가면서 삼을 찝니다. 삼단 찌기가 잘 되어야 좋은 삼을 얻을 수 있습니다. 이렇게 삼단을 물에 불려 삼 껍질을 삼톱으로 벗깁니다. 겉껍질을 다 벗긴 삼을 입에 넣고 가늘게 쪼개는 삼삼기나 쩐지에 걸고 삼실을 무릎에 비벼 길게 잇는 과정은 모시와 동일합니다.

'실컷 띄우기'는 이은 실을 소쿠리에 담아 잿재와 버무려 두었다가 솥에 넣어 푹 삶습니다. 이것을 맑은 물에 깨끗이 빨고 다시 물에 2–3일 넣었다가 햇볕에 바래 쌀드물에 반나절 두었다가 짜서 돌곶에 맸다가 내립니다. 내린 실컷을 다듬어 소쿠리에 담아 실떡[삼떡]을 만들고 볏집으로 열 십十자로 묶습니다. 실떡 세 근이 한 필이 됩니다.

이제, 삼베를 짤 삼실이 다 준비되었습니다. 삼베를 짜는 과정은 모시나 무명이나 명주 모두 동일합니다. 곧 베 뽑기 → 베 날기 → 바디 끼우기 → 베 매기 → 베 짜기의 순서입니다. 다만 베 매기를 할 때 콩풀 대신 메밀가루풀에 치잣물을 타서 풀을 먹이는 것만 차이가 있습니다.

삼베는 다른 옷감보다 바람이 잘 통하기 때문에 여름철의 옷감으로 애용되었습니다. 예전에는 함경도 육진에서 생산되는 북포, 강원도의 강포, 경상도의 영포, 안동포 등이 유명했는데, 현재는 그 명맥만 유지하고 있습니다.

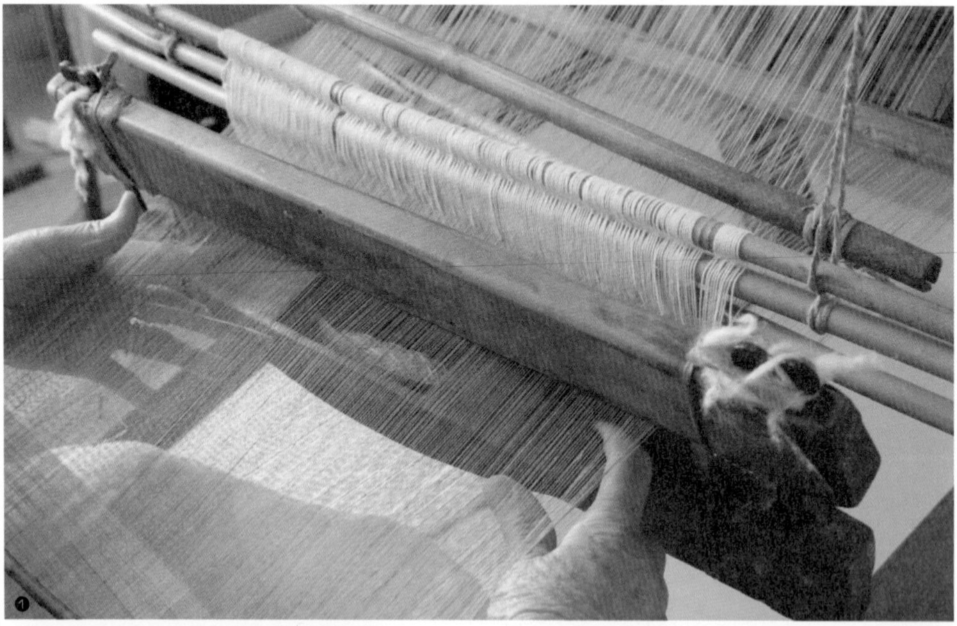

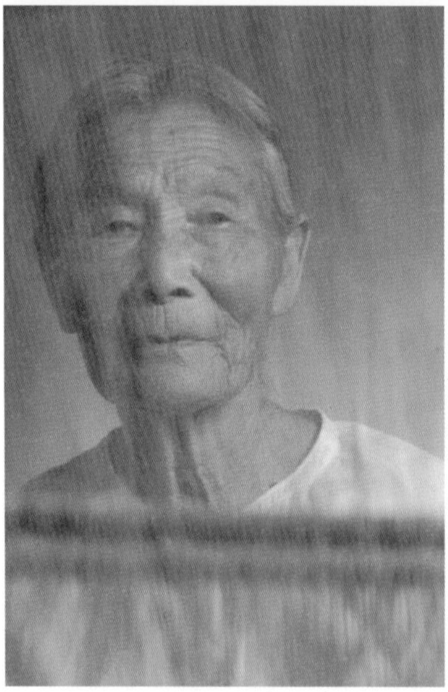

국가 곡성돌실나이 故 김점순보유자

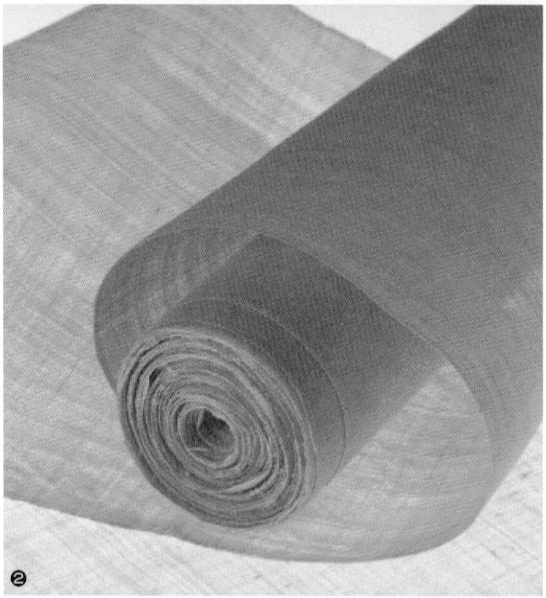

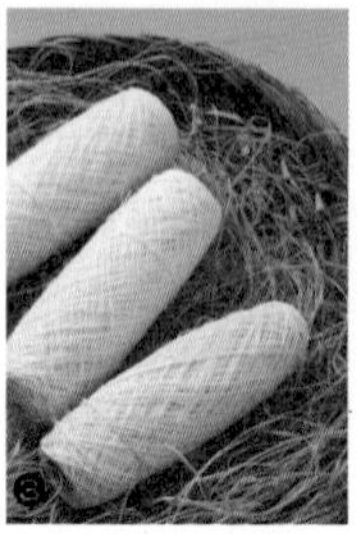

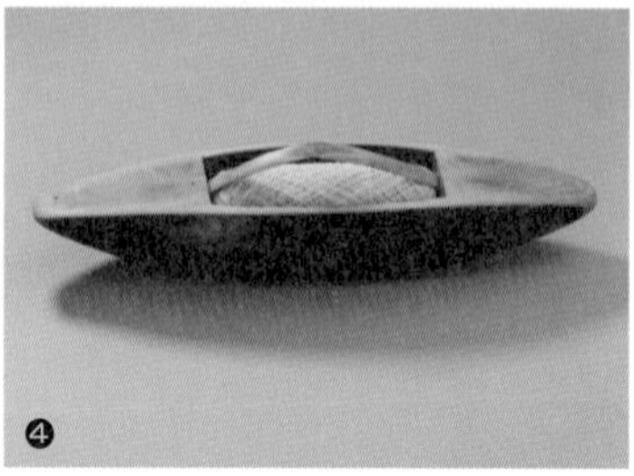

❶ 베틀에서 삼베짜기
❷ 완성된 삼베 1필
❸ 삼실과 꾸리
❹ 꾸리가 담긴 북

3 목화에서 솜을 따서 실을 자아 무명을 짜요.

나주의 샛골나이는 전라남도 나주시 다시면 동당리 일대에서 무명 짜는 일을 말합니다. '샛골'은 동당리의 마을 이름이고, '나이'는 길쌈을 뜻하는 말입니다.

무명의 원료인 목화는 고려 말 1364년 문익점이 중국 원나라에서 붓 대롱에 넣어 들여왔습니다. 물론 그 이전에도 우리나라에는 목화가 있었으나 문익점이 산업스파이로서 품질 좋은 목화를 몰래 들려온 것이지요. 어쨌든 문익점 덕분에 우리는 추운 겨울을 따뜻한 솜옷으로 지낼 수 있게 되었어요. 이러한 무명이 조선 초기에는 쌀과 함께 화폐로 쓰일 정도로 중요한 물품이었고, 일본으로 보내는 주요 교역품 중 하나가 되었어요. 당시 일본의 무명은 우리보다 좋지 않았는데, 임진왜란 이후 품질이 좋아져 의복생활이 개선되었지요. 이 때문에 어떤 사람은 임진왜란을 '목면전쟁'

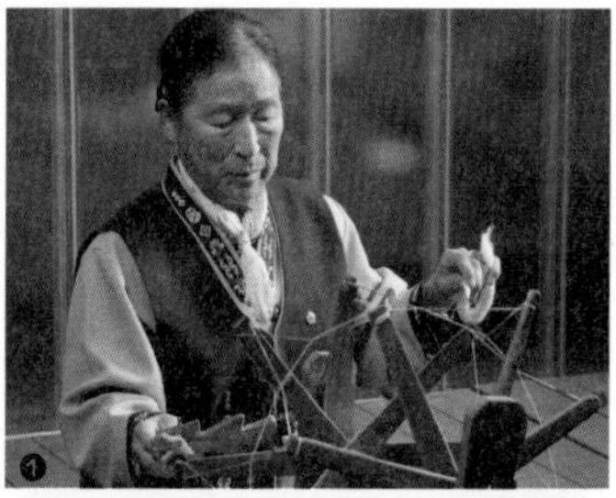

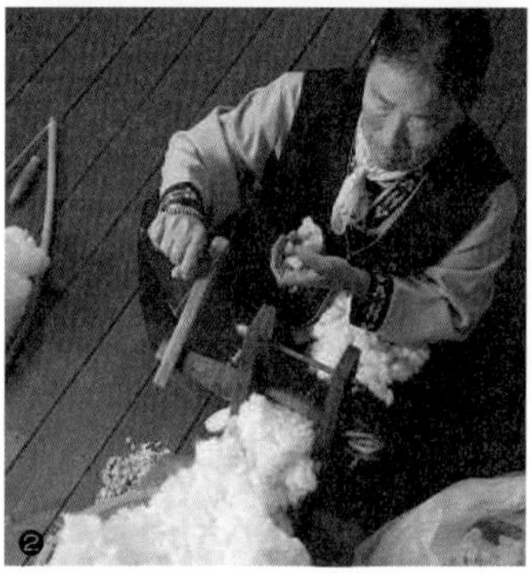

❶ 물레로 실 잣기
❷ 씨아틀에서 씨 빼기

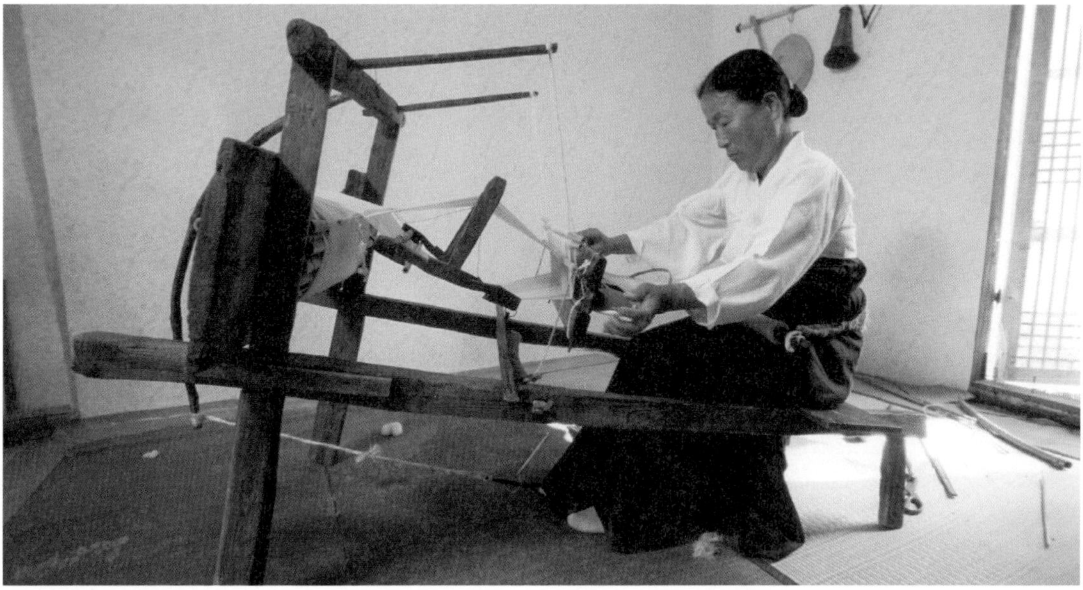

국가 나주샛골나이 故 노진남 보유자

이라고 부르기도 한답니다.

목화는 음력 3월 말부터 4월 초에 씨를 뿌려 음력 7월에 꽃이 피었다가 지고, 푸른 몽우리인 다래가 달리면, 군것질거리 대신 그것을 따 단물을 쪽 빨아 먹었던 기억이 새롭습니다. 이 다래가 한여름 뙤약볕에 익어 짙은 고동색으로 바뀌고, 마침내 탁 벌어져 입을 벌리면 탐스러운 하얀 솜을 토해냅니다. 8월 중순부터 따기 시작하는데 처음 딴 목화가 질이 가장 좋은데, 솜이 벌어졌을 때 비를 맞으면 썩기 때문에 주의해야 합니다.

무명을 짜는 과정은 목화솜에서 실 잣기와 베 짜기로 나뉩니다.

실 잣기는 씨 앗기 → 솜 타기 → 고치 말기 → 실 잣기의 순서입니다.

'씨 앗기'는 씨아틀을 돌리면 톱니바퀴처럼 맞물린 암카락과 수카락이 서로 반대방향으로 돕니다. 그 사이에 목화를 넣고 돌리면 솜은 가락바퀴를 통과하여 앞으로 빠져나가고, 씨는 뒤로 떨어집니다. 솜에서 씨를 빼는 씨아틀의 원리는 간단하지만, 일일이 솜에서 씨를 빼는 수작업에 비하면 엄청난 기술적 혁명인 셈이죠. 이렇게 빼낸 씨는 오쟁이 등 그릇에 담아 두었다가 내년도 파종 때 사용합니다.

'솜 타기'는 씨아틀을 통하면서 뭉쳐진 솜을 보송보송 부풀어 오르게 만드는 작업입니다. 솜을 타는 도구는 대나무를 활처럼 휘어 삼노끈으로 잡아맨 '솜활'과 참나무로 만든 '쥘손'입니다. 솜을 막대로 두드려 녹녹해지면 활 끈을 솜에 대고 쥘손으로 튕겨주면 활끈이 진동하면서 솜이 뭉게뭉게 피어오르게 됩니다. 오줌 싼 솜이불을 널어 말린 후 막대로 탁탁 두들긴 다음 솜틀집에서 튕겨서 부풀게 만드는 것과 같은 이치이지요.

'고치 말기'는 수수깡이나 참대로 만든 '말대'라는 도구를 사용합니다. 활로 타서 부풀어 오른 솜을 알맞게 뜯어서 말판 위에 올리고, 말대를 밖으로 밀면서 비비며 고치를 말아줍니다. 뜯어내는 분량이나 무게, 그리고 크기도 일정하게 만들려면 오랜 경험이 필요하지요. 눈대중으로 솜을 뜯어 말판 위에 올려놓고 지긋이 눌러 서너번 비벼 고치를 맙니다. 속에 넣은 말대를 빼면 손가락 하나 굵기의 고치가 된답니다.

'실 잣기'는 '물레'를 사용하여 고치에서 실을 뽑는 것입니다. 이 '물레'는 문익점의 손자인 '문래'가 만들어, 그 이름을 따서 물레라고 불렀답니다. 미리 만들어둔 고치의 한 끝에서 실오라기를 뽑은 다음 볏짚으로 만든 가락옷에 감은 후 가락에 꽂습니다. 이제 왼손으로 고치의 끝을 잡고 오른손으로는 물레손을 잡아 돌립니다. 물레가 1바퀴 돌 때 가락이 여러 번 돌게 됩니다. 그러면서 솜이 꼬아지면서 실이 가락옷에 감기게 됩니다.

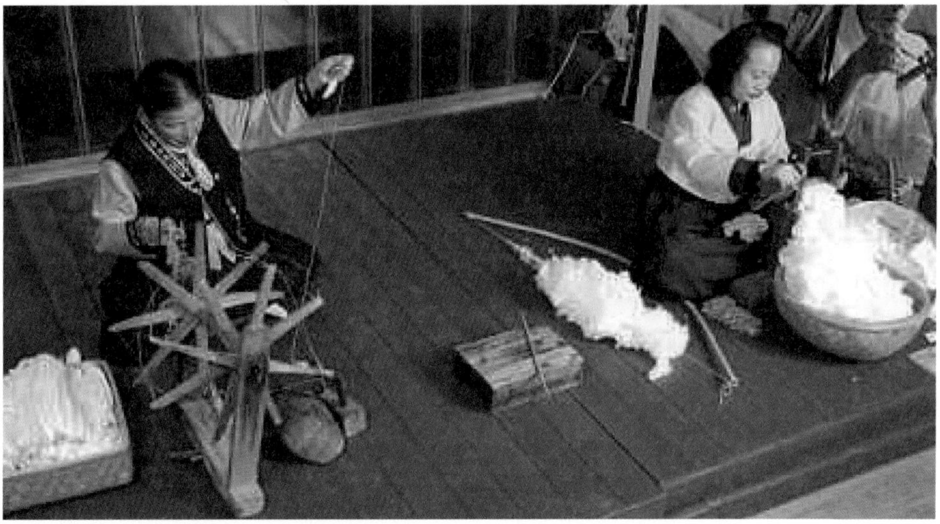
나주샛골나이 故 노진남 보유자와 며느리인 원경희 이수자

매우 단순한 이 작업이 좋은 무명 옷감을 만들 때 결정적인 핵심기술입니다. 오른손으로 물레 손잡이를 돌릴 때 왼손 끝으로 쥔 솜을 어깨 높이까지 부드럽게 올리면서 솜을 비벼 실을 만듭니다. 부드러운 손놀림 속에 엄지와 검지로 실을 비비는 속도와 세기가 무명실의 가늘기와 꼬기와 강도를 결정하거든요. 이러한 동작을 옷감 한 필을 짤 정도의 실을 만들기 위해 몇 날 며칠을 반복하며 수십 개의 가락을 만들어 냅니다. 완성된 가락은 외관상으로는 잘 자았는지 여부가 구별이 안되지만, 막상 베를 뽑고, 날고, 매고, 짤 때 실이 끊어지느냐 마느냐는 결국 실 잣기가 좌우한답니다.

실이 다 만들어졌으면 이제 무명베를 짭니다. 무명을 짜는 것 과정은 모시나 무명이나 명주 모두 동일합니다. 곧 베 뽑기 → 베 날기 → 바디 끼우기 → 베 매기 → 베 짜기의 순서로 진행됩니다.

목화를 길러 솜을 따서 실을 잣고 무명베를 짜는 일도 매우 힘들고 고된 작업입니다. 특히 솜은 옷감 뿐 아니라 요나 이불로도 사용되고, 겨울철 추위를 막아주는 솜옷을 만드는 데에도 매우 유용하였습니다. 예전 어머니들은 식구들이 입성을 위해 낮이나 밤이나 쉼없이 베를 짰는데, 베 한 필에서 어머니의 노고를 떠올려보면 어떨까요.

4 누에를 길러 고치에서 실을 자아 명주를 짜요.

명주짜기는 누에고치에서 풀어낸 견사로 무늬가 없는 천을 짜는 일을 말합니다. 보통 견사로 만든 천은 종류가 다양한데, 우리가 흔히 비단을 사라능단紗羅綾緞이라고 통칭합니다. 막상 사紗와 라羅는 얇고 투명하고, 능綾과 단緞은 도톰하며 무늬를 넣어 짠 전혀 다른 비단입니다. 이처럼 비단은 견사의 종류와 굵기, 문양을 넣어 짜는 직조 방법 등에 따라 그 종류가 다양하게 구분됩니다.

우리나라의 양잠은 고조선 때부터 시작해 긴 역사를 가지고 있는데, 삼국시대부터 기록을 보면 조화주, 어아주 등을 제작할 수 있었습니다. 조선시대에 들어서는 면주 혹은 명주가 주로 제작되었고 고급 비단을 중국으로부터 수입해서 사용했습니다. 어쨌든 중국의 황제조차 조선의 명주를 애호하여 조공품으로 보내기 위해 양잠을 권장하였고, 왕비가 직접 양잠에 참여하는 '친잠례'를 통해 양잠을 장려했지만 현재 누에고치를 길러 명주를 짜는 공예기술이 성주와 경주 등지에서 전승되고 있습니다.

명주를 만들기 위해서는 뽕나무를 재배하고 누에를 치는 일부터 시작됩니다. 누에를 키워 누에고치가 나오면 명주를 짜는 일도 모시나 삼베 및 무명과 마찬가지로 실 만들기와 베 짜기로 구분됩니다. 명주실 만들기는 실 뽑기 → 실 내리기 → 씨실 감기의 순서로 다른 옷감과 다릅니다. 실 만들기를 살펴 봅시다. 실을 만들려면 누에를 길러 뽕잎을 먹고 다섯 잠을 자면서 다 자란 누에가 3일간 고치를 짓습니다. 이 누에고치를 가지고 진행합니다.

'실 뽑기'는 고치로부터 실을 뽑는 과정입니다. 부뚜막 위에 작은 솥은 올리고 물을 붓고 누에고치 20여 개를 넣은 후 팔팔 끓입니다. 이때 젓가락을 넣고 휘휘 저으면 누에고치 서너개에서 실마리가 뭉쳐져 끌어올라 옵니다. 이렇게 젓가락에 달려오는 실이 '묵지실'입니다. 묵지실의 끝을 잡아당겨 '자새'의 아래대롱과 위대롱에 S자로 건 다음 왕챙이 물레에 감습니다. 이제 오른손으로는 묵지를, 왼손은 물레를 돌려 명주실을 만듭니다.

'실 내리기'는 돌것에 타래실을 걸고 물레에 대나무 대롱을 끼워 돌리는 것입니다. 왼손은 돌것의 실을 조절하면서 타래실을 내립니다. 이것을 날실로 사용할 깡통이나 대롱에 내리는 것입니다.

'씨실 감기'는 깡통에 감긴 실을 10cm 남짓한 대나무, '부대'에 8자로 돌려 감는 것입

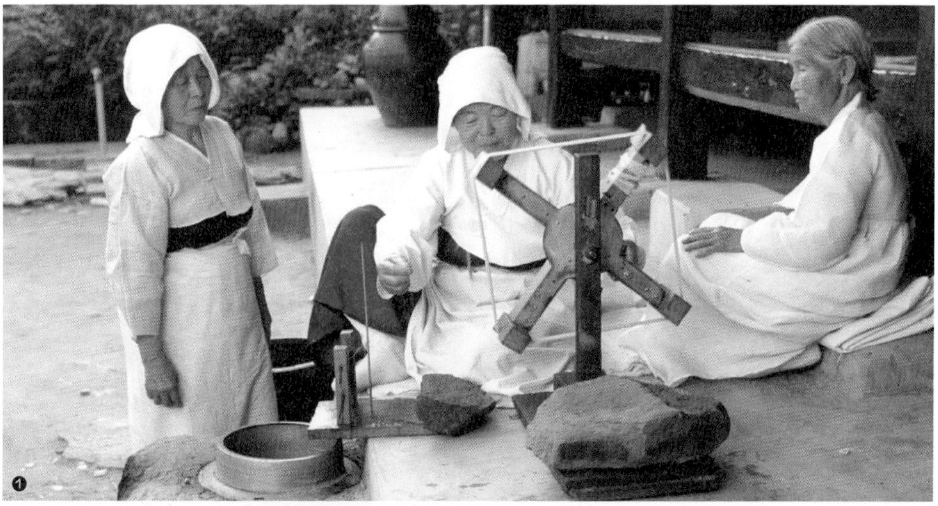

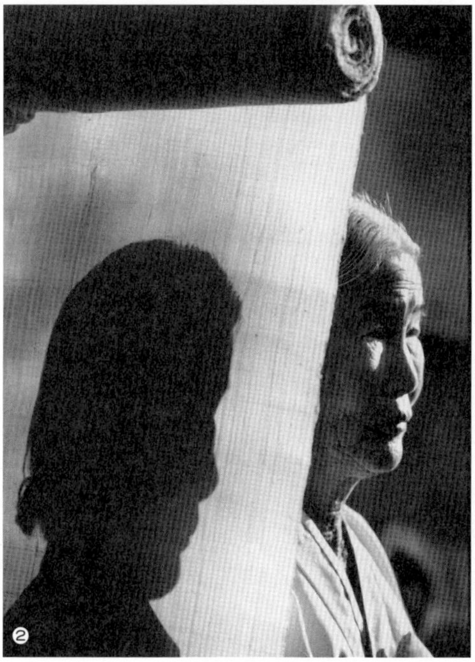

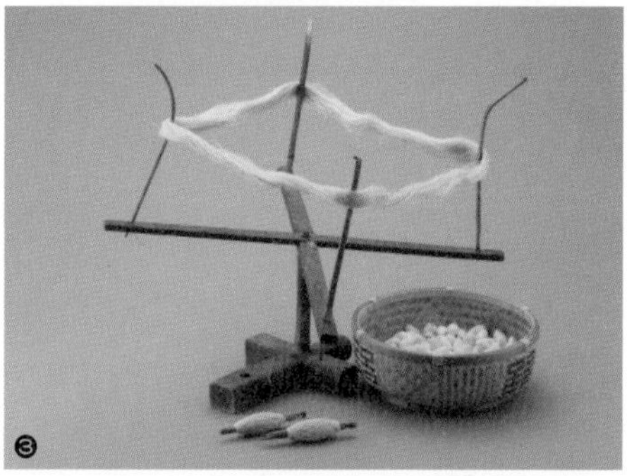

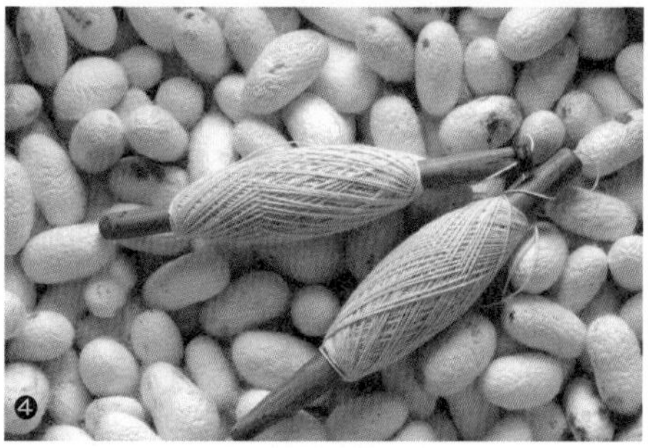

❶ 국가 명주짜기 조옥이 보유자와 이규종 전수교육조교 및 경북 무명짜기 백문기 보유자(오른쪽부터)
❷ 국가 명주짜기 故 조옥이 보유자
❸ 누에고치와 왕칭이 물레
❸ 누에고치와 실꾸리

니다.

이렇게 명주실이 준비되면 베 짜기는 베 뽑기 → 베 날기 → 바디 끼우기 → 베 매기 → 베 짜기의 순서로 진행됩니다. 모시나 삼베 및 무명 짜기와 공통됩니다.

5 하늘빛을 닮은 쪽물이나 잇꽃물을 들이는 장인은 누구일까요?

염색장은 천연염료로 옷감에 색을 물들이는 장인을 말합니다. 천연염료는 식물의 잎이나 꽃, 열매, 뿌리 등과 동물, 해조류 등에서 자연의 색을 추출하여 사용해 왔습니다. 이런 천연염료는 그대로 사용하기도 하고 가열하거나 찧어서 염료를 만들어 사용합니다. 보통 염료에 약 3배의 물을 넣고 가열하여 색을 추출합니다. 여기에 염색할 천을 담가 염색합니다. 매염처리를 하면 색이 고착되고, 일부 다색성 염료의 경우에는 다양한 색을 얻을 수 있습니다.

염색에는 여러 종류가 있지만 쪽풀로 하늘을 닮은 푸른색을 물들이거나 홍화[잇꽃]으로 노을을 닮은 붉은색을 물들이는 것이 대표적입니다.

쪽염색은 쪽이라는 식물에서 빼낸 염료를 사용하여 옷감 등을 물들이는 방법으로 염료의 추출 과정이 까다롭고 고도의 기술이 필요합니다. 쪽 염색을 하려면 무엇보다 먼저 쪽풀을 재배해야 합니다. 봄에 쪽씨를 밭에 뿌려 김을 매고 잡초를 뽑아 기릅니다. 8월 초순경이 되면 쪽풀이 60~70cm 정도 자랍니다. 이렇게 자란 쪽풀은 이른 새벽 이슬을 맞았을 때 베어내야 하는데, 족풀 그 자체로는 염색이 되지 않습니다. 염료가 물에 잘 녹게 하려면 매염제가 있어야 합니다. 쪽염의 매염제는 석회와 잿물을 준비합니다. 자연산 굴껍질을 세척한 다음 구워 재를 만든 다음, 이것을 응달진 곳에 보관한 후 절구통에서 가루가 되도록 분쇄합니다. 이 석회가루를 자루에 담아 통풍이 잘되는 창고에 보관합니다. 잿물은 쪽대 말린 것을 태웁니다. 널배기 위에 삼발이나 나무 막대를 놓고 시루를 얹습니다. 시루에 재를 넣고, 그 위에 뜨거운 물을 부어 잿물을 만듭니다.

새벽에 밭에서 이슬 맞은 쪽대를 베서 장독에 담고, 그 안에 물을 붓습니다. 하루가 지나면 쪽대를 들어냅니다. 쪽대를 들어낸 쪽물에는 석회를 넣고 고무래로 저어줍니다. 계속 저어주면 남색으로 변합니다. 이것을 가만히 두면 쪽 염료가 침전합니다. 그러면 맑은 윗물은 버리고, 바닥에 남은 침전쪽을 바가지로 긁어냅니다. 독에 침전쪽을 넣고, 침전쪽의 4배의 잿물을 넣고, 7~10일 동안 고무래질과 함께 짚뚜껑을 덮어 발효시킵니다. 이렇게 침전쪽을 발효시키면 색소와 석회가 분리되면서 거품이 생기는데, 이 과정을 '꽃물 만들기'라고 하고, 이것을 염료 물감으로 사용합니다.

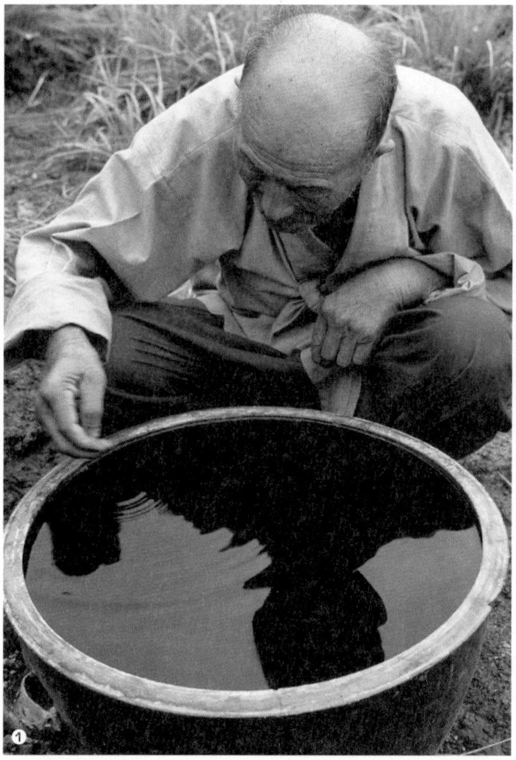

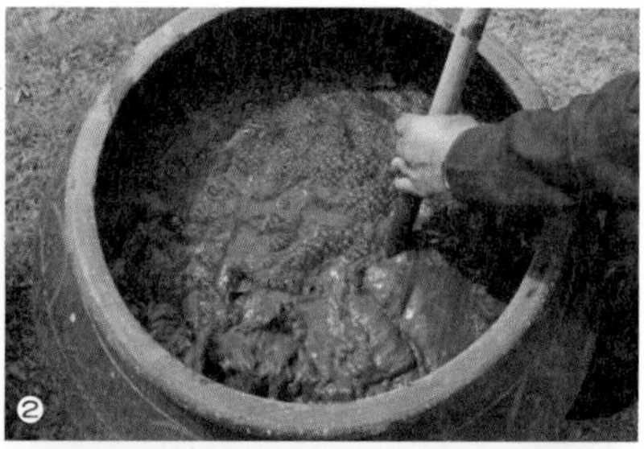

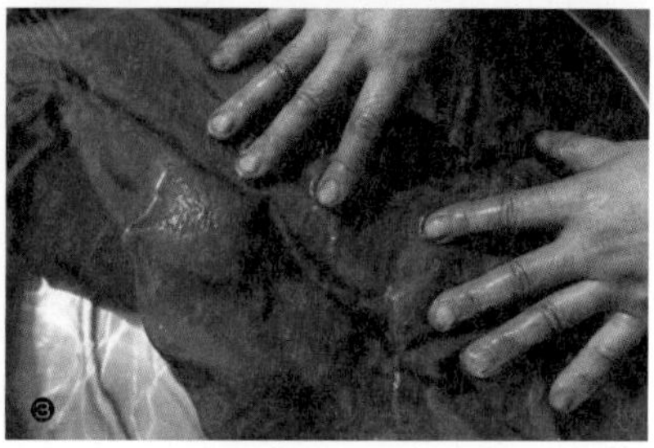

❶ 국가 염색장 故 윤병운 보유자
❷ 염액에 당그레질하여 꽃물 만들기
❸ 쪽물에 무명천 담가 염색하기
❹ 국가 염색장 故 윤병운 보유자와 아들인 윤대중 전수교육조교

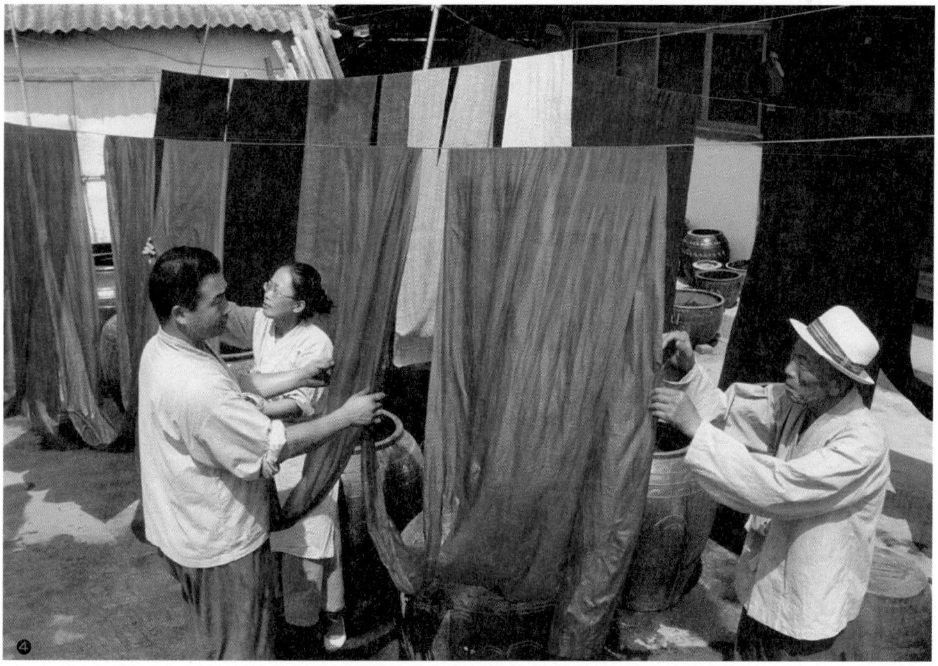

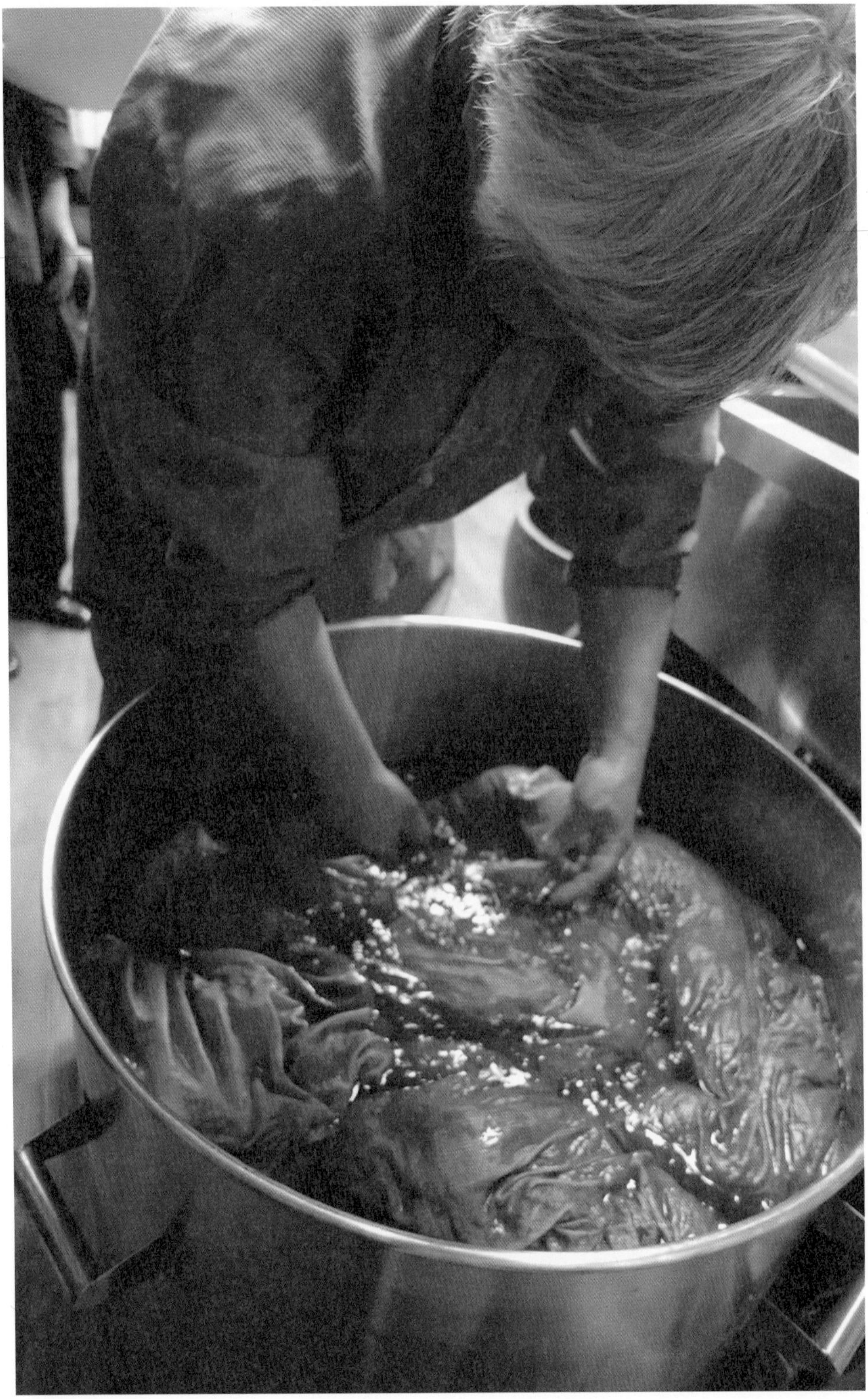
서울 홍염장 김경열

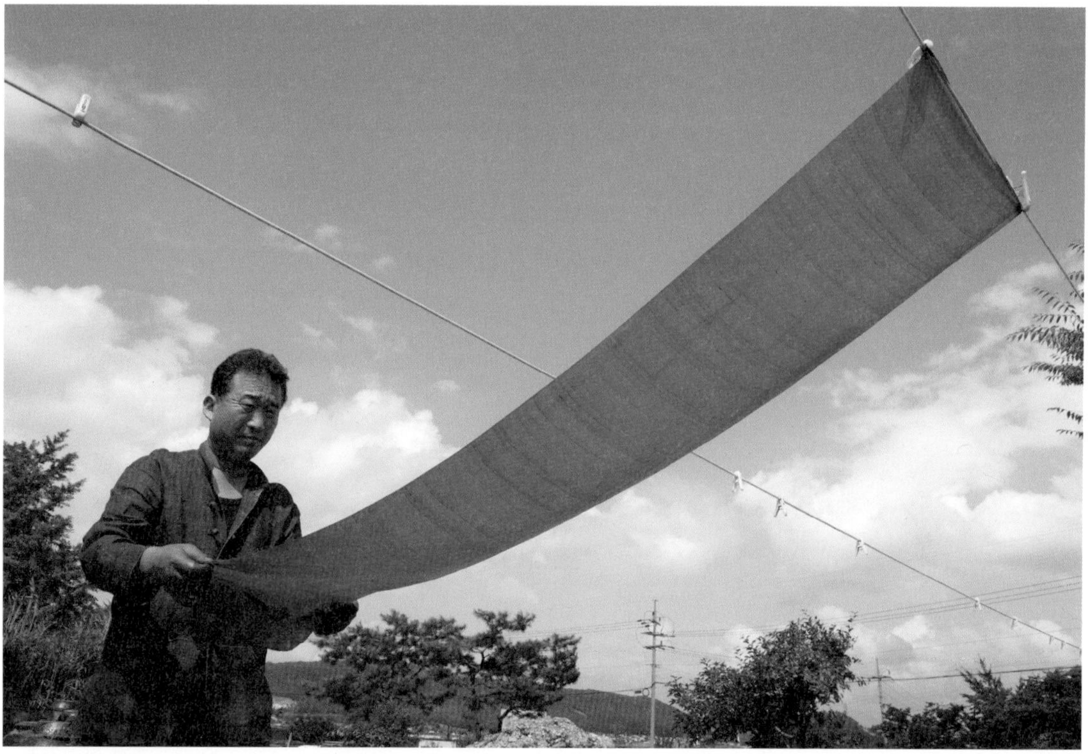

국가 염색장 정관채 보유자

발효시킨 쪽물에 천을 넣어 염색을 합니다. 염색을 하고난 천은 깨끗한 물에 빨아 햇빛에 널어 건조시킵니다. 진한 색을 얻기 위해서는 이 과정을 반복합니다.

이렇게 쪽염을 하고난 천은 하늘빛을 닮은 쪽빛이 됩니다.

한편, 조선시대 상의원과 제용감에는 홍염장을 10명씩 두어 왕실의 권위와 위엄을 상징하는 홍색을 염색하였습니다. 이렇게 홍화를 길러 붉은 색으로 염색하는 홍염장 또한 근래 서울특별시 무형문화재로 지정하였어요. 근래 웰빙이 핫 이수여서인지 자연에서 나고 자란 각종 풀을 사용해서 여러 다양한 색으로 물들이는 천연 염색에 관심이 많아지는 것 같아요. 덩달아 쪽이나 잇꽃의 염색을 배우려는 사람이 많이 늘어나고 있어 그나마 다행입니다.

학습평가

01 염직공예 분야의 역사적 변천으로 옳지 못한 것은?

① 고구려 ; 금전(錦典)이라는 관청을 두어 고급 비단을 짰다.

② 신라 ; 염전, 마전, 조하방 등의 관청을 두어 염직을 관장하였다.

③ 고려 ; 도염서와 잡직서라는 관청에서 염색과 직조를 맡았다.

④ 조선 ; 상의원에 능라장과 방직장, 홍염장, 청염장 등의 장인이 소속되어 있었다.

02 (난이도 하) 무형문화재로 지정된 직조공예와 재료, 전승지가 잘못 짝지어진 것은?

① 모시짜기 – 모시풀 – 한산

② 삼베짜기 – 대마초 – 청양

③ 무명짜기 – 목화 – 나주

④ 명주짜기 – 누에고치 – 경주

03 (난이도 하) 유네스코 세계무형문화유산으로 등재된 직조분야는 어느 것인가?

① 곡성돌실나이
② 나주샛골나이
③ 한산모시짜기
④ 경주명주짜기

04 (난이도 중) 다음 중 직조분야 중 실 만들기의 과정이 옳지 않은 것은?

① 모시실 만들기 ; 태모시 만들기 → 모시 째기 → 모시 삼기 → 모시굿 만들기

② 삼베실 만들기 ; 삼단 찌기 → 삼 째기 → 삼 삼기 → 실컷 띄우기

③ 무명실 만들기 ; 씨 앗기 → 솜 타기 → 고치 말기 → 실 잣기

④ 명주실 만들기 ; 누에고치 → 고치실 삶기 → 고치실 잇기 → 고치실 꼬기

05 (난이도 하) 쪽염에 필요한 재료가 아닌 것은?

① 쪽풀
② 잿물
③ 석회가루
④ 꼭두서니

01 | 정답 | ①
| 해설 | 금전은 백제시대의 직조 관청이다.

02 | 정답 | ②
| 해설 | 삼베짜기는 곡성이나 안동 등지에서 전승하고 있다. 청양은 모시와 명주의 교직을 전승하고 있다.

03 | 정답 | ③
| 해설 | 직조 분야 중 유네스코 세계무형문화유산은 한산모시짜기이다.

04 | 정답 | ④
| 해설 | 명주실은 누에고치에서 실 뽑기 → 실 내리기 → 씨실 감기의 순서이다.

05 | 정답 | ④
| 해설 | 쪽염을 하려면 쪽풀과 잿물, 석회가루가 필요하다.

학습정리

① 염직공예는 고대부터 조선시대까지 역사적인 발전과정을 거친다.

② 무형문화재로 지정된 염직공예는 모시를 만드는 한산모시짜기, 삼베를 만드는 곡성돌실나이, 무명을 짜는 나주샛골나이, 명주를 짜는 성주와 경주의 명주짜기가 지정되어 관리되고 있다.

③ 한산모시짜기는 모시풀을, 곡성돌실나이는 삼풀을, 나주샛골나이는 목화솜을, 성주와 경주의 명주짜기는 누에고치에서 실을 만든다. 모시실과 삼베실은 입으로 째고, 무릎 위에서 삼아 실을 만든다. 무명은 목화에서 씨를 빼고, 솜을 타서, 고치를 만들어, 실을 잣는다. 명주실은 누에고치에서 실을 뽑고, 내리고 씨실을 감는다. 이렇게 전통 직조 공예는 실을 만드는 과정은 각각 다르지만, 베를 짜는 과정은 베 뽑기, 베 날기, 베 매기, 베 짜기의 순서로 공통된다.

④ 전통 염색은 쪽풀로 남색을 염색하는 염색장이 지정되어 관리되고 있다.

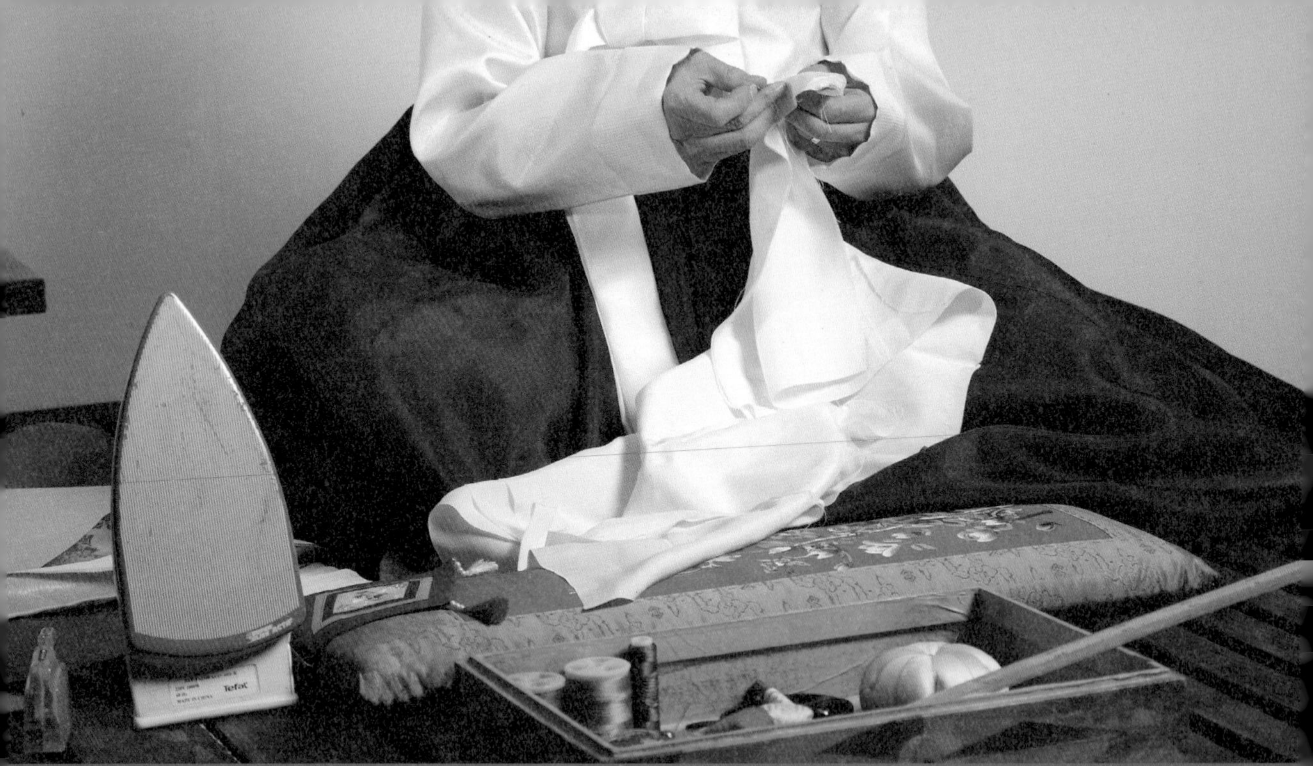

09
복식과 장인

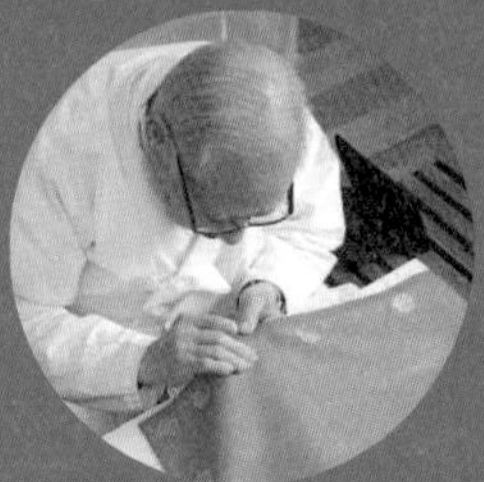
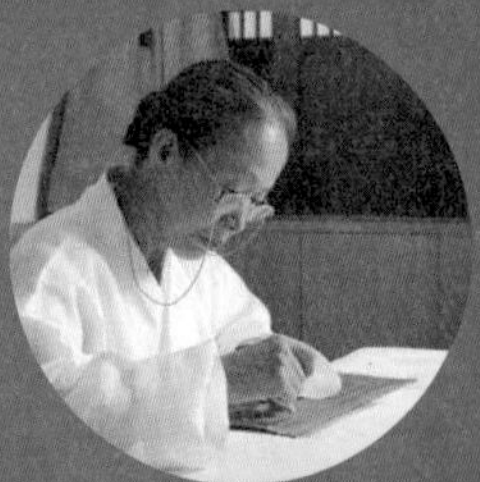

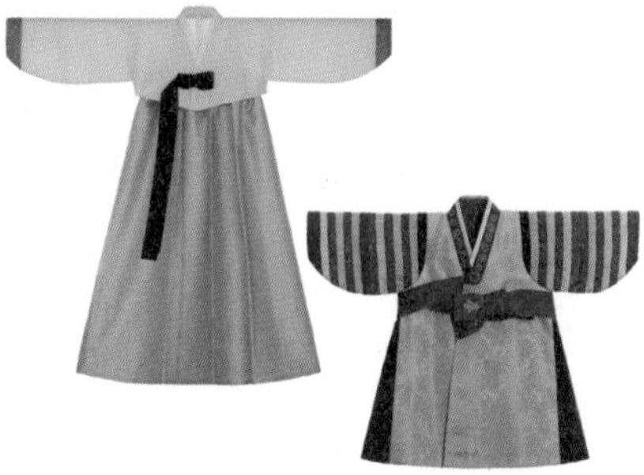

복식 지정종목과 장인

구분	지정번호	종목명	사망	명예	보유자	전수교육조교
국가	제22호	매듭장	정연수, 최은순	김희진	정봉섭, 김혜순	박선경
	제80호	자수장	한상수		최유현	김태자, 김영이
	제89호	침선장	정정완		구혜자	박영애
	제107호	누비장			김해자	
	제119호	금박장			김덕환	
서울	제11호	침선장		박광훈		김승아
	제12호	자수장	한영화			김영이
	제13호	매듭장		김은영		노부자
인천	제13호	자수장			김계순	
	제25호	자수장			신상순, 황순희	
	제44호	서천침선장			이순동	
전북	제22호	침선장			최은순	
	제28호	자수장	강소애			
경북	제33호	자수장			김시인	
경남	제32호	매듭장			배순화	

■ 학습개요

옷은 자신의 몸을 가려 예의를 갖추기 위한 의식주 생활의 핵심 소재이다. 의생활을 위해 가장 기본적인 옷으로 남자들은 바지 저고리를, 여자들은 치마 저고리를 입었다. 또 4계절이 뚜렷한 우리나라는 여름의 더위를 피하고 겨울의 추위를 막을 옷이 필수적이었다. 더욱이 예절을 숭상하던 우리 조상들은 의관정제를 중요시하여, 의복을 정갈하게 갖춰 입는 것으로 예가 비롯한다고 생각하여 바느질은 여인들이 담당하였다.

고대부터 근세까지 대부분의 옷은 여자들의 솜씨로 옷감을 마름질하고 꿰매어 마련하였다. 겨울옷은 솜을 넣고 누벼 매서운 바람과 추위를 막았다. 그뿐 아니라 관복에 붙이는 흉배나 주머니나 버선 등 의생활 속의 소소한 것들에는 자수를 놓아 아름답게 장식하고 매듭을 엮기도 하였다. 옷과 장식품을 책임진 여인들은 밤낮 없이 바쁘게 일하였다.

그러나 근대에 들어 서구화의 물결 속에 근대화와 산업화되면서 모든 것이 엄청나게 변하였는데, 이것은 의생활 문화 뿐 아니라 전통 공예기술 전체를 위협하는 요소였다. 이에 국가에서는 사라져가는 공예기술을 무형문화재로 지정하여 보호하고 있다.

이 장에서는 복식의 시대적 변천과 무형문화재로 지정된 침선장, 누비장, 자수장, 매듭장, 금박장, 궁중채화에 대해 알아보기로 하자.

■ 학습목표

1. 복식의 시대별 변천과정에 대해 설명할 수 있다.
2. 전통 옷을 만드는 무형문화재 중 침선장과 누비장의 제작 기술에 대해 설명할 수 있다.
3. 전통 장식기술 중 수를 놓거나 매듭을 엮는 무형문화재 자수장과 매듭장의 제작 기술에 대해 설명할 수 있다.
4. 전통 공예기술 중 금박을 찍거나 비단꽃을 만드는 금박장과 궁중채화의 제작기술에 대해 설명할 수 있다.

■ 학습내용

1 복식의 시대적 변천과정을 알아 볼까요.

최초의 인류는 이 땅에 와서 동물처럼 벌거벗은 채 살았을 겁니다. 그런 인간이 동물과 여러 가지 면에서 구별되는데 그중 하나가 옷을 입는 것입니다. 인간이 옷을 입는 이유는 무엇보다 추위와 부끄러움으로 자신의 몸을 가리기 위한 것입니다. 옷을 입음으로써 더위를 피하고, 추위를 막을 수 있었겠지요. 특히 우리나라는 봄 여름 가을 겨울, 사계절이 뚜렷하여, 더위와 추위를 막을 옷이 필요했답니다.

의생활을 위해 가장 기본적인 옷으로 남자들은 바지 저고리를, 여자들은 치마 저고리를 입었습니다. 특히 우리 민족은 '백의민족'이라 불릴 정도로 옷을 정갈하게 갖춰 입는 것으로 유명합니다. 오죽하면 '옷이 날개'라는 속담이 있을 정도로 지금도 다른 민족보다 옷차림에 무척이나 신경을 씁니다.

한편, 옷은 예의를 갖추기 위한 것입니다. 우리 조상들은 예절을 숭상하였고, '의관정제衣冠整齊'를 중요시하였습니다. 의복을 정갈하게 갖춰 입는 것으로 예가 비롯된다고 생각하였던 것이지요. 고대국가부터 옷은 왕실과 귀족계층을 백성들과 구분 짓고, 그들의 신분과 지위를 상징하는 것으로 여겼습니다. 이러한 구분을 위해 왕실에서는 백성들과 차이가 나는 품질이 좋고 염색한 옷감으로 옷을 짓고, 수를 놓아 장식하였습니다.

조선시대의 경우 『경국대전』으로 왕실과 백성의 의복에 차등을 두도록 제도화하였습니다. 왕실에서 왕이나 왕비 및 세자 등이 착용할 옷은 상의원이라는 관청에 여러 장인들이 소속되어 있었는데, 그들이 옷을 만들고, 수를 놓았으며, 매듭을 엮고, 금박을 박고, 비단꽃도 만들어 장식하였습니다. 국왕이나 왕비는 나라를 다스리고 사신을 만나고 국가의 제사를 관장하였기 때문에 그들이 곧 국가로 인식하였습니다. 그들의 옷차림이 곧 왕실의 권위와 국가의 위엄을 보여주는 것이라 여겼던 것 같아요. 때문에 국가에서는 관청을 설치하고 그곳에 옷이나 장신구 및 금박을 찍거나 꽃을 만드는 장인을 소속시켜 옷을 만들고 안팎을 장식하여 부와 멋을 과시하였답니다.

한편 백성들의 옷은 대부분 어머니의 몫이었습니다. 집안의 여자들은 자신만의 솜씨로

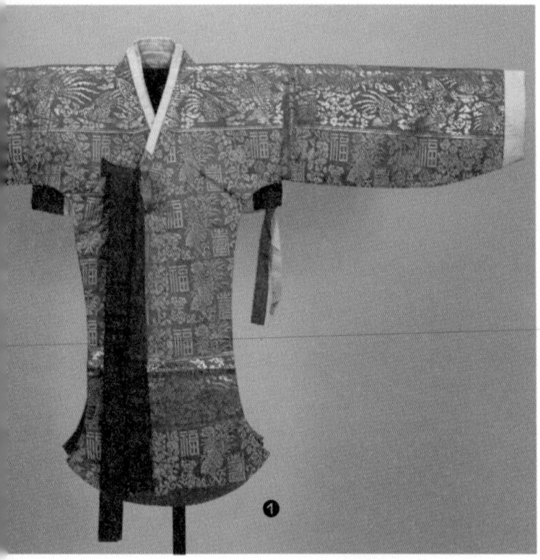

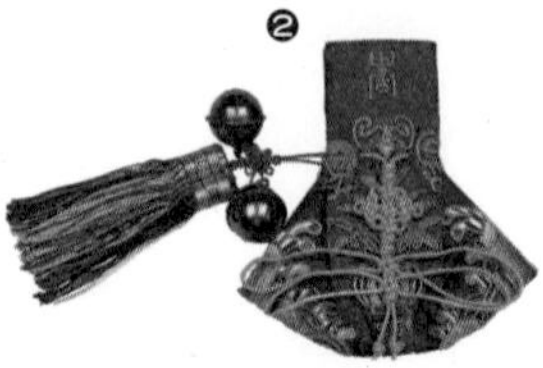

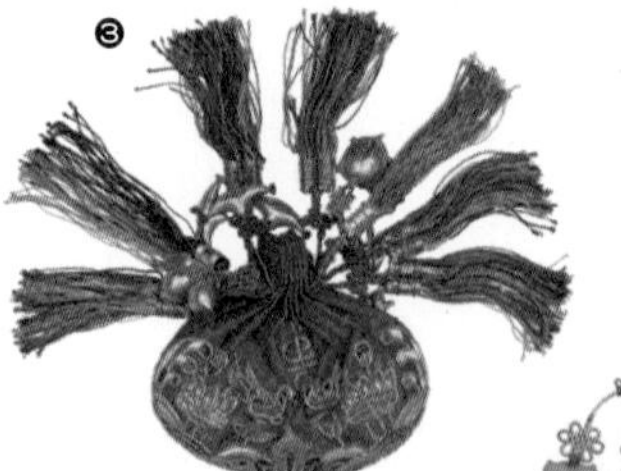

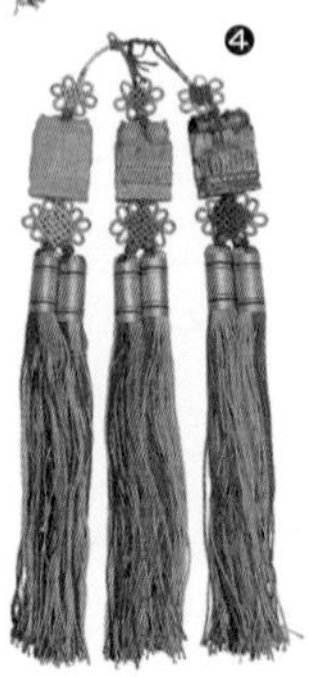

❶ 당의, 조선, 국립고궁박물관
❷ 귀주머니, 조선, 국립고궁박물관
❸ 두루주머니, 조선, 국립고궁박물관
❹ 동자삼작노리개, 조선, 국립고궁박물관

식구들의 옷을 만들고자 옷감을 마름질하고 꿰매어 마련하였습니다. 여름에는 삼베나 모시로 시원하게 만들고, 겨울옷은 솜을 넣고 누벼 매서운 바람과 추위를 막아야 했지요. 그 뿐 아니라 주머니나 버선 및 베갯모 등 의식주 생활의 소소한 것들에는 자수를 놓아, 가족들의 무병장수와 부귀영화를 기원하기도 했구요. 또 매듭을 엮어 남자들의 허리띠로 띠거나 여자들의 치마춤에 매다는 노리개를 만들기도 하였습니다. 식구들의 옷과 장식품을 책임졌던 우리의 어머니나 누이들은 밤낮 없이 바쁘게 일하였습니다.

그러나 근대에 들어 서구화의 물결이 물밀듯 들어오고 옷이나 장신구가 다른 분야보다 급격하게 달라졌어요. 마치 단발령으로 상투를 자르면서 망건이나 탕건 및 갓의 수요가 격감하듯이, 한복 대신 양복을 입게 되면서 주머니도, 매듭도, 자수도, 금박도 필요 없게 된 것이죠. 의생활 문화가 이전과 완전히 달라진 것입니다.

아울러 모든 작업이 산업화되면서 일일이 손으로 꿰매어 옷을 만들던 수공 방식 대신 기계화된 재봉틀로 대체되었지요. 이전보다 옷을 만드는 생산성이 엄청난 변화를 겪게 된 것입니다. 옷을 만들거나 수를 놓거나 매듭을 짓거나 금박을 박는 등의 전통 염직 공예 기술은 점차 사라지거나 변질된 위험에 처하게 되었어요.

이에 문화재청은 학술적, 예술적 가치가 높은 공예기술이 원형을 유지하고 전승할 수 있도록 무형문화재로 지정하여 보호, 관리하게 되었어요. 그중 옷을 만드는 기술은 국가와 시도 무형문화재 침선장, 솜을 놓고 누비는 기술은 국가무형문화재 제107호 누비장, 수를 놓는 기술은 국가와 시도의 자수장, 매듭을 엮는 기술은 국가와 시도의 매듭장, 옷 위에 금박을 찍는 기술은 국가무형문화재 제119호 금박장, 그리고 궁궐 등에 비단꽃을 만드는 기술은 국가무형문화재 제124호 궁중채화로 지정했어요.

이 장에서는 옷을 만들거나 의생활을 장식하는 복식 기술 중 무형문화재로 지정된 종목에 대하여 알아보기로 합니다.

2 바느질로 옷이나 누비를 만드는 장인은 누구일까요?

옛날부터 가족들의 옷을 짓고자 옷감을 짜듯이, 옷을 지어 입히는 일은 어머니들의 몫이었습니다. 옷을 만드는 데 필요한 도구는 옷감, 바늘, 실, 실패, 골무, 가위, 자, 인두, 인두판, 다리미, 다리미판, 못바늘 등이 있었죠. 평생 옷을 만드느라 쉬지 않고 바느질을 했던 어머니에게 이것들은 친구와 마찬가지였어요. 때문에 '바늘, 자, 가위, 인두, 다리미, 실, 골무', 이 일곱 가지를 여인들의 벗이라 여겨 '규중칠우'라고 부르기도 했지요. 자를 옷감에 대고 그리고, 이것을 가위로 자르고, 골무를 손에 대고 바늘로 꿰매고, 인두로 누르고, 옷을 알맞게 다림질하는 모든 일은 옷을 만들 때마다 늘상 하는 일입니다.

옷을 만들기 위한 바느질 방법 중에서 가장 기본이 되는 것은 홈질과 박음질입니다. 하지만 이밖에도 용도에 맞춰 감침질, 상침뜨기, 휘갑치기, 사뜨기, 시침질, 공그르기 등 다양한 바느질 기법이 있습니다. 계절에 따라 옷감의 종류가 달라졌고 두께도 달랐습니다. 여름에는 모시나 삼베 등 바람이 잘 통하는 옷감을 홑감으로 사용하였고, 봄·가을에는 겹감을 덧대어, 겨울에는 솜을 넣어 두툼하게 바느질을 했습니다.

그렇다면 바느질하여 옷을 짓는 침선장과 옷의 보온을 위해 솜을 넣고 바느질하는 누비장으로 나누어 살펴 보도록 하겠습니다.

1) 옷을 만드는 장인, 침선장

침선장은 우리 옷, 한복을 바느질하는 장인입니다. 장인이 한복을 바느질할 때에는 다음과 같은 몇 가지의 특징이 있습니다.

첫째, 위 아래 옷[上下衣]을 따로 재단하여 바느질합니다. 이때 소매통과 바지의 통을 좁게 만들어 추운 겨울의 추위를 막을 수 있게 하는 것이 중요합니다. 둘째, 한복의 모든 옷은 평면 구성으로 만드는 게 주목됩니다. 우리의 몸은 입체인데 비해 한복은 평면의 형태로 만들기 때문에, 착용하기 편하게 하려고 조금 넓고 여유 있게 만들어야 합니다. 또한 인체의 굴곡에 따른 옷의 형태는 주름으로 넣어 만드는 경향이 있지요. 셋째, 한복은 눈에 보이지 않는 부분까지 정교하고 세밀한 손바느질하는 것이 발달하였습니다. 특히 겨울용

의복에는 솜을 두고 누비는 누비 기법을 이용하였는데, 이 또한 섬세하고 치밀한 바느질을 알 수 있습니다.

넷째, 겨드랑이 부분처럼 심한 동작을 해서 쉽게 해질 곳은 삼각형의 조그만 천을 덧대어 보강하는 등 눈에 보이지 않는 곳까지 배려하기도 한답니다. 다섯째, 대체로 소매가 길어 손등을 거의 가리는 것도 독특합니다. 이것은 손이 보이는 것을 부끄럽게 생각했기 때문일 수도 있고, 예의를 차리는 것이지요. 또한 여자의 치마는 폭이 넓고 속에 여러 겹을 겹쳐 입어 전체적으로 넓고 풍성한 실루엣을 만들어 내는 것을 엿볼 수 있답니다. 여섯째, 의복에 단을 처리할 때는 대각선으로 접어 처리하고 있어요. 이것은 모서리를 어느 한편에 치우치지 않고 양편에 고루 배치하고자 하는 것입니다.

이렇게 한복은 다른 나라의 옷과 다른 우리나라만의 고유한 특징을 갖고 있습니다. 한복을 만들 옷감은 계절과 용도에 따라 선택합니다. 안감은 겉옷의 재질과 색상, 형태 등을 살려주는데 매우 중요한 역할을 하지요. 일반적으로 두꺼운 겉감에는 가볍고 얇으며 포근한 느낌을 주는 안감을 사용하고, 색은 겉감보다 연한 동색 계열로 하거나 보색을 사용하는 게 보통이지요.

이러한 우리나라 옷의 기본은 남자의 것은 저고리와 바지, 여자의 것은 저고리와 치마로 구성됩니다.

우선 저고리 만들기를 살펴 봅시다. 먼저 고대 부분을 남기고 어깨를 홈질합니다. 등솔은 시접을 넣어 바느질하여 섶을 답니다. 겉섶은 고대에서 앞으로 내어 앉히고, 안섶은 등솔 솔기에 맞추어 답니다. 길에 시접을 넣고 소매를 답니다. 안감도 똑같이 마름질해서 만들어 안팎을 끼고, 앞뒤 도련을 홈질하고 소맷부리도 박습니다. 시접을 모두 겉쪽으로 꺾어서 다린 다음, 고대 쪽으로 손을 넣어 뒤집습니다. 그리고 배래를 홈질하고 뒤집어 깃과 고름, 동정을 답니다.

다음 바지 만들기입니다. 바지는 큰 사폭의 직선에 작은 사폭의 사선을 붙입니다. 양쪽에 마루폭을 붙여 마루폭 – 큰사폭 – 작은사폭 – 마루폭의 순서로 잇습니다. 뒤도 같은 순서로 바느질해서 앞뒤를 붙입니다. 안감도 겉감과 같은 방법으로 만듭니다. 겉감의 앞과 안감의 앞을 맞추어 도련과 배래를 바느질해서 허리로 뒤집습니다. 바짓부리와 허리에 안이 밀려나지 않게 숨뜨기를 하고, 허리를 만들어 답니다.

치마 만들기입니다. 치마는 넓은 폭에 잔주름을 잡습니다. 허리길이와 폭이 2대 1인데,

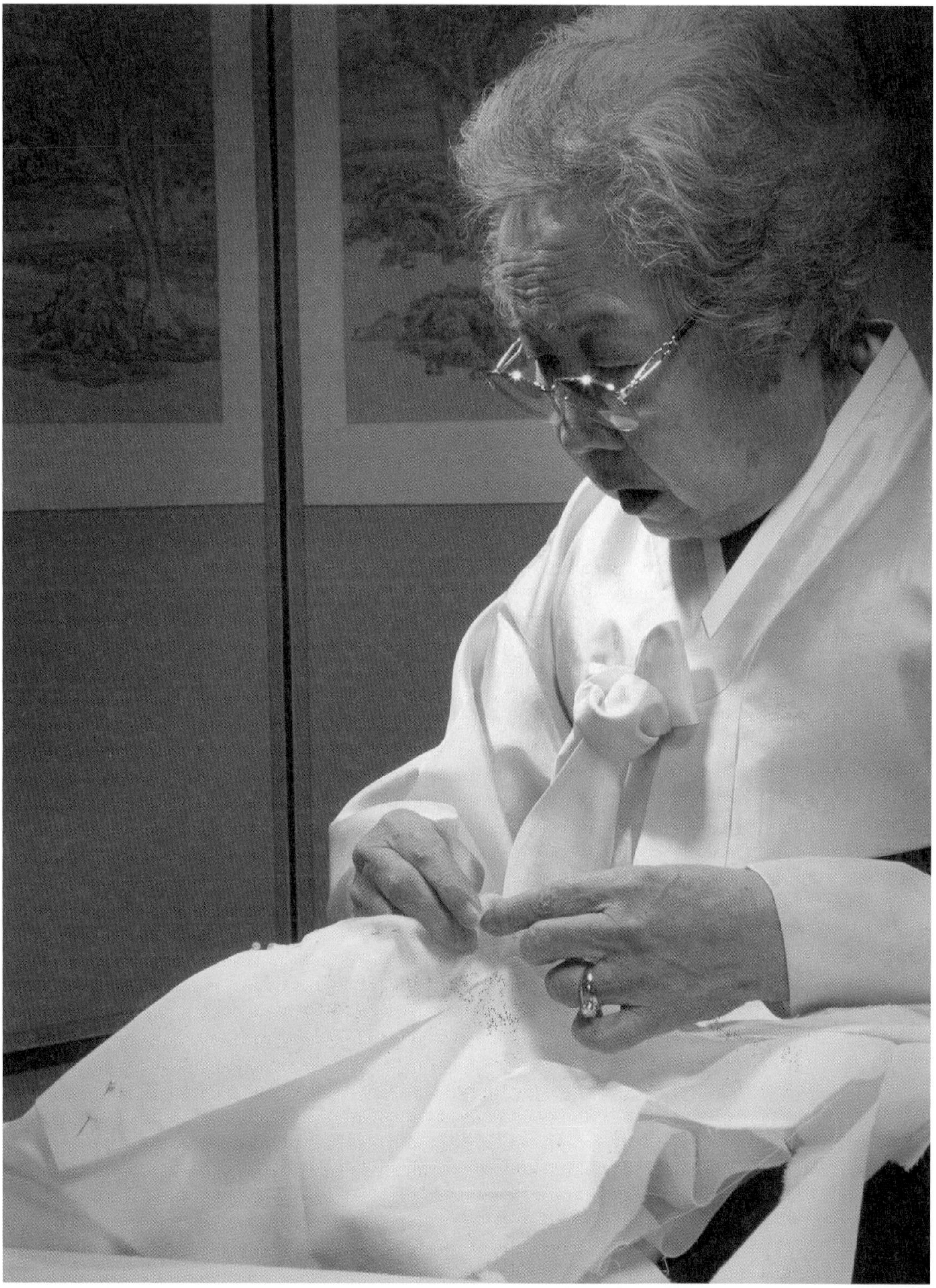

국가 침선장 故 정정완 보유자

주름의 너비와 포개는 너비를 똑같이 합니다. 앞은 앞 중심에서 아래로 약간 내려서 겨드랑이 쪽으로 둥글게 후려갑니다. 허리를 만들어 치마폭을 붙입니다. 안팎은 한 군데 홈질하고 허리 전체에는 노방을 심을 받쳐 주름을 잡아가며 바느질합니다.

가족을 위해 밤낮으로 쉬지 못하던 예전 우리 어머니들의 바느질은 꼼꼼하고 튼튼하며, 입어서 편안하고 점잖다는 느낌을 갖게 합니다. 한복 소매의 배래나 옷깃을 둥그렇게 처리하여 선이 부드럽고 자연스럽습니다. 누구나 입는 옷에 실용성과 장식미를 곁들였으며, 고운 색감의 배색이 훌륭합니다. 어머니가 아들딸을 바라보는 사랑스러운 눈길을 닮은 한복의 아름다움을 느껴보길 바랍니다.

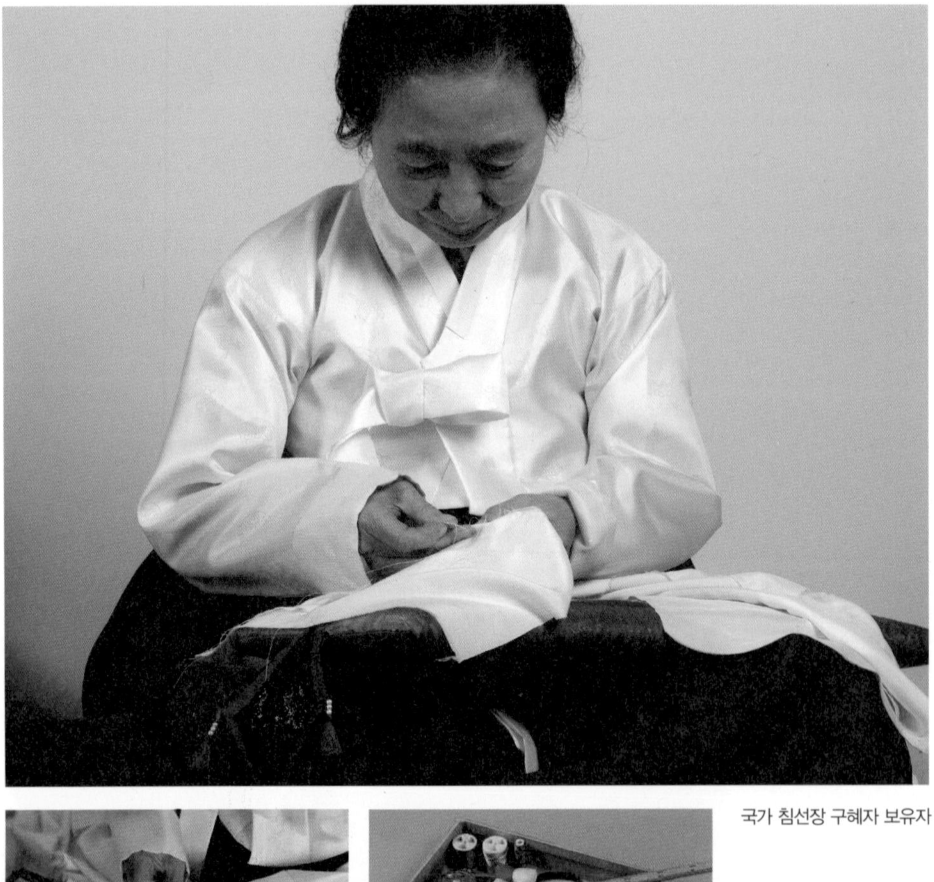

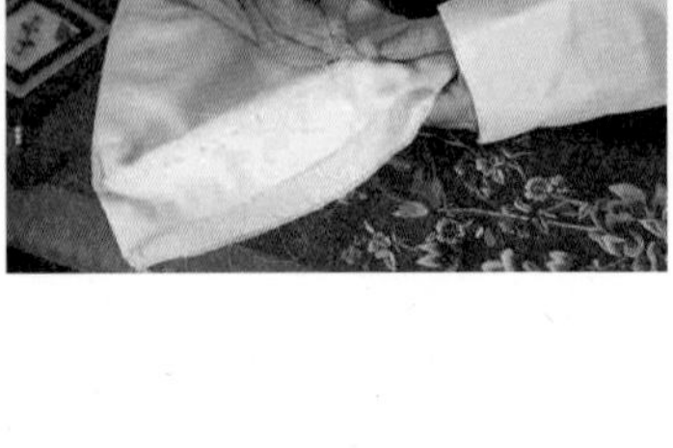

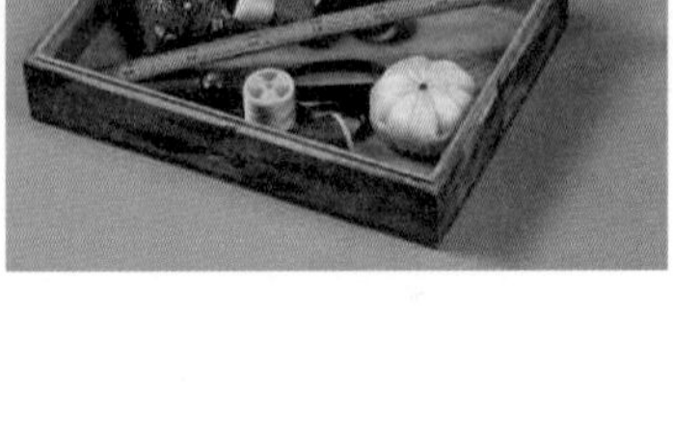

국가 침선장 구혜자 보유자

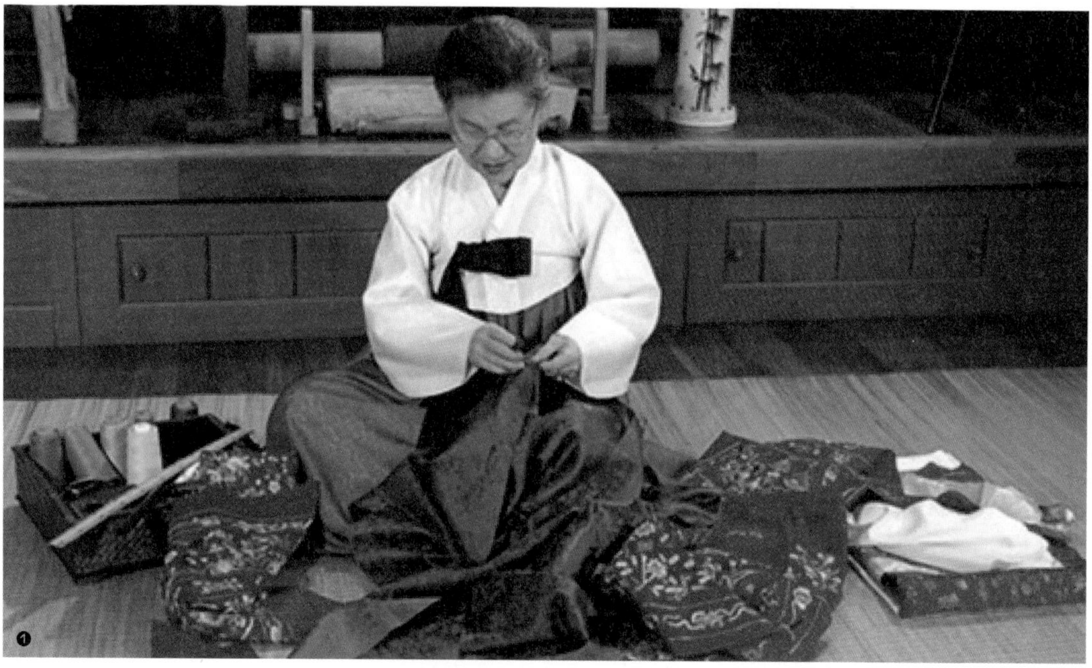

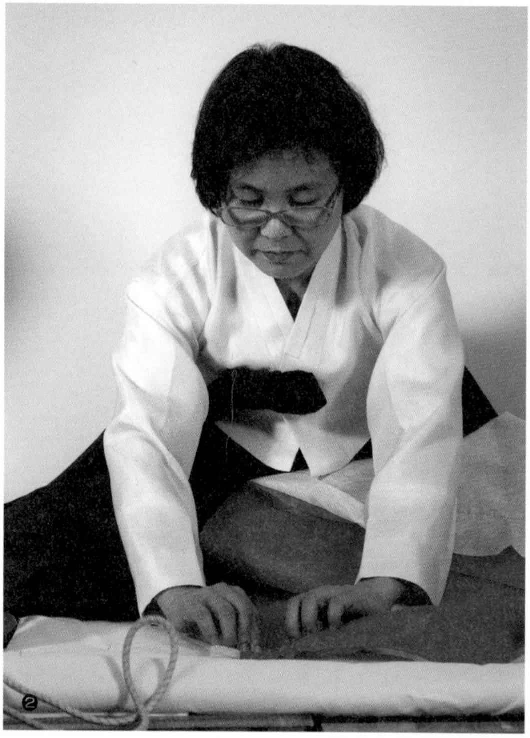

❶ 서울 침선장 박광훈 명예보유자
❷ 국가 침선장 박영애 전수교육조교

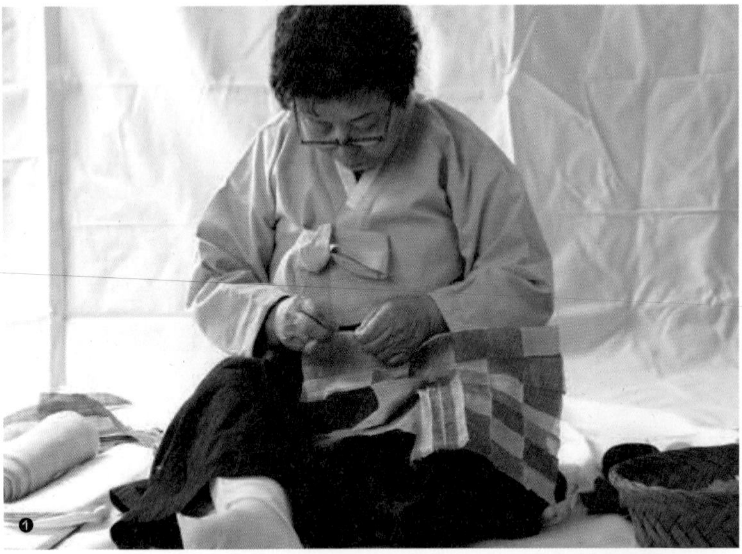

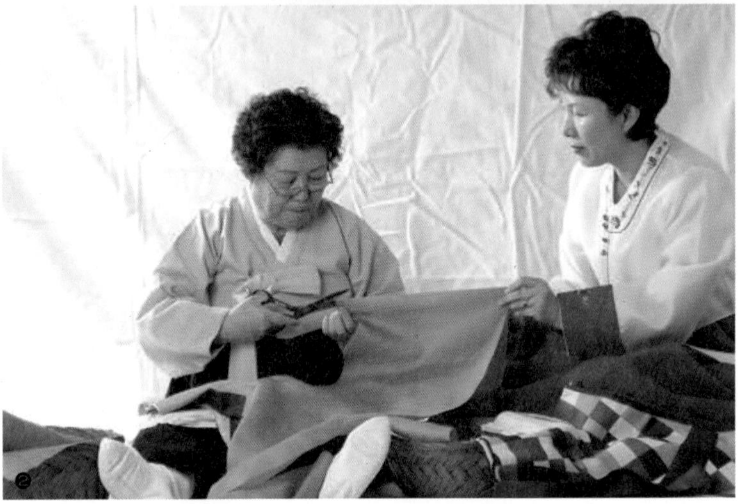

❶ 충남 서천침선장 이순동 보유자
❷ 충남 서천침선장 이순동 보유자와 딸인 황길남 이수자

2) 솜을 넣어 겨울옷을 만드는 장인, 누비장

누비는 한자어로는 누비褸緋, 縷飛 등 다양한데, 그 어원은 . 1819년 『아언각비』라는 사전에 기록되어 있습니다. '납의衲衣'란 기워서 보수한 옷인데 우리나라 사람들이 잘못 옮겨서 누비라고 불렀다고 합니다. 원래는 승려들이 헤진 옷[破衣]을 기워서 바느질하고 누비라 불렀는데, 후에는 차츰 발이 고운 모시나 삼베, 무명 등 새 옷감으로 만든 것도 누리라고 하

였습니다. 이처럼 납의는 승려들의 일상복이자 수행복으로서, 그 실물은 1993년 입적하신 성철 큰 스님이 생전에 입었던 옷처럼 일명 여러 조각천을 잇대어 누더기처럼 기워 납루한 '누더기옷'에서 기원하는 것 같습니다. 그렇다면 우리 민족은 언제부터 누비옷을 입기 시작하였을까요? 누비에 대한 기록이나 유물이 확인되는 것은 조선시대부터입니다. 누비의 종류와 특징은 『역어유해』와 「궁중발기宮中發起」 등을 통해 알 수 있습니다.

누비의 종류는 누비의 간격, 형태, 재봉 방법에 따라 구분됩니다. 누비의 간격에 따라 잔누비, 중누비, 드믄누비로 구분합니다. 잔누비는 덕온공주의 유물에서 보듯이 누비의 간격이 0.5㎝ 정도로 좁은 형태를 말합니다. 보랏빛이 도는 자색과 녹색의 비단 사이에 얄팍하게 솜을 놓아 자색실로 누벼져 있습니다. 다음 중누비는 석주선기념박물관에 소장된 나주 정씨 철릭1508~1572에서 볼 수 있습니다. 누비의 간격은 2.3㎝ 정도입니다. 잔누비에 비해 간격이 벌어집니다. 드문누비는 석주선기념박물관 소장의 전주 이씨 밀창군1677~1746 묘에서 출토된 바지를 들 수 있습니다. 누비의 간격은 4㎝로서 중누비보다 두 배는 성급니다. 넓은 간격으로 띄엄띄엄 시원하게 누볐으며, 솜을 두툼하게 넣은 것을 볼 수 있습니다. 워낙 솜을 많이 넣어 두꺼우면 촘촘하게 바느질하기 어렵기 때문에 추운 겨울에 뜨듯하게 입을 수 있는 옷에 많이 사용한 것 같습니다. 바지와 장옷, 중치막과 같이 겉옷에 많이 사용한 방법입니다.

누비의 형태에 따라서는 납작누비, 오목누비로 구분됩니다. 납작누비는 솜을 얇게 두고 납작하게 누빈 것을 말합니다. 석주선기념박물관에 있는 해평 윤씨1660~1701 묘에서 출토된 납작누비 회장저고리에서 볼 수 있습니다. 한편 오목누비吾目縷緋는 누벼진 바느질선이 골을 이루어 마치 골기와처럼 오목하고 볼록하게 교차하면서 입체적으로 나타난 모양으로 이해됩니다. 솜을 여유있게 넣어서 누볐기 때문에 자연스럽게 오목, 볼록 무늬가 나타난 것입니다. 석주선기념박물관의 덕온공주 오목누비 조각의 거죽감에서 확인됩니다. 이러한 오목누비는 누비 중에서도 으뜸으로 세계 어느 나라에서도 찾아볼 수 없는 한국 누비의 특징이라 할 수 있습니다.

재봉 방법에 따라서는 솜누비, 겹누비, 홑누비로 구분됩니다. 솜누비는 겉감과 안감 사이에 솜을 넣고 누빈 것입니다. 겹누비는 겉감과 안감을 겹으로 겹쳐 누빈 것이고, 홑누비는 겉감에만 누빈 것입니다.

그렇다면 여러 그림 속에서 누비의 모습을 살펴 보도록 하지요. 간송미술관 소장의 신윤복의 풍속첩에서 〈기방무사〉를 보면, 방안의 두 남녀가 누비이불을 덮은 모습이 확인됩니다. 신윤복의 〈야금모행〉을 보면 오른쪽 여인은 남색 치마 속에 솜누비 바지를 입고 있으며, 중간의 남자는 누비조끼를 입고 있습니다. 두 남녀 모두 손에는 팔토시를 하고 있지요. 신윤복의 그림 속 〈소년답청〉이란 그림을 보면 화면 왼쪽 절벽 위에 진달래가 피어 선비들이 기생 세 명과 함께 답청놀이를 가는 모습입니다. 진달래는 피었지만 아직은 춥기 때문인지, 남자들은 두루마기 안쪽에 누비 조끼를 입고 있는 모습을 확인할 수 있습니다.

누비는 바느질의 기본인 홈질을 해서 만듭니다. 옷감이 있으면 칫수대로 마름질을 하고 오립니다. 누비의 간격을 조정하기 위해 '올 튕겨주기'를 합니다. 누비 간격을 만들기 위해 올을 빼서 표시하거나, 다림질을 하거나, 바늘 귀로 선을 긋거나, 손으로 옷감을 꺾어 표시하기도 합니다. 이 방법은 옷감에 따라 결정하는데, 그중 올을 빼는 것이 가장 많이 사용됩니다. 먼저 자를 대고 간격을 확인하면서, 바늘로 올 한 가닥을 당깁니다. 그러면 한 올이 조금 빠져 나옵니다. 이렇게 옷감 전체에 같은 간격으로 표시합니다. 빠져 나온 올을 끝까지 잡아당기면 옷감이 우글쭈글 당겨지므로 다시 평평하게 펴줍니다. 이렇게 해야 옷감 전체에 고르게 바느질 할 선이 표시됩니다.

먼저 옷감의 겉감과 안감의 가장자리를 바느질합니다. 그리고 얇게 편 솜 위에 옷감을 펼쳐놓고 가장자리를 시침질합니다. 이 때 바느질 선 밖으로 나온 솜은 손으로 살살 떼어 줍니다. 이 과정이 끝나면 옷감을 뒤집습니다. 바느질 할 동안 솜이 움직이지 않도록 가장자리를 시침질 해주고, 전체를 시침질해 줍니다. 예전에는 시침질 대신 누비밀대로 솜을 잡아주었습니다. 이렇게 시침질을 해 주면 바느질이 서툰 사람도 누비 바느질을 할 수 있습니다.

누비 바느질을 하기 전에 준비할 실은 겉감과 같은 색실이고, 실에는 초를 칠해줍니다. 이렇게 해야 표면이 매끈해서 바느질 할 때 솜이 따라 나오지 않습니다.

이제, 앞에서 올을 튕겨준 선을 따라 홈질을 하면서 누빕니다. 이때 밀대를 이용하여 준비된 옷감을 홈질하며 누벼줍니다. 앞뒤 천이 밀리지 않도록 주의하여 누비며, 땀이 고르고 정교하게 되도록 홈질합니다. 옷을 만드는 방법은 침선장의 것과 일치합니다.

이처럼 누비는 옷감의 보강과 보온을 위해 옷감의 겉과 안 사이에 솜, 털, 닥종이 등을 넣거나 아무것도 넣지 않고 안팎을 규칙적으로 바느질하는 방법입니다. 유난히 겨울이 춥고 길었던 시절에 우리네 어미니는 솜을 넣어 누빈 솜옷을 만들어 주었지요. 어머니 품처럼 따뜻한 솜옷 하나면 한 겨울 추위도 거뜬히 견딜 수 있었답니다.

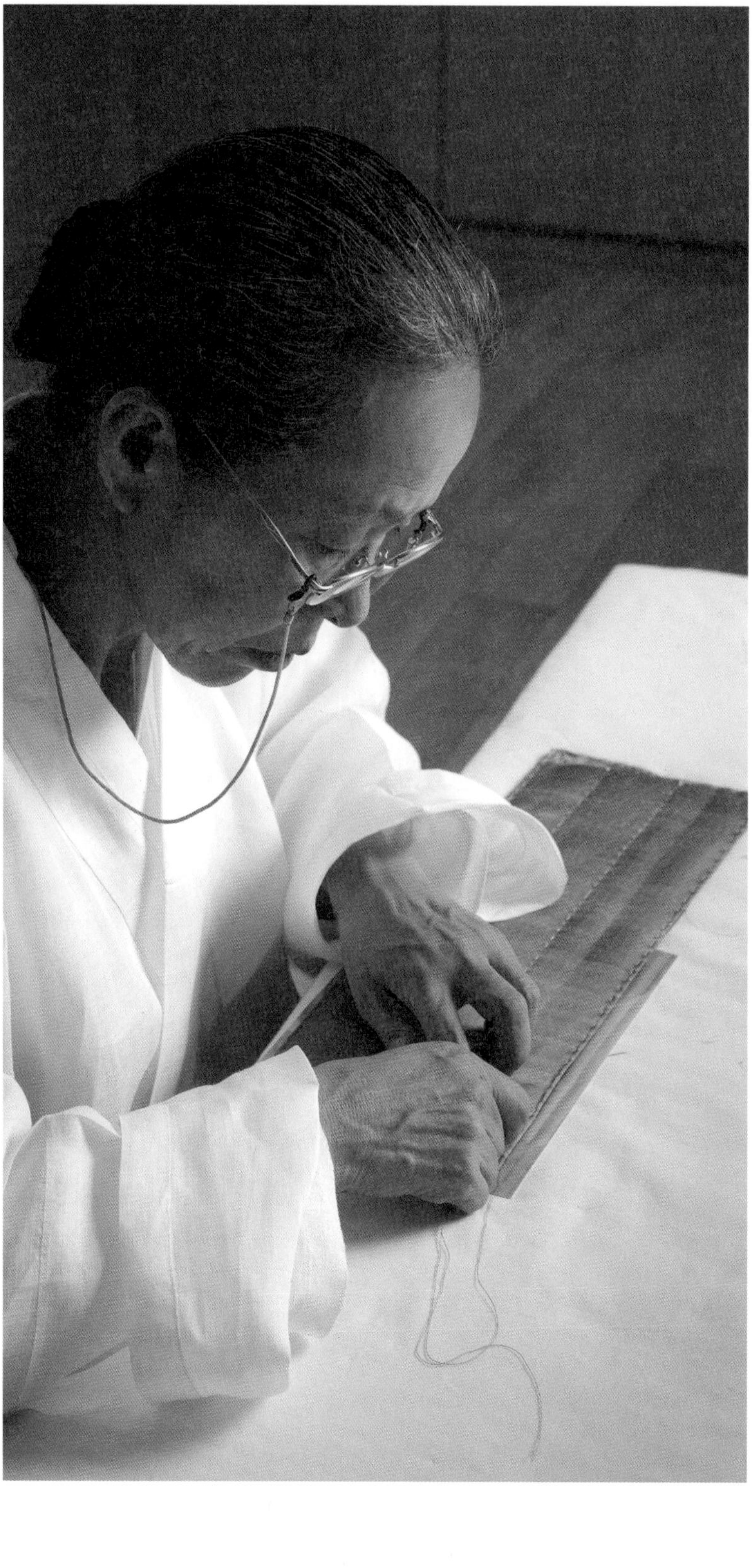

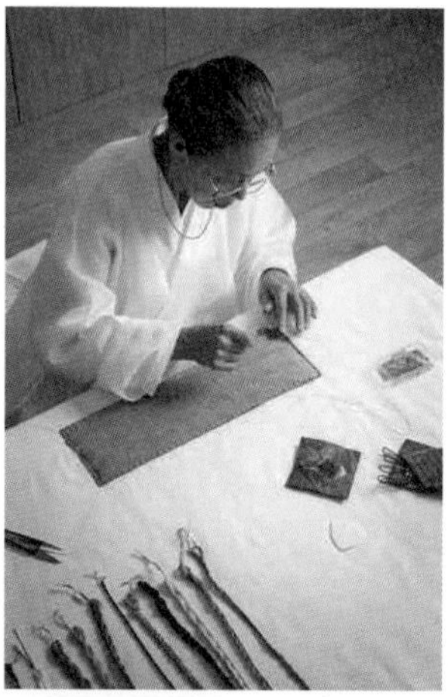

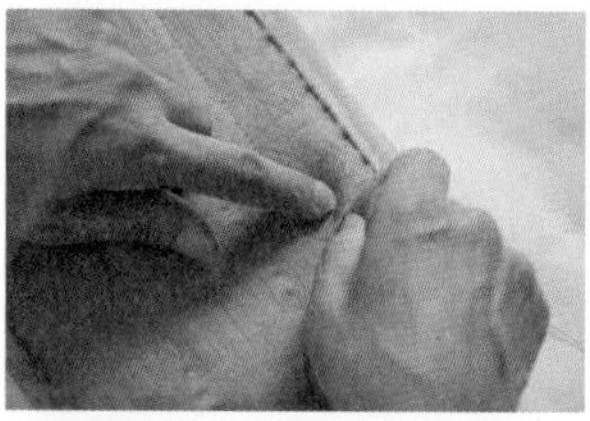

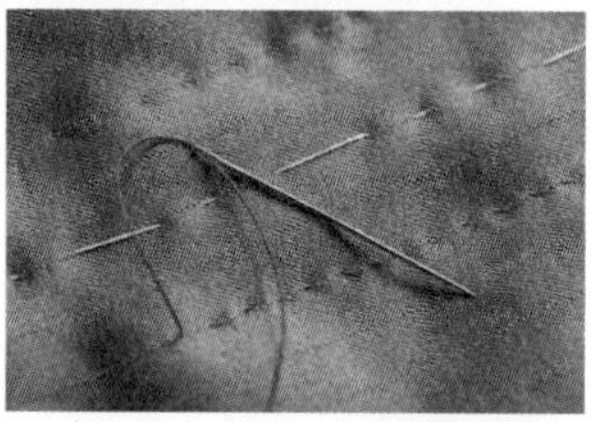

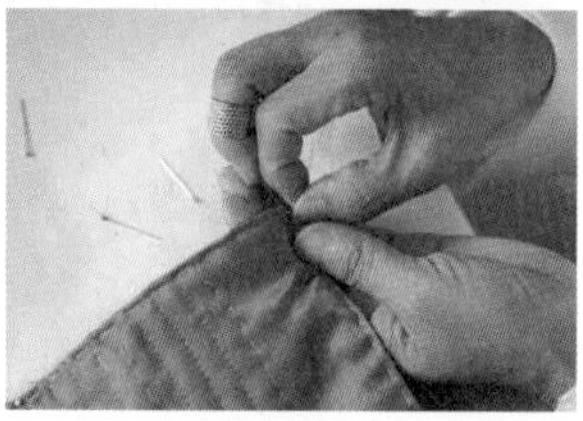

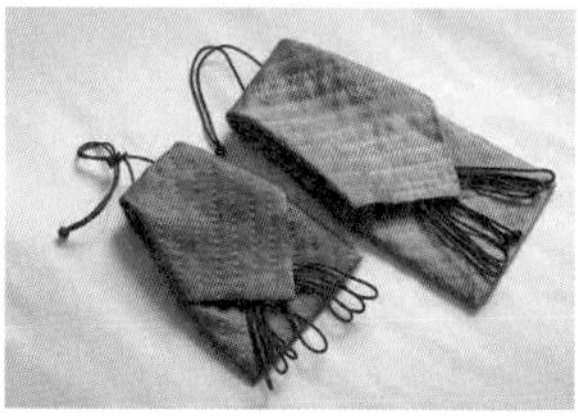

국가 누비장 김해자 보유자

3 수를 놓거나 매듭을 엮어 노리개나 끈을 만드는 장인은 누구일까요?

자수는 실의 예술이고, 매듭은 끈의 예술이라 할 수 있습니다. 자수나 매듭은 둘다 의생활을 아름답게 꾸미려는 인간의 장식 본능이나 사악한 것에서 자신을 보호하기 위한 주술적인 목적에서 비롯되었습니다.

고대 국가에서는 계급이나 사회적인 지위를 표시하기 위한 실용적인 목적으로 다양하게 변화되고 발전해 왔습니다. 왕족이나 귀족은 자신들의 권력과 부를 자랑하고 싶어 옷에 차등을 두는 복식제도를 마련하였고, 옷에 수를 놓거나 노리개 등을 달아 장식하였습니다.

1) 옷이나 천에 문양을 수 놓는 장인, 자수장

자수장은 바탕천에 여러 가지 색실로 수를 놓는 장인을 말합니다. 자수는 그 시대를 살고 있는 인간문화의 발전을 나타냅니다. 예술 표현에 있어서 가장 오래된 형식의 자수는 주위환경을 무늬와 색으로 아름답게 꾸미려는 인간의 본능에서 비롯되었다고 볼 수 있습니다. 우리나라 자수문화는 의복을 비롯한 다양한 생활공예품, 불교공예품을 통해 왕족부터 양반, 서민층까지 그 양상과 범위가 매우 다양하고 폭넓게 변화 발전하였습니다. 이러한 전통 섬유예술 속에서 한국여인들의 의식과 습속, 풍속, 사상을 포함한 한국적인 아름다움을 다양한 자수기법과 색채의 배색 등으로 자연스러운 한국미를 표현하고 있습니다.

자수의 유래는 삼국시대의 문헌과 유물로 확인됩니다. 중국의 역사서인 『삼국지』 등의 문헌을 보면 고구려인은 공적인 자리에 갈 때 수 놓은 비단 옷을 입었다고 합니다. 백제의 경우에도 오월 초 길일에 꽃과 새를 수놓은 갓을 썼다고 합니다. 신라의 경우 기록에 의하면 나라 밖을 나갈 때 수 놓은 비단옷을 입었다고 합니다. 이로 미루어 삼국시대 이전부터 자수가 발달했음을 알 수 있습니다. 삼국시대의 유물로는 '천수국만다라수장'이 일본 주구지[中宮寺]에 소장되어 있습니다. 이것은 우리나라 고구려 화공이 그리고 백제인이 총지휘하여 일본인이 수놓았다고 합니다. 자수 기법은 이음수, 평수, 징금수를 사용하여 입체적으로 표현하고 있는데, 이러한 방식이 한국 자수의 특징을 잘 보여주는 것입니다.

고려시대에는 상의국이라는 관청을 두어 복식과 관련된 물품을 제작하였어요. 1023년

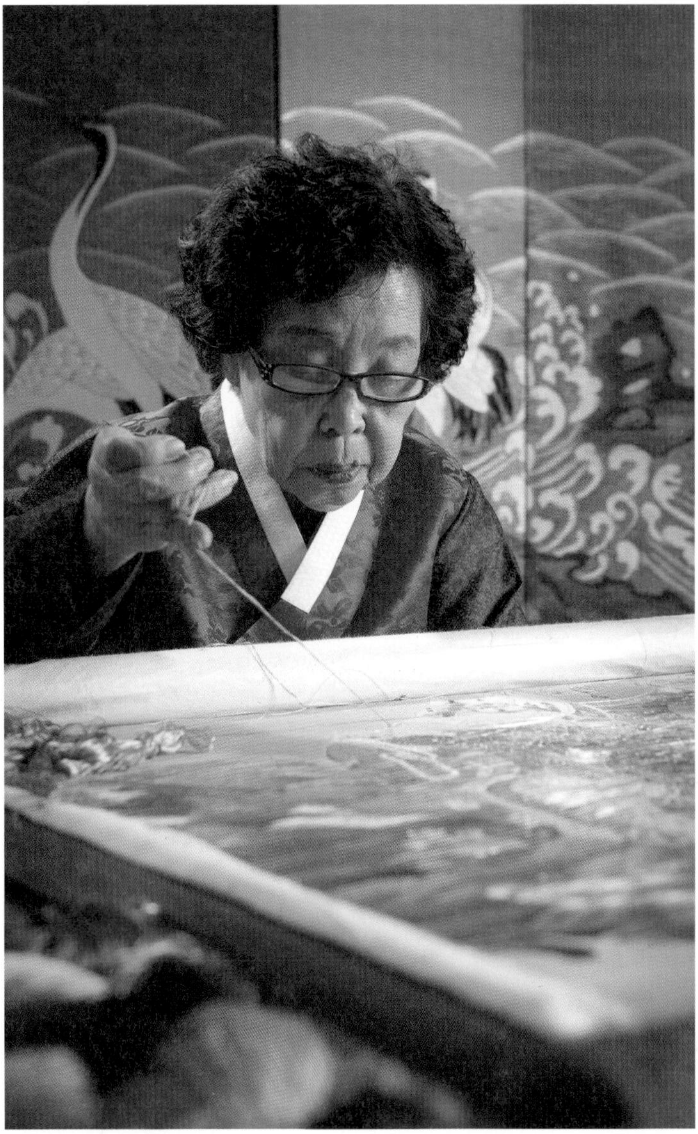

국가 자수장 故 한상수 보유자

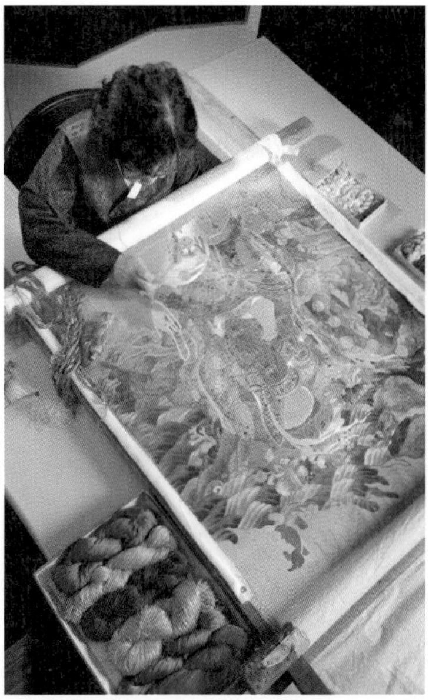

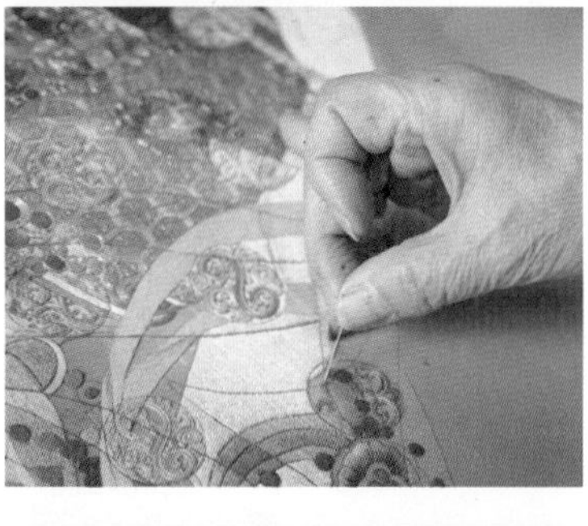

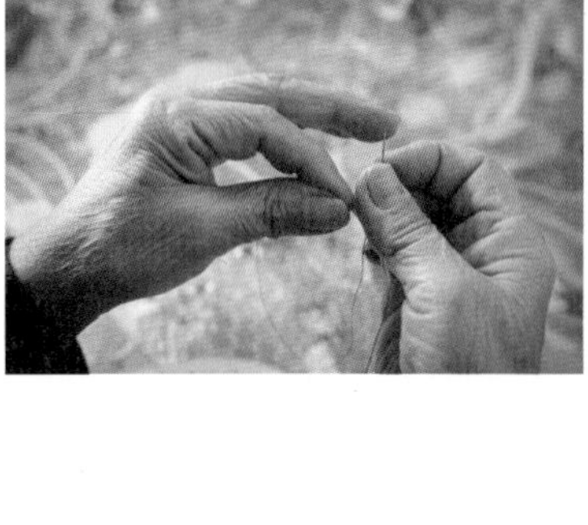

송나라 사신인 서긍이 지은『선화봉사고려도경』을 보면 궁궐의 친위병이 든 의장용 부채에 용과 꽃 문양을 수놓았음이 기록되어 있습니다. 선암사에 소장된 자수가사나 용문탁의를 통해 고려자수의 진수를 엿볼 수 있습니다.

조선시대에 궁중용 자수는 수방繡房에 소속된 전문 궁녀가 자수장으로서 수놓았고, 자수 기법은 정교하고 색상의 배치가 세련되며 규범화된 수본에 의해 격식화되어 있었습니다. 반면 민간용 자수는 교육을 받지 않은 집안의 여인들이 숙련도는 다소 떨어지나 각자의 취향과 개성에 맞게 수를 놓은 것입니다. 이 때문에 민간 자수는 문양의 구성이 산만하지만 재미있습니다. 또한 조선 후기에는 평안도 안주의 남자 장인들이 수놓은 안주수가 유명했고, 전라도의 순창자수는 보부상을 통해 전국적으로 보급되었습니다.

자수는 바늘에 여러 가지 색실을 끼워 옷감이나 직물 등에 수놓는 것을 말합니다. 이들의 변화로 무늬가 나타나고 자수무늬는 인류의 의생활 발달과 함께 발달했습니다. 하지만 자수의 재료인 실과 직물은 손상되기 쉬어 역사가 오랜 유물은 많이 남아있지 않습니다. 현존하는 유물은 대부분 조선 말기 우리의 어머니들이 식구들의 무병장수와 행복을 소망하면서 수를 놓은 것들이 많이 남아 전하고 있습니다.

수를 놓으려면 먼저 수 놓을 도안을 구성하고, 천에 옮깁니다. 도안지에 문양을 그리고, 도안지 아래 먹지를 대고 따라 그립니다.

자수에 사용할 색실은 누에고치가 뽑아낸 푼사를 다른 실과 합해서 꼬아 만드는데, 자수 유형에 따라 굵거나 가늘게, 느슨하게 등 알맞게 조절하여 사용합니다. 수실을 정하면, 바늘을 골라 놓습니다.

도안을 그린 천을 수틀에 매야 본격적으로 수를 놓을 수 있습니다. 각목에 풀칠해서 천의 상하를 붙입니다. 천의 좌우를 수틀에 붙이고 못질을 해서 고정시킵니다.

밑그림에 맞게 수법을 정해 수를 놓습니다. 이때 사용하는 자수의 종류는 다양합니다.

수놓는 작업이 끝나면 틀을 뒤집어 실의 결을 따라 먼지를 털어냅니다. 자수는 꼼꼼하고 촘촘하게 놓으려면 오랜 기간에 걸쳐 완성하므로 먼지가 많이 묻기 때문입니다. 먼지를 털고 나서 수놓은 뒷면에 어지럽게 늘어진 실밥을 깔끔하게 정리하고 가볍게 풀칠하여 실밥이 풀어지지 않게 합니다.

완전히 풀이 마른 뒤 뒷면부터 김을 쐬고, 앞면에도 김을 쐽니다. 자수를 수틀에서 떼어냅니다. 용도에 맞게 옷에 붙이거나 주머니로 차거나 족자나 병풍 등의 형태로 제작하면

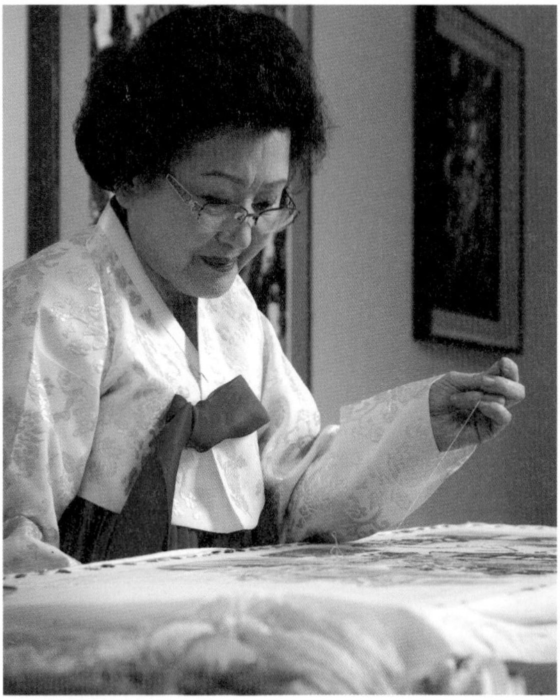
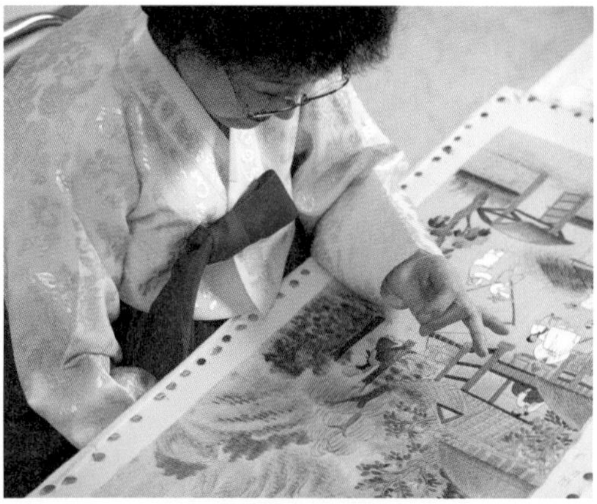
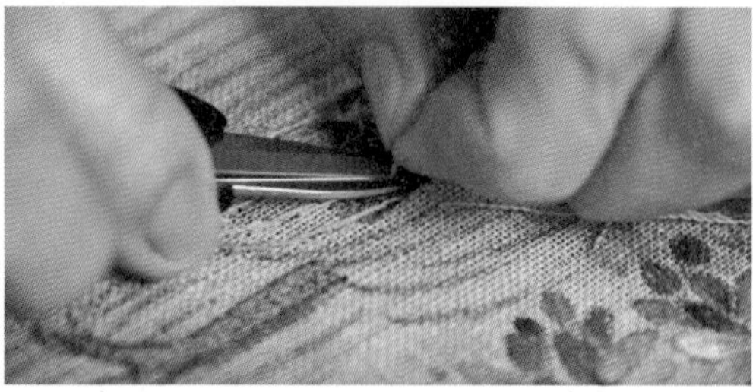

국가 자수장 최유현 보유자

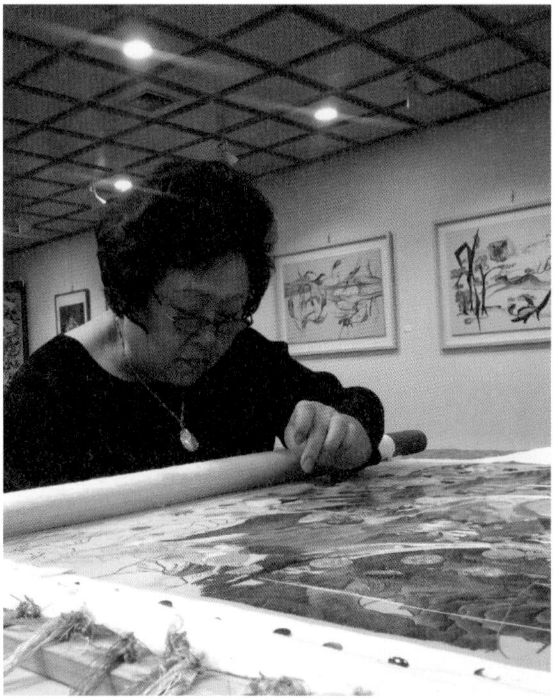
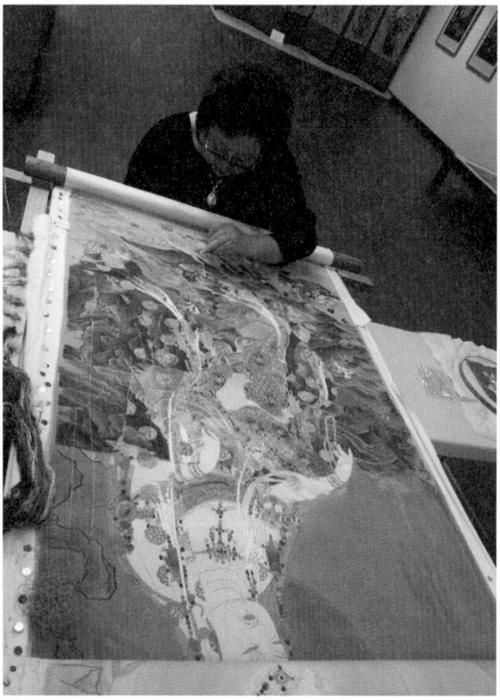

국가 자수장 김태자 전수교육조교

수법의 종류

(1) 평수형 수법: 점수, 상침수, 이음수(선수, 연결수), 평수, 자리수, 가름수, 푼사수, 징금수, 자련수, 평사누름수, 속수, 홑수, 느낌수, 관수, 엇겨놓기수, 새털수, 무늬목수, 마엽수, 십자수, 건넴수, 솔잎수, 짬수(멍석수), 삼각수, 사각수, 무늬수(별무늬수, 칠보무늬수, 거북무늬수)

(2) 사슬수형 수법: 사슬수, 매듭수, 단추코수, 양면수, 우련겹수

완성됩니다. 자수는 오색실로 소망하는 바를 문양을 바느질하여 나타내는 실의 예술입니다. 문양에는 인간의 기본적인 소망이자 기원인 부귀, 다남, 다복, 장수의 사상이 미의식과 결합하여 표현됩니다. 오복五福은 수부강녕, 유호덕, 고종명의 다섯 가지로 오래 살고 재산을 많이 쌓으며, 몸 건강히 마음 편하게 살고 덕을 입으려 제 명대로 살다 편히 죽는 것을 뜻합니다. 다복을 기원하는 박쥐, 다산을 상징하는 포도나 석류, 부귀를 상징하는 모란, 장수를 기원하는 십장생 등 인간의 소망을 상징하는 문양들을 자주 수놓게 되는 것입니다. 이러한 문양을 선호하는 바탕에는 알게 모르게 동양 고대의 관념에서 가장 두드러지는 장생사상, 오복사상, 경천사상, 오륜관이 반영되어 있는 것입니다.

한국 자수에서는 한국 여인들의 숨결을 느낄 수 있습니다. 전통 자수품에서 다양한 무늬와 오색 독특한 멋을 느낄 수 있지요. 이것은 한국인들의 마음 속에 깊숙이 자리 잡은 민속적인 유머와 재치, 그리고 아름다운 한국 자연에서 나온 것일 거예요. 이러한 전통 자수의 아름다움은 과거의 역사가 아닌 현대 감각 속에서 숨 쉬는 것이 진정한 전통이고, 그 속에서 자수의 밝은 미래를 기대할 수 있을 거예요.

2) 끈목으로 노리개 등 장식물을 만드는 장인, 매듭장

매듭장은 끈목을 사용하여 여러 종류의 매듭을 엮고, 술을 달아 매듭 장식을 만드는 장인을 말합니다. '끈목'은 여러 가닥의 실을 꼬아 만든 끈을 말하고 '술'은 끈이나 실을 사용하여 매듭 끝에 다는 장식물을 말합니다. 매듭은 도포끈, 선추술, 주머니의 장식으로 이용되었습니다. 끈목은 그 쓰임에 따라 노리개나 주머니 끈으로 사용되는 둘레가 둥근 '동

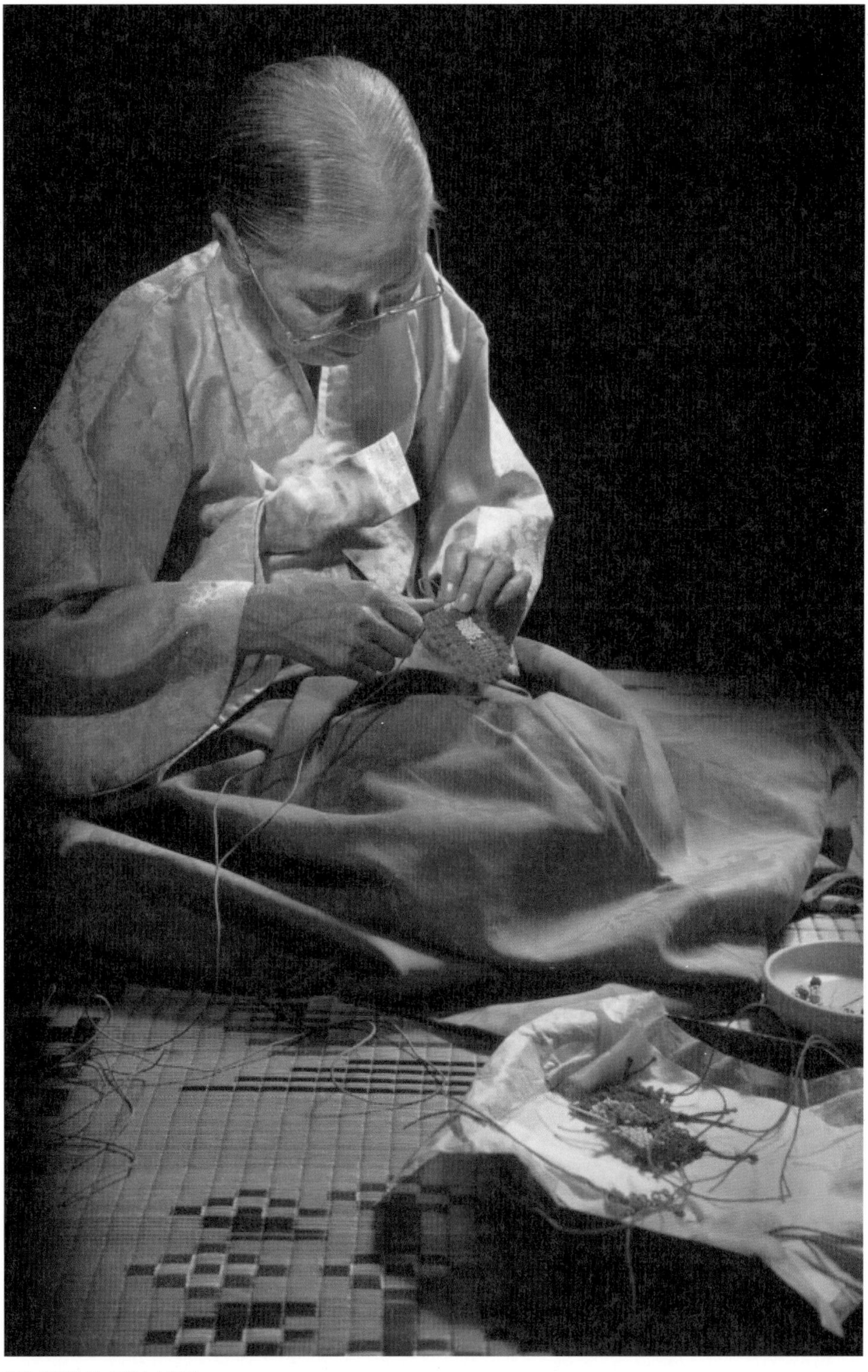
국가 매듭장 故 최은순 보유자

다회'와, 허리띠로 사용되는 넓고 납작한 '광다회'로 나뉩니다.

매듭의 재료로는 명주실, 모시실, 닥나무실, 삼베실, 털실 등이 있습니다. 끈의 색, 굵기, 맺는 방법에 따라 형태가 다양하고, 지역에 따라 그 이름도 다릅니다. 특히 우리나라 매듭의 이름은 나비, 잠자리, 국화 등 우리가 주위에 쉽게 보고 사용하는 온갖 꽃이나 곤충 및 사물에서 따오는 경우가 많습니다. 그것들의 이름을 보면 매듭을 엮으면서 연상되는 것들로 매듭의 이름을 붙인 것이라 여겨집니다. 우리 민족의 유머나 해학을 엿볼 수 있습니다.

우선 매듭을 맺기 위해서는 무엇보다 먼저 끈이 필요합니다. 이렇게 장인이 일일이 꼬은 끈을 다회多繪라고 불렀습니다.

실이 준비되면 끈을 짜기 전에 먼저 명주실을 염색합니다. 필요한 길이와 굵기에 맞게 합사합니다. 합사한 실은 반은 오른쪽으로, 반은 왼쪽으로 꼬아서 준비합니다. 다회는 4사, 8사, 12사, 24사 등이 있고, 단면이 둥근 것과 납작한 것이 있습니다. 다회는 오른올과 왼올을 사선으로 교차하며 엮어서 짭니다. 교차할 때 1가닥씩 번갈아 교차하기도 하고, 1가닥이 2가닥 또는 3가닥을 넘어가며 교차하기도 합니다.

끈목이 준비되었으면 이제 매듭을 맺습니다. 매듭은 앞뒤가 똑같고 좌우대칭인 것이 특징입니다. 그렇기 때문에 매듭을 맺을 때 끈을 반으로 접고 두 가닥의 끈을 번갈아가며 엮어줍니다. 엮은 모양이 제대로 나오면 송곳을 사용하여 중간중간 조여줍니다. 매듭은 엮는 과정보다 조이는 것이 중요합니다. 양쪽이 대칭이 되고, 코의 크기가 적당하도록 조여줍니다. 하나의 매듭이 완전히 조여진 후에 다음 매듭을 맺습니다.

크고 작은 기본형 매듭을 수직으로 연속 구성하여 맺는 것이 한국매듭의 특징입니다.

매듭과 매듭 사이에는 자수의 장식이나 금, 은, 밀화, 옥 등을 조각한 향갑, 투호 등의 장식을 달기도 합니다. 매듭은 한 가지 색으로 짠 끈을 사용하기도 하고, 다른 색으로 짠 끈을 연결해서 매듭을 맺어 색상이나 굵기의 변화를 주기도 합니다. 끈을 연결하는 부위는 가락지나 구슬을 넣어 가립니다. 가락지는 금사 또는 다양한 색실로 만들며, 포인트를 주는 역할도 합니다. 매듭 사이의 끈에 금사나 색실을 감아 변화를 주기도 합니다.

매듭의 마지막 끝에는 술을 만들어 늘어뜨립니다. 술은 딸기술, 봉술, 방망이술, 낙지발술, 끈술, 방울술, 후수술, 금전지술, 잔술 등이 있습니다.

술을 만들 때 먼저 술올을 굵기에 맞게 합사해서 2올을 준비합니다. 각각을 먼저 오른

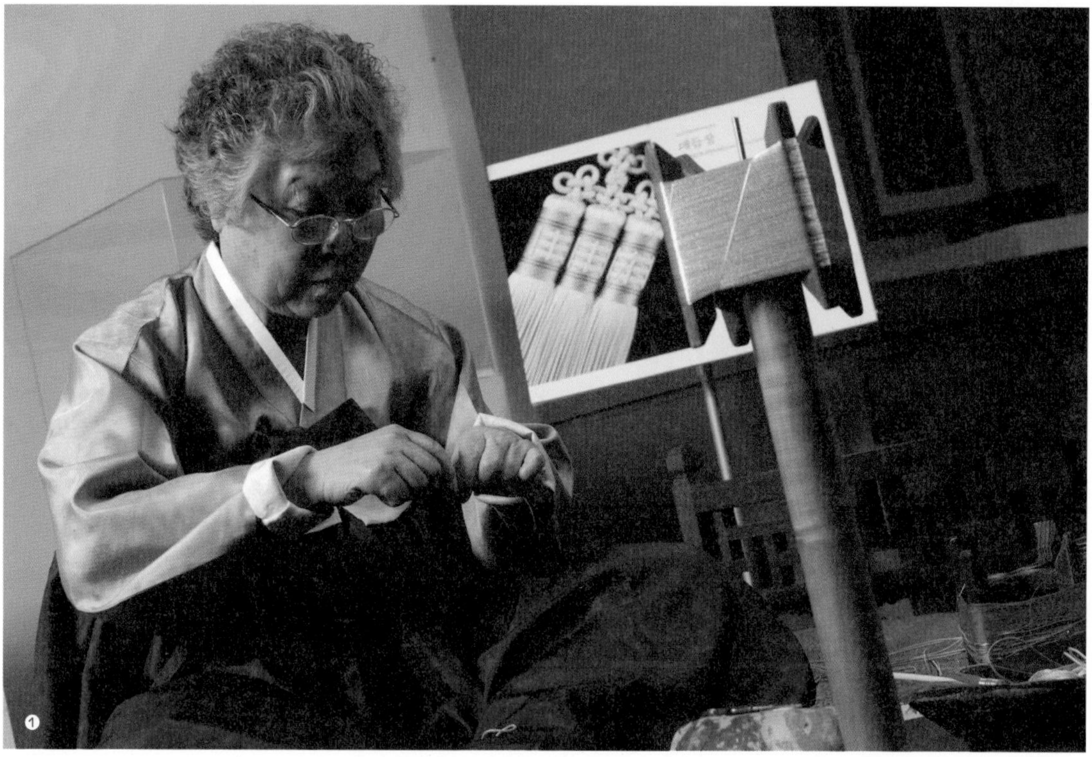

❶ 국가 매듭장 정봉섭 보유자
❷ 국가 매듭장 박선경 전수교육조교

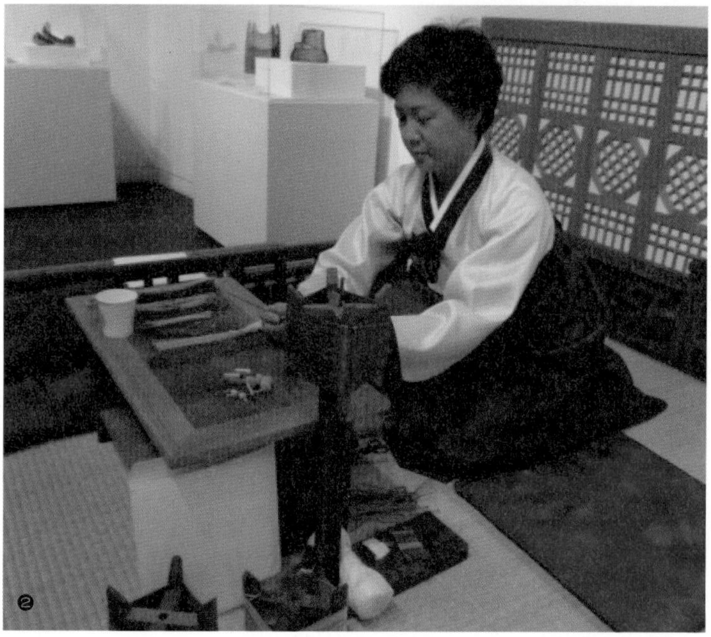

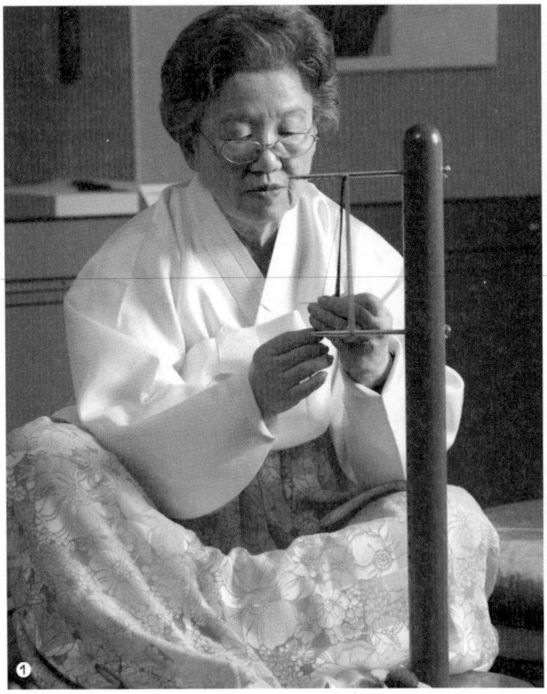
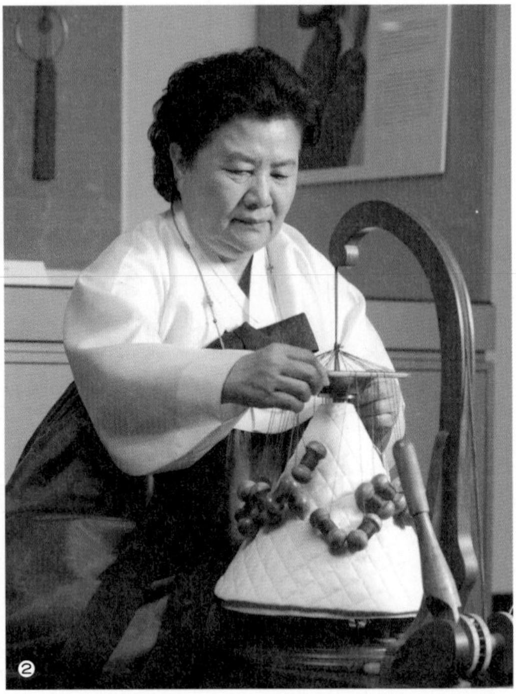
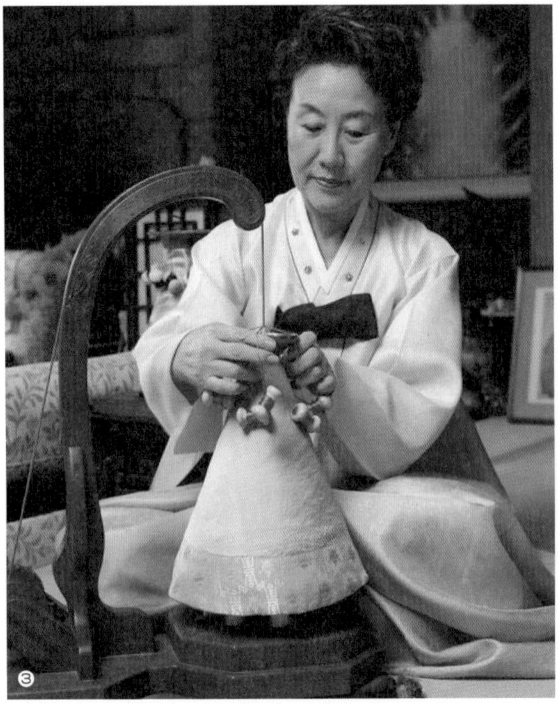

❶ 국가 매듭장 김희진 명예보유자
❷ 국가 매듭장 김혜순 보유자
❸ 서울 매듭장 김은영 명예보유자

쪽으로 꼬아준 다음 2가닥을 합쳐 다시 왼쪽으로 꼬아줍니다. 이렇게 준비한 바탕실을 술틀에서 길이를 맞추어 2올씩 합쳐 금속비톳을 이용해 오른쪽으로 꼬아줍니다. 술에 필요한 가닥 수만큼 만들어 바늘에 끼운 후 술판에 앉혀 3~4분간 된 김을 쏘입니다. 술판에 앉힌 채로 하루 밤 정도 재우면 꼬인 술올이 풀리지 않게 고정시킵니다. 이 술올을 모아 묶어서 술을 만드는데 머리부분을 어떻게 장식하느냐에 따라 봉술, 딸기술, 방망이 술 등으로 나뉩니다.

봉술은 술머리에 금사 또는 색실을 감아 술올을 고정하는 것입니다. 실을 감을 때 색을 바꿔가며 변화를 주거나 글자를 새기기도 합니다. 딸기술은 술올을 8묶음, 또는 12, 14 묶음 등으로 나눠 머리 부분을 둥글게 틀어줍니다. 방망이술은 나무 또는 종이로 머리장식을 만들고 그 위에 망을 떠 장식하고, 술올을 묶어 늘어뜨린 것입니다. 낙지발술과 끈술, 방울술은 끈으로 만든 술입니다. 낙지발술과 끈술은 단면이 둥근 끈을 사용하여 만들고, 방울술은 단면이 납작한 끈으로 연봉매듭을 맺고 남은 가닥을 늘어뜨립니다.

이렇게 끈목을 만들고 각종 보석을 매달고 그에 어울리는 매듭을 엮은 다음 끝에 술까지 달면 하나의 노리개가 완성됩니다. 이러한 매듭의 기원은 원시시대부터라고 할 수 있으며 조선시대에는 국가 소속의 매듭장이 있었습니다. 예전부터 있었던 매듭장의 전통은 지금도 국가와 시도 무형문화재로 지정되어 계속 이어지고 있습니다. 매듭장의 섬세한 손끝에서 맺어진 매듭작품은 국화도 되고, 나비도 되어 우리 주위를 아름답게 꾸며줍니다. 어떤 때는 여인의 옷고름에 다소곳이 매달려 있거나, 어떤 때는 아이들의 주머니와 함께 하거나, 또 어떤 때는 문발에 걸려 공간을 시원하게 가려주거나 우아하게 장식하기도 합니다.

5 옷감 위에 금박을 박거나 비단으로 꽃을 만드는 장인은 누구일까요?

1) 옷감 위에 금박으로 문양을 새기는 장인, 금박장

금박장은 천이나 옷감 위에 얇은 금박을 이용해 다양한 문양을 찍어내는 장인을 말합니다. 금은 화려하고 아름다운 광채가 나며 오래 두어도 변하지 않아, 사람들은 이를 귀하게 여겨 호사스런 장식에 사용하였습니다. 원래 '금박'은 금 조각을 계속 두드려서 얇은 종이 위에 붙인 것이고, 금박장은 이것을 만드는 장인입니다. 그런데 오늘날 금박장은 금박지를 이용해서 옷감 위에 문양을 장식하는 기술까지 넓은 의미로 사용되고 있습니다.

금박 작업은 문양판 만들기와 금박 찍기로 나뉩니다. 배나무로 문양판을 만들고, 그 위에 어교를 바르고 옷감 위에 눌러 찍은 다음, 아교가 완전히 마르기 전에 금박지를 붙이고, 문양 밖에 있는 금박지를 떼어 내면 완성됩니다.

우선 문양판 만들기는 목판 준비하기 → 목판에 주사 칠하기 → 문양본 그리기 → 조각하기 → 조각 보완하기로 진행됩니다.

목판 준비하기는 목판은 배나무가 가장 좋습니다. 배나무를 서늘한 곳에 말려 3㎝ 두께의 판으로 자르고, 5~6년간 건조시킵니다. 이 목재판을 용도에 맞는 형태와 크기로 잘라서 끓는 물에 약 2분간 데치며, 이때 들기름이나 콩기름을 약간 넣어 줍니다. 이후 목판이 뒤틀어지지 않게 1년 정도 더 말립니다. 조각할 무늬의 크기와 모양에 맞게 형태를 자르고 사포로 문질러 표면을 매끄럽게 합니다.

목판에 주사 칠하기는 단단한 주사朱砂 원석을 곱게 갑니다. 여기에 물을 약간 넣고 붓에 주사를 묻혀 목판 위에 바릅니다. 주사칠을 한 목판은 1달 이상을 말립니다.

문양본 그리기에서 문양은 기존의 것을 참조하여 도안하거나 새롭게 디자인합니다. 여러 번 수정하여 도안을 완성하며, 목판 위에 만들 문양을 거꾸로 그립니다. 그래야 찍었을 때 원하는 대로 찍힙니다.

조각하기는 조각용 끌과 조각칼을 준비합니다. 끌은 넓은 면적을 파낼 때 사용하고, 조각칼은 섬세한 무늬를 새길 때 사용합니다. 문양의 크기나 섬세한 정도에 따라 여러 종류의 조각칼을 골라서 씁니다. 조각은 나무결에 따라 양각부터 새기되 문양은 직각이 아니라 비스듬하게 경사를 주어 2㎜ 내지 5㎜를 팝니다. 새김질을 끝나면 문양판은 사포로 문

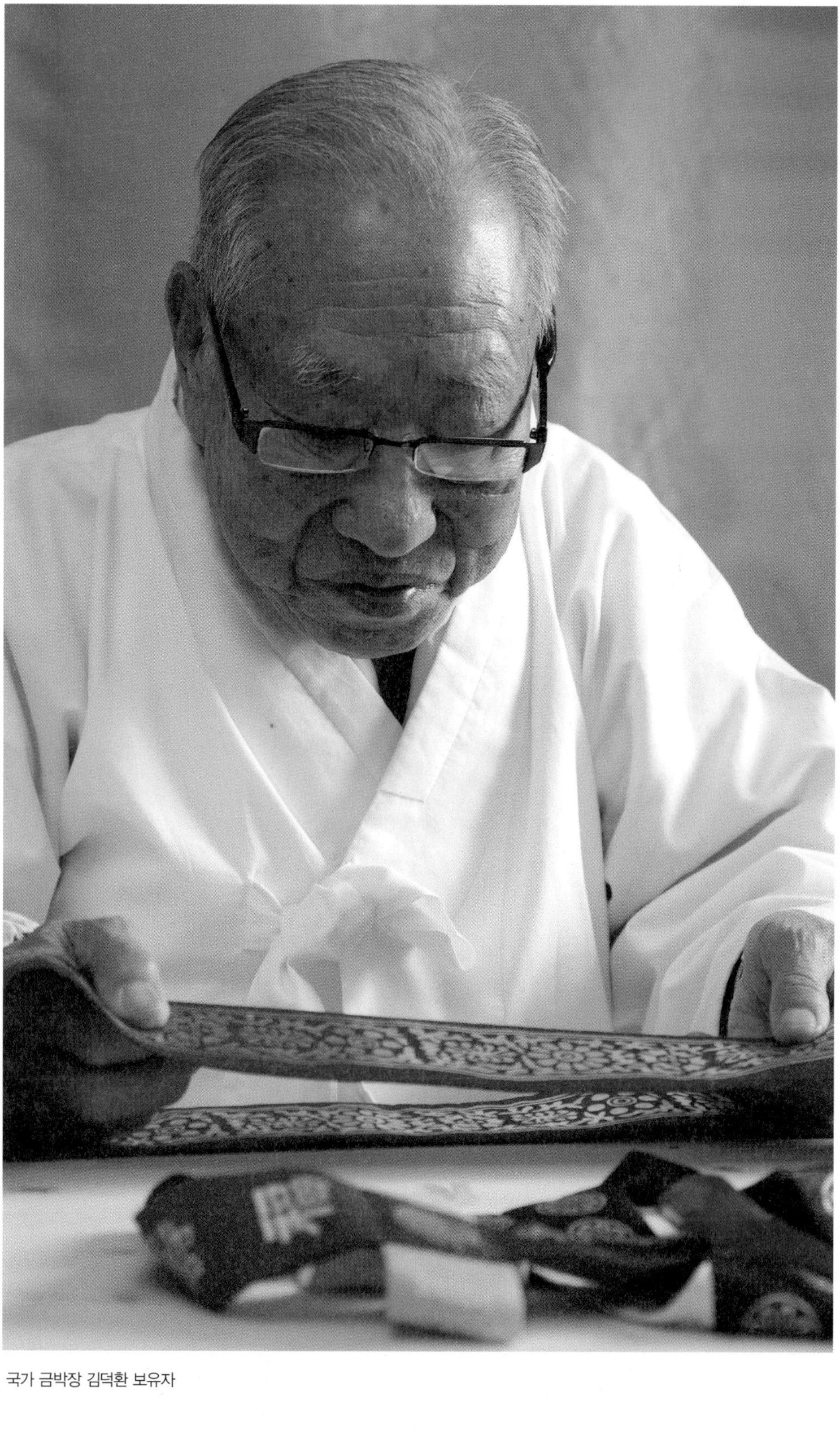

국가 금박장 김덕환 보유자

질러 면을 고르게 하고, 물에 기름을 약간 넣어 살짝 삶으면 코팅 역할을 합니다. 삶아낸 문양판은 그늘에서 말립니다.

조각 보완하기는 조각이 끝난 후 보완 작업을 합니다. 금박에 사용하는 접착제인 어교는 점도가 강하고 밀도가 높은 것을 선택합니다. 조각한 문양과 옷감에 찍힌 문양이 차이가 날 수 있으므로 수정하고 보완합니다.

이제, 옷 위에 금박을 찍는 과정입니다. 이것은 어교 만들기 → 금박 찍기의 순서로 진행됩니다.

어교 만들기는 말린 민어부레 서너 쪽을 잘게 잘라 그릇에 담고 물을 붓습니다. 물과 부레의 양은 10대 1로 합니다. 부레의 단백질 성분이 우러나올 때까지 천천히 저어 주면서 하루 종일 약한 불에서 은근하게 졸입니다. 뽀얀 물이 우러나오면 삼베 헝겊에 걸러내고, 민어부레는 다시 물을 넣고 재탕합니다. 이런 식으로 물의 양을 조금씩 줄여가면서 다섯 번 정도 우려냅니다. 부레 끓인 물을 모두 큰 솥에 함께 섞고, 약불에서 졸여 10분의 1 정도까지 줄면 따로 그릇에 옮겨 담습니다. 이것도 중탕으로 서서히 졸입니다. 어교가 졸아들 수록 점성이 생기고, 짙은 갈색이 됩니다. 이것을 식혀 굳어지면 상온에 두고 5년 정도 보관할 수 있고, 사용할 때마다 불에 녹여 중탕해서 사용합니다.

금박하기는 금박을 작업하기 좋게 가능한 작게 잘라 금의 낭비를 막습니다. 어교를 그릇에 넣고 물을 조금씩 섞어 가며 끓여 농도를 맞춥니다. 어교는 옷감의 종류, 두께, 색상, 문양에 따라 농도를 달리합니다. 예컨대 옷감이 얇으면 농도를 옅게 하고, 옷감이 두꺼우면 짙게 합니다.

미리 만들어놓은 문양판에 붓으로 어교를 칠합니다. 어교가 목판에 스며서 표면이 약간 굳은 듯하면 다시 한번 덧칠합니다. 만약 접착제가 묻지 않은 부분이 있으면 금박 무늬가 나타나지 않거나 흐려집니다. 이제 상 위에 천을 깔고 그 위에 금박 입힐 옷감을 펴 놓습니다. 금박할 부분에 맞추어 어교 바른 문양판을 엎어 놓고 주먹으로 여러 번 두드립니다. 이 때 문양판이 움직이지 않도록 주의하면서 무늬가 일정하게 박히도록 고루 힘을 줍니다. 문양판을 한쪽부터 떼어내고, 문양을 찍은 부분에 금박을 한 장씩 덮습니다. 손으로 금박이 덮힌 부분을 살짝 두드리면 금박 문양이 찍힙니다. 고대부터 조선시대까지 왕실이나 귀족들은 옷 위에 금으로 장식하는 것을 선호하였습니다. 특히 조선 말기에는 부유한 계층이나 여인 및 어린이들의 옷가지에 금박을 장식했는데요, 아마도 식구들이 찬란한 금빛

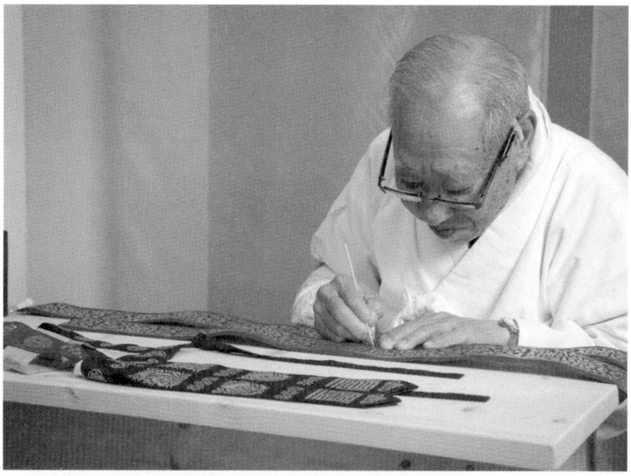

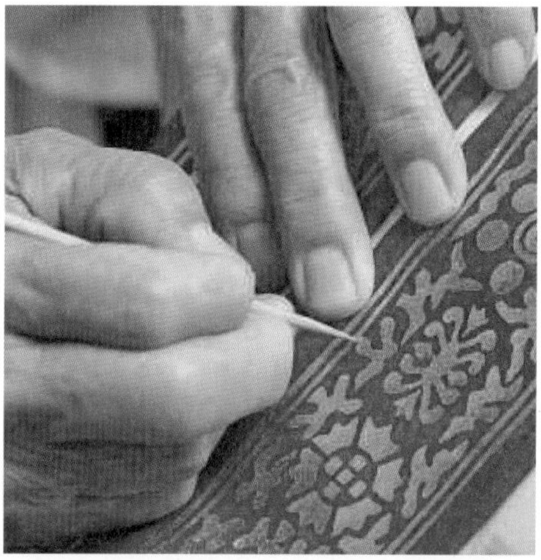

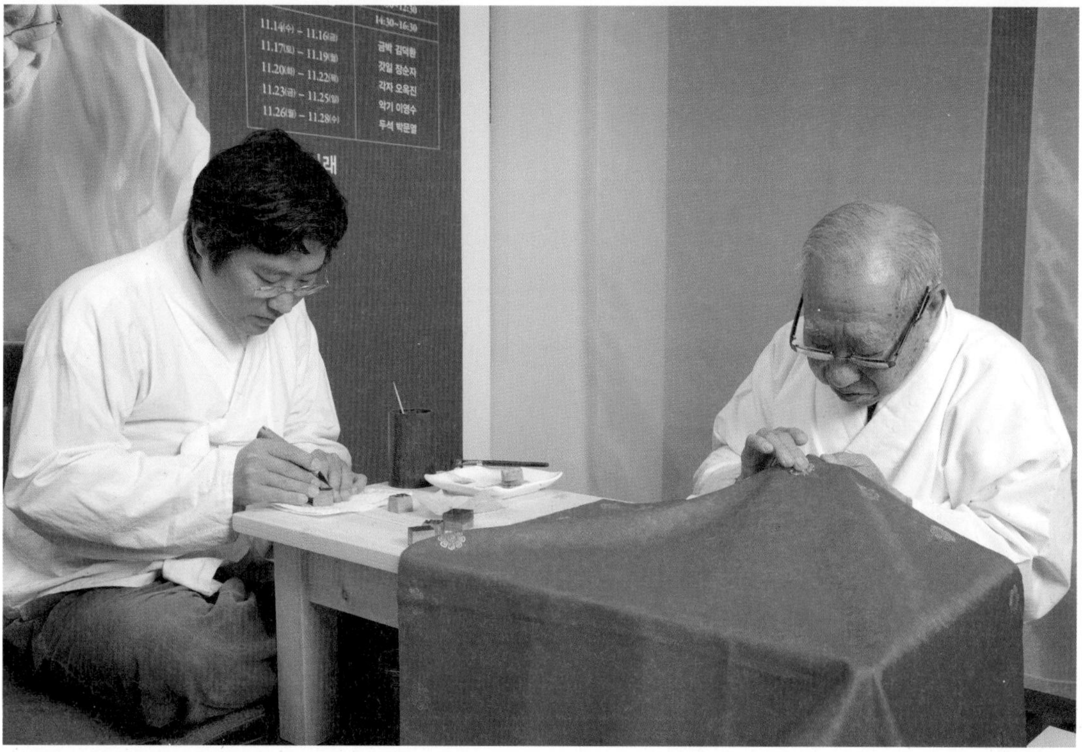

국가 금박장 김덕환 보유자와 아들 김기호 이수자

속에 무병장수하고, 부귀다남하길 소망한 것 같습니다. 오래도록 변치 않은 금처럼 금박장의 기술도 금빛으로 계속 빛났으면 좋겠습니다.

2) 비단이나 모시로 꽃을 만드는 장인, 궁중채화

궁중채화는 궁중의 연희나 의례 목적에 맞게 비단, 모시 등으로 제작한 꽃을 말합니다. 생화를 꺾어 장식하는 것을 금하던 궁중에서 행했던 장식법 중 하나입니다. 꽃은 예를 거행하는 크고 성대한 의식에 없어서는 안될 중요한 요소 중 하나입니다. 아름답고 화려한 꽃은 행사 공간을 장식하여 행사의 품격과 운치를 더해주기 때문입니다. 국립고궁박물관에 소장된 〈함녕전진찬도〉를 보면 행사장 곳곳에 꽃이 장식된 모습을 찾을 수 있지요.

병풍에 그려진 그림을 통해 국가에서는 왕실의 어른들이나 외국 사신 등에게 잔치를 베풀기 때문에 궁궐을 화려하게 장식하기 위해 많은 꽃을 배치하였습니다. 그런데 이렇게 궁중의 잔치인 연향에는 요즘처럼 생화로 꽃꽂이를 한 것이 아닙니다. 궁궐 곳곳을 장식한 꽃은 가짜꽃[假花] 혹은 비단이나 모시 등으로 만든 조화였습니다. 이러한 꽃을 채화綵花라고 부릅니다. 궁중의 잔치에 사용된 채화는 종류가 많습니다. 그중 정조의 『원행을묘정리의궤』는 정조의 아버지인 사도세자와 혜경궁 홍씨의 환갑 잔치를 수원화성에서 거행한 전말을 기록한 책입니다. 그 책과 〈화성능행도〉라는 그림을 보면 〈봉수당진찬도〉라는 잔치 때의 그림 중에 연꽃, 모란, 복숭아꽃[桃花], 국화, 월계꽃 등이 있어요. 물론 포도, 복숭아, 유자, 감, 복분자 등의 열매도 있어요. 이러한 꽃과 과일은 모두 장수, 부귀, 다산 등의

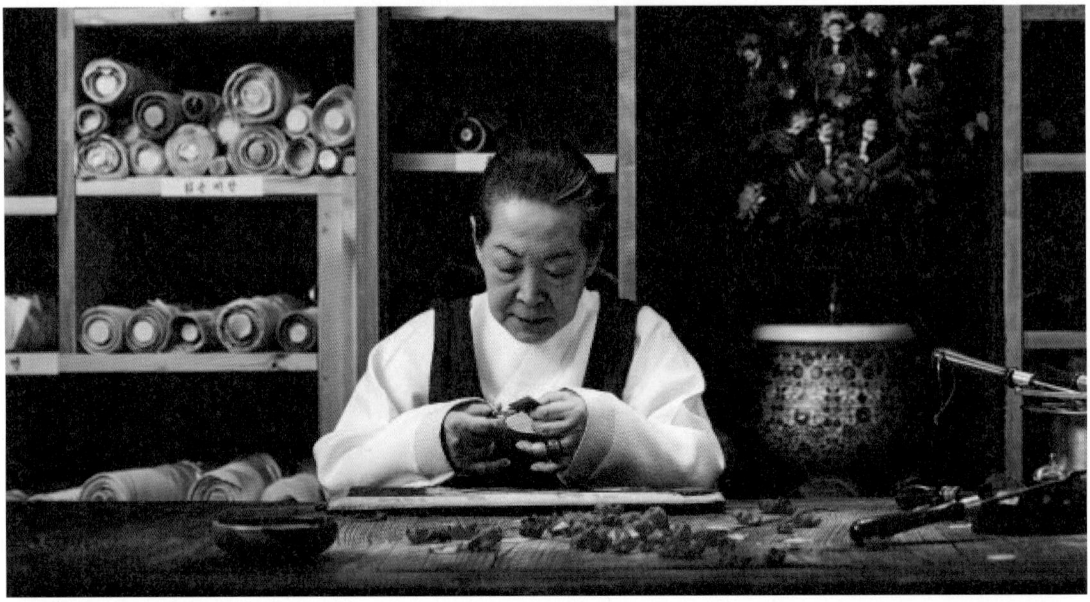

국가 궁중채화 황수로 보유자

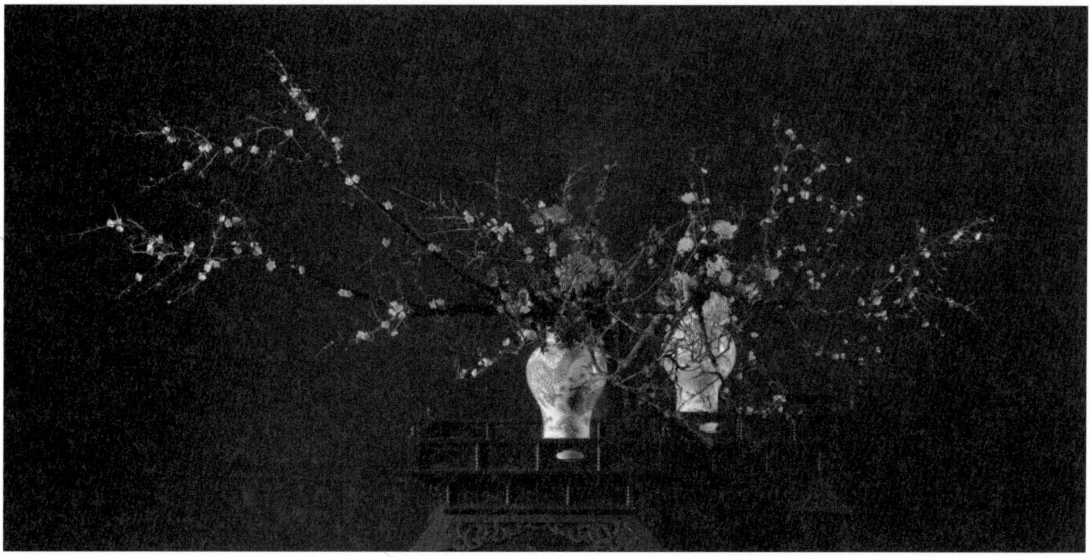

상징적인 뜻을 내포하고 있어, 잔치를 축하하는 의미와 왕실 어른들이 오래도록 살기를 바라는 효도의 마음을 극진하게 표현한 것으로 알려져 있습니다.

궁중 채화의 아름다움은 고운 빛이 생명입니다. 이 때문에 채화를 제작하는 데에 사용되는 재료는 무늬 없고 가벼운 최고급 비단에 천연염료를 만듭니다. 염료 뿐 아니라 모시 털, 꽃가루, 밀초, 밀납 등 자연에서 나고 자란 재료를 사용합니다. 자연과 인간의 정성이 조화되어 만들어진 것이 채화이지요. 비단에 자연 염색을 한 다음에는 천을 손질해야 합니다. 이를 위해 쌀이나 우뭇가사리로 풀을 쑤어 비단꽃의 형태를 만들어줍니다. 이때 소금을 넣어주면 꽃의 부패까지 막아주겠지요. 풀을 먹인 천은 약간 축축할 때 수직과 수평으로 올을 맞추어 펴주어 깨끗한 흰 수건에 싸고 발로 밟은 후 다듬이돌에서 30분 정도 두들겨 줍니다. 자연을 닮은 한송이 꽃 위에 한 송이씩 피어나는 꽃, 그 꽃을 받쳐주는 잎사귀를 배치합니다. 그 위로 각종 새가 날아듭니다. 항상 주위에서 피고지는 꽃에 관심을 가지고 애정 어린 시선을 바라보던 것처럼, 궁중채화는 궁중에 꽃을 장식하여 왕실의 위엄과 국가의 안녕 등을 오늘의 우리에게 전달해줍니다. 지지 않고 언제나 피어있는 궁중채화처럼 그 기술도 계속 이어지길 희망합니다.

학습평가

01 (난이도 하) 우리나라 복식의 특징에 대한 설명으로 옳지 못한 것은?

① 우리 민족은 백의민족이라 하여 흰옷만 즐겨 입는다.

② 우리의 기본 옷으로 남자는 바지 저고리, 여자는 치마 저고리이다.

③ 고대국가부터 왕실과 귀족의 복식은 백성과 차등을 두었다.

④ 조선시대에는 왕실의 의복은 관청을 세우고 장인을 두어 제작하였다.

02 (난이도 중) 복식 관련 무형문화재와 그들의 제작기술이 잘 연결된 것은?

① 침선장 - 바늘과 선을 사용하여 가늘고 긴 허리띠를 만들어 띠는 기술

② 누비장 - 옷감 사이에 솜을 두어 꿰매 보온성이 좋은 솜옷을 만드는 기술

③ 자수장 - 꽃과 나비 등의 수를 놓아 결혼식 때 입는 활옷만 장식하는 기술

④ 매듭장 - 실과 끈을 매듭지어 발이나 천막 등을 시원하게 만드는 기술

03 (난이도 중) 무형문화재와 그들의 재료와 제작과정이 옳게 연결되지 않은 것은?

① 누비장 – 명주, 솜 – 올 튕기기, 납작누비, 드문누비

② 자수장 – 꼰사, 다회 – 평수, 이음수, 자리수

③ 궁중채화 – 비단, 밀납 – 천연 염색, 풀을 쑤어 꽃형태 만들기

④ 금박장 – 배나무, 어교 – 문양판 만들기, 금박 찍기

04 (난이도 중) 다음 설명이 잘못 짝지어진 것은?

① 누비 중 올록볼록한 오목누비는 한국 누비의 특징이다.

② 규중칠우는 옷감, 바늘, 자, 가위, 인두, 실, 골무이다.

③ 누비는 박음질만으로 이뤄진 기법으로 추위에 강하다.

④ 평안도의 안주수는 남자 장인들이 수를 놓는다.

05 (난이도 하) 다음 장인에 대한 설명이 잘못된 것은?

① 금박장은 금박을 만드는 장인이다.

② 매듭장은 다회를 만드는 장인이다.

③ 누비장은 누비를 만드는 장인이다.

④ 침선장은 바늘과 실을 만드는 장인이다.

01 | 정답 | ①
| 해설 | 백의민족이라는 것은 옷을 정갈하게 입는 것을 의미하며, 흰옷으로 국한되지 않는다.

02 | 정답 | ②
| 해설 | 누비장은 옷에 솜을 넣고 누비는 전통공예기술이다.

03 | 정답 | ②
| 해설 | 자수장은 푼사나 명주실 등을 이용하여 수를 놓는다.

04 | 정답 | ②
| 해설 | 규중칠우에 옷감은 들어가지 않고, 다리미가 포함된다.

05 | 정답 | ④
| 해설 | 침선장은 옷감을 바늘로 바느질하여 옷을 만드는 장인이다.

학습정리

① 복식의 시대에 따라 다양하게 변천한다.
- 원시시대에 옷은 추위와 부끄러움을 가리기 위해 입었다.
- 고대부터 옷은 예의를 갖추고, 신분과 지위에 따라 차등을 두었다.
- 조선시대에는 관청을 세우고 장인을 소속시켜 왕실의 옷을 제작하였다.

② 바느질로 옷이나 누비를 만드는 장인이 무형문화재로 지정 관리되고 있다.
- 침선장은 옷감을 바느질하여 각종 옷을 만드는 장인으로, 국가무형문화재 제89호이다.
- 누비장은 옷감에 솜을 두고 바느질하여 누비옷을 만들며, 국가무형문화재 제107호이다.

③ 수를 놓거나 매듭을 엮어 장신구를 만드는 장인이 무형문화재로 지정 관리되고 있다.
- 자수장은 옷감 위에 꽃이나 나비 등 각종 문양을 수놓아 장식하며, 국가무형문화재 제80호이다.
- 매듭장은 명주실로 끈목을 친 다음 보석을 달고 매듭을 지어 노리개 등을 만들며, 국가무형문화재 제22호이다.

④ 옷감 위에 금박을 박거나 비단으로 꽃을 만드는 장인도 무형문화재로 지정 관리되고 있다.
- 금박장은 옷감 위에 금박으로 다양한 문양을 찍는 장인으로, 국가무형문화재 제119호이다.
- 궁중채화는 비단에 자연염색으로 꽃과 새 등을 만드는 장인으로, 국가무형문화재 제124호이다.

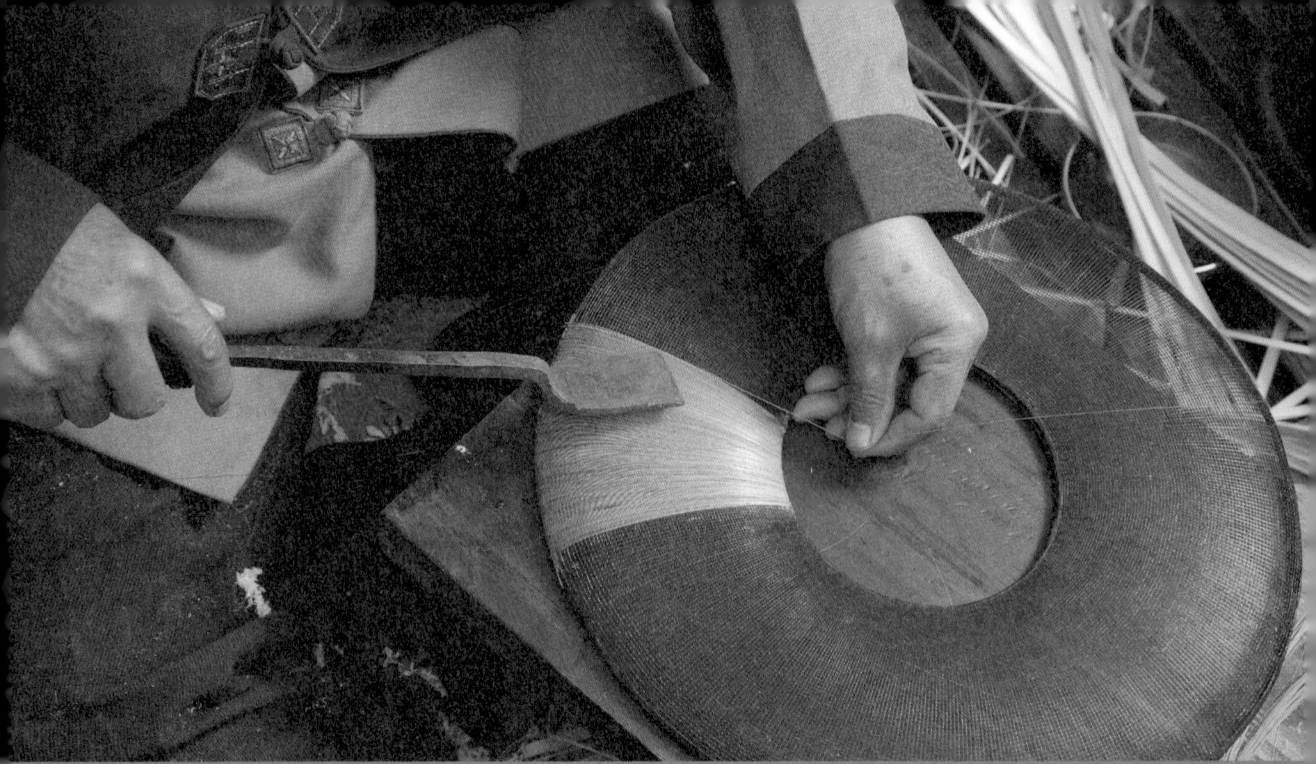

10
피모골각공예와 장인

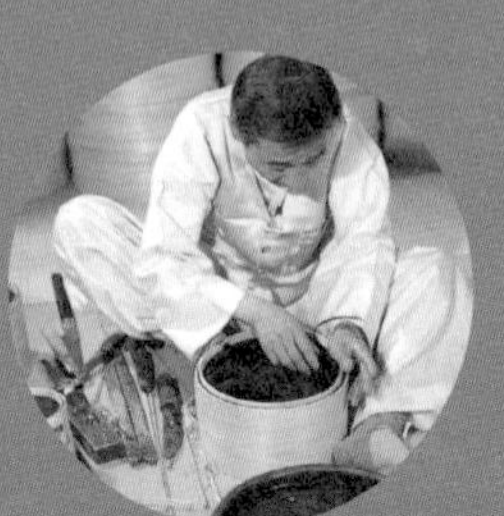

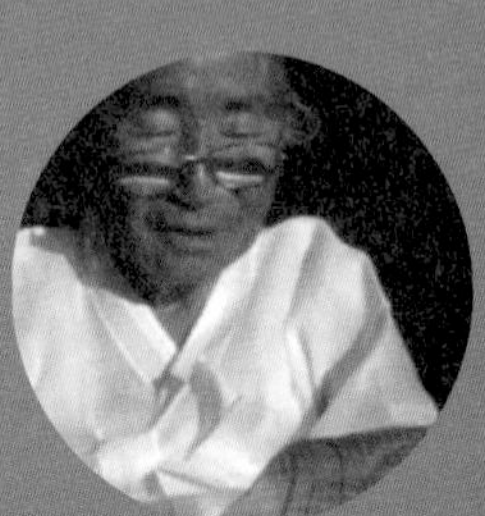

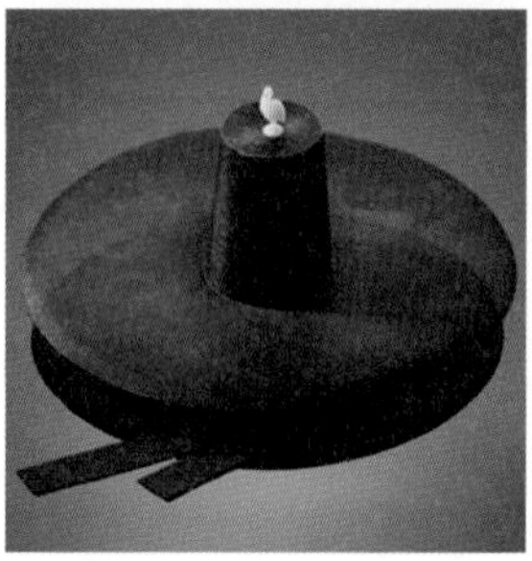

피모골각공예 지정종목과 장인

구분	지정번호	종목명	사망	명예	보유자	전수교육조교
국가	제4호	갓일-총모자장	김인		강순자	
		갓일-입자장	전덕기, 김봉주		정춘모, 박창영	정한수
	제47호	궁시장-궁장	권영록, 장진섭, 김장환, 김박영		권영학	김윤경, 김성락
	제66호	망건장	임덕수	이수여	강전향	양진숙
	제67호	탕건장		김공춘	김혜정	
	제109호	화각장			이재만	
	제116호	화혜장			황해봉	
서울	제5호	필장	권영진		정해창, 전성규	
	제19호	체메우기	최성철			
	제23호	궁장			권무석	
	제44호	관모장			박성호	
세종	제1호	연기궁인			주장응	
부산	제17호	화혜장			안해표	
대구	제15호	모필장			이인훈	
광주	제4호	필장	김복동		안명환, 문상호	
울산	제3호	모필장			김종춘	
경기	제29호	화각장	한춘섭			
경북	제17호	모필장	이팔개			

■ 학습개요

우리 주위의 동물이 가진 털과 가죽 그리고 뼈나 뿔 등은 공예품을 제작하는 데 필요한 천연의 재료이다. 피모골각공예는 이러한 동물의 털이나 가죽 그리고 뼈나 뿔 등을 이용하여 생활에 필요한 각종 공예품을 만들어 사용하는 것이다.

우리 민족은 한반도에서 선사시대부터 지금까지 오천년 이상 살아오면서 시기별로 장르별로 여러 분야에서 피모골각공예품을 만들었다. 뿔로 만든 활과 같은 무기가 있고, 말총을 이용한 망건과 탕건 및 갓 등 모자가 있고, 가죽으로 신발이나 북을 만들고, 족제비털이나 양털을 사용한 붓을 만들기도 하였다.

그러나 현대 산업화와 문명화를 거치면서 전통 수공예기술은 점차 사라지거나 변질될 위험에 처하여 학술적, 예술적, 역사적 가치가 높은 공예기술을 무형문화재로 지정하여 보호, 관리하게 되었다. 갓은 국가무형문화재 제4호 갓일 중 총모자장과 입자장, 망건은 국가무형문화재 제66호 망건장, 탕건은 국가무형문화재 제67호 탕건장, 신발은 국가무형문화재 제116호 화혜장과 부산무형문화재 제17호 화혜장, 붓은 대구무형문화재 제15호 모필장과 울산무형문화재 제3호 모필장, 말총으로 체를 만드는 장인, 활은 국가무형문화재 제47호 궁시장 중 궁장, 쇠뿔 공예는 국가무형문화재 제109호 화각장 등이 있다. 다만 궁장은 죽세공예에서, 화각장은 칠공예에서 다룬다.

여기에서는 털과 가죽 그리고 뼈나 뿔을 이용하여 공예품을 제작하는 피모골각 공예기술 중 무형문화재로 지정된 종목의 재료별, 용도별 분류를 알아본다.

■ 학습목표

1. 피모골각공예의 개념과 역사적 발전을 이해할 수 있다.
2. 말총을 이용한 모자 공예의 종류와 그 제작기술에 대해 설명할 수 있다.
3. 가죽을 이용하여 신발을 만드는 화혜장과 그 제작기술에 대해 알 수 있다.
4. 짐승의 털을 이용하여 붓을 만드는 필장과 그 제작기술에 대해 설명할 수 있다.

■ 학습내용

1 피모골각공예는 무엇일까요?

우리 주위의 동물들은 여러 모로 인간에 쓸모가 있습니다. 동물의 고기는 인간이 배불리 먹을 수 있는 식량이었을 뿐 아니라, 그들이 가진 털과 가죽은 오랜 옛날부터 옷감을 짜기 이전부터 몸을 가리는 옷이나 모자, 신발을 만들거나 추위를 막을 방한용품이나 신분을 상징할 공예품 및 악기 등도 만들게 되었습니다. 또 동물의 뼈와 뿔 또한 활과 같은 무기나 장신구 및 바늘 등 일상용구를 만드는 데에도 쓰였습니다.

이렇게 우리 민족은 한반도에서 선사시대부터 지금까지 오천년 이상 살아오면서 털과 가죽 그리고 뼈와 뿔을 이용한 피모골각공예품을 만들어 사용하였습니다. 쇠뿔이나 쇠심줄로 만든 우리나라의 활[角弓]은 세계에서 가장 강하여 최종병기로 널리 알려질 정도로 그 우수성을 인정받고 있습니다. 또한 쇠뿔을 종잇장처럼 얇게 갈고 그 뒤에 다채로운 문양을 그려넣는 화각공예는 전 세계에서 유일무이하게 우리나라에서만 독특하게 발달한 것

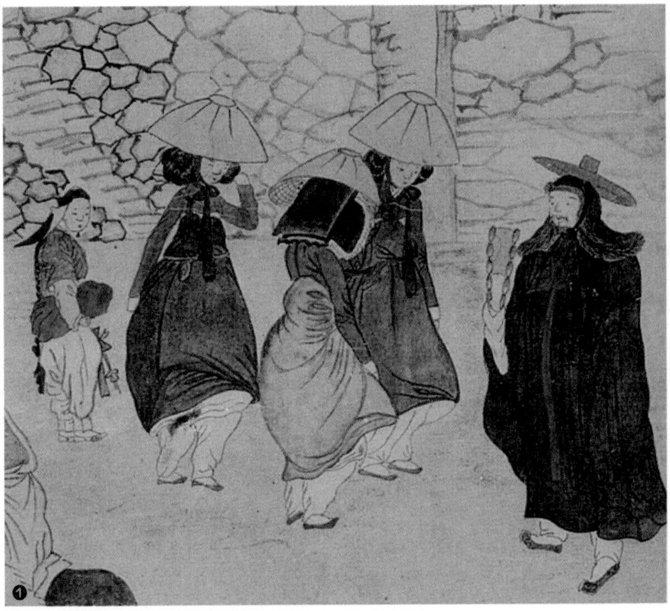

❶

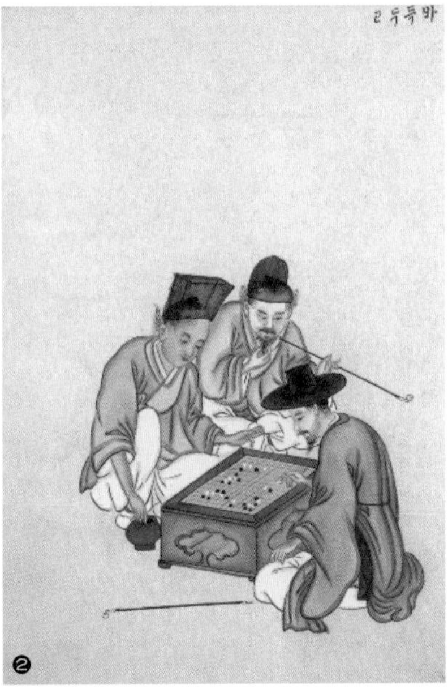

❷

❶ 겨울철 길거리 풍경, 김홍도, 조선, 프랑스 국립 기메동양박물관
❷ 바둑을 두고, 김준근, 조선, 한독박물관

으로 알려져 있습니다. 쇠뿔과 쇠심줄 등을 재료로 하는 활은 국가무형문화재 제47호 궁시장 중 궁장이 만드는데 활과 짝을 이루는 화살이 대나무로 만들기 때문에 이것은 죽세공예에서 다루었습니다. 그리고 쇠뿔을 종잇장처럼 얇게 갈고 그림을 그리는 화각공예는 국가무형문화재 제109호 화각장이 만드는데, 이것은 칠을 해서 부착하기 때문에 칠공예에서 다루었습니다. 가죽을 사용한 북이나 장구를 만드는 기술은 국가무형문화재 제42호 악기장 중 북 메우기인데, 이것은 악기로서의 쓸모가 있기 때문에 악기장에서 다루었습니다.

많은 이들에게 '조선' 하면 떠오르는 상징적인 이미지를 물어본 적이 있었습니다. 그 결과 검고 넓은 갓을 쓴 선비의 모습을 조선의 이미지로 떠올렸어요. 이렇게 말총을 이용한 망건과 탕건 및 갓 등의 모자는 조선시대 선비들을 상징하는 공예품으로서 무엇보다 중요합니다. 흰 두루마기를 입고 머리 위에 검은 갓을 쓴 선비의 모습은 마치 한 마리 학처럼 우아하였습니다. 그렇기에 갓은 조선의 선비들이 애호하는 최고의 애장품이면서 무엇과도 바꿀 수 없는 상징물이 되었습니다.

그렇지만 말총과 대나무로 만든 모자는 무척 고상하고 멋지지만 결정적인 약점이 있었습니다. 그 모자들은 겨울철 바람을 막을 수 없었고 추위에 너무도 취약하였습니다. 선비의 상징인 갓을 포기할 수 없었던 조선의 성인 남자들은 추운 겨울을 버틸 방안을 찾고자 고민을 했습니다. 그러다가 찾아낸 것이 바로 족제비나 담비털로 만든 방한모자였습니다. 상투를 튼 머리 중간부분을 구멍 뚫고 귀와 목까지 가린 남바위나 풍차 등을 만들어 쓴 다음, 그 위에 갓을 썼던 것입니다.

한편 조선시대까지 백성들의 신발은 짚신이었습니다. 백제나 신라 유적에서도 짚신이 발견되듯이 우리 주위에서 흔한 볏짚을 사용하여 만들기에, 짚신은 일상화되었습니다. 그렇다면 왕실이나 귀족처럼 신분 계급이 높은 사람들은 어떤 신발을 신었을까요? 동물의 가죽으로 만든 가죽신을 신었습니다.

그러나 일제시대를 거치고 해방 이후 산업화를 거치면서 이러한 피모골각공예품을 만드는 전통 수공예기술은 점차 사라지거나 변질된 위험에 처하게 되었습니다. 이에 문화재청은 1962년 문화재보호법을 제정하여 학술적, 예술적 가치가 높은 공예기술이 원형을 유지하고 전승할 수 있도록 무형문화재로 지정하여 보호, 관리하게 되었습니다.

그렇다면 전통공예 중 가장 먼저 지정된 분야가 무엇일까요? 국가무형문화재 제1호부터 제3호까지는 종묘제례악, 양주별산대, 남사당놀이 등 예능분야였고, 공예분야는 국가무형문화재 제4호 갓일이 지정되었답니다. 지정명칭을 주목해 보면, 갓을 만드는 기술에 대해 지정하면서 그 명칭이 '갓쟁이' 혹은 갓장인이 아니라 갓일인 것이 눈에 띄지요. 왜 그랬을까요? 갓은 장인 혼자서 만드는 것이 아니기 때문입니다. 곧 말총으로 모자 꼭대기인 대우를 만드는 총모자장, 대나무로 차양에 해당되는 양태를 만드는 양태장, 대우와 양태를 합쳐서 갓으로 모으는 입자장으로 구성되는 때문이지요. 그중 양태는 대나무로 만들기에 죽세공예에서 설명했습니다.

한편 그 밖에 말총을 사용하여 체를 만드는 기술은 서울 무형문화재 제19호 체메우기가 있어 일상에 필요한 공예품을 만들기도 했습니다.

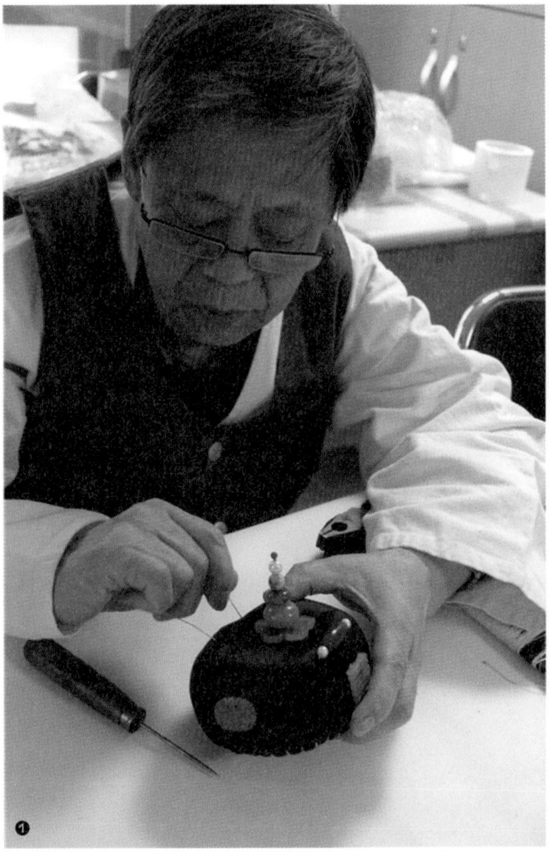

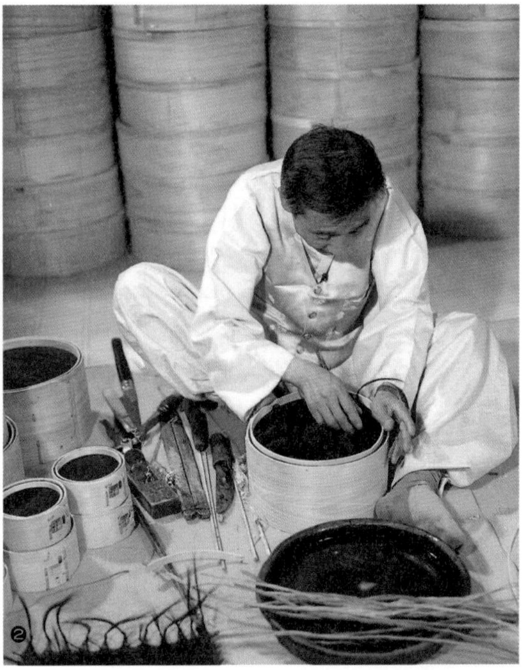

❶ 서울 관모장 박성호
❷ 서울 체메우기 故 최성철 보유자

체는 콩을 비롯한 곡식류를 선별하거나 곡식을 씻어 거를 때 사용하는데, 곡식의 크기에 따라 체의 종류를 나눕니다. 구멍의 크기가 큰 어레미는 대나무로 만들고, 그것보다 고운 도드미, 중거리[중체], 가루체나 고운체는 말총으로 만듭니다.

체는 체바퀴와 체불로 구성되며 체를 만드는 과정은 체바퀴 만들기 → 체불[바닥] 짜기 → 체 메우기(조립)의 순서입니다.

우선 '체바퀴'는 일명 '윤곡輪曲'이라고 부릅니다. 육송을 거두톱으로 켜 얇은 송판으로 만듭니다. 이것을 둥글게 휘어서 만드는 것입니다.

다음 '체불'은 재료에 따라 말총으로 만드는 총체불과 대올竹絲로 만드는 대얼개미로 나뉩니다. 총체불은 말총을 바디코에 묶어서 '바디'를 통과시킨 다음 '체틀'에 얹어 날줄로 고정시킵니다. 이렇게 날줄을 바디에 끼워 체틀에 건 다음에는 씨줄을 '북대'에 넣고 날줄 사이로 통과시켜, 날줄과 씨줄이 1 : 1로 교차하는 평직처럼 짜는 것입니다. 체불 짜기는 가장 기본적이고 원시적인 직조 작업과 일치하는 작업에 해당됩니다.

체틀은 베틀의 일종이며 베틀보다 크기가 작고 바닥에 앉아서 작업을 할 수 있는 구조입니다.

이와 흡사한 기술은 현재 망건장이 변자를 짜는 것에서 찾을 수 있으며, 조선시대에는 방관 등을 짜는 모습과 비슷합니다. 망건장은 1㎝의 좁은 폭의 변자를 짤 때마다 2㎝ 정도의 작은 댓살로 잉아를 만들고, 여기에 말총을 통과시켜 날줄과 씨줄을 1:1로 교차시켜 짜고 있어 체불의 제작과 동일합니다.

마지막으로 '체 메우기'는 미리 만들어둔 체바퀴에 체불을 끼워 둥근 바퀴의 형태에 맞춰 재단하여 씌운 다음, 솔뿌리로 꿰매는 것입니다.

예로부터 곡식을 분류하고자 천연재료로 만든 체는 보관이 어려워 근래에는 나일론 천이나 철사로 만든 것으로 대용하는 추세입니다. 그나마 말총으로 체 메우기 기술조차 사라질 위기에 처해 있는데, 조상들의 슬기가 담긴 체메우기 기술이 계속 전승되었으면 합니다.

2 갓을 만드는 장인은 누구일까요?

조선시대의 모자를 대표하는 갓은 대나무로 만드는 죽세공예품의 일종이었습니다. 조선의 갓은 고려시대 이래로 쓰던 패랭이에서 초립을 거쳐 흑립이 갓으로 발전한 것입니다. 이러한 발전 과정 속에서 대나무 대신 말총을 재료로 사용하고, 형태도 다듬으면서 세계에서 가장 독창적이고 독특한 조선만의 모자를 만든 것이 갓입니다.

조선의 선비들은 갓을 쓰기 전에 반드시 망건으로 이마를 간추리고 그 위에 탕건을 쓴 다음 갓을 썼습니다. 이것은 혜원 신윤복의 풍속화에 등장하는 멋진 옷차림을 한 남자들의 모자를 살펴보면 확실하게 파악이 됩니다. 유교적 이상을 좇았던 선비들은 평상시에 '의관정제'를 통해 예의를 실천하려고 했습니다. 그렇기에 그들은 잠을 잘 때 이외에는 언제나 머리 위에 갓을 쓰거나 실내용 모자를 썼습니다. 곧 성인남자가 갓이나 모자를 쓰지 않고 상투로만 있을 경우 예의를 차리지 않고 상스럽다고 여기기도 했습니다.

흰 두루마기 위에 검은 갓을 쓴 선비의 차림새. 조선시대 사람들은 이러한 모습을 학에 비유하였습니다. 학은 몸 전체가 하얗고 머리 부분이 검은색인 데다가 다리와 목이 가늘고 길기 때문인지 조선 사람들은 학의 성품을 고고하다고 여겨 선비들이 가장 닮고 싶어 한 동물이었지요.

그렇다면 학처럼 고고한 선비들이 착용한 갓을 만드는 장인에 대해 알아보도록 합시다.

1) 말총으로 갓의 꼭대기를 만드는 장인, 총모자장

갓의 구조는 총모자, 양태, 입자의 세 부분으로 나누어집니다. 그중 총모자는 컵을 뒤집어 놓은 듯한 갓의 모자 꼭대기 부분입니다. 총모자는 이 부분을 말꼬리털로 엮어서 만드는 것입니다. 이렇게 말총으로 총모자를 만드는 장인은 '총모자장'이라고 부릅니다.

말총으로 모자를 제작하는 장인은 제주도에서 삽니다. 때문에 그들이 사용하는 기술용어는 대부분 제주도입니다. 제작과정을 알아볼까요?

우선, '생이방석'은 제주도 사투리로 말총 모자를 제작하기 시작하는 부분입니다. 말총 8가닥을 반으로 접어 16가닥을 만듭니다. 이것을 4등분하여 우물 井처럼 단단하게 매듭을 짓습니다. 중앙부터 다른 말총으로 3도리를 엮습니다. 이렇게 시작한 것을 일골의 윗면 중앙에 어교를 칠하여 고정시킵니다. 골걸이 위에 올리고, 틀이 흔들리지 않게 허드레 옷감을 채워 넣어 고정시키면 됩니다.

다음 '천박' 또한 제주도 사투리로서 말총 모자의 윗면을 의미합니다. '생이방석'을 중심에 놓고 64올의 날줄이 방사선으로 뻗어 있는데, 날줄 4가닥을 하나의 단위로 삼아 절임줄을 엮어갑니다. 이렇게 윗면은 약 100바퀴 정도 계속 엮어갑니다. 이때 윗면을 3등분하여 세 번에 걸쳐 날줄을 추가합니다. 이것을 사잇줄 끼우기라고 합니다. 처음에 64줄이던 날줄이 128줄, 256줄, 384줄로 늘어납니다.

총모자 측면인 '몸줄'은 말총 모자의 측면을 의미하는 제주도 사투리입니다. 모자 꼭대

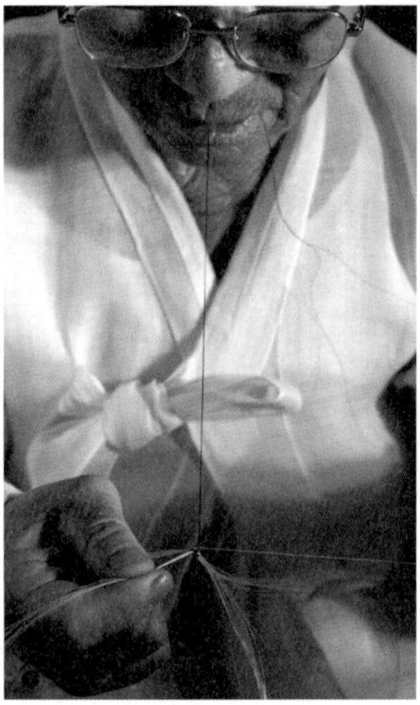

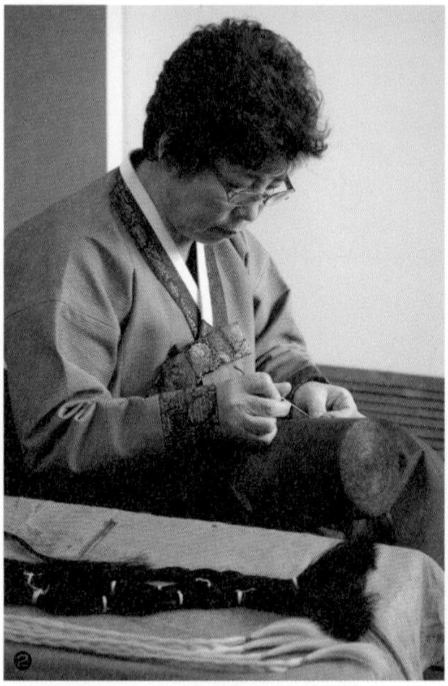

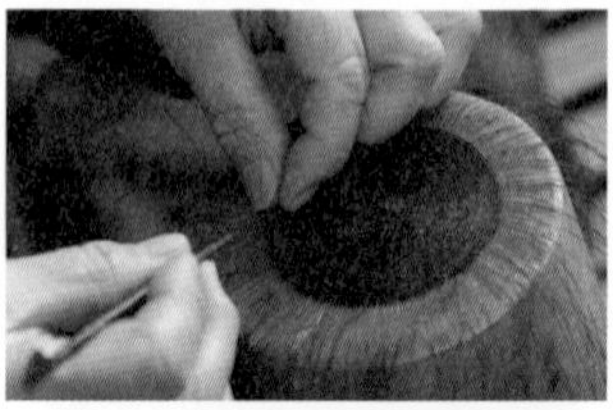

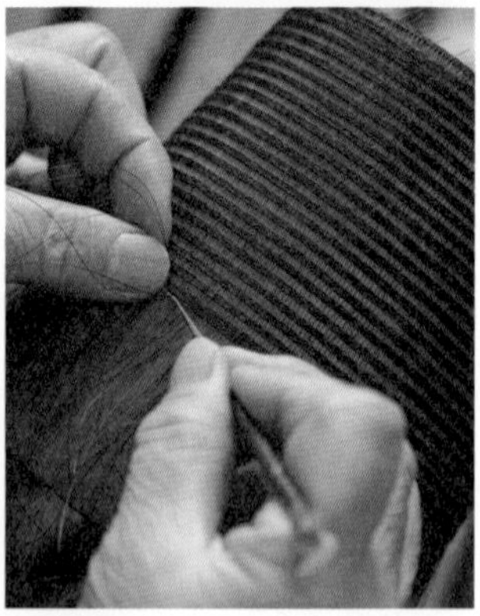

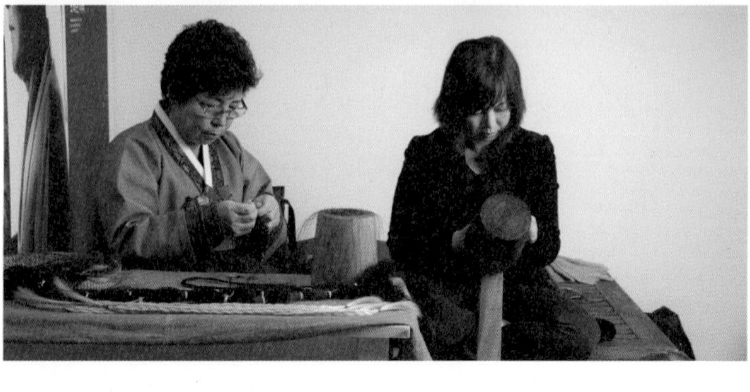

❶ 국가 총모자장 故 김인 보유자
❷ 국가 총모자장 강순자 보유자
❸ 국가 총모자장 강순자 보유자와 딸인 양윤희 이수자

기에 날줄을 4번째 넣어 총 512가닥을 만든 다음, 총모자의 측면을 200바퀴 쯤 엮습니다. 측면을 엮는 방법은 꼭대기 부분과 동일합니다. 모자의 꼭대기와 측면을 다 엮고 나면 여분의 날줄 끝 부분을 일정한 길이로 가지런히 잘라냅니다. 이제, 바늘의 납작한 끝을 이용하여 말총 모자의 측면의 씨줄을 2줄씩 떼어줍니다. 이렇게 하는 것은 씨줄과 씨줄의 간격을 일정하게 유지하기 위해서입니다.

이렇게 모자골에서 총모자를 다 엮고 나면, 골에서 꺼내어 뒤집고, 먹골에 끼워 먹칠을 합니다. 먹골을 다시 골걸이에 걸고 앞서 2줄씩 뗀 씨줄을 1줄씩 갈라냅니다. 이렇게 2줄을 1줄씩 떼어내면 약 200바퀴의 씨줄을 정확한 간격으로 맞춰줍니다.

말총 모자를 틀에 끼운 채 솥에 넣고 2시간 이상 끓는 물에서 삶습니다. 삶는 이유는 말총 모자의 형태를 고정시키고 보존하기 위한 목적입니다. 다 삶고 나면, 바람이 통하는 서늘한 그늘에서 건조시킵니다. 다 마르면 씨줄과 씨줄 사이의 간격이 흐트러진 부분을 가지런히 정리하면 총모자는 비로소 완성됩니다.

2) 총모자와 양태를 결합하여 갓을 만드는 장인, 입자장

갓은 총모자와 양태로 이뤄집니다. 총모자장은 말총으로 총모자를, 양태장은 대나무로 양태를, 입자장은 대나무에 어교칠을 하여 양자를 한데 모으고 그 위에 검은 옻칠을 하여 갓[黑笠]을 만듭니다. 총모자와 양태를 다듬고 형태를 만들고 한데 모으기 위해, 입자장의 공방 중앙에는 반드시 화로가 놓이고 그 위에서 인두를 달구고, 어교를 중탕하며 위쪽 버랑을 매달아놓고 작업을 합니다. 따라서 입자장은 총모자를 다듬고 장식하는 일과 편평한 양태를 둥글게 트집잡는 일을 먼저 한 다음 두 가지를 한데 모으는 일을 하게 됩니다. 입자장의 작업 과정을 살펴보도록 합시다.

우선, 총모자를 다루는 일은 모자골에서 합니다. 비넷대를 이용하여 골에서 총모자를 빼냅니다. 정테 만들기는 총모자 윗면의 둘레에 4㎜ 폭의 대나무로 둥근 테두리를 만든 것으로 인두로 붙입니다. 미리 만든 정테를 골딩이 위에 끼우고 어교를 칠한 후 아주 가는 대오리를 가로로 촘촘하게 인두로 지져 붙입니다. 다시 직각이 되도록 세로로 인두로 지져 붙입니다. 그러면 정테와 한 몸이 되는 둥근 망사형 '정맥이'가 만들어집니다. 이 정맥이는 총모자 윗면 안쪽에 어교를 칠하여 붙입니다. 골딩이에 정맥이를 끼워 인두로 지져 정테에 붙이면, 말총으로 만들어져 흐물거리던 총모자의 윗면이 편평해지면서 형태가 잡힙니다. 이제 편평한 총모자 정맥이 안 윗쪽에 창호지에 먹칠을 하여 꽃문양으로 오린 정꽃을 오려 붙입니다.

총모자 겉면 전체를 비단천으로 싸고 인두로 지져 붙입니다. 은각골 아랫면 둘레에 4㎜ 폭의 얇은 대나무(편자대)를 붙입니다. 또 다른 편자대는 아래에서 위까지 직각이 되도록 붙입니다. 국수가락 굵기의 대올을 여러 개 이어 붙여 은각선을 만들고, 은각선의 아래부터 위까지 빙 둘러 약 2㎝ 간격으로 붙입니다. 그 위에 가는 대오리를 X형태로 1㎜ 간격으로 촘촘히 붙이고, 전체에 어교를 칠하여 건조한 후 비녓대로 은각을 빼냅니다. 약 2㎝ 간격의 은각선을 따라 잘라 9~10개의 은각이 완성되면 갓 하나마다 은각 1개를 사용합니다.

입자장은 총모자에 정테와 정맥이, 정꽃 그리고 은각까지 다 만들어 두었다가 붙이듯이, 양태에 사용할 지밑대와 철대를 미리 만들어 둡니다. 지밑대는 1㎝ 내외의 피죽을 총모자 아랫쪽 둘레에 맞춰 둥글게 만드는 것이고, 철대는 1㎝ 내외의 피죽을 양태 바깥 둘레에 맞춰 둥글게 만든 것입니다.

선비들이 애호한 갓의 핵심은 양태의 중간에 봉긋 솟아오른 '트집'의 곡선일 것입니다. 갓을 만드는 입자장의 솜씨는 편평한 양태를 양태판 위에 올려놓고 인두로 지져서 중간 부분을 둥그스럼하게 만드는 '트집잡기'에 있습니다. 입자장의 오랜 경험과 눈썰미에 의해 트집의 형태가 만들어지기 때문입니다. 편평했던 양태가 입자장의 숙련된 인두질에 의해 조금씩 곡선진 형태가 되면서 어느새 트집이 완성됩니다. 이렇게 트집이 끝난 양태에는 앞, 뒷면에 먹칠을 하는데, 이때 구멍이 막히지 않도록 주의합니다. 철대를 양태 바깥 둘레에 놓고 양 끝에 어교를 칠한 후 인두로 지져 붙입니다. 총모자의 지름에 맞춰 지밑대를 양태 안쪽 원둘레에 놓고 어교를 칠한 후 인두로 지져 붙이기를 반복합니다. 이것들이 완료되면 그것을 버랑 위에 올려놓고 건조시키는 작업이 계속 반복됩니다. 철대와 지밑대 부분에 화선지를 붙입니다.

트집이 어느 정도 완성되면 장인은 또다시 남다른 솜씨를 발휘합니다. 머리카락보다 가느다란 명주실[蜀絲]이나 대올[竹絲]을 트집이 끝난 차양 위에 한 올씩 빙 둘러 인두로 지져 붙입니다. 철대와 지밑대 사이에 명주실을 촘촘히 붙여나가야 합니다. 눈 밝고 손 빠른 장인조차 트집 위에 명주실이나 대올을 올리는 작업은 지루한 시간 싸움입니다. 이 과정

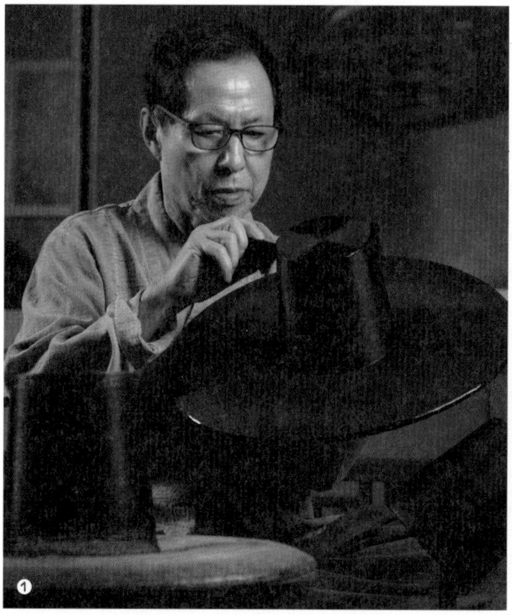

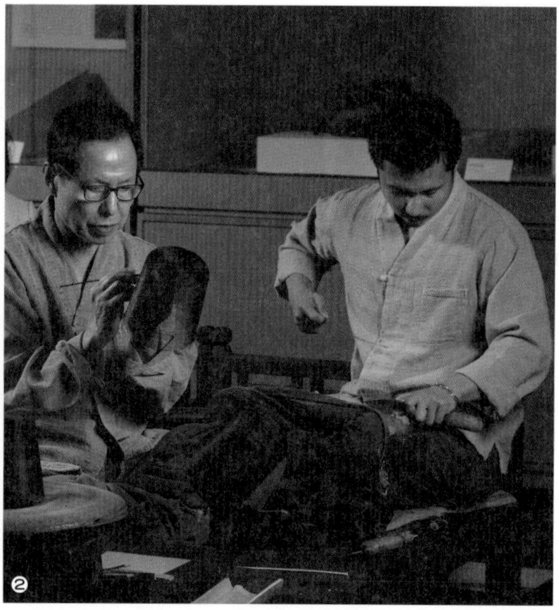

❶ 통영갓, 국가 입자장 정춘모 보유자
❷ 국가 입자장 정춘모 보유자와 아들인 정한수 전수교육조교
❸ 예천갓, 국가 입자장 박창영 보유자
❹ 예천갓, 국가 입자장 박창영 보유자와 아들인 박형박 이수자

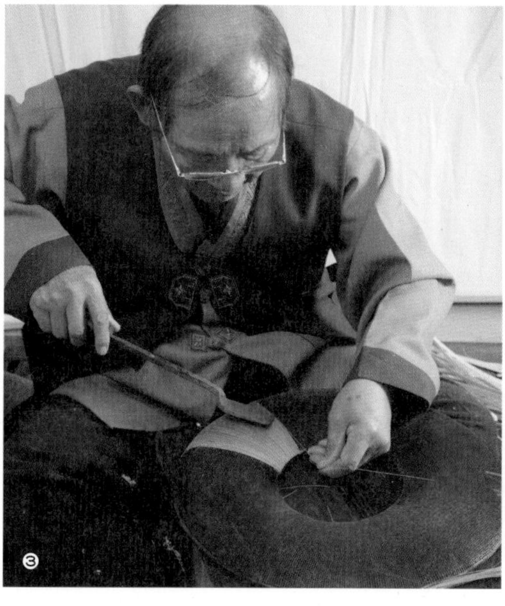

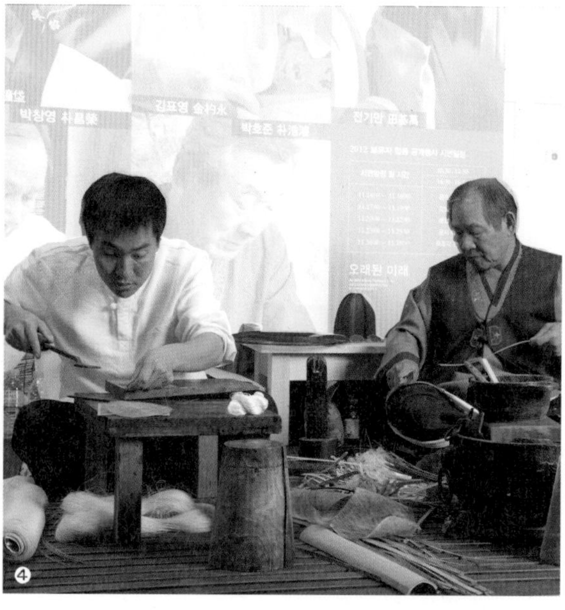

이 끝나야 비로소 최고급 진사립眞絲笠이나 죽사립竹絲笠이 비로소 완성되게 마련이지요. 그 밖의 것에는 천을 올리고 인두로 지져 포립布笠을 만든답니다. 촉사나 죽사 혹은 천을 올린 다음 가장자리의 여분을 잘라낸 다음에는 철대 위에 피죽으로 만든 거칠대를 다시 한 번 붙여 깔끔하게 마무리합니다.

이렇게 총모자 작업과 양태 작업이 끝나면, 양태에 총모자를 끼워 넣어 인두로 지져 붙이는 '갓 모으기' 작업을 합니다. 총모자를 연결하는 부분에는 미리 만들어 놓은 은각을 빙 둘러 붙입니다. 그리고 얇은 피죽으로 '땀대'를 은각 안쪽에 붙이고, 애삐대와 속새로 갓의 테두리를 문질러 형태를 다듬습니다.

이제 총모자와 양태가 한데 결합되어 갓의 형태가 완성되었지요? 그렇다면 이제 갓 전체에 먹을 칠하고, 건조되면 다시 그 위에 옻을 칠합니다. 이렇게 할 때 말총이나 대나무 및 명주실 등의 미세한 구멍이 막히지 않도록 주의하는 것이 필요합니다. 먹칠과 옻칠이 다 끝나면 상온에서 24시간 건조시키면, 오묘한 검은빛으로 반짝이는 갓이 완성된 것입니다. 갓을 쓰려면 갓끈이 있어야겠지요. 가락꽂이로 은각의 양쪽 부분에 구멍을 뚫고 갓끈을 답니다.

이렇게 갓을 만드는 일은 서너 명의 장인이 함께 협업을 해야 해서 특정한 지역에서 발달하였습니다. 총모자는 말총이 많이 생산된 제주도의 장인들이 제작하였는데, 갓은 통제영에 있던 12공방 중에 갓공방이 있어 이곳에 소속된 입자장들이 제작한 통영갓이 유명하였습니다. 그밖에 안동 등지에서 갓의 수요가 많아 예천갓을 만들기도 했지요.

1895년 갑오경장으로 단발령을 내려 상투를 자르면서 조선 선비를 상징하던 갓은 사라질 위기에 처해 있습니다. 일제강점기를 거쳐 해방 이후 사극이나 국악 종사자 등을 제외하고 갓을 쓰는 이들이 거의 없는 실정입니다. 일상에서의 쓸모가 없어지고 그 수요가 거의 없어 이것을 제작하는 장인의 공예기술 또한 손꼽을 정도의 장인에 의해 명맥이 이어지고 있을 뿐입니다. 세계에서 가장 독특하고 독창적인 우리의 전통 갓에 대한 관심이 무엇보다 필요한 때가 아닌가 합니다.

3 말총으로 망건을 엮는 망건장은 누구일까요?

조선시대 성인 남자들은 상투를 틀고 머리카락이 흘러내리지 않도록 하기 위해 이마에 띠를 둘러 단정하게 하였습니다. 이 때 말총으로 엮어 만든 머리띠가 망건입니다. 망건은 본래 중국 명나라에서 창안한 것입니다. 『천공개물』에 의하면 중국식 망건은 얇은 비단에 옻칠하여 그물 형태로 이마에서 머리 위 정수리까지 감싸는 구조였습니다. 이것이 중국에서 전래되자, 조선은 우리 식으로 개량하였습니다. 첫째, 망건의 재료를 중국에서 수입하는 비단 대신 제주도를 비롯한 어디서나 구할 수 있는 말총으로 바꾼 것입니다. 말총은 표면이 매끄러워서 더러움이 잘 타지 않는데다 색상도 자연스럽고 머리카락과 유사한 재료여서 조선인의 애호를 받게 되었습니다. 둘째, 중국식 망건이 앞머리를 감싸는 구조였는데, 조선에서는 이것을 단순화시켜 이마 위에서만 띠는 간단하고 미적인 형태로 개선한 것입니다. 게다가 조선의 망건은 신분의 귀천과 직위의 차이를 나타내기 위해 관자를 장식한 것입니다. 양쪽 귀 위를 관자노리라고 부르는데, 이곳에 옥이나 금, 골각재료를 사용하여 조선적인 미의식을 가미하였습니다.

망건은 크게 아랫부분을 졸라매는 '편자', 그물처럼 얽혀져 이마 부분을 감싸는 '앞', 뒤통수를 싸매는 '뒤', 윗부분을 졸라매는 '당' 이렇게 네 부분으로 구성됩니다.

망건을 만들려면 먼저 편자를 짜야 합니다. 이를 위해 편자틀은 길이 19.5㎝, 지름 1㎝의 대나무 통을 ⅔로 쪼개 수릿대를 만듭니다. 여기에 말총을 20가닥씩 두 묶음 만들어 한쪽 끝을 창호지로 매듭 짓습니다. 수릿대에 두 묶음의 말총을 좌우로 끼워 넣고, 수릿대가 벌어지지 않도록 양쪽 끝을 고무줄로 묶어요. 발걸이 양쪽 끝 고리를 수릿대에 끼웁니다. 가슴 선에 띠를 둘러 묶고 왼쪽 다리를 구부려 발걸이에 걸고 수릿대를 가슴 쪽으로 잡아당겨 가슴 선에 묶습니다.

편자는 마치 베틀 위에 날실과 씨실이 교차해서 만든 것과 비슷합니다. 때문에 베틀의 잉아와 비슷한 구조로 아주 작은 잉아대를 만드는데, 길이 5㎝ 얇은 두 댓개비를 합쳐 긴 무명실로 한 쪽을 묶습니다. 아래쪽 말총 가닥을 위쪽 말총 가닥 사이로 올려 걸어 실이 ∪형이 되면 댓개비에 묶습니다. 이렇게 하면 40가닥의 말총이 ∧형으로 교차하게 됩니다.

편자를 짜려면 구부렸던 왼쪽 다리를 뻗고 날줄도 길게 풀어서 다시 묶습니다. 씨줄이 될 말총 7가닥을 날줄의 끝 부분에 묶고, 4가닥은 왼쪽으로 넘기고 3가닥은 오른쪽으로 넘깁니다. 잉아대를 들어 날줄 사이를 벌리고, 머리를 땋듯이 한 가닥씩 편자칼에 태워 반대편으로 넘깁니다. 편자 길이 70㎝ 정도 되면 끝을 매듭지어 완성합니다.

다음으로, 편자 위에 '앞'과 '뒤' 뜨기를 합니다. 물 적신 편자를 몸골에 두르고 박힌 대못에 끝을 묶어 고정시킵니다. 연발은 편자 밑에 끼워 넣어 바느질하기에 편하게 하고, 바늘에 긴 말총을 꿰어 편자의 맨 아랫줄의 코에 걸어 코일형태로 뜹니다. 첫 줄은 '윗도리'라고 부르고, 둘째 줄은 '속도리'라고 부릅니다. '윗도리'에 걸어 떠 줍니다. 세 번째 줄부터 앞이마과 뒤이마 뒤에 설주를 짭니다. 설주를 중심으로 앞뜨기는 성글게, 뒤뜨기는 촘촘하게 뜹니다.

앞과 뒤의 경계 부분이 '설주'인데, 이곳은 4~6코를 만들어 매듭을 짓습니다. 이렇게 완성을 하고 나면 4~6개의 두꺼운 매듭 줄이 형성됩니다. 이마를 간추릴 정도의 높이까지 앞과 설주 그리고 뒤를 짜 올라간 다음, 가장 마지막 부분인 '당'을 걸기 전에 '막도리'는 말총 5가닥을 꿰어 두껍게 한 줄 더 떠 줍니다.

마지막으로 '당'은 몸골에서 빼내어 당골로 옮겨서 작업을 합니다. 당골 위에 옮겨 두른 후 물에 적신 다음 편자와 앞뒤뜨기 부분이 고정되도록 박힌 대못에 단단히 묶습니다. '이매걸이'라는 천으로 편자부분을 둘러 감싸 묶어 흔들리지 않도록 하고, 당골 윗부분에 둥근 당테를 놓고 작은 못 4개 박고 고정시킵니다. 두꺼운 말총 3가닥을 꿰어 막도리 코에 걸어 매듭짓고, 길게 빼 다시 당테에 걸어 매듭짓습니다. 이 작업을 계속 반복하여 완성합니다.

당 부분까지 다 작업을 끝내고 나서 당골에 완성한 망건 전체를 단단하게 묶어 2시간 동안 삶습니다. 건져낸 다음 그늘에서 건조합니다. 당골 위에서 당테를 빼고, 삐져나온 말총을 정리합니다.

말총으로 망건을 만들어 완성한 위에 검은색 공단으로 감싸고 관자와 당줄을 끼워 완성합니다. 이러한 망건에는 계급을 표시하거나 장식하기 위해서 '관자'나 '풍잠'을 달았습니다. 관자는 편자의 귀 부근에 달려 있는 작은 고리를 말하고 옥관자를 최상품으로 쳤습니다. 풍잠은 망건의 당 중앙에 다는 장식품인데, 바람이 불 때 갓이 벗겨지지 않도록 고정하는 구실을 합니다.

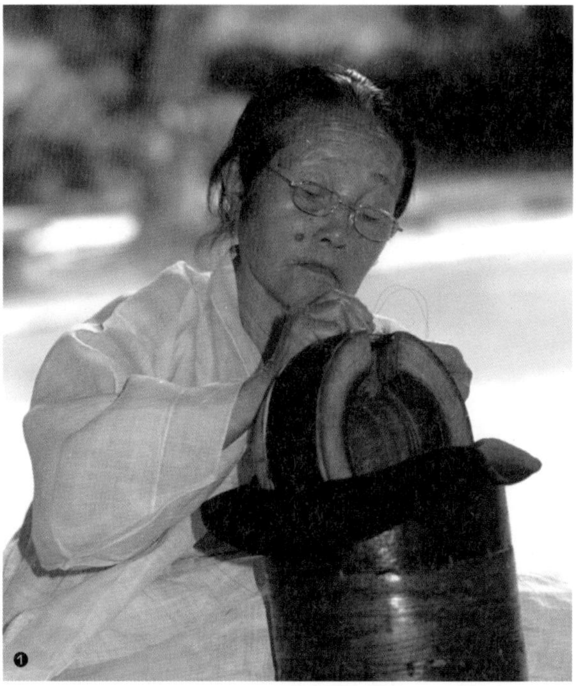

❶ 국가 망건장 이수여 명예보유자
❷ 국가 망건장 강전향 보유자
❸ 편자짜기
❹ 앞뒤 맺어가기

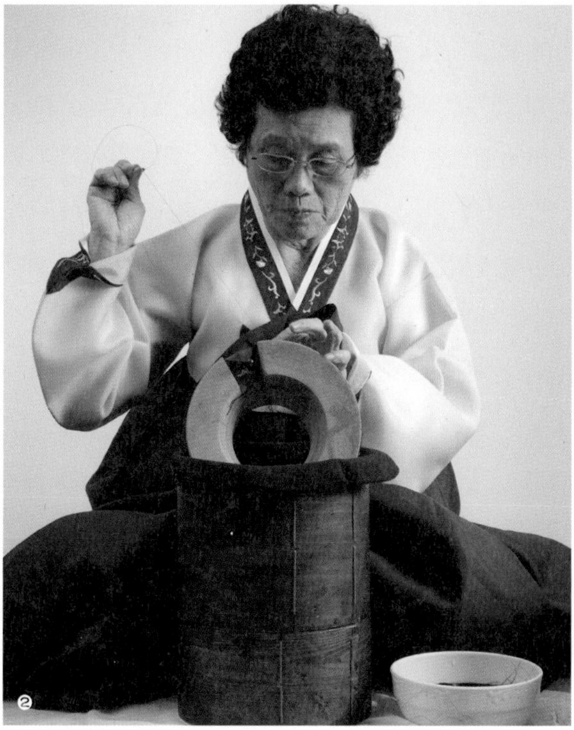

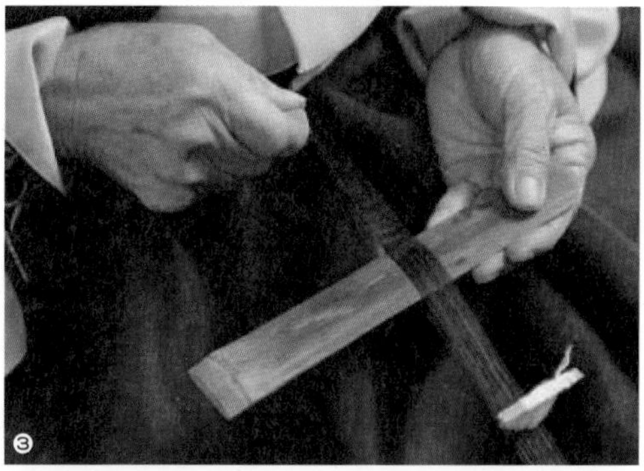

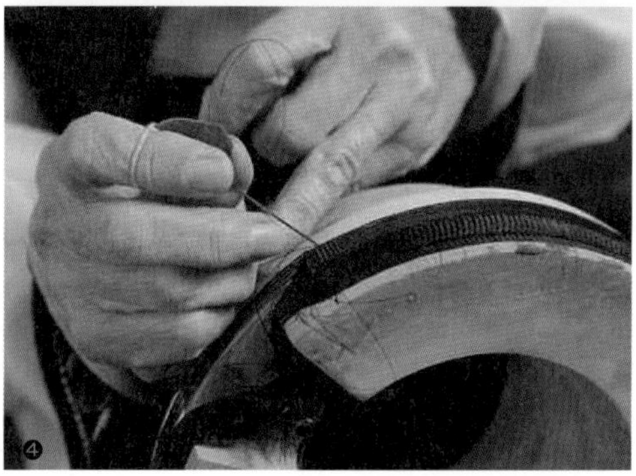

4 말총으로 탕건이나 정자관을 만드는 탕건장은 누구일까요?

'탕건'은 사모나 갓 대신 평상시 집 안에서 망건 위에 쓰는 모자입니다. 조선시대 선비들은 망건으로 상투를 감싸고 탕건과 갓을 쓰거나 관모를 써서 신분적인 위상과 품위를 유지하였습니다.

탕건은 주로 말총이나 쇠꼬리털로 만들었는데, 탕건장은 이런 탕건을 만드는 장인을 말합니다. 조선시대 관리들은 집에 있을 때에 실내용 모자로 탕건을 주로 썼습니다. 탕건은 '감투'라고도 하는데, 벼슬에 오르는 것을 일컫는 '감투 쓴다'는 표현은 여기에서 유래된 것입니다. 그밖에도 신분이 높은 양반들은 정자간이나 사방관 등 다종다양한 모자를 썼답니다.

이러한 탕건의 종류는 홑탕건, 겹탕건, 바둑탕건 등이 있습니다. 모두 형태는 같고, 겹으로 또는 2중, 3중으로 엮어 나가는 방법에 따라 모양이 달라진 것입니다. 바둑탕건은 사각무늬를 놓은 것입니다. 이제 탕건을 제작하는 과정을 살펴볼까요?

우선, 탕건을 처음 시작하는 부분을 '술기'라 불렀고, 탕건장은 탕건골에 처음 술기 끼우기부터 합니다. 말총 10~15가닥을 하나로 모아 탕건골 밑 둘레에 맞춰 매듭짓습니다. 술기를 두 개 만들어 매듭이 탕건골 양쪽에 오도록 끼우는 거지요.

다음 줄머리 놓기는 바늘에 말총 한 가닥을 꿰어 0.5㎝ 정도의 일정 간격으로 술기를 감쳐 150코를 만들어줍니다. 그런 다음 말총으로 매듭을 짓는데, 제주어로는 '몾아가기' 곧 맺어가기를 합니다. 1줄이 150코인데 한 코마다 말총을 걸어 꿰어 매듭을 지어가는 것입니다.

이렇게 만든 줄머리를 탕건골의 밑둘레에 있는 구멍에 무명실로 술기를 꿰는 '눈썹 얽기'를 한 다음 짜 올라 짭니다. 말총이 워낙 가늘고 얇기 때문에 바늘로 하나씩 매듭을 지어 1㎝를 짜는 데에는 시간이 많이 걸립니다. 따라서 어느 정도 높이를 짜고 나면 높이를 늘리기 위해 그동안 짠 말총매듭 위에 물을 발라 축축하게 적셔준 다음, 그 아래쪽에 매끄러운 재질로 만든 '연발'을 넣은 후 젖은 손으로 누르면서 위로 밀어 올립니다. 이렇게 하면 지금까지 짠 것보다 훨씬 높이가 늘어나겠지요?

탕건의 형태적 특징은 중간 부분이 꺾여 턱이 진 것입니다. 이 부분을 만들기 위해 탕건골의 앞 턱진 부분에 '박죽'을 넣어 바늘받침대를 만들어 줍니다. 매끄러운 연발을 탕건골과 말총 사이에 넣고 밀어 올리면서 맺어갑니다. 턱이 진 부분에는 밀어 올린 위에 10도리

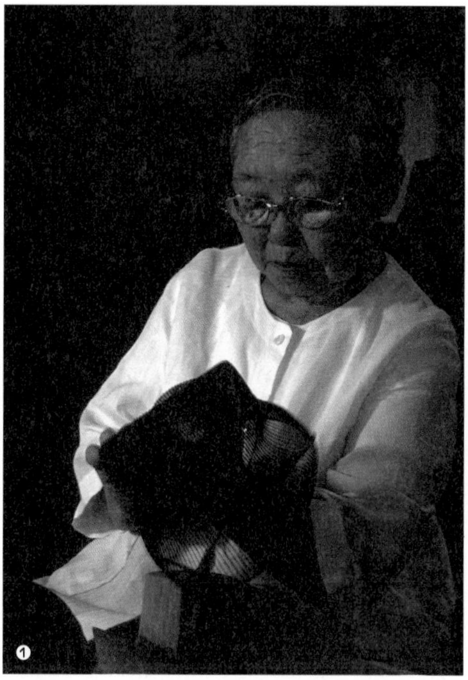

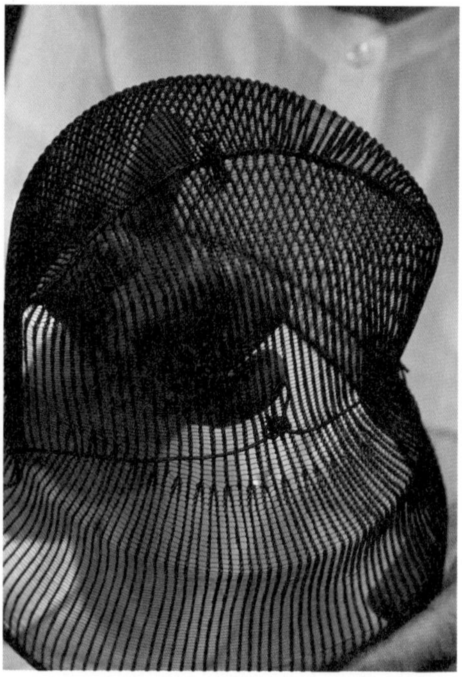

❶ 국가 탕건장 김공춘 명예보유자
❷ 국가 탕건장 김혜정 보유자
❸ 국가 탕건장 김혜정 보유자와 딸인 김경희 이수자

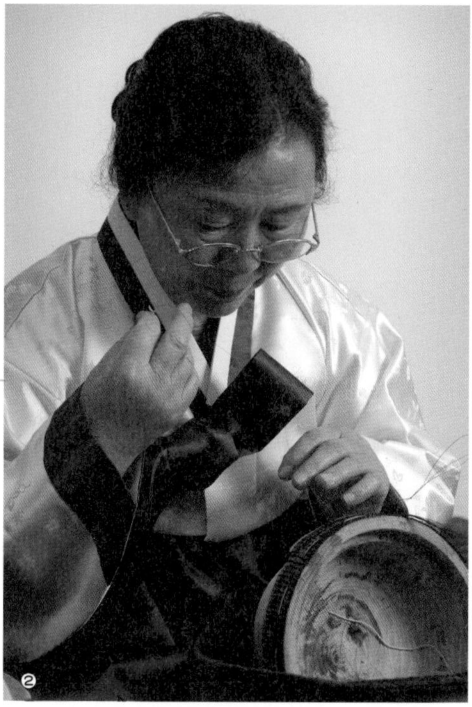

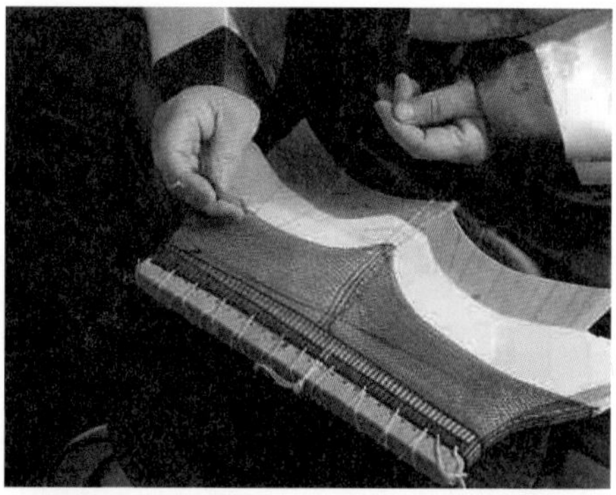

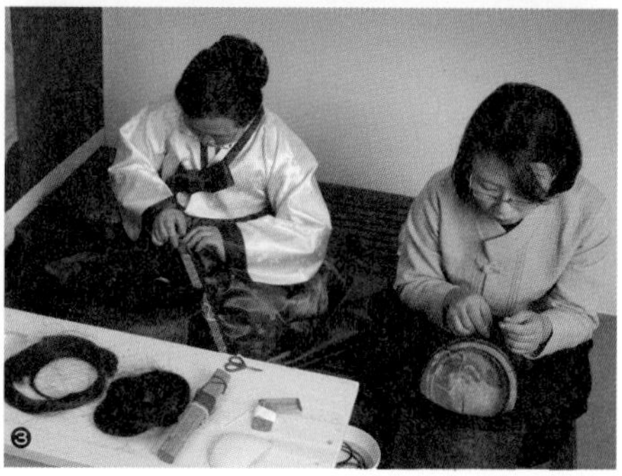

정도 더 짜는데, 이것을 '군도리'라고 부릅니다. 박죽을 넣은 부분의 날줄을 반으로 줄이고, 그 위로 50도리 정도 더 맺습니다.

계속 쉼 없이 맺어서 탕건골의 정수리 지점까지 짜올라가면 여기에 나무 못을 박고 여러 겹의 무명실로 맺어갑니다. 이것을 '초벌얽기'라고 부릅니다. 그런 다음 맨 마지막 도리는 3~4㎝ 간격으로 느슨하게 걸어 못에 고정시킵니다. 얽음실로 고정된 것을 다시 맺어가며 결어갑니다. 앞뒤가 만난 이음선에 말총 10가닥으로 단단히 감치는 것을 '상지접기'라고 합니다. 이렇게 탕건의 형태가 잡힌 후, 얽음실을 풀고 물에 적시고 줄을 정리합니다.

이처럼 탕건골 위에서 탕건의 모습을 1차로 만들고 나면, 이제 탕건의 형태 위에 세로줄을 일렬로 쭉 짜 올라갑니다. 이것은 '줄 서이기'라고 하며, 세로줄을 세우는 것입니다. 특히 홑탕건을 맺어가는 것을 마친 후 150개의 날줄 위에 말총 2~3올을 덧대고 날줄을 두껍게 한 번 더 맺어줍니다. 그러면 탕건의 세로줄이 두껍고 가지런하여 모양을 예쁘게 만들어줍니다. 탕건을 맺는 시간만큼 줄세우기를 해야 합니다. 홑탕건이 탕건의 기본 형태인데, 겹탕건이나 바둑탕건보다 단정하고 튼튼하며 시간이 오래 걸리는 이유는 줄세우기 과정을 통해 가로줄을 맺은 다음 세로줄로 맺어가기 때문입니다.

맺기를 마친 탕건은 탕건골에 끼운 채, 30분간 삶고 그늘에서 3시간 건조합니다. 그런 다음 술기를 고정한 무명실인 눈썹 얽음실을 자르고 탕건을 골에서 빼냅니다. 그리고 뒤집어 삐져 나온 실을 정리합니다.

이제 탕건의 시작 부분을 이중으로 정리하는 '구갑'작업을 합니다. 안구갑은 탕건의 시작을 마감하는 것이며, 말총 18가닥을 꿰어 술기에 붙여 술기와 같이 감쳐서 만듭니다. 한편 밖구갑은 말총 10가닥을 안구갑 위에 덧대어 감친 부분에 해당되는 것입니다. 탕건의 중간에 꺾인 부분에는 장식을 하는데, 말총 6가닥을 돌려 꼬아 고리를 만들어 매듭지어 만드는 것입니다.

홑탕건을 기본으로 해서 겹탕건이나 바둑탕건의 제작과정도 그 순서는 비슷합니다. 다만 한 코마다 매듭을 지어 엮어가는 홑탕건과 달리 겹탕건이나 바둑탕건은 문양을 넣어가며 짜는 방법에 변화를 주어 짜서 만드는 것입니다.

탕건의 작업이 매우 복잡하지요? 말총을 바늘에 꿰어 한 코마다 매듭을 지어, 오로지 100% 수작업으로 한코씩 수만 번을 매듭지어 비로소 완성되는 것이지요. 탕건은 매우 까다롭고 정교하며 복잡한 과정을 거치는 것이 특징이랍니다.

5 족두리와 화관 등을 제작하는 관모장은 누구일까요?

조선 전기의 여인들은 머리 위에 큰 가발, 가체를 올리고 화려하게 장식하였습니다. 하지만 가체 때문에 결혼을 하지 못하는 등 사회문제가 대두되자, 영정조대에 가체를 금지하게 되면서 검은천으로 체발의 대용품으로 족두리나 화관을 만들었습니다. 이후 가체를 대신하여 궁중과 민간에서 족두리가 의례용 수식으로 폭넓게 사용되었고, 특히 오늘날까지 전통 혼례 때 화관과 더불어 널리 사용되고 있습니다.

족두리는 본래 원나라의 고고리姑姑里에서 유래된 호풍으로 보았고, 족두리簇頭里는 머리를 묶는 수식으로 여겼습니다. 간혹 중국의 궁중 머리 장식 중 하나인 증두繒頭에 기원을

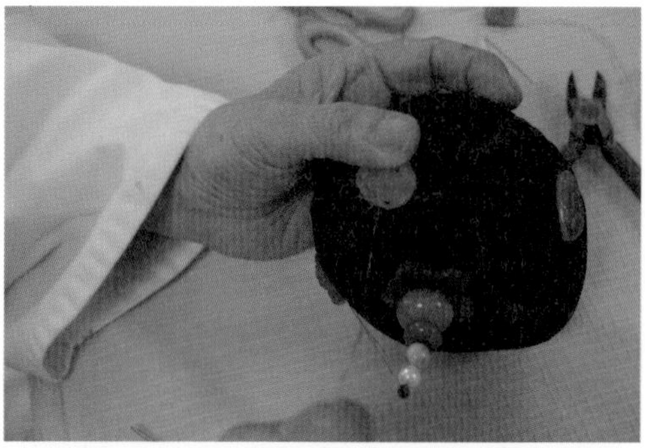

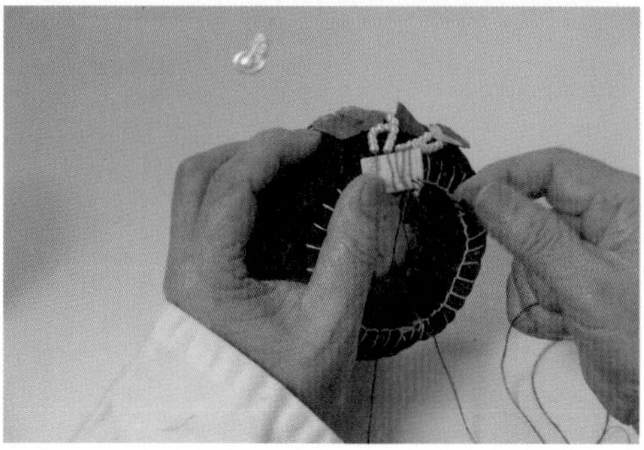

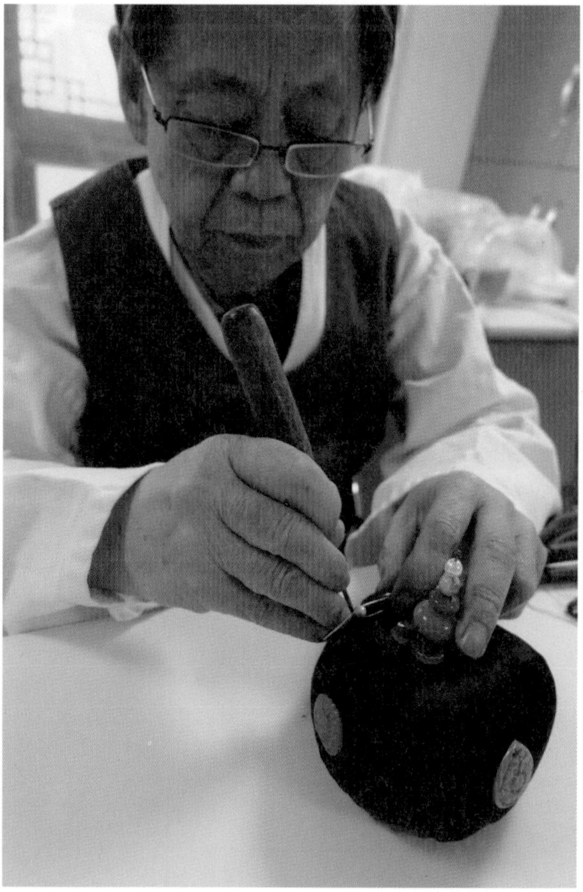

서울 관모장 최성철 보유자

둔 것이 우리나라에 전해져 족두리라 불리며 궁중의 양식[宮樣]을 이루었다고도 봅니다.

어쨌든 족두리를 만드는 재료는 흑모단이 가장 좋지만 그 밖에 무늬가 없는 비단으로 만들었습니다. 족두리의 기본 구조는 조선시대나 오늘날이나 크게 다르지 않습니다. 옆면은 7조각으로 나뉘어져 있고, 정수리에 1조각이 올려져 있는데, 옆면 부분은 잎사귀[葉], 정수리 부분은 정심원頂心圓이라 하였습니다. 시기별로 17세기의 것은 족두리의 둘레가 커서 머리 상부를 많이 덮었고, 18세기의 족두리는 둘레가 줄어 시각적으로 우뚝한 모습입니다. 19세기의 것은 족두리의 높이와 둘레가 상대적으로 작아지고 상부의 중심은 안쪽으로 우묵하게 들어갔고, 정수리 원은 아담한 복숭아씨 모양입니다.

이처럼 19세기의 족두리 모습은 현재까지 이어져 전통 혼례때 주로 사용합니다. 겉감은 검은 직물을 사용하고 족두리 틀은 두꺼운 종이를 겹쳐 만듭니다. 전체적으로는 오각형의 모습을 보이지만 7개의 조각을 연결하여 중앙으로 모이도록 꿰매줍니다. 정심원은 대추씨나 복숭아씨 형태로 재단한 다음 살짝 안쪽으로 접은 뒤 정수를 덮고, 내부는 붉은 직물을 붙여 꿰매 마무리합니다.

조선 말기 이래로 족두리는 가례 때 사용하는 꾸민 족두리와 칠보 족두리를 비롯하여 조지미 족두리, 여우미 족두리 등 특정한 머리 모양에 부속되는 다양한 족두리의 명칭이 나타납니다. 이러한 족두리는 면사를 사용하여 이마에는 녹색 옥으로 수복문자를, 좌우에는 홍색 박쥐문을, 이마 위에는 석웅황을, 정수리에는 꽃 무늬 위에 각종 구슬 장식을 매달아 장식합니다.

여인들의 관모는 족두리와 함께 화관이 사용되었습니다. 그밖에 남자들의 관모는 국왕의 것으로는 면류관, 원유관, 통천관 등이 대표적이며, 사대부들은 동파관, 정자관, 감투 등 다양한 것을 만들어 사용하였습니다.

6 가죽 위에 수를 놓아 전통 신을 만드는 화혜장은 누구일까요?

한국의 고무신은 외국에는 없는 '코가 볼록 올라온' 한국만의 독자적인 형태를 갖고 있습니다. 이러한 고무신이 우리 땅에 보급된 것은 불과 100년 남짓, 대개 1920년대에 들어왔습니다. 당시 일본에서 고무로 제조된, 오늘날 우리가 보는 한국식의 고무신이 출현하자 한국인의 열렬한 환영을 받았던 것입니다. 그만큼 고무신은 한국인의 기호에 맞았기 때문일 겁니다. 그 형태는 바로 한국인의 눈에 익숙한 비단신의 형태인 것입니다. 고무신의 빛깔이 비단신처럼 알록달록 예뻤으면 좋았겠지만, 그 형태만 닮았습니다. 그럼에도 불구하고 짚신을 신던 사람들이 비단신 대신 고무신을 신게 되었으니 얼마나 좋았을지 짐작이 됩니다.

어릴 적 동요 중에 "서울 가신 오빠가 비단 구두 사가지고 오신다더니" 하는 구절도 있었습니다. 그 만큼 비단신, 엄밀히 말하면 가죽 위에 비단을 씌우고 예쁜 수를 놓은 신은 모든 이의 선망의 대상이었습니다. 이런 신을 우리는 '꽃신'이라고도 불렀습니다. 어릴 적에 꽃신은 정말 갖고 싶은 대상이었습니다.

고무신이나 구두가 보급되기 이전에 한국인의 신은 짚신[草鞋]였습니다. 짚신은 볏짚으로, 미투리는 종이를 꼬아 만들어서 신었습니다. 비가 오는 날에는 나막신[木履]을 신었습니다. 백성들이 짚신을 신는 대신, 신분이 높은 이들은 가죽으로 만든 갖신을 신기 마련입니다. 혜원 신윤복의 풍속화에 등장하는 선비들이나 여인들은 날렵한 형태의 갖신이나 꽃신을 신고 있습니다. 그들을 돕는 하인들이 짚신을 신고 있는 것과 대조됩니다.

이러한 전통 가죽신을 만드는 장인을 오늘날 국가무형문화재 제116호 화혜장이라고 부릅니다. 조선시대에는 목이 있는 신발인 '화'를 제작하는 '화장'과 목이 없는 신발인 '혜'를 제작하는 '혜장'으로 각각 나뉘었는데, 화혜장은 이것을 합쳐서 부른 명칭입니다. 조선시대 법전인 『경국대전』에 보면 화장鞾匠은 공조 6명, 상의원에 10명이 있었습니다. 가죽 위에 비단을 붙이고 무늬를 아로새겨 수놓은 삽혜장靸鞋匠은 공조에 6명, 상의원에 8명이 소속되어 있었습니다. 이것으로 보아 조선시대에 벼슬길에 올랐거나 신분이 높은 사람들은 가죽신 혹은 그 위에 비단을 붙인 비단신, 혹은 꽃무늬를 수놓은 꽃신을 신었음을 알 수 있습니다.

이러한 조선의 신발은 종류가 매우 많습니다. 남자용으로 태사혜가 있는데, 격식 있을 때 신는 것입니다. 회색 바탕에 흰눈의 무늬를 놓은 것은 노인용이고, 검정바탕에 흰눈을 놓은 것은 장년층이거나 제례용 조복 위에 갖춰 신는 것입니다. 소년들이 신는 태사혜는 초록 바탕에 다홍색 코를 놓은 것이고, 돌쟁이 태사혜는 짙은 남색에 다홍코를 놓은 것입니다.

여성용으로는 당혜, 백혜, 운혜 등 더욱 다양합니다. 옥색 바탕에 남코로 치장한 당혜는 안방 마님의 나들이용 신입니다. 자주 바탕에 남코로 놓은 운혜는 혼례 때 신는 꽃신이어서 새 신부의 상징이라 할 수 있습니다. 소녀들의 꽃신은 다홍 바탕에 남색 코를 놓습니다. 외코신은 검정색 단색으로 기생들이 신는 것이었습니다. 물론 이러한 꽃신들을 요즘에는 옛날만큼 신지도 않고 격식을 갖춰 제대로 계승되지도 않습니다.

조선에서 가죽신이 귀한 이유는 국가에서 소나 말을 잡는 것을 통제하였기 때문입니다. 장안에서 생가죽을 얻으려면 국가의 허락을 받아 화인火印을 찍어야 가능했고, 매매를 할 때에도 허가를 받아야 했습니다. 만약 불법으로 표시 없는 소를 잡아 매매하면 가죽은 몰수하고 엄하게 벌을 받았습니다. 아울러 당시 소를 잡는 사람은 '백정'이라 하며 최하층의 천민이었고, 그러한 가죽으로 공예품을 만드는 장인은 '갖바치'라 불러 역시 천민이었습니다.

지금이야 신분제도가 붕괴되어 장인을 배우지 못하고 미천한 신분으로 여기지 않지만, 조선 말기까지 소를 잡아 가죽을 만들거나 신을 만드는 기술은 천하게 여겨 배우려 들지 않았습니다. 그 때문에 누구나 신고 싶었던 꽃신조차 고무공장에서 대량으로 찍어져 나오는 고무신으로 대체되면서 그것을 만드는 전통 공예기술이 사라질 위기에 처해 있었던 것이지요.

'화'는 관료의 공복에 신던 남자 신으로 사용되었고 '혜'는 양반계층에서 남녀 모두 신었으며, 혜의 종류에는 당혜, 운혜, 온혜, 수혜, 흑피혜, 녹비혜 등으로 이름과 종류가 다양하고 형식도 다채롭습니다.

혜의 제작 과정을 살펴 볼까요? 여러 겹의 광목이나 모시를 붙인 흰 가죽[백비]을 신본에 대고 백비를 마름질합니다. 이제 공단천 위에 올 방향을 맞추어 마름질한 신본을 올리고 마름질합니다. 공단을 붙인 신울을 준비하고, 신본 모양대로 마름질된 백비에 밥풀을 올려 바르고 곱게 이겨 붙인 다음 풀이 골고루 퍼지도록 방망이질을 합니다. 백비를 붙인 공단을 꺼내어 시접을 손톱으로 자근자근 눌러가며 꺾어 올립니다. 그런 다음 방망이질을 하고 까래본을 넣고 깔고 앉습니다.

이제 신울의 위와 아래 가장자리 감을 마릅니다. 변감의 나비는 신의 크기에 따라 조절합니다. 만들어놓은 신울의 위 아래 변에 풀을 바른 후 변감을 붙입니다. 신울에 변 감을 붙이고 박음질합니다. 두 겹으로 만든 내부 가죽을 마름질하여 밥풀을 이겨 붙입니다. 안쪽에 댄 내피를 재단하고 밥풀로 이겨 붙입니다.

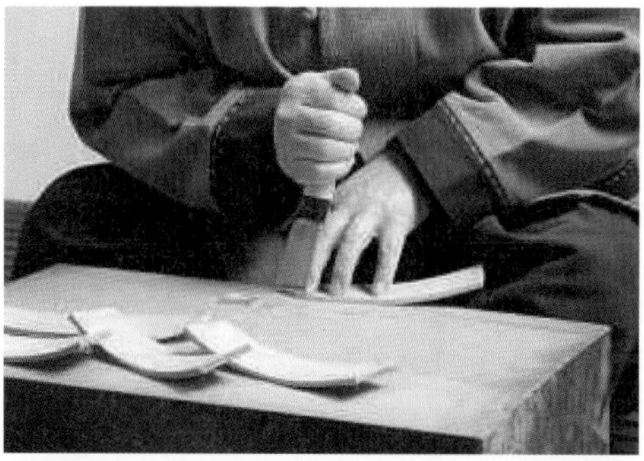
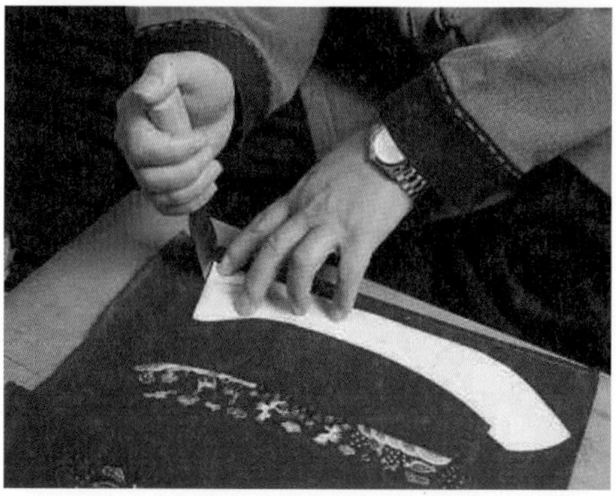
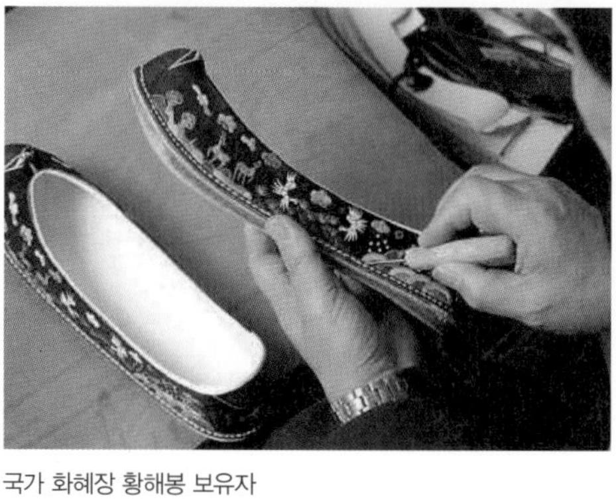
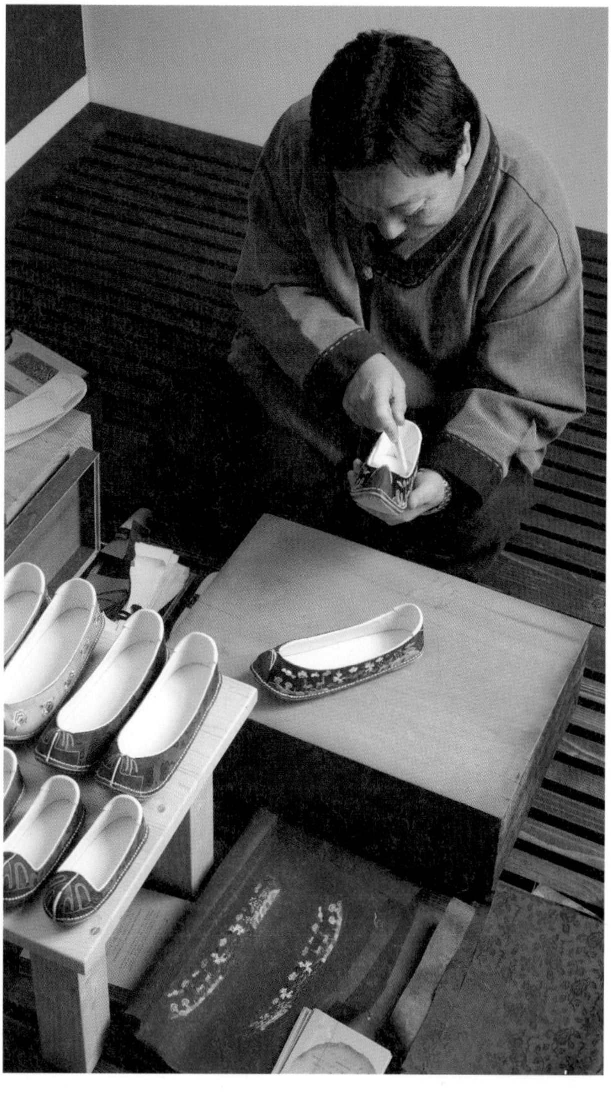

국가 화혜장 황해봉 보유자

도리감은 도리용 면사 다발을 잡아 끝자락을 방망이로 두들겨 실끝을 풀어 얇게 만들어 꼽니다. 이것을 돼지털의 모근 쪽이 아닌 갈라진 끝과 맞대 합쳐 한 가닥으로 꼬아줍니다. 앞코와 뒷꿈치는 앞뒤의 신울 2장의 겉과 겉을 맞대놓고 꿰맵니다. 꿰맨 신울을 뒤집기 전에 축축하게 만들어 줍니다.

밑창은 3㎜ 소가죽에 신본을 대고 각각 두 장을 그려 칼로 잘라 신본에 대고, 신울과 밑창을 맞바느질하여 붙입니다. 이때 중심이 틀어져 신코가 비뚤어지지 않도록 주의하며 나무로 된 신골을 박으면서 신의 형태를 잡아 줍니다. 중창은 밑창과 안창 사이에 있는 깔개창이며, 흰가죽 여러 겹을 붙여 사용합니다.

우리나라 신의 특징은 살짝 튀어나온 코끝의 아름다움에 있습니다. 이렇게 뾰족한 코실을 만들기 위해 목화실 한 올을 꼬아 두 올을 매듭 지어 묶는 코실은 장식 역할을 합니다. 신을 항아리에 보관하여 충분히 습기를 먹인 다음 자근자근 눌러 말랑하게 만든 다음 신코를 뒤집습니다. 우리나라 신의 아름다움은 오이씨처럼 신코가 예쁘가 나와야 하므로, 잘 매만져서 만듭니다. 코실을 꿰기 위해 겉쪽 코끝에서 안쪽으로 송곳으로 구멍을 뚫고 코실을 겁니다.

뒷마구리 쪽에는 근피를 대고 도리감은 윗변 쪽에 대고 함께 맞바느질합니다. 또 작업판 밑에 깔아 두었던 밑창을 꺼내 다듬어 정리합니다. 밑창, 돋우개, 중창을 고정하기 위해 대다리를 마름질합니다. 밑창에 구멍을 뚫어 창을 꿰맵니다. 이때 밑창, 중창, 대다리 3겹을 함께 바느질합니다. 그리고 밑창을 방망이질하여 매듭이 도드라지지 않도록 눌러줍니다.

안창은 흰색 소가죽으로 만듭니다. 근피보다 두꺼운 안창은 대다리보다 약간 크게 잘라낸다. 도리와 근피는 저모 또는 쇠바늘에 꿴 실로 손바느질 감침질합니다. 앞마구리 붙이기는 밥풀을 이용해 앞마구리를 붙여줍니다. 신울을 밑창에 대고 뒷꿈치 중심부터 면사로 맞바느질합니다.

마무리를 할 때 중심이 틀어지지 않도록 주의하며 신골을 박습니다. 그리고 뒷마구리 부분을 서개로 훑어가며 펴줍니다. 숯불에 건조하고, 신창과 신울을 꿰맨 봉제부분에 아교에 갠 활석가루를 발라줍니다. 남아 있는 풀 등을 떼어내고 젖은 수건으로 닦아 완성합니다.

6 짐승의 털로 붓을 만드는 필장은 누구일까요?

피모골각공예는 의생활에 관련된 공예품을 제작하는 데에만 사용된 것이 아니라 문화생활에도 매우 중요한 기여를 하였습니다. 예컨대 가죽으로 북이나 장구와 같은 악기를 만들어 풍류를 즐기거나 족제비털이나 양모털로 붓을 만들어 글씨를 쓰거나 그림을 그리기도 했습니다. 흔히 문인들이 애호한 문방사우를 '지필묵연紙筆墨硯'이라고 부릅니다. 종이, 붓, 먹, 벼루, 이 4가지이지요. 이것들은 글씨를 쓰거나 그림을 그리기 위한 재료이거나 도구입니다. 문방사우의 발견은 지금으로 따지면 컴퓨터나 인공지능을 발명한 정도로 인류의 위대한 발명입니다. 이것들로 인해 인류의 문명이 더욱 발전되었고 지식을 한 단계 고양시켰다고 평가합니다.

문방사우 중에서 붓은 족제비털이나 양털 등 짐승의 털을 주 재료로 사용하여 만듭니다. 필장은 시도 무형문화재로 지정되어 있으며, 그중 족제비를 이용하여 황모필을 만드는 과정을 살펴봅시다.

먼저 붓의 재료가 되는 털을 채집하는 단계입니다. 가죽이 붙어 있는 족제비의 꼬리털을 물에 일주일 정도 담가둡니다. 그후 물기를 제거한 다음 털끝이 상하지 않도록 힘을 주어 털을 뽑아 건조시킵니다.

원모를 선별하기 위해 작편판을 이용하여 털을 정돈하고 빗을 이용하여 솜털을 제거하고 원모를 선별합니다. 붓을 만들기 위해 원모의 지방질을 제거하는 데 솜털이 제거된 털을 종이 위에 넓게 펼친 후 털 위에 왕겨의 재를 뿌리고 종이로 덮어 털의 지방질을 1차 제거합니다. 이후 다리미로 눌러 다시 지방질을 제거하고, 털의 상태에 따라 지방질이 완전히 제거 될 때까지 위의 작업을 반복해 줍니다.

필장은 털을 바르게 하는 정모整毛 작업을 여러 차례 반복하며 공을 들입니다. 초벌 정모는 지방질이 제거된 황모를 빗으로 빗어 솜털을 제거하는 것입니다. 그런 다음 털의 끝이 앞으로 일정하게 간추려지도록 작편판에 털을 쳐줍니다. 정모 과정은 초벌, 재벌 등 여러 차례 반복합니다. 이렇게 털을 가지런히 정모할 때 거꾸로 선 털[倒毛]이나 끊어진 털[切毛]을 제거하는 것도 계속 반복합니다.

여러 차례의 정모 과정을 통해 털을 가지런히 다듬은 다음에는 붓의 길이대로 가위로 재단합니다. 털은 심소芯素, 중소中素, 의체衣體를 각각 재단합니다. 이렇게 재단한 털[심소, 중소, 의체]을 늘어 놓고 다시 섞는 과정을 20번 정도 반복합니다. 털이 골고루 섞여야 글이 잘 써지기 때문입니다. 장인은 좋은 붓을 만들기 위해 정모하기, 재단하기, 배합하기 등을 20번 반복합니다.

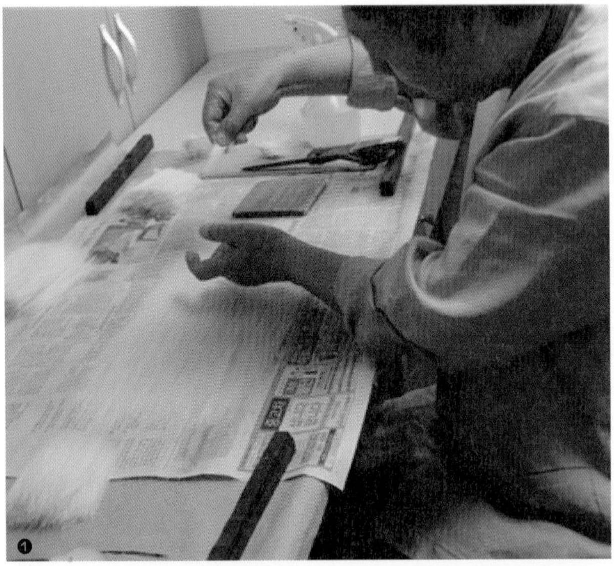

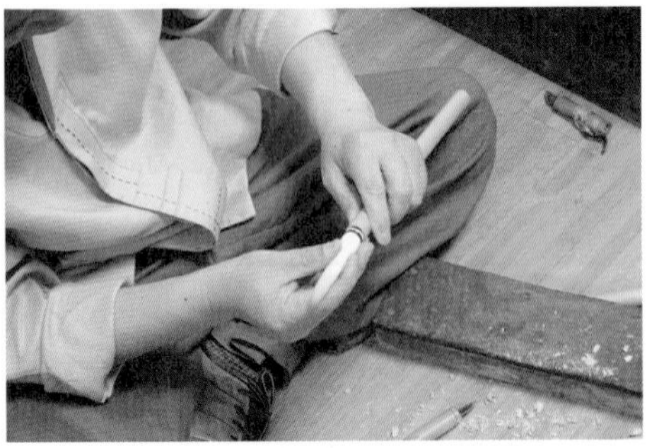

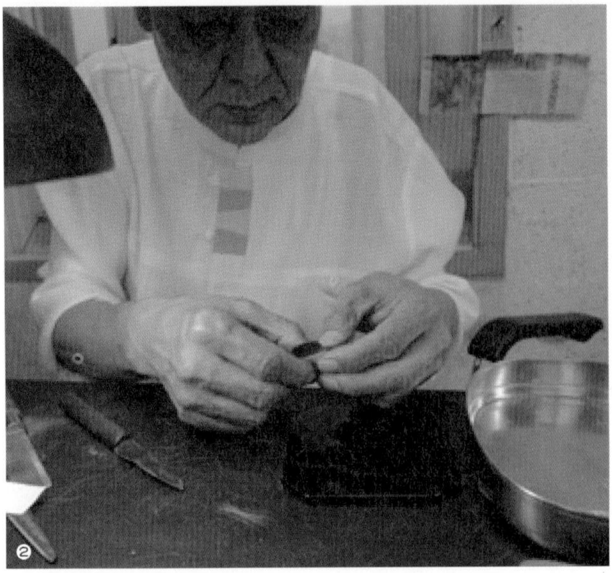

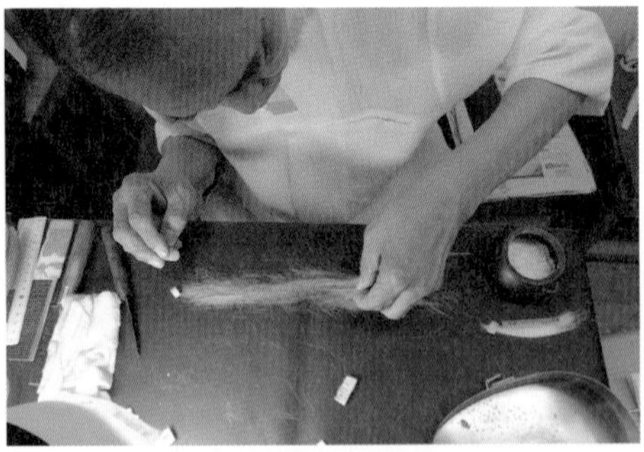

❶ 서울 필장[백모필] 전성규 보유자
❷ 서울 필장(황모필) 정해창 보유자

종이로 감싼 심소 등의 생명선을 물에 적셔, 물이 털 속까지 스며들도록 손으로 꼭꼭 눌러주는 물작편하기를 합니다. 그런 다음 털 끝에 밀가루를 1㎝ 가량 묻혀줍니다. 이후 서늘한 그늘에서 약 열흘간 말려 줍니다.

솔을 가열하여 봉밀을 녹여 뿌리부분의 털속까지 고루 스며들도록 다듬이돌로 눌러 지짐질을 합니다. 완성된 심소를 알맞은 넓이로 자른 후 돌돌 감아 둡니다. 붓촉을 물에 적신 후 다시 한 번 거꾸로 섰거나 끊어진 털을 제거하고 끝을 보는 작업을 합니다.

털로 붓을 만드는 작업이 마무리되면 이제 그 붓을 꽂을 붓대를 만듭니다. 붓의 넓이에 적당한 굵기의 대나무를 선택하고, 대칼을 돌리면서 적당한 길이로 재단합니다. 붓촉을 끼울 부분을 칼로 다듬고 대나무 속을 호비칼로 파 붓을 끼웁니다. 붓에 대나무를 끼운 다음 붓촉에 우뭇가사리 풀을 먹입니다. 필요 없는 풀기는 굵은 면실로 훑어내 줍니다. 정리된 붓은 통풍이 잘되는 그늘에 거꾸로 매달아 건조시키면 완성됩니다.

학습평가

01 **(난이도 하) 피모공예품을 제작하는 장인과 그들이 제작한 공예품이 아닌 것은?**

① 필장 ; 황모필　　② 양태장 ; 갓의 차양

③ 망건장 ; 망건　　④ 탕건장 ; 탕건

02 **(난이도 중) 다음 중 망건과 망건장에 대한 설명으로 옳은 것은?**

① 망건은 중국 명에서 유래되어 조선에서 재료와 형태를 개선한 일종의 머리띠이다.

② 망건은 조선시대 선비들이 이마부터 정수리까지 덮어 상투를 간추리는 것이다.

③ 망건장은 제주도에 살며 말총을 사용하여 망건과 탕건을 만드는 장인이다.

④ 망건장은 조랑말에서 생산되는 말총을 사용하는 공예기술이어서 제주도 무형문화재로 지정 관리되고 있다.

03 **(난이도 중) 다음 중 말총으로 만든 모자에 대한 설명으로 옳지 않은 것은?**

① 탕건은 말총으로 만든 실내용 모자이다.

② 망건은 이마 위에 띠어 머리카락을 간추리던 머리띠이다.

③ 총모자는 관자나 풍잠을 달아 신분과 계층을 구분한다.

④ 조선의 선비들은 망건을 띠고 탕건을 쓴 후 갓을 써 멋을 부렸다.

04 **(난이도 중) 화혜장에 대한 설명이 아닌 것은?**

① 화는 목이 긴 신이고, 혜는 목이 없는 신이다.

② 화혜장은 고무신과 나막신을 만드는 장인이다.

③ 화혜장은 가죽 위에 비단을 붙이고 무늬를 아로새겨 수놓는다.

④ 조선시대 혜는 당혜, 운혜, 온혜, 수혜 등 종류가 다양하다.

05 **(난이도 중) 필장이 붓을 제작하는 과정에 대한 설명으로 옳은 것은?**

① 왕겨재를 뿌리고 종이로 덮고 다듬이돌로 눌러 털 속 지방질을 제거한다.

② 재단한 털은 골고루 섞어야 글이 잘 써지게 된다.

③ 붓을 만들 때 뒤집어지거나 끊어진 털을 제거해준다.

④ 붓은 짐승의 털이 가죽 위에 붙어있는 것을 사용해야 글씨 쓰는데 힘이 좋다.

01 | 정답 | ②
| 해설 | 양태장은 죽세공예의 일종으로 갓의 차양을 만들며, 말총으로 갓의 대우[모자]를 만드는 장인은 총모자장이다.

02 | 정답 | ①
| 해설 | 조선의 망건은 중국 명대 비단에서 말총으로, 이마부터 정수리까지 덮던 형태에서 이마를 덮는 형태로 개선되었다.

03 | 정답 | ③
| 해설 | 관자는 망건의 관자노리 부분, 풍잠은 망건의 앞 이마 위를 장식하는 것이다.

04 | 정답 | ②
| 해설 | 화혜장은 화와 혜를 만드는 장인이다.

05 | 정답 | ④
| 해설 | 붓은 털로만 만들므로, 붓을 만들 때 가장 먼저 할 일은 가죽에서 털을 뽑는 것이다.

학습정리

① 피모공예는 무엇일까요?
- 짐승의 털과 가죽은 인간의 옷이나 모자, 신발을 만드는 데 사용되었다.
- 조선시대에 말총을 이용하여 선비들의 각종 모자를 만들었다.

② 말총으로 모자를 만드는 공예기술에는 어떤 것이 있을까요?
- 국가무형문화재 제4호 총모자장은 말총을 이용하여 갓의 모자를 만드는 장인이다.
- 국가무형문화재 제66호 망건장은 말총을 이용하여 망건을 만드는 장인이다.
- 국가무형문화재 제67호 탕건장은 말총을 이용하여 탕건을 만드는 장인이다.

③ 가죽 위에 수를 놓아 전통 신을 만드는 장인, 화혜장
- 국가무형문화재 제116호 화혜장은 가죽과 비단 등을 다루어 신발을 만드는 장인이다.
- 조선시대에 신발은 목이 긴 신발을 만드는 화장과 목이 짧은 혜를 만드는 삽혜장으로 구분된다.
- 백성들은 짚신이나 나막신을 신고, 선비나 부유한 상인들은 화혜를 신는다.

④ 짐승의 털로 붓을 만드는 장인, 필장
- 짐승의 털을 이용하여 붓을 만드는 장인은 대구무형문화재 제15호 모필장과 울산무형문화재 제3호 모필장으로 지정되어 있다.
- 붓은 문방사우 중 하나로서 글씨를 쓰거나 그림을 그리는 문화생활에 필수품이다.
- 황모필은 족제비털로, 양모필은 양털로 만드는 것이다.

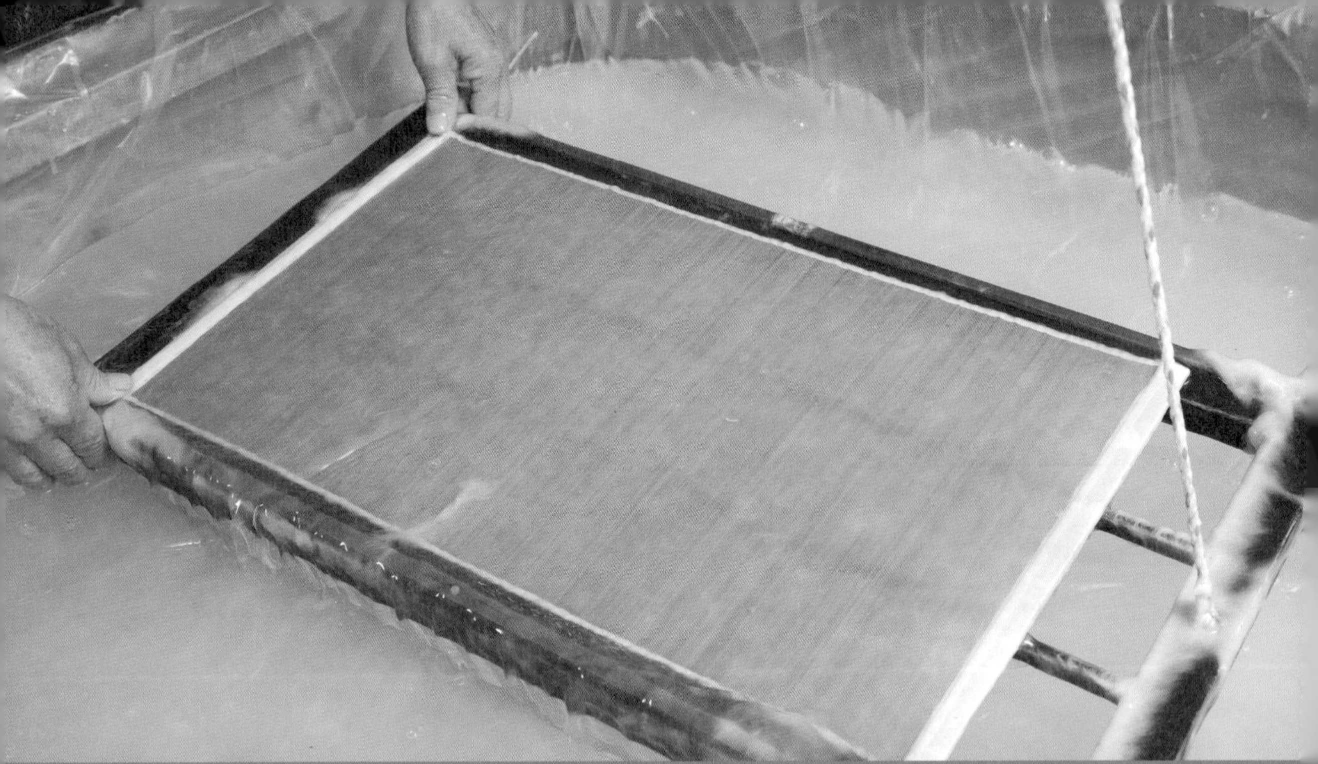

11
한지공예와 장인

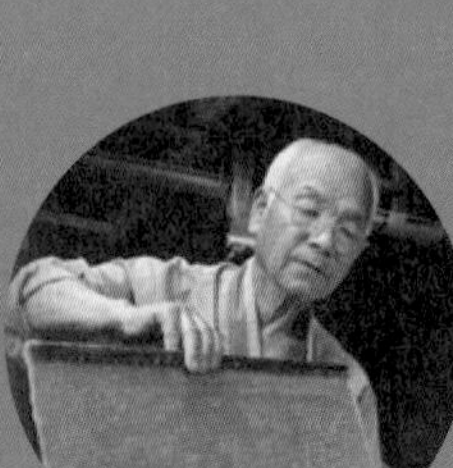

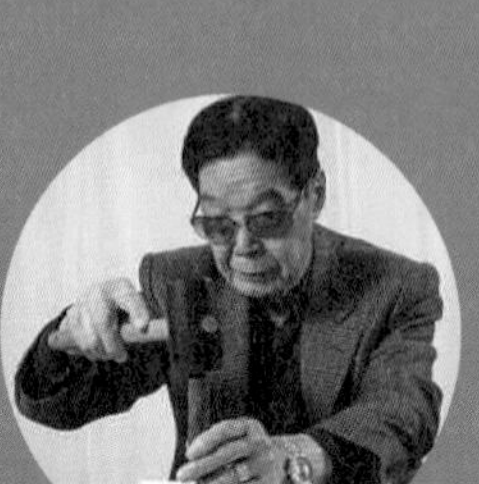

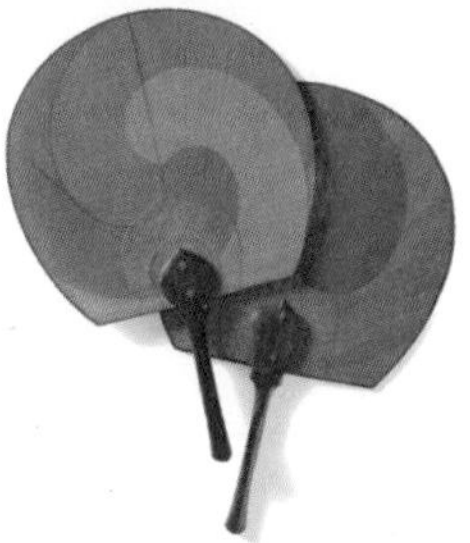

한지공예 지정종목과 장인

구분	지정번호	종목명	사망	명예	보유자	전수교육조교
국가	제102호	배첩장	김표영			
	제117호	한지장	류행영		장용훈, 홍춘수	
	제124호	궁중채화			황수로	
	제125호	선자장			김동식	
인천	제25호	지화장			김은옥	
경기	제63호	지화장			석용	
충북	제7호	배첩장			홍종진	
	제17호	한지장			황동훈, 안치용	
충남	제2호	지승제조	김영복		최영준	
전북	제10호	태극선	이기동		조충익	
		단선			방화선	
전남	제48호	담양선자장			김대석	
경북	제23호	청송한지장			이자성	
		문경한지장			김삼식	

■ 학습개요

한지韓紙는 우리의 종이이다. 우리의 글을 한글, 우리의 의복을 한복, 우리의 음식을 한식, 우리의 집을 한옥이라고 부르듯이, 우리의 종이는 한지라고 부른다.

한지韓紙는 단순히 한국의 종이가 아니라 순박한 한국인의 마음과 장인정신이 담겨 있다. 한국의 풍토에서 나고 자란 닥나무를 채취하여 두드리고 거르고 떠내어 말리는데, 장인의 예민한 손길이 수천 번이 닿아야 만들어진다. 가볍고 부드럽고 강하고 질긴 한지의 특성은 오랜 세월 어려움을 견디고 참아낸 한국의 역사와 닮아 있다.

천 년이 지나도 변하지 않는 한지는 흔히 '백지'라고 부릅니다. 한중일 종이는 약간 다릅니다. 중국의 화지華紙는 화려하고 장식적이며, 일본의 화지和紙는 세련되고 섬세하다. 하지만 우리의 한지韓紙는 질박하고 구수하여, 한국인의 혼이 담겨 있다. 한지에는 우리 선조들의 문화정신, 장인기술의 집약되어 천여 년을 이어온 공예기술인 것이다.

그러나 현대 산업화와 문명화를 거치면서 이러한 한지를 만들거나 한지 공예품을 만드는 전통 수공예기술은 점차 사라지거나 변질된 위험에 처하게 되었다. 이에 문화재청은 문화재보호법 하여 학술적, 예술적 가치가 높은 공예기술이 원형을 유지하고 전승할 수 있도록 국가무형문화재로 지정하여 보호, 관리하고 있다. 한지를 만드는 장인은 국가무형문화재 제117호 한지장, 한지를 대나무에 붙여 부채를 만드는 장인은 국가무형문화재 제128호 선자장, 종이를 꼬아서 공예품을 만드는 장인은 충남 무형문화재 제2호 지승장, 서화 뒤에 종이를 붙여 족자나 병풍을 만드는 장인은 국가무형문화재 제102호 배첩장으로 지정하였다. 이 장에서는 한지와 한지 공예품을 제작하는 공예기술 중 무형문화재로 지정된 종목의 재료별, 용도별 분류와 장인을 알아본다.

■ 학습목표

1. 한지의 특징과 한지장의 독자적 제작기술에 대해 설명할 수 있다.
2. 부채와 합죽선, 그것을 제작한 선자장의 전통 기술에 대해 설명할 수 있다.
3. 지승장과 배첩장의 기술과 특징에 대해 설명할 수 있다.

■ 학습내용

1 한지와 한지공예란 무엇일까요?

한지韓紙는 우리의 종이입니다. 우리의 글을 한글, 우리의 의복을 한복, 우리의 음식을 한식, 우리의 집을 한옥이라고 부르듯이, 우리의 종이는 한지입니다.

천 년이 지나도 변하지 않는 한지.

한지는 흔히 '백지'라고 불러요. 여기에는 두 가지 의미가 있습니다. 하나는 그 빛깔이 희고 고와서 붙여진 이름이예요. 또 다른 하나는 닥나무를 베고, 찌고, 삶고, 말리고, 벗기고, 다시 삶고, 두들기고, 고르게 섞고, 뜨고, 말리는 과정을 아흔아홉 번 작업한 후에 마지막으로 사람이 백 번째로 만진다 하여 붙여진 이름이기도 합니다. 이 한지는 우리나라에서 나는 닥나무의 섬유를 이용하여 재래의 종이 뜨는 도구를 사용해서 전통적인 기법으로 한 장 한 장 손으로 떠올려 만들어요. 때문에 한지는 수천 년 동안 전해 내려온 선조들의 문화정신, 장인기술의 집약체라 할 수 있습니다.

하지만 한지韓紙는 단순히 한국의 종이가 아니라 순박한 한국인의 마음과 장인정신이 담겨 있습니다. 한국의 풍토에서 나고 자란 닥나무를 재배하고 닥을 채취하고, 찌고, 두드리고 통물을 만들고, 초지하고, 말리고, 도침하는 일련의 과정에는 장인의 예민한 손길이 수천 번이 닿아야 한지가 만들어지거든요. 가볍고 부드럽고 강하고 질긴 한지의 특성은 오

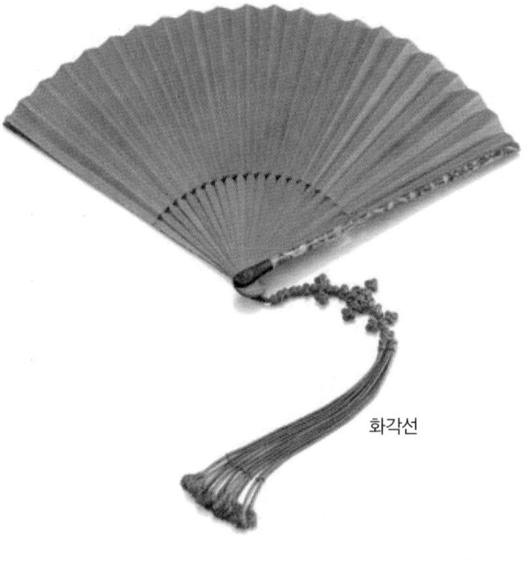

화각선

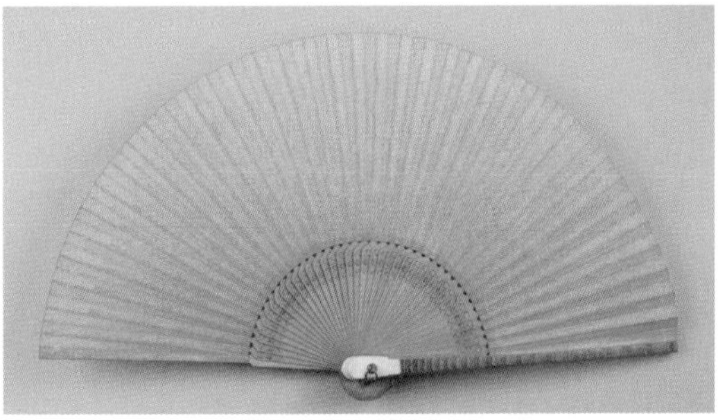

합죽선

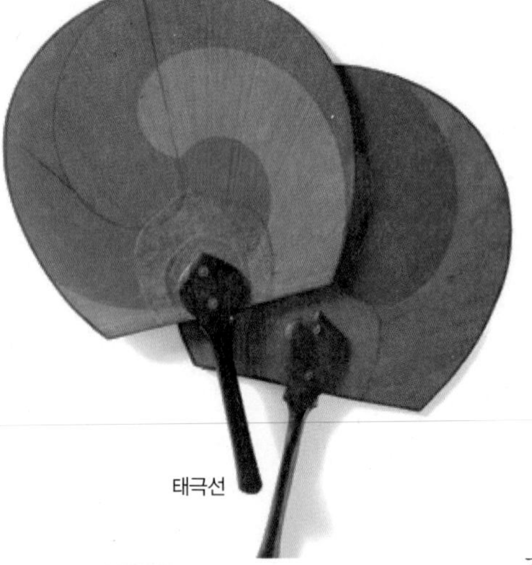

태극선

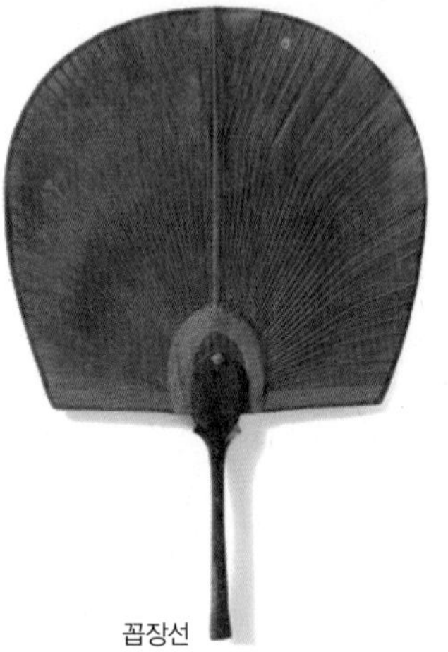

꼽장선

랜 세월 어려움을 견디고 참아낸 한국의 역사와 닮아 있고요, 자연과 우주에 대한 지식 및 관습이 대물림되어 전해진 것임도 알 수 있어요. 우리 조상들은 일상생활에서, 무속 의식 속에서, 공예기술적 가치에 의해 예로부터 지금까지 늘 한지를 사용하고 있습니다.

우리 선조들은 정성스레 잘 만든 한지를 이르러 선비가 소중히 다루어야 할 4가지 물건으로 의인화하기도 했어요. 한지는 붓, 먹, 벼루와 함께 친한 벗, 즉 문방사우文房四友라 부르며 친근하고 귀하게 여겨 온 것에서 알 수 있지요. 이러한 전통공예기술의 가치가 오늘날의 발전된 문화 창달의 기원으로서 우리 민족의 정신세계 중 핵심이라 할 수 있다.

닥나무 껍질의 인피조직과 접착제를 대나무 발을 이용하여 섬유로 떠 물을 빼고 건조하여 얇게 만드는 것이 한지입니다. 이러한 한지는 흔히 오늘날 쉽게 구할 수 있는 종이는 중국, 일본, 태국, 라오스 등에서 만든 수록지手漉紙와 공통됩니다. 하지만 우리의 한지는 그것의 사용원료, 도구, 초지기술 등에서 차별화되어, 우리 민족만의 민족성 뿐 아니라 미의식까지 내재되어 있어 고유한 무형 문화 유산이라 자부할 만합니다.

동아시아 삼국만 비교해 보아도 우리의 종이는 두께나 질감에서 중국이나 일본의 것과 차이가 분명히 납니다. 중국의 화지華紙는 화려하고 장식적이예요, 일본의 화지和紙는 세련되고 섬세해요. 하지만 우리의 한지韓紙는 질박하고 구수하여, 한국인의 혼이 담겨 있어요. 이것으로 만든 공예품도 마찬가지랍니다.

이러한 한지를 만드는 장인은 국가무형문화재 제117호 한지장, 한지를 대나무에 붙여 부채를 만드는 장인은 국가무형문화재 제128호 선자장, 종이를 꼬아서 공예품을 만드는 장인은 충남 무형문화재 제2호 지승장, 서화 뒤에 종이를 붙여 족자나 병풍을 만드는 장인은 국가무형문화재 제102호 배첩장으로 지정하여 그 기술을 보호 관리하고 있습니다.

이들에 대해 알아보기로 합시다.

2 닥나무로 한지를 만드는 한지장은 누구일까요?

종이의 발명은 서기 105년 중국의 후한시대에 채륜蔡倫이 뽕나무 껍질과 삼베조각, 헌 헝겊, 낡은 어망 등을 두드려 만들면서부터라고 합니다. 그러나 중국에서 이보다 훨씬 앞선 시대의 종이 유물이 다수 출토되고 있어, 요근래의 학설에 의하면 채륜은 종이 제조법을 정리하고 집대성한 인물로 논의되기도 합니다.

그렇다면 우리의 종이 한지는 언제부터 만들었을까요?

1) 전통 한지의 역사

역사적으로 보면 우리나라에서는 신라의 '백추지白硾紙'라는 종이가 이름이 났습니다. 그러나 우리나라의 종이가 중국에서 명성을 얻게 된 시기는 고려시대부터입니다. 고려는 종이의 제조가 활발해 국가에서는 지소紙所와 조지부곡造紙部曲을 설치하여 직접 국가에서 종이 제조를 관할하기도 하였습니다. 이렇게 고려에서 만든 종이는 중국에까지 명성이 자자하여, 중국인들이 가장 품질이 좋은 종이를 '고려지高麗紙'라고 부르기도 했습니다. 중국의 국가박물관에서 중국의 대외 교류와 관련하여 우리나라의 뛰어난 공예품으로 '고려지'가 전시되어 있는 것을 보았습니다. 송나라 손목孫穆이 쓴 〈계림유사鷄林類事〉에 의하면 "고려의 닥종이는 빛이 희고 윤이 나서 사랑스러울 정도"라고 극찬했을 정도입니다.

우리의 종이, '한지'에 대한 역사적 고증은 굳이 강조하지 않아도 우리 민족의 삶을 반영하고 있는 것에 대해 설명할 수 있습니다. 어떠한 수사도, 가식도, 보태짐도 없이 오랜 세월 재료와 기법의 변화 없이 전승되고 있는 전통기술로서 현재에 이르고 있어요. 우리나라에서 우리가 오늘날 '종이'라고 부르는 명칭의 기원은 원래 닥나무의 껍질인 '저피楮皮'가 '조비'라는 단어가 '조해'라는 말로, 이것이 다시 '종이'로 변천되면서 생겨난 말입니다. 조선시대에는 태종 때부터 국가에서 사용하거나 조공으로 바칠 종이를 만들기 위해 조지서造紙署라는 관청을 설치하여 운영하였습니다. 당시 종이의 원료가 되는 닥나무의 원료 조달과 종이의 규격화 및 품질의 개량을 위해 국가가 관리했음을 보여주는 증거입니다. 그 만큼 조선시대에 한지는 국가의 전략 물품으로서 매우 중요하게 여겼다고 말할 수 있습니다.

조선시대에는 종이의 수요가 많아서 충청도, 전라도, 경상도 등 하삼도의 지방 관청에 지장紙匠이라는 장인을 외공장으로 두어 제작하였습니다. 이들 일부는 판매를 위한 제지업을 경영하였으며, 관청에 등록되어 부역을 하는 이외에는 종이를 제작하여 판매하였을 겁니다. 이 시기에 제지원료인 닥나무를 생산하여 판매하는 농민들도 나타나게 되었답니다. 그만큼 종이가 상품생산의 일환으로 제작되었음을 보여주는 것이지요.

그러나 임진왜란 등 외세의 침입, 사회 불안정을 겪으며 조지서의 시설은 파괴되었고 장인들은 안정된 자리를 잡지 못하면서 한지 생산은 줄었으며 품질마저 낮아지는 쇠퇴기를 맞이하게 되어요. 또한 중국에서 종이를 조공으로 바치라는 압력이 가중되자 조지서는 이를 감당하지 못해 사찰에서 스님들이 종이를 만들어 바치기도 했지요. 하지만 고종 19년1882년에는 조지서마저 폐쇄함으로써 500여 년간의 찬란한 한지 제조기술도 쇠락하게 됩니다.

개화기에 이르러 1884년 김옥균에 의해 양지를 생산하는 초지기의 도입에 따라 닥 섬유를 이용한 한지 원료 및 초지법에서 목재펄프를 이용한 양지 초지법이 혼합되면서 종이의 특성이 변하였습니다. 또 급속한 근대화 과정에서 건축 양식과 주거 환경의 변화, 고속 초지기로 만든 서양식 종이 기술이나 수입 종이의 발달로 설 자리를 잃고 말았습니다. 전통 한지의 인기가 사라지는 현실에 직면해 있으며, 그것을 만드는 한지장 또한 안정적인 생계수단을 찾지 못하게 되었습니다. 근·현대를 지나면서 전통 초지 기술을 계승해 온 한지장의 명맥도 거의 단절되기에 이르렀습니다. 더욱이 한지 원료인 닥 섬유 대신 동남아시아 등지에서 닥 펄프를 수입하고, 전통 점질물인 황촉규 대신 화학약품인 PAMpolyacryl amide을 사용하면서 그 품질은 더욱 떨어졌습니다. 이에 문화재청은 2005년 전통한지의 올바른 보존과 전승을 위해 한지장을 국가무형문화재 제117호로 지정하게 된 것이지요.

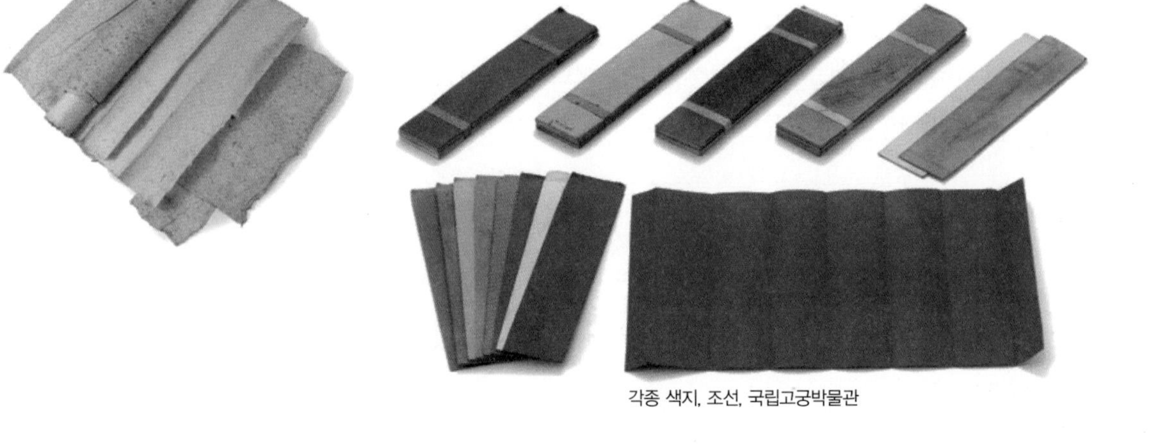

각종 색지, 조선, 국립고궁박물관

2) 닥나무로 한지를 만드는 장인, 한지장

'한지'를 흔히 장인의 손맛에 의해 만들어진 닥종이라 부릅니다. 한겨울이 문턱에 이르는 11월 즈음이면 양지 바른 산기슭에 곧게 자란 1년생 닥나무를 잘라다가 큰 가마에 차곡차곡 쟁여 넣습니다. 닥을 벗기기 위해 찌는 '닥무지' 작업을 하면 구수한 냄새가 온 산골 구석구석을 누비기 시작합니다. 하루 한나절을 은근히 삶아 내면 닥나무 겉껍질[靭皮]은 흐물흐물해집니다. 이것을 길게 벗겨내면 '한지'의 원료인 흑피가 됩니다. 흑피는 말렸다가 다시 물에 불려 짙은 갈색의 겉껍질을 벗겨 닥 섬유 흰 속살을 얻어내서 백피를 만듭니다.

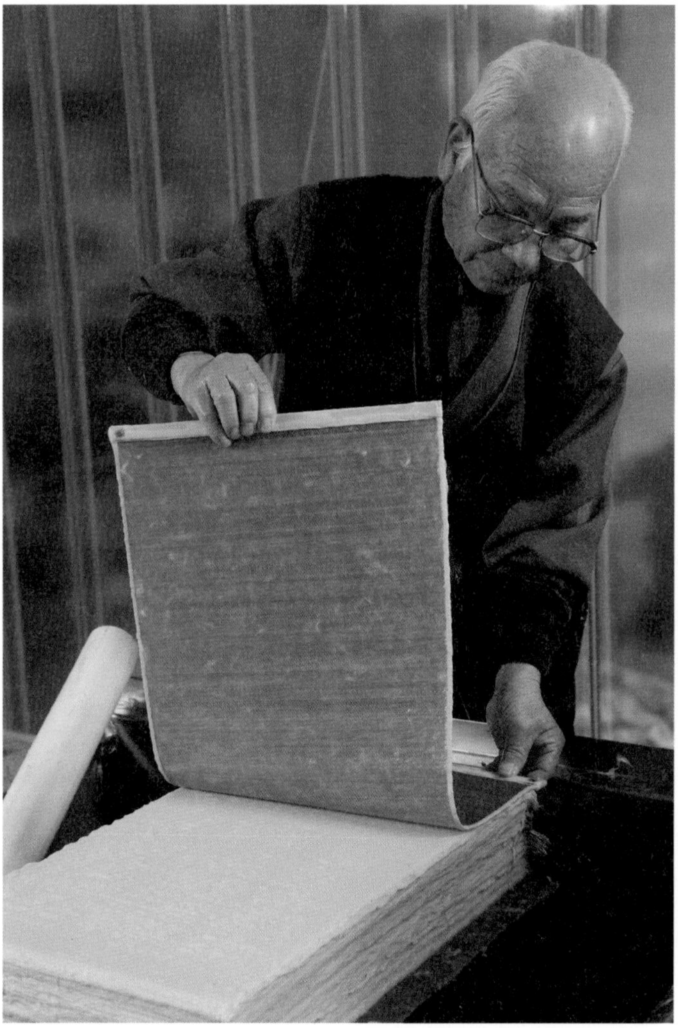
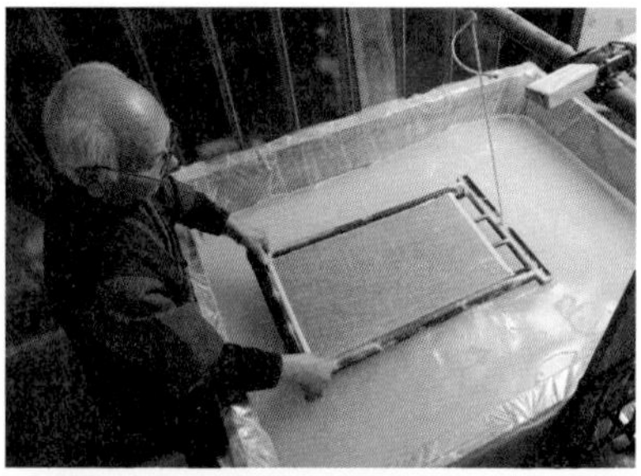
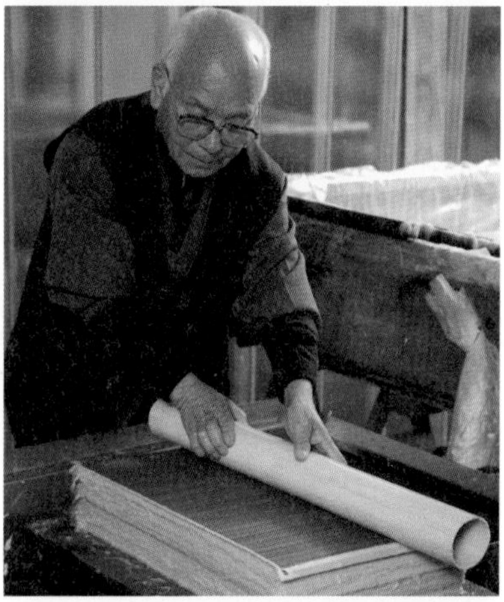
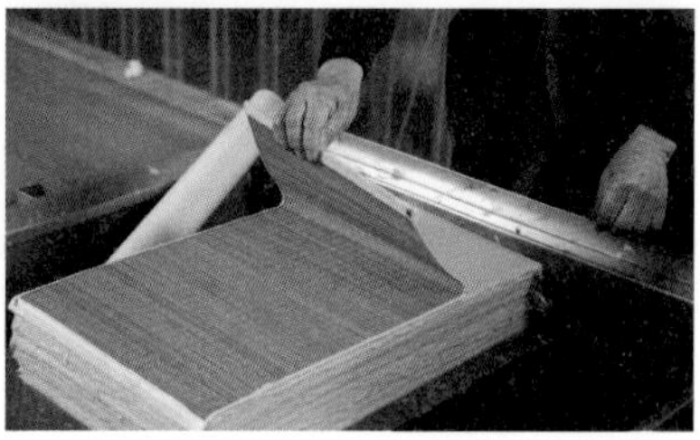

국가 한지장 홍춘수 보유자

이것을 고추대, 메밀대, 목화대 등을 태워 재를 만든 다음 물을 내려 그 잿물에 다시 한나절을 삶아냅니다. 이제 깨끗한 개울물에 담가 닥섬유 속살의 잿물을 씻어내고 넓적한 닥돌 위에서 두드려 내면 드디어 질박한 듯하면서도 부드러운 한 올 한 올의 닥 섬유가 얻어진다. 닥섬유와 함께 한지의 재료는 황촉규 뿌리입니다. 황촉규 뿌리를 물에 담가 끈적끈적한 점액을 우려내면 이것이 닥풀입니다.

닥 섬유와 닥풀을 함께 지통에 넣고 촘촘히 엮은 대나무 발을 발틀에 올려 넣습니다. 이제 숙련된 장인의 손 끝 촉감으로 종이를 만듭니다. 장인이 앞 물질과 옆 물질을 반복하면 섬유 결이 뒤엉킨 종이가 만들어집니다. 이것을 다시 물 빼기 작업과 말리기를 하면 파닥거리는 한 장의 닥종이가 탄생하게 됩니다. 닥나무를 베고, 찌고, 삶고, 말리고, 벗기고, 다시 삶고, 두들기고, 고르게 섞고, 뜨고, 말리며 장인의 손길이 아흔아홉 번이나 거쳐야 종이 1장이 만들어집니다. 이 때문에 옛 사람들은 한지에 백 번의 손길이 닿았다고 '백지百紙'라고 불렀습니다. 이렇듯이 한지는 장인의 손끝에서 출발하여 장인의 손끝에서 마무리 짓습니다. 한지 1장을 만드는 데 100번의 공정을 거친다 하여 한지는 백지百紙라고 부르기도 하였습니다. 혹은 흐르는 물에 정성스레 씻고 티를 골라낸 닥나무의 흰 속살로 섬유를 만들었다고 하여 백지白紙라고 부르기도 했습니다.

백번을 작업한 백지百紙이든, 눈처럼 하얀 백지白紙이든, 닥종이는 바로 우리 선조들로부터 물려받은 귀중한 유산인 '한지'인 것입니다.

언급한 바와 같이 〈전통한지의 제조과정〉은 닥섬유 제조, 통물제조, 종이뜨기, 마무리 공정으로 나눌 수 있습니다.

이를 다시 세부 공정으로 분류하면 〈닥 섬유 제조과정〉처럼 주원료 만들기와 종이뜨기, 가공과정으로 나눌 수 있으며 거두기 → 닥 찌기(닥무지) → 닥 껍질 벗기기(흑피 → 백피) → 불리기 → 닥 삶기 → 세척 및 표백 → 티 고르기의 순서로 진행됩니다.

닥섬유가 만들어지면, 〈종이뜨기 과정〉을 진행합니다. 닥 두드기기, 어려운 말로 고해라고 하지요, 그 다음으로 종이 뜨기를 하고, 물 빼기를 한 후 말려서 다듬기 혹은 도침을 하면 됩니다. 전통적으로 장인들이 쓰는 단어들은 한자어나 기술용어라 어렵고 귀에 잘 안들어와요.

우리가 한지의 우수성을 설명할 때 꼭 비단과 비교하면서 "지천년 견오백紙千年 絹五百"이라고 한답니다. 이것은 "종이는 천년을 견디지만 비단은 오백년을 견딘다"는 의미예요. 그

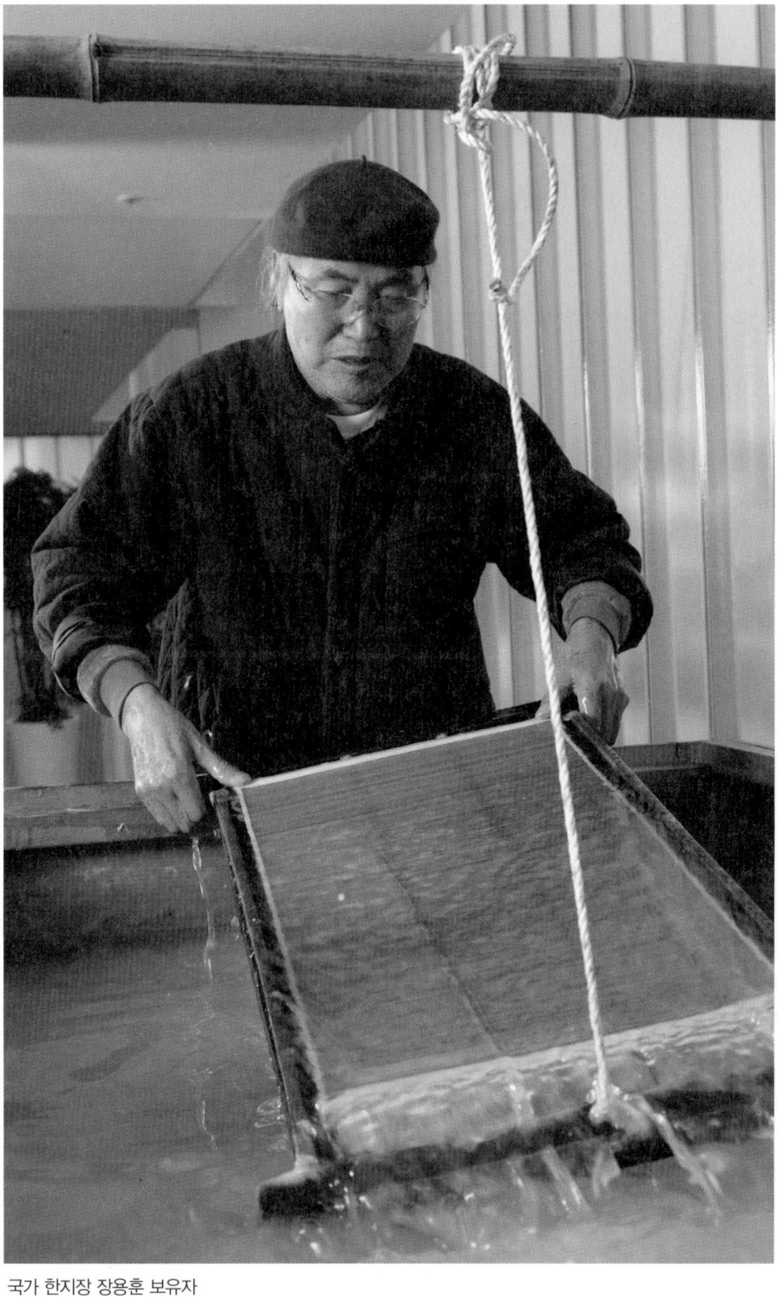
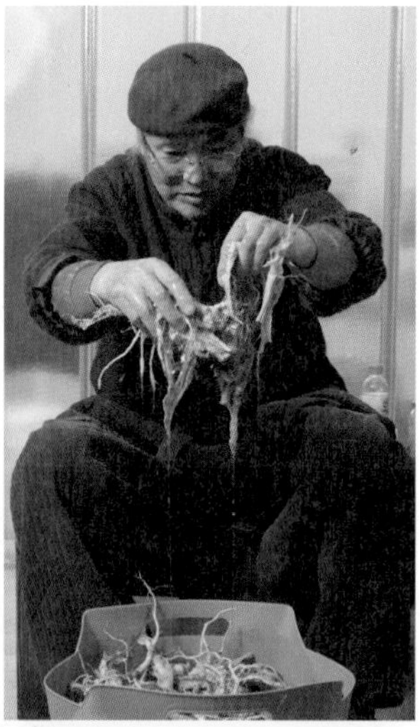
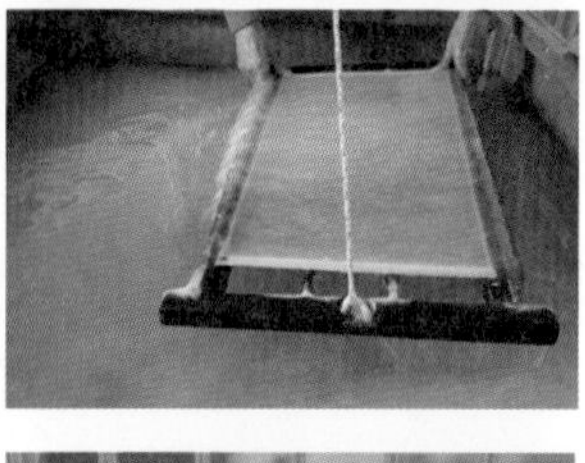
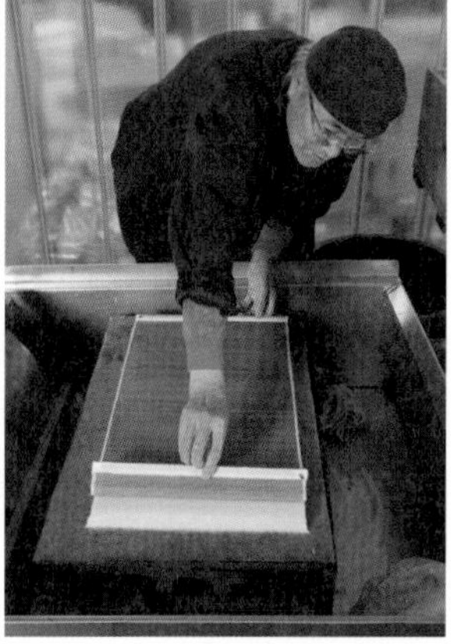

국가 한지장 장용훈 보유자

만큼 닥종이로 만든 한지의 우수성을 가리키는 표현하는 말이지요.

우리나라의 한지는 그 품질이 우수하여 고려시대부터 명성이 자자했습니다. 조선시대에는 다종다양한 한지를 만들어 사용한 것을 기록에서 찾을 수 있지요.

조선시대 한지의 종류

간지, 갑의지, 계목지, 공사지, 관교지, 궁전지, 권선지, 도광지, 도배지, 면지, 반절지, 배접지, 봉물지, 봉투지, 부본단지, 사록지, 상소지, 서계지, 서본지, 선자지, 세화지, 소지, 시선지, 시축지, 시지, 어람지, 염지, 염습지, 우산지, 월력지, 인지, 입모지, 자문지, 장경지, 장판지, 저주지, 족보지 주지, 주본지, 주유지, 지등지, 창작지, 창호지, 책지, 첨지(부전지), 첩지, 축문지, 초지, 초도지, 포목지, 표전지, 표지, 피지, 화본지, 화선지, 화지, 환지, 혼서지 등

물론 우리의 역사서에서는 한지라는 단어보다는 다양한 종류의 닥 종이 명칭이 등장해요. 재료, 용도, 색상, 생산지나 특산지, 크기와 두께, 제조방법, 품질, 마무리 방법 등에 따라 다종다양한 명칭으로 불리고, 다방면에 이용되었습니다.

옛날 기록에 보면 종이의 재료는 다양했어요. 귀리짚, 안피, 대마, 등나무, 목화, 뽕나무, 소나무, 버드나무, 율무, 대나무, 해초, 황마 등등. 장인들은 원료해결을 위해 종래의 닥나무 이외에 대잎과 뽕나무껍질을 배합하는 황지, 뽕나무 껍질로만 만드는 백지, 삼과 닥을 배합하여 만드는 마저지, 볏짚으로 만드는 고정지, 솔잎으로 만드는 송엽지, 부들로 만드는 포절지, 보리짚으로 만드는 모절지, 삼대로 만드는 마골지, 버들가지로 만드는 류목지, 버들잎으로 만드는 류엽지, 율무로 만드는 의의지 등 다양한 원료로 40여 가지 이상의 종이도 창안되어 광범위하게 만들기는 했어요. 아마도 우리 땅에서 나는 모든 풀들을 활용하여 자연환경에 맞는 종이를 만들어 사용한 것 같아요.

옛날 종이는 쓸모도 다양해요. 편지지로 쓰거나 임금님께 올리는 상서용, 일반 관청용, 사찰의 제례용, 관혼상제용, 일반 생활용도, 외교용 등 사회 전반에 한지가 사용되지 않은 곳이 없을 정도이지요.

한지의 색상은 또 어떤가요? 이또한 자연을 그대로 닮아 있습니다. 한지에 쪽물색, 남

색, 은색, 옥색, 하늘색, 붉은색, 노란색, 검은색 등 다양한 색상이 나타나는데, 아마도 한지를 염색할 때 자연에서 나는 원재료를 찾아서 물들였기 때문일 듯해요. 크기나 두께의 경우 두꺼운 종이, 얇은 종이, 폭이 넓고 좁은 종이, 대발, 중발, 소발로 뜬 종이, 여러 겹 겹친 종이 등 관습적 측면과 장인 기술이 접목되었습니다.

이처럼 한지는 선조들의 고유한 초지기술과 장인정신이 결합된 우리 민족의 귀중한 문화유산입니다. 그 가치와 기술은 오늘날에도 높이 평가되고 있습니다. 한지 초지기술은 한반도에 유입된 이후 한민족의 정신세계와 자연조건이 어우러져 자연과 우주에 대한 지식이자 전통공예기술로서 승화되어 우리의 삶 속에 고스란히 녹아들어 있습니다.

물과 햇빛, 닥 섬유와 닥풀, 흘림뜨기 초지기술과 도침, 천연 잿물에 타서 고해 등은 환경 친화적이고 보존성이 우수한 한지의 지속 가능성을 조화롭게 엮은 자연의 산물이라 할 수 있을 것입니다.

최근 우리의 종이 한지는 생활공간에 필수적으로 요구되는 신소재로서의 요소가 가미되며 새로운 문화상품으로 다가오고 있습니다. 과거 선조들의 삶 속에 내재됐던 강인함과 부드러움의 조화, 거칠음과 매끄러움의 조화, 울림과 고요함의 조화를 한지가 대변하며 우리의 생활 속을 파고들고 있습니다. 이들의 예로서 다양한 생활 속 한지를 들 수 있습니다. 천 년의 생명력과 보존성을 문화재를 보수하거나 오랫동안 보관해야 하는 국가적인 문서 등에 사용되고 있답니다. 질기고 주름지게 한 줌치지, 살아있는 물이끼를 섞어 뜬 태지 등은 우리의 생활을 풍요롭게 하는 문화상품으로 널리 활용되고 있습니다.

3 부채를 만드는 장인, 선자장은 누구일까요?

부채는 형태에 따라 둥근 부채인 단선團扇과 접었다 펴는 쥘부채인 접선摺扇으로 나뉩니다. 이중 둥근 부채가 먼저 발달한 것 같아요. 우리나라에 창원 다호리의 원삼국시대 유적에서 BC 3-4세기 경의 부채 자루가 발견되었거든요. 고구려에서는 안악3호분이나 408년에 세워진 덕흥리 고분에서 무덤의 주인공이 둥근 부채를 손에 쥐고 있는 것을 볼 수 있어요. 이때 그들이 손에 쥔 것은 추미선麤尾扇이라고 부르는 것으로 삼국지의 제갈공명이 항상 손에 든 것과 마찬가지입니다. 군대를 지휘하는 지휘관의 상징물이지요. 어쨌든 이러한 출토유물이나 그림으로 미루어 보아 우리 나라에서는 이른 시기부터 둥근 부채를 사용했음에 대해 설명할 수 있어요.

그러나 고려시대부터 우리나라를 대표하는 부채는 쥘부채로, 중국에서도 그 명성이 자자했어요. 송나라 때 유명한 시인 소동파조차 고려 쥘부채를 갖고 싶어할 정도였거든요. 조선시대에 들어오면 중국에서 온 사신들이 부채를 선물로 요구했고, 우리나라에서 중국으로 갈 때마다 사신 1사람당 부채 200여 자루를 선물로 휴대하고 갔답니다. 국경을 통과하거나 중국사람들에게 부탁을 할 때마다 선물로 부채를 주면 해결되었어요. 그래서 중국에 사신들이 한 번 갈 때마다 2만 개 이상의 부채를 가져갔다니 대단하지요? 그렇게 중국인들이 우리의 부채를 선호했다는 것은 그만큼 우리 부채가 우수했다는 증거입니다.

이처럼 부채는 선풍기나 에어컨이 없는 옛날에 여름을 시원하게 보내도록 하는 물건이었습니다. 그런데 부채는 단순히 바람만 일으키는 일상용품이 아니라 중국인에게는 한국을 대표하는 특산품이었어요. 특히 우리나라에서는 단오날 국가에서 부채를 선물로 주기도 했습니다. 조선시대 내내 부채는 중국에 보내거나 국가에서 선물로 주기 위해 수요가 많았습니다. 때문에 국가에서는 부채를 만드는 장인을 중앙관청과 지방관청에 두었습니다. 중앙 관청의 경공장은 공조에 첩선장 4명과 원선장 2명을 두어 왕실용이나 국가에 필요한 부채를 만들도록 하였지요. 지방 관아의 외공장으로는 경상도에 선자장 6명과 전라도에 선자장 2명을 두었어요. 아무래도 부채를 만드는 원료인 대나무나 종이 및 칠 등이 이 지역에서 나기 때문이죠. 지방에서 수 만 자루의 부채를 만들어 진상하기도 하고, 높은 사람들에게 주는 뇌물로도 부채가 최고였답니다. 1988년, 88 서울올림픽 입장식 때 외국인들이 손에 손에 태극부채를 들고 입장했던 기억이 새롭습니다.

우리나라에서는 수 십 종의 부채를 만드는데 우리나라를 대표하는 명품 중의 명품은 합죽선입니다. 이름만 들어도 누구나 갖고 싶어하는 명품, 합죽선.

합죽선의 주 재료는 대나무와 종이입니다. 다른 부채와 달리 대나무의 겉대 두 개를 맞붙여 만드는 합죽 기술이 특히 중요합니다. 여기에 군안이라고 부르는 부채꼭지 모양은 어떠한지, 가장자리에 붙이는 갓대의 재료는 무엇인지, 옻칠을 했는지, 크기가 얼마나 큰지, 금속제 고리인 사북에 무얼 썼는지 등에 따라 그 종류가 다양하게 나뉩니다.

합죽선을 비롯한 부채를 만드는 일은 그 수요가 많았기 때문에 1990년대까지 전라도 전주나 담양 등지에서는 마을 전체가 애나 어른이나 할 것 없이 모두가 함께 부채를 만들어서 부채마을이라고 불리기도 했을 정도입니다. 예를 들어 담양의 향교리에서는 여섯 분야로 공정을 분업화해서 제작했답니다. 초조방에서는 대나무를 얇게 깎았고, 정련방에서는 댓살 두 개를 민어부레풀로 붙여 합쳤고, 낙죽방에서는 인두로 댓살에 문양을 지졌고, 광방에서는 광을 내어 속살을 매끄럽게 만들었고, 도배방에서는 부채에 한지를 붙였고,

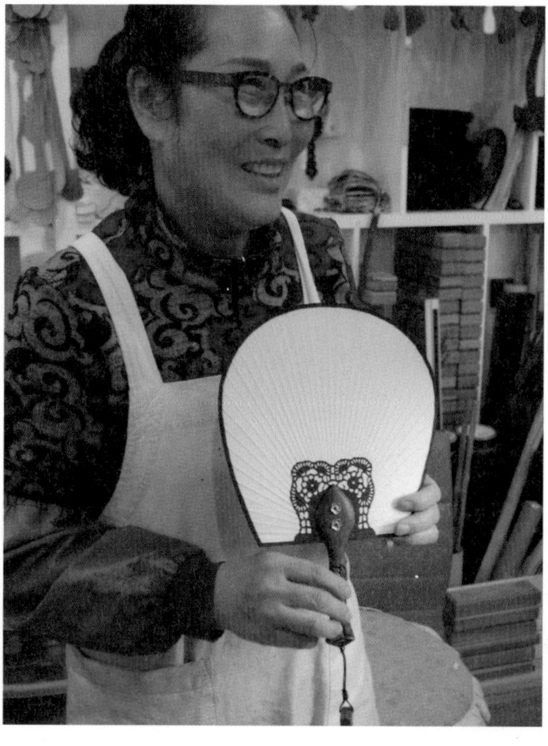

전북 전주선자장 방화선 보유자

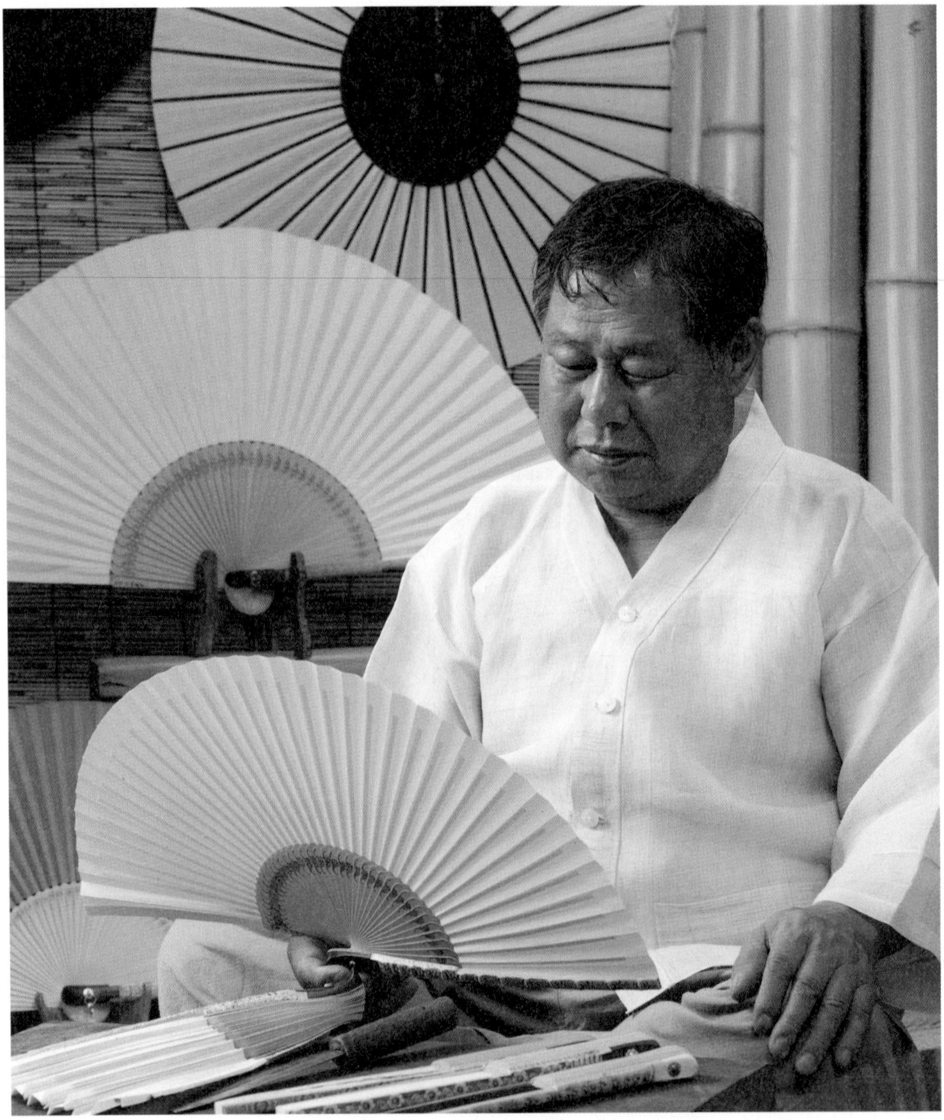
국가 선자장(합죽선) 김동식 보유자

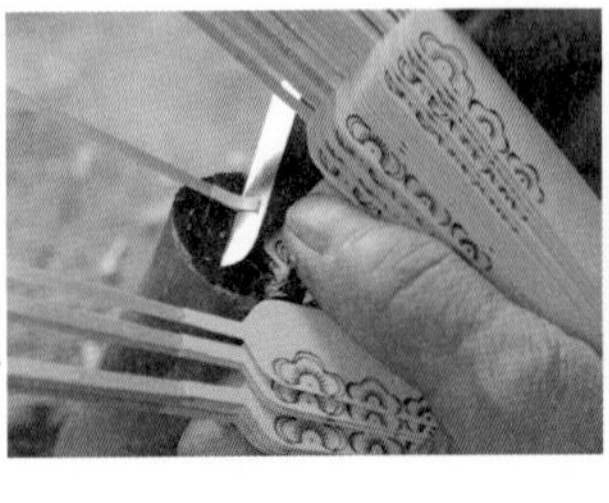
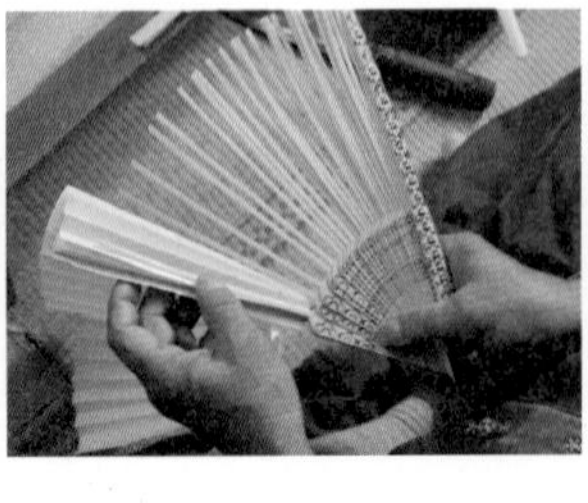
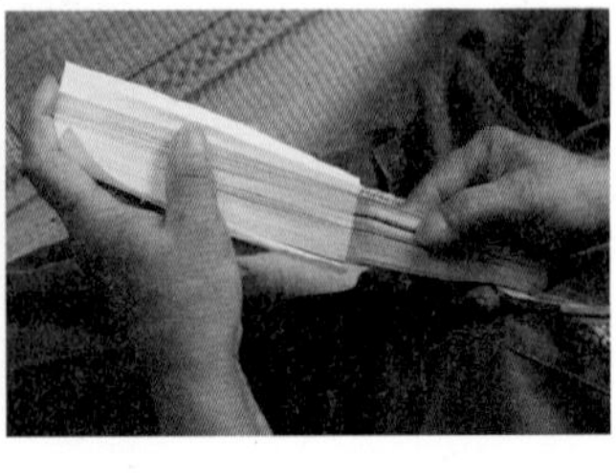

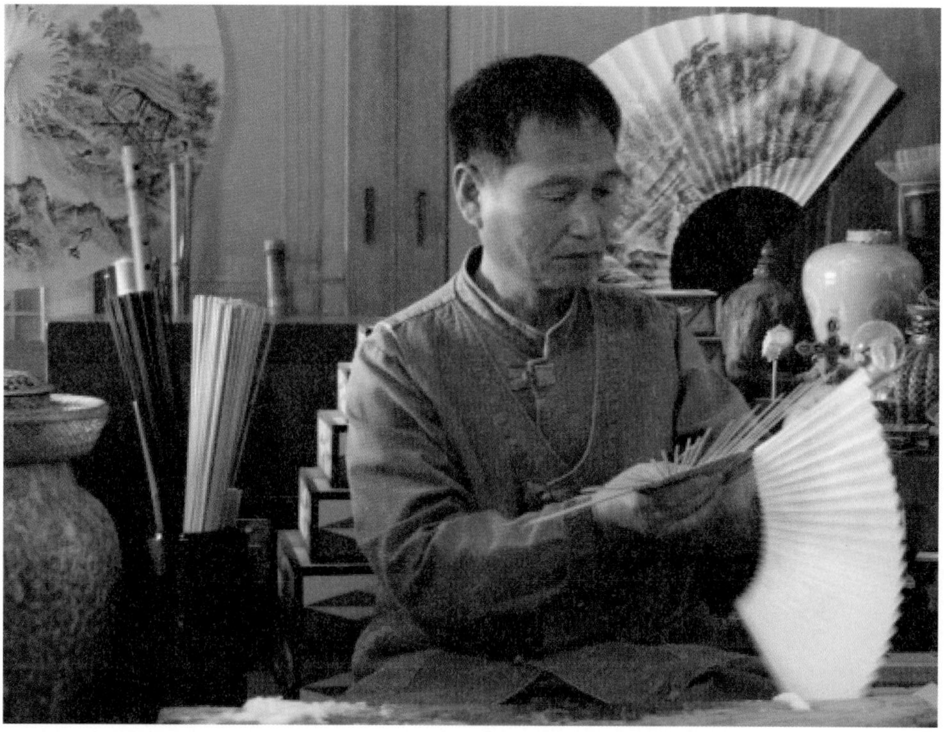
전남 담양선자장[민합죽선] 김대석 보유자

사북방에서는 금속제 장식고리를 만들어 고정시켰습니다.

우리나라를 대표하는 부채는 도대체 다른 나라의 부채와 어떻게 다를까요? 그것은 부챗살의 형태와 개수로 확연히 구분됩니다. 우리나라의 부채는 대나무를 가늘고 얇게 만들어 40개 내지 50개의 댓살로 부채살을 만들어요. 좋건 나쁘건 우리나라 부채는 부챗살 간격이 촘촘하지요. 그런데 다른 나라의 부채를 한 번 보세요. 비싼 상아나 비단으로 만든 부채라도 부채살 간격이 듬성듬성하고 성글답니다.

촘촘한 부챗살에 질 좋은 한지를 붙인 우리의 부채. 더욱이 합죽선을 만드는 선자장의 기술은 세계 어디에 내놓아도 손색 없는 우리의 자랑스러운 문화유산이라 자부합니다.

4 종이노끈을 꼬아 그릇을 만드는 지승장은 누구일까요?

지승은 한지를 꼬아 엮어서 그릇을 만드는 것으로 일명 '노엮개'라고도 합니다.

본래 한지 본연의 속성은 책을 만들거나 글을 쓰거나 그림을 그릴 때 사용되는 바탕 재료에 불과하였습니다. 평생 글 공부에만 매진하던 선비들은 항상 한지로 된 책을 가까이 했던 게 당연합니다. 그러다 이 한지가 조선시대 선비들의 눈에 띄면서 변신하게 된 걸 아시나요?

조선 후기 영정조시대가 되면 신윤복의 풍속화에 나오는 조선 선비들처럼 멋내기에 관심을 갖게 되었어요. 선비들이 짚으로 만든 짚신 대신 한지를 노끈처럼 꼬아서 매끈하게 만든 미투리를 신게 된 것이다. 물론 한지로 만든 미투리가 짚신보다 엄청나게 값이 비쌌습니다. 그렇지만 미투리는 짚신보다 가볍고 형태가 단정하고 아름다웠습니다. 평생 물욕에 물들지 않고 검소함을 미덕으로 삼은 선비들이지만, 아름다운 미투리를 보자 마음이 빼앗긴 듯합니다. 도대체 어떤 일이 벌어졌는지 아세요? 미투리를 찾는 사람들이 많아지자,

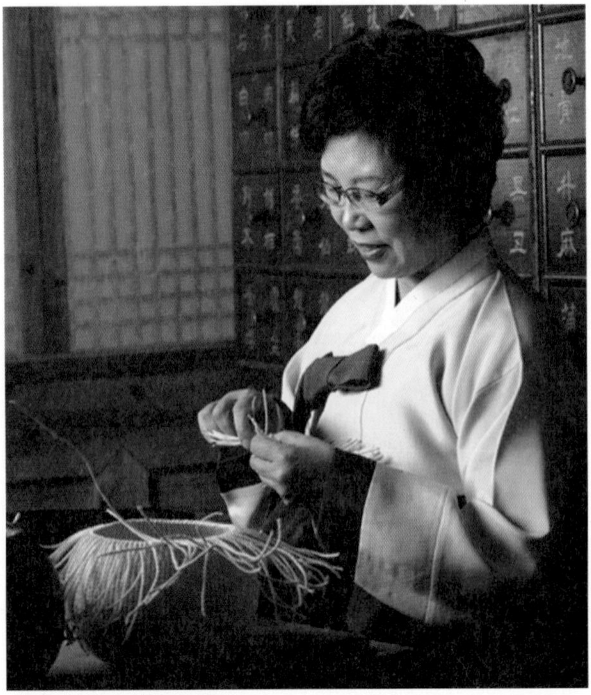

충남 지승제조 최영준 보유자

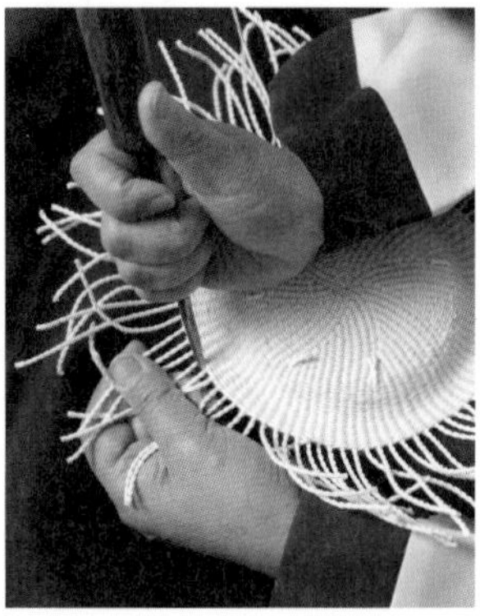 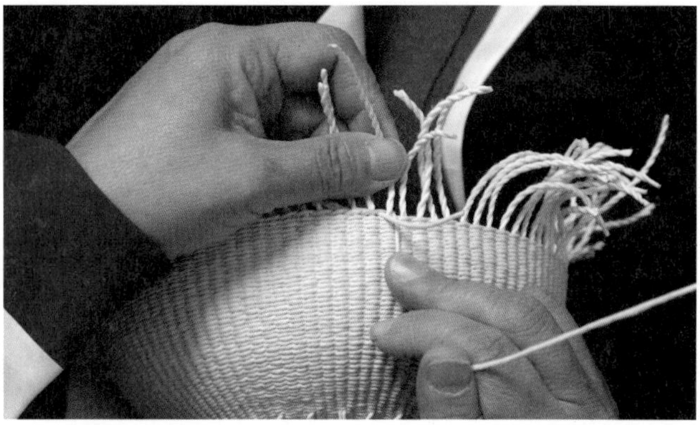

관청에 오래된 책이나 집집마다 대대로 보관하던 족보를 훔치는 사람도 생겼어요. 막상 책이나 족보를 훔친 사람에게 물었더니, 그게 다 미투리를 만들려고 그랬다는 거예요. 각종 사회문제를 일으켰음에도 불구하고 지승으로 만든 미투리에 대한 선비들의 사랑은 식을 줄 몰랐습니다. 조선시대 선비라면 누구나 하나쯤 갖고 싶어했던 명품 신발, 그게 바로 지승 미투리였거든요. 이렇게 지승은 선비들의 애호를 받았습니다. 항상 한지로 된 책을 읽거나, 한지 위에 글을 쓰던 선비들은 잠시 쉬다가 심심했나 봅니다. 그래서 운동 삼아 심심파적으로 글을 쓰던 종이를 잘라 꼬으면서부터 종이가 종이노끈으로, 다시 공예품으로 바뀌게 되었답니다. 그러면서 족보책은 이제 그들의 담배 쌈지나, 망건을 넣어두는 망건통이나 바둑알 담는 통 등 다양하게 변신했지요.

조선시대 선비들이 애호하고 취미 삼아 만들던 지승 공예는 한지 특유의 유연성과 부드러운 질감, 그리고 견고하면서 질긴 특성 때문에 애호되었어요. 여기에 오래된 한지 고서古書를 사용하여 빛바랜 느낌의 퇴색한 색상이 품위를 한층 높여 줍니다.

장인은 한지를 잘라 새끼를 꼬듯이 꼬아 줍니다. 꼰 종이끈을 반으로 접고 한 올씩 엮어가며, 무늬나 형태를 자유자재로 바꿉니다. 조선후기 이후 현재까지 지승장은 한지를 꼬아 자잘한 종이그릇이나 요강 등 일상 생활용품을 많이 제작하고 있어요. 박물관 등지에는 생활 속에 필요한 여러 유물들이 있는데, 현재 지승장도 그와 마찬가지로 다양한 것을 만듭니다.

지승장은 한지 특유의 부드러운 질감을 살려 옛날과 마찬가지로 종이 노끈을 꼬는 기술로 여러 다양한 공예품을 만들어 오늘까지 전승하고 있습니다.

5 서화를 족자나 병풍을 만드는 배첩장은 누구일까요?

배첩이란 글씨나 그림에 종이, 비단 등을 붙여 족자나 병풍 등을 만드는 전통적인 서화 처리법입니다. 이러한 배첩은 서화나 책의 아름다움을 더욱 배가시킬 뿐 아니라 실용성과 보존성을 높여 주는 기법이라고 할 수 있죠. 그러나 우리는 일제강점기에 일본식으로 바뀐 '표구'라는 용어나 기술에 더 익숙합니다.

배첩이 우리나라에 언제 들어왔는지 정확한 기록은 없어요. 그러나 고구려 고분벽화를 보면 무덤 주인공의 뒤쪽에 병풍 그림이 놓여 있는 것을 볼 수 있어요. 이를 통해 이미 삼국시대부터 병풍을 사용한 것에 대해 설명할 수 있지요. 고구려 고분벽화가 없었다면 삼국시대의 풍속을 알기 어려웠겠죠? 유네스코 세계문화유산인 고구려 고분벽화의 탁월성을

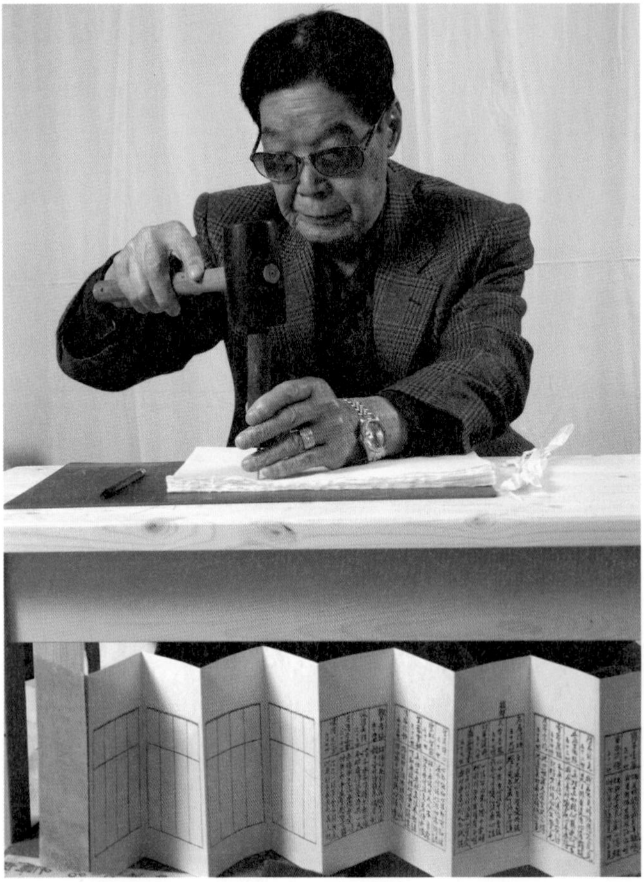

국가 배첩장 故 김표영 보유자

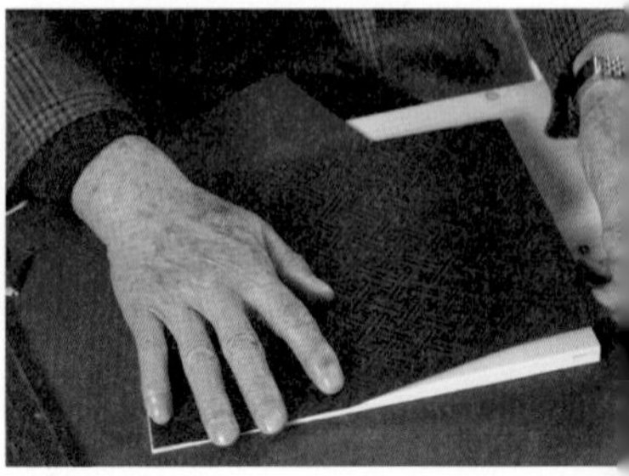

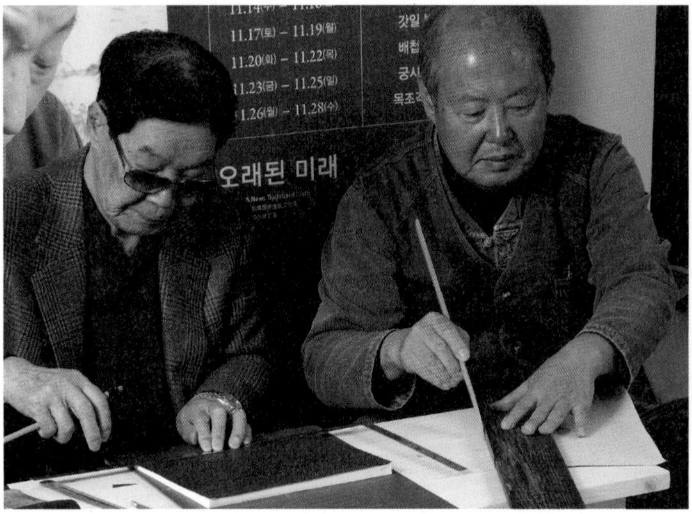

국가 배첩장 故 김표영 보유자와 제자인 충북 배첩장 홍종진 보유자

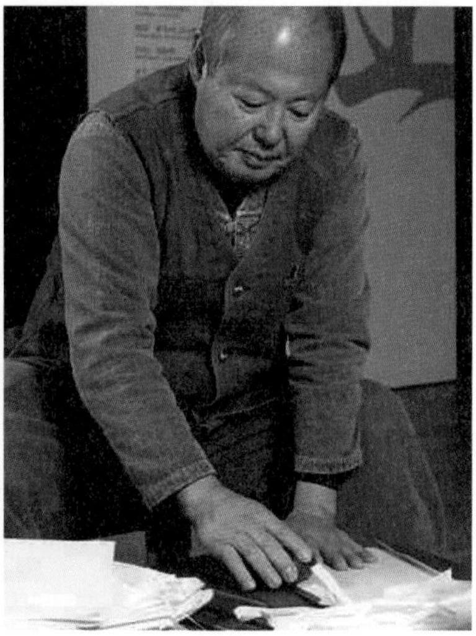
충북 배첩장 홍종진 보유자

또 한번 실감하게 됩니다. 배첩은 통일신라와 고려시대를 거쳐 꾸준히 발전하였고, 그 수요도 점차 늘어났습니다.

배첩은 그 제작 방식과 형태에 따라 병풍, 족자, 장정 및 고서화 처리, 액자 등으로 구분됩니다. 그중 족자는 서화를 벽에 걸어 볼 수 있도록 두루마리 형태로 만든 것을 말하고, 장정 및 고서화 처리는 표지나 속지가 손상된 고서를 되살려 내고, 손상된 그림을 되살려 내는 작업입니다. 아무리 뛰어난 화가나 명필이라도 그들이 그림이나 글씨 자체만으로는 완성품이 될 수 없습니다. 그것을 걸거나 세워서 감상하고 오랫동안 보관하기 위해서는 배첩이 더해져야 합니다. 서화에 생명을 불어 넣어 온전한 작품으로 만들어주고 문화적 가치를 얻게 만드는 것, 그것이 배첩입니다. 따라서 훌륭한 배첩은 작품의 일부분이 되어 그 아름다움을 더해 주는 공예 기술입니다.

이처럼 한지는 한국의 풍토에서 나고 자란 닥나무로 만들어, 한국인의 마음을 닮은 그런 우리의 종이입니다. 한지는 민족의 역사만큼 오랜 동안 발전해 왔으나 근래 점차 서양 종이에 밀려 그 설 자리를 잃고 있습니다. 이것을 오늘에 되살려 내는 것이 한지장의 역할입니다. 아울러 한때 한국을 대표하는 명품이었던 합죽선, 그 부채를 만드는 선자장의 기술이 계속 전승되어야 할 것입니다. 종이를 꼬아 선비들이 사랑했던 미투리를 만들던 조선 지승장의 기술이나 서화를 작품답게 만드는 배첩장의 기술이 오늘날처럼 앞으로도 계속 이어지길 기대합니다.

학습평가

01 **(난이도 하) 한지에 대한 설명으로 옳은 것은?**

① 한지는 우리나라에 전통적으로 만든 종이이다.

② 한글은 우리나라에서 쓰는 글자이자 말이다.

③ 한옥은 우리나라의 전통적인 집이다.

④ 한복은 우리나라의 전통 옷이다.

02 **(난이도 중) 한지를 만든 주재료와 제작과정이 옳은 것은?**

① 대나무 - 댓잎과 뽕나무 껍질을 배합하여 가늘고 얇게 만든 전통 종이

② 볏짚 - 볏짚에 솔잎을 섞어 부드럽고 질기게 만든 전통 종이

③ 닥나무 - 닥섬유와 황촉규 뿌리를 두드리고 떠내서 만든 전통 종이

④ 뽕나무 - 뽕나무 껍질과 삼풀을 배합하여 자연의 소리가 들리게 만든 전통 종이

03 **(난이도 중) 우리나라를 대표하는 명품 부채인 합죽선의 제작 비법은 무엇인가?**

① 인두로 댓살이나 갓대에 박쥐 등을 지져 낙죽 문양을 그려 넣는 기술

② 얇고 가느다란 대나무의 표면을 광을 내어 속살을 매끄럽게 만드는 기술

③ 40-50개의 촘촘한 댓살에 유연하고 질긴 한지를 붙여 자연 바람을 일으키는 기술

④ 얇은 대나무의 겉대 두 개를 민어부레풀로 맞붙여 만드는 기술

04 **(난이도 중) 지승에 대한 설명으로 잘못 짝지어진 것은?**

① 지승은 한지를 좁게 오려 꼬아서 공예품을 만드는 기술이다.

② 지승은 조선시대 승려들이 심심할 때 한지를 만들던 기술이다.

③ 조선시대에는 지승 미투리를 만들기 위해 족보를 훔치기도 하였다.

④ 지승으로 만든 공예품은 담배쌈지, 망건통, 요강 등 다양하다.

05 **(난이도 중) 배첩장에 대한 설명으로 옳은 것은?**

① 종이 위에 그린 서화를 족자나 병풍 등으로 만드는 장인

② 닥나무를 얇게 뜨기 위해 대나무 발을 만들어 주는 장인

③ 대나무의 겉대 뒤에 종이를 발라서 부채를 만드는 장인

④ 일본에서 들어온 표구의 방법으로 서화를 꾸미는 장인

01 | 정답 | ①
| 해설 | 한지는 한국의 종이이다.

02 | 정답 | ③
| 해설 | 한지는 닥섬유에 접착제로 황촉규 뿌리를 사용하여 만든 종이이다.

03 | 정답 | ④
| 해설 | 합죽선은 피죽을 얇고 가늘게 저민 두 개의 댓살을 어교로 맞붙여 합죽하는 기술에 있다.

04 | 정답 | ②
| 해설 | 지승은 한지를 만드는 기술이 아니라 한지를 꼬아 그릇을 만드는 기술이다.

05 | 정답 | ①
| 해설 | 배첩장은 서화를 족자나 병풍을 만드는 장인이며, 표구는 일본식 표현이다.

학습정리

① 한지는 닥 섬유에 황촉규 뿌리를 접착제로 삼아 두드리고 거르고 떠내어 만든 우리의 전통 종이이다. 가볍고 부드러우면서 강하고 질긴 한지는 한국인의 심성을 닮아 있는데, 국가무형문화재 제117호 한지장의 전통 제작 기술에 의해 오늘날 전승되고 있다.

② 합죽선은 고려 때부터 한국을 대표하는 명품이자 여름철 선물의 대명사였다. 합죽선을 비롯한 우리의 부채는 얇은 댓살 위에 부드럽고 질긴 한지를 발라서 시원한 바람을 만들어내며, 그 기술은 국가무형문화재 제128호 선자장의 전통 기술을 유지 전승되고 있다.

③ 한지를 꼬아 만든 지승 미투리는 조선 후기 선비들이 애호품이었다. 책을 읽던 선비들이 심심파적으로 종이를 꼬아 담배쌈지나 망건통 등 생활용품을 만들었으며, 그 기술은 충남 무형문화재 제2호 지승장에 의해 고스란히 전해지고 있다.

④ 종이 위에 그린 그림이나 명필의 글씨도 그 자체로는 보존하거나 감상하기 어렵다. 이것을 족자나 병풍으로 만들어 주는 것이 배첩이다. 이러한 배첩장의 기술은 국가무형문화재 제102호 배첩장에 의해 계속 이어지고 있다.

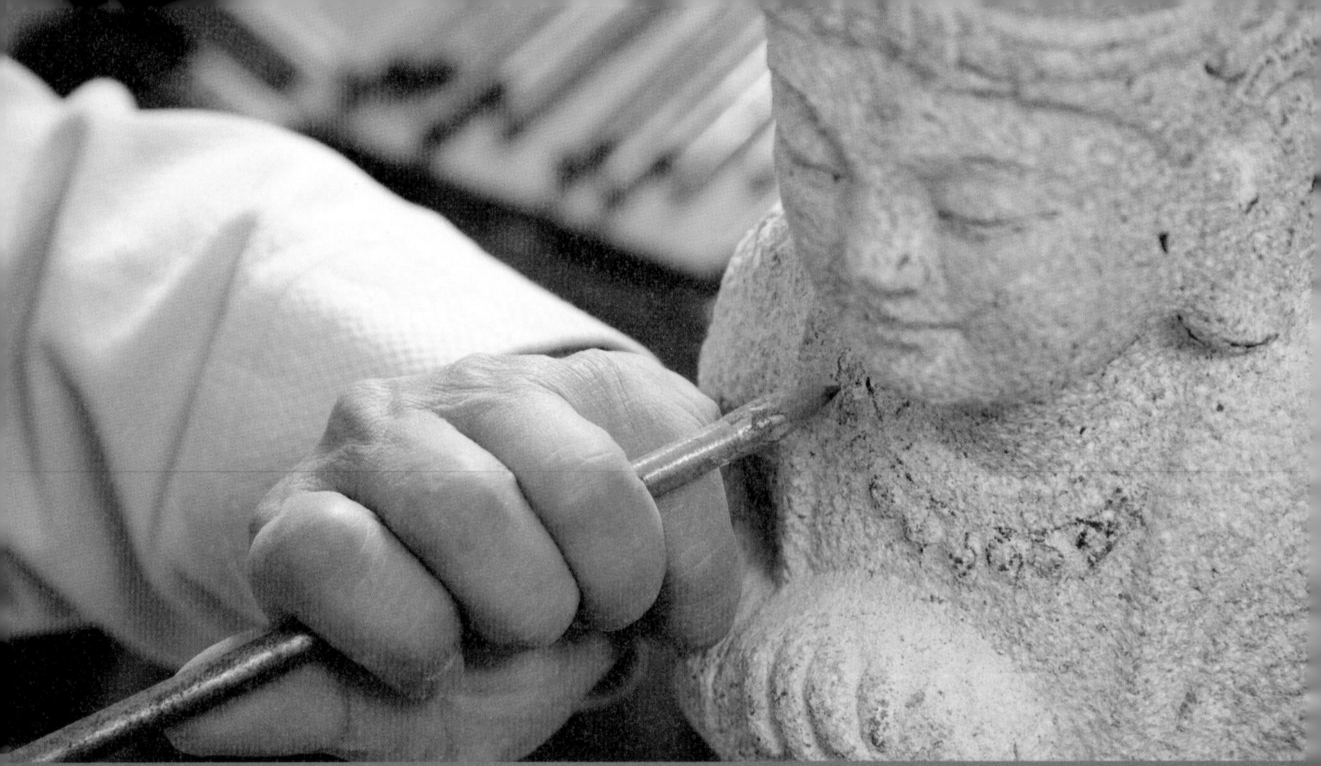

12
옥석공예와 장인

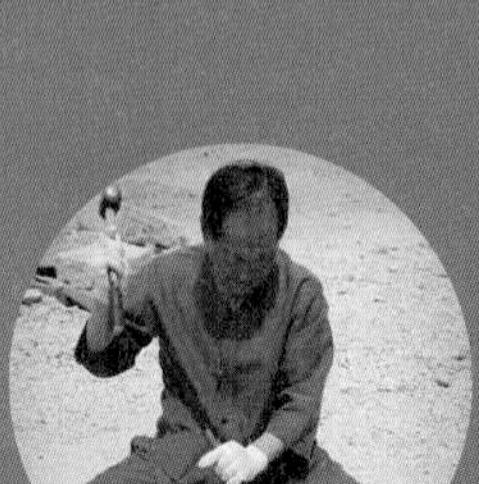

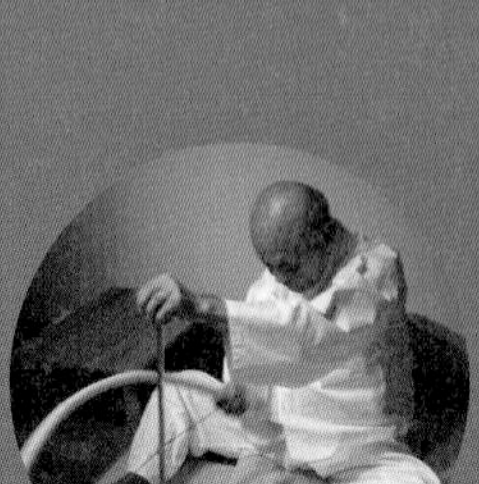

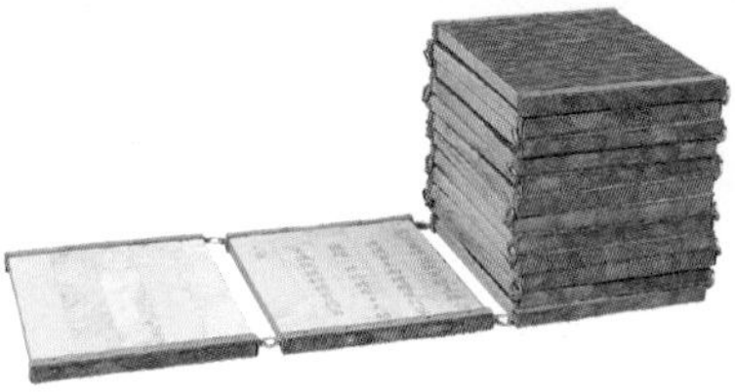

옥석공예 지정종목과 장인

구분	지정번호	종목명	사망	명예	보유자	전수교육조교
국가	제100호	옥장			장주원	
	제120호	석장			이의상, 이재순	
서울	제37호	옥장			엄익평	
경기	제18호	옥장			김영희	
	제26호	벼루장			신근식	
	제42호	석장			박찬봉	
충북	제18호	단양영춘자석벼루장			신명식	
충남	제6호	보령남포벼루제작			김진한	
	제48호	보령 석장			고석산	
전북	제36호	석장			김옥수	
경북	제35호	경주 먹장			유병조	

■ 학습개요

옥은 동양에서 고귀하게 여겨 나라를 다스리는 국왕의 상징물을 제작하는데 많이 사용되었다. 중국에서는 황제의 예기나 의물을 옥기로 만들었고, 조선왕실에서는 왕이나 왕보의 도장인 어보와 어책 등을 옥으로 만들었다. 그밖에 왕비나 세자빈 등 왕실 여인들을 화려하게 꾸밀 각종 장신구 또한 옥으로 만들어 옥공예품의 가치를 엿볼 수 있다.

한편 돌은 어디서나 발견되는 재료여서 이른 시기부터 많이 사용되었다. 특히 화강암을 이용하여 국가적으로는 궁궐을 건설하고 성을 쌓아 외적으로부터 방어하였다. 종교적으로는 석탑이나 석불 등 신앙물을 제작하여 우리나라 불교 문화를 융성하는 데 많은 기여를 하였다. 그밖에 글을 읽고 그림을 그리는 선비들은 종이, 붓, 먹과 함께 벼루를 문방사우로 여겨 항상 애호하면서 발전시켰다.

그러나 현대 산업화와 문명화를 거치면서 옥석 공예품은 첨단 소재들이 발명됨으로 인해 갑자기 자취를 감추거나 한동안 관심을 받지 못해 버림을 받아 왔다. 조선이 망하자 옥보나 옥책의 제작이 끊어졌고, 옥 대신 다이아몬드를 선호하면서 옥장신구의 수요가 없어졌다. 화강암으로 석물을 만드는 전통 수공예기술도 점차 사라지거나 변질될 위험에 처하게 되었다. 이에 문화재청이나 각 시도에서는 역사적, 학술적, 예술적 가치가 높은 공예기술 중 그 원형을 유지하고 있는 것을 국가 및 시도 무형문화재로 지정하여 보호, 관리하고 있다.

이 장에서는 옥으로 공예품을 제작하는 국가무형문화재 제100호 옥장, 화강암으로 성이나 석축을 쌓거나 석탑이나 불상 등 불교조각품을 제작하는 국가무형문화재 제120호 석장, 벼루를 제작하는 시도 무형문화재 벼루장 등에 대해 알아 보기로 하자.

■ 학습목표

1. 옥석공예의 개념과 시대적 변천에 대해 설명할 수 있다.
2. 국가무형문화재로 지정된 옥장과 석장의 공예기술에 대해 설명할 수 있다.
3. 시도 무형문화재로 지정된 벼루장의 공예기술에 대해 설명할 수 있다.

■ 학습내용

1 옥석공예는 무엇일까요?

인류는 환경을 극복하고 이에 적응하면서 진화를 거듭하였습니다. 우리 조상들도 마찬가지로, 오랜 옛날부터 생활에 필요한 거의 모든 도구나 물건을 자연에서 나는 재료로 만들어서 사용해 왔습니다. 인류의 역사적 발전을 이야기할 때 어떤 재료로 도구를 만들었는지로 구분하는 경우가 있어요. 예컨대 구석기시대, 신석기시대, 청동기시대, 철기시대라고 인류 문명의 발달을 도구로 나누는 것이 그것입니다. 돌멩이로 물건을 만들더라도 거칠게 때려서 만들면 구석기이고, 갈고 다듬어서 매끈하게 만들 수 있으면 신석기입니다. 잘 알다시피 인류가 손과 머리를 써서 도구를 만들면서 우리보다 힘센 동물들을 제압하고 지구를 지배하게 되었지요. 그만큼 돌은 인류에게는 고마운 존재라 할 수 있습니다.

시간이 흘러 지혜가 발달하면서 인류는 돌로 일상생활에 필요한 도구 외에도 장신구와 무기도 만들었습니다. 동굴에 살다가 돌로 튼튼한 집을 짓고 살기도 하고, 적의 침입을 막기 위해 성을 쌓기도 합니다. 이렇게 시간이 흘러 광석에서 구리나 쇠를 찾아 청동기나 철기를 만드는 지혜가 생기면서 일상생활에 필요한 도구 외에 장신구나 무기 등도 만들어 문명이 발달하게 되었습니다.

특히 동양에서 옥은 보배로 여깁니다. 자연계를 형성하는 광물 중 서양에서는 다이아몬드를 가장 귀하게 여긴데 비해, 동양에서는 옥을 가장 값진 것으로 여겼습니다. 따라서 옥을 가공하는 공예 기술이 발달하게 되었습니다. 이런 공예 기술은 강력한 국가를 상징하는 것이어서 국가의 체계가 갖추어지고 왕권이 강화되던 고대국가 때부터 발달하기 시작하였습니다.

이와 함께 인도에서 발생하여 중국을 거쳐 전래된 불교 문화는 우리 민족의 사상을 한층 심화시켰고, 신앙의 대상을 예술적으로 만들면서 공예 기술의 발전에도 영향을 주었습니다. 예컨대 우리 주위에 널려 있는 돌을 사용하여 부처님을 상징하는 석탑을 만들어 세웠습니다. 화강암이 풍부한 우리나라는 어디서나 돌로 만든 탑을 흔히 볼 수 있습니다. 때문에 한국은 석탑의 나라라고 부르며, 흙으로 구운 벽돌이 많았던 중국은 전탑의 나라,

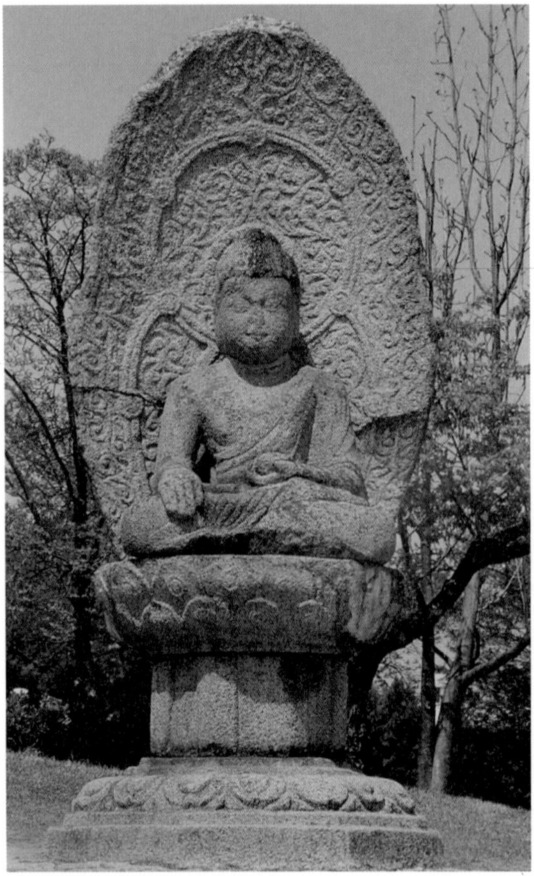

석조여래좌상, 통일신라, 국립경주박물관

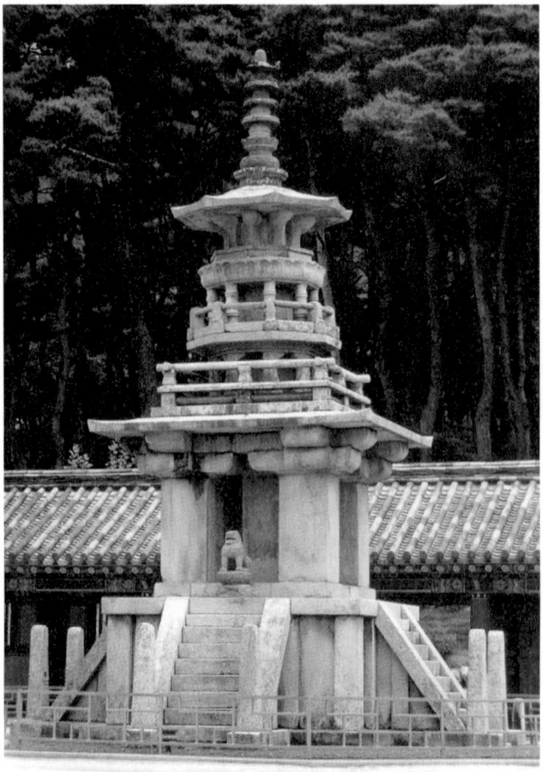

다보탑, 통일신라, 불국사

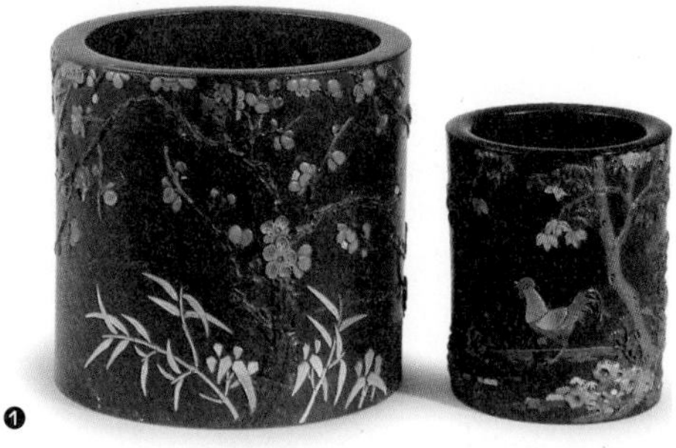

❶ 석제 필통, 조선, 국립고궁박물관
❷ 고종옥보, 대한제국, 국립고궁박물관

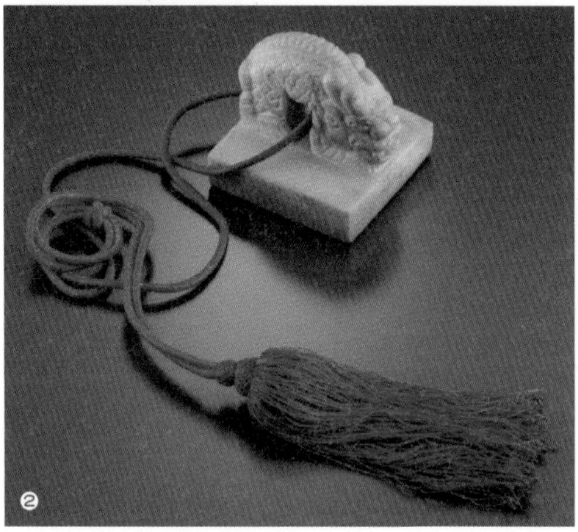

나무가 흔한 일본은 목탑의 나라라고 한답니다. 한중일 삼국은 많은 탑을 세웠는데, 재료나 형태 등 나라마다 독특한 특징을 엿볼 수 있지요.

한편 인류 문명의 발달에 가장 크게 기여한 것은 생각을 표현하는 문자의 발명이라 할 수 있는데요. 이로 인해 인류는 시간과 공간을 초월하여 지식을 보존하고 전달할 수 있게 되었어요. 문자의 발명과 더불어 문자를 쓰는 도구의 발전도 창조하였는데, 종이, 붓, 먹, 벼루가 그것입니다.

이처럼 우리 조상들은 오랜 옛날부터 옥이나 돌을 이용하여 생활에 필요한 도구를 만들었습니다. 왕권 강화 시기나 불교가 융성하던 시기에는 왕의 권위를 상징하는 장식품이나 불교 관련 석물들도 많이 만들었습니다. 그중 옥을 다루는 옥장은 국가무형문화재 제100호로 지정되었고, 돌을 다루어 석성을 쌓거나 석조 불교조각품을 만드는 석장은 국가무형문화재 제120호로, 벼루를 만드는 벼루장은 여러 시도에서 무형문화재로 지정되어 보호 관리되고 있습니다.

2 옥공예품은 시대에 따라 어떻게 발전했을까요?

동양에서 옥은 금, 은과 함께 대표적인 보석입니다. 우리 민족은 석기시대부터 비취와 같은 녹색 옥을 애호하였습니다. 고대부터 조선시대까지 옥은 영험이 깃든 대상으로서 왕실의 권위와 위엄을 상징하는 의물이었고, 지배층의 장신구에 없어서는 안 될 중요한 품목이 되었습니다. 이것은 각종 고분에서 옥이 출토된 것에서 알 수 있어요. 어머니가 딸에게 가보로 옥장신구를 물려주기도 했습니다.

1) 삼국시대

삼국시대부터 왕족들은 옥을 권위의 상징으로 주로 사용하였습니다.

백제의 무령왕릉에서 발견된 관옥은 색상이 아름답고 재료의 선택에 있어서 특이합니다. 백제의 옥 공예품은 무령왕릉에서 256개가 출토되었는데, 유리재질입니다. 그것들은 감색 유리구슬과 산화된 유리구슬, 청색 유리구슬 등 색상도 다양합니다. 아울러 모자곡옥은 신라와 가야에서는 찾아볼 수 없는 백제만의 특이한 형태로 유명합니다.

신라의 왕실이나 귀족들은 모두 옥을 즐겨 사용하여, 각종 무덤에서 옥으로 만든 장식구가 많이 출토되었습니다. 신라의 왕릉으로 추정되는 금관총을 비롯한 대형 고분에서 출토된 금관이나 귀걸이 및 목걸이 등에 곡옥을 사용한 것이 대표적인 사례입니다. 곡옥은 머리가 둥글고 구부러진 형태가 태아와 유사합니다. 이로써 곡옥이 생명에 대한 경외심이나 보호의식 내지는 생산의 의미를 미적으로 표현한 것이 아니었나 해석하기도 합니다. 역사 이전 선사시대는 모계중심의 부족사회로서 생산의 의미가 매우 중요하였습니다. 그 중요함을 강조하기 위한 표시로 시작하여 장신구로까지 발전된 듯으로 보는 것입니다. 한편 곡옥은 어금니와 유사한 형태를 가지고 있는데, 이것은 곰이나 호랑이의 어금니를 연상시켜 그들을 숭배하는 지배계층의 토템신과 연관시켜 생각하기도 합니다. 또한 신라에서는 왕을 이사금이라 하여 어금니까지 있어 다른 이들보다 이빨의 숫자가 많은 이를 통치자로 여겼듯이, 곡옥이 지배계층을 상징하기도 했을 겁니다.

금관총에서는 각종 옥을 연결시켜 만든 목걸이가 출토되었는데, 그 디자인이 탁월합니

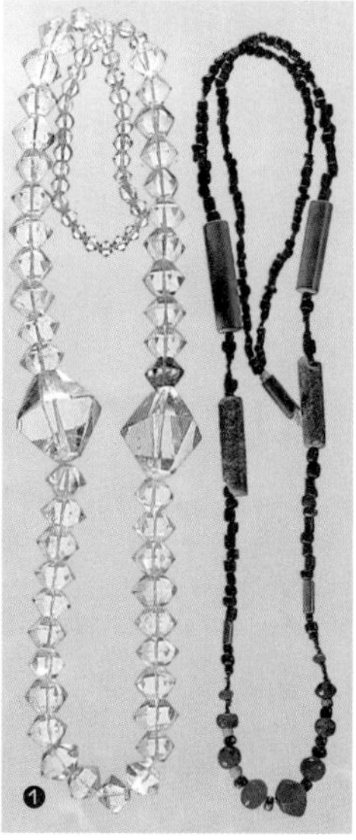

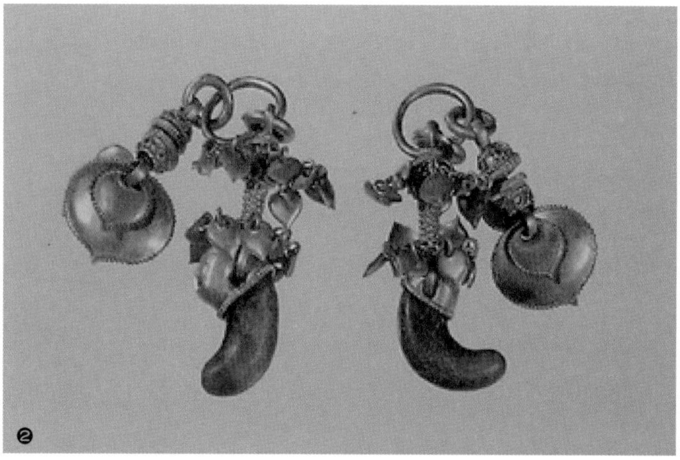

❶ 옥목걸이, 신라, 국립중앙박물관
❷ 곡옥귀걸이, 신라, 국립중앙박물관

다. 특히 허리띠에 구부러진 형태의 곡옥을 비롯한 여러 가지 장신구를 매다는 풍습은 우리 민족의 기마 풍습과 연관되는 중요한 요소입니다. 또 금령총의 곡옥은 경옥을 사용하였고, 드물게 수정이나 유리옥을 사용하기도 하였습니다. 옥의 형태는 머리 부분은 굵고 꼬리부분은 가늘게 구부러지게 다듬어 머리 부분에 구멍을 뚫어 꿰어서 사용하였습니다. 이러한 형태의 옥은 색상이나 크기가 모두 달라 어떠한 의미를 지녔는지 알 수 없지만, 모든 장신구의 가장 중앙에 위치하여 곡옥이 매우 중요한 위치에 있었다는 것은 확실합니다.

황남대총의 경우 사용자에 따라 같은 목걸이라 할지라도 그 형식이 달라 남자 주인 것은 부인 것보다 단순한 형태이고, 중앙에 곡옥을 달고 좌우에 유리옥 46개를 연결하였습니다. 왕비의 것으로 추정되는 남분에서 출토된 목걸이는 특이하게 다종다양한 수 많은 다채로운 색상의 옥을 연결하여 만들었습니다. 신라의 귀걸이 중에는 옥에 황금모자를 씌운 것이 있습니다.

2) 고려시대

고려시대에 옥을 깎고 다루는 장인을 옥인玉人이라고 불렀습니다. 현재 국립중앙박물관에는 고려시대 인종의 왕릉에서 출토된 옥책이 소장되어 있습니다. 이렇게 고려 왕실의 의례용 공예품을 옥으로 제작하였음을 알 수 있습니다. 또 고려시대 귀족 무덤에서 출토된 목걸이나 귀걸이를 비롯한 여러 종류의 옥 장식품이 다수 소장되어 있습니다. 이를 통해 고려시대 왕실이나 귀족들은 옥으로 만든 각종 장신구를 사용하는 것이 보편적이었음을 알 수 있습니다.

3) 조선시대

조선시대에도 옥은 왕실의 권위를 상징하는 상징물이었습니다.

전통시대에 도장은 바로 그 사람으로 인식되었습니다. 지금은 컴퓨터용 공인 인증서나 눈의 홍채 등이 자신을 증명하지만, 예전에는 인감도장이 필요했습니다. 왕의 도장도 마찬가지여서 왕의 존재를 입증하는 것이었기에 왕만이 사용할 수 있었습니다. 예컨대 왕비나 세자를 책봉하거나, 국가적인 명령을 내리거나, 외국과의 외교문서를 내리는 중요한 순간, 왕은 자신의 문서임을 도장을 찍어 증명하였던 겁니다. 이처럼 왕의 도장은 왕실의 각종 행사 때마다 왕을 왕답게 하는 즉위식이나 혼례식 등에서 중요한 위치를 차지하였고, 의식 행차의 위엄을 나타내기 위해 행렬의 앞에 별도의 가마에 봉송하기도 하였습니다.

조선시대에 도장은 그것을 사용하는 사람에 따라 부르는 이름도 달랐습니다. 왕과 왕비의 도장은 보寶 혹은 어보御寶라고 불렀고, 세자와 세자빈의 도장은 인印이라고 불렀습니다. 이러한 왕과 세자의 도장은 합쳐서 보인寶印이라고 부른 거지요. 이러한 보인의 상당수가 바로 옥으로 제작되었지요.

특히 왕과 왕비의 어보는 그들의 사후 왕실의 사당인 종묘에 신주와 함께 모셔지게 됩니다. 종묘의 신실에는 보장寶欌을 갖추고 그 속에는 왕이나 왕비가 책봉을 받거나 시호나 존호를 올릴 때마다 제작하였던 도장을 안치하였습니다. 이러한 왕과 왕비의 어보는 현재 총 316점이 현존하고, 그것을 쌌던 보자기나 넣었던 함궤 등 관련 유물 3,361점이 보물로 지정되어 국립고궁박물관에 소장되어 있습니다.

한편 옥은 조선 왕실 여인들의 장신구로 애호되었습니다. 옥 장신구는 형태와 색조가 조화를 이루어 여성들을 더욱 아름답게 장식하였습니다. 국립고궁박물관에는 떨잠을 비롯하여 앞꽂이와 뒤꽂이 및 봉황비녀 등 다양한 옥수식구가 소장되어 있어 조선 왕실 여인들의 풍성한 머리를 더욱 화려하게 장식하였음을 엿볼 수 있습니다. 그 밖에도 옥장신

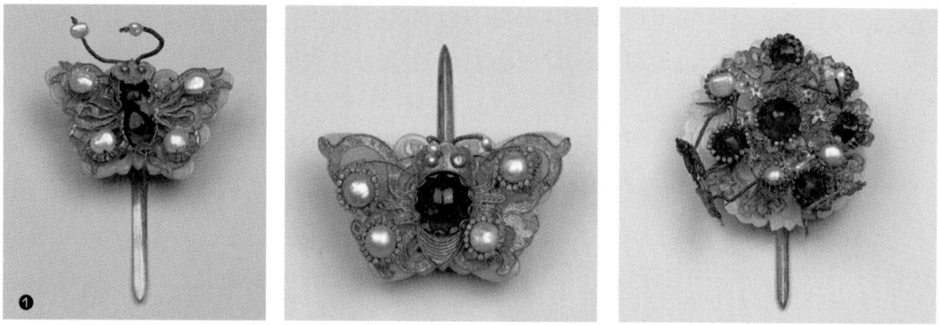

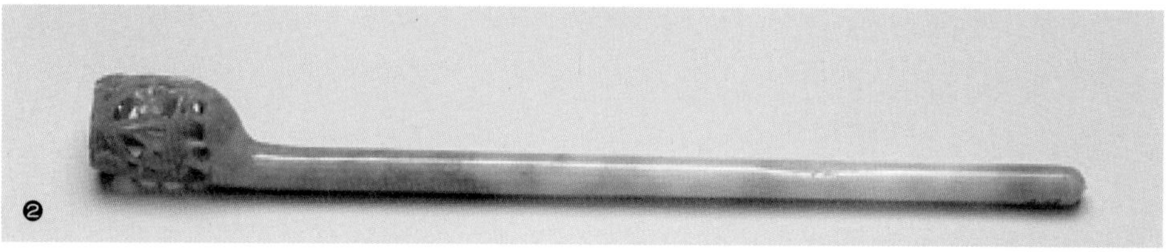

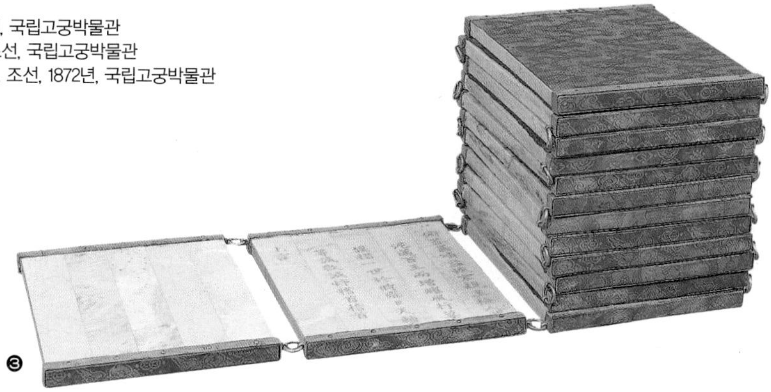

❶ 떨잠, 조선, 국립고궁박물관
❷ 옥죽잠, 조선, 국립고궁박물관
❸ 태종 옥책, 조선, 1872년, 국립고궁박물관

구는 노리개나 장도 및 가락지 등 종류가 많고 형태도 다양합니다. 특히 은은한 유백색의 백옥은 유교적 가르침을 지향하는 시대사상과도 부합되었습니다. 또한 비녀나 노리개에 표현된 자연물이나 일상 기물 혹은 상상적 문양은 나름대로 독특한 의미를 지녀 조선조 여인들의 미의식이나 정서를 느끼게 합니다.

3 옥공예품을 제작하는 옥장은 누구일까요?

1) 옥공예품을 제작하는 장인, 옥장

조선시대에 옥장은 국가의 법전인 『경국대전』을 보면 공조와 상의원에 소속되어 있었습니다. 그들은 옥을 깎고 갈아서 왕이나 왕비의 옥보나 옥책 등 왕실을 상징하는 공예품이나 왕실 복식의 장신구를 만드는 일을 했습니다.

왕권을 상징하는 도장은 누가 어떻게 만들지 살펴봅시다. 1876고종 13에 편찬된 『보인소의 궤』라는 책에 의해 보인을 만든 과정을 잘 알 수 있어요. 곧 1876년 11월 16일부터 12월 16일까지 1달간 호조는 〈조선왕보〉, 〈대조선국주상지보〉, 〈조선국왕지인〉 등 총 11과의 보인을 만들거나 수리하였습니다. 보인이 국왕을 대신하는 국가적 상징물이었기에 국가적 프로젝트로 추진된 것입니다.

그러면 보인은 어떤 과정으로 만들었을까요? 당시 조선 왕조 정부는 11개의 도장을 만들기 위해 '보인소'라는 임시 관청을 조직하고, 최고 책임자는 이조판서와 호조판서가 담당하였습니다. 이러한 보인은 단순한 하나의 도장이 아니어서인지, 옥장만으로 만들 수 있는 것이 아닙니다. 옥장 이외에도 22종 76명 장인과 함께 모조역이나 육조역 등도 동원하였습니다.

보인은 그 상징성을 돋보이기 위한 여러 시각적 장치가 함께 갖춰져 있습니다. 보인과 그것을 묶는 끈[纓子], 그것을 감싸고 보호할 솜보자기[襦袱]와 겹보자기[袷袱], 그것을 담을 보통寶筒과 보록寶盝 및 인주를 넣는 주통朱筒 그리고 모든 것을 담을 호갑護匣 등이 그것입니다. 의궤 속에서 확인되는 장인들은 각 분야마다 당대 최고의 솜씨를 자랑하는 여러 명의 장인들을 불러들여서 각자 자신의 분야를 작업한 다음 하나의 완성품을 만들어내는 '분업적 협업체계'를 갖추고 있었습니다. 예컨대 도장의 형태를 그린 것은 화사 박용기였고, 보장은 전흥길·안순록·민상호·석한정 외 5명이 더 차출되었습니다. 그 밖에 두석장, 금장, 은장, 옥각수, 소로장, 담편장, 병풍장, 목수, 소목장, 조각장, 야장, 쇄자장, 마조장, 마광장, 칠장, 호갑장, 과피장, 다회장, 입사장, 안자장, 매듭장 등의 장인이 참여했다. 이로 미루어 보인과 같이 왕권을 상징하는 의물은 한 명의 뛰어난 장인 혼자서 솜씨를 발휘하여

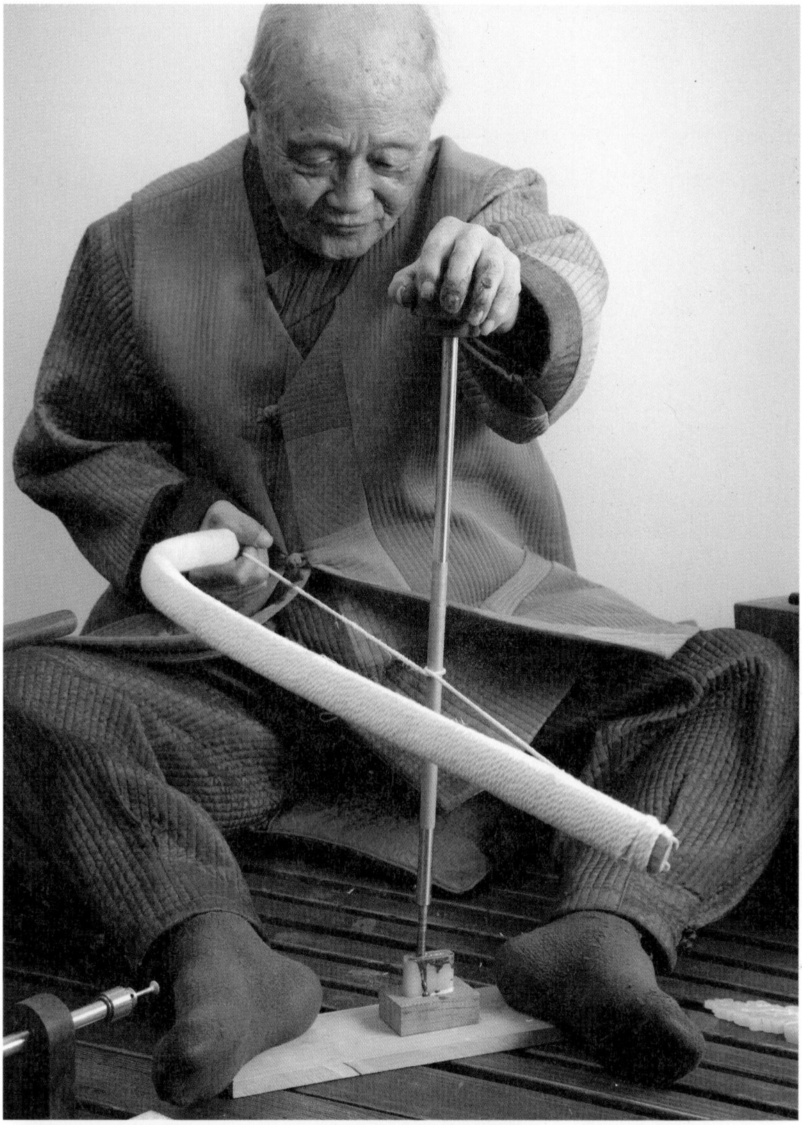

국가 옥장 장주원 보유자

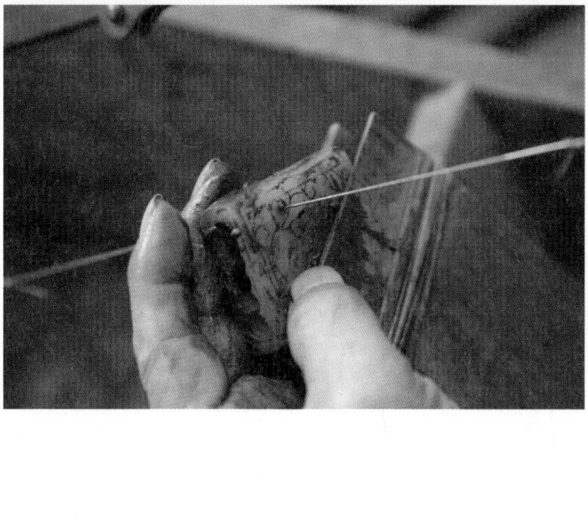

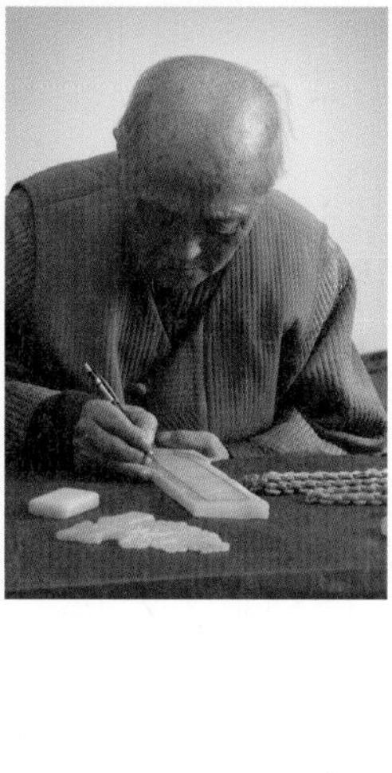

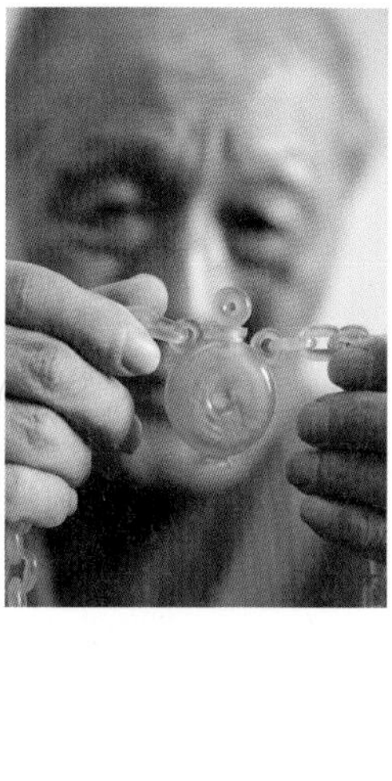

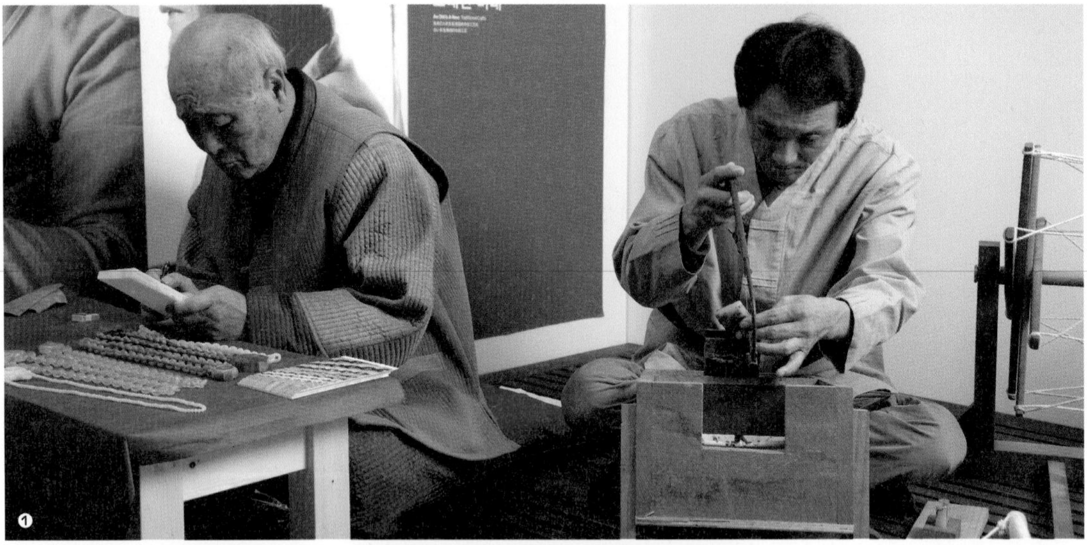

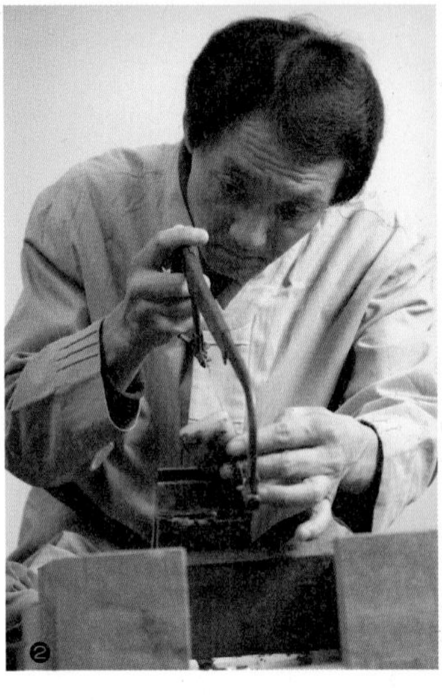

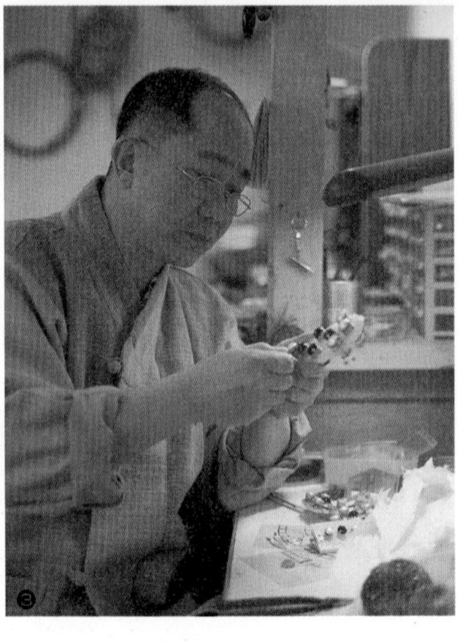

❶ 국가 옥장 장주원 보유자와 아들인 장석 전수교육조교
❷ 국가 옥장 장석 전수교육조교
❸ 경기 옥장 김영희 보유자

뚝딱 만들어 낼 수 있는 것이 결코 아니라는 것을 알 수 있습니다.

2) 옥장의 제작과정

옥장이 옥공예품을 제작하는 과정은 절단, 연마, 조각, 가공의 과정을 거치며 완성됩니다.

옥은 경도가 6.5도의 강한 원석입니다. 옥은 강하므로 쇠로 만든 정이나 망치로 쪼고 때려서 자르거나 다듬거나 조각하는 것이 불가능합니다. 옥보다 강한 도구가 필요한데, 그

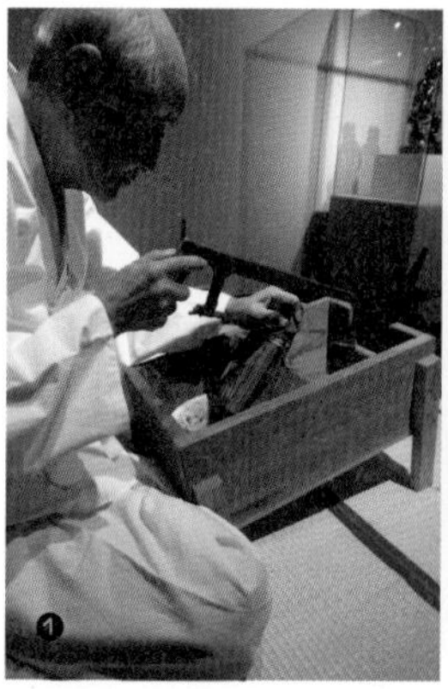

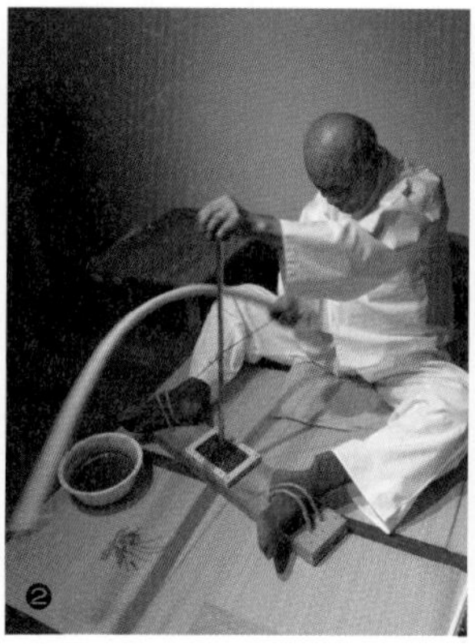

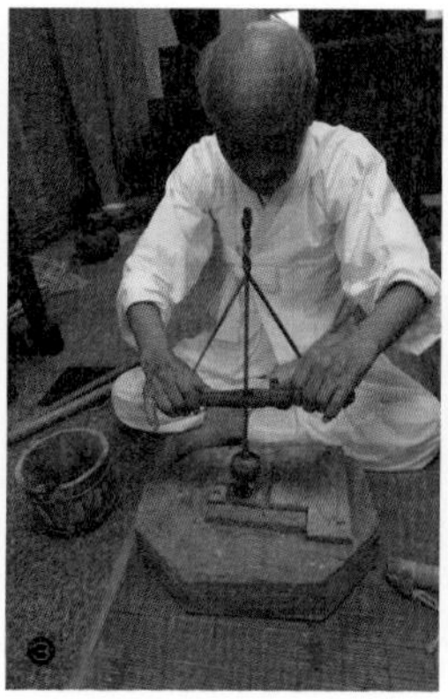

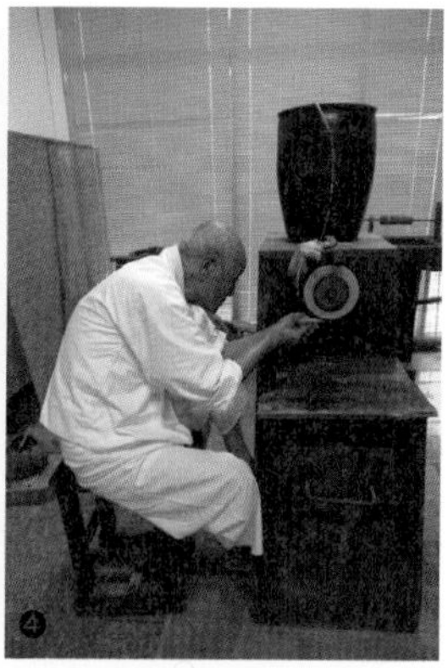

❶ 금강사톱으로 자르기
❷ 활비비로 구멍 뚫기
❶ 돌대송곳으로 구멍뚫기
❷ 갈이틀로 연마하기

것이 바로 금강사, 다이아몬드처럼 단단한 모래입니다.

옥을 절단하기 위해 세 사람이 한 조가 되어 양쪽에서 큰톱을 잡고 밀고 당기면서 옥돌을 잘라야 합니다. 이때 또 한 사람은 끊임없이 물에 탄화규소가 섞여있는 것을 톱자국이 난 틈에 집어넣어 줍니다. 이 일을 계속하여 톱니철사와 물모래가 원석을 갈아내면서 절단됩니다. 구멍을 뚫을 때는 활비비나 돌대송곳을 이용합니다.

옥의 세공은 금강사를 일일이 갈아서 만드는 연마 작업으로 진행합니다. 연마작업은 정밀성을 필요로 합니다. 연마하는 도구는 갈이틀인데, 양쪽 발판을 양발로 번갈아 밟아 회전운동으로 연마를 합니다. 연마를 할 때에도 물을 계속 흘리면서 모래와 함께 연마하여 원하는 조각의 형태를 만듭니다. 이때 물은 걸러 내고 모래는 계속 사용합니다.

옥 공예품은 광택을 내려면 숫돌로 곱게 갈아줍니다. 옥의 표면이 고와지면 발갈이틀에 소가죽을 원형으로 오려서 회전축에 끼워 양발로 발틀을 밟아주면 회전됩니다. 근래에는 초록색 광약 분말을 물과 섞어 소가죽에 바르고 회전시켜 비교적 쉽게 광을 냅니다.

이처럼 옥은 이른 시기부터 우리 민족이 애호한 보석의 일종입니다. 고대부터 조선시대까지 옥공예품은 국가나 왕실의 권위를 상징하는 대상이었습니다. 옥장은 이러한 왕과 왕비를 상징하는 옥보나 옥책을 만드는 장인입니다. 그들은 철보다 강한 옥을 금강사를 물에 넣고 일일이 밀고 당기며 은근과 끈기로 가공하는 전통 공예기술입니다. 과거보다 그 수요가 줄었지만 과거처럼 앞으로도 우리가 계속 이어가야 할 무형유산입니다.

4 석공예품을 제작하는 석장은 누구일까요?

석재는 인류가 자연에서 채득한 물질 중 그 연원이 가장 오래되었고, 역사 및 문화의 진전 과정에서 늘 함께 해 온 소재입니다. 재료를 구하기 쉽기 때문에 가장 이른 시기부터 돌을 사용해서 구석기시대에 타제석기나 신석기시대에 마제석기 등의 도구를 만들어 사용하기도 했지요. 우리나라에서 주로 애호된 화강암은 단단하기 때문인지 섬세하고 정교한 공예품보다는 비교적 규모가 큰 건축물이나, 종교적 속성을 지닌 조형물에 국한되는 특성을 지니고 있습니다.

돌을 다듬어 각종 조형물을 만드는 장인은 '석장'인데, 문헌에서는 '석장'이라는 용어가 더 자주 많이 사용된 보편적인 용어였습니다. 석장들이 주로 만든 것은 사찰이나 궁궐 등에 남아 있는 불상, 석탑, 석교 등의 석조물입니다. 우리나라 석장들의 석조물 제작 기술은 삼국시대부터 상당한 수준에 이르렀음을 알 수 있습니다. 그것은 돌로 쌓은 성이나 석조불상 및 석탑 등에서 확인됩니다.

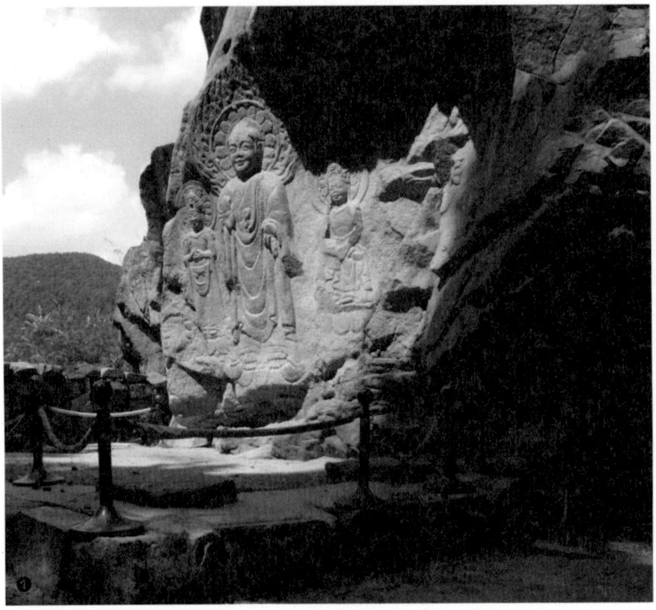

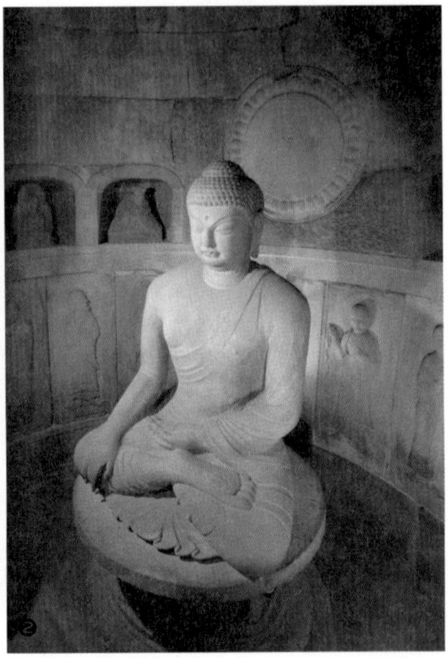

❶ 서산마애불, 백제, 충남 서산
❷ 석굴암 본존불, 통일신라, 경주

1) 석조 미술품

삼국시대에 불교가 들어온 이후 우리나라 사찰의 가장 중앙에는 석탑이 세워졌습니다. 주지하다시피 석탑은 부처님의 사리를 안치하기 위한 건조물로서 사찰에서 가장 상징적인 조형물이라 할 수 있습니다. 부처님 사리가 안치된 무덤의 일종이라 할 수 있지요. 그렇기에 사찰의 제일 중요한 위치에 세우는 것입니다. 그런데 한중일 삼국이 탑을 만드는 재료가 다른 것을 아시나요? 중국에 가면 가장 흔히 볼 수 있는 탑이 흙을 구워 만든 전탑이고, 일본의 탑은 대부분 나무로 만든 목탑이랍니다. 한중일 삼국이 탑을 만드는 재료가 다르기 때문에 이러한 동양 삼국의 문화적 특징을 비교하여 한 마디로 정의할 때, 중국은 '전탑의 나라', 우리나라는 '석탑의 나라', 일본은 '목탑의 나라'라고 부릅니다. 그만큼 우리나라는 다른 나라에 비해 돌이 풍부하고, 그 때문에 석탑을 많이 세웠다는 뜻입니다.

석탑 뿐 아니라 우리나라의 불상 또한 석조로 만든 것이 매우 많습니다. 백제의 경우 '백제의 미소'라 일컬어지는 '서산마애삼존불'이 대표적입니다. 해를 따라 움직이는 듯 세 분

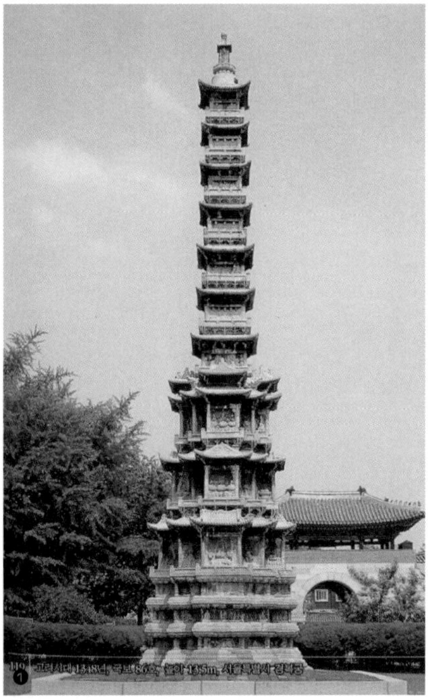

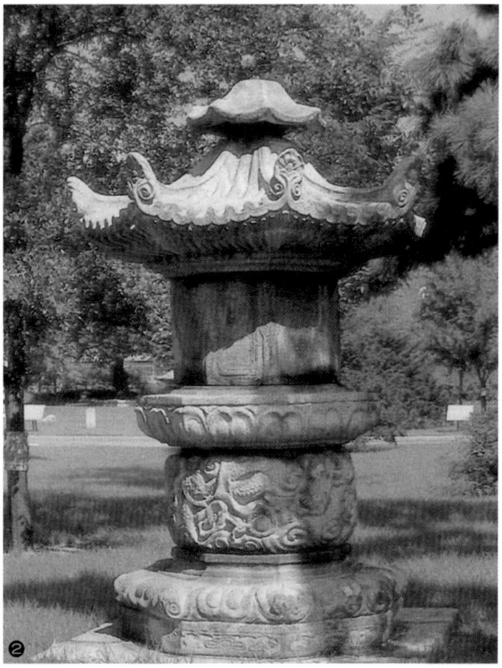

❶ 경천사지십층석탑, 고려, 국립중앙박물관
❷ 흥법사지 진공대사탑, 고려, 국립중앙박물관

의 부처님이 한쪽 바위면에 도드라지게 조각되어 있습니다. 본존불은 여유 있고 당당한 신체에 크고 둥근 얼굴에 눈과 입으로 활짝 웃으며 우리를 맞이합니다. 한 손은 위로 들고 또 한 손은 아래로 내려 시무외여원인을 짓고 있는데, 이 수인은 바로 걱정 근심을 없애고 모든 것을 이뤄준다는 의미랍니다. 왼쪽의 보살은 손에 보주를 들고 있으며, 그 얼굴은 일본 호류지의 보살상과 닮아있어 백제가 일본에 불교를 전해준 증거가 되고 있지요. 오른쪽의 보살은 한 발을 무릎 위에 올리고 오른손을 뺨에 대고 생각하는 반가사유상입니다. 서산마애불은 백제의 불교와 사상, 뛰어난 석장의 솜씨를 한 눈에 볼 수 있는 당대 최고의 작품이라 할 수 있습니다.

통일신라의 석조 미술은 석굴암에서 최고 수준에 이릅니다. 석굴암의 본존불은 완벽한 신체 비례와 더불어 당당함 그리고 차가운 돌이지만 마치 피가 흐르는 듯한 생명력을 느낄 수 있습니다. 뒤쪽에 배치한 11면 관음보살상, 범천 제석천은 적당한 신체 비례와 부드러운 천의자락, 정교한 주름의 묘사 등 세부묘사가 섬세합니다. 10대 제자와 사천왕상은 각기 다른 얼굴이나 복식의 생동감 넘치는 표현 등을 통해 석조를 통해 이상적인 사실주의를 구현해내고 있습니다. 종교적 엄정성과 석조 조각의 우수성 등 탁월한 예술성으로 유네스코 세계문화유산에 등재되어 세계인의 찬사를 받고 있습니다.

뿐만 아니라 우리나라에서는 어느 사찰을 가거나 석탑이 서 있는데요, 선종의 도입과 함께 부도라는 새로운 조형을 탄생시켰을 뿐만 아니라 "팔각원당형"이라는 새로운 유형의 양식을 유행시킨 것으로 유명해요. 이는 신라보다 먼저 부도를 조성했던 중국과는 확연히 다른 양식을 지니고 있어 당시 석장들의 새로운 예술감각과 창의성을 볼 수 있는 대표적인 예라 생각합니다.

2) 석장의 석조물 제작과정

조선시대에 석수는 『경국대전』으로 법제화되어 그들을 관리하고 조직하였습니다. 석수는 공조와 선공감에 소속되어 궁궐의 건물을 세우거나 왕실과 관련된 물품을 제작하는 일을 하였습니다.

(1) 석축 만들기

석장들이 석조물을 만들 때 주로 사용하는 돌은 화강암입니다. 또한 석장들은 망치, 정 등 수공구를 사용하여 수준 높은 석조물을 만들고, 돌을 다루는 기술을 발전시켜 왔습니다. 돌을 다듬는 과정은 석재를 큰 메를 치는 메다듬, 털이개다듬, 정다듬, 도드락다듬, 잔다듬의 순으로 다듬질합니다.

고대국가부터 왕실의 권위를 드러낼 궁궐이나 외적을 방어할 성을 쌓을 때, 돌을 많이 애용했습니다. 삼국시대 초기에는 흙으로 성을 쌓은 토성이었지만, 인구가 많아지고 국력이 강성해지고 기술이 축적되면서 점차 돌로 성을 쌓아 외적을 방어할 수 있게 발전합니다. 돌로 성을 쌓으려면 알맞은 돌을 찾는 과정이 필요합니다. 돌을 캐낼 때는 석재의 결과 절리를 확인하면서 채취합니다. 필요한 만큼 적당히 잘게 자른 돌은 기구를 이용해 운반

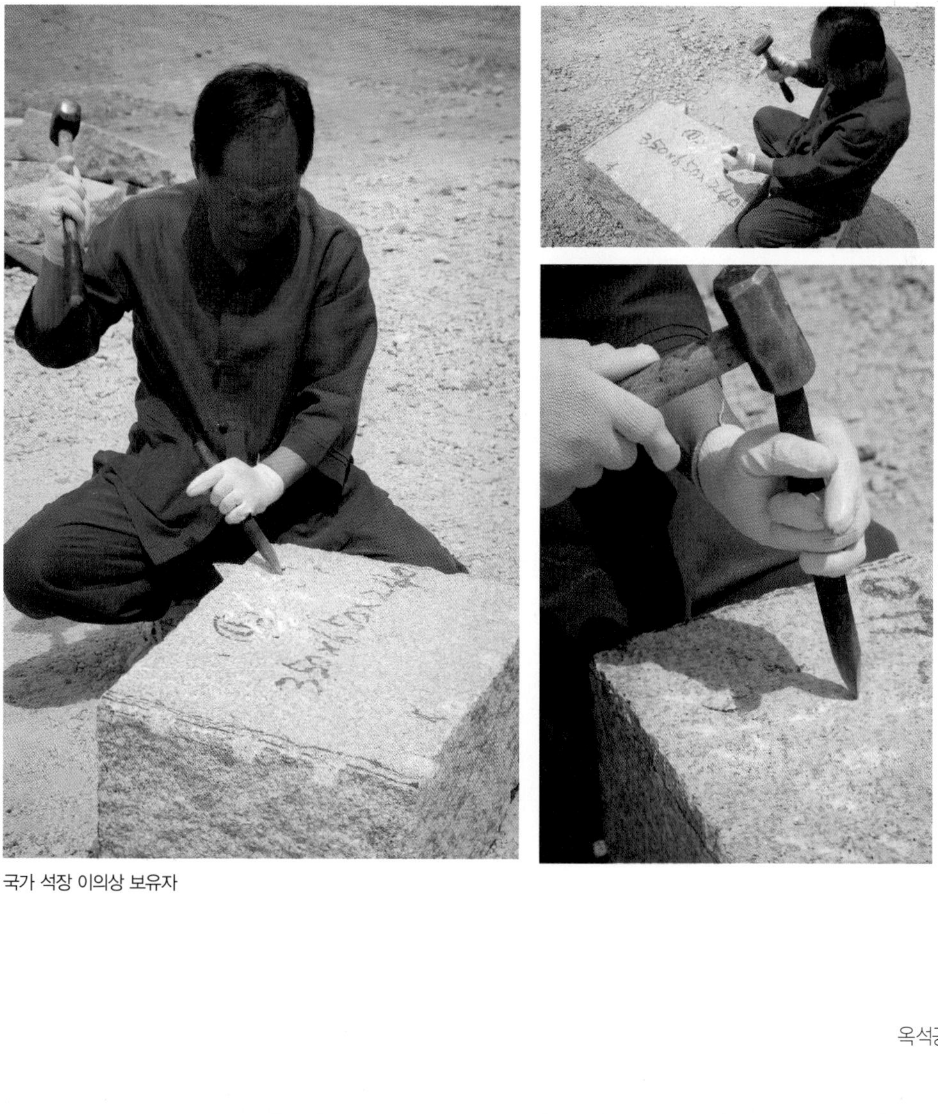

국가 석장 이의상 보유자

하거나 사람이 직접 옮깁니다. 석재의 가공은 돌을 원하는 크기로 자르는 과정입니다. 석축이나 성곽을 쌓을 때는 돌의 무게나, 흙의 압력, 물의 압력 등을 살펴서 안전하게 쌓습니다.

(2) 석조불상 조각하기

석장은 어떤 불상을 만들 것인지 결정하고 초안을 잡습니다. 이 때 조각을 설치할 장소, 작품의 성격과 상황에 따라 크기나 재질, 조각 방법 등이 달라집니다. 도면에는 작품의 형태와 특징, 치수, 설치할 장소를 표시합니다.

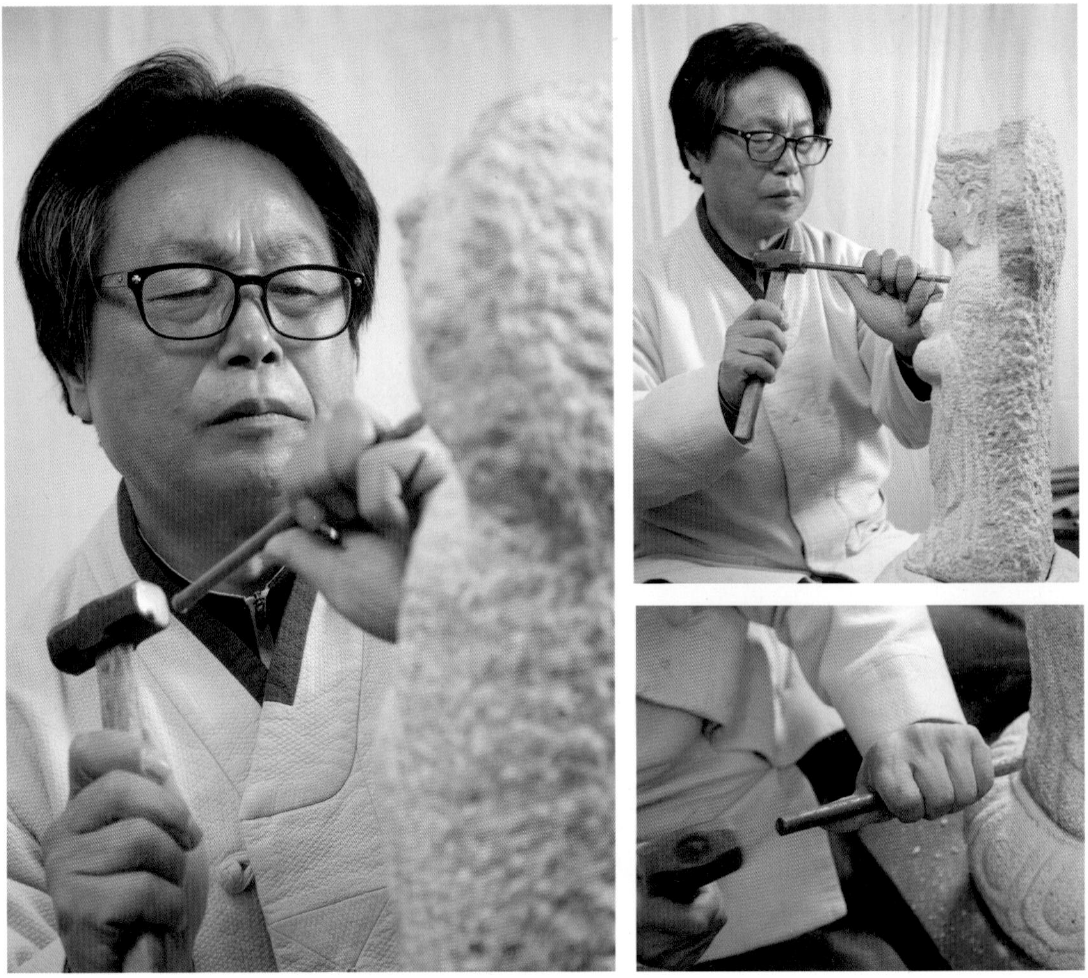

국가 석장 이재순 보유자

석재라는 특성상 흙이나 석고를 이용해서 미리 작품을 만들어 보는 일을 합니다. 모형을 제작하기 위해 먼저 뼈대를 세우고, 뼈대는 나무와 철사로 만듭니다. 그 위에 끈을 감아 고정시킨 다음 뼈대 위에 흙을 붙입니다. 그 위에 다시 석고를 덧씌워서 모델을 만듭니다.

제작한 모형을 돌에 옮기는 일을 해야 합니다. 완성된 석고 모형에 중심선을 표시하고, 중심선을 기준으로 불상의 전체적인 비례를 정합니다. 전체 형태가 어느 정도 결정되면 석재를 다듬는 과정으로 불필요한 석재를 떼어내면서 전체적 모습을 만들어 갑니다. 전체적인 윤곽이 잡히면 밑그림을 먹선으로 그리는데, 이것은 불상의 형태, 중심선, 가로 세로의 눈금을 그리는 일을 합니다. 이를 바탕으로 돌을 다듬습니다. 먼저 석재에 그려진 먹선에 맞추어서 메와 털이개를 이용하여 돌을 쳐 내면서 형태를 잡습니다. 그 다음 정으로 표면의 거친 부분을 하나하나 쪼아 다듬어 줍니다. 이렇게 어느 정도 형태와 윤곽이 잡히면 다시 도드락 망치로 돌의 표면을 곱게 다듬으면서 차츰 세밀하게 다듬는다. 마무리 작업으로 날 망치를 사용하여 더욱 세밀하게 다듬는 과정인 잔다듬으로 광택을 냅니다.

불상의 조각이 되었으면, 그것을 설치할 장소에는 지대석을 놓습니다. 다음으로 지대석의 중심을 정확하게 잡고, 불상을 놓을 위치와 예배자들이 바라보는 시선의 방향을 나침반을 이용해서 살펴봅니다. 다음으로 자를 이용해서 중심선을 잡습니다. 지대석 위에는 별도의 석재로 제작된 중대석과 상대석을 얹고 그 위에 불상을 올려놓습니다. 다음으로 불상의 머리 위에 보개를 얹은 다음 마지막으로 불상의 위치와 방향, 주변 환경과의 어울림 등을 전체적으로 살펴본 후 설치를 끝냅니다.

이처럼 우리나라는 이른 시기부터 돌을 사용하여 도구를 종교적 상징물을 제작해 왔습니다. 그러나 근래 첨단 재료들이 많이 발명되고 석재를 다룰 때에도 각종 첨단 기계를 사용하면서 전통 수공도구나 기술이 많이 쇠퇴하는 추세입니다. 우리 선조들의 뛰어난 문화유산을 계속 이어가기 위해 전통 석조 기술의 보존과 전승이 필요하다고 생각합니다.

5 석재로 벼루를 만드는 벼루장은 누구일까요?

우리나라를 비롯한 동양에서 벼루는 종이, 붓, 먹과 함께 문방사우文房四友라고 불렀습니다. 선비들의 사랑방에 반드시 있어야 할 필수품으로서, 문방사보文房四寶, 문방사후文房四侯 또는 문방사보文房四譜라 부르기도 합니다.

우리나라에 벼루가 언제 전래되었는지는 알 수 없으나, 삼국시대부터 여러 유적에서 벼루들이 다수 출토되어 전해지고 있습니다. 백제에서는 동물형 다리가 달린 도기 벼루가 출토되어 불교 문화의 영향도 반영하고 있습니다. 신라의 벼루 또한 마찬가지입니다. 통일신라의 안압지에서는 녹유를 바른 벼루가 여럿 출토되어 벼루 사용이 확산되었음을 알 수 있습니다. 고려시대부터는 돌로 만든 벼루[石硯]로 변화되면서, 당시 발달한 청자기술을 응용한 청자벼루도 제작되었습니다.

무엇보다도 현존하는 벼루는 조선시대의 것이 대부분입니다. 우리나라의 수많은 문인들은 충남 보령에서 출토되는 남포벼루[藍浦硯]를 중국의 단계연端溪硯 및 흡주연歙州硯과 비교하여 으뜸으로 쳤습니다. 그중 대표적인 것은 국립고궁박물관에 소장된 활짝 핀 연꽃잎을 모방하여 만든 〈하엽연〉은 평안도 위연 벼루 중 하나입니다. 넓은 연잎에 메기가 뛰어오르고 뚜껑에는 다섯마리 용을 나전으로 새겨, 공부를 즐겨한 정조대왕이 애호한 명품 벼루 중 하나입니다. 이렇게 우리나라는 여러 다양한 재질 중 특히 돌로 만든 벼루를 애호하였습니다. 특히 조선시대에는 벼루 표면에 글이나 그림을 새겨 실용적인 벼루에서 예술

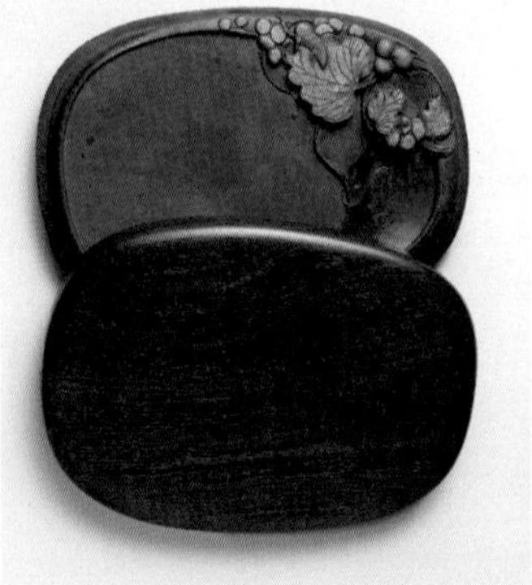

벼루, 조선, 국립중앙박물관

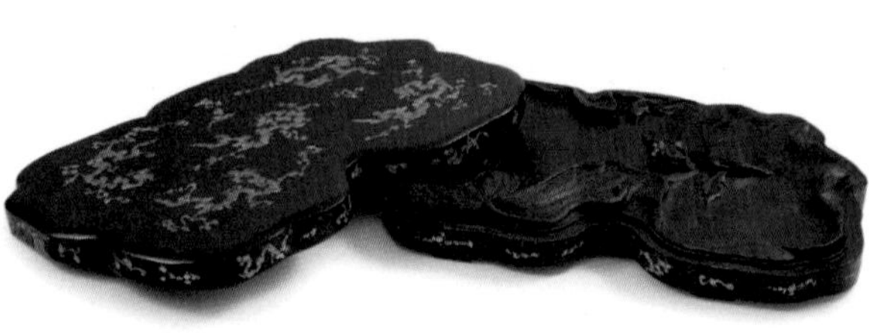

용무늬벼루, 조선, 국립고궁박물관

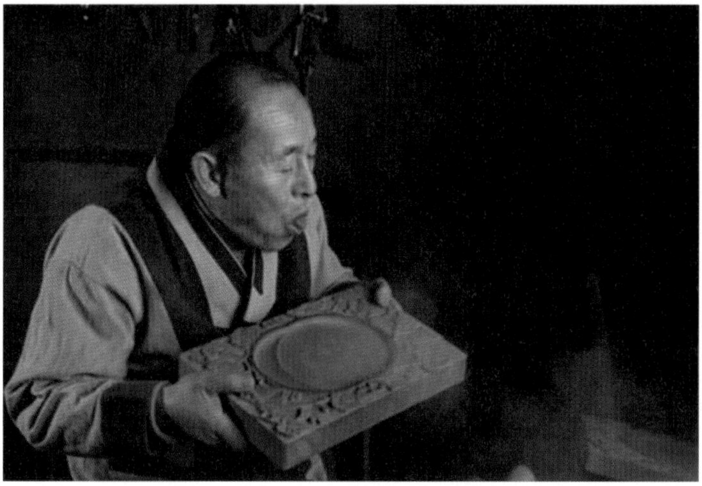

충남 남포벼루제작 김진한 보유자

적인 벼루로 발전하는 계기가 되었습니다.

우리나라의 수많은 문인들은 충남 보령에서 출토되는 남포석으로 만든 남포벼루[藍浦硯]입니다. 이것은 중국의 단계연端溪硯 및 흡주연歙州硯과 비교하여 그 품질이 결코 뒤지지 않는다고 하였습니다.

벼루는 바닥, 물집, 상사로 이루어져 있습니다. 벼루는 단단한 돌로 이뤄져 있어 현재는 절단기, 그라인더, 드릴, 샌딩기계 등을 사용하여 만들지만, 전통적으로는 모탕, 톱, 그므개, 걸음쇠, 망치, 정, 평미레, 귀동구리 등 수공도구를 사용하였습니다. 제작과정은 원석채취 → 원석재단 → 상사긋기 → 밑그림그리기 → 조각하기 → 봉망세우기 → 광택내기 과정을 거쳐 완성됩니다. 벼루를 제작하는 시간은 벼루의 형태, 크기 및 문양에 따라 달라지지만, 수공으로만 만들 때에는 열흘에서 보름 정도가 소요될 정도로 힘이 많이 듭니다.

현재 벼루를 만드는 전통 공예기술은 경기도와 충청북도 및 충청남도 등에서 시도 무형문화재로 지정하여 체계적인 보존과 전승교육에 힘쓰고 있습니다. 역사적으로 볼 때 벼루는 삼국시대 이래 발달하여 벼루 유물이 현존하고 있으며, 선비들의 시문을 통해 벼루가 널리 애호되었습니다. 그러나 점차 붓글씨나 한국화를 그리지 않게 되면서 벼루 제작 기술도 쇠퇴하고 있었습니다. 점차 사라져가는 벼루를 제작하는 전통 기술이 앞으로도 계속 전승되어 우리 문화의 우수성이 계속 이어지기를 기대합니다.

학습평가

01 (난이도 하) 옥석공예품에 대한 설명으로 옳은 것은?

① 우리나라에서는 옥보다 다이아몬드가 가치가 높다.
② 우리나라 옥은 다이아몬드보다 단단하다.
③ 우리나라에서는 화강암을 재료로 많이 사용되었다.
④ 우리나라에서 벼루는 돌보다 흙을 구운 것을 선호한다.

02 (난이도 중) 다음 중 시기별로 출토지와 발달한 옥공예품이 잘못 짝지어진 것은?

① 백제 – 무령왕릉 – 관옥
② 신라 – 황남대총 – 옥인
③ 고려 – 왕릉 – 인종 옥책
④ 조선 – 종묘 보장 – 옥보

03 (난이도 하) 동양 여러 나라의 문화재에 대한 비교 설명으로 틀린 것은?

① 중국은 전탑의 나라이다.
② 한국은 석탑의 나라이다.
③ 일본은 목탑의 나라이다.
④ 베트남은 바틱의 나라이다.

04 (난이도 중) 옥보에 대한 설명으로 옳은 것은?

① 조선시대에 옥보는 왕이나 왕비의 도장이다.
② 옥보는 왕이나 세자의 도장으로 왕위 계승을 상징한다.
③ 옥보는 상의원 소속 최고의 옥장만이 만들 수 있다.
④ 옥보는 보통과 보록 등 함궤에만 넣는다.

05 (난이도 하) 벼루에 대한 설명으로 옳은 것은?

① 우리나라 벼루장은 새까만 남포벼루만 만든다.
② 벼루장은 국가 무형문화재로 지정되어 보호 관리하고 있다.
③ 벼루를 만드는 돌은 단단하여 금강사로 절단하고 연마하고 다듬어야 한다,
④ 조선시대 선비들은 벼루를 종이, 붓, 먹과 함께 문방사우로 애호하였다.

01 | 정답 | ③
| 해설 | 옥을 다이아몬드와 비교하는 것은 현대적인 것이고, 우리나라에서는 돌벼루가 애호되었다.

02 | 정답 | ②
| 해설 | 신라 황남대총에서는 황금모자 씌운 곡옥 등이 출토되었고, 옥인은 고려 출토품이다.

03 | 정답 | ④
| 해설 | 베트남은 자기나 칠기가 발달하였고, 바틱은 인도네시아에서 발달한 염직문화이다.

04 | 정답 | ①
| 해설 | 낙화는 종이 위에 인두로 지져 그리는 그림이다.

05 | 정답 | ④
| 해설 | 벼루장은 남포벼루 외에 다른 지방의 재료도 사용하고, 벼루장은 시도 무형문화재로 지정되어 있다. 물을 머금고 있어야 하는 벼룻돌은 조금 무르며, 금강사를 이용하여 절단하는 연마해야 하는 것은 옥이다.

학습정리

① 무형문화재로 지정된 옥석공예 관련 종목은 국가무형문화재으로 옥장과 석장이, 시도무형문화재 벼루장이 지정되어 있다.

② 옥공예품은 삼국시대 곡옥이나 고려시대 옥책 및 옥인, 조선시대의 옥보나 옥책 및 옥장신구 유물이 현존하고 있으며, 특히 옥장의 전통 공예기술은 국가무형문화재 제100호로 지정하여 보호 관리하고 있다.

③ 돌은 구석기시대와 신석기시대에 도구로 제작되었고, 삼국시대에 돌로 궁궐의 초석을 세우거나 성을 쌓았으며, 불교 유입과 함께 전래되어 석탑이나 석불을 활발하게 제작하였다. 석축을 쌓거나 석조각을 전통 수공기술로 제작하는 석장은 국가무형문화재 제120호로 지정하여 보호 관리하고 있다.

④ 선비들이 애호하는 문방사우 중 하나인 벼루의 제작은 경기도, 충청남도, 충청북도 등 여러 시도 무형문화재로 전승되고 있다.

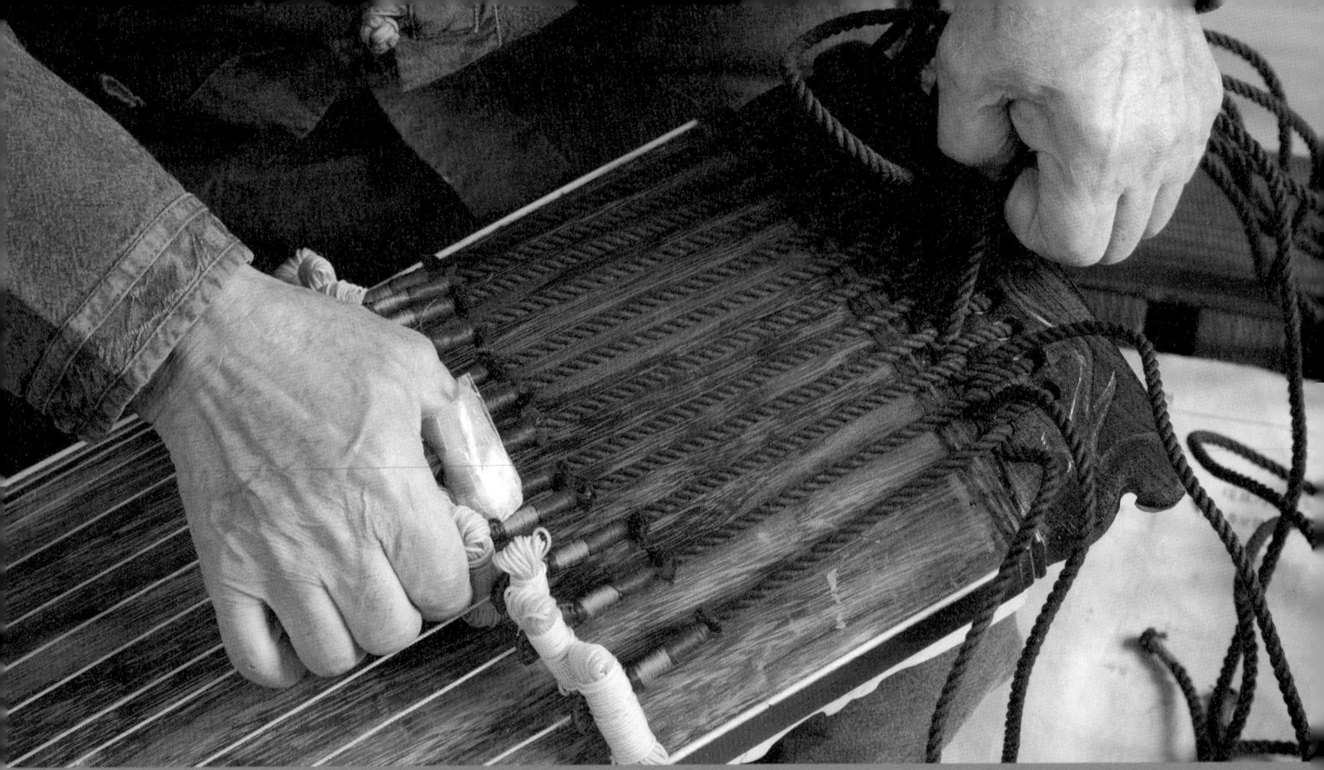

13
악기공예와 장인

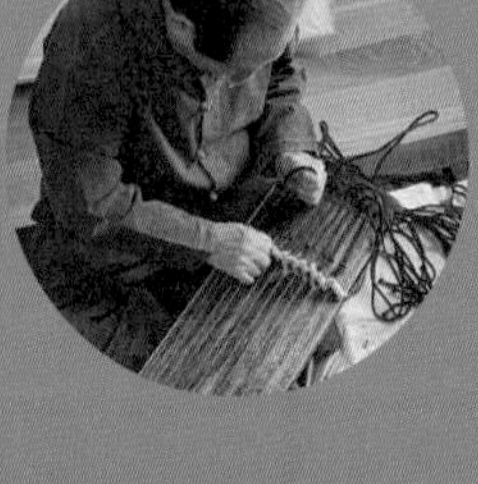

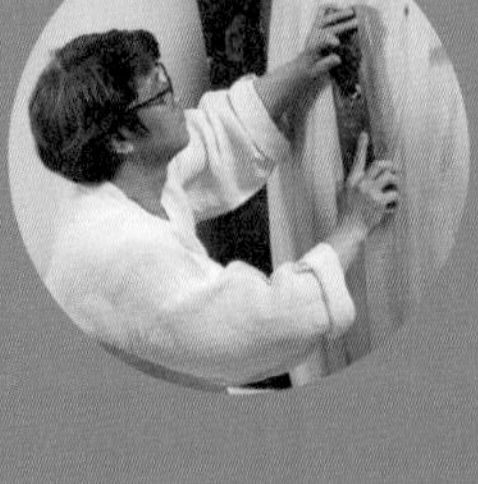

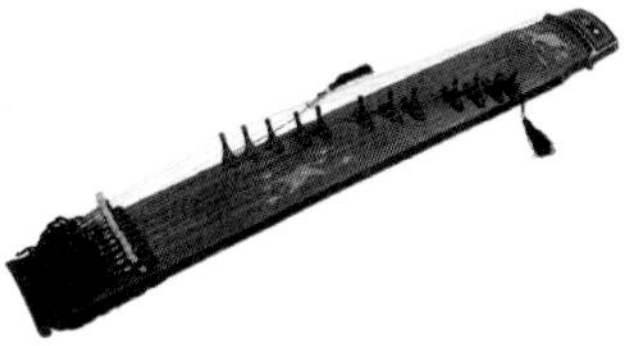

악기공예 지정종목과 장인

구분	지정번호	종목명	사망	명예	보유자	전수교육조교
국가	제42호	악기장–현악기	김광주, 이영수		고흥곤	김영렬, 이동윤
		악기장–북메우기	윤덕진, 박균석		이정기	윤종국, 윤신
서울	제28호	악기장			김복곤	
대구	제12호	대고장			김종문	
인천	제2호	단소장			김환증	
	제6호	대금장	김정식		임경배, 이정대	
광주	제12호	악기장			이춘봉, 이복수	
대전	제12호	악기장–북메우기			김관식	
	제18호	악기장–가야금			표태선	
경기	제30호	악기장			인선빈, 최태순	

■ 학습개요

우리 민족은 아주 오랜 옛날부터 춤과 음악을 즐겨 왔다. 하늘에 제사를 지내거나 국가적으로 큰 행사를 거행할 때마다 음악을 연주하고 춤을 추었던 것에서 알 수 있다. 더욱이 고대 국가에서 '예禮'와 '악樂'을 상호 보완적으로 인식하여, 국가행사를 장엄하기 위해 음악이 중요한 요소로 자리매김하였다.

이러한 음악을 연주하기 위해서는 여러 종류의 다양한 악기가 사용된다. 우리 민족은 한반도에서 선사시대부터 지금까지 오천년 이상 살아오면서 시기별로 장르별로 여러 음악 분야에서 다양한 재료로 여러 종류의 악기를 만들어 사용하였다. 광주 신창동에서는 현악기 유물이 출토되었고, 고구려의 왕산악이 만든 거문고와 가야의 우륵이 만든 가야금이 역사적으로 유명하다. 백제의 금동대향로에는 여러 종류의 다양한 악기를 연주하는 악사들이 배치되어 있다. 특히 조선시대에 들어 악기는 국가의 제례와 연향의 주요 구성요소로 여겨, 세종은 국가의 예악을 정비하면서 악기를 구비하였다. 이후 악기의 제작은 국가에서 관심을 가지고 그것을 제작할 장인과 그들의 기술까지 국가적 차원에서 대응하였다.

그러나 해방 이후 현대 산업화와 문명화를 거치면서 이러한 전통적인 수공예 기술로 악기를 만드는 기술 또한 점차 사라지거나 변질된 위험에 처하게 되었다. 이에 문화재청은 가야금이나 거문고 및 북을 만드는 장인을 국가 무형문화재 제42호 악기장으로 지정하여 보호, 관리하고 있다.

이 장에서는 우리나라의 악기가 어떠한 역사적 변천을 거쳤는지 살펴보고, 가야금, 거문고, 북을 만드는 장인의 제작기술에 대해 알아보기로 합니다.

■ 학습목표

1. 우리나라 악기의 역사적 변천에 대해 설명할 수 있다.
2. 가야금과 거문고의 역사와 그것의 제작과정에 대해 설명할 수 있다.
3. 북의 역사적 변천과 그 제작과정에 대해 설명할 수 있다.

■ 학습내용

1 우리 민족의 음악을 연주한 악기는 어떤 것이 있을까요?

우리 민족은 아주 오랜 옛날부터 춤과 음악을 즐겨, 중국의 역사책에도 '흥'이 많은 민족으로 기록되어 있습니다. 게다가 우리 민족은 일찍부터 하늘에 제사를 지내는 제천祭天행사를 거행하였습니다. 부여의 영고迎鼓, 동예의 무천舞天, 삼한의 수릿날, 고구려의 동명東明 등이 그것입니다. 부여의 영고는 해마다 12월에 온나라 백성들이 모여 하늘에 제사를 지내고 며칠간 술 마시고 노래하고 춤을 추었습니다. 동예와 고조선의 무천 또한 10월에 하늘에 제사를 지내고 높은 산에 올라가 춤 추며 즐겁게 노는 행사였습니다. 신라와 고려 때에는 팔관회八關會라는 거국적인 행사로 이어졌습니다.

이처럼 고대에는 만물에 존재하는 신령과 하늘에 제사를 지냈고, 그 때마다 우리 민족은 가무歌舞를 즐겼습니다. 이렇게 국가적으로 큰 행사를 거행할 때마다 음악을 연주하고 춤을 추었던 것에서 알 수 있습니다.

고대 국가에서는 음악을 통해 예의를 갖춘다고 보아 '예禮'와 '악樂'을 상호 보완적으로 인식하였습니다. 국가행사를 장엄하기 위해 음악이 중요한 요소로 자리매김하였고, 음악을 연주하기 위하여 여러 종류의 다양한 악기를 만들어 사용하였습니다.

고고학적으로는 B.C 3세기로 추정되는 광주 신창동 유적에서 현악기 유물이 출토되었습니다. 반파된 상태로 발굴되어 이 악기가 가야금인지 거문고인지 알 수 없으나 구멍이 6기이고 현존하는 형태로 미루어 10현의 현악기로 추정한답니다. 이와 비교되는 것으로 대전 월평동 유적에서는 몸통이 없는 양이두에 8개의 구멍이 있는 유물이 출토되어 12줄의 가야금이 나오기 전에 다양한 형태의 현악기가 존재했음을 추정합니다. 역사적으로 고구려의 악기로는 왕산악이 만든 거문고와 가야의 우륵이 만든 가야금이 역사적으로 유명합니다.

고구려의 악기는 고분벽화에 그려진 것으로 짐작됩니다. 특히 357년에 조성된 안악 3호분의 전실 동쪽 회랑 동벽에는 높이 2m, 길이 10.5m가 되는 묘주 주인공의 〈행렬도〉가 있습니다. 무려 250여 명의 인물들이 등장하는 장엄한 행렬은 같은 시대 동아시아 벽화에서 그 유례를 찾을 수 없는 대단한 그림입니다. 행렬의 구성은 손수레를 탄 주인공을 중심으로 상하좌우에 기병과 보병이 그를 호위하고, 주인공 앞에 북을 두드리고 종을 치는 등의 군악대가 배치되어 있습니다. 위풍당당한 고구려의 위상을 보여줄 뿐 아니라 당시 어떤 악기가 사용되었는지도 알게 해줍니다. 백제의 경우 국보 제287호인 〈백제금동대향로〉에 5종의 악기를 연주하는 5명의 악사들이 배치되어 있어 백제의 악기 뿐 아니라 '백제의 소리'까지 복원하고 있답니다. 5악기는 완함阮咸과 금琴, 적笛과 북[鼓], 소簫입니다. 원형의 완함阮咸은 일본 쇼소인[正倉院] 소장품이나 〈악학궤범〉에 그려진 것과 비교됩니다. 금은 거문고와 비슷하여 백제금, 퉁소처럼 생긴 소, 피리와 같은 목관악기는 백제적, 북과 같은 타악기는 백제고라고 명명하기도 하였습니다.

신라의 악기의 예는 여럿 있습니다. 그중 682년에 조성된 감은사지 출토 〈사리기〉에 보면 악기를 연주하는 인물들이 배치되어 있습니다. 그중 횡적, 요고, 봉수비파를 확인할 수 있습니다. 725년 〈상원사 범종〉의 주악상들은 공후와 생황을 불고 있고, 804년 〈선림원 범종〉에 부조된 주악상은 횡적과 요고를 연주하고 있습니다.

고려시대의 악기는 924년에 건립된 〈지증대사적조탑〉에 부조된 악기들에서 확인됩니다. 여기에는 생, 횡적, 당비파, 동발, 필률, 박의 6가지 악기가 배치되어 있습니다. 또 경북대 박물관 소장 〈석조부도〉에 새겨진 주악상을 통해, 향비파, 피리[縱笛], 공후, 생황, 요고, 피리[橫笛], 당비파, 동발의 8가지 악기를 엿볼 수 있습니다. 이러한 고려의 악기는 1123년 송나라의 사신으로 고려에 왔던 서긍이 6월 12일부터 7월 13일까지 1달간의 견문을 그림과 함께 엮은 견문록, 『선화봉사고려도경』을 통해 알 수 있습니다. 위 문헌에는 북, 박판, 생황, 필률, 공후, 향비파. 당비파, 소, 적이 있다고 기록되어 있습니다.

유교를 국시로 삼은 조선은 예악을 중시하여 국가의 제례와 연향에서 음악이 주요 요소가 되었습니다. 특히 세종이 국가의 예악을 정비하면서 악기를 구비하도록 하였습니다. 이후 악기의 제작은 『경국대전』에 보면 악기를 만드는 풍물장風物匠은 상의원에 8명과 '장악원掌樂院'에 4명을 소속시켜 국가적 차원에서 필요한 악기를 제작하도록 하였습니다. 징이나 꽹과리 및 북 등은 군대에서도 사용하였기에 군기시軍器寺에 쟁장錚匠 11명, 고장鼓匠 4명이 소속되어 있었습니다.

조선후기에 양란 이후 종묘제례를 위해 악기를 대량으로 제작해야 할 때 '제기악기도감'을 임시로 설치하여 제작하기도 했습니다. 그리고 궁궐에서 베풀어지는 왕실잔치 때 사용

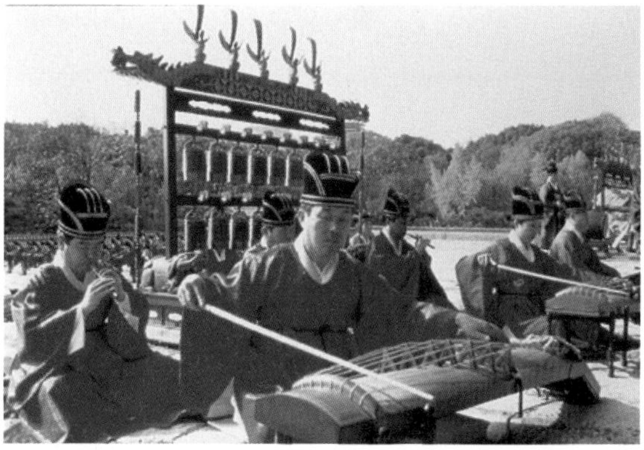

종묘제례악

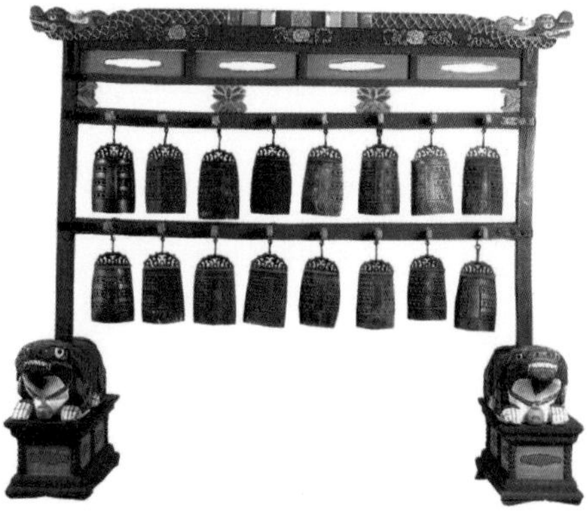

편종, 조선, 국립고궁박물관

할 악기는 '인정전악기조성청'에서, 정조가 사도세자를 모신 경모궁에서 사용할 제향용 악기는 '경모궁악기조성청' 등과 같이 '악기조성청樂器造成廳'이라는 독립된 기관을 설치하였고, 이곳에 '풍물장風物匠'이라는 장인이 소속되어 국가에서 필요한 악기를 만들기도 하였습니다. 1865년에 편찬된 〈대전회통〉에서도 여전히 상의원과 장악원에 소속된 풍물장이 악기를 제작하였습니다.

우리나라에서 전통 악기를 만드는 재료는 여덟 가지로 나누어 팔음八音이라 부릅니다. 금속[金], 돌[石], 실[絲], 대나무[竹], 박[匏], 흙[土], 가죽[革], 나무[木]가 그것입니다. 이렇게 8종의 재료로 만든 우리의 고유 악기는 몇 종류나 있을까요? 〈악학궤범〉에 그려진 악기는 아악에 편성된 악기가 45종, 당악에 편성된 악기가 13종이었습니다. 그중 향악에 사용되던 고유 악기는 거문고, 가야금, 향비파, 젓대, 소관자, 초적, 향피리 등 7종입니다. 현재 국악기는 모두 64종입니다. 현악기는 거문고, 가야금, 아쟁, 해금, 양금 등 15종이고, 관악기는 젓대, 퉁소, 단소, 생황, 나발 등 17종이며, 타악기는 징, 바라, 북, 장고, 편경 등 32종입니다.

물론 이러한 국악기가 오늘날 다 사용되는 것이 아닙니다. 해방 이후 현대 산업화와 문명화를 거치면서 이러한 전통적인 수공예 기술로 악기를 만드는 기술 또한 점차 사라지거나 변질된 위험에 처하게 되었습니다. 이에 국가에서는 전통 음악에 사용되는 악기를 만드는 장인을 국가무형문화재 제42호 악기장으로 지정하여 관리하고 있습니다. 악기장은 전통 음악에 쓰이는 악기를 만드는 장인을 말합니다.

이 장에서는 가야금이나 거문고와 같은 현악기를 만드는 장인과 북을 만드는 장인으로 나누어 살펴보겠습니다.

2 가야금이나 거문고 등 현악기를 만드는 악기장은 누구일까요?

우리나라를 대표하는 악기는 거문고와 가야금입니다. 둘 다 근 이천 년간 한국인의 감정을 실어온 현악기입니다. 잘 알려져 있다시피 가야금은 여성적이라면, 거문고는 남성적이라고 합니다. 가야금이 경쾌하고 섬세하며 정서적인데 비해, 거문고는 우람하고 장중하며 이성적이라 합니다. 가야금이 기생이나 규방의 애틋한 감정을 자아내는 소리에 적합하다면, 거문고는 선비의 서재에서 글을 읽고 공부하듯 묵직한 소리를 냅니다. 거문고를 연주하니 검은 학이 날아들어 춤을 추었다는 이야기도 전해질 정도입니다.

어쨌든 두 악기는 무릎 위에 길게 뉘어놓고 손가락이나 술대로 줄을 튕겨 연주하는 우리나라의 대표적인 현악기입니다. 잘 알려져 있듯이 거문고는 고구려의 왕산악王山岳이 만들었다고 합니다. 그는 고구려에서 두 번째로 높은 재상[第二相]이었습니다. 한편 가야금은 가야의 우륵于勒이 만들었다고 하는데, 이것을 전수받은 계고階古는 벼슬이 17등급 중 10등급에 해당되는 대나마大奈麻였습니다. 이로 미루어 삼국시대에 악기를 제작하던 장인들은 상당히 높은 지위에 있었다고 여겨집니다. 고대 사회에서는 악기 제작자와 연주자 모두 국가적으로 귀한 대접을 받는 높은 신분으로서 종합기술자였던 것 같습니다. 엄격한 신분제 사회인 신라사회에서 모든 장인들은 오두품 내지 사두품이었던 것에서도 알 수 있지요. 백제 금동대향로에 새겨진 완함이나 신라 범종에 새겨진 공후 등 여러 종류의 현악기 관련 기록이나 유물이 확인되는데, 가장 대표적인 현악기가 가야금과 거문고입니다.

현은 명주실로 만들지만, 현악기의 소리를 좌우하는 것은 울림통입니다. 울림통을 만드는 주재료는 오동나무입니다. 오동나무는 음향이 잘 진동하고, 말라도 틈이 생기지 않으며, 좀이 먹지 않아서 현악기를 만드는 데 중요한 재료입니다. 통판을 오동나무로 만들더라도 그 밑판은 단단한 밤나무나 소나무를 일반적으로 사용합니다. 머리 부분을 장식하는 것은 화류목이나 대추나무, 흑단, 향나무 등을 조각해서 이용합니다. 특히 오리발은 붉은 배나무로 만듭니다. 가야금이나 거문고 하나를 만들지만, 각각의 기능이나 용도 등에 따라 그것에 적합한 성질을 가진 나무를 고르는 것은 언제나 장인의 경험치에 의해서만 가능합니다. 일반적으로 가야금은 12줄로 소리가 높고 청아하고 여성적인 소리가 나고, 거문고는 6줄을 사용하여 낮고 묵직하며 남성적인 소리가 난다고 합니다. 줄에 사용하는 재료에 있어서 가야금은 명주실이, 거문고는 명주실과 함께 무명실이 사용되어 그 차이를 엿볼 수 있습니다.

1) 산조가야금 만들기

이제 산조 가야금을 만드는 과정을 살펴보겠습니다.

가야금의 울림통을 만들기 위해서는 20년 이상 자란 재래종 오동나무와 밑판을 만들 밤나무를 잘 골라야 합니다. 이렇게 준비된 나무라도 야외에서 1년 이상 충분히 자연 건조를 시켜야 뒤틀림 없이 좋은 악기를 만들 수 있습니다.

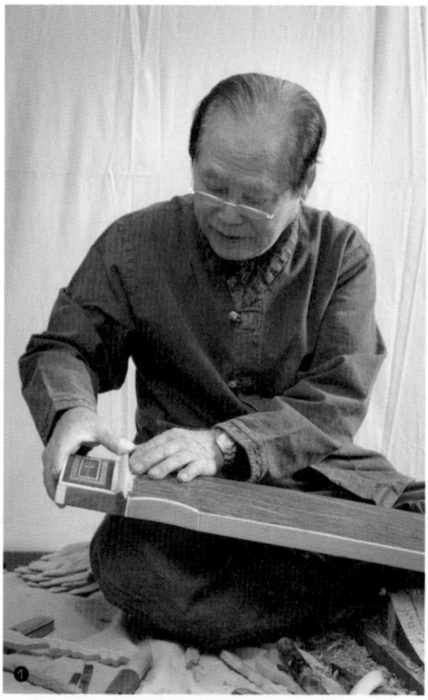

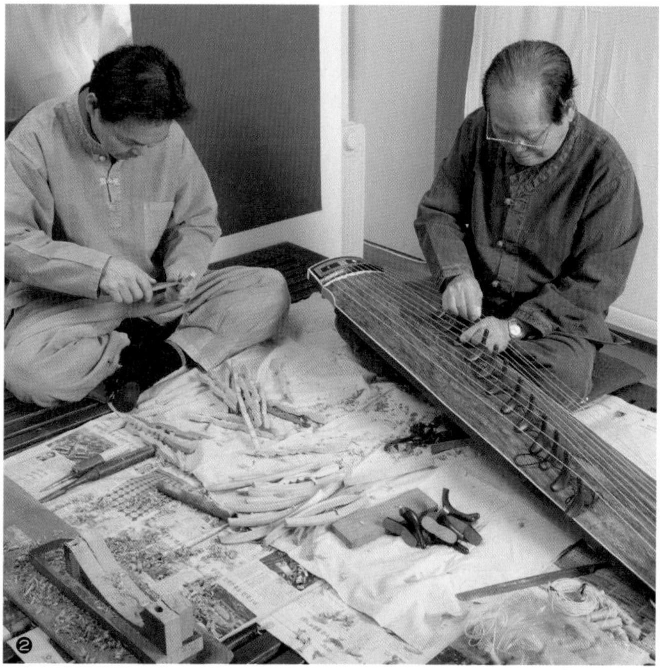

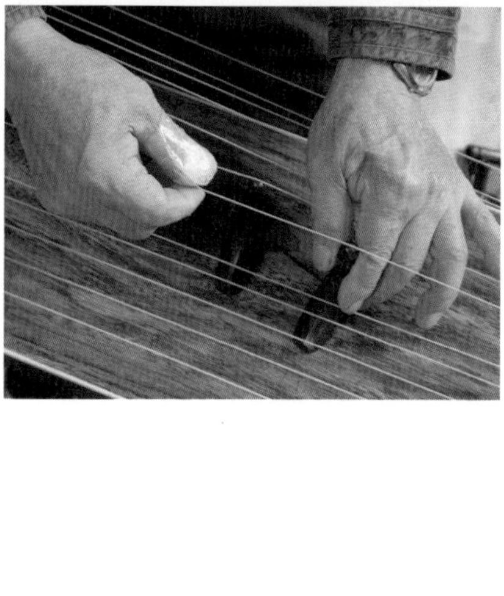

❶ 국가 악기장 故 이영수 보유자
❷ 국가 악기장 故 이영수 보유자와 아들인 이동윤 전수교육조교

오동나무를 4자 5치로 자르고, 이것을 넓이 7치 2푼, 두께 10치 5푼으로 판자를 켭니다. 오동나무로 울림통 윗판을 만들고 밤나무로 뒷판을 만들어 그늘에서 말립니다. 판자가 준비되면 자귀로 윗부분을 깎아내고 밑부분에는 울림구멍에 해당되는 구멍을 뚫습니다.

울림통은 길이 137cm, 넓이 21cm입니다. 울림통을 자귀로 깎아내고 홈대패로 곱게 다듬어서 만듭니다. 머리 부분은 약간 반달형이 되게 양쪽 가장자리를 잘록하게 만듭니다. 그 두께는 가운데 15mm, 양쪽 가장자리는 8mm입니다.

울림통은 불에 달군 인두로 전체를 지집니다. 이렇게 하면 울림판 윗판의 나이테가 선명하게 드러나게 됩니다. 식물성 기름으로 광을 냅니다. 그 다음 사포질을 하고 속현침을 붙입니다. 속현침은 밑판을 붙이기 전에 줄을 밑으로 관통하기 위하여 머리쪽에 붙이는 것입니다. 속현침의 재료 또한 오동나무로 만드는 것이 좋습니다.

이제 윗판과 밑판을 아교로 서로 붙입니다. 밑판은 밤나무나 소나무, 옻나무 등이 사용되며, 아교로 붙이고, 고정이 잘 되게 끈으로 묶어둡니다. 이렇게 끈으로 묶은 채 여름철에는 다섯 시간 이상, 겨울철에는 열두 시간 이상 말립니다. 쐐기를 이용하면 서로 단단하게 조이면 더욱 잘 밀착됩니다. 밑판에는 손잡이 부분에 반달과 보름달형의 투공을 만들어 붙입니다. 양옆에는 좌단을 붙입니다. 옛날에 통판을 사용할 때에는 좌단을 붙이지 않았으나, 지금은 울림통과 밑판을 서로 다른 나무로 만들기 때문에 화류나 벚나무 등 껍질이 아름다운 나무를 사용하여 붙여서 마감처리를 합니다.

울림통이 완성되면 머리에 좌단장식을 합니다. 나무로 가야금의 현을 받치는 현침을 1.5cm 정도 높이로 깎아 만듭니다. 이것을 울림통에 아교를 사용하여 붙입니다.

가야금의 윗부분은 용두龍頭라고 하고, 현을 거는 아래 부분은 봉미鳳尾라고 합니다. 이 부분은 나무를 깎아 만들고 부들을 넣을 12개의 구멍을 뚫습니다. 울림통에 아교를 사용하여 붙입니다. 용두와 봉미를 만든 다음에는 발을 만들어 붙이는데, 그 모양은 보상화문의 형태입니다. 용두 쪽의 발은 연주를 할 때 무릎 위에 놓이는 부분이고, 밑판 아래 봉미 쪽에는 가야금의 발을 만들어 붙입니다.

가야금의 용두 머리에는 장식을 해줍니다. 이러한 장식도 실제로는 울림통을 술대로부터 보호하기 위해 울림통 위에 화류나무나 소뼈 혹은 거북이 등껍질인 대모 등을 붙여 장식하는 것입니다. 이들 재료를 사용하여 완卍자나 쌍희囍자, 반달 문양 등을 파내고, 다른 재료를 넣는 목상감 기법을 활용합니다. 이 공정이 끝나면 겉의 현침과 속의 운각을 붙입

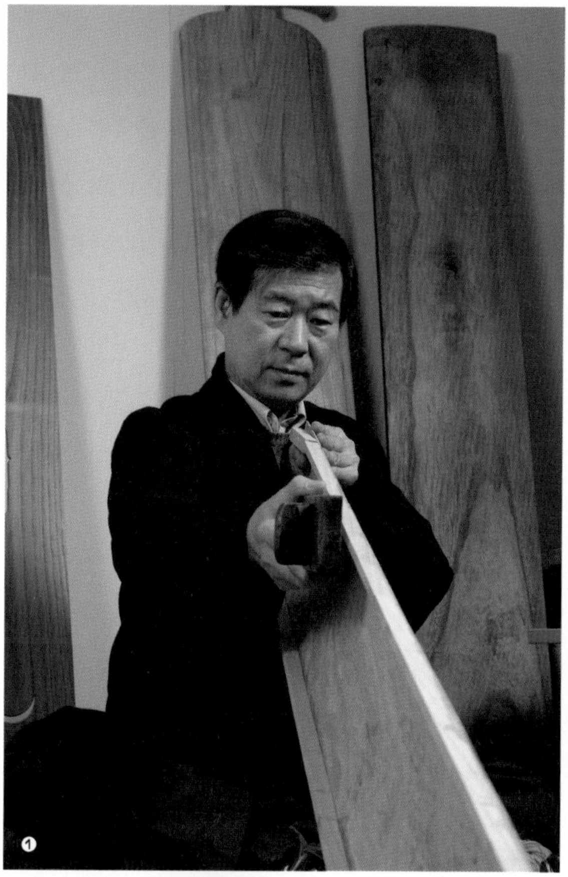

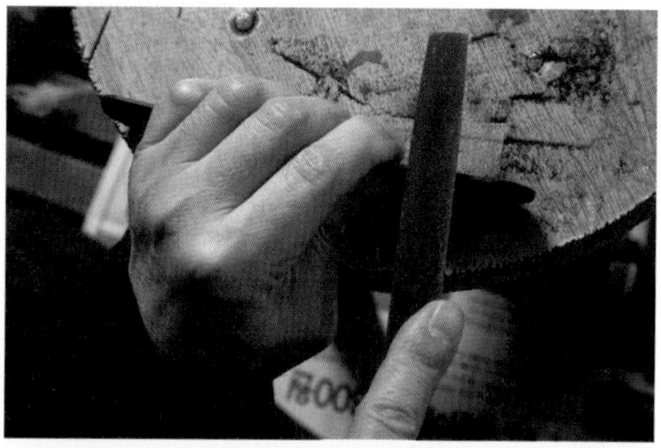

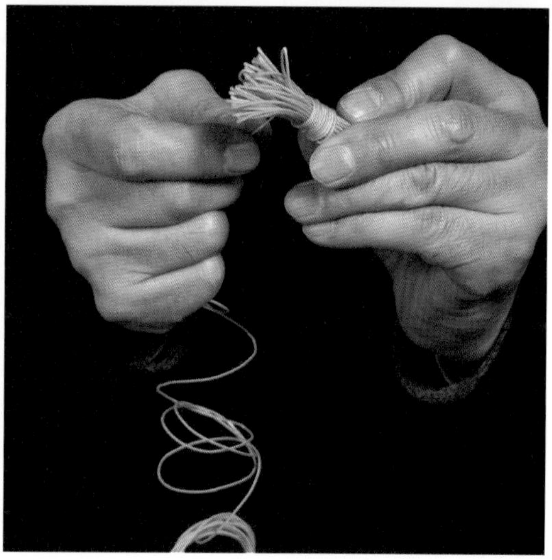

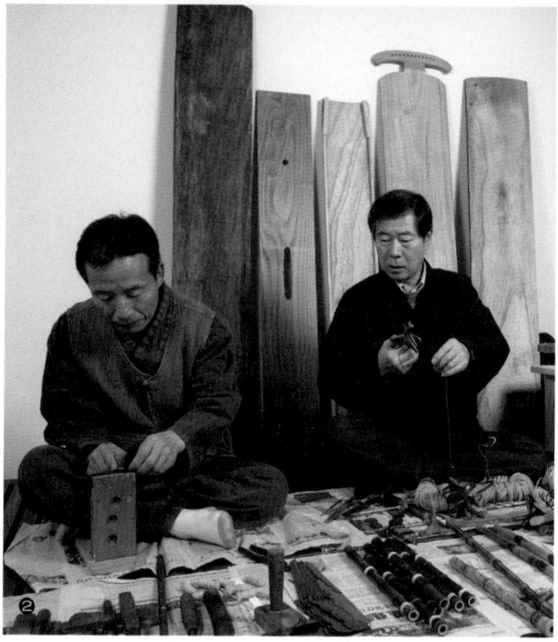

❶ 국가 악기장 고흥곤 보유자
❷ 국가 악기장 고흥곤 보유자와 제자인 김영렬 전수교육조교

니다. 겉 현침은 벚나무로 만들고, 고급일 경우에는 화류를 사용합니다. 현침의 길이는 아래 울림통에 접착된 부분이 낮박하고 윗부분은 줄을 받치는 곳이므로 날카롭고 얇아야 합니다. 가야금은 12줄을 걸어야 하므로 12개의 구멍을 활비비를 이용하여 뚫습니다.

줄을 걸 때 필요한 기러기발처럼 생긴 안족雁足과 돌괘를 만듭니다. 안족은 모두 장인이 손으로 일일이 조각해서 모양을 만들어야 합니다. 장인의 눈썰미와 조각솜씨가 필요한 것입니다. 안족은 울림통 위에 줄을 받쳐 주는 역할을 하고, 돌괘는 밑바닥으로 줄이 빠지지 않도록 붙들어 매주는 역할을 합니다.

현을 만들 명주실을 물에 적셔서 수증기로 쪄냅니다. 그런 다음 명주실을 꼬아서 현을 만듭니다. 가야금이나 거문고의 줄에는 명주실로 만드는 가야금 현이 있고, 이 명주실로 만든 현을 매는 것이 부들인데, 부들은 굵은 무명실을 사용합니다.

12줄의 가야금 줄은 줄마다 굵기가 다릅니다. 가운데 제일 가는 것은 높은 소리를 내는데, 명주실 열가닥으로 합사해서 사용합니다. 이것은 세 가닥으로 특별히 만들어진 돌끼를 사용합니다. 둘째 줄은 명주실 열두가닥으로 합사하고, 이것 세 가닥을 돌끼로 다시 합사합니다. 셋째 줄은 열 네가닥을 합사하고, 이것 세 가닥을 돌끼로 합쳐 하나로 만듭니다. 점점 소리가 굵을수록 명주실의 두께를 두껍게 합사한 후 세 가닥을 하나로 합치는 과정을 반복합니다.

이렇게 현을 꼬는 것이 끝나면 가야금의 12개 안족 위에 줄을 겁니다. 현의 굵기는 음의 높이에 따라 다릅니다. 현을 다 건 후 안족을 조금씩 옮겨가며 음의 높낮이를 맞추면 가야금이 완성됩니다.

술대는 가느다란 대나무를 이용해 만듭니다.

거문고도 가야금과 제작수법이 거의 일치합니다. 다만 가야금에 비해 머리 장식이 없고 줄이 여섯 개여서 소리가 낮고 장중한 것이 특징입니다.

이처럼 현악기를 만드는 장인들은 오동나무를 고르는 데에도 세심한 신경을 쓰며, 나무를 다듬는 일에서부터 줄을 꼬아 거는 과정까지 거의 혼자 하기 마련입니다. 재래식으로 악기를 만들려면 하나하나의 재료를 마르고 다듬는 데 있어 장인 자신만의 촉감과 영감에 의지해야 한다고 할까요. 게다가 요즘 악기장은 장인이면서 반쯤은 귀명창이 되곤 합니다. 자신이 만든 악기를 들어보고 무엇이 문제인지 알아내야 하기 때문입니다.

3 북이나 장구 등 타악기를 만드는 악기장은 누구일까요?

예나 지금이나 전 세계 어느 나라건 북이 없는 민족은 없습니다. 아프리카 오지에 가도 북을 발견할 수 있습니다. 이렇게 어느 지역에나 북이 있지만, 나라마다 민족마다 그 형태가 다르고 그것의 재료가 차이 나며 연주하는 법이 판이할 따름입니다. 더욱이 북은 혼자 따로 독주하는 섬세한 악기는 아니지만 반주하기 위해서는 어느 경우에도 빠질 수 없어 제구실을 톡톡히 합니다. 쿵쿵 두드리는 북의 울림은 마치 내 심장의 고동소리와 마찬가지이기 때문입니다.

우리 민족은 고대부터 제천행사 때마다 북을 사용하였습니다. 부여에서 영고迎鼓라는 제천행사를 벌였는데, 그 명칭을 주목해 보기 바랍니다. '영고'라는 뜻 자체가 북을 두드려 환영한다는 의미이기 때문에, 하늘에 제사를 하는 행사에 북이 핵심적인 역할을 했다는 게 명백합니다. 그후 고구려 고분벽화에 250명이 등장하는 행렬도에 북이 그려진 것에서 당시 북의 역할이나 중요성을 확인할 수 있겠지요.

북을 만드는 장인을 국가에서 관리했던 것은 조선시대부터입니다. 당시 국가를 운영하는 기본 법전인 『경국대전』을 보면 군기시에 4명의 고장鼓匠이 소속되어 있습니다. 너무 작은 숫자여서 고작 군대용 북만 만들었을까요? 국가나 관청에는 소속되어 있지 않았지만 북을 만드는 핵심적인 소재인 쇠가죽을 다루는 장인인 갖바치들이 민간에 있어 군대용 뿐 아니라 백성들의 농악용까지 충분히 제작되었을 것으로 여겨집니다.

우리나라에서 북은 궁중 취타대의 북이든, 농악의 굿이든, 무속의 굿이듯, 사찰의 굿이든 어디에서나 두루 사용되었습니다. 그중 사찰의 북은 땅에서 살고 있는 길짐승을 구제하기 위해 1m 50cm의 초대형 북을 씁니다. 이러한 우리나라 북의 우수성을 전세계인에게 알린 적이 있습니다. 1988년 서울올림픽 개막식 때 엄청나게 큰 북을 장쾌하게 쳐서 우리의 잔치를 세계인에게 알린 것입니다.

조선시대에는 소를 잡는 일은 천하게 여겨 소백정이라 불렀고, 쇠가죽으로 북을 만들건 신발을 만들건 갖바치라 하여 천한 일로 여겼습니다. 이러한 신분적 관념 때문인지 계급이 없는 현대에도 이 일을 배우기 꺼려합니다.

하지만 북을 만들려면 쇠가죽에서 털을 빼거나 기름을 제거하려면 독한 약품을 사용해야 합니다. 이때 고약한 썩는 냄새가 천지에 진동하고, 가죽이나 털을 썩힌 물은 환경오염의 주범으로 인식되기도 하여 작업하는 데 제약이 많습니다. 가죽의 기름을 일일이 손으로 밀어서 무두질을 하는 것도 만만치 않습니다. 이러한 여러 이유 때문에 북을 만드는 장인의 숫자가 점점 줄어들고 사라질 위기에 처해 있습니다. 이에 국가에서 국가무형문화재 악기장 중 북 메우기를 지정하여 보호하고 있습니다.

그렇다면 악기장은 북은 어떻게 만드는지 살펴보기로 합시다.

북의 특성에 따라 가죽의 재료도 다양하게 선택합니다. 일반적으로 큰 북은 구멍이 나지 않은 사오 년생 황소의 쇠가죽을 준비합니다. 암소가죽은 얇고 작은 편입니다. 엉덩이 가죽은 질긴 반면 소리가 딱딱하여 궁중의 정악용으로 적당합니다. 목가죽은 두껍고 저음이라 판소리북으로 알맞습니다. 뱃가죽은 연한데다가 고음이라서 승무북에 사용하고, 개가죽 대신 장고에 대기도 합니다. 그런데 북을 멜 때 너무 과도하게 늘리면 가죽에 무리가 가서 상하기 쉽고 소리가 높아지게 마련입니다. 날씨가 궂은날 북 우기메 작업을 하면 북소리가 전혀 나지 않아 벙어리북이 될 수 있으니 주의해야 겠지요.

북통은 단단한 소나무, 그 사이를 바를 찹쌀풀, 한지, 광목, 모시가 필요합니다.

북통으로 사용할 나무는 육송이나·홍송 및 버드나무 등 옹이가 없고 반듯하게 잘 자란 나무를 선택하는 것이 중요합니다. 우리나라의 전통 북은 둥근 형태로 만들기 위해 여러 쪽으로 쪼개어 쓰는데, 쪽북은 대개 소나무를 씁니다. 그러나 요즘 크기가 작은 통북을 만들기도 하는데 그 때는 오동나무를 사용합니다. 나무는 그늘에서 1년에서 5년 정도 건조된 것을 결대로 세워 두었다가 사용합니다. 쪽대로 쪼개 쓸 때도 재단은 결대로 해야 합니다.

북통 만드는 것을 '통 메우기' 또는 '통 짜기' 라고 합니다. 북쪽을 만들려면 나무를 결대로 잘라 북의 크기에 맞게 쪽을 만듭니다. 자른 쪽의 표면을 대패질로 다듬어서 사용합니다.

이제 각각 만든 북쪽을 잇대어 조립하여 테에 끼워 고정시킵니다. 테는 대나무로 만들기도 하였지만 현재는 주로 강도가 높은 쇠테를 사용합니다. 조각조각난 북쪽과 북쪽 사이에는 밥풀과 아교를 짓이겨서 잇대어 붙입니다. 풀이 굳기 전에 둥근 테에 끼워 북 모양을 잡습니다. 테를 단단하게 조여 북쪽을 밀착시킵니다. 이렇게 하면 둥그스름한 북통이 모습을 갖추게 됩니다. 북통의 겉면을 대패와 조각도, 사포를 이용해 곱게 다듬습니다.

북통 다듬기를 마치고 나면 북통 안쪽에 한지를 바릅니다. 한지는 통의 습기를 제거하고 나무 사이에 생길지도 모르는 틈을 밀봉하는 역할을 합니다. 안인의 슬기가 엿보이는 대목이지요. 북의 안쪽 위와 아래에 나무막대 형태로 테를 만들어 넣습니다. 안테는 북통이 줄어들거나 틀어지는 것을 방지하기도 합니다. 이렇게 하면 이제 북통의 모습이 완성됩니다.

북의 크기나 용도 등에 따라 가죽을 선택합니다. 그중 크기가 큰 북은 초봄에 잡은 황소 중에서 상처가 없는 것을 잘 골라야 합니다. 북의 생명은 소리이고, 그 품질은 가죽이 좌우하므로 가죽을 고르는 일이 무엇보다 중요합니다.

처음에 공방에 가져온 쇠가죽에는 털이 붙어 있고, 안쪽에는 기름기가 그대로 덕지덕지 남아 있습니다. 털을 빼기 위해 30℃ 정도의 미지근한 물에 석회와 닭똥을 넣어 막대기로 저어줍니다. 처음에는 노랗던 물색이 약간 녹색끼가 되면 소털이 남아있는 생가죽을 물에 담급니다. 그렇게 너댓시간 놓아두면 털이 빠집니다. 이제 물에서 가죽을 끄집어 내어 둥근 통나무로 만든 작업판에 얹습니다. 그런 다음 깍이칼을 양 손에 잡고 위에서 아래로 기름을 밀어서 깍아냅니다. 생가죽이 충분히 부드러워져 있기 때문에 힘을 주어 밀면 기름이 제거됩니다. 그렇다고 가죽 전체에서 기름을 다 제거하면 가죽이 뻣뻣해져 북을 두드렸을

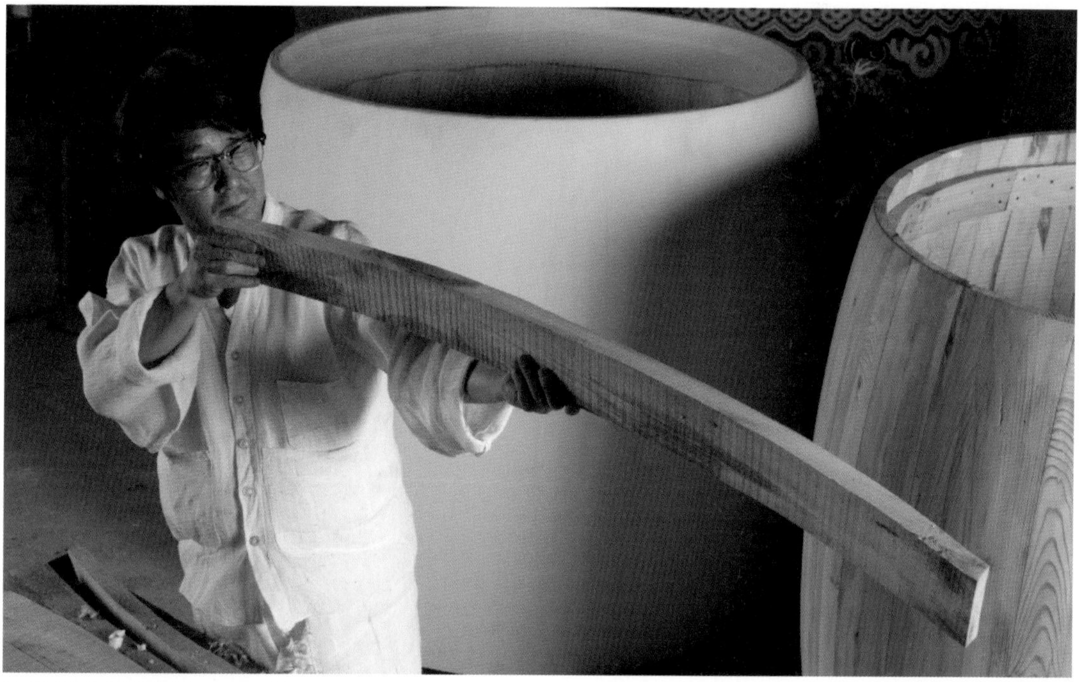

국가 악기장(북메우기) 윤종국 전수교육조교

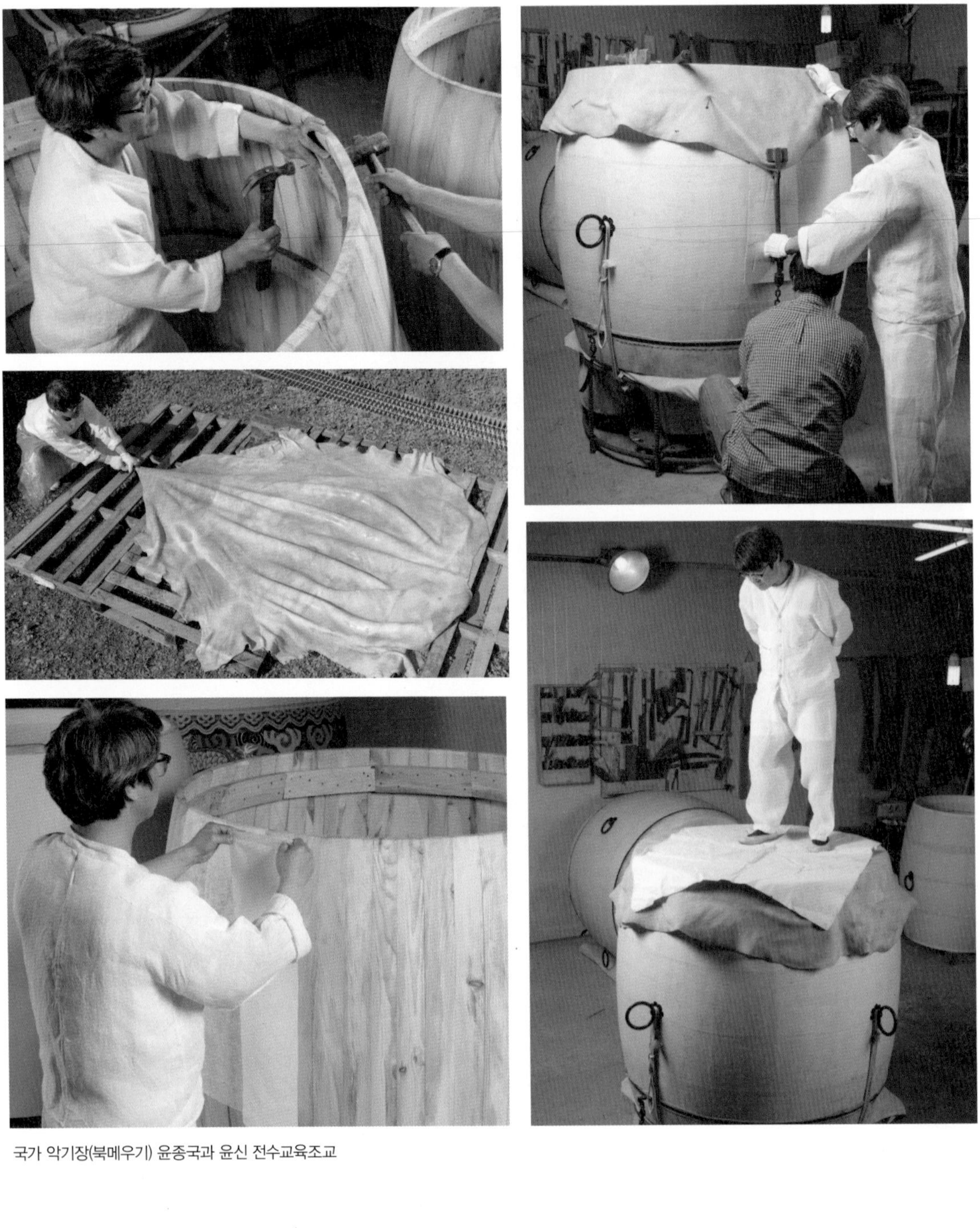

국가 악기장(북메우기) 윤종국과 윤신 전수교육조교

때 소리가 좋지 않습니다. 쇠가죽을 다루는 장인은 오랜 숙련을 통해 기름을 어느 정도 남겨야 할지 경험치로 아는 것입니다. 이렇게 무두질은 생가죽을 가공하여 기름을 빼고 부드럽게 처리하는 핵심적인 기술입니다.

무두질을 끝낸 쇠가죽을 하룻밤 정도 물에 불립니다. 이제 넓은 판에 가죽을 펴고 못을 박아 고정시킵니다. 한쪽을 박으면 맞은편에서 가죽을 잡아당기면서 점차 늘립니다. 어느 정도 늘려야 좋을지 또한 장인의 오랜 경험으로 알 수 있습니다.

북통에 가죽을 붙이는 것을 '메운다'고 합니다. 쇠가죽을 북통에 붙인 다음 좋은 소리가 날 때까지 계속 늘이고 조이는 과정을 반복합니다. 결국 북메우기 과정은 북소리를 결정하는 가장 중요한 공정입니다.

북 메우기를 위해 먼저 가죽을 물에 담가 불립니다. 가죽이 적당하게 부드러워지면 북면의 크기에 맞게 자릅니다. 북면에 가죽을 대고 한 뼘 간격으로 못을 박아 붙입니다. 가죽을 늘리기 위해 고리를 걸 구멍을 뚫습니다. 가죽이 충분히 늘어나면 북통 가장자리에 못을 박습니다. 고리를 풀고 늘어난 가죽을 오려냅니다. 가죽 끝 부분에 못을 박아 끈으로 동여맵니다. 가죽 면이 마를 때까지 건조시킵니다. 작은 칼을 이용해 가죽 모서리 부분을 다듬습니다.

북 메우기까지 끝나면 이제 북통에 단청을 그려 넣습니다. 진한 색으로 밑바탕을 칠하고 그 위에 초를 그립니다. 가죽으로 만든 북면의 중앙에는 삼태극을, 그 가장자리에는 오색을 칠합니다. 마지막으로 흰 선이나 먹 선으로 마무리합니다. 단청을 마친 북 가장자리에는 미리 준비한 못을 일정하게 박아 장식하면 북이 완성됩니다.

북이 완성되면 북을 올려둘 북틀은 북 크기에 맞게 제작합니다. 북틀은 기둥과 받침대 양쪽의 용두로 구성됩니다. 용두 조각에도 단청을 하고 마무리하면 됩니다.

우리나라 북은 우리 나름대로의 특성을 가지고 있습니다. 북통은 통나무보다 쪽판을 붙여 만든 것이 튼튼합니다. 오동나무로 만든 장고에는 가죽이 얇아야만 서로 공명되는 효과가 있습니다. 가죽과 북통이 울림을 서로 받아들여야 되는 어우러짐이라고 할 수 있습니다. 요즘은 북이나 장고 등을 제작하는 일도 분업화되고 기계화되고 양산되는 추세입니다. 하지만 장인의 눈썰미와 솜씨는 하루 아침에 형성되지 않습니다. 오랜 세월을 거쳐 묵혀야 비로소 숙련되는 것입니다. 냄새가 지독하고 역겹더라도 전래 방식대로 쇠가죽에서 털을 빼고 기름을 제거하여야 합니다. 그러면서 어느 정도 적당하게 기름기를 머금고 있어야 한다는 무두질의 장점 또한 경험치로 알게 되는 것이므로, 그것을 이해하지 않으면 몇 백년이 갈 좋은 북을 만들기 어렵습니다. 조상 대대로 이어 내려오던 전통 기술이 장인에서 정인으로 전해져 사라지지 않고 전승되길 바랄 따름입니다.

학습평가

01 (난이도 중) 우리나라 악기의 역사적 변천에 대한 설명으로 옳은 것은?

① 고구려의 408년에 조성된 덕흥리 고분에는 악기를 연주하는 벽화가 있다.

② 백제의 백제금동대향로에는 5종의 악기를 연주하는 악사가 있다.

③ 신라의 성덕대왕신종에는 공후와 생황을 연주하는 주악천인상이 있다.

④ 고려의 악기에는 거문고와 가야금 외에는 발견되지 않는다.

02 (난이도 하) 다음 중 조선시대 『경국대전』에서 악기를 제작한 장인과 소속 관청이 옳게 짝지어진 것은?

① 풍물장 - 상의원, 장악원

② 악기장 - 공조, 선공감

③ 쟁장 - 군기시, 상의원

④ 고장 - 공조, 장악원

03 (난이도 중) 다음 중 전통 악기의 분류에 맞지 않는 것은?

① 악기는 금속[金], 돌[石], 실[絲], 대나무[竹], 박[匏], 흙[土], 가죽[革], 나무[木]의 여덟가지로 만들어 팔음(八音)이라 부른다.

② 〈악학궤범〉에 그려진 악기는 아악용 45종, 당악용 13종이었다.

③ 〈악학궤범〉의 향악기는 거문고, 가야금, 향비파, 젓대. 초적, 향피리, 소관자 등 7종이다.

④ 현재 우리나라의 국악기 중 현악기는 거문고, 가야금, 아쟁, 해금만이 전하고 있을 뿐이다.

04 (난이도 하) 가야금과 거문고의 특징을 비교한 것으로 옳지 않은 것은?

① 가야금은 12줄이고, 거문고는 6줄이다.

② 가야금은 가야의 우륵이 발명한 이래, 국가 의례행사 때마다 연주하는 데 사용되었다.

③ 거문고는 고구려의 왕산악이 발명하였고, 검은 학이 춤춘다고 하여 선비들이 애호하였다.

④ 가야금은 경쾌하고 섬세하고 정서적인데 비해, 거문고는 우람하고 장중한 것이 특징이다.

05 **(난이도 중) 북메우기 장인이 북을 만드는데 사용하는 제작기법으로 옳지 않은 것은?**

① 큰 북통은 오동나무 등을 사용하여 통북을 만들어야 튼튼하다.

② 쇠가죽은 석회와 닭똥을 넣고 부드럽게 만든 다음, 무두질을 하여 기름기를 제거한다.

③ 무두질이 끝난 쇠가죽을 하루밤 물에 불려 넓게 늘려 고정시키는 것을 쟁치기라고 한다.

④ 북통의 안쪽에 한지를 발라 통의 습기를 제거하고 다시 겉면은 광목을 바른다.

01 | 정답 | ②
| 해설 | 고구려 357년 안악 3호분에 행렬도가 있고, 신라 범종 중 공후와 생황은 상원사범종의 비천이며, 고려의 악기는 64종이 있다.

02 | 정답 | ①
| 해설 | 악기를 만드는 장인은 풍물장이 상의원과 장악원에 있고, 쟁장과 고장은 군기시에 소속되어 있다.

03 | 정답 | ④
| 해설 | 현재 국악기 64종 중 현악기는 15종이고, 관악기는 17종이고, 타악기는 32종이다.

04 | 정답 | ②
| 해설 | 가야금은 국가 의례보다는 규방의 애틋한 감정을 호소하는데 적합하다.

05 | 정답 | ①
| 해설 | 큰 북이나 북통을 튼튼하게 만들려면 소나무로 쪽북을 만들어 사용한다.

학습정리

① 고대부터 국가를 다스릴 때 '예악'이 핵심 요소여서 일찍부터 다종다양한 악기가 제작하여 사용하였다. 악기는 광주 신창동 유적의 현악기 유물부터 고구려 고분벽화의 악기, 백제금동대향로에 새겨진 5종의 악기, 신라 범종의 주악상이 연주하는 악기, 〈고려도경〉이나 〈악학궤범〉 속의 악기 등 시기에 따라 다양하게 발전하여 오늘에 이르고 있다.

② 우리나라를 대표하는 현악기는 거문고와 가야금이다. 거문고는 고구려의 왕산악이, 가야금은 가야의 우륵이 만들었다. 조선시대에 상의원과 장악원의 풍물장이 악기를 제작하였는데, 현재는 악기장이 오동나무와 소나무로 울림통을 만들고 명주실을 꼬아 제작하고 있다.

③ 북은 언제 어디에나 있는데, 우리나라는 특히 큰 북을 만드는 것이 우수하다. 소나무를 쪽으로 나누어 북통을 만들고 찹살풀과 아교로 붙인 후 종이와 광목을 발라 북통을 만들었다. 그 위에 쇠가죽을 석회와 닭똥으로 삭혀 기름기를 제거하는 무두질하고 넓게 늘이는 쟁치기를 거쳐 북통에 가죽을 붙이는 북 메우기로 제작하였다.

④ 전통적인 현악기나 북 메우기의 제작기술은 현재 국가무형문화재 제42호 악기장이 전승하고 있다.

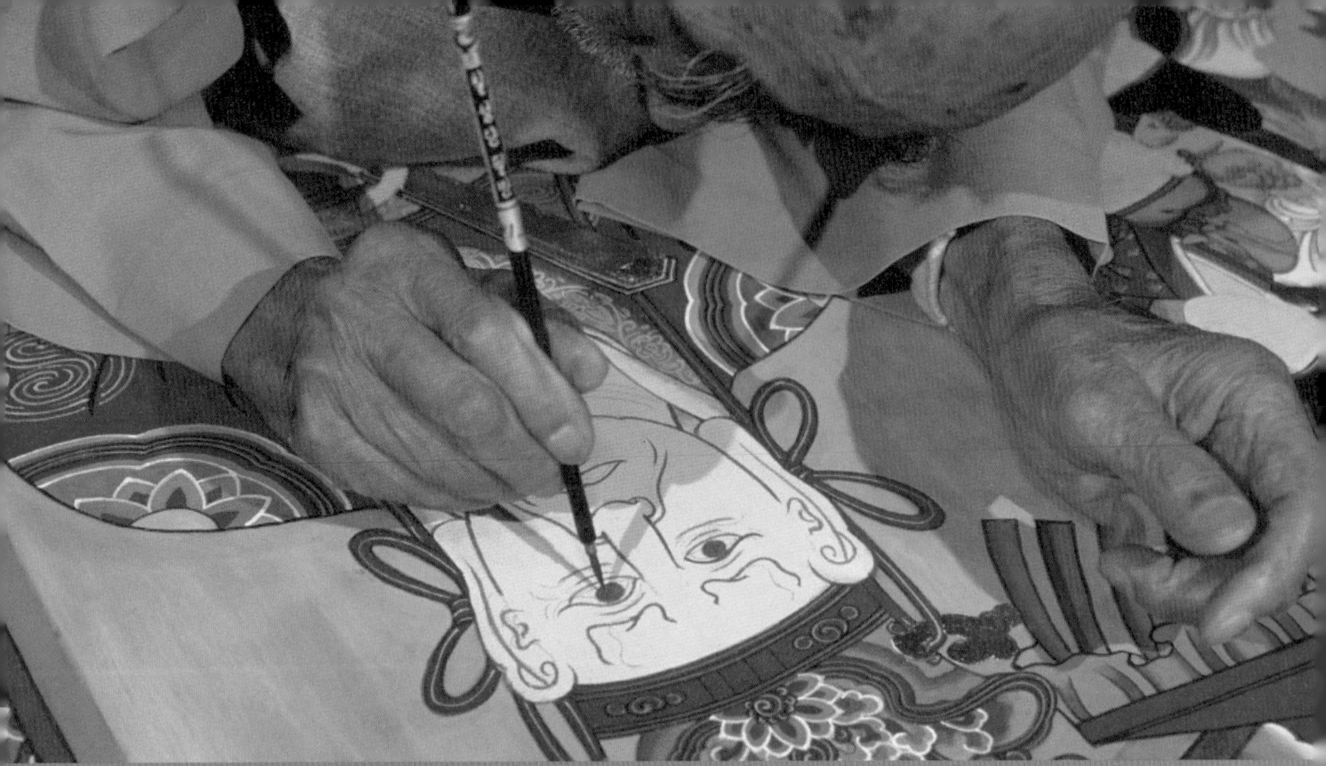

14
채화공예와 장인

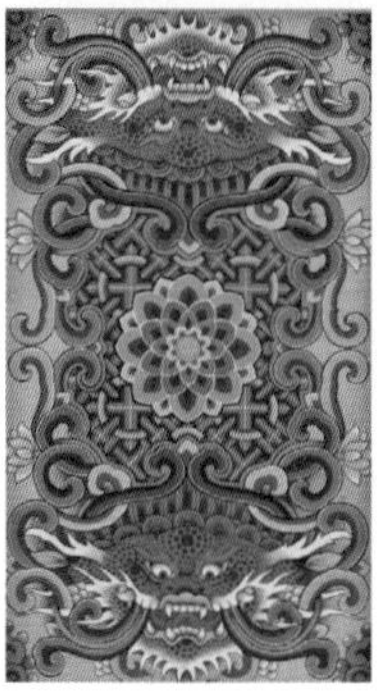

채화공예 지정종목과 장인

구분	지정번호	종목명	사망	명예	보유자	전수교육조교
국가	제48호	단청장	김갑병, 이치호, 원덕문, 김성수	홍점석	홍창원, 유병순	박정자, 이인섭, 양선희, 최문정, 김용우, 이욱
	제118호	불화장	임석정		임석환	하경진, 이경아
서울	제18호	민화장			김만희	
	제31호	단청장			양용호	
부산	제15호	불화장			권영관	
인천	제14호	단청장			정성길	
대전	제11호	단청장			이정오, 김성규	
경기	제28호	단청장			김종욱	
충북	제9호	단청장			권현규	
	제22호	낙화장			김영조	
충남	제33호	단청장	김준웅			
전북	제24호	단청장			신우순	
	제27호	탱화장			유삼영, 이상열	
전남	제31호	탱화장	고재석			

■ 학습개요

고대부터 지배계층은 피지배계층과 구별하기 위해 눈에 띄는 색상이나 문양을 사용하여 의식주 분야의 기물들을 장식하여 왔다. 그중 궁궐이나 사찰 등 국가적으로나 종교적으로 권위적인 건물의 기둥에 화려한 채색을 하고, 단청을 그려 넣고, 장식 그림을 그려 백성들과 구별하였다.

우리나라 전통 건축은 목조건물로서, 여기에 색을 칠하고 문양이나 그림을 그려 넣는 것은 무엇보다도 건물에 권위를 부여하고 종교적인 신앙심이나 권위를 숭배하기 위함이었다. 그뿐만 아니라 목조 건축의 특징 중 하나로 목재 표면이 오래되면 갈라져 흠이 생기는데 그것을 감추고, 목재를 비바람이나 병충해로부터 보호하기 위한 역할까지 하는 것이다.

그러나 현대로 내려오면서 전통적인 목조건축 대신 콘크리트 건물을 지으면서 건물 내외부를 장식하는 요소들이 점차 사라지거나 변질된 위험에 처하게 되었다. 이에 문화재청은 문화재보호법을 제정하여 건물에 단청을 그리거나, 전통 사찰에 불교회화를 그리거나, 각종 장식그림이나 민화를 그리는 기술이 원형을 유지하고 전승될 수 있도록 무형문화재로 지정하여 보호, 관리하고 있다.

단청을 그리는 장인은 국가무형문화재 제48호 단청장, 각종 불교적 도상의 불교회화를 그리는 장인은 국가무형문화재 제118호 불화장으로 지정하여 보호하고 있다. 조선 말기에 집안을 꾸미는 민화는 서울특별시 무형문화재로 지정되었으며, 종이 위에 인두로 지져 화조화나 영모화를 그리는 낙화장이 충북 무형문화재로 지정되었고, 그 밖에 궁중장식화나 혁필화 등에 대한 관심도 필요하다. 이 장에서는 궁궐이나 사찰을 장식한 단청을 비롯하여 불화, 궁중 장식화 및 민화나 낙화 등에 대해 알아보기로 하자.

■ 학습목표

1. 단청의 목적과 종류 및 그 특징에 대해 알 수 있다.
2. 불화의 종류와 불화장의 제작과정에 대해 설명할 수 있다.
3. 궁중 장식화와 민화, 낙화 등에 대해 알 수 있다.

■ 학습내용

1 전통 그림과 그 종류에는 어떤 것이 있나요?

우리 조상들은 오랜 옛날부터 주위에서 나고 자란 자료로 염색하거나 기물이나 건물에 색을 칠하거나 그림을 그렸습니다. 자연에서 얻은 흙이나 돌멩이를 갈아서 단청이나 그림을 그리는 재료로 사용한 것도 그중 하나입니다.

우리나라는 일찍부터 목재로 건물을 지었습니다. 그런데 목재는 표면에 옹이가 지거나 흠집이 있으며 쉽게 썩고 표면이 갈라지기도 합니다. 이렇게 나무의 단점을 보완하고 건물의 수명을 연장하기 위해 건물 표면에 색을 칠하거나 그림을 그리게 되었습니다.

목조건물에 단청을 하는 목적은 여럿입니다. 첫째, 단청은 목재의 단점을 감추거나 숨길 수 있습니다. 우리나라 건물에 주로 사용되는 목재는 소나무입니다. 그런데 이 소나무는 표면이 거칠고 옹이가 있고 송진이 흐르며 건조되면 잘 갈라집니다. 이렇게 거친 나무 재질을 은폐하고 외관을 아름답게 보이기 위해서입니다.

둘째, 단청은 목재 건축의 수명을 연장하기 위해서 합니다. 목재는 비바람에 노출되면 쉽게 썩고 오래 지나면 표면이 갈라지거나 부러집니다. 단청은 자연의 돌가루나 흙 등으로 안료를 만들고 아교 등의 접착제를 사용하여 목재와 벽면을 덮어 장식합니다. 이러한 단청 재료에는 성질상 방부와 방습의 효과가 있어 목재의 손상을 방지할 수 있습니다. 이를 통

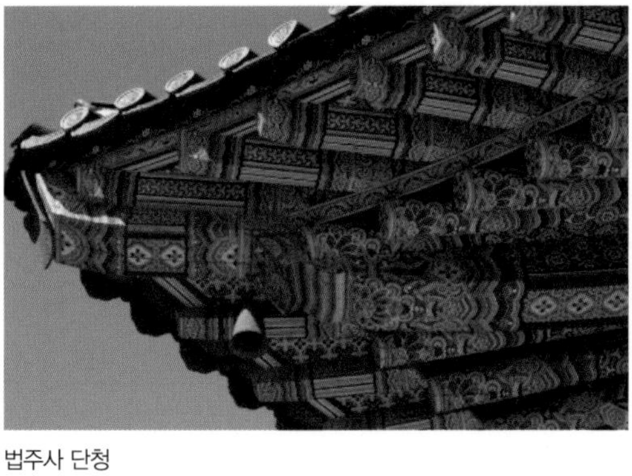

법주사 단청

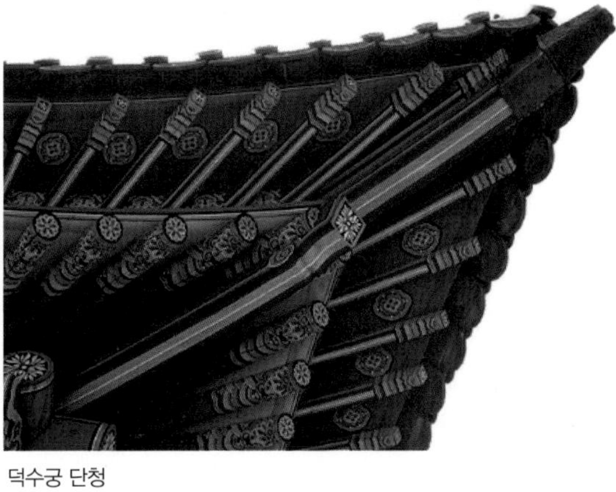

덕수궁 단청

해 건물의 내구성을 강화시켜 주기 위해서입니다.

셋째, 궁궐이나 사찰의 권위와 장엄을 고양하기 위함입니다. 백성들의 일반 가옥과 달리 궁궐은 왕실의 권위를, 사찰은 종교적 신성성을 가지는 건물입니다. 우리나라에서 단청은 신라시대 이후 궁궐이나 사찰 및 사당 이외에는 단청을 칠하는 것을 금지하였습니다. 아무리 신분이 높은 귀족이라도 자신의 집에 단청을 칠할 수는 없었습니다. 궁궐이나 사찰에 칠한 단청은 왕실의 위엄과 종교의 권위를 드높이는 목적이 숨겨져 있습니다. 단청의 문양이나 색채의 상징성을 통해 그것들을 시각적으로 드러내기 위해서입니다.

넷째, 단청을 칠한 건물의 기념비적 특성을 강조하기 위함입니다. 단청이 칠할 수 있는 건물은 궁궐이나 종묘, 사묘, 사당 등 국가적 상징이나 대웅전 등 불보살상을 모신 종교적 상징 공간입니다. 단청은 그것들이 가진 의미를 강화시키는데 기여합니다.

이처럼 전통적으로 건물에 단청이 그려 그 공간의 중요성이나 상징적 의미를 강조하였습니다. 더욱이 국가나 사찰에서는 이른 시기부터 백성의 민가와 구분하기 위해 상징성이 강하고 권위적인 건물에는 각종 그림을 그려 장엄하였습니다. 일반 백성들 또한 마찬가지여서 자신의 집을 가꾸고 꾸미기 위해 민화를 그려 벽장문을 비롯하여 집안 곳곳에 붙여 장식하기도 하였습니다.

이렇게 궁궐이나 사찰의 목조 건물에 오색 석채를 사용하여 아름다운 문양을 베풀어 단청을 그리는 장인은 국가무형문화재 제48호 단청장입니다. 이러한 단청장은 지방마다 시도 무형문화재로도 다수 지정되어 관리되고 있습니다. 사찰의 여러 전각에는 신앙의 대상이 되는 불보살을 벽화나 후불탱으로 그려 모시는데, 신앙의 대상이 되는 불화를 그리는 장인은 단청장에서 분리하여 국가무형문화제 제118호 불화장으로 지정되어 관리되고 있습니다. 한편 백성들의 생활공간에는 민중이 소망하는 길상적인 내용이나 장식적인 그림을 소박한 솜씨로 그리는 민화장이 있고, 한지 위에 민화적 영모화나 화조화를 인두로 지져 그림을 그리는 낙화장이 있는데, 이들은 시도 무형문화재 지정되어 있습니다. 그 밖에 조선시대 궁궐에는 벽이나 병풍에 각종 장식 그림을 그려 배치하였으며, 저잣거리나 시골의 오일장이 서는 날에는 좌판에서 오색 물감으로 혁필화를 그리는 사람들도 있었습니다.

이 장에서는 단청을 비롯하여, 불화, 민화, 궁중 장식화 등의 역사와 그것을 제작하는 장인에 대해 알아보기로 하겠습니다.

2 목조 건물에 단청을 그리는 단청장은 누구일까요?

우리나라 전통 건물은 목조로 건물을 짓습니다. 이러한 건물은 기둥이 배가 부르면서도 단아하고, 기와의 처마 곡선이 아름답습니다. 그중 궁궐이나 사찰 건물에서는 무엇보다 화려한 오색 단청이 눈에 띕니다. 이러한 단청은 한중일 삼국에서 일찍부터 유행하였습니다. 옛날부터 지금까지 단청 문화의 전통을 여전히 오롯하게 지키고 계승하는 나라는 우리나라 뿐입니다.

1) 단청의 역사적 변천

우선 단청이 역사적으로 어떻게 변천되었나 알아볼까요?

우리나라 단청의 기원은 언제부터인지 정확하게 밝혀지지 않았습니다. 다만 그 기원은 삼국시대 고구려 고분벽화에서 그 기원을 찾습니다.

357년에 조성된 황해도 안악 3호분에는 석실의 벽면과 천장에 각종 그림이 그려져 있는데, 특히 목조 건물의 기둥과 주두 및 공포 등의 부재를 그림으로 그려 놓았습니다. 그중 주두 부분에 귀면문이나 창방에 해당되는 부분의 당초문, 그리고 천장 부분의 연화문 등에서 단청의 시원 형식을 찾아 볼 수 있습니다. 고구려 고분벽화는 4세기 중엽부터 7세기 중엽까지 90여 기가 조성되어 있는데, 고구려 단청의 중요한 단서입니다.

다음 신라의 경우 진흥왕540~576 재위 때 활동한 솔거가 황룡사 벽에 소나무를 그린 이야기가 전해집니다. 소나무를 얼마나 잘 그렸는지 새들이 날아와 앉으려다 떨어졌다는 유명한 이야기입니다. 이것으로 미루어 보아 신라 때에도 벽에 그림을 그렸을 것으로 여겨집니다.

고려시대에는 1123년 송나라에서 고려에 사신으로 왔던 서긍이 쓴 『선화봉사고려도경』에 의해 확인됩니다. 당시 고려 궁궐에는 난간에 붉은 칠이 되어 있고 동화로 장식하여 단청이 장엄했다고 기록되어 있습니다.

〈고려사〉에 보면 의종 때에 금으로 그린 금벽 단청이 화려했다는 기록이 있습니다. 당시의 고려 단청은 고려불화에 그려진 궁궐에 금빛 찬란한 단청이 그려진 것에서 알 수 있습니다. 실제 유물로는 안동 봉정사 극락전이나 수덕사 대웅전의 건물 내부에서 단청의 흔적을 발견할 수 있습니다. 세월이 오래 지나 많이 퇴락하여 거의 보이지 않습니다. 그러나 희미한 흔적을 통해 고려시대의 단청은 그다지 화려하지 않으나 단아하고 고결한 특징을 엿볼 수 있습니다.

조선시대는 한국적인 단청이 그려진 시기입니다. 왕이 있는 궁궐 단청이나 부처님을 모신 불교 단청, 종묘나 서원 등의 유교 단청의 세 가지로 크게 나뉩니다.

이중 부처님을 모신 주불전[대웅전, 비로전, 무량수전]의 불교 단청이 훨씬 화려하고 장엄합니다. 아마도 사찰에서는 종교적 신앙심을 고양하기 위해 화려한 '금단청'으로 그려지기 때문입니다.

다음으로 국왕이 정치를 하는 궁궐의 정전[경복궁의 근정전, 창덕궁의 인정전, 창경궁의 명정전, 덕수궁의 중화전]은 왕실의 위엄을 드러내고자 장중하긴 하지만 화려하지는 않습니다.

한편 종묘나 서원 및 향교 등은 유교적 절제미와 검박미가 중시되어 문양이 거의 없고 단색 위주로 검소하고 간소합니다.

2) 단청의 종류

앞에서 살펴 보았듯이 단청은 건물의 성격이나 위계에 따라 달라집니다. 이러한 차이는 단청의 문양이나 색상에 따라 달라지는 것인데, 단청이 단순하거나 복잡한 것에 의해 여러 종류로 나눌 수 있습니다.

첫째, 가칠단청은 선이나 문양을 사용하지 않고 몇 종류의 색으로만 2회 이상 칠하는 것입니다. 가칠에 사용하는 안료는 뇌록과 석간주가 대표적입니다. 서울 문묘 명륜당보물 141호을 보면 기둥에는 붉은 색의 석간주가, 창문 등에는 녹색계열의 뇌록이 칠해져 있습니다.

둘째, 긋기단청은 바탕칠을 한 다음 먹선과 분선[흰선]으로 그어 마무리한 것입니다. 종묘나 향교 및 서원, 사찰의 요사채를 보면 가둥은 붉은 색의 석간주가, 창문 등에는 녹색계열의 뇌록이, 그리고 벽에는 황색에 네모난 먹선과 분선이 칠해져 있습니다. 여기에 더하여 부연이나 서까래, 출목 등에 매화점이나 연화문 등의 간단한 문양을 넣기도 합니다.

셋째, 궁궐에 가장 많이 사용하는 단청은 '머리단청' 혹은 '모로단청'입니다. 창덕궁 인정전

구분	적색계				황색계	녹색계			청색계	
초빛	장단육색	주홍육색	장단	석간주	황	삼록	양록	하엽	분삼청	삼청
2빛	장단	주홍	주홍	다자	장단	양록	하엽	양청	삼청	양청
3빛	주홍	다자	다자	먹	주홍	하엽	양청	먹	양청	먹

국보 225호을 보면 창방이나 평방, 도리, 대량 등의 양쪽 끝 부분에 '머리단청'으로 장식되어 있고, 중간 계풍 부분은 뇌록 바탕에 선긋기로 마무리되어 있습니다. 머리초의 문양은 간략하고 휘는 2-4개로 간단한 늘휘나 인휘로 구성되며 색상 또한 2빛으로 그려져 있습니다. 전체적으로 단아하고 장중한데, 궁궐이나 사찰의 누각, 향교, 서원, 사당 등에 사용됩니다.

넷째 사찰을 화려하게 보이는 단청은 '얼금단청'혹은 '금모로단청'입니다. 얼금은 머리단청의 중간 계풍 부분에 금문이나 당초문을 얼기설기 그려넣은 것입니다. 계풍에 긋기만 한 머리단청보다 훨씬 화려해 보입니다.

다섯째, 단청 중 최고 등급의 장엄 양식은 '금단청'이고, 그보다 더 문양을 복잡하고 섬세하게 넣은 것이 '갖은금단청'입니다.

그렇다면 단청의 색상은 어떠한지 살펴봅시다. 단청 문양은 테두리를 먹선과 분선으로 마무리하되, 각 문양은 적색, 황색, 녹색, 청색의 계열색으로 사용되고, 이것들은 초빛, 2빛, 3빛의 3단계를 형성하여 그라데이션을 이룹니다. 조선 중기 이후부터 이전 단청에서는 볼 수 없었던 휘의 색대가 머리초에 추가로 나타나기 시작하였습니다. 휘는 건물 장엄의 등급과 부재의 길이에 따라 최소 2단에서 최고 6단까지 장식되며, 색의 배치는 난색과 한색 계열이 반복되며 보색대비를 이루고 있습니다. 이처럼 조선시대 단청은 동일색조는 그라데이션적으로 반복되고, 명도대비와 채도대비 및 보색대비 등이 연출되는 것이 특징입니다.

3) 단청장의 단청 제작과정

목조 건물을 처음에 지어 놓았을 때와 그 위에 단청을 칠한 것을 비교해보세요. 단청을 칠한 건물이 얼마나 장엄하고 아름다운지 알 수 있습니다. 궁궐에 사는 임금님의 권위와 사찰에 모셔진 부처님에 대한 신앙심이 절로 느껴질 겁니다. 자, 이제 단청장이 갓 지은 목조건물에 단청을 그려 멋지게 완성하는 과정을 살펴볼까요?

준비작업 → 바탕부재 정리 → 방충, 방연제 도포 → 출초 및 천초 → 조채 → 아교 포수 → 가칠 → 타분 및 계화 → 시채 → 먹기화 시분 → 들기름[명유] 도포

(1) 준비작업 ; 각종 재로와 도구를 준비하고, 목조건물의 외부에 비계를 설치하여 단청 작업을 할 준비를 합니다.

(2) 바탕 부재 정리 ; 단청을 칠한 기둥을 비롯한 각종 부재의 먼지를 털어냅니다. 그 다음 바탕 면을 물걸레로 닦고 철선솔로 문지르거나 쇠주걱으로 긁어내 면 닦기를 해줍니다. 목재에 심한 균열이나 옹이 틈 등에 부재와 같은 목재의 톱밥 등을 이용하여 땜질하거나 실금은 가칠 안료로 메워 표면을 매끈하게 정리해 줍니다.

(3) 방충·방연제 도포 : 목조 건물의 벌레 예방과 화재 예방을 위해 방충제와 방연제를 3회 이상 발라줍니다.

(4) 출초 및 천초 ; 목조건물은 부재마다 모양과 크기 및 길이가 각각 다릅니다. 종류가 같은 부재라도 크기와 길이가 다르므로, 이러한 점을 고려하여 부재에 정확하게 맞게 도안하는 것이 중요합니다. '출초出草'는 건물의 성격이나 시대, 규모 및 격식에 어울리는 단청이 결정되면, 단청의 문양을 두꺼운 초본지에 옮겨 그리는 것입니다. '천초穿草'는 이렇게 출초한 문양을 윤곽선에 따라 돗바늘로 구멍을 뚫는 작업입니다. 천초는 초본 아래 담요나 방석을 깔고 바늘을 깊게 찔러 구멍을 뚫습니다. 직선이나 간단한 문양은 4-5mm 간격으로, 작은 문양은 촘촘하게 뚫습니다.

(5) 조채調彩 : 건물의 부재에 칠할 색상은 각종 안료를 섞어 미리 만드는 것이 조채입니다. 이때 안료를 고착시키기 위한 아교 등의 교착제는 미리 끓여 두어야 합니다.

(6) 아교 포수; 단청을 바를 모든 바탕면에눈 아교 등 지정된 교착제를 2회 이상 발라줍니다. 아교는 칠하고 나서 완전히 건조한 후 다시 칠합니다.

(7) 가칠바탕칠 : 가칠은 색깔별로 구분하여 부재별로 2회 이상 칠합니다. 기둥 부분에는 석간주를, 창방이나 평방 등에는 뇌록을 미리 바르는 것입니다. 이렇게 넓은 면에 가칠을 하면 목재 바탕의 흠집 등이 가려지기도 하고, 이것들의 면적이 다른 안료보다 넓기 때문에 단청을 그릴 시간을 단축시키는 데에도 기여합니다.

(8) 타분打粉 및 계화界畵 ; 구멍을 뚫은 초본지를 각 부재마다 대고 분을 두드려 타분합니다. 그 위에 직선은 장척을 대고 연필로 그어 마무리합니다.

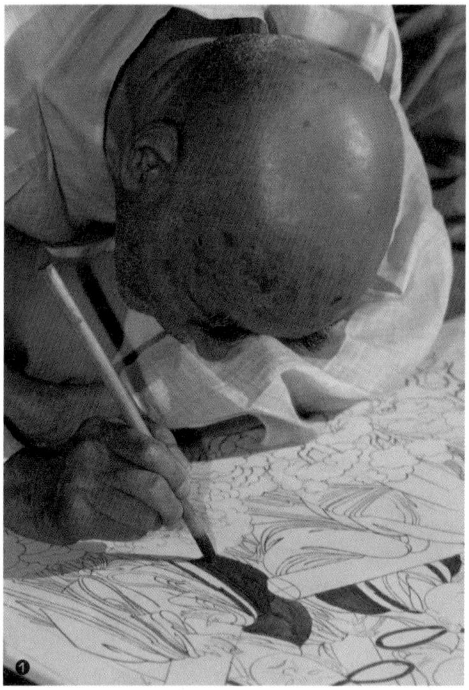

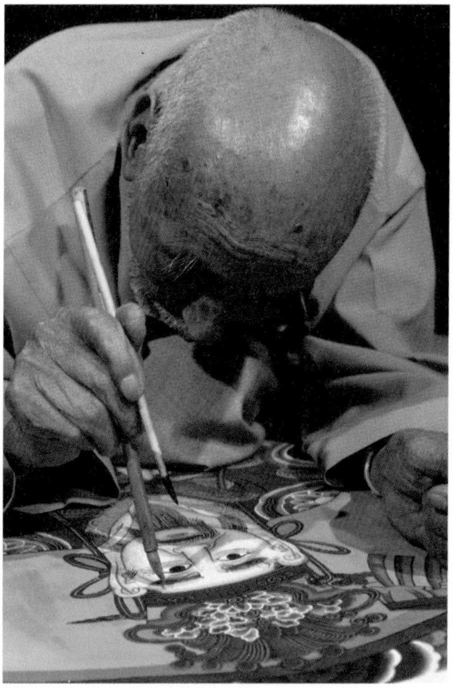

❶ 국가 단청장 故 이치호 보유자
❷ 국가 단청장 홍점석 명예보유자
❸ 국가 단청장 유병순 보유자

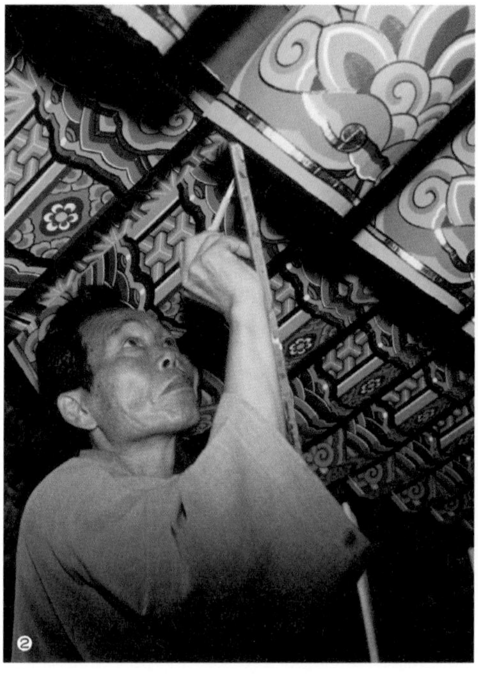

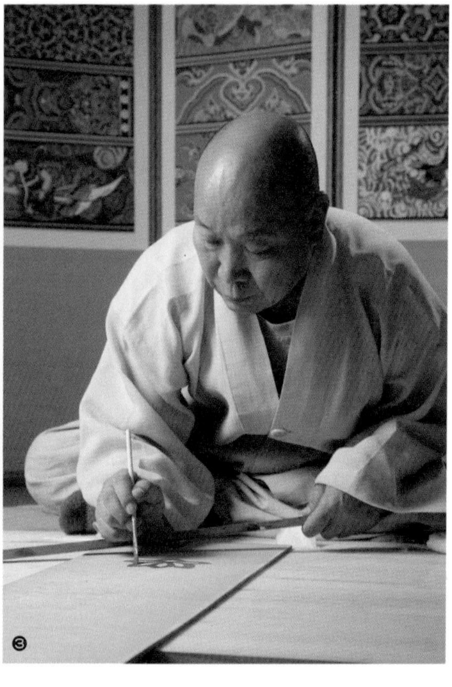

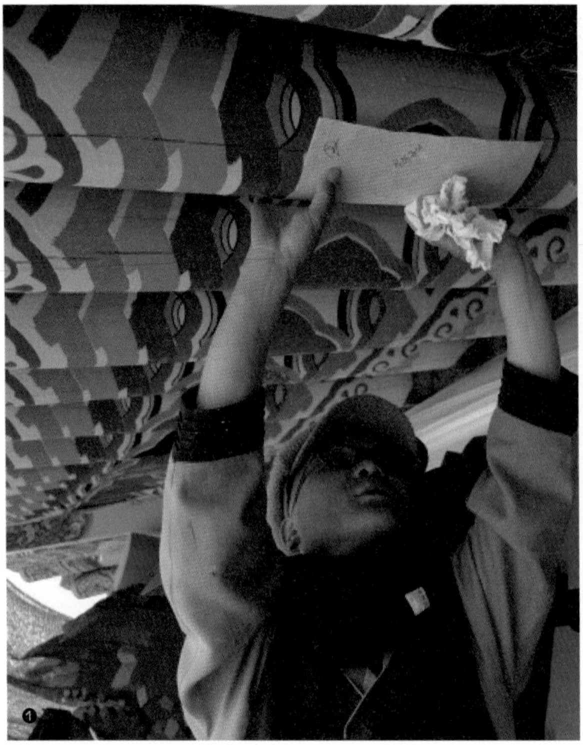

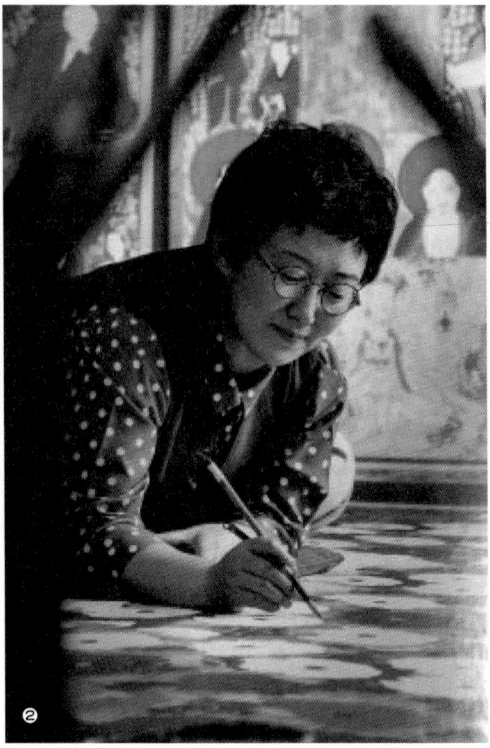

❶ 국가 단청장 이욱 전수교육조교
❷ 국가 단청장 양선희 전수교육조교

(9) 시채施彩 ; 단청의 각종 문양은 색별깔로 초빛, 2빛, 3빛의 3단계로 밝은 색부터 짙은 색까지 그라데이션적으로 칠합니다. 평면적인 듯 보이는 단청이 입체감을 갖는 이유이기도 합니다. 장인들은 색칠하기를 분업화하여 여러 위치에 있는 한 가지 색을 한 사람이 칠을 하고, 그 다음 사람이 자기가 맡은 다른 색의 칠을 순서대로 칠합니다. 사찰 등의 화려한 금단청은 황색 바탕에 금박 붙이기는 작업도 추가됩니다.

(10) 먹기화 시분墨起畵施粉 ; 채색이 완료되면 각 문양의 윤곽선을 먹선과 분선을 넣어 채색을 완료합니다. 이렇게 되면 그동안 화려했던 색상이 보다 분명해지고 뚜렷한 형태를 보입니다. 다 그린 후 전체를 살펴 색상이 빠지거나 잘못된 곳은 수정 보완합니다.

(11) 들기름칠 ; 그리기가 끝나면 빗물이 직접 들이치는 기둥과 같은 곳에는 정제된 들기름, 명유를 2회 이상 도포합니다.

단청이 완성되면 목조건물은 새 생명을 갖게 됩니다. 황홀하고 신묘한 오방색으로 궁궐은 궁궐답고, 사찰은 사찰답게 권위와 신성성을 갖게 됩니다.

3 불화를 그리는 불화장은 누구인가요?

불화는 불교의 내용이나 부처의 가르침을 그림으로 표현한 것을 말합니다. 불교를 깊이 알지 못하는 일반인들에게, 심오하고 난해한 불교 교리를 쉽게 전할 수 있는 방법이 무엇일까요? 그것은 눈으로 보여주는 것입니다. 사람들에게 부처의 모습이나 극락정토, 다양한 불교 설화를 그림으로 직접 보여준다면 누구나 어려운 불교 교리를 쉽게 이해하고 성스러운 종교의 세계에 빠져들 수 있을 겁니다. 이처럼 불화는 불교의 교리를 쉽게 전달하는 '시각적인 경전'으로, 불교를 전파하고 신도들에게 종교적 신비감과 환희심을 불러일으키는 그림이라 할 수 있습니다.

인도에서 기원한 불화는 서역과 중국을 거쳐 삼국시대에 우리나라에 전래되었습니다. 불교의 전래에 따라 불화가 그려진 것은 고구려 고분벽화를 통해 추측할 수 있습니다. 357년에 조성된 안악3호분 천장 꼭대기에 그려진 연화문이 그것입니다. 5세기 무용총에 그려진 〈접객도〉를 보면 묘주가 승려를 대접하고 있고, 쌍영총의 〈행렬도〉에는 장삼 위에 화려한 가사를 걸치고 석장을 짚은 승려가 향로를 머리에 인 인물을 앞세우고 귀부인, 시녀와 함께 불공을 드리러 가는 장면이 그려져 있습니다. 무엇보다 장천 1호분의 〈불상예배도〉를 통해 고구려의 불상 예배와 불교 사상을 분명하게 알 수 있습니다.

통일신라의 불화로는 삼성미술관 리움에 소장된 〈대방광불 화엄경 사경변상도〉가 알려져 있을 뿐입니다. 자색 닥종이에 금니와 은니를 사용하여 그린 2조각의 단편인데, 벌거벗은 상체에 화염광배를 두르고 두 다리를 떡 벌린 신장을 유려한 필선으로 그렸습니다. 호화롭고 정교한 필선, 풍만하고 균형잡힌 인체 표현 등에서 8세기 중엽 석굴암과 같은 시기에 조성된 이상화된 사실주의 경향의 불화임에 대해 설명할 수 있습니다.

고려의 불화 중 벽화는 영주 부석사 조사당의 〈사천왕도〉와 〈범천도〉, 〈제석천도〉가 있습니다. 인물은 당당하면서도 세련된 형태, 대담한 신체의 윤곽선, 힘찬 옷자락 등에서 13세기 고려불화의 특징을 엿볼 수 있습니다.

몇몇 불화를 제외하고 현존하는 고려불화는 탱화가 대표적입니다. 그중 1310년 혜허가 그린 〈수월관음도〉는 마치 물방울이나 가느다란 버드나무 잎처럼 광배를 표현하고 있어 매우 개성적입니다. 그밖에 고려 수월관음도는 매우 특징적입니다. 1323년 서구방이 그린 〈수월관음도〉를 보면 수월관음은 반가상의 자세로 보타락가 산의 해변가 동굴에 앉아 선재 동사의 방문을 받는데, 그 앞쪽에는 버들가지를 꽂은 정병, 하단부 바다 속에는 기화요초가 피어나고 있습니다. 수월관음은 호화로운 금박 무늬가 있는 붉은색 군의裙衣를 입었고, 머리부터 발끝까지 훤히 비치는 얇은 베일로 몸을 감싸고 있습니다. 자유로우면서 짜임새 있는 구도는 고려 불화 중 최고라 할 수 있습니다.

야외나 마당에서 법회를 여는 것을 '야단법석野壇法席'이라고 합니다. 이때 거는 대규모 불화를 '괘불掛佛'이라고 합니다. 괘불화는 작은 것은 5~6m부터 큰 것은 10m가 넘는 거대한 것들이 대부분입니다. 현존하는 괘불화는 현재 100여 점이 전해지고 있습니다. 이러한 괘불화는 언제부터 조성되었는지 알 수 없지만 현재 전하는 대부분은 조선후기의 것입니다.

이처럼 우리나라는 삼국시대에 불교가 전래된 이후 사찰의 전각마다 많은 불화를 그려 걸어 신앙의 대상으로 삼았습니다. 전국 사찰의 각 전각에는 여러 종류의 불화가 걸려 있습니다. 불화는 재료와 용도, 주제 등에 따라 여러 가지로 분류할 수 있습니다. 재료에 따라 흙이나 나무에 그린 벽화나 천장화가 있고, 비단이나 삼베, 종이에 그려 벽에 거는 탱화, 종이나 천에 경전의 내용을 그린 변상화도 있습니다. 용도에 따라 불상 뒤에 걸어놓고 예배하는 후불화, 어려운 불교 교리를 쉽게 전하기 위한 교화용 불화, 의식 때 봉안하는 괘불화로 나누기도 합니다. 주제에 따라서는 어떤 존상을 그렸느냐에 따라 나눕니다. 부처를 그린 여래화, 관음보살이나 지장보살 등을 그린 보살화, 부처의 제자인 나한이나 한 종파를 세운 조사를 그린 나한·조사화, 사천왕이나 인왕 등 불교의 호법신을 그린 신중화로 나눕니다.

이처럼 불화는 종교적인 내용과 일정한 법식에 의해 제작되기 때문에 일반 회화와 달리 독창적인 화풍을 드러내기 어렵습니다. 무엇보다 불화는 종교회화라는 점에 주목해야 하고, 불교 교리나 경전 내용, 불보살상의 전통적인 도상에 대해서도 이해하고 있어야 합니다. 이 때문에 불화는 오랫동안 스님에서 스님으로 전승되었고, 전통적으로 불화를 그리는 승려 화가는 금어나 화승이라고 부르기도 하였습니다. 국가는 불화를 전문적으로 그리는 화가를 단청장과 분리하여 불화장으로 지정하여 그 기능을 전승하고 있습니다.

불화장이 불화를 그리는 순서는 다음과 같습니다.

출초 그리기 → 상호 그리기 → 채색(바림)하기 → 눈동자 칠하기 → 배첩하기

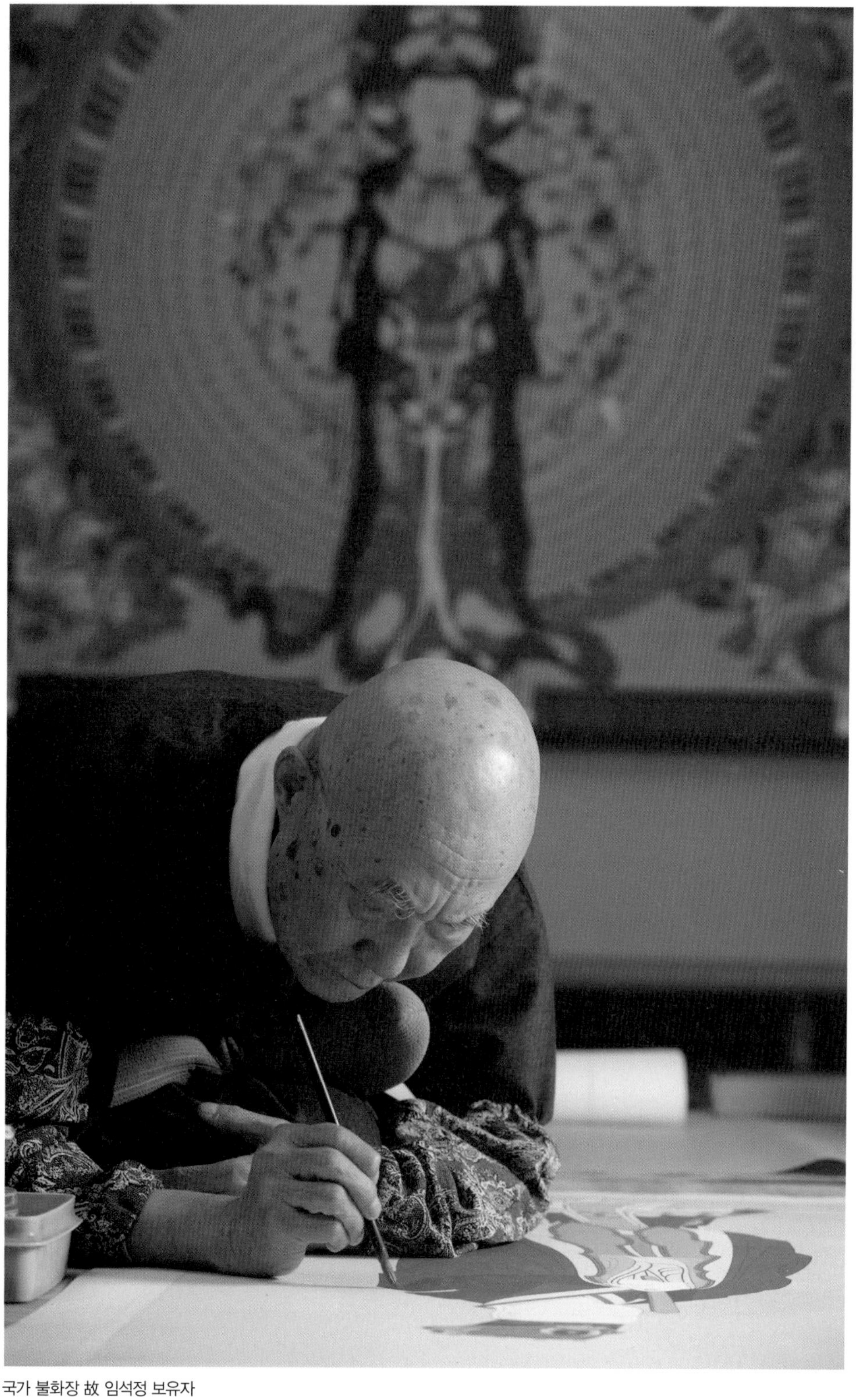

국가 불화장 故 임석정 보유자

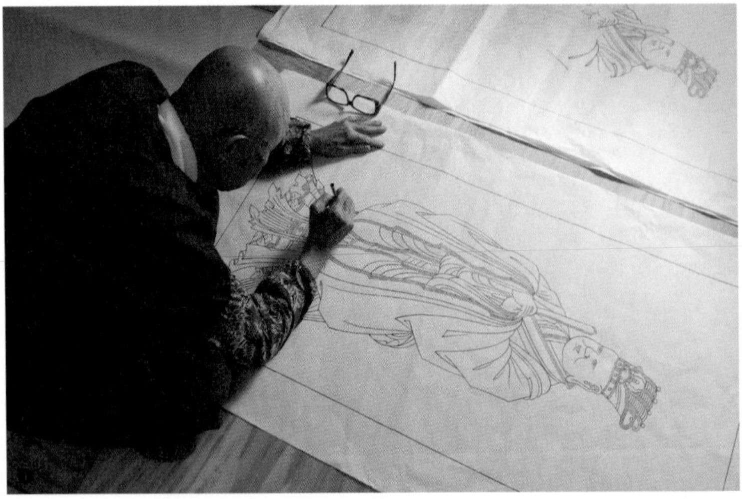

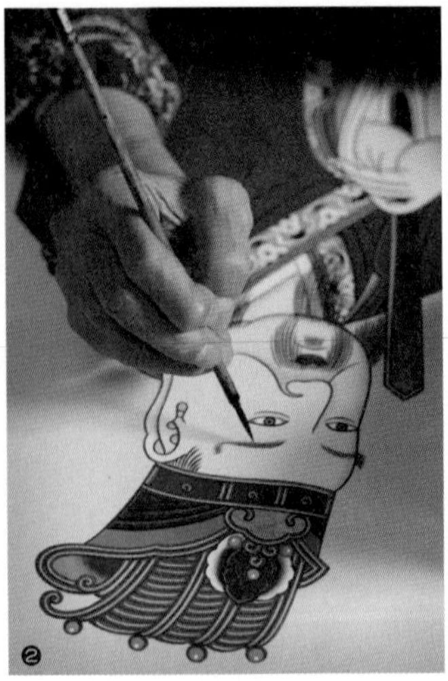

❶ 출초하기 ❷ 채색하기

출초는 불화의 초본을 그리는 것입니다. 초본은 불화를 그리는 화가들의 보물창고와도 같습니다. 경력이 많은 화가일수록 초본이 많은 것에서 알 수 있지요. 초본은 불화의 종류별로 분류됩니다. 초본을 출초하는 방법은 먼저 연필로 부처나 보살의 도상을 그리고 그 위에 먹으로 윤곽선을 긋습니다. 이때 전체적인 비례와 균형이 맞아야 합니다. 광배의 원, 반원, 옷 소매자락 등을 긴 선으로 내려긋는 데에는 능숙한 기량이 발휘됩니다. 선을 그을 때 거침없고 유려하면 오랜 세월의 필력이 돋보입니다. 숙련되면 짧은 시간에 원하는 도상을 그려낼 수 있습니다.

상호는 불보살의 얼굴입니다. 부처나 보살 등은 신앙의 대상이어서 한국에서는 상호라고 높여 부릅니다. 가는 선을 이용하여 먹으로 그린 초본 위에 동양인의 피부색으로 선을 따라 긋습니다. 다시 가는 붓으로 그림자를 표현합니다. 이목구비를 완성한 후에는 물을 칠합니다.

불화에 색을 칠할 때에는 큰 붓과 작은 붓을 교대로 사용합니다. 작은 붓은 가장자리에 윤곽을 짙게 그리는데 씁니다. 큰 붓은 물을 묻혀 그라데이션 효과를 주는데 사용합니다. 이러한 효과를 한국에서는 '바림'이라고 합니다.

부처의 눈동자는 송연묵송진pine resin을 태워 그을음을 뭉쳐 만든 먹을 갈아 만든 먹물로 찍습니다. 이렇게 눈동자를 찍는 과정은 불화를 그릴 때 가장 마지막에 합니다. 이것이 불화에서 가장 중요한 과정이고 한국에서는 점안이라고 부른다.

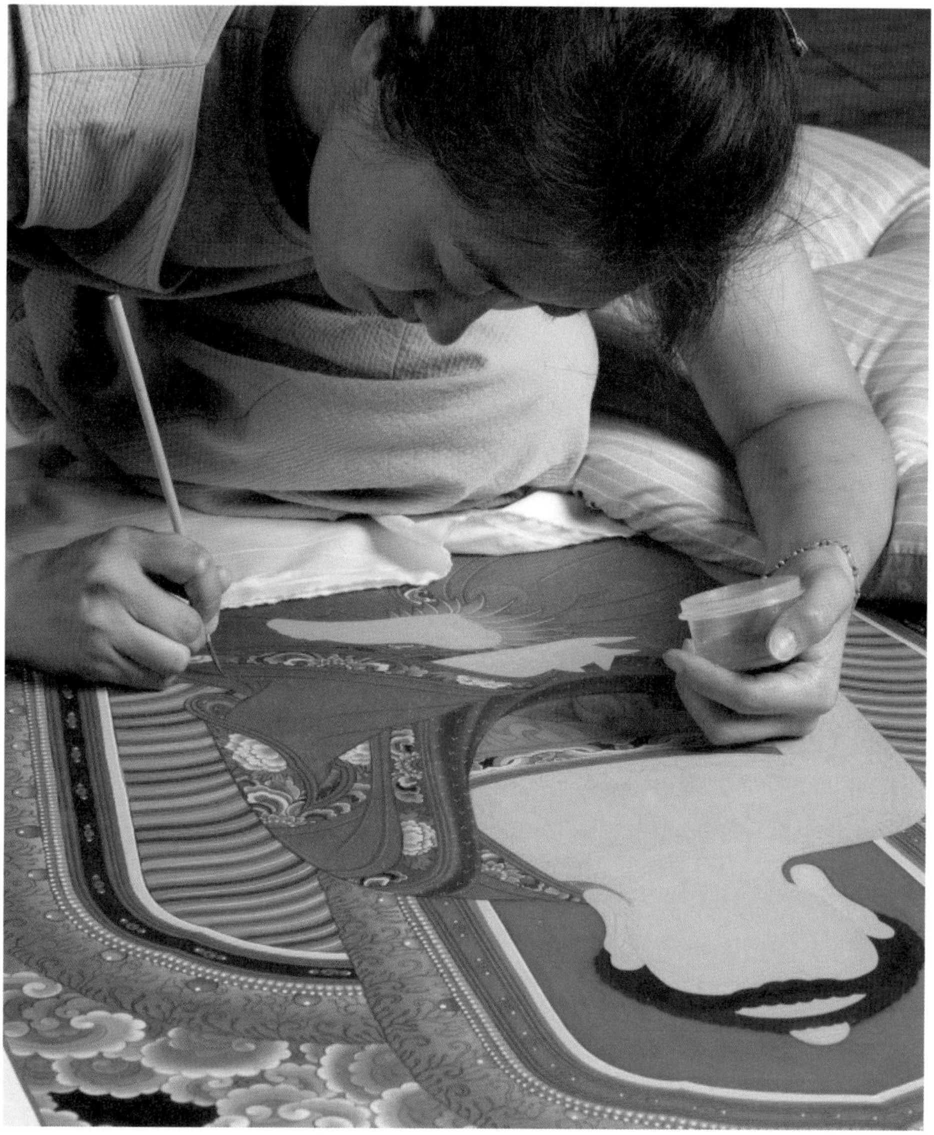
국가 불화장 이경아 전수교육조교

완성한 불화는 그림의 앞면에 묽은 풀을 칠하고, 그 위에 아교를 엷게 발라 화면을 단단하게 고정시킵니다. 그리고 그림의 뒷면에 여러 겹의 종이를 발라 화면을 고정시켜 완성합니다. 이러한 배접은 전문적인 배첩장에게 맡겨 탱화 등을 장황하여 완성시킵니다. 완성된 불화를 감상하며 우리는 종교적 숭고미를 느끼기도 하고, 불심을 고양시켜 환희심을 맛보기도 합니다.

4 민화를 그리는 민화장은 누구일까요?

궁중이나 사대부에서 일반 백성들에 이르기까지 생활공간을 아름답게 꾸미거나 벽사기복의 소망을 담아 제작되었던 실용적인 그림이 민화입니다. 왕실을 비롯한 고급 수요의 궁정 장식화에 비해 민화는 민간에서 필요로 하여 기복이나 길상을 위한 치레그림을 가리키기도 하지요. 상징체계를 제대로 이해하지 못한 무명 화가에 의해 그려져 도상이 흐트러지면서 왜곡된 형태나 미숙한 듯 다채롭고 화려한 원색의 색채가 특징을 이루기도 합니다.

이렇게 민화는 이 땅에 살았던 옛 사람들의 생활관과 미의식이 진솔하게 반영되어 독특한 아름다움을 지닌 그림입니다. 마치 아주 오래전 우리들이 뜨끈한 아랫목에 앉아 화로에 군밤을 구우며 들려주시던 할머니의 옛날이야기처럼 흥미롭고 재미난 우리 그림이 바로 민화입니다. 그 속에는 호랑이 담배 피우던 내용이 그림으로도 그려져 있고, 그밖에도 순박하게 식구의 안녕과 출세를 꿈꾸며 살아가던 우리네 모습들이 담겨 있어 더욱 친근합니다.

할머니의 구수한 옛날이야기는 어느 만담가의 훌륭한 말솜씨가 아닙니다. 그럼에도 이불을 덮고 누워 듣던 할머니의 이야기는 항상 흥미진진하고 너무나 재미있었습니다. 언제 들어도 질리지 않는 것처럼 민화 또한 어딘지 어설프고 서툴러 보여도 왠지 모르게 정겹기만 합니다.

민화에는 인간의 욕망이 상징처럼 담겨 있습니다. 오래 살고, 아들딸 많이 낳고, 부부금슬과 부귀, 출세 등 현세에서 누리고 꿈꿀 수 있는 것들이 그림으로 그려집니다. 예를 들어 국립고궁박물관에 소장된 〈십장생도〉에는 해와 물과 구름 및 바위, 사슴과 학과 거북이, 소나무와 불로초 등이 등장합니다. 인간이면 누구나 꿈꾸는 오래 살고 장수하기를 바라는 욕망이 담겨있습니다. 그림 속에서 행복을 추구하고 유토피아를 꿈꾸는 것입니다.

민화는 실용성이 큰 특징입니다. 엘리자베스 키스가 그린 그림을 보면, 집안 곳곳에 그림이 붙어 있습니다. 민화는 집안을 아름답게 장식하거나 잡귀를 막아 집안을 보호하고 자라는 아이들을 교육하거나 제사나 각종 의식을 치르는데 필요하여 그렸습니다. 일반 회화가 감상을 위해 족자나 두루마리 혹은 화첩 형식으로 만들어지는데 비해, 온돌방에서 좌식생활을 하는 우리 가옥의 문짝이나 벽에 직접 바르거나 붙일 수 있도록 병풍이나 가리개 형식이 대부분입니다.

이처럼 민화 속에는 우리 조상들이 바라고 소망하는 꿈이 담겨 있습니다. 민화는 집안에 악귀를 몰아내고 복을 기원하며 무병장수를 빌고자 그린 실용적인 그림이었던 것입니다. 그렇기 때문에 산수화처럼 예술적이거나 궁중 장식화처럼 치밀하고 정교한 것들이 아닌, 서민들이 꿈꾸는 것들을 꽃과 새, 나비나 고양이, 개나 새우나 물고기, 학이나 기러기 등 영모화조화나 어해도 등에 상징적 의미를 가진 여러 소재들에 담아 어떠한 제약도 없이 자유분방하게 표현해 내었습니다.

지금의 젊은 세대들이 알지 못하는 지난 세대의 소소한 삶의 풍경들을 마치 할머니의 옛날이야기처럼 구수하고 정겹게 담아내고 있는 것입니다. 근대화에 밀려 사라져 가던 우리네 모습들이 화폭에 담겨 있는 것이지요. 이렇게 민화는 우리 조상들의 정서가 담긴 그림이기 때문에 보고 있으면 입가에 미소가 번지고, 마음이 편안해지고, 호감이 가게 됩니다. 그래서 요즘 사람들이 그 옛날 민화를 보면서도 큰 거리감 없이 정겹게 느끼게 되는 것입니다.

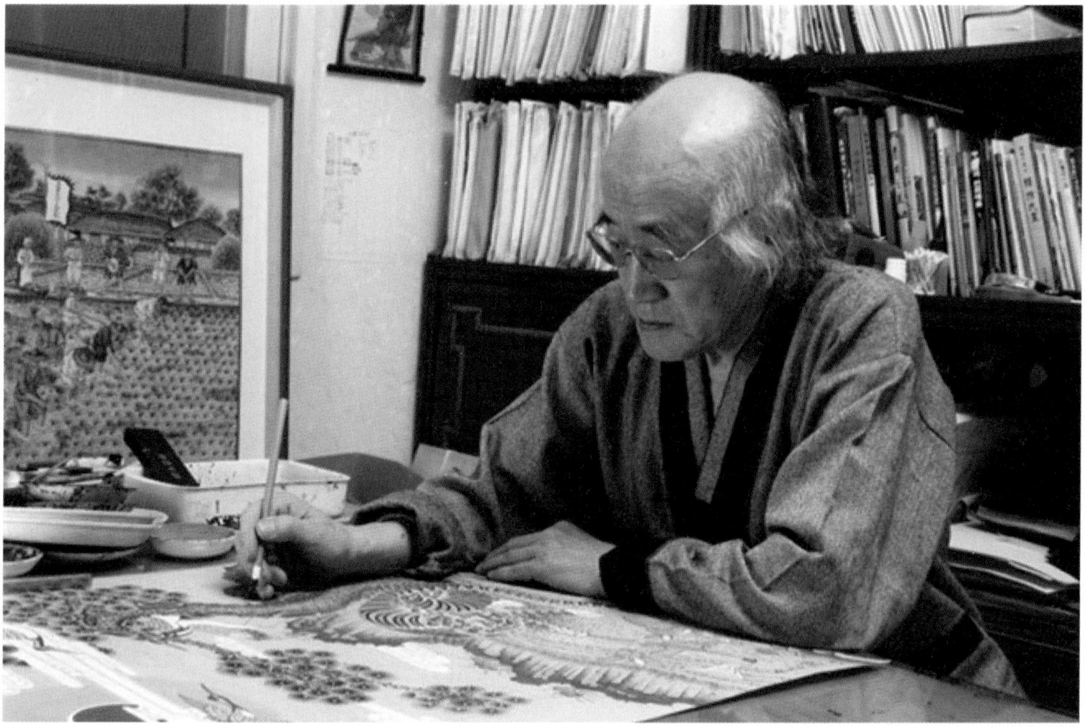

서울 민화장 김만희 명예보유자

5 인두로 지져 그림을 그리는 낙화장은 누구일까요?

'낙화烙畵'는 한지나 나무, 박, 가죽 등 바탕을 지져 그림을 그리는 것이며, 대나무로 만든 참빗이나 부채 등 공예품 위에 작은 문양을 그리는 '낙죽'과 비교됩니다.

우리나라의 낙화는 〈오주연문장전산고〉에 의하면 19세기 초 남원 출신의 박창규朴昌珪가 낙화를 잘하여 추사 김정희를 비롯한 문인들과 교유하였고, 현종의 총애를 받았으며, 중국에까지 그의 솜씨가 소문이 났을 정도였습니다. 현재 추사가 글을 쓰고, 박창규가 인두로 지진 〈화화도인실火畵道人室〉이라는 작품과 함께, 그의 화조화 2점이 간송미술관에 전해지고 있어 그의 낙화수준을 엿볼 수 있습니다.

박창규 이후 낙화 기술은 전라북도 임실군 일대에서 살았던 밀양 박씨 후손에 의해 전승되었습니다. 박창국1830~?의 화조도 8폭 병풍이 전해지고, 송암松庵 박복규나 운초雲樵 박훈규1836~?의 산수도 8폭 병풍이 전해지고 있습니다.

박병수, 낙화화조도 10곡 병풍, 조선, 국립민속박물관

일제강점기에도 밀양 박씨 문중에서는 계속 낙화를 그렸습니다. 죽파竹坡 박진원朴鎭願, 월산月山 박계담朴桂淡, 1869~1946과 소산小山 박상전朴相典, 1901~1959이 그들입니다. 이들의 작품도 국내외 박물관이나 개인 소장품으로 다수 전해지고 있습니다. 그중 박계담은 한말 19세기 말부터 20세기 중기까지 박람회 등에 초청되어 활동했으며, 그의 〈화조도〉 4폭 병풍이 일본에 유존하고 개인소장도 남아 있습니다.

밀양 박씨 집안에서는 박계담과 더불어 박창규의 손자인 초산 박병수朴秉洙, 1858~? 또한

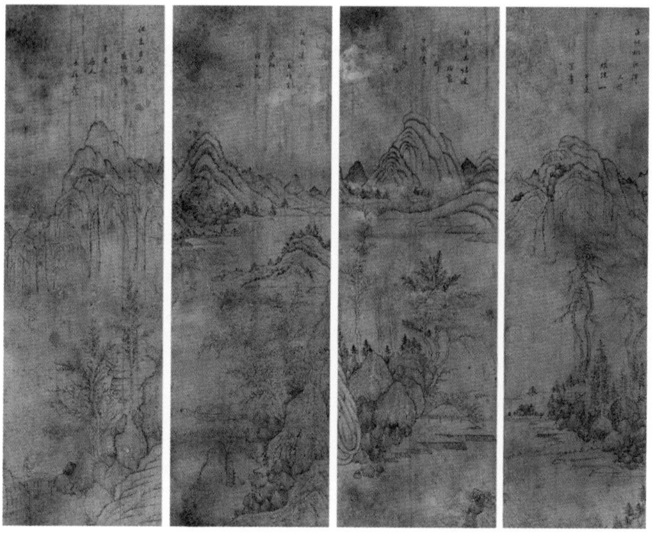

낙화산수도, 조선, 국립중앙박물관

당대에 널리 활약하였던 인물입니다. 그는 당시 총리대신이던 김홍집이나 백작이던 이완용 등 친일파 귀족들과 친분이 있었고, 그들의 후원으로 많은 낙화작품을 남겼습니다. 현재 일본 내 미술관과 개인 소장으로 박병수의 작품이 여러 점 전하고 있습니다.

그 밖에 운포雲浦 백학기白鶴起와 운산雲南 백남용白南龍 등이 가장 활발히 활동하였습니다. 이처럼 우리나라의 낙화는 당시 최고의 솜씨였는데, 이것은 일본을 대표하는 민예학자 야나기 무네요시[柳宗悅]가 1938년 전라도를 여행하면서 낙화를 보고 높이 평가하여, 현재까지 일본에서 조선 낙화의 명성이 이어지고 있습니다.

하지만 해방 이후 근대화와 산업화에 따라 낙화를 그리던 장인은 점차 줄어들었습니다. 낙죽도 마찬가지였습니다. 이에 1984년 국가에서는 담양에서 참빗 위에 낙죽을 하던 이동연을 국가 무형문화재 낙죽장으로 인정하였고, 그의 사후 1987년 국양문을 낙죽장 보유자로 인정하였습니다. 현재는 김기찬 보유자가 그 기능을 전수하고 있습니다.

한편 낙화의 경우 1970년대부터 1990년대까지 설악산, 무주 구천동 및 속리산, 청송 주왕산 등 전국 유명 관광지에서 나무 위에 인두로 지져 만든 낙화가 관광상품으로 널리 판매되었습니다. 이렇게 낙화가 관광상품으로 명맥을 유지하였는데, 충청북도 무형문화재 제22호 낙화장으로 지정되어 전승되고 있습니다. 낙죽이 대나무를 재료로 삼는 반면 낙화는 종이 바탕 위의 화로불에 달군 인두를 사용하여 산수화나 영모화 등을 지져 그려 조선시대 전통 낙화를 오늘에 되살려내고 있습니다.

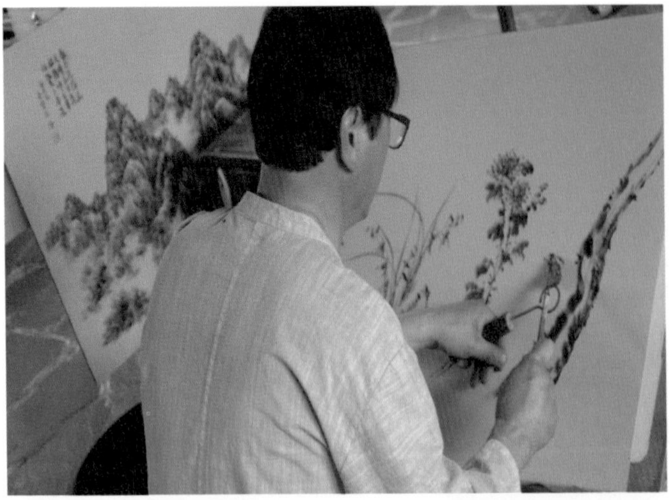

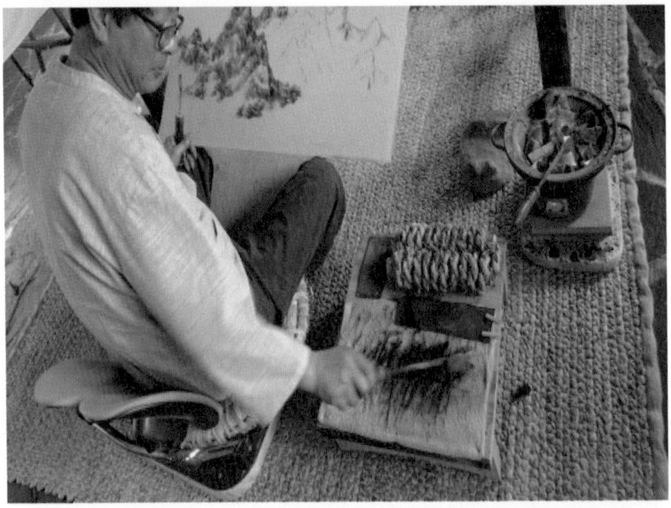

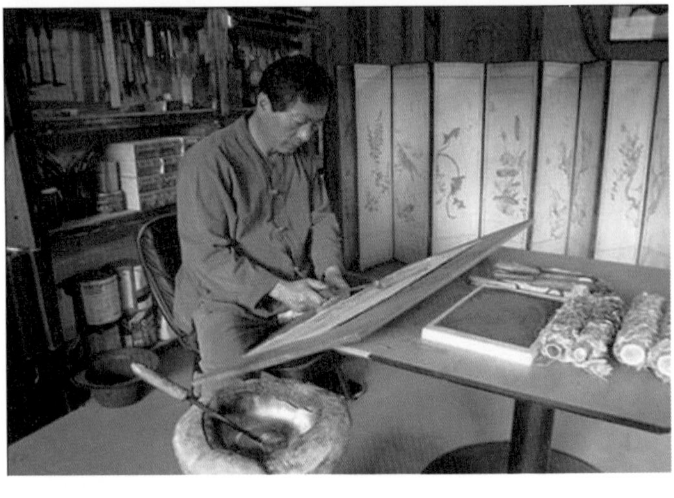

충북 낙화장 김영조 보유자

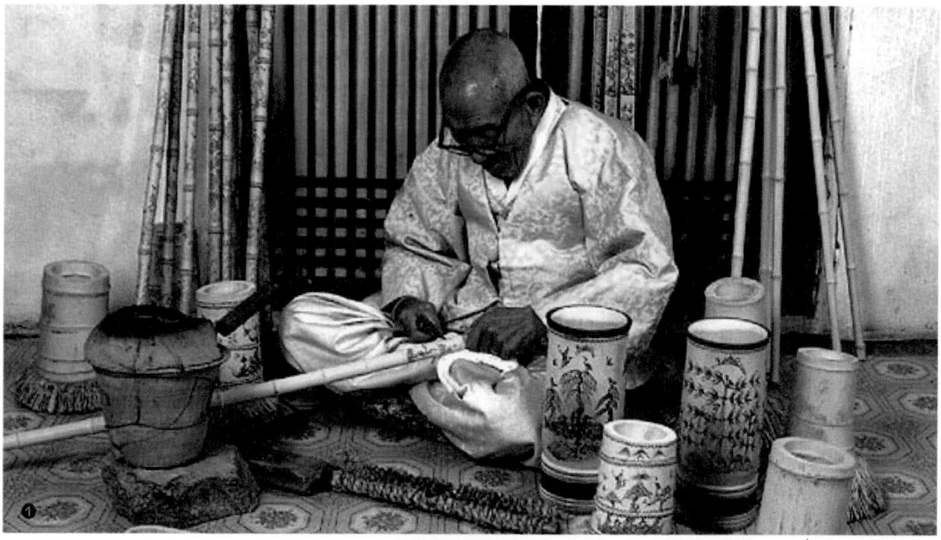

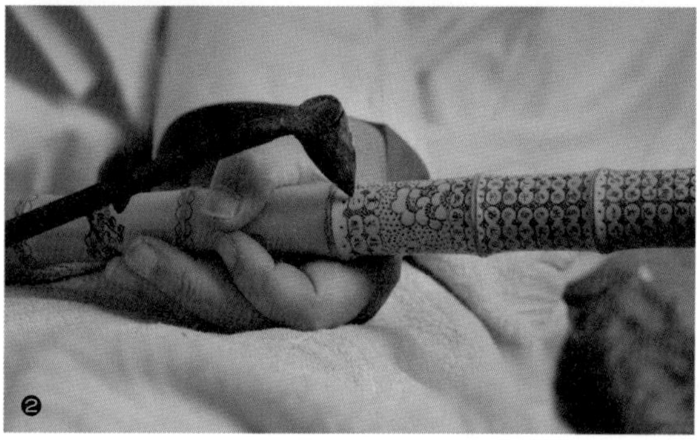

❶ 국가 낙죽장 故 국양문 보유자
❷ 국가 낙죽장도장 한상봉 보유자

이처럼 우리 주위에는 조선시대 이래의 전통적인 방식으로 그림을 그리는 장인이나 화가가 아직 있습니다. 궁궐이나 사찰 등에 화려한 단청을 칠하는 단청장, 각종 불교적 도상의 불교회화를 그리는 불화장, 집안 구석구석을 가꾸고 꾸미는 민화, 종이 위를 인두로 지져 그림을 그리는 낙화장, 참빗이나 부채 등 대나무 위에 문양을 그리는 낙죽장이 그들입니다. 그 밖에도 궁궐을 장식하는 궁중장식화나 장돌뱅이처럼 오일장을 떠돌며 그리던 혁필화 등에 대한 관심도 필요합니다. 과거 우리 조상들의 미적 취향을 엿볼 수 있던 전통 그림을 온전히 지켜 우리 후손에게 전달할 책무가 우리에게 있습니다.

학습평가

01 (난이도 중) 단청에 대한 내용으로 옳은 것은?

① 단청은 이른 시기부터 우리나라에서만 발전해온 독창적인 문화유산이다.
② 궁궐단청은 국왕의 권위를 위해 종묘와 사직 등에 경건하게 그린 단청이다.
③ 사찰단청은 불교의 신성성을 드러내고자 금단청 등으로 화려하게 장엄한 단청이다.
④ 유교단청은 서원과 향교 등에 모신 공자나 맹자 등을 위해 갖은금단청으로 그린다.

02 (난이도 하) 단청을 칠하는 이유가 아닌 것은?

① 목재가 지닌 흠집을 가리기 위하여
② 목조건축의 수명을 연장하기 위하여
③ 궁궐과 사찰 등 권위적 건축의 장엄을 위하여
④ 역사적 사건을 단청으로 그려 기념하기 위하여

03 (난이도 하) 불화의 역사적 변천에 대한 설명으로 옳지 않은 것은?

① 고구려 ; 장천1호분, 불상예배도
② 신라 ; 황룡사, 솔거의 소나무
③ 고려 ; 서구방, 수월관음도
④ 조선 ; 100여 점 괘불

04 (난이도 중) 낙화의 특징은 무엇인가?

① 종이 위에 인두로 지져 그리는 그림이다.
② 대나무로 만든 참빗이나 부채 위에 그리는 그림이다.
③ 궁궐이나 사찰을 화려고 장엄하게 장식하는 그림이다.
④ 조선 초기부터 지금까지 한국을 대표하는 그림이다.

05 (난이도 중) 민화의 특징이 아닌 것은?

① 민화는 벽이나 문에 붙여 장식하는 실용적인 그림이다.
② 민화는 이름 모를 화원이 그린 장식화의 일종이다.
③ 민화는 조상들의 꿈과 소망이 담긴 소재를 그린다.
④ 민화는 도상을 꼼꼼하고 정교하고 화려한 색채로 그린다.

01 | 정답 | ③
| 해설 | 단청은 중국에서 시작하여 우리나라에 전래되었고, 궁궐은 경복궁 등 오대 궁궐을 화려하게 장식하고, 종묘나 향교나 서원 등은 최소한의 단청을 칠한다.

02 | 정답 | ④
| 해설 | 단청은 종묘, 사묘, 사당 등 국가적 상징이나 대웅전 같은 사찰의 종교성 등 건물의 기념성을 강조하지만 그곳에서 일어난 역사적 사건을 그리지는 않는다.

03 | 정답 | ②
| 해설 | 솔거나 황룡사는 통일신라의 것이다.

04 | 정답 | ①
| 해설 | 낙화는 종이 위에 인두로 지져 그리는 그림이다.

05 | 정답 | ④
| 해설 | 민화는 이름 모를 장인이 백성들의 꿈과 희망을 담은 영모나 화조 및 어해 등의 소재를 거침없고 자유분방하게 그려 문이나 벽에 붙이는 것이 특징이다.

학습정리

① 전통적으로 채화공예는 감상용의 일반 회화와 달리 실용적인 목적으로 목조 건물에는 단청이 그려졌고, 그 밖에 불교의 도상을 반복적으로 그리던 불화, 궁궐을 꾸미던 궁중장식화, 백성들의 꿈과 소망을 담은 민화, 인두로 지져 그리는 낙화 등이 발달해 왔다.

② 단청은 건물의 특성에 따라 궁궐단청과 불교단청 및 유교단청으로 나뉘며 간단한 것부터 복잡한 종류로 나뉘어 가칠단청, 긋기단청, 모로단청, 얼금단청, 금단청 등이 발전하여 왔다. 이러한 단청을 그리는 기술은 국가무형문화재 제48호 단청장이 지정되어 전승되고 있다.

③ 불화는 불교가 전래된 이래 지금까지 재료와 용도, 주제 등에 따라 여러 가지로 분류되어 발전되어 왔다. 불화는 종교적 내용과 일정한 법식에 따라 그려야 한다. 이러한 다종다양한 불화를 그리는 기능은 국가무형문화재 제118호 불화장으로 지정하여 전승하고 있다.

④ 민화는 집안에 악귀를 몰아내고 복을 기원하며 무병장수를 빌고자 그려 벽이나 문짝에 붙였던 실용적인 그림이다. 수복강녕 등의 상징적 의미가 내재된 소재들을 자유분방하고 거침없이 표현한 그리는데, 서울특별시 무형문화재 민화장이 지정되어 전승되고 있다.

⑤ 낙화는 종이 위에 인두로 지져 산수화나 영모 화조화 등을 그리는데, 19세기초 박창규를 비롯한 밀양 박씨에 의해 전승되었다. 1970–80년대에는 관광상품으로 제작되다가 현재 충청북도 무형문화재 낙화장에 의해 전승되고 있다.

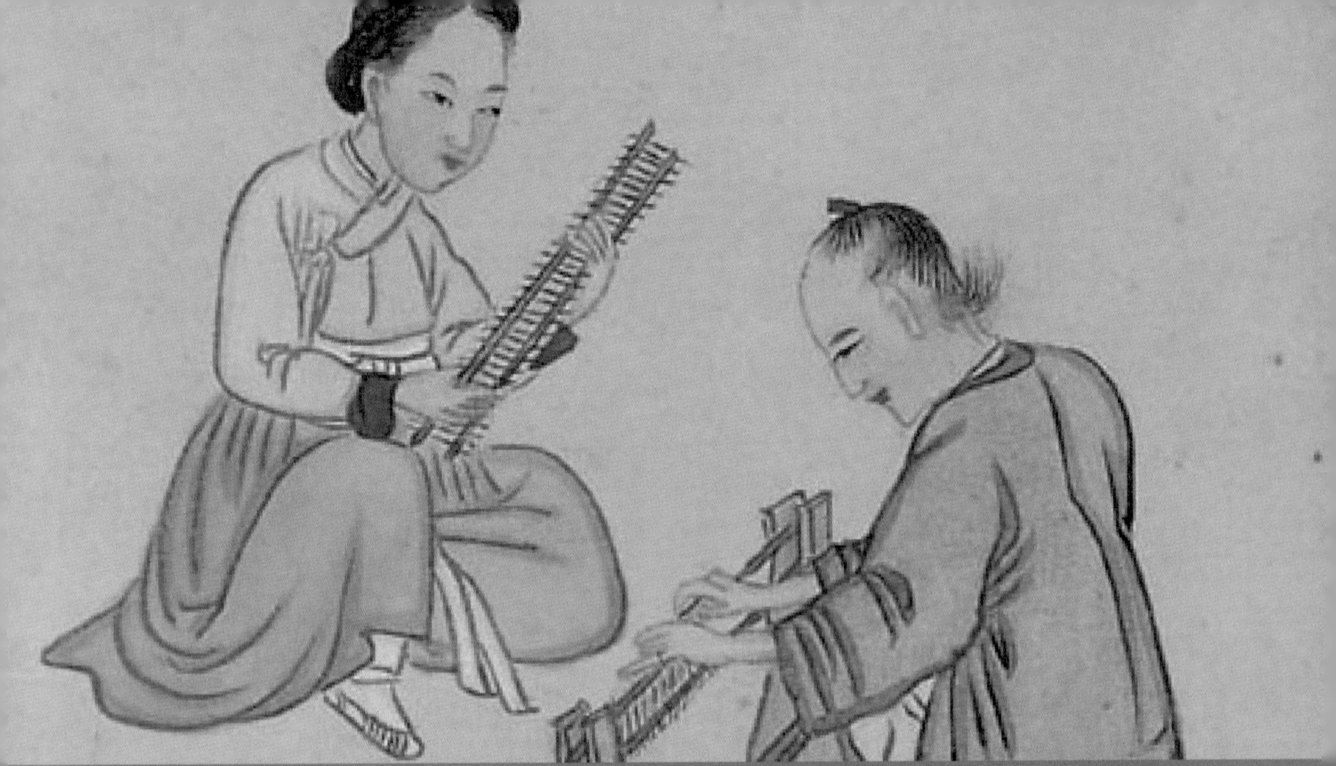

15
회화 속 전통공예

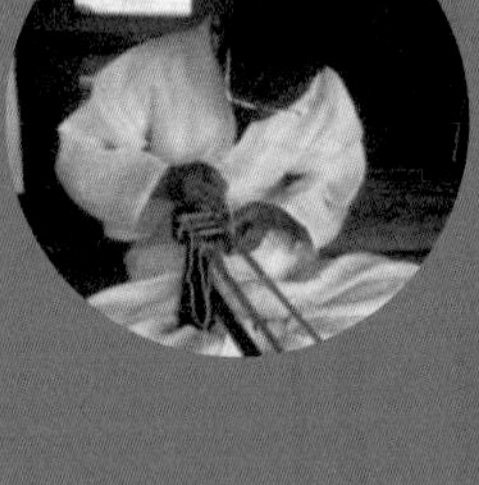

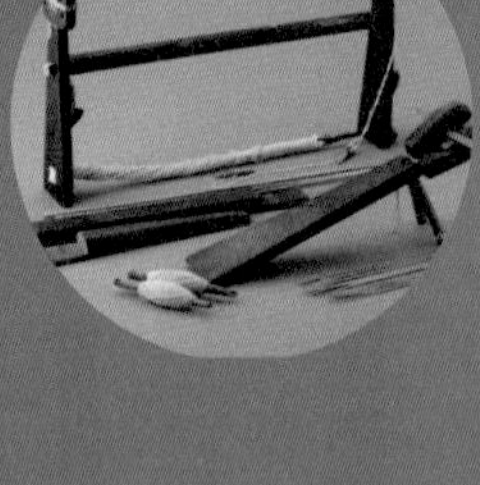

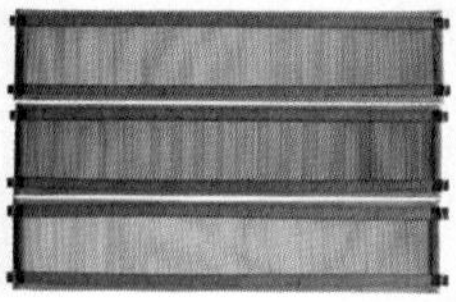

국가 무형문화재 종목과 보유자

지정번호	종목명	보유자	지정번호	종목명	보유자
제4호	갓일	정춘모, 장순자, 박창영, 강순자	제93호	전통장	김동학
제10호	나전장	송방웅, 이형만	제96호	옹기장	김일만, 정윤석
제14호	한산모시짜기	방연옥	제99호	소반장	김춘식, 추용호
제22호	매듭장	정봉섭, 김혜순	제100호	옥장	장주원
제28호	나주의샛골나이		제101호	금속활자장	임인호
제31호	낙죽장	김기찬	제102호	배첩장	
제32호	곡성의돌실나이		제103호	완초장	이상재
제35호	조각장	곽홍찬, 김용운	제105호	사기장	김정옥
제42호	악기장	고흥곤, 이정기	제106호	각자장	김각한
제47호	궁시장	권영학, 유영기, 김종국, 박호준	제107호	누비장	김해자
제48호	단청장	유병순	제108호	목조각장	박찬수, 전기만
제53호	채상장	서신정	제109호	화각장	이재만
제55호	소목장	박명배, 엄태조, 소병진	제110호	윤도장	김종대
제60호	장도장	박종군, 한상봉	제112호	주철장	원광식
제64호	두석장	김극천, 박문열	제113호	칠장	정수화
제66호	망건장	강전향	제114호	염장	조대용
제67호	탕건장	김혜정	제115호	염색장	정관채
제68호	백동연죽장	황영보	제116호	화혜장	황해봉
제74호	대목장	신응수, 전흥수, 최기영	제117호	한지장	장용훈, 홍춘수
제77호	유기장	김수영, 이형근	제118호	불화장	임석환
제78호	입사장	홍정실	제119호	금박장	김덕환
제80호	자수장	최유현	제120호	석장	이의상, 이재순
제87호	명주짜기		제121호	번와장	이근복
제88호	바디장		제124호	궁중채화	황수로
제89호	침선장	구혜자	제128호	선자장	김동식
제91호	제와장				

■ 학습개요

풍속화는 선사시대부터 현재까지 계속 존재하면서 이 땅에서 살고 호흡하는 사람들의 현장을 사실감 넘치게 그리고 있다. 선사시대처럼 문자가 없던 시절에는 당시를 그린 하나의 그림을 통해 당시의 정치, 경제, 사회상을 파악하는 데 도움이 된다. 예컨대 우리나라 회화의 기원이라 할 수 있는 암각화에는 그 시대 사람들이 고래를 잡고 가축을 기르는 모습이 그러하다.

잘 알려져 있듯이 고구려 고분벽화에는 묘주가 생활하는 장면이 그려져 있다. 춤을 추거나 식사를 하며 손님을 맞거나 예불을 올리거나 군사 행진을 하는 모습 등이 다양하다. 이러한 그림 중에는 전통공예를 제작하는 장인의 모습이 그려지기도 합니다. 고구려 고분벽화 중 수레바퀴를 만드는 야장의 모습이 대표적이다.

풍속화 중 전통공예 장인과 관련하여 주목되는 시기가 조선 후기부터 말기까지이다. 18세기에는 김홍도를 비롯한 몇몇 뛰어난 화가들이 장인을 묘사하였고, 19세기 말에는 김준근이 서양 사람들의 주문을 받아 우리의 장인을 생동감 있게 그렸다. 그들이 그린 그림 속의 장인들 중 상당히 많은 것이 사라지고 흔적도 없어졌다. 하지만 그중 현재까지 이어져 내려와 무형문화재 장인의 제작과정을 연상시키는 것들이 많다.

이 장에서는 풍속화 속 전통공예의 제작 모습을 살펴보고, 그중 현재 무형문화재 장인과 연관이 있는 것은 무엇인지 찾아보기로 하자.

■ 학습목표

1. 풍속화 중 전통 공예가 그려진 그림 및 그 특징에 대해 알 수 있다.
2. 조선 후기 풍속화 속에서 전통공예의 제작과정에 대해 설명할 수 있다.
3. 조선 말기 풍속화 중 전통 장인과 무형문화재 장인을 연관지어 살펴볼 수 있다.

■ 학습내용

1 풍속화 속에서 공예품을 제작하는 장인을 찾을 수 있을까요?

풍속화는 인간이 살아가는 생활을 표현한 그림으로 언제 어디에나 존재합니다. 스페인의 알타미라 동굴벽화나 프랑스의 라스코 동굴벽화 속에는 들소가 생동감 넘치게 그려져 있습니다. 오늘날 우리는 온갖 편의를 누리며 살고 있지요. 그것은 인류 문명의 발전에 기여한 발명가들 덕분입니다. 집을 짓는 기술을 창안하고, 불을 효율적으로 사용하는 방법을 익힌 조상들 덕분에 우리가 안정된 주거생활을 하고 있습니다. 낚시와 그물을 발명하여 물고기를 잡는 기술을 익힌 선조들 덕분에 생선을 잡아먹으며 식생활을 개선하고 영양을 보충할 수 있었습니다. 울산 반구대에 새겨진 암각화에서 그러한 것을 확인할 수 있습니다. 암각화는 우리나라 회화의 기원이라 할 수 있습니다. 반구대 암각화를 보면 배를 타고 고래를 잡거나 동물을 잡아 울타리에 가둬 가축을 기르는 모습 등이 그려져 있습니다. 이것은 식량으로 요긴하게 쓸 고기나 짐승을 많이 잡게 해달라고 기원하는 간절한 소망이 그려져 있는 것입니다. 문자가 없던 선사시대에 당시를 그린 한 장의 그림을 통해 당시의 정치, 경제, 사회상을 파악하는 데 도움이 됩니다.

잘 알려져 있듯이 고구려 고분벽화에는 묘주가 생활하는 장면이 그려져 있습니다. 춤을 추거나 식사를 하며 손님을 맞거나 예불을 올리거나 군사 행진을 하는 모습 등이 다양합니다. 이러한 그림 중에서 주목할 것이 있습니다. 바로 고구려 고분벽화에 문명의 발달과 관련이 있는, 전통공예를 제작하는 장인의 모습이 그려져 있기 때문입니다. 중국 길림성 집안에 위치한 오회분 4호묘에는 쇠를 달구어 도구를 만드는 대장장이 야철신冶鐵神, 바퀴를 만드는 제륜신製輪神이 바로 그들입니다. 이렇게 과학기술이나 전통공예의 발전과 관련된 신들이 고구려 고분벽화에 나타나 있다는 것은 굉장히 획기적입니다.

철을 두드려 낫이나 호미 등 각종 도구를 만드는 대장장이. 이러한 것을 만든 발명가들, 그들은 바로 전통공예를 만든 장인이라고 생각합니다. 당시 바퀴를 발명한 선조들 덕분에 수레를 타고 다니고 더 나아가 지금과 같이 자동차까지 만들면서 오늘날의 현대 혁명을 이루게 된 것이라 생각합니다.

2 조선후기 풍속화가는 어떤 장인을 그렸을까요?

조선시대의 생활상과 한국인의 삶을 잘 보여주는 것이 풍속화입니다. 특히 조선 후기와 말기에 이러한 풍속화들이 발전하였습니다. 조선 후기 윤두서尹斗緖, 1668~1715와 조영석趙榮祏, 1686~1761, 김홍도金弘道와 김득신金得臣, 그리고 조선말기의 김준근 등이 대표적인 화가들입니다. 무엇보다도 조선후기에 풍속화를 그리기 시작한 것은 윤두서나 조영석과 같은 문인화가들이라는 사실이 재미있습니다. 이들 선비화가들이 풍속화를 그리기 시작하여 김홍도와 김득신 등의 화원들이 그것을 이어 유행을 시켰습니다. 이후 김준근에 의해 대량으로 그려져 전 세계에 수출되기에 이르렀습니다.

17세기 말 선비화가인 윤두서와 조영석은 백성들의 현실세계를 그린 선각자들입니다. 그들은 민중에 대한 애정 어린 시선으로 백성들이 땀 흘리는 노동행위를 화폭에 담았습니다. 그중 윤두서가 그린 〈돌 깨는 석공〉이나 〈짚신 삼는 노인〉을 보면 인물의 모습이 실감나게 그려져 있습니다. 웃통을 벗은 장인이 메를 들어 돌을 깨는 모습에서 현재 석장의 작업을, 발가락 사이에 짚을 꼬아 짚신을 삼는 짚신장인의 모습에서 초고장의 모습을 엿볼 수 있습니다.

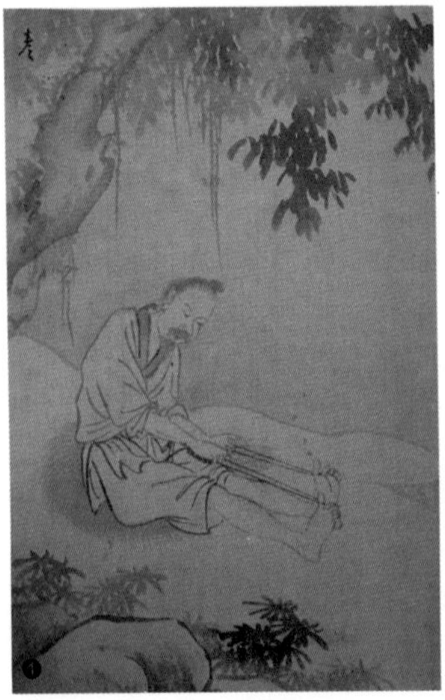

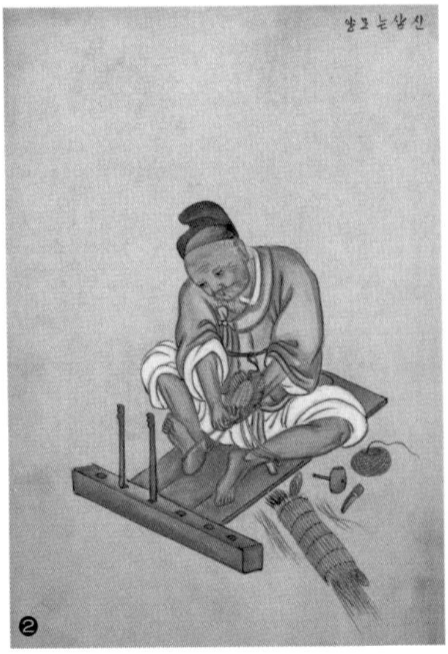

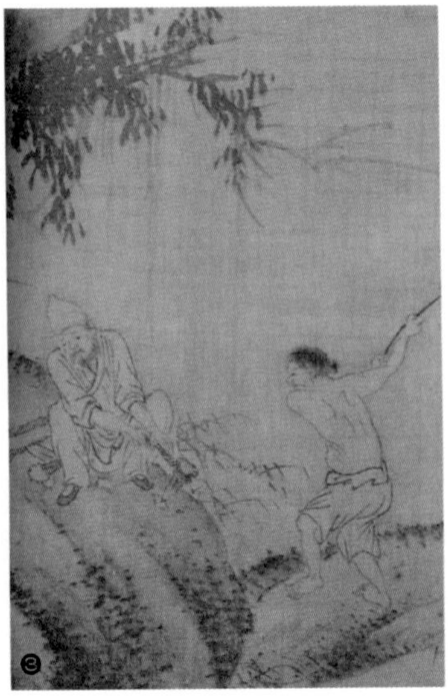

❶ 윤두서, 〈짚신삼기〉, 해남윤씨종가 소장
❷ 김준근, 〈짚신삼기〉, 한독박물관
❸ 윤두서, 〈돌 깨는 석공〉, 해남윤씨종가 소장

조영석의 경우 〈바느질 하는 여인〉과 〈목기 깎기〉를 살펴 볼 수 있습니다. 여인 세 명이 앉아 옷감을 마르고 바늘을 꿰고, '바느질'하는 모습에서 현대 침선장이나 누비장의 모습이 연상됩니다. 나무에 옷을 걸어두고 웃통을 벗은 두 남자가 톱이나 자귀 등을 옆에 두고 선반을 돌려 '목기를 깎'는 모습을 통해 현대 소목장의 작업을 떠올리게 됩니다.

조선후기 풍속화가 중 가장 주목되는 인물은 김홍도입니다. 그는 한국적 풍속화를 그린 대표적인 화가입니다. 특히 국립중앙박물관 소장의 김홍도의 〈풍속화첩〉은 그의 진면목을 보여주는 대표작입니다. 30폭 중 25폭은 일반 백성들의 다양한 생활 양상을 주제로 표현하였습니다. 그중 〈기와 이기〉나 〈대장간〉 및 〈자리 짜기〉 등은 조선시대에 장인의 모습을 엿볼 수 있습니다.

예컨대 〈기와 이기〉를 보면 목조 건물을 짓기 위해 여러 장인들이 협력하는 모습을 엿볼 수 있습니다. 기둥 옆 오른쪽에 서 있는 인물은 목수로서 먹줄을 튕기고 있고, 그 앞에서 선 장인은 목재의 표면을 다듬기 위해 대패질에 열중하고 있습니다. 이렇게 건물을 설계하는 일은 현대 국가무형문화재인 대목장의 일에 해당됩니다. 한편 건물 아래에서 흙덩이를 빚고 기와를 만들었는데, 이것은 현재 국가무형문화재인 제와장의 작업과 연관됩니다. 아래에서 던져준 기와를 지붕 위로 던지면 건물의 지붕에 암키와와 수키와를 쌓는데, 이러한 작업은 현재 국가무형문화재 번와장의 일에 해당되는 것입니다. 이처럼 목조건물을

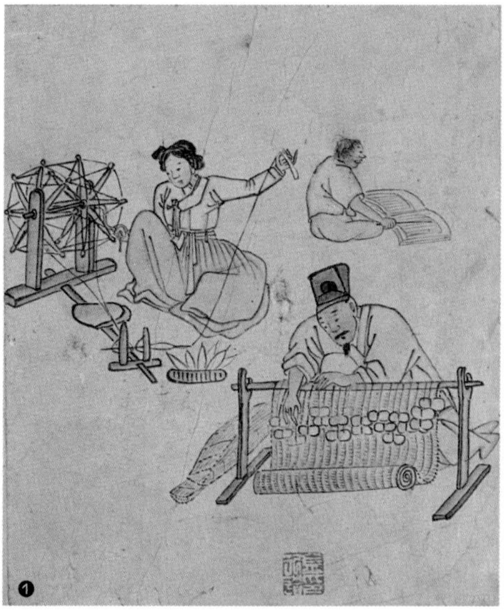

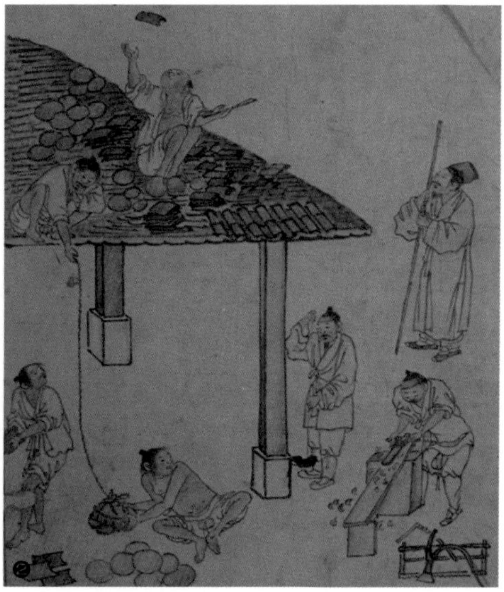

❶ 김홍도, 〈기와이기〉, 국립중앙박물관
❷ 김홍도, 〈자리짜기〉, 국립중앙박물관

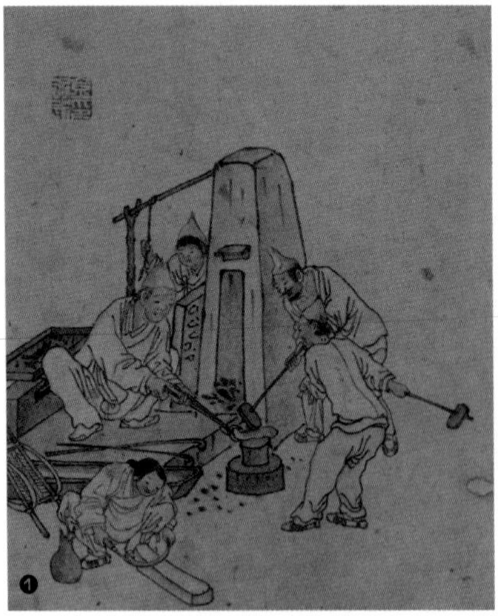

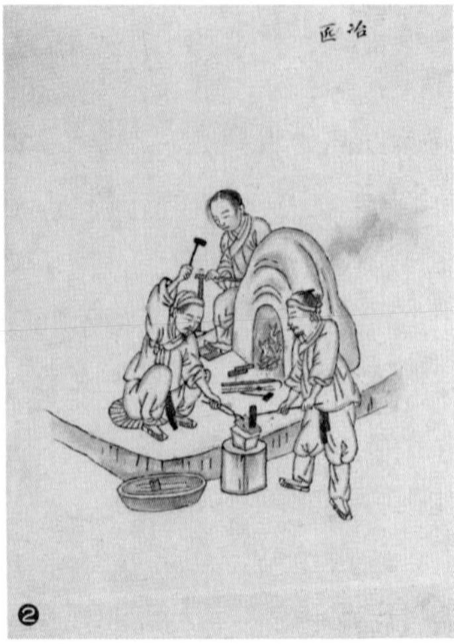

❶ 김홍도, 〈대장간〉, 국립중앙박물관
❷ 김준근, 〈야장〉, 한독박물관

만들기 위해 조선시대에는 오늘날과 마찬가지로 대목장, 제와장, 번와장 등 여러 종류의 장인이 동원되어 협동하여 만들었음을 알게 됩니다.

〈자리짜기〉의 경우 한 화면에 3명의 인물이 등장합니다. 화면 뒤쪽의 아이는 글공부를 하고 있지만, 앞쪽에 위치한 여성과 남성은 각자의 역할에 따라 전통공예를 제작하는 모습이 그려져 있습니다. 여성의 경우 재래식 베틀 위에 앉아 식구들이 입을 옷을 만들기 위해 옷감을 짜는 일을 하고 있습니다. 이러한 작업 모습은 현재 국가무형문화재로 지정된 모시를 짜는 한산 모시짜기, 삼베를 짜는 곡성의 돌실나이, 무명베를 짜는 나주 샛골나이, 성주나 경주의 명주짜기 등의 제작과정과 마찬가지입니다. 화면 오른쪽에 위치한 남성의 경우 고드래돌이 걸린 자리틀을 앞에 두고 짚을 한줄씩 끼워 넣어 돗자리를 짜고 있습니다. 이 모습은 현재 서울특별시 무형문화재로 지정된 초고장이나 등메장의 제작과정과 일치하는 것입니다.

한편 김홍도가 그린 〈대장간〉의 모습이 있습니다. 이러한 대장장이의 모습은 앞서 살펴본 고구려 고분벽화 속 야철장의 작업에 비해 발전된 모습인 것에 대해 설명할 수 있습니다. 고구려의 야철장은 혼자서 모루 위에 쇠를 놓고 메를 두드려 연장을 만드는 비교적 단순하고 간략한 모습입니다.

그러나 조선시대 김홍도의 대장간은 배경 없이 화면의 중앙에 방형의 단야로를 배치하고 그 주위에 5명의 장인이 빙 둘러 불에 달군 쇠를 메로 두드려 단조작업을 하고 있습니다. 화면 뒤쪽의 가마 왼쪽에는 나이 어린 '풀무꾼'이 서서 풍구와 가마를 연결한 걸쇠에 잡고 풀무질을 하고 있다. 화면의 가장 왼쪽 중앙에 넓은 자리에 앉아 있는 사람이 '대장'으로서 작업 전체를 이끄는 역할을 합니다. 그는 단야로에서 벌겋게 달군 쇠를 집게로 잡고 있습니다. 한편 오른쪽에 있는 두 명의 '메질꾼'은 두툼한 메를 들어 장단에 맞춰 쇠를 치고 있습니다. 대장보다 앞쪽에 앉아있는 소년은 완성된 낫의 칼날을 숫돌 위에 올려 갈고 있습니다. 조선시대 여느 대장간이나 비슷한 풍경이 연출되었을 것입니다. 이처럼 쇠를 두드려 망치나 낫 등 농사용 연장을 만드는 작업이 일상적 풍경으로 묘사된 것으로 미루어 철물이 백성들의 생활과 밀착되었던 증거라 할 수 있습니다.

당시 대장간의 풍경은 어디서나 비슷하다는 것은 간송미술관에 소장되어 있는 김득신의 〈대장간〉에서도 확인됩니다. 이 그림은 김홍도의 대장간과 대체로 유사합니다. 단야로를 중심으로 물무질을 하는 장인, 모루를 중심으로 대장과 앞뒤 메질꾼이 좌우에 배치되어 박자에 맞춰 달군 쇠를 두드리는 모습이 그러합니다. 이처럼 단야로와 풀무 및 모루 등 여러 기물의 배치, 작업의 공정 등 전체적으로 닮아 있습니다. 그러나 장인의 인원수와 배경의 처리 및 세부 작업의 묘사에서 약간씩 차이를 보이고 있을 뿐입니다.

이러한 대장장의 모습은 현재 충청남도와 충청북도 무형문화재로 지정된 대장장과 대체로 일치합니다. 예전에는 시장마다 대장간이 있어 장날마다 시장에서 칼이나 낫을 쉽게 살 수 있었습니다. 그러나 현재 대장간 일을 하는 장인의 숫자가 많이 줄어 대장간마다 대장장 1인이나 부부 등 최소의 인원이 운영하는 경향이 있습니다. 오늘날 낫이나 호미를 사용하는 일이 줄어들었을 뿐 아니라 그조차 기계를 사용하는 일이 늘었습니다. 이 때문에 수공 방식으로 만드는 대장간을 주위에서 쉽게 찾아보기 어렵습니다. 이에 따라 대장간이나 대장장도 점차 사라질 위기에 처해 있어 안타깝습니다.

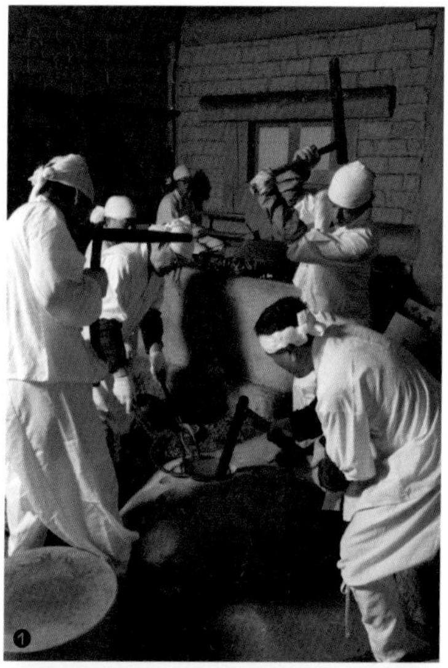

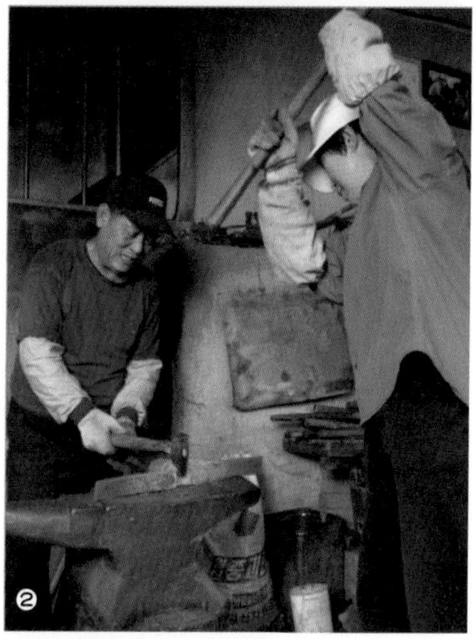

❶ 국가 유기장(방짜) 이봉주 명예보유자와 이형근 보유자 및 이수자들
❷ 충남 대장장 무모회 보유자와 부인

3 조선말기 기산 김준근은 어떤 장인을 그렸을까요?

조선 말기 풍속화가로는 김준근이 있습니다. 그는 미천한 출신인지 언제 어디서 태어났는지 언제 어디서 죽었는지 알려져 있지만 않습니다. 다만 근래에 원산 출신으로 1880년대부터 1900년 초기에 원산, 부산 같은 개항장에서 활동한 것으로 알려져 있습니다.

기산은 김준근의 호이고, 〈기산풍속도첩〉은 그가 그린 그림입니다. 기산풍속화는 현재 1,500여 점 이상이 현존하고 있습니다. 국내 뿐 아니라 영국, 독일, 프랑스, 덴마크, 오스트리아, 네덜란드, 러시아, 미국, 캐나다, 일본 등 전 세계 20곳 이상에 소장되어 있습니다. 크기는 대부분 엽서 크기 정도의 작은 그림입니다. 따라서 김준근은 개인이 그린 것이 아니라, 수출화 전문공방의 대표자였다고 생각합니다. 그는 우리나라를 다녀간 서구의 여행가, 외교관, 상사 주재원, 선교사 등을 대상으로 대량으로 그림을 그려서 판매했다고 여겨집니다.

여기서는 그중 프랑스 국립 기메박물관 소장 〈기산풍속화〉를 중심으로 살펴 보도록 하겠습니다.

그는 대장간의 모습도 여러 점 그렸는데, 그중 기메 소장의 〈대장장이〉는 앞서 살펴본 김홍도나 김득신의 것과 흡사합니다. 4명의 장인이 풍구와 단야로를 배경으로 작업하고 있습니다. 화면 뒤쪽에 장인 1명은 풍구 앞에 앉아 있습니다. 앞쪽 3명의 장인은 단야로에서 녹인 쇠를 중앙에 앉은 대장이 황새집게로 쇠를 잡고 있으며, 2명의 메꾼이 리듬에 맞춰 두들기는 장면입니다. 조선후기부터 지금까지 대장간의 작업은 비슷하여, 충남이나 충북의 무형문화재 대장장도 마찬가지로 작업하고 있습니다.

대장간과 달리 〈유긔점〉은 쇠를 녹여 놋그릇을 주물에 부어 만드는 곳입니다. 이곳의 작업 중 풍구로 바람을 불어넣어 용광로에서 쇠를 녹이고 바둑을 만드는 장면이 뒤쪽에 펼쳐집니다. 화면 왼쪽에는 부질간에서 장인이 본기 위에 개토를 넣고 형태를 만드는 모습이 그려져 있습니다. 그 앞쪽에 있는 장인은 녹인 쇠를 주물 안에 붓는 장면이어서 곧 주물유기를 만들어 낼 것 같습니다.

한편 〈금은마광장이〉는 장인 혼자서 작은 공방에서 금속을 녹이고 두드리는 작업을 하는 모습입니다. 화면 왼쪽에 풍구와 소형 가마를 놓고, 장인이 오른손으로 풍구를 돌리

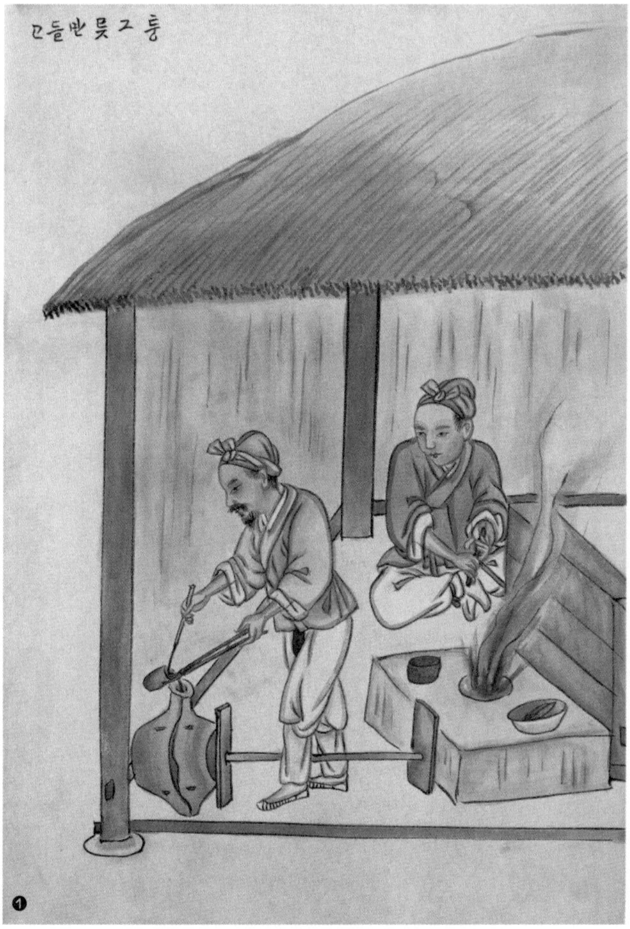

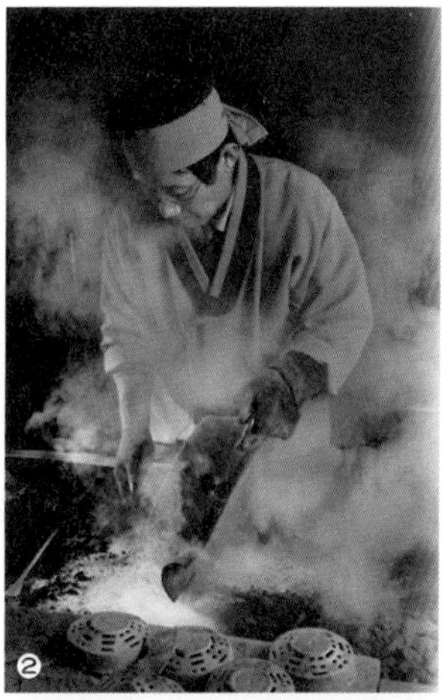

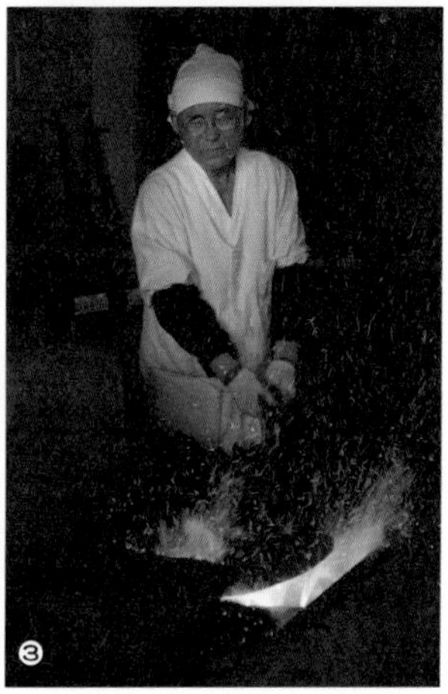

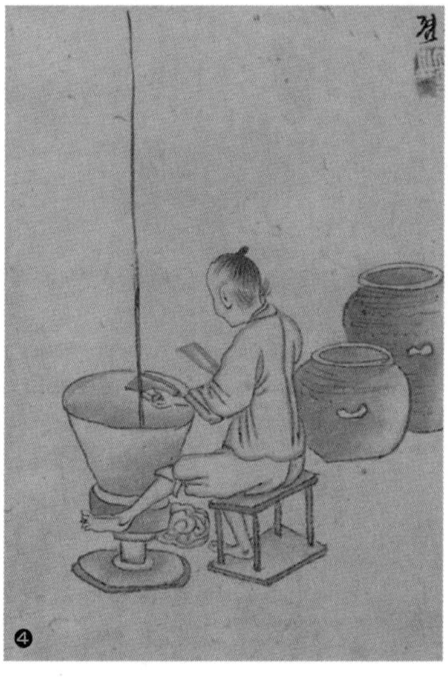

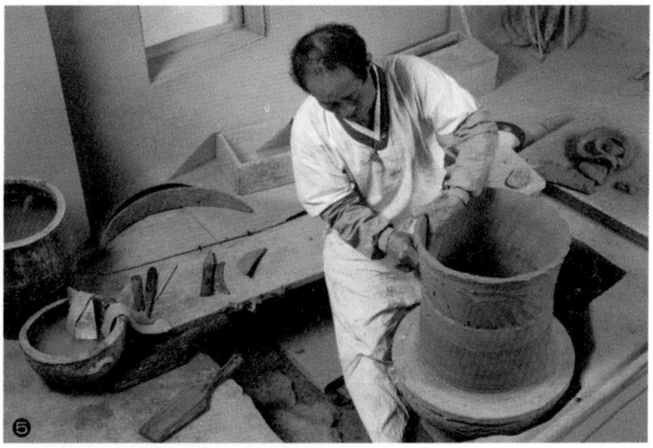

❶ 김준근, 〈유기장〉, 프랑스 기메 동양박물관
❷ 국가 유기장 김수영 보유자
❸ 국가 유기장 이봉주 명예보유자
❹ 김준근, 〈옹기점〉, 프랑스 국립기메동양박물관
❺ 국가 옹기장 정윤석 보유자

고 왼손으로 집게를 집고 있습니다. 이후 장면은 쇠를 녹인 후 앞쪽에 있는 모루 위에 올려 오른손으로 두드렸겠지요? 앞으로 장인이 어떤 작업을 할지 눈에 선합니다.

그가 그린 〈목긔 갈이장이〉은 선반을 돌려 나무를 파서 발우 등을 만듭니다. 이것은 17세기 선비화가인 윤두서가 그린 〈선반 가는 장인〉과 흡사합니다. 다만 인물이 한복을 입고 상투를 틀고 있는 조선인의 모습인 점이 다르지요.

그밖에도 옹기장이 물레를 돌려 옹기를 만드는 〈독점〉과 사기장이 물레를 돌려 사기그릇을 만드는 〈사긔점〉도 있습니다.

그런데 기산이 그린 풍속도는 19세기 말 20세기 초 급변하는 한국의 풍물을 생생하게 확인할 수 있다는 점에서 유용할 뿐 아니라 흥미롭습니다. 예컨대 〈가마 땜장이〉는 장돌뱅이처럼 떠돌았던 것 같습니다. 풍구나 가마 및 숱을 이고지고 다니다가, 5일장이 열리는 날에 시장에 들러 좌판을 벌리고 구멍이 뚫어진 가마솥을 가져오면 거기에 땜을 해주었을 것이기 때문입니다.

이처럼 김준근은 비록 궁중 화원은 아니지만 외국인에게 인기가 있었던 재야 풍속화가라고 할 수 있습니다. 기산 풍속화의 주제 중 전통 공예와 관련된 수공업 뿐 아니라 농업, 상업, 광업, 수렵, 어로, 축산 등 다양한 산업이 그려져 있습니다. 이것을 현재 무형문화재로 지정된 종목과 관련되는 것들도 다수가 있습니다.

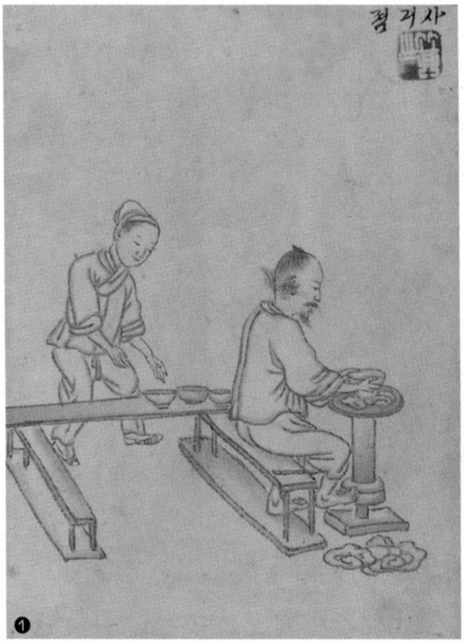

❶

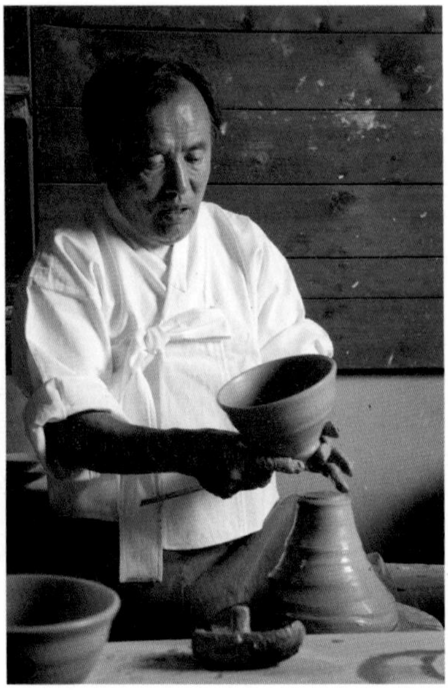

❶ 김준근, 〈사기점〉, 프랑스 국립기메 동양박물관
❷ 국가 사기장 김정옥 보유자

4 풍속화 속에서 모자를 만드는 장인은 누가 있나요?

조선시대 선비들은 의관정제를 중요하게 여겼습니다. 언제 어디서나 잠을 잘 때 이외에는 모자를 항상 쓰는 것을 예의로 생각한 것입니다. 그 때문에 조선시대 선비들은 평상시에 착용하는 망건이나 탕건 및 갓 이외에도 관복 위에 쓰는 사모, 제향 때 제복 위에 쓰는 금관, 평상시 집에 잇을 때 착용하는 정자관이나 사방관, 추운 겨울에 바람을 막기 위한 방한모로서 남바위나 풍차 등 다종다양한 모자를 썼습니다.

이렇게 모자를 즐겨 쓰는 선비들의 수요가 많았기 때문인지, 그러한 모자를 만드는 장인 또한 많았습니다. 김준근이 그린 풍속화에도 모자 관련 장인이 많이 그려져 있습니다. 갓을 만드는 입자장, 양태일을 하는 양태장, 초립을 만드는 초립장, 망건을 엮는 망건장, 탕건을 짜는 탕건장, 벙거지를 만드는 전립장, 패랭이를 엮는 패랭이장, 종묘제례 때 제향을 위해 조복을 입은 위에 쓰는 금관金冠을 제작하는 금관장, 겨울 모자인 난모煖帽를 제작하는 모의장들이 그들입니다.

우선 갓의 원형이 되는 패랭이를 김준근의 〈패랭이 만들고〉라는 그림을 통해 살펴 보지요. 두 명의 장인이 둥지 다리 위의 양판 위에 대우의 꼭대기가 둥근 패랭이를 놓고 마주 앉아 작업하고 있습니다. 왼쪽 장인은 나이 어린 젊은이로서 한 손에는 대여섯 마디 정도

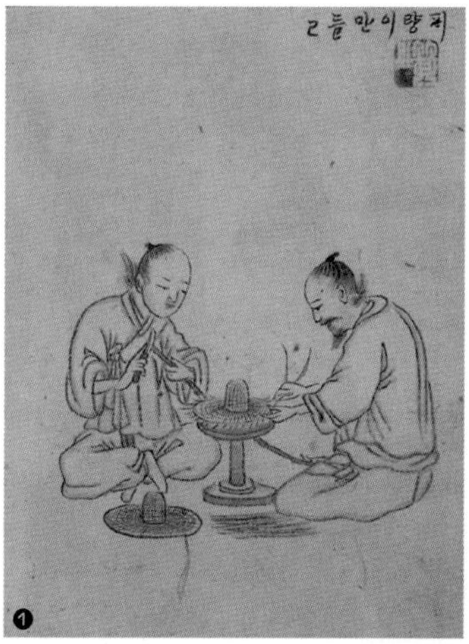
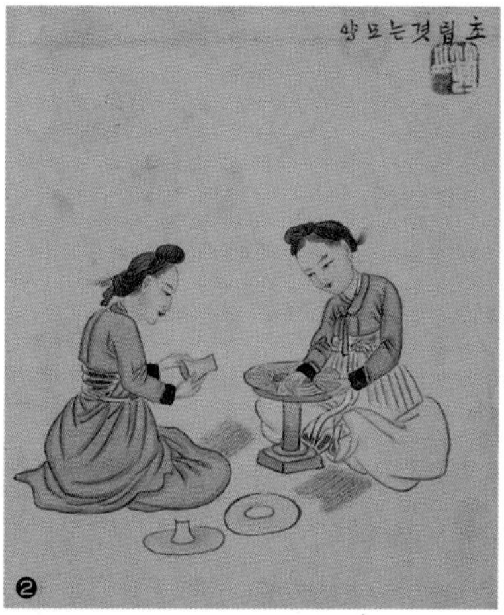
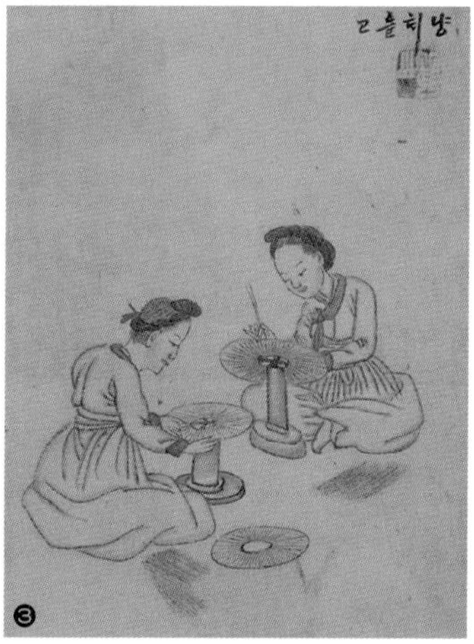

❶ 김준근, 〈패랭이 만들고〉, 프랑스 국립기메동양박물관
❷ 김준근, 〈초립 겻는 모양〉, 프랑스 국립기메동양박물관
❷ 김준근, 〈냥태 틀고〉, 프랑스 국립기메동양박물관

의 긴 대나무를 들고, 또 한 손에는 칼을 들고 겉대를 속대에서 쭉 내려 가르면서 패랭이용 죽사를 만들고 있습니다. 오른쪽 장인은 등이 굽고 나이가 지긋한데 무릎 아래에 대나무 올을 여러 개 마련해 두었고, 대올 2가닥을 패랭이의 차양에 끼워 대우부터 차양까지 분리하지 않고 긴 대나무를 이용하여 한 번에 쭉 이어서 패랭이를 만드는 것입니다.

김준근이 그린 〈초립 겻는 모양〉이라는 그림을 보면 두 명의 여자 장인들이 초립을 겯는데, 가늘고 길다란 죽사를 이용하여 한 명은 대우를 만들고 있고 또 한 명은 차양을 만드는 모습입니다. 즉 왼쪽의 장인은 모자의 끝이 평평하고 모서리는 날렵한 초립의 대우를 만든 다음 완성된 모습을 살펴 보고 있고, 오른쪽의 장인은 둥지 다리 위에 양판을 펴고 가느다란 죽사를 한올한올 끼우면서 초립용 양태를 만들고 있습니다. 그녀들의 주위에는 머리카락처럼 가느다란 죽사가 놓여있고, 대우와 모자가 각각 분리되어 있으며 한데 조립해서 초립을 완성시키는 모습을 그리고 있어요.

대우와 차양이 일체형이던 패랭이의 둥근 꼭대기 모양에서, 대우와 차양이 분리된 초립을 만드는 단계로 기술적으로 세분화되고 전문화되면서 갓의 형태로 발전하였습니다. 갓은 이러한 초립에서 대나무를 사용하던 대우를 말총으로 바꾸었고, 대나무 양태로 만든 차양을 둥글리면서 트집을 잡아 만든 것입니다.

한편 김준근이 그린 〈망근 뜨는 모양〉이라는 그림에는 성인남자 2인이 망건을 제작하는 모습이 실감나게 묘사되어 있습니다. 그들의 오른쪽 무릎 아래에는 말총이 담긴 총사발을

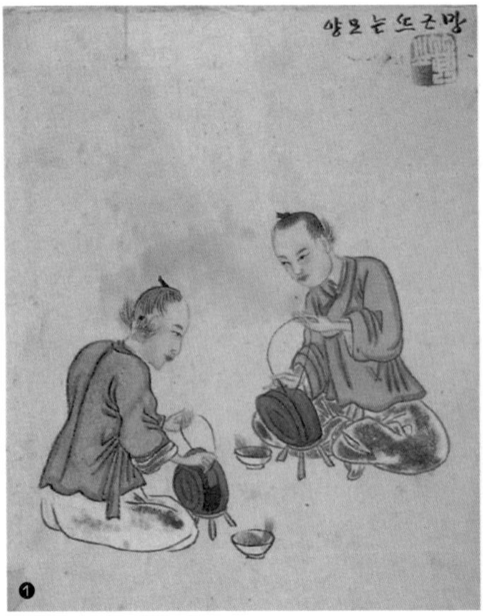

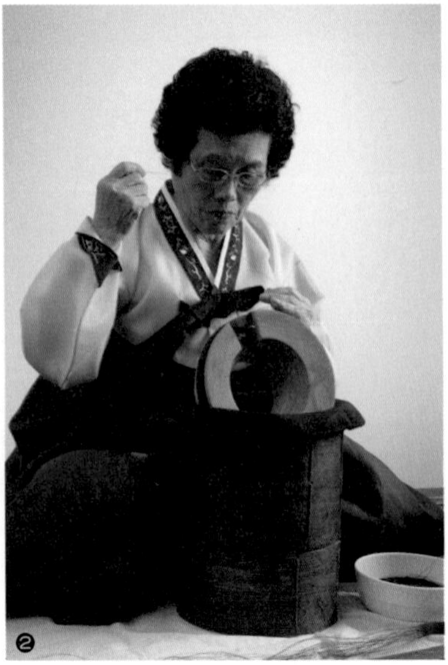

❶ 김준근, 〈망근 뜨는 모양〉, 프랑스 국립기메동양박물관
❷ 국가 망건장 강전향 보유자

놓고 양 무릎 앞에는 삼발이형 골걸이를 두고 망건골을 올려놓은 다음 총바늘에 말총가닥을 끼워서 작업을 합니다. 오른쪽 장인은 망건의 시작 부분에 해당되는 줄머리를 놓고 있으며. 왼쪽의 장인은 망건의 몸체인 앞뒤를 짠 다음 설주를 엮으면서 망건의 형태를 짜는 모습입니다. 이렇게 기산풍속화에 그려진 망건장들이 사용한 제작 도구는 현재 국가무형문화재 제66호 망건장이 사용하는 것과 같습니다. 곧 말총사리가 담긴 총사발과 골걸이 위에 망건골이 그려져 있는데, 현재 보유자가 사용하는 것도 이와 마찬가지로 매우 간단합니다. 결국 19세기말 풍속화가 김준근이 묘사한 풍속화로 미루어 볼 때 망건골은 현재와 비슷하게 몸골과 당골로 나뉘고 있습니다. 즉 편자를 걸고 줄머리를 놓고 있는 골은 몸골이고, 망건의 앞뒤와 설주를 다 짜고 당 걸기를 하고 있는 골은 당골이었을 겁니다.

조선시대부터 근대기에도 현대의 망건장과 흡사한 제작도구를 사용하였는데 , 그들이 사용한 망건골은 견고한 박달나무를 사용하여 제작하고 있었습니다. 당 걸기가 끝나서 완성된 망건은 끓는 물에 넣고 삶아야 하므로 당골은 당시에도 견고한 박달나무로 만들었습니다. 한편 19세기의 망건장이 시용한 도구 중에서 모자골을 올려 놓는 골걸이는 현대와 다르지만 기능적으로 일치합니다.

프랑스 국립기메동양박물관 소장의 기산풍속화에는 〈탕근장이〉가 있습니다. 화면 중앙에 두 명의 장인이 마주 앉아 각자 'ㅗ'자형 받침 위에 탕건골을 걸고 바늘에 말총을 끼워 탕건을 만드는 모습이 그려져 있습니다. 왼쪽의 장인은 나이가 어린 젊은 장인이고, 오

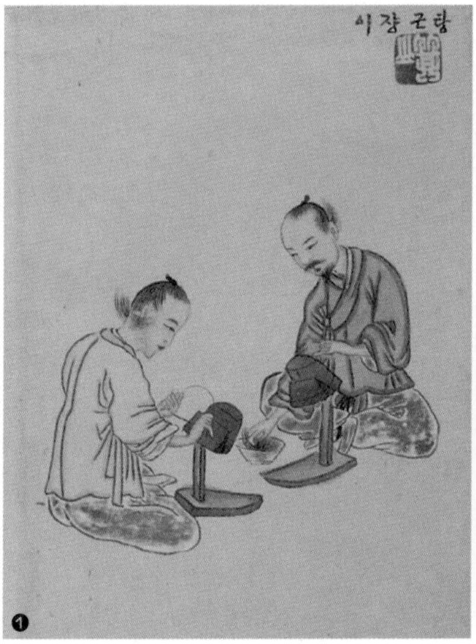

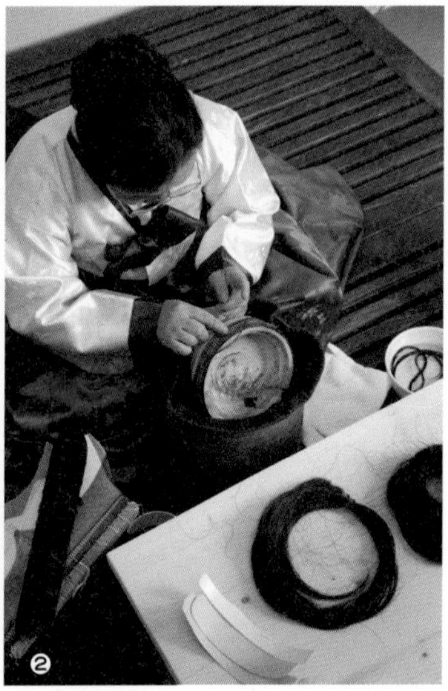

❶ 김준근, 〈탕근장이〉, 프랑스 국립기메동양박물관
❷ 국가 탕건장 김혜정 보유자

른쪽에 수염이 난 장인은 나이가 많습니다. 그는 오른쪽 무릎 아래에 물이 담긴 총사발에 담가놓았던 말총을 꺼내 엮으려 하고 있습니다. 말총은 건조하면 뚝뚝 끊어지고 물에서는 늘어나는 성질이 있기 때문에 총사발 속 물에 담가 두었다가 사용하는 것입니다.

이처럼 19세기 말 풍속화가 김준근이 묘사한 탕건장의 그림은 조선시대 탕건장의 제작 모습인데요, 이로 미루어 볼 때 조선시대에 탕건장이 탕건을 제작할 때 사용하는 제작 도구는 매우 단출한 것에 대해 설명할 수 있습니다. 그리고 이것은 현재 국가무형문화재 제67호 탕건장의 것과 마찬가지로 매우 간단한 것에 대해 설명할 수 있으며, 이러한 재료와 도구로 인해 제작하는 과정 또한 현재와 매우 비슷하였음을 확인할 수 있습니다.

그 밖에도 김준근의 풍속화에서는 여러 종류의 다양한 모자를 만드는 장인이 그려져 있어 조선시대 남성들의 모자에 대해 이해할 수 있게 합니다. 〈금관장이〉는 종묘제례를 비롯한 국가적 제향을 거행할 때 제복을 착용하고 머리에 쓰는 금관을 만드는 장인입니다. 장인은 화로 위에 도가니가 올려져 있고, 종이 위에 지승을 꼬아 양梁을 늘어놓았으며, 금관의 앞 부분에 금분을 바르는 작업을 하고 있습니다. 그가 만든 금관은 화면 앞쪽에 놓인 금관을 통해 알 수 있습니다. 〈관 짜는 모양〉에는 두 명의 장인이 등장합니다. 오른쪽의 장인은 간이형 베틀을 허리에 부테를 걸고 바디에 말총을 날줄로 삼고 실을 끼워 직조를 합니다. 이렇게 일정한 길이를 짠 것을 왼쪽의 장인이 골걸이에 관꼴을 올리고 말총으로 가장자리를 엮어 사방관을 제작하고 있습니다. 완성된 사방관이 화면 앞에 놓여 있습

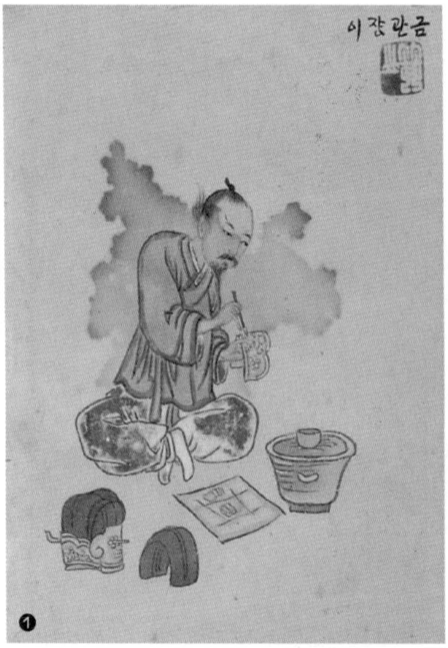

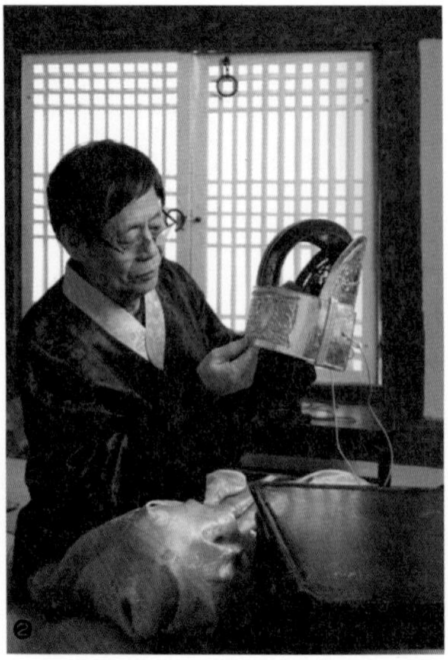

❶ 김준근, 〈금관장이〉, 프랑스 국립기메동양박물관
❷ 서울 관모장 박성호 보유자

니다.

〈벙거지 만드는〉 장인의 경우 두 명의 장인이 마주 앉아 벙거지 만드는 작업을 합니다. 벙거지는 짐승의 털을 모아 압축하여 만드는 것입니다. 왼쪽의 나이 많은 장인이 능숙하게 낮은 모자골 위에 짐승털로 형태를 만든 다음 솔로 두드려 형태를 잡고 있으며, 오른쪽의 젊은 장인은 벙거지가 잘 만들어졌는지 보는 모습을 그리고 있습니다. 봉긋한 대우 부분은 앞쪽에 놓여 있습니다. 이렇게 조선시대 선비를 비롯한 남자들은 세계에서 가장 정교하고 손이 많이 가는 모자, 갓을 썼습니다. 그 뿐 아니라 망건과 탕건, 정자관, 사방관, 금관 등 매우 많은 종류의 모자를 썼습니다. 그들의 까다로운 미감에 따라 모자를 만드는 기술을 시대에 따라 발전하였습니다.

그러다가 조선 말에 단발령을 내려 남자들이 상투를 자르면서 더 이상 조선 선비를 상징하던 갓을 비롯한 모자를 쓰지 않게 되었습니다. 모자를 쓰던 유습이 남아 한말 근대기에 겨울에는 중절모를, 여름에는 파나마모자를 쓰긴 했습니다. 해방 이후에는 농사를 지을 때 해를 가리기 위해 챙이 넓은 밀짚모자를 쓸 뿐 조선시대 성인 남자들처럼 언제 어디서나 누구나 모자를 쓰지는 않습니다. 하지만 그럼에도 불구하고 우리의 DNA 속에는 여전히 모자를 만드는 능력이 남아 있나 봅니다. 현재도 전세계 모자의 1/3을 우리가 만드는 것에서 알 수 있습니다. 조선시대 우리 선조들이 착용하던 갓을 비롯한 다종다양한 모자를 제작하는 전통기술을 앞으로도 계속 이어나가야 할 까닭이 여기에 있습니다.

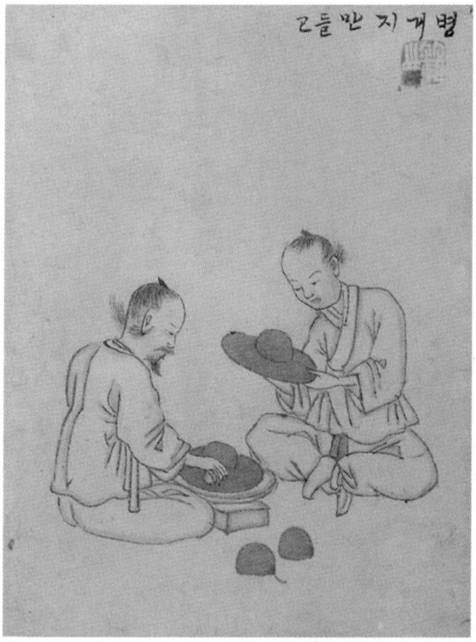

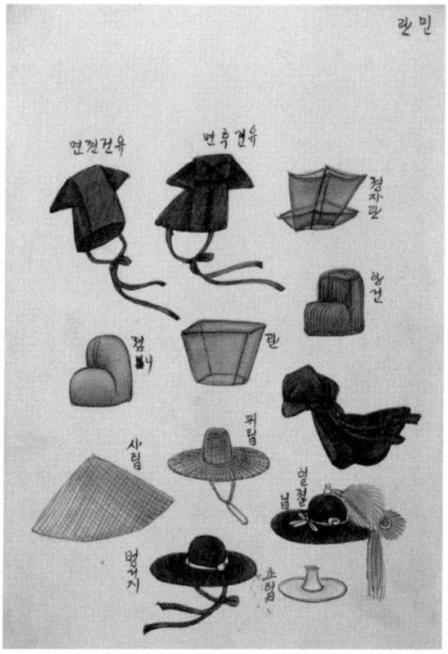

❶ 김준근, 〈벙거지 만들고〉, 프랑스 국립기메동양박물관
❷ 김준근, 〈각종 모자〉, 한독박물관

5 풍속화 속에서 옷감을 짜는 장인은 누가 있나요?

옷감을 만드는 수공예 작업을 그린 그림도 많습니다. 누에에 뽕잎을 주는 모습, 목화를 길러 목화솜을 타기, 물레질을 하기, 목화실을 뽑기, 삼베나 모시처럼 입에 모시풀이나 삼풀을 넣고 째서 가늘고 긴 모시실이나 삼베실을 뽑기, 베틀 위에 올려 베짜기 하는 모습이 그것입니다. 이 밖에도 베틀 위에 올릴 핵심 부품인 바디를 만들거나, 옷감에 쪽빛으로 염색을 하거나, 허리띠를 짜는 장인의 모습도 그려져 있습니다.

이러한 그림들은 공통적으로 화면의 배경을 그리지 않은 채 여성 장인 1–2명이 주인공으로 화면에 그려집니다. 그리고 그들 주위에는 해당 작업에 필요한 최소한의 재료와 도구, 그리고 부속품들이 주위에 놓여 있습니다. 장인들의 움직임은 최소화되어 〈목화 틀고〉 그림 속 장인은 채반에 담아놓은 목화솜을 씨아틀에 넣어 씨를 제거하고 있으며, 〈물레질하고〉는 물레에 전대를 걸어두고 목화솜에서 꾸리를 만드는 과정을 그린 것입니다. 〈미명 날고〉는 목화실 꾸리 14개에서 1가닥씩 실을 끄집어 손에 움켜쥐고, 마당에 박아놓은 말뚝 사이를 왔다갔다 하면서 날실을 나는 모습을 그린 것입니다.

모시베와 삼베을 짜는 모습의 경우 〈삼 삼는 모양〉에서 보이듯이 왼쪽의 장인은 삼풀에서 삼실을 입에 넣고 이빨과 혀로 삼실을 째고 있으며, 오른쪽 장인은 입으로 짼 삼실을 무릎 위에 올려 비벼서 잇는 모습입니다. 이렇게 무릎에 대고 삼실을 치대어 삼는 할머니의 다리는 마치 제모를 한 것처럼 털이 하나도 없답니다.

〈뵈실 날고〉라는 그림 속에는 두 장인이 등장하는데, 모시굿 10개를 바닥에 놓고 그 위에 쌀겨를 올린 다음 10개의 구멍으로 이뤄진 조슬대를 통과한 날실을 새 쫓기를 하여 쥔 다음 마당에 받은 말뚝 사이를 왔다갔다 하면서 베를 나는 모습이 생동감 넘치게 묘사되어 있습니다. 이러한 작업은 현재 국가무형문화재인 한산모시짜기나 곡성 돌실나이의 삼베 보유자의 작업과 일치합니다. 〈베 매는 모양〉은 들말과 끄싱개가 마당에 놓이고, 들말에는 베를 날은 도투마리가 걸려 있고, 베를 날면서 끼울 뱁댕이가 놓여 있습니다. 두 명의 여성 장인 중 1명은 도투마리쪽에 앉아 있고, 또 1명의 여인은 머리에 수건을 쓴 채 왕겨를 태운 맷잿불 위에 늘여진 날실에 콩물을 묻힌 풀솔을 오른손으로 바르면서 왼손으로 바디를 움직이는 모습입니다. 베에 풀을 먹이는 순간을 요점적으로 포착하고 있습니다. 뜨거운 뙤약볕 아래에서 하루 종일 반복적으로 베에 콩풀을 먹이는 장인의 작업 모습을 정확히 그려내고 있습니다. 이 또한 오늘날 장인의 작업과 일치합니다.

무명이나 삼베나 모시나 명주를 짜는 방법은 비슷합니다. 풀을 먹인 후 전통 베틀 위에 올려 직조하는 것입니다. 김준근이 그린 〈항라 짜는 모양〉을 보면 전통 베틀의 구조가 대체로 일치합니다. 베틀에 앉은 장인은 뒤쪽 도투마리부터 얹어놓고 용두머리에 잉아를 걸고 바디를 거쳐 온 날실을 부테허리를 감고 북에 꾸리를 넣고 끌신을 끌어당겨 베를 짜는 구조입니다. 현재 무형문화재 보유자도 전통 장인과 마찬가지의 방식으로 직물을 짜고 있습니다.

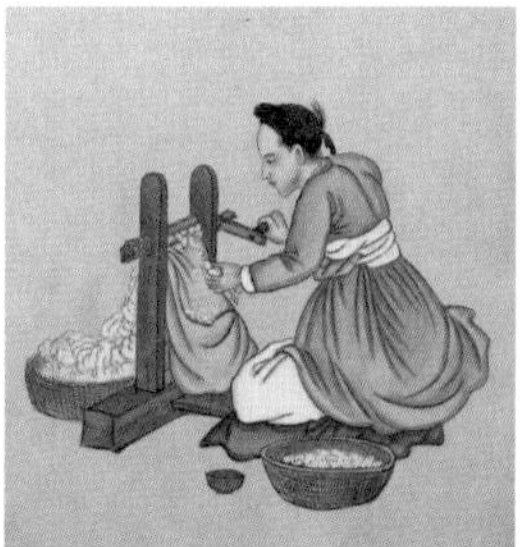
〈씨 앗고〉

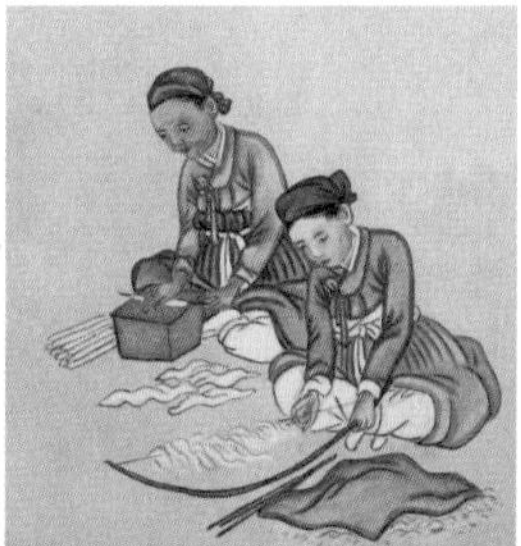
〈목화솜 타고〉

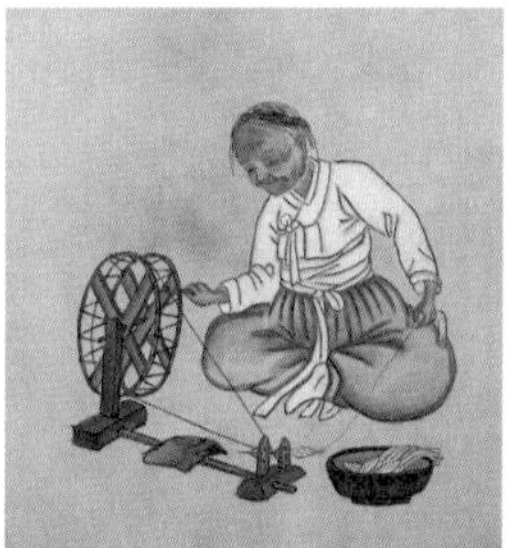
〈물레질 하고〉

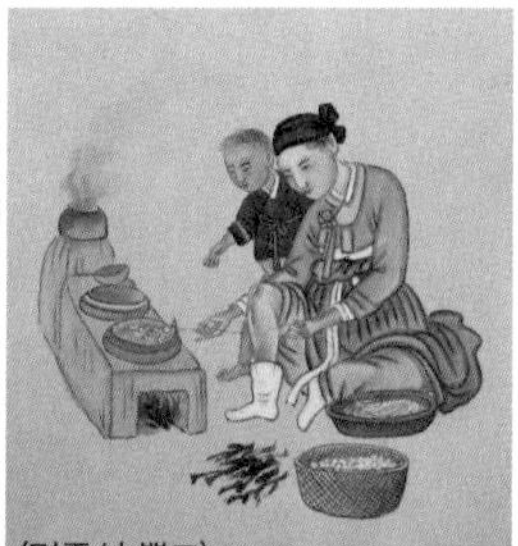
〈명주실 뽑고〉

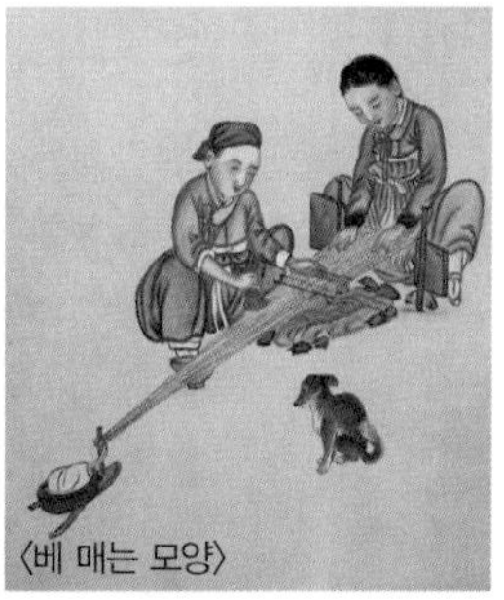
〈베 매는 모양〉

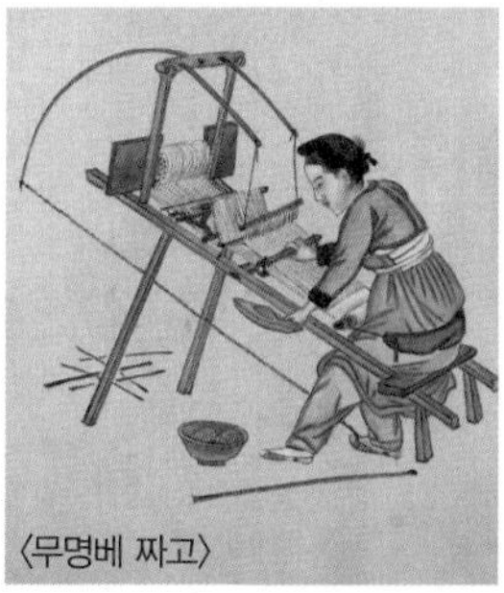
〈무명베 짜고〉

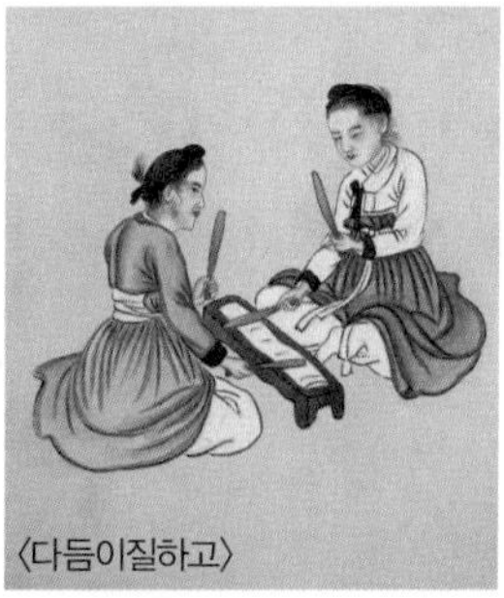
〈다듬이질하고〉

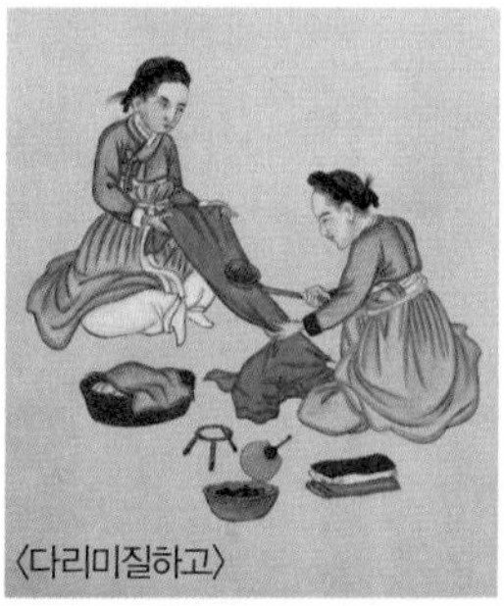
〈다리미질하고〉

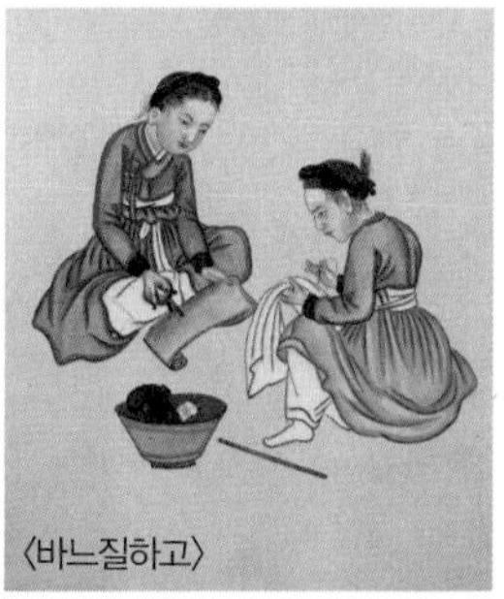
〈바느질하고〉

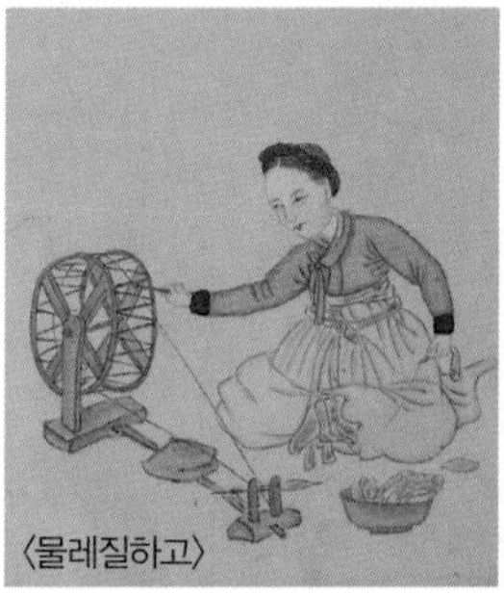
〈물레질하고〉

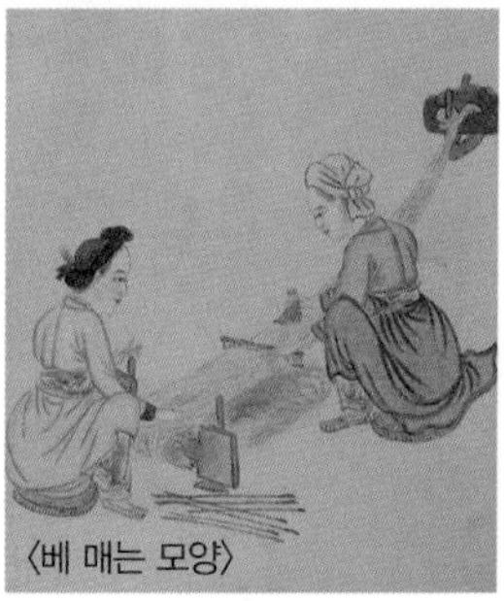
〈베 매는 모양〉

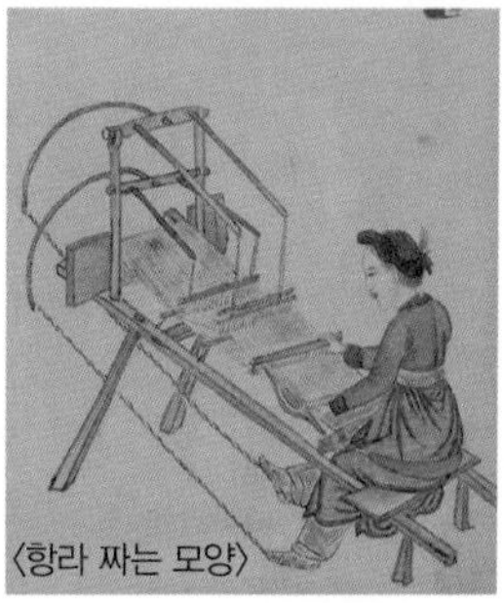
〈항라 짜는 모양〉

6 풍속화 속에는 어떤 장인을 찾을 수 있나요?

김준근의 풍속화에서 많은 종류의 장인을 발견할 수 있습니다.

조선의 여인들은 머리 위에 큰 가발을 썼지요. 그것을 만드는 장인을 〈모체장이〉로 그렸어요. 가발은 가체, 모체, 월자月子, 다리 등 다양한 명칭으로 불렀는데, 다른 사람의 머리카락을 땋아 머리에 얹을 수 있게 만드는 것이지요.

〈요대 짜는 모양〉은 허리띠를 짜는 모습입니다. 신윤복의 풍속화나 초상화 속에서 두루마기를 입은 선비들은 가느다란 끈으로 허리띠를 삼았습니다. 이것을 동다회나 광다회 등으로 부르는데, 장인이 간이 베틀 위에서 폭이 좁은 허리띠를 짜는 모습이 실감나게 보이지요.

예전에 우리 삶에서 볏짚은 여러 모로 쓸모가 많았습니다. 짚을 이용하는 장인들을 살펴볼까요? 〈새끼 꼬는 모양〉은 추수가 끝나고 나서 자른 볏짚을 손으로 비벼 꼬아 새끼를 꼬는 모습입니다. 이것으로 무엇을 할까요? 짚신 삼는 것이 대표적이고, 그 다음으로 〈셤치는 모양〉처럼 자리를 짜거나 가마니[섬]를 만드는 모습입니다. 어릴 적 할아버지들이 집에서 흔히 하던 일인데, 지금은 마을마다 있는 노인회관에 가야 볼 수 있는 추억 속의 작업입니다.

대나무를 사용해서 작업하는 것도 많이 없어졌습니다. 〈설대 새기는 사람〉이란 그림은 대나무를 이용해서 담뱃대를 만들거나 화살을 만드는 장인입니다. 현재 백동연죽장이 대나무를 이용하여 긴 장죽을 만들고 있는데, 기술적으로 일치합니다. 시장이 화살을 만들 때에도 부잡이라 하여 뜨거운 불 속에 넣어 대나무가 틀어지지 않도록 작업합니다.

각종 그릇을 만드는 장인도 마찬가지입니다. 〈고리장이〉는 비교적 부드러운 버들가지로 옷을 놓어두는 '고리짝'을 짭니다. 현재 채상장이나 완초장이 그릇을 만드는 것을 생각하면 됩니다. 아주 옛날에는 장롱과 같이 부피가 큰 가구가 없었기 때문에 그 시절을 호랑이 담배 피던 시절, 혹은 옛날 고리짝이라고 하는데, 바로 이 고리짝이 그것입니다. 고리의 가장자리는 대나무를 얇게 펴 빙 둘러 그릇의 형태를 잡거나 뚜껑을 만들어 덮기도 하지요.

그 밖에 김준근은 다양한 장인을 그려 그 당시를 추억하게 합니다. 〈궁장이〉는 쇠뿔과 쇠심줄 및 뽕나무 등으로 활을 만들고 명주실을 얹는 모습입니다. 〈필공이〉는 족제비털이나 양털을 이용하여 붓을 만들고, 〈먹장이〉는 송진을 태운 그을음을 모아 먹을 만들고 있습니다. 〈청물 들이는 모양〉은 쪽물이 가득 든 항아리에 무명천을 넣고 당그레질을 하여 염색을 하는 장인이지요. 〈각수장이〉는 금속활자를 만드는 장인이고, 〈유물장이〉는 종묘제례 등에 사용되는 편종 등의 악기를 만들고 있네요.

김준근이 그린 그림 중에 〈모의장이〉가 있습니다. 두 명의 장인이 마주 앉아 조바위와 남바위 및 풍차 등과 같이 추운 겨울 방한용 모자는 만드는 모습을 그린 것입니다. 선비들이 쓰는 갓은 말총과 대나무로 만들어서 겨울철 추위를 막기에는 취약하였습니다. 이 때문에 영정조시대에는 중국에서 겨울모자[煖帽]를 수입하기도 하였습니다. 당시 모자를 산 금액이 어느 정도인지 아세요? 놀라지 마시기 바랍니다. 당시 조선의 전체 예산 중 1/3을 겨울모자를 수입하는데 사용하여 물의를 일으켰습니다. 이 때문에 당시 홍삼무역이 발달하기도 했어요.

이처럼 화가들이 그린 그림 속에는 조선 후기부터 한말까지 우리의 전통적 가치를 엿볼 수 있는 각종 사회상이 가득 담겨 있습니다. 그런데 이러한 풍속도의 대부분은 역동적인 시대 변화 속에서 많은 것들이 사라져버렸습니다. 한말 개항이라는 특수한 시대 상황이나 해방 후 산업화 시대가 더욱 그것을 가속화시켰습니다. 이러한 시대 배경 속에서 김준근의 풍속화는 외국인에게 판매할 목적으로 대량으로 제작한 것으로 외국인의 눈에 이국적 풍물로 신기하게 여겨 애호되었지만, 당시 우리는 너무 일상적이고 사소한 것들에 불과하다고 여겨 무시했습니다. 그러나 지금 다시 되돌아보면 그것들은 너무도 소중한 것입니다. 특히 전통 공예기술이나 무형문화재의 관점에서 보면 풍속화에는 지금은 잊혀지고 흔적도 찾을 수 없는 전통 장인들의 도구나 생생한 작업 모습이 상당히 구체적이고 적극적으로 그려져 있습니다. 이 때문에 풍속화는 무형문화재를 이해하는 데 많은 도움이 되어, 장인에 대한 관심과 애정을 가졌으면 하는 바람입니다.

학습평가

01 (난이도 중) 풍속화에 발달에 대한 내용으로 옳지 않은 것은?

① 풍속화는 인간이 살아가는 생활을 표현한 그림이다.
② 풍속화는 우리나라에서만 발달된 독창적인 회화이다.
③ 우리나라 풍속화의 기원은 반구대 암가화에 그려진 그림에서 찾을 수 있다.
④ 삼국시대의 풍속화는 고구려의 고분벽화에 그려진 그림으로 알 수 있다.

02 (난이도 하) 조선후기 풍속화가와 그들의 작품이 맞지 않은 것은?

① 윤두서 ; 돌 깨는 석공, 짚신 삼는 노인
② 조영석 ; 목기 깎기, 바느질하는 여인
③ 김홍도 ; 기와 이기, 자리 짜기
④ 김득신 ; 대장간, 가마솥 땜하는 장인

03 (난이도 중) 김준근에 대한 설명으로 맞는 것은?

① 김준근은 혼자서 1,400여 점 이상의 풍속화를 그렸다.
② 김준근은 외국인에게만 풍속화를 판매하였다.
③ 김준근은 한말 원산, 부산 등 개항장에서 활동한 풍속화가이다.
④ 김준근의 풍속화는 영국, 프랑스 등 외국 박물관에만 소장되어 있다.

04 (난이도 중) 김준근의 풍속화와 장인 관련 그림에 대한 설명으로 옳지 않은 것은?

① 모자 장인으로는 초립장, 양태장, 패랭이장, 금관장 등을 그렸다.
② 그릇을 만드는 장인으로는 유기장, 옹기장, 사기장 등을 그렸다.
③ 짚을 사용하여 작업하는 모습은 짚신짜기, 가마니짜기, 담뱃대 만들기 등이다.
④ 옷감을 짜는 장면은 삼실 째기, 베실 날기, 베 매기 등을 그렸다.

05 (난이도 중) 풍속화 속 장인과 제작기술 중 지금 현재 무형문화재로 지정되어 전승되고 있는 장인은?

① 양태장은 대나무를 가늘고 길게 쪼개 갓의 차양을 만드는 장인이다.
② 모의장은 털을 이용하여 추운 겨울에 쓰는 방한용 모자를 만드는 장인이다.
③ 모체장은 조선 여인들의 큰 가발인 가체를 만드는 장인이다.
④ 셤치는 장인은 볏짚을 이용하여 가마니를 만드는 장인이다.

01 | 정답 | ②
| 해설 | 풍속화는 우리나라 뿐 아니라 전세계에 많은 나라에서 각자 독특하게 발달했다.

02 | 정답 | ④
| 해설 | 가마솥 땜하는 장인은 한말 김준근의 풍속화이다.

03 | 정답 | ③
| 해설 | 김준근은 개항장이 있는 공방에서 여러 사람이 함께 외국인 취향에 맞는 그림을 그려, 국내외 20여개 박물관에 1,400여 점 이상이 남아 전한다.

04 | 정답 | ③
| 해설 | 담뱃대는 대나무로 만들며, 백동연죽장의 기술이다.

05 | 정답 | ①
| 해설 | 양태장은 국가무형문화재 제4호 갓일 중 양태를 만드는 장인이다.

학습정리

① 풍속화는 전세계 어디서나 인간이 살아가는 생활을 표현한 그림으로 그려졌다.

② 반구대 암각화에는 선사시대의 삶이, 고구려 고분벽화에는 당시인의 생활이 그려졌고, 대장장이나 수레바퀴를 만드는 장인이 그려져 있다.

③ 우리나라에서는 조선 후기에 풍속화가 유행하여, 윤두서, 조영석, 김홍도, 김득신 등이 서민들의 삶 뿐 아니라 장인들의 작업 모습을 그려 오늘에 전해진다.

④ 한말 김준근은 외국인의 취향에 맞게 우리의 생활을 진솔하게 그렸다. 그중에서 특히 다종다양한 장인들의 작업 모습을 배경 없이 재료와 도구 및 제작내용을 간결하고 요점적으로 그렸다. 그중에는 사라지거나 없어진 모습도 있어 전통공예를 연구하는 데 많은 도움이 되고 있다.

참고문헌

고광민, 『한국의 바구니』, 제주대학교 출판부, 2000.

고승관·정동찬·윤용현·이재필, 『중요무형문화재 제112호 주철장』, 국립문화재연구소, 2006.

곽대웅, 『중요무형문화재 제109호 화각장』, 화산문화, 2000.

곽동해, 『중요무형문화재 제48호 단청장』, 화산문화, 2002.

구중회, 『붓은 없고 筆만 있다』, 국학자료원, 2014.

국립무형유산원, 『빚고 만들고! 즐겁게 배우는 무형문화유산』, 국립무형유산원, 2015

국립무형유산원, 『빚고 만들고! 즐겁게 배우는 무형문화유산-기능편』, 2015.

국립무형유산원, 『처음 만나는 우리나라 무형문화유산』, 2015.

국립문화재연구소, 『중요무형문화재 제91호 제와장』, 국립문화재연구소, 1999.

국립문화재연구소, 『프랑스 국립기메동양박물관 소장 한국문화재』, 국립문화재연구소, 1999.

권도홍, 『벼루』, 대원사, 1989.

권영숙, 『중요무형문화재 제 14호 한산모시짜기』, 국립문화재연구소, 2004.

김문정·변지숙, 『중요무형문화재 제78호 입사장』, 국립문화재연구소, 2008.

김삼기, 『중요무형문화재 제31호 낙죽장』, 국립문화재연구소, 2007

김삼기·정선화, 『중요무형문화재 제117호 한지장』, 국립문화재연구소, 2006.

김왕직, 『중요무형문화재 제121호 번와장』, 국립문화재연구소, 2009.

김인규·김영조, 『충청북도 무형문화재 제22호 낙화장』, 충청북도, 2012.

김일환, 『중요무형문화재 제47호 궁시장』, 화산문화, 2002.

김일환·조선희, 『충남무형문화재 제43호 연기궁인, 제44호 서천침선장』, 도서출판 선인, 2011.

김정희, 『불화, 찬란한 불교 미술의 세계』, 돌베개, 2009.

김지희, 『중요무형문화재 제 115호 염색장』, 화산문화, 2000.

김형진, 『한지』, 문화체육관광부, 2010.

김혜순, 『중요무형문화재 제 22호 매듭장』, 국립문화재연구소, 1997.

김희진, 『매듭과 다회』, 광명출판사, 1974.

김희진, 『아름다운 우리 매듭』, 그래픽넷, 2008.

남경숙·박원모, 『중요무형문화재 제35호 조각장』, 국립문화재연구소, 2005.

문화재연구회, 『중요무형문화재 4』, 대원사, 1999.

문화재연구회, 『중요무형문화재 5』, 대원사, 1999.
박경식·이채원·서지민, 『중요무형문화재 제120호 석장』, 국립문화재연구소, 2009.
박문열, 『중요무형문화재 제101호 금속활자장』, 국립문화재연구소, 2009.
박성실, 『중요무형문화재 제 107호 누비장』, 민속원, 2008.
서도식 외, 『중요무형문화재 제64호 두석장』, 국립문화재연구소, 2009.
손환일, 『한국의 벼루』, 2010, 서화미디어
송혜진·박원모, 『중요무형문화재 제42호 악기장』, 민속원, 2006.
심연옥, 『중요무형문화재 제28호 나주 샛골나이』, 국립문화재연구소, 2003.
심연옥, 『충남무형문화재 제1호 한산세모시짜기, 제25호 청양춘포짜기』, 도서출판 선인, 2012.
심연옥·이채원, 『중요무형문화재 제119호 금박장』, 민속원, 2009.
안귀숙, 『중요무형문화재 제77호 유기장』, 국립문화재연구소, 2009.
안휘준, 『청출어람의 한국미술』, 사회평론, 2010.
예용해, 『인간문화재』, 어문각, 1963.
이재필·임승범·이채원·박원모, 『중요무형문화재 제60호 장도장』, 국립문화재연구소, 2006.
이종석, 『한국의 전통공예』, 열화당, 1994.
이진희, 『중요무형문화재 제102호 배첩장』, 민속원, 2013.
이한승, 『중요무형문화재 제105호 옹기장』, 옹기장, 2008.
이한승, 『충남무형문화재 제38호 옹기장』, 도서출판 선인, 2012.
인병선, 『우리 짚풀문화』, 현암사, 1995.
임영주, 『중요무형문화재 제88호 염장』, 피아, 2006.
임옥수·이채원, 『중요무형문화재 제65호 백동연죽장』, 국립문화재연구소, 2006.
장경희 외, 『한국미술문화의 이해』, 예경, 2006.
장경희, 『서천부채장, 홍성댕댕이장』, 도서출판 선인, 2011.
장경희, 『아름다운 우리문화재 국립중앙박물관』, 예맥, 2012.
장경희, 『조선시대 관모공예사 연구』, 경인문화사, 2006.
장경희, 『중요무형문화재 제4호 갓일』, 화산문화, 2001.
장경희, 『중요무형문화재 제66호 망건장』, 화산문화, 2001.

장경희, 『중요무형문화재 제87호 명주짜기』, 화산문화, 2002.
장경희, 『중요무형문화재 제88호 바디장』, 화산문화, 2002.
장경희, 『충남무형문화재 제21호 서천부채장, 제31호 홍성댕댕이장』, 도서출판 선인, 2011.
장경희, 『충남무형문화재 제2호 지승제조』, 도서출판 선인, 2011.
장경희. 『고궁의 보물』, 국립고궁박물관, 2007.
정병모, 『한국의 풍속화』, 한길아트, 2000.
정병찬 외, 『충남무형문화재 제68호 보령남포벼루제작』, 도서출판 선인, 2012.
정영환, 『중요무형문화재 제113호 칠장』, 민속원, 2006.
정해조, 『중요무형문화재 제10호 나전장』, 민속원, 2006.
조선희, 『중요무형문화재 제116호 화혜장』, 민속원, 2007.
조흥윤, 『민속에 대한 기산의 지극한 관심』, 민속원, 2004.
주경미, 『충남무형문화재 제41호 대장장』, 도서출판 선인, 2012.
주인택, 『중요무형문화재 제53호 채상장』, 국립문화재연구소, 2004.
최공호, 『중요무형문화재 제103호 완초장』, 국립문화재연구소, 1999.
최공호·최영숙, 『충남무형문화재 제18호 소목장, 제42호 공주목소장』, 도서출판 선인, 2011.
충청남도 무형문화재 제6호 보령남포벼루제작, 충청남도, 2011.
충청북도 문화재연구원, 『단양 영춘 자석 벼루장』, 단양군, 2011.
허동화, 『우리 규방문화』, 현암사, 1997.

공공누리 www.kogl.or.kr
국립무형유산원 www.nihc.go.kr
국립문화재연구소 www.nrich.go.kr
국립민속박물관 www.nfm.go.kr
국립중앙박물관 www.museum.go.kr
문화재청 www.cha.go.kr